Routledge
Taylor & Francis Group

· 欧 美 公 共 关 系 经 典 丛 书 ·

丛书主编 / 陈先红

战略传播手册

Handbook of Strategic Communication

[美] 德瑞娜·霍尔兹豪森（Derina Holtzhausen）
[德] 安斯格·策法斯（Ansgar Zerfass）
编著

陈先红
张凌
译

中国传媒大学出版社
·北京·

本成果受中共湖北省委宣传部与华中科技大学部校共建新闻学院项目
（项目编号：2020D07）经费支持。

中文版序

PREFACE

战略在传播研究中是一个既被忽视又受到争议的概念。被忽视的一个重要原因在于战略传播在否定意义上往往与说服密不可分。然而，有些人认为，战略意图是所有传播的内在特征，从这个视角来看，战略传播在各个实践领域远远超出了其实际应用的范围。如果我们设想传播处于社会的中心，那么就需要反思权力和利益的结构，传播在这个结构中被各类组织所使用，这些组织包含公司、非营利组织、行动主义群体、政治团体、政府组织以及所有的行动者，它们构成了我们今天多元文化的一部分。

这本书从多学科视角探讨了战略传播，对那些正在建构知识的探讨提供了一些洞见。我们的研究始于2007年《国际战略传播期刊》（*International Journal of Strategic Communication*）的创刊，从那以后通过几期特刊，诸如制度化、公共领域、咨询、财务传播等，这个杂志成为一个建构战略传播知识的平台。2011年在芝加哥国际传播学会年会中，在跨学科的战略传播预备会议上，17个国家的学者提交了经过同行评审的论文，大家的争论非常激烈。这次会议在形成关于什么是战略传播的看法方面极具意义，可以说正是那次会议开启了这本书的前奏。本书的英文版由纽约劳特利奇出版社于2015年出版，被全世界范围的学者和从业者所接受。

随着跨学科论争的继续，关于战略传播的两次预备会议在西雅图和圣地亚哥举行。后者催生了另一本书——《战略传播的未来方向》（Nothhaft, Werder, Verčič & Zerfass, 2019）。在本书中我们加入的最后一篇文章使得它覆盖了这个领域中的基本知识以及最新的概念。

《战略传播手册》中文版包含了五个部分。第一部分回顾了这个领域不同的原理论方法。第二部分探讨了组织作为变量对战略传播的影响。第三部分综合性地探索了这个领域中的实践，关注战略传播者和受众之间的沟通。第四部分是对当前论争的展望，基于最新的研究介绍了战略传播概念的拓展。第五部分描述了战略传播的发展方向。

第一部分第一至八章总结了战略传播的原理方法。在第一章，德瑞娜·霍尔兹豪森（Derina Holtzhausen）和安斯格·策法斯（Ansgar Zerfass）扩展了由克里克·哈拉汗等（Kirk Hallahan, 2007）提出的战略传播概念，他们强调了公共领域作为战略传播的一个重要构念。它探讨传播理论的发展以及意义在传播过程中的产生。最后，本章确定了不同实践领域的基本兴趣，但这些研究兴趣还没有成熟，需要更多的研究。

本书第二、三章从不同的视角解构了战略。在第二章中，霍华德·诺斯哈特（Howard Nothhaft）和哈根·舒尔茨（Hagen Schölzel）对第一个战略家卡尔·克劳塞维兹的著作做了一个很好的回顾。他认为，演讲者能够帮助我们阐释原创的作品，使我们能够理解那些词汇的起源和意思，能够理解在军事领域中的战略意涵。他们特别展现了游击战按照它最初的界定，能够帮助我们洞察当前传播实践中的趋势。在第三章中，西蒙·M. 拓普（Simon M. Torp）回顾了从古希腊到现在，传播科学中战略的角色，并得出结论，即传播正在发生战略转向，它的特征在于传播不仅仅被视为承载了战略意图。

第四、五章讨论了西方社会中公共领域的哲学基础。在第四章，盖特·班特勒（Günter Bentele）和诺斯哈特讨论了欧洲视角下公共领域中的传播。在第五章中查尔斯·C. 塞尔夫（Charles C. Self）用美国的方法对同样的主题进行了讨论，他的论述基于美国哲学家杜威（Dewey）的观点。这些章节都认为公共领域中的传播对民主至关重要，传播已经是一种公共行动。

在第六章，林赛·杨（Lindsay Young）和威廉·彼得森（Willem Pieterson）将网络理论应用到传播实践中。他们认为，传播因为信息和传播技术的出现以及社会组织的网络形态特征，已经变得如此复杂，传统的传播理论不再能够理解战略传播。在第七章中普里西拉·墨菲（Priscilla Murphy）同样质疑了战略传播的成功，一旦它离开了受控制的组织环境，成为扩展的不断受到挑战的公共竞技场的一部分，它的成功就不能得到保证。墨菲同样提出社会网络理论应该成为理解战略传播的一个基础理论，她认为战略传播者需要接受议题竞技场参与的结果：即不可预测性。第八章，欧文·伊伦（Øyvind Ihlen）和皮埃特·范霍文（Piet Verhoeven）回顾了社会理论在战略传播中的应用。他们强调了合法性、反思、权力和语言对于理解战略传播实践的伦理和政治后果的重要性。

第二部分为第九至十六章讨论了影响战略传播的制度和组织因素。这一部分的前三章关注内在于卓越战略传播的组织因素；在第九章，马格纳斯·弗雷德里克松（Magnus Fredriksson）和约瑟夫·帕拉斯（Josef Pallas）采用新制度分析来解释为什么对组织而言总是很难执行战略传播的目标和目的。他们认为战略传播存在于制度结构之中，它同样积极地参与了那些结构的建构。

在第十章中，金·约翰森（Kim Johnston）和詹姆斯·艾维利特（James Everett）展现了在战略传播规划过程中，组织文化和知识如何影响对组织环境的阐释。在第十一章，阿格霍姆（Aggerholm）和克里斯塔·托马森（Christa Thomsen）应用了案例分析法，讨论了在管理讯息中“复调”如何反击有说服力的意图，制造不确定性因素和困惑。

本部分也探索了执行的角色，以及战略化的过程如何有助于组织中的传播。在第十二章，马勒尼·马奇诺里（Marlene Marchiori）和塞尔希奥·布尔加科夫（Sergio

Bulgacov）用案例研究探讨了战略和实践的互动对组织创造意义而言发挥着基础作用。社会实践总是涉及传播和语言，人类通过互动、传播性地建构了战略，在第十三章，帕特里夏·莱利（Patricia Riley）等人探讨了在网络和组织中好的治理和传播之间的交互，及其对传播资本的构建。

在第十四章，伊曼纽尔·因维尼奇（Emanuele Invernizzi）和斯蒂芬妮娅·罗曼蒂（Stefania Romenti）提供了一个独特的视角。他们应用四个案例研究来展现企业如何提供有用的概念框架，给组织中采用的战略传播方法赋予不同价值。在第十五章弗恩·弗兰森（Finn Frandsen）和薇妮·约翰森（Winni Johansen）回顾了执行官角色、能力、身份和合法性对战略和战略化的影响，强调组织战略化过程中组织目标和传播结果的作用。第二部分的最后一篇文章来自哈拉汗，他清楚地阐述了在组织战略化过程中组织目标和传播结果的作用。他认为有效的目标应当有益于组织及其构成部分，有效的传播目标应当带来受众的行为结果。

第三部分为第十七至二十二章，它关注战略传播者和利益相关者之间的传播和互动，强调了几个关键概念。在第十七章中，凯利·佩奇·韦德（Kelly Page Werder）回顾了从20世纪80年代至今，有关讯息战略研究的发展。她提出，将公共关系和广告研究理论进行综合，脱离单一的理论视角，阐明战略传播过程中如何对变量讯息进行识别、描述和解释。他们的研究表明，战略传播者与各类互动人员交互的能力是战略传播独有的研究领域。

第十八章肯尼斯·E. 金（Kenneth E. Kim）回顾了讯息设计中的框架战略，进一步阐述了理解特定信息对于影响特定受众的重要性。正如之前章节中，研究者探讨了在广泛的有关说服的学科研究中，讯息战略作为战略传播实践的独特性。他认为，讯息框架，特别是个人—社会和特征目标框架，给有效的信息开发提供了指针。同样在第十九章，威廉·班诺特（William Benoit）对形象修复的讨论，反映了在危机情境中讯息战略的重要性。

在第二十章中，詹尼斯·T. 佩奇（Janis T. Page）对视觉信息提出了独特的观点。这是战略传播研究中容易最被忽视的领域，视觉信息甚至从来没有受到重视。他们对于阿布·达比（Abu Dhabi）传播项目的语义分析，展现了战略传播在通过视觉意义加强文化价值方面的强能力，它强调在视觉刺激的阐释中，需要视觉理解能力。

第三部分的最后两篇文章探讨了在战略传播中参与者。第二十一章，奇衍廷（Eyun-Jung Ki）回顾了关系的维度，探讨了培育关系的行动维度和测量维度。她认为要做更多的研究来探讨新传播技术，特别是社交媒体平台的影响，她还讨论了战略传播者培育关系的能力。在第二十二章，杰斯帕·福克海默（Jesper Falkheimer）和麦兹·海德（Mats Heide）回应了这种要求，他们探讨了传播新形式的基础。因为参与者有很多机会控制传播，他们受到战略传播观念的影响，即我们要拒绝那些被控制的传播，支持那些被组织控制较少的讯息。

第四部分共计十二章，从第二十三章到第三十四章，探讨了战略传播实践的领域。重点讨论了战略传播研究如何在短时间里出现，说服实践如何执行。每一章都涉及一个不同的实践领域，将战略传播的观念作为一个深思熟虑的、有计划的、为了特定目的由个人执行的行为。它也强调，无论战略化和规划如何在这些背景下发生，终极目标始终是在公共领域中沟通。

在第二十三章，罗伯特·I.维克菲尔德（Robert I. Wakefield）、肯尼斯·D.普勒曼（Kenneth D. Plowman）和阿历克斯·卡里（Alex Curry）将战略传播置于公共关系的语境下，发现战略传播使公共关系实践变得制度化。在研究了组织变化对公共关系的影响后，他们认为公共关系实践必须进入一个反复制度化的过程，才能保持有效性。在第二十四章，蒂诺·G. K. 梅兹（Tino G. K. Meitz）和古度·祖斯提格（Guido Zurstiege）探讨了广告中的战略制定。通过关注广告代理，他们认为战略已经和创造、效率并列，成为组织的第三个重要观念。然而，在广告中运用战略充其量是含混的。战略只是被仪式化地运用，作为一种标记使创意和效率显得更有效，从而使广告预算的花费显得更加合理。作为结果，战略对广告项目而言常常作为一种后置的工具，用于论证其合理性。

之后两章从不同的视角探讨政治传播。在第二十五章，斯派罗·科奥西斯（Spiro Kiousis）和杰斯帕·斯多博克（Jesper Stromback）做了一个公共关系和市场视角下的政治传播对比研究。他们发现公共关系的方法给战略的政治传播提供了一个最为综合性的框架。他们在整合了声誉管理和关系培育的政治语境下，提出了“利益相关者参与”的概念框架。在第二十六章，克里斯汀·科左兰卡（Kristen Kozolanka）也比较了政府传播中的战略传播方法和政治营销方法。她认为，保守的加拿大政府已经开始利用政治营销方法来加强市场行为，使之成为一种更加技术化的、更先进的战略传播。一般来说，在政治营销环境下的这种方法和战略传播并没有为公共利益服务，因为它往往关注与特定精英群体相关的利益，而排除了公共利益。

在第二十七章，康斯坦斯·罗斯曼（Costanze Rossmann）将战略传播运动置于健康传播的中心，倡议一种理论驱动和结果导向的运动方法。和本书其他作者一样，她强调在态度和行为改变过程中所面临的挑战，这在健康传播中显得更加令人生畏。她探讨了那些与运动预设目标相抵触的意外结果，认为对健康传播者而言，在工作中声明其说服目的非常重要。

接下来的三章探讨在社会变革中战略传播的角色。在第二十八章中，马丁·洛佛霍尔兹（Martin Loffelholz），克劳迪娅·奥尔（Claudia Auer）和爱丽丝·斯露吉（Alice Srugies）对公共外交相关领域进行了全面回顾，强调它的战略传播维度。她们描述了两个广泛的公共外交的战略方法：中心化的和去中心化的。在中心化的方法中，政府在公共外交中居于中心；在去中心化的方法中，不存在一个推动公共外交的中心机构，在这个情况下，一个国家的各类组织扮演了这个角色。

在第二十九章，莱安娜·罗森博格（Liane Rothenberger）探讨了将恐怖主义作为传播策略来使用。她认为研究恐怖分子的传播策略是人们能够开发和抵消恐怖运动传播目的的反策略，应将恐怖分子团体视为寻求最大公开性的专业组织来处理。

接下来的三章都在探讨危机传播。在第三十章，W. 蒂莫西·昆布斯（W. Timothy Coombs）和雪莉·霍来德（Sherry Holladay）按照意义管理的概念将危机传播置于战略传播的语境之下，将焦点放在行为结果之上。他们认为危机传播已经发展成为战略传播的独特领域，危机管理、声誉管理、议题管理和风险管理都是危机管理者的知识基础。在三十一章，麦茨·埃里克森（Mats Eriksson）讨论了危机传播的数字化途径和即兴创作的战略技巧。朱莉安娜·劳普（Juliana Raupp）在第三十二章通过探讨风险传播的战略语境进一步阐释了这些章节之中的危机传播主题。她认为这个领域因风险成为一个具有高度争议性和语境化的社会建构的事实，因此情况也变得更加复杂。作为结果，这是一个充满冲突的协商过程，实践永远是情境化的。

第三十三章，瑞塔·贾万提–塞斯莱夫（Rita Jarventie-Theleff），乔安娜·莫山德（Johanan Moisander）和米高·维利（Mikko Villi）探讨了自上而下的组织改变过程导致意外的自下而上的变化过程。他们发现，管理层需要给这些意外过程提供引导至关重要。战略传播者应当聚焦于在产生感知的过程中积极参与，创造一种对群体的理解和参与的感知，而不是仅仅关注信息的传递。

在本书中一个最为持续的主题是社交媒体对战略传播的影响。在第三十四章中，波比·凯·刘易斯（Bobbi Kay Lewis）和辛西娅·尼克斯（Cynthia Nichols）调查了理解社交媒体现象的理论方法，他们将这些理论方法置于战略传播的领域，并通过引入社会学习理论作为传播实践形成的重要驱动力来进行总结。

第五部分由两篇文章构成，第三十五章得出了全球视角的结论，胡安–卡洛斯·莫勒达（Juan-Carlos Molleda）和萨拉德普·科哈（Saradeep Kochhar）探讨了全球传播的复杂性是如何增长的，其根源是由于组织和利益相关者往往兼具本地和跨国性。他们的案例研究表明，合作、控制和标准化对于跨国活动的成功至关重要。

第三十六章是在中文版新增的，国外版本原本不包括这篇文章。策法斯等人在本书和战略传播其他研究的基础上，提出了战略传播概念的拓展。他们认为战略传播包含了所有的传播，这些传播对于一个实体的存在和保持成功都必不可少。战略传播是实体对传播进行有目的的使用，参与对自己目标具有战略意义的对话。实体包含了所有的组织（例如公司，政府或非营利组织），也包括了社会运动和公共领域的知名人物。传播可以对战略的形成、修改、展现、执行、实施和操控发挥特定的作用。虽然我们有很多其他的方法来探索这些研究目标，战略传播作为一个学科，仍然采用了焦点组织/实体的视角，通过有限的资源和不确定性的条件，通过推演并使用传播手段来达成特定的目标。

最后的章节对这个领域当前的状况进行了批判式回顾，勾画了帮助学者和从业者构建战略传播知识体系的条件。

战略传播手册对战略传播领域进行了第一次综合性的回顾。本书可能仍然遗漏了一些重要内容，特别是品牌、客户行为和营销方面。在本书中，战略传播的主要论点仍然属于“软”学科，很难被发现，也难以测量结果。尽管如此，战略传播领域还是逐渐变得清晰，一幅整体性的图景正在浮现，虽然它们在方法上并不相同。

主编要感谢为这本书做出贡献的学者，也要感谢梅丽莎•鲍尔斯（Melissa Powers）（她现在在俄克拉何马大学）、戴维•伯曼（Dawie Bomman）博士（以前在莱比锡大学）对这个项目的支持。我们要感谢劳特利奇编辑出版了本书的英文版。这本书是对英文 *The Routledge Handbook of Strategic Communication* 的改编，新增了一章：《战略传播：界定领域及其对研究和实践的贡献》（Zerfass, Verčič, Nothhaft & Werder），没有收录两章，并更新了前言和作者简介。

我们深深感谢澳大利亚悉尼科技大学洪君如副教授的积极联络和协调工作，深深感谢华中科技大学陈先红教授的辛勤工作，她是中国公共关系学界的领导者，她发起了中国版本的出版工作，和她的学生一起翻译了本书，他们是华中科技大学博士生王艳萍、秦冬雪，澳门科技大学博士生史娜、蔡梦虹、宋亚楠、赵晓燕、谢琴、刘磊、田郁辰、单梁、刘佳丽、王建等，在此一并致谢。

我希望关于这个话题的国际讨论将会继续，希望本书所呈现的思想和争论能够激发新思想的产生。

安斯格•策法斯　德瑞娜•霍尔兹豪森

参考文献

[1] Hallahan, K., Holtzhausen, D. R., van Ruler, B., Verčič, D., & Sriramesh, K. (2007). Defining strategic Communication. *International Journal of Strategic Communication*, 1(1), 3-35.

[2] Nothhaft, H., Verčič, D., Werder, K. P., & Zerfass, A. (Eds.) (2019). *Future Directions of Strategic Communication*. New York, NY: Routledge.

作 者

CONTRIBUTORS

德瑞娜·霍尔兹豪森，约翰内斯堡大学博士，美国得克萨斯州博蒙特市拉马尔大学艺术与传播学院教授兼院长。曾任美国俄克拉何马州塔尔萨市俄克拉何马州立大学媒体与战略传播学院主任、美国佛罗里达州坦帕市南佛罗里达大学大众传播学院研究所主任和公共关系专业主任。教授课程有战略传播管理、媒体管理、媒体创业与研究等。她在南非的家乡先后担任过记者、广告和公共关系公司的合伙人以及国家部门和私营单位的传播主管。自1997年移居美国以来，她发表了30多篇文章、出版了著作《公共关系用于行动主义——后现代理论与实践方法》《战略传播原理》（与人合著），是《国际战略传播期刊》的联合创办人与主编。

安斯格·策法斯，德国FAU埃尔兰根-纽伦堡大学的工商管理博士、传播学博士，德国莱比锡大学传播与媒体研究所教授、战略传播系主任，挪威奥斯陆BI挪威商学院的传播和领导力教授，美国阿拉巴马大学普朗克领导力和公共关系中心的普朗克学者。《国际战略传播期刊》的主编，国际传播协会（ICA）公共关系分会会长和理事会成员，以及全球传播监测系列（包含全球超过80多国，亦有中国及其他亚洲国家）的首席研究主持人。研究领域为企业传播、内部传播、传播部门的数字基础设施和商业模式以及战略传播理论。他在企业工作了十年，曾担任传播主管和常务董事。发表了400多篇论文及研究报告，出版了不同语言的41部著作，其中包括2021年由中国传媒大学出版社出版的《卓越传播：全球化时代如何管理战略传播和公共关系》。

盖特·班特勒，博士，德国莱比锡大学公共关系荣休教授，曾任德国传播协会（DGPuK）主席。

塞尔希奥·布尔加科夫（Sergio Bulgacov），博士，巴西圣保罗格图利奥·巴尔加斯基金会圣保罗工商管理学院教授。

W. 蒂莫西·昆布斯（W. Timothy Coombs），博士，美国得克萨斯农工大学传播学院文科George I. 和Gladys H. Abell教授，ICA公共关系分会的副会长。

阿历克斯·卡里（Alex Curry），博士，美国俄勒冈州西俄勒冈大学传播系助理教授。

斯蒂芬妮·迪克森（Stephanie Dixon），加拿大温哥华德勤管理咨询高级顾问。

麦茨·埃里克森，博士，瑞典厄勒布鲁大学人文教育和社会科学学院媒介和传播研究系副教授。

詹姆斯·艾维利特，博士，美国南卡罗来纳州康威海岸卡罗来纳大学传播、语言和文化系教授。

杰斯帕·福克海默，博士，瑞典隆德大学赫尔辛堡校区战略传播系教授，《传播管理期刊》主编。

弗恩·弗兰森，丹麦奥胡斯大学管理学企业传播教授。

马格纳斯·弗雷德里克松，博士，瑞典哥德堡大学新闻、媒介和传播系高级讲师。

克里克·哈拉汗，博士，美国科罗拉多州立大学文科学院新闻与技术传播荣休教授，《国际战略传播期刊》的共同创始人。

麦茨·海德，博士，瑞典隆德大学赫尔辛堡校区战略传播学系战略传播教授。

雪莉·霍来德，博士，美国得克萨斯农工大学传播学院教授。

欧文·伊伦，博士，挪威奥斯陆大学媒介和传播系教授。

伊曼纽尔·因维尼奇，意大利米兰优尔姆大学公共关系和企业传播管理荣休教授。

瑞塔·贾提–塞斯莱夫，博士，芬兰阿尔托大学商学院传播系实践教授和CEMS学术主任。

薇妮·约翰森，博士，丹麦奥胡斯大学管理学系企业传播教授。

金·A. 约翰森，博士，澳大利亚布里斯班昆士兰科技大学广告营销与公共关系学院教授。

奇衍廷，博士，美国阿拉巴马州塔斯卡卢萨阿拉巴马大学广告与公共关系部教授。

肯尼斯·E. 金，博士，美国俄亥俄州辛辛那提泽维尔大学传播系助理教授。

斯派罗·科奥西斯，博士，美国佛罗里达州盖恩斯维尔佛罗里达大学新闻和传播学院执行副院长与公共关系教授。

萨拉德普·科哈，博士，一家总部位于美国加利福尼亚州的奥克兰医院和医疗保健提供商“Kaiser Permanente”的通讯总监。

克里斯汀·科左兰卡，博士，加拿大安大略省渥太华市卡尔顿大学新闻和传播学院荣休教授。

波比·凯·刘易斯，博士，美国俄克拉何马州斯蒂尔沃特俄克拉何马州立大学媒介和战略传播学院战略传播副教授。

马丁·洛佛霍尔兹，博士，德国伊尔梅瑙理工大学媒介和传播科学部研究所媒介研究专业主任和教授。

马勒尼·马奇诺里，博士，巴西隆德里纳州立大学管理学院组织传播、公共关系和工商管理教授。

蒂诺·G. K. 梅兹，德国美因河畔法兰克福认知媒体研究实验室首席执行官，德国明斯特大学兼职讲师。

乔安娜·莫山德，博士，芬兰阿尔托大学管理学系主任及组织传播教授。

胡安–卡洛斯·莫勒达，博士，美国俄勒冈州尤金市俄勒冈大学新闻与传播学院院长、教授。

普里西拉·墨菲，博士，美国宾夕法尼亚州费城天普大学卢克莱因媒体与传播学院战略传播荣休教授。

辛西娅·尼克斯，博士，美国华盛顿特区美国国务院外国事务专员。

霍华德·诺斯哈特，博士，瑞典隆德大学赫尔辛堡校区战略传播系战略传播副教授。

艾莉森·诺伊（Allison Noyes），博士，美国，加利福尼亚州洛杉矶市洛约拉马利蒙特大学传播和艺术学院传播系助理教授。

詹尼斯·T. 佩奇，美国华盛顿特区乔治华盛顿大学政治管理研究所战略公共关系学科兼职副教授。

约瑟夫·帕拉斯，博士，瑞典乌普萨拉大学商学系教授。

威廉·彼得森，博士，英国伦敦彼得森有限公司首席执行官，该公司为支持政府解决数字化、组织发展和数据使用的战略挑战提供咨询。

肯尼斯·D. 普勒曼，美国犹他州普罗沃市杨百翰大学传播学院传播学副教授。

朱莉安娜·劳普，博士，德国柏林自由大学媒介和传播研究所组织传播教授。

帕特丽夏·莱利，博士，美国加利福尼亚州洛杉矶南加州大学安纳伯格新闻与大众传播学院传播副教授。

斯蒂芬妮娅·罗曼蒂，博士，意大利米兰IULM大学企业传播和公共关系副教授。

康斯坦斯·罗斯曼，博士，德国爱尔福特大学媒介和传播研究系传播学教授。

莱安娜·罗森博格，博士，德国伊尔梅瑙科技大学媒介和传播研究所高级研究员。

哈根·舒尔茨，博士，德国耶拿大学传播科学研究所研究助理。

查尔斯·C. 塞尔夫，博士，美国新闻和大众传播协会前任主席，美国俄克拉何马州俄克拉何马大学荣休教授。

杰斯帕·斯多博克，博士，瑞典哥德堡大学新闻媒介和传播系新闻和政治传播教授。

爱丽丝·斯露吉，博士，瑞典哥德堡自由传播研究者、顾问、客座讲师。

盖尔·F. 托马斯，编辑，美国加利福尼亚州蒙特雷海军研究所管理学副教授。

克里斯塔·托马森，博士，丹麦奥胡斯大学管理系企业传播教授。

西蒙·M. 拓普，博士，丹麦欧德内塞南丹麦大学人文学院院长和教授。

德扬·维奇（Dejan Verčič），博士，斯洛文尼亚卢布尔雅那大学传播系教授兼主任。

皮埃特·范霍文，博士，荷兰阿姆斯特丹大学阿姆斯特丹传播研究学院传播科学副教授。

米高·维利，芬兰伊瓦斯克莱大学语言和传播系新闻研究教授。

罗伯特·I. 维克菲尔德，博士，美国犹他州普罗沃市杨百翰大学传播学院传播荣休教授。

丽贝卡·温特劳布，博士，美国加利福尼亚州洛杉矶南加州大学安纳伯格新闻与大众传播学院荣休实践教授。

凯利·佩奇·韦德，博士，美国佛罗里达州达坦帕南南佛罗里达大学齐默尔曼广告与大众传播学院副教授，《国际战略传播期刊》共同主编。

林赛·杨，博士，美国加利福尼亚州洛杉矶市南加州大学安纳伯格新闻和大众传播学院健康传播和传播网络助理教授。

古度·祖斯提格，博士，德国图宾根大学媒介研究教授、媒介研究系主任。

目　录

CONTENTS

第一部分　战略传播的概念基础

第二部分 制度和组织维度

第三部分 实施战略传播

第四部分　实践领域

第五部分 战略传播的未来方向

第一部分

战略传播的概念基础

第一章
战略传播：研究领域的机遇和挑战

德瑞娜·霍尔兹豪森和安斯格·策法斯

战略传播在21世纪的第二个十年，成为传播学教育中十分流行的术语。开始的时候只是为了获得有利地位而使用，也就是民族政府和军事领域的传播项目（Farwell, 2012；Paul, 2011）。目前它作为一个伞状概念越来越流行，其中包含了各类目标导向的传播活动，这些活动常常由公共关系、营销和金融传播、健康传播、公共外交、造势运动等发起。在美国，很多大学将过去的公共关系、广告专业合并为战略传播专业。在欧洲，战略传播常常被用来标记各种类型组织所使用的整合传播领域中的管理方法。在亚洲和大洋洲，战略传播被归于教育和文学等专业领域（Mahoney, 2013）。

然而，战略传播并不仅仅是现有的不大令人满意的概念的替代性选择。关注传播的过程是一种不同的方法，它给人们提供了另一种视角，开启了跨学科研究的新领域。本章将回顾战略传播的原始定义（Hallahan, Holtzhausen, van Ruler, Verčič, & Sriramesh, 2007）以及它的发展（Holtzhause & Zerfass, 2013）。接下来，本章将基于该领域的理论基础探讨过去这些年出现的理论视角，探讨影响战略传播实践成功的各类因素。

概念的进化

从《界定战略传播》一文（Hallahan et al., 2007）在《国际战略传播期刊》的首期发表以来，文中所提出的概念就被用来探讨、限定和争论。到2013年底，这篇文章已经被下载超过2,000次，且在其他杂志的论文中被多次引用。直到2007年学界对战略传播的界定都没有什么变动。然而，那个时候，战略传播概念中的很多内涵已经得到了阐释，我们已经能更好地理解战略传播过程中发生了什么，什么决定了战略传播的成功，什么影响了公共领域，以及在不同领域战略传播有什么共性。

2007年的这篇文章带来了身份危机，特别是在公共关系的学术共同体中，这个共同体曾经长期将战略传播作为其中一个特别的研究领域。其实，这种身份危机是不必要的，因为战略传播的研究从来就没有意图去侵占其他实践领域，它仅仅是尝试探索不同的实践群体可以如何学习彼此，以打破我们自己之间所存在的区隔。

关于为什么要研究战略传播，我们在2007年论文中审慎提出了四个理由：第一，为了识别不同传播实践活动内容的差异性；第二，为了识别由于技术变化所带来的不同传播实践活动的形式差异；第三，为了增强与不同利益相关者交流沟通的组织方法；第四，为了明确说明“有目的的传播是组织传播的基本目标”（Hallahan et al., 2007, p.10）。

不同领域的战略传播实践确实存在重叠，一方面，战略传播很多领域的发展都来自公共关系学者的贡献。另一方面，从2007年开始，广告、政治、健康、危机传播、公共外交、管理传播和营销专业的学者的研究从2007年开始对理解战略传播做出重要贡献。

界定领域

哈拉汗等将战略传播界定为“从广义上说，它是通过有目的的传播来推进（组织）的任务”（Hallahan, 2007, p.4）。他们也坚持认为战略传播“意味着人们将参与代表了组织、事业和社会运动的审慎的传播实践”（Hallahan, 2007, p.4）。文章进一步论述了战略的概念，主张有战略并不一定意味着操纵，因为实践者常常认为包容和协作比宣传和操纵更具有战略性、更有效。然而，影响知识水平，改变或维持态度，影响针对议题、产品或服务的行为，一直都是战略传播所偏好的结果。

目前，战略传播概念的另一特征是关注实践行为，以及作为一个代理他者进行传播的实践者角色。因此，研究不仅仅集中关注战略传播过程，也关注那些阻碍或促成传播者执行传播计划的要素。最终，文章指出传播在战略传播中的重要性，反驳了那些不必要的围绕传播而展开战略的组织过程。典型的战略传播过程是一个促成组织战略目标实现的传播过程。这里要讨论两个传播模型：第一是始于香农和韦弗（Shannon & Weaver, 1949）的信息传播模型，它最终发展为正在探讨的公共关系的双向对称和双向不对称模型（L. A. Grunig, Grunig, & Dozier, 2002）。第二是基于凯瑞（Carey, 1989）的交互和仪式传播模式，其基础在于符号互动理论和组织传播，它聚焦于讯息和人们如何在传播过程中被塑造。

虽然学者提出了一个更加包容的、单一的概念，融合了以上所提及的大多数特征，也将公共领域包含进来，但在当时这个基础仍然是整合的。他们提出了下列的概念：“战略传播是协商和有目的的传播实践，传播代理在公共领域中制订了它，代表一个传播的实体来达成目标。”（Holtzhausen & Zerfass, 2013, p.74）霍尔兹豪森提出传播的实体“涉及经济和社会部门的所有部分，例如贸易和工业、政治、非营利和政府组织、行动主义群体，甚至在运动和娱乐领域中的名人”（Holtzhausen, 2008, p.4849）。虽然战略传播者确实在公共领域之外做了很多工作，例如管理传播项目、与利益相关者交流，但最终目标还是在于维持公共领域中传播实体的健康声誉。

与这个更加进步的概念形成对比的是，本章将回顾每个概念的特征，从而评价在这个领域研究的新、旧理论方法。首先，文章将回顾战略传播的哲学基础，特别是关于公共领域的理论。然后开始探讨实践者的角色和战略传播实施的组织环境，最后考虑在各类语境之下对实际传播过程的评价。

战略传播和公共领域

在战略传播角色的讨论中，控制公共对话的观念是内在的。哈贝马斯（Habermas, 1976, 2006）特别批判那些当权者雇佣有力的代理人来代表他们进行传播，影响和歪曲公共讨论。他的著作在很大程度上被现实所影响，在那个时代，媒介在塑造和煽动公共话语中非常重要，这种观点的前提是媒介的角色是中立的，因此能够受到战略传播者的影响。

对公共领域流行的理解已经发生了改变，特别是在过去十年，随着互联网的重要性不断提升，公共领域快速扩张，主流的公共媒介被边缘化。虽然班特勒和诺斯哈特（Bentele & Nothhat, 2010）认为虚拟空间仅仅存在于一个围绕着它的坚实和真实的社会之中，他们这样论辩：

> （公共领域）的最主要特征是传播空间在某种程度上打破了包括时间、空间、技术限制、人与人之间的物理障碍，以及前文提到的一些结构限制。公共空间并不是一个人们聚集的地方，也不是由有限数量的行动者构成的媒介关注的强制性领域，它是各种关注点的网络。有些东西，比如品牌、“猪流感”、一个政治家和其他的主题存在于公共领域，传播者作为传播网络中的一个点，针对它们进行交流。

他们认为公共领域正在被表述的真实性所控制，这些言论在公共空间被发表出来，并被公众所感知。如果战略传播者可以坚称他们的传播代表了公众利益，有利于社会公益，同时如果他们的言论能这样被众人接受，他们将对公共空间有所贡献，即使他们利用他们自己的传播平台来实现这些。

在杜威对公共空间的分析中，赛尔夫（Self, 2010）认为杜威相信公共空间的话语是一种行动，它以共同的意义形式被保存下来。因此，对杜威而言，话语已经是行动，影响了公共空间，继而影响社会。类似的还有班特勒和诺斯哈特，赛尔夫认为公众通过参与公共空间变为行动主义者，并最终使得社会问题得到解决。然而在过去，因为各类中介因素，公共协商的结果在公共讨论中显得并不明显，“现在公共协商和公共行动之间的关系似乎变得越来越明显”（Bentele & Northat, 2010, p.114; Self, 2010）。

目前的公共领域与20世纪公共领域的不同在于它有更强的参与性，而不是代表性。现在很多主流媒体仍然对公共空间产生影响，但这个影响仅是一个关键词，而不是一种中介。然而媒介是20世纪代议性社会中代表不同观点的主要力量，现在数字媒体使得公众中的成员能够直接地参与公众讨论，而不需要经由媒介渠道的中介。现在，每个人在传播领域，而不是在公共领域中都有其一席之地。

公共vs私人

为了理解在公共领域中战略传播的角色，有必要简要地概括公共和私人之间的差别，这也被称为“美好生活”（Kohlberg, Levine, & Hewer, 1984, pp.229-230）。传统上的公共领域被视为一种圈层，在其中富人、贵族、出身名门的人被期待做出贡献。女人、农民和商人典型地被排除在公共领域之外，因为他们被视为没有必要能力、教育和背景来为自己做出决策的二等公民。因此，公共领域属于一个被高度选择的群体，它是一个地位旗鼓相当的人相遇的地方，即都是自由的、拥有特权的人。这些视角带来一个很有名的说法，即“个人的是政治的”（Hanisch, 1970），也被称为“私人的是政治的”。

虽然这个场景因为今天更多的人能够进入公共领域而有所改变，但它仍然强调公共与个人之间的分隔，这也塑造了在公共领域中战略传播的角色。如果公共领域中的战略传播者和参与者以及公共领域本身的角色是为了解决社会问题，他们就有责任在公共领域中提出有争议性的议题。如果不是，他们的工作将是多余的。想要按照自己的利益操纵公共领域，而不给公共讨论贡献思想和带来辩论的个体将会被拒绝，正如在美国的案例中，唐纳德·特朗普用他自己的品牌来发表一些关于美国总统奥巴马出生地的没有根据的观点（Swindell, 2011）。特朗普没有参与竞选，他利用他的公共形象，将自己置入公共讨论是非常荒谬的。因为公众的不以为然，特朗普在公共领域中是没有位置的。这个案例表明，当一个观点没有真实性或者不能对社会的提升有所裨益是会被公共领域拒绝的。

因此将公共领域纳入战略传播的概念之中，在探讨其在实践中的角色时非常有价值。除了很多其他的特征，战略传播者的角色理应包括帮助他人通过好的、有思想的、能够提升传播实体利益，并有益于社会的方式进入公共领域中。从内在来看，它本身已经表现为战略行动，正如杜威（1954）的观点。进一步看，很多战略传播者将证实一个理念，公共领域的流行使得他们明确针对议题交流什么、怎样交流更有心得。班特勒和诺斯哈特清楚地指出公共领域已经成为“在尝试理解现实时，限制你的操纵空间的廊道”（Bentele & Nothhaft, 2010, p.114）。

虽然技术推动了公共传播，但仍然有一些指标表明“数字化形成”所带来的重要贡献也可能面临潜在风险。这意味着“将现象变为量化的格式，可以被做成表格并分析”（Mayer-Schonberger & Cukier, 2013, p.77）。数字化形成支持了大数据概念的过程，使得人们能够通过计算方法收集大量的数据。它同时能够收集关于个体的独特数据，已经被用来针对这些个体进行有目的的传播，特别是在互联网上。任何在互联网上购过物的人，都知道在上网时商品和服务是如何被推送到眼前的。人们没有意识到在大数据时代他们所提供信息的边界，因为这类数据在本质上与我们常规所感知的数据如此不同。学者将数字化形成描述为一种能力。

> 采集阳光下所有的信息——包括我们根本不认为是信息的东西，例如个人的位置，一个引擎的振动，或者桥承受的压力——并将之转化为数据形式来量化。
>
> Mayer-Schonberger & Cukier, 2013, p.15

这些数据与统计数据差别很大，正如作者所陈述的。因为绝对数量数据的可获得性动摇了统计分析的需求，统计分析仅基于随机抽样和对人口子群体的分析。因为大数据关注实时数据和多样数据的收集，比如对个体而言，“风险从个人的隐私变为或然性，换句话说计算可以预测可能性，诸如一个人是否拖欠抵押（或拒绝贷款）、犯罪（或提前被逮捕）”。已经有一些游戏公司通过收集个体的游戏行为，并将之转化到个体档案中，基于个体在游戏中如何行动决定他是否适合特定类型的工作（Wheatley, 2013）。

大数据以同样的方式给个人的隐私带来威胁，同时也威胁到公共领域。对战略传播者而言，他们更愿意与个体就基于暴露的态度和行为而进行计算之后的议题、产品、服务进行交流，而不是通过开放和公共的传播来直接交流。这个议题强调在社会中公共角色和私人空间之间的张力。虽然并不明显，大数据对个人隐私的威胁与公共空间直接相关。当这类数据和与个体发生作用的能力不存在，公共领域就是人们获知社会议题并学习的方式。这也保证了政策和其他议题能够公开和透明地被讨论。当公开交流公众所关注议题的需求消失了，社会公众就失去了保护自身免于被秘密操纵的能力。比如，一个制药公司要开发一种有争议性的产品，如疫苗，只有基于大数据向医生或有潜在患病可能的个体推销。目前，这类产品最可能通过广告或在媒体上讨论来促销。然而，公司可能因议题的争议性，在公共领域中封锁消息。因为他们拥有那些可能成为父母的人的名单和档案，他们可以将个人化的信息发送给个体，让公众完全不接触到争议。

因此，虽然一定的传播有时可以且应当是私人的，但是将信息发布到公共空间进行探讨和辩论也很重要。对战略传播者而言，保持两种利益的平衡，不被诱导将那些应该公开和透明的信息进行个人化传播，这一点很重要。

战略传播过程中传播的本质

传播可以被控制和管理的观念目前显得很多余。事实上，在战略传播中最为重要的视角是拒绝传播过程中的线性。目前人们仍然对香农和韦弗（Shannon & Weaver, 1949）

的信息传递模式很感兴趣，因为这个模式简单而容易理解。此外，在某种程度上它仍然很有用，它能够提醒实践者特别关注特定的传播过程、讯息建构和目标公众的媒介使用（Boromisza-Habashi, 2013）。如学者贝尔等人的观点，传递模式仅仅探讨了“我们如何将信息从这里传到那里”（Bell, Golombisky & Holtzhausen, 2002, p.5）。虽然这一直是一个有效的问题，但真正更重要的问题是：“在那个过程中发生了些什么，意义如何被塑造和共创？”

符号互动（Bauer, 1964; Blumer, 1969; Carey, 1989; Thayer, 1968）和后现代主义（通过福柯和利奥塔的大量著作）已经深刻地改变了组织和社会对传播角色的看法，它们都构成了今天传播理论的基础。这些理论都被认为是传播的基本模型，代表了“对话—辩证的学科矩阵”（Craig, 1999, p.120），表现了七种不同的传播理论。从广义上来说，它们关注信息如何通过传播过程进行分享，这里对于战略传播者而言特别重要的是，意义是通过聚焦于不同意见的传播过程，通过厄尔斯（Ermarth, 2001, p.211）所谓的“彼此间的语言”而被建构起来的。没有传播就没有意义的共同创建。对战略传播者而言，这可能偶尔发生于面对面的语境，但是大多数与其他渠道的传播相关。

然而信息传递模型聚焦于信息从一个地方传播到另一个地方，正如杜威（Dewey, 1954）的观点，基础的传播关注传播在带来改变和促使行动方面的重要性。从这个视角来看，战略传播者的角色并不是通过最有效的媒介来发出信息，虽然这也是一个非常重要的起点，但更重要的是，从业者要发出信息，这是一个传播主体和利益相关者之间创造意义的起点，从事实上带来社会变革和社会行动（Hallahan, 2010）。信息传递的潜在假设在于一个人可以控制它，战略传播却越来越关注传播的过程，传播可能发生于一段很长的时间，在信息发出以后还要延续很长时间。

就战略传播者而言，随着他们对行动的关注，理解和应用“中介作用”就很重要，“它用来批判性分析媒介和传播改变文化和社会之间的关系”（Couldry & Hepp, 2013, p.191-197）。中介化超越了媒介效果：

> 简而言之，伴随着媒介，我们的生活发生了变化，这种变化非常深刻，因而不可能简单地依靠累积越来越多的关于某份报纸的研究，描述一个节目如何产生，或追踪特定观众如何在某个特定时刻理解某部电影来对之进行解释。

作为“社会”传播者，战略传播从业者和受众每天使用媒介，这里的媒介是广义上的，包含所有形式的互联网和电子传播。在过去，战略传播主要从制度化视角关注中介作用。在这个视角下，媒介是需要通过“媒介逻辑”来理解的制度——理解媒介如何运作——这也是为什么政治家和其他利益群体希望能够接近媒介，雇佣专门人员为他们做这些工作。然而，按照上文所描述的基本的传播模式，传播从业者同时知道媒介能够如何被用于塑造社会和文化现实也非常重要。

从理论视角来说，正是传播视角下两股强大的理论传统的汇流使得战略传播偏离了其他的传播学科。它使得学界和业界同样考虑传播的基本特征和在战略传播过程中媒介的角色。因此，不同于仅仅将媒介视为传播渠道，将受众视为讯息的接受者，战略传播者需要考虑意义如何在涉及利益相关者和从业人员所使用的媒介的交互过程中被塑造，也要考虑利益相关者如何在这个过程中读解和重创媒介内容。只有这样，战略传播者才能真正理解他们的实践怎样影响和塑造社会并带来变革。

“突现”的概念

当人们放弃对传播和意义创造过程的控制，传播过程的绝对混乱将是压倒性的。然而，要对传播持有真实和实际的视角，人们必须支持这种混乱和传播实践中的混沌状态。

现实所显露出的一点线索正是今天逐渐为人所熟知的概念“突现”（emergence）（Mintzberg, 1990; Quin, Mintzberg, & James, 1991），它常常描述组织中的战略制定，它来自基本传播的概念，那是一种仪式的而不是线性的过程。突现战略基于很多人的参与，其中包括了外部利益相关者提供关于过程的真实丰富的内容。所谓受控制的战略观念已经很大程度上被抛弃，具体则取决于战略计划如何被执行。

然而，组织仍然能够同时容纳功能主义者和突现的战略过程，两者的共存依赖于领导能力的转变和视野，以及利益相关者的广泛参与（Sloan, 2006）。人们认为即使在转型的领导能力中，突现的概念也是嵌入领导阶层的传播中的（Mitra, 2013）。转型领导的对话活动虑及了改变和转型，从而再次导致领导本身的转型。麦卓认为领导能力和转型的过程难以置信的复杂，它是权变的，且通过传播相互关联（Mitra, 2013, p.397），这些都促使组织传播环境更加混乱。

因此，正如斯洛恩（Sloan, 2006）的观点，传播仍然是转型的领导阶层和利益相关者参与的基础。哈夫斯和霍华德（Hafsi & Howard, 2005, p.243）战略理论在知识和实践层面占有一席之地，它由五个方面构成——领导的陈述、社群的陈述、指南、构建竞争性优势、与环境的关系。传播强调制定战略中的各个方面，无论是功能主义的还是突现的。

功能主义的传播规划方法需要对战略规划进行常规性回顾。突现战略同样关注通过传播对战略的持续性塑造，同时也与日常性战略思维和各个层次的传播从业人员的行动紧密关联，集中于实践和技巧以支持整体战略。创造性和创新性是战略执行的基本构件（Bigler, 2004）。

突现战略强调战略传播者的重要角色，也就是保证利益相关者，特别是内部利益相关者的广泛参与。这有可能成为传播者最大的绊脚石，因为他们必须使组织的领导人相信内部利益相关者可以为这个过程增加价值，还必须减轻中层管理者的恐惧，因为他们常常认为交流的过程可能暴露弱点，从而对自己造成威胁。霍尔兹豪森认为战略是最有包容性的，虽然也是冲突的和矛盾的，战略是对传播领域实践的描述。它的包容性是因为“它强调传播是一种管理实践……同时允许参与传播实践的研究，其中包含了利益相关者传播、改变环境、对组织环境的复杂分析以及他们对突现战略的贡献”（Holtzhausen, 2012, 2003, p.158）。它也要求前文所提到的传播中首要的理论方法的运用，也就是基本传播和中介性传播的应用。

跨越实践领域的集体性

尽管很多人尝试构建传播实践的全球理论，但它们在诸如文化、经济、政治和媒介系统等情境化变量，文化、产品、服务等组织变量，以及其他很多因素的面前都分崩离析（Bardhan & Weaver, 2011; Sriramesh & Verčič, 2003）。结果是战略传播实践成为高度情境化的领域，关于这个领域的规范性理论既不实际也不令人满意。然而，有一些实践领域，无论是公共外交、政治、政府、非营利或营利组织，还是与其关系最为密切的实践、方法或问题，都成为哈拉汗（Hallahan et al., 2007）文章以及本书章节的来源，它们是公开出版的战略传播文章中最突出的成果。其最显著的共同性在于它们对利益相关者和受众、媒介渠道、期待中的行为结果、声誉管理和代理的关注。

利益相关者—受众的概念

在战略传播中，利益相关者总是以不同的名义和形式出现，这取决于传播的本质。比如，在政治传播中，他们可能被称为选民、投票人；在营利或非营利组织，他们可能以社群、志愿者、消费者、股东等形式出现。战略传播实践的每个领域都有一些具备独特性的个体或群体，他们被组织所影响，也能够影响组织。因此，为了继续进行讨论，我们姑且都将他们看作利益相关者（Phillips & Freeman, 2010）。

基于目前讨论的议题，利益相关者确实可以从广义上来界定。比如，那些受益于所得税宽减的企业或工业，需要将那些纳税的社群视为利益相关者，要对他们负责。虽然这并不意味着纳税者群体应当被卷入战略规划过程中，但这确实意味着透明度和财务责任应当在战略传播过程中享有优先权。

战略传播的最大问题是利益相关者的分类，这种分类往往基于传播实践者一系列的预设技能，例如人力资源管理者与雇员交流，营销传播者与客户交流，公关人员与公众和媒体交流，其他专业人员针对企业对企业的交流等。虽然这些传播者需要一起来工作，但通常情况下并不是这样的，因为他们没有相关知识来进行超越他们专业的交流，也不可能超出他们对责任的理解。这带来组织中战略传播活动不必要的碎片化。这种现象在教育中也被加剧，传播实践被作为公共关系、广告、营销、政治或健康传播来教授（Holtzhausen, 2008）。

战略传播项目开始就聚焦于发现实践中能够减轻问题的共性。决定战略传播实践者应该做什么的方式源自利益相关者中心的战略传播过程，而以往，战略计划决定了不同利益相关者群体。这意味着不再基于技术或特定的传播者的组织责任来决定传播活动，战略传播者应当有能力与利益相关者进行平等交流，他们可能是客户、行动者群体、社群、其他企业或个别掌权者，也包括媒体。这是战略传播统一体应有的含义，这也是为什么很多大学已经停止了按照过去那些界定的专业目录来教授学生，而是代之以更广泛的专业传播教育。这使得毕业生既有必要的技能体系，也具备知识基础能够运用所有可能的媒介渠道来与利益相关者群体进行平等交流，因此为战略传播实践提供更加整体性的方法。

渠道

现在新传播技术也需要战略传播者的广泛知识。在过去，媒介渠道更多地被控制，并作为真正的传播中介发挥作用。霍尔兹豪森（Holtzhausen, 2008）认为新媒介平台诸如互联网和社交媒体，使得战略传播者能够战胜这些阻隔，他们获得了更多的机会来遵循整体性的方法，这使得他们能够按照卷入的利益相关者的情况，既进行说服又进行协作性传播。采用利益相关者中心的方法帮助战略传播者在保持跨平台持续传播的同时，能够利用多样的传播技巧，这其中既包括付费性的媒介空间、自己的媒介（自己的网站、博客和社交媒体），还包括免费媒体（公开的转发、脸书中的粉丝、对在线发布内容的评价）。

更进一步说，如前文所述，目前新的分析提供了对受众进行微观分类的能力，甚至可以定位到个人，提供更多的按照利益相关者的个性化需求裁剪信息的机会。新传播技术支持很多不同的网络，这可能将很多不同的人汇聚到一个多元的网络之中（Barney, 2004）。利益相关者同时属于不同的网络之中，每一个网络代表了不同的利益相关者的身份。这进一步强调了对不同利益相关者的全面信息的掌握，对他们所参与的各类网络的理解，以及传播者通过不同的媒介和渠道来接触他们的能力需求。

行为结果

对利益相关者行为结果的凝聚性关注一直是战略传播最被忽略的领域，虽然这是从从业者角度来说最常见的衡量标准。这种状况的部分原因也在于对不同实践领域的区分。公共关系从业者一般关注作为他们工作结果的传播行为，然而广告从业者和营销人员则关注投资回报（ROI）。

然而，在广告领域中，投资回报也并不是现实的测量方法。虽然广告对市场有所帮助，但只是整个市场营销工作的一小部分。广告努力想去测量广告活动的直接结果，公关从业人员测量他们工作的结果。对行为结果的关注在广告和公关两条独立的理论方法路径下都非常明显：其一，在广告学中被称为计划行为理论（Fishbein & Ajzen,

2010），这个理论主要关注客户的消费行为；其二，在公共关系中被称为公众情境理论（J.E.Grunig, 1987, 1997）。在某种程度上，这些理论都有一定的预见性，它们可以预见传播行为将如何带来实际的行为。公众情境理论预测公众的成员何时为行动主义者。理性行为理论认为行为的目的是消费行为的合理的、可靠的预测指标，它的前提是假设一个人能够按照他们既定的目标进行理性行为。将这两种理论路径放在一起的正是韦德和斯维卡特（Werder & Schweickart, 2013）的研究重点，他们已经从这个角度迈出了一大步。

然而，战略传播者将他们的工作和想要的结果直接联系起来的能力仍然是该领域最潜在的能力。克里斯汀等人（Christen & Hallahan, 2013）同样关注了战略传播运动对行为结果的需求，并坚称那些最令人满意的结果也往往是不清楚和有争议的。哈拉汗指出，大量的概念被用来测量行为结果，例如关系、声誉、参与等，它们其实都非常模糊，任何一个概念都不能单独与战略传播工作的结果联系在一起。

战略传播者可能忽视在决定行为结果过程中提供指引的客户行为，更典型的说法是营销人员的领域。客户行为研究与公众的情境理论、理性行为理论都与行为序列模型（BSM）（Rossiter & Percy, 1997）相关，它们可能进一步提高研究者对行为结果的理解。虽然很多战略传播者都坚决地忽略了视觉形象在构建关系和声誉中的作用，但行为序列模型聚焦于在消费过程中决策的过程，并将它与产品的品牌联系起来。派西等人认为最终的产品或服务的消费与品牌态度有强关联。这直接将媒介策略与决策过程连接起来。理解决策过程是一个关键要素。派西等确定了在消费过程中的五个决定性角色：发起者、影响者、决策者、消费者和使用者。他们认为“有效营销传播的关键在于确定在决策过程中某类讯息可能发挥正面效果的关键节点”（Percy & Rosenbaum-Elliot, 2012, p.135）。对于这个方法值得注意的是，他们如何将讯息策略与理想的行为结果和媒介选择联系起来。

除非利益相关者的行为可以直接与这些目标联系起来，现实中，战略传播者的工作可能经常被视为对组织目标的非直接贡献。在将来，当大数据和特殊的算法可以建立战略传播者策略与利益相关者行为和组织结果之间的直接关联时，他们对组织目标的直接贡献或许会得到认可。

声誉的必要性

传统上，声誉管理研究是商业和管理学者的领域（Carroll, 2013）。之后，传播在建立和管理公司声誉方面的角色已经在战略传播文献中非常显著，但是对衡量声誉的定义或构念仍然没有共识（Stack, Dodd, & Men, 2013）。构建组织声誉需要群策群力，因为它的财务表现、企业公民意识和雇员关系，以及其他很多因素都对声誉产生发生影响。

在最近一个对德国公司的研究中，公司的高层管理人员与传播者有共同的观念，即战略传播者主要应当培育信任和创造正面形象（Zerfass, Schwallbach, Bentele, & Sherzada,

2014）。这些发现表明声誉管理的重要性。然而，虽然很多人尝试提升声誉，但作为战略传播一部分的声誉测量目前充其量只能算模糊不清（Liehr, Peters, & Zerfass, 2010）。在一个对声誉测量的构念的总结性研究中，斯多克等人确定可见性、可信度、真实性、透明度、信任、关系和自信，是声誉取得的推动因素，类同于“支持性的利益相关者行为和有益的商业成绩”（Stacks et al., 2013, p.570）。

国家声誉的测量与企业声誉的测量有一些重叠之处，但是在很多方面仍然存在区别。杨等人（Yang et al., 2008）运用丰布朗（Fombrun）国家声誉指数来测量韩国的声誉，确定情感吸引力、身体吸引力、财务吸引力、领导力吸引力、文化吸引力、政治吸引力和全球吸引力作为测量国家声誉的构念。在一项历时14个月，采集了三次数据的纵向研究中，富勒顿等人（Fullerton & Holtzhausen, 2012）用了这些构念和他们的量表确定了2010年世界杯对主办国家声誉的影响。他们的分析同样产生了一个更加简洁的国家声誉的测量指标，包含对国家领导力的评价、对国家的情感、对国家文化独特性的感知。在所有的数据中，这三个构念解释了在国家声誉测量中70%的变化。在尝试确定国家形象对国家声誉的影响研究中，研究人员询问受访者，当他们想到韩国时，最先想到哪五个词。虽然量化和质化数据之间的直接关系并不能被明确建立起来，但是一项对从总量3,183个内容中提取的973个词语或短语的分析表明声誉量表确实反映了受访者的态度。这表明当人们思考一个国家或地区时，人们回忆的形象是确定声誉的有效分析单元。

以上对声誉构念的回顾表明在对声誉测量达成共识之前，研究者也有办法开展研究，同时测量声誉也是情境性的。这也表明将战略传播者在构建声誉过程中发挥作用的独特角色很难与其他角色分开。然而，很明显的是，战略传播者已经达成共识，无论在何种语境下，声誉构建是他们的重要功能。

传播从业者的代理

对声誉管理的讨论在于，战略传播工作同时也承载了雇佣者对战略传播者的期待。本章所提出的战略传播的概念包含了战略传播者作为他人的代理人观念。委托代理理论认为，委托人（所有人、股东）、指定代理人（经理人）代表他们行为（Pratt & Zeckhauer, 1991），这种情况常常发生在组织发展到过于庞大以至于委托人无法自己完成所有的工作，或者当他们逐渐在地理空间上分开，以至于委托人不能做到随时在场时，委托人通过合约控制代理人代表其行为，测量期待的输出和成绩（Hatch & Cunliffe, 2013）。

虽然这并不是关于组织控制的唯一理论，但因为学科在组织中的代理角色而与战略传播密切相关。对战略传播者而言，引起争议的问题是对组织中传播专业人员的角色期待存在很大分歧（Zerfass et al., 2014）。委托人和代理人之间成功的关系是建立在对角色和代理人可被测量的结果期待明确的基础上的（见Holtzhausen, 2012，对传播代理人的全面讨论）。这些区别在21世纪阶层和结构界定不那么清晰的组织中被加剧（Nolan & Wood, 2003）。传统方法提出诸如控制机制和阶层规划等管理学的解决办法，来解决委托代理关系的内在挑战。然而，现代组织中的代理是一个多层面的现象，其中包含代表网络、责任以及超越了市场和等级的治理结构——价值和管理，也包括指导了行为的常用脚本和共有观念（Zerfass et al., 2014）。从这个角度来看，战略传播要求对雇主和高层提出关键原则的理解和支持。这意味着存在于教育中的壁垒必须被推倒——这里不仅仅指传播学院，也包括那些往往坚持采用传播的信息传递模式和调节行为的功能模式的机构，如商学院、工程系等。

战略传播研究方法的挑战

战略传播研究也与前文的讨论有关，特别与那些测量运动结果、角色和从业者的绩效期望的研究相关。正如本章已经阐述过的，我们很难直接按照投入回报理论和其他组织标准来测量传播者的直接贡献。很多传播实践，例如危机预防和管理利益相关者的讨论引导战略决策等，都不能从财务角度来测量，这类论点一直被认为是有效的。

这可能因大数据提供了直接关联从业者传播行为与利益相关者行为的其他方法后而发生改变。比如，运用一个精确的算法，通过从业者在公司网站发布的信息，可以追踪人们的点击率、阅读率以及由信息所引发的后续行为。算法可以积累关于特定访问者的大量综合性的信息，这可以给人们提供一个线索，即最初发布的信息究竟如何影响了读者。梅耶等人（Mayer-Schonberger & Cukier, 2013）解释了大数据不仅是关于拥有百万数据节点的数据库，也是一种综合性的数据，例如个人完全的DNA档案。因此，人们认为利用大数据，收集个人行为的综合性数据，可以帮助传播者在利益相关者行为与组织的传播行为相关时，更好地跟踪他们的个体行为。虽然因为大数据成本过高，且目前大数据并不能够给商业问题提供特定的解决方案，CEO目前仍然不愿意支持大数据。但79%的管理者认为他们在之后的五年将支持大数据，因为在过去的2—5年中，大数据的潜力能完全发挥出来（Loechner, 2014）。

大数据的发展给传统的数据收集方式，例如传统的、定量的调查方法，深度访谈之类定性的数据收集方法等带来挑战，因而它已经被很多研究者考虑（Boyd & Crawford, 2013; Savage & Burrows, 2007;Smith, 2013）。萨瓦奇等人（Savage & Burrows, 2007, p.885）将大数据描述为“即将来到的危机”，它最终将使调查研究显得多余。因为调查研究是通过抽样进行的，它永远不可能提供大数据那样的综合性数据，特别是在目前大多数战略传播者所处的制度化情境下。他们认为“关于总人口的数据作为制度化交易的副产品被常规性地收集，因而抽样调查的方法显得不那么有用了”（Savage & Burrows, 2007, p.891）。他们提到的一个例子是电话公司的客户电话记录如何提供关于传播网络更优的数据，它超越了任何传统网络分析所能提供的数据。另一个例子是亚马逊，它的书籍营销并不是基于人口调查或客户的社会经济数据，而是通过每个客户的数据来确定他们可能会对什么书感兴趣。关于个体的百万计的数据被收集起来，结果是这些组织“因此可以绕开所有的推断性的原则，直接运用真实的、完全的、来自系统中所有交易的数据来工作”（Savage & Burrows, 2007, p.891）。这是战略传播者从他们的组织中所获得的独有的数据，一般来说学术研究者是得不到的。

战略传播者熟悉大数据非常重要，要了解它的益处和短处。史密斯对草率地运用数据提出了严肃的关注，特别是对那些收集于互联网、社交媒体，或运用上文提及的数据库的数据。虽然他认同新传播技术对研究舆论的有用性，但也认为调查研究仍然可以精确反映舆论。他坚持同时使用大数据和调查研究，“并运用来自其他替代性来源，例如社交媒体和互联网的辅助数据，推动舆论和其他主题的标准调查”（Smith, 2013, p.226）。

社交和在线媒体的测量确实给战略传播的测量提供了新方法。然而，战略传播仍然需要抓住这些标准的真正价值。贝姆认为虽然社交媒体的度量标准和大数据被用来确定他们的经济价值，但社交媒体的质化分析“可能更适于评价社会和个人的价值”（Baym, 2013, p.1）。独特的访问者、网络访问和点击可能提供关于一些访问者的数据，但是他们不能提供诸如对推特的交流和转发、脸书的关注和评论的质化分析的丰富数据。

结论

以上讨论不仅再次确认了战略传播领域的基础，也介绍了新的视角和挑战，特别是对战略传播表现的测量。目前的界定对战略传播的绩效期待仍存在缺陷，这是委托代理关系带来的直接结果。战略传播者在真正超越信息传递支持意义生成，以及测量传播实体和公共利益的战略目标一致的行为结果的过程中面临着挑战。这值得学界、研究人员、传播专业人员探讨、辩论、研究这些议题。21世纪的第一个十年发生了很多新发展，这在十多年前几乎是无法想象的。本书中的章节第一次尝试确定这些议题和问题，同时也给将来的研究提供一个参考。

我们的主要挑战是，将传播和公共领域、组织和利益相关者关系、战略和多元代理环境中的决策研究，与界定和评价源自组织整体目标的可测量结果的追求联系起来。我们需要跨学科的研究方法，这已经偏离了广为人知的传统的单一学科的理论和研究方法，例如公共关系、组织传播、广告或公共外交等。结合多学科的视野可能首先导致了概念被批评为比传统方法的推断性更强、聚焦性更弱。但是社交媒体现实和战略传播既不是盒子里的碎片，也可能完全服务于整个学术社区的规则。

战略传播是一个复杂的和正在出现的现象，它需要恰当的理论和研究。学者（Holtzhausen & Zerfass, 2013）回顾了从2007—2013发表于《国际战略传播期刊》的文章，发现在哈拉汗（Hallahan et al., 2007）通过跨学科实践的共性提出的视野正在发展中。然而，战略传播仍然是发展中的工作，它绝不是一个成熟的领域。研究界定了战略传播确实是运用于很多不同传播领域的过程，但是过程本身对很多领域的作用有限。比如，他们认为不是所有的健康传播都是战略的，不是所有的战略传播都与健康有关。类似的还有，公众的概念界定了公共关系，但是在战略传播中，公众只是一个利益相关者群体。对于营销中的客户和政治传播中的选民概念，也是这样的情况。然而，这确实指出了战略传播过程中最重要的目标：发现那些可以告知全体学界和业界的传播实践中的共性，构建具备战略意义的传播必须广泛理解实践者新群体。

研究者应该充满勇气地参与这项真正对实践有意义的研究议程。传播科学经常因为没有卷入政策制定，没有提出信息时代中社会的关键问题，例如权力的分配（Castells, 2009）和隐私（Buchmann, 2013），而受到批评。战略传播领域给探索这些和其他一些正在出现的议题提供了多重机会，这些议题来自影响了这个领域的传播者、确定目标和期待结果的委托人、公共领域的活跃者、专业人员，那些保持战略目标透明度的传播活动都对这些议题有所帮助。

参考文献

[1] Bardhan, N., & Weaver, C. K. (Eds.). (2011). *Public relations in global cultural contexts. Multiparadigmatic perspectives*. New York: Routledge.

[2] Barney, D. (2004). *The network society*. Malden, MA: Polity Press.

[3] Bauer, R. A. (1964). The obstinate audience: The influence process from the point of view of social communication. *American Psychologist*, 19, 319–328.

[4] Baym, N. K. (2013). Data not seen: The uses and shortcomings of social media metrics. *First Monday*, 18(10), 1–16.

[5] Bell, E., Golombisky, K., & Holtzhausen, D. R. (2002). *Communication Rules*! School of Mass Communication. University of South Florida. Tampa, FL.

[6] Bentele, G., & Nothhaft, H. (2010). Strategic communication and the public sphere from a European perspective. *International Journal of Strategic Communication*, 4(2), 93–116.

[7] Bigler, W. R. (2004). *The new science of strategy execution. How established firms become fast, sleek wealth creators*. Westport, CT: Praeger.

[8] Blumer, H. (1969). *Symbolic interactionism: perspectives and method.* Englewood Cliffs, NJ: Prentice-Hall.

[9] Boromisza-Habashi, D. (2013). Which way is forward in communication theorizing? An interview with Robert T. Craig. *Communication Theory*, 23(4), 417–432.

[10] Boyd, D., & Crawford, K. (2013). Critical questions for Big Data. *Information, Communication & Society*, 15(5),662–679.

[11] Buchmann, J. (Ed.). (2013). *Internet privacy: options for adequate realisation*. Heidelberg, Germany: Springer VS.

[12] Carey, J. W. (1989). *Communication as culture. Essays on media and society*. Boston, MA: Unwin-Hyman.

[13] Carroll, C. E. (2013). Corporate reputation and the multi-disciplinary field of communication. In C. E. Carroll (Ed.), *The handbook of communication and corporate reputation*. (pp. 1–10). Malden, MA:

Wiley-Blackwell.

[14] Castells, M. (2009). *Communication power*. Oxford, England: Oxford University Press.

[15] Christen, C. T., & Hallahan, K. (2013). Psychological processing. In R.L. Heath (Ed.), *Encyclopedia of public relations* (2nd ed.) (Vol. 2, pp. 705–709). Thousand Oaks, CA: Sage.

[16] Couldry, N., & Hepp, A. (2013). Conceptualizing mediatization. *Communication Theory*, 23(3), 191–202.

[17] Craig, R. T. (1999). Communication theory as a field. *Communication Theory*, 9, 119–161.

[18] Dewey, J. (1954). *The public and its problems*. Athens, OH: Ohio University Press. (Original work published 1927).

[19] Ermath, E. D. (2001). Agency in the discursive condition. *History and Theory*, 40, 34–48.

[20] Farwell, J. P. (2012). *Persuasion and power: the art of strategic communication*. Washington, DC: Georgetown University Press.

[21] Fishbein, M, & Ajzen, I. (2010). *Predicting and changing behavior: The reasoned action approach*. New York, NY:Psychology Press.

[22] Fullerton, J., & Holtzhausen, D. (2012). Americans' attitudes toward South Africa: A study of country reputation and the 2010 FIFA World Cup. *Place Branding and Public Diplomacy*, 8(3/4), 1–15.

[23] Grunig, J. E. (1989). Sierra Club study shows who become activists. *Public Relations Review*, 15(3), 3–24.

[24] Grunig, J. E. (1997). A situational theory of publics: Conceptual history, recent challenges, and new research. In D. Moss, T. MacManus & D. Verčič (Eds.), *Public relations research: An international perspective* (pp. 3–48). London, England: International Thomson Business Press.

[25] Grunig, L. A., Grunig, J. E., & Dozier, D. M. (2002). *Excellent public relations and effective organizations. A study of communication management in three countries*. Mahwah, NJ: Lawrence Erlbaum Associates.

[26] Habermas, J. (1979). *Communication and the evolution of society*. Boston, MA: Beacon Press.

[27] Habermas, J. (2006). Political communication in media society—Does society still enjoy an epistemic dimension? The impact of normative theory on empirical research. *Communication Theory*, 16(4), 411–426.

[28] Hafsi, T., & Howard, T. (2005). Reflections on the field of strategy. In S. W. Floyd, J. Roos, C. D. Jacobs & F. W. Kellermanns (Eds.), *Innovating strategy process*. (pp. 239–246). Malden, MA: Blackwell.

[29] Hallahan, K. (2010). Being public. Publicity as public relations. In R.L. Heath (Ed.), *Sage handbook of public relations* (pp. 523–545). Thousand Oaks, CA: Sage.

[30] Hallahan, K., Holtzhausen, D. R., van Ruler, B., Verčič, D., & Sriramesh, K. (2007). Defining strategic communication. *International Journal of Strategic Communication*, 1(1), 3–35.

[31] Hanisch, C. (1970). The personal is political. In S. Firestone & A. Koedt (Eds.), *Notes from the second year: Women's liberation*. New York: Sulamith Firestone and Anne Koedt.

[32] Hatch, M. J., & Cunliffe, A. L. (2013). *Organization theory. Modern, symbolic, and postmodern perspectives* (3rd ed.). Oxford, England: Oxford University Press.

[33] Holtzhausen, D., & Fullerton, J. (2013). The 2010 FIFA World Cup and South Africa: A study of longer term effects and moderators of country reputation. *Journal of Marketing Communications*.

[34] Holtzhausen, D. R. (2008). Strategic communication. In W. Donsbach (Ed.), *The International Encyclopedia of Communication* (Vol. 10, pp. 4848–4855). Malden, MA: Blackwell.

[35] Holtzhausen, D. R. (2012). *Public relations as activism. Postmodern approaches to theory and practice*. New York, NY:Routledge.

[36] Holtzhausen, D. R., & Zerfass, A. (2013). Strategic communication—Pillars and perspectives on an alternate paradigm. In K. Sriramesh, A. Zerfass, & J.-N. Kim (Eds.), *Current Trends and Emerging Topics in Public Relations and Communication Management* (pp. 283–302). New York, NY: Routledge.

[37] Kohlberg, L., Levine, C., & Hewer, A. (1984). Synopses and detailed replies to critics. In L. Kohlberg (Ed.), *Essays on moral development*. (Vol. 2). San Francisco, CA: Harper & Row.

[38] Liehr, K., Peters, P., & Zerfass, A. (2010). Reputation messen und bewerten – Grundlagen und Methoden. In J. Pfannenberg & A. Zerfass (Eds.), *Wertsch fung durch Kommunikation: Strategisches Kommunikations-Controlling in der Unternehmenspraxis* [Value creation by communication] (pp. 153–164). Frankfurt, Germany: Frankfurter Allgemeine Buch.

[39] Loechner, J. (2014). *Big data pros and cons*. Retrieved January 28, 2014, from http://www.mediapost.com/ publications/article/216665/big-data-pros-and-cons.html.

[40] Mahoney, J. (2013). *Strategic Communication-Principles and Practices*. South Melbourne, Australia: Oxford University Press.

[41] Mayer-Schönberger, V., & Cukier, K. (2013). *Big Data. A revolution that will transform how we live, work, and think*. Boston, MA: Houghton Mifflin Harcourt.

[42] Mitra, R. (2013). From transformational leadership to leadership trans-formations. *Communication Theory*, 23(4),395–416.

[43] Nolan, P., & Wood, S. (2003). Mapping the future of work. *British Journal of Industrial Relations*, 41(2), 165–174.

[44] Paul, C. (2011). *Strategic communication: origins, concepts, and current debates*. Santa Barbara, CA: Praeger.

[45] Percy, L., & Rosenbaum-Elliot, R. (2012). *Strategic Advertising Management* (4th ed.). Oxford, England: OxfordUniversity Press.

[46] Phillips, R. A., & Freeman, R. E. (Eds.). (2010). *Stakeholders*. Cheltenham, England: Edward Elgar.

[47] Pratt, J. W., & Zeckhauer, R. Z. (Eds.). (1991). *Principals and agents: The structure of business* (2nd ed.). Boston,MA: Harvard Business School Press.

[48] Quinn, J. E., Mintzberg, H., & James, R. M. (1991). *The strategy process: Concepts, contexts, and cases*. EnglewoodCliffs, NJ: Prentice Hall.

[49] Rossiter, R., & Percy, L. (1997). *Advertising communication and promotion management* (2nd ed.). New York, NY:McGraw-Hill.

[50] Savage, M., & Burrows, R. (2007). The coming crisis of empirical sociology. *Sociology*, 41(5), 885–899.

[51] Self, C. (2010). Hegel, Habermas, and community: The public in the new media era. *International Journal of Strategic Communication*, 4(2), 78–92.

[52] Shannon, C. E., & Weaver, W. (1949). *The mathematical theory of communication*. Urbana, IL: University of Illinois Press.

[53] Sloan, J. (2006). *Learning to think strategically*. Burlington, MA: Elsevier.

[54] Smith, T. (2013). Survey-research paradigms old and new. *International Journal of Public Opinion Research*, 25(2), 218–229.

[55] Sriramesh, K., & Verčič, D. (Eds.). (2003). *The global public relations handbook*. Mahwah, NJ:

Lawrence ErlbaumAssociates.

[56] Stacks, D. W., Dodd, M. D., & Men, L. R. (2013). Corporate reputation measurement and evaluation. In C. E. Carroll (Ed.), *The handbook of communication and corporate reputation* (pp. 561–573). Malden, MA: Wiley-Blackwell.

[57] Swindell, C. (2011, May 20). GOP needs viable candidates, *Charleston Gazette*.

[58] Thayer, L. (1968). *Communication and communication systems in organization, management and interpersonal relations*. Homewood, IL: Irwin.

[59] Werder, K. P., & Schweickart, T. (2013). *An experimental analysis of message strategy influence on receiver variables:Advancing an integrated model for explaining the communication behavior of publics*. Paper presented at the 16thAnnual International Public Relations Research Conference., Miami, FL.

[60] Wheatley, M. (2013). How The Gambling Industry Is Betting On Big Data. siliconANGLE. Retrieved on July 25, 2014 from http://siliconangle.com/blog/2013/08/20/how-the-gambling- industry-is-betting-on-big-data/

[61] Yang, S.-U., Shin, H., Lee, J.-H., & Wrigley, B. (2008). Country reputation in multidimensions: Predictors, effects, and communication channels. *Journal of Public Relations Research*, 20(4), 421–440.

[62] Zerfass, A., Schwalbach, J., Bentele, G., & Sherzada, M. (2014). Corporate communications from the top and from the center: Comparing experiences and expectations of CEOs and communicators. *International Journal of Strategic Communication*, 8(2), 61–78.

第二章

（重新）理解克劳塞维兹：战略话语和战略传播的影响

霍华德·诺斯哈特和哈根·舒尔茨

2003年，传播学者斯泰恩（Benita Steyn）指出企业传播战略的术语一直存在误读，却从来没有在科学共同体中从学术层面被妥善处理。斯泰恩写道：

> “战略”的概念在管理理论和实践中广为人知。然而，“企业传播战略”的概念在公共关系（企业传播）知识体系中得到的关注甚少。虽然企业传播实践者的战略角色有所提及，但是企业传播战略在战略组织语境中的意义很少得到解释或描述。
>
> Steyn, 2003, p.168

斯泰恩之后呼吁抓住即将到来的传播战略。目前传播战略作为术语已经在实践者之间流行，存在于每个人的口中至少十年了。在1997年，提比已经指出“现在越来越难发现一篇文章中没有包含讨论‘战略方向’‘传播战略’‘战略’的讯息”（Tibbie，转引自Steyn, 2003, p.357）。然而，斯泰恩清晰阐明广泛的运用和全面的考量并不一定同时出现。她同意提比的观点，战略术语的运用目前比较混乱（Tibbie, 1997, p.358），也已经“像个咒语般被传来传去”（Tibbie, 1997, p.357）。她也同意卢卡塞维兹（Lukaszewski, 2001）的观点，他们认为战略制定是公关实践中最神秘的领域。因此，如同提比的观点，这造成了词汇的晦涩。

然而，奇怪的是，斯泰恩之后的学者将其对战略的探索限制在企业管理和管理研究中。战略一词最初来自经典的希腊语，在公元前6世纪被运用，指的是军事指挥官，这一点广为人知。同样广为人知的是，最常被引用的战略概念可追溯至普鲁士军事理论家卡尔·克劳塞维兹（Carl von Clausewitz 1780—1831），他的巨著《关于战争》（*On War*, 1989, 1991）可能是对战略影响最深的文章。

关心战略传播的学者，当然都知道战略的概念根植于军事理论中。然而，科学共同体对军事经典的兴趣索然。这种现象特别让人感到迷惑，因为当我们在阅读这些战略管理文献的时候，从孙子、马基雅维利、克劳塞维兹、毛泽东、格瓦纳，以及他们在现代的继承者的著作中，往往感到它们充满着参考文献，既内敛又直白，对前辈们极端崇拜。举个例子，因特胡博（Hinterhuber, 1990）从普鲁士战争理论出发写了一本《竞争性战略》的书，其中不仅引用了克劳塞维兹的观点，也引用了萨恩霍斯特（Scharnhost）、格内森瑙（Gneisenau）和莫特克（Moltke）的观点。

这种不情愿是有原因的。确实，人们可以认为传播与战争是背道而驰的，战争表现为一种无传播状态，即对了解彼此无意愿。然而，这里有必要指出，战略最终是关于冲突的，而不一定与武力有关；虽然克劳塞维兹关注武装冲突，警告不要人为地去分隔战争中的双方（《关于战争》，I.I.1.3）。战略是关于胜利或取得优势的，人们可以说它与暴力无关。如果不是这样，这个概念不会那么容易被管理理论和营销理论所采纳；虽然我们可以解释为，21世纪的人们理解商业的残酷。但是，那种“胜利vs失败”的清楚的对称性词语在商业和管理语境中如此普遍，因而对二分法回避的需求可能是人们在战略传播文献中避免军事话语的另一个原因，因为这常常让公共关系本身、公共关系的运用、公共关系的学术研究显得模糊不清。

相反，我们认为一旦话语的理解这一关跨过去，就可以通过军事理论的学习收获良多。特别推荐战略传播实践者和理论家阅读克劳塞维兹，主要有两方面的原因。克劳塞维兹不仅仅在普鲁士改革时期研究今天被我们界定为“公共关系”的内容（Ritter, 1931, p.46），且在他早期的文献中也有论及（《战争的原则》（III，1, 1812，对舆论的捕捉是战略的三原则之一，另两者是对敌军的挖掘和对资源、渠道的掌握）。然后从这个视角出发，作者提出带着阐明战略传播中的战略概念的观点来重读军事理论，特别是克劳塞维兹的《关于战争》。

在《关于战争》的起始段，克劳塞维兹首先对一个问题给出了一个令人吃惊的直白答案，这是一个困扰了一代代管理和营销战略学者，也取得了或大或小成绩的问题，即当用战略来思考时，我们要考虑用什么来思量自身。

> 首先，也是第一位的，一个发号施令的人所要做出的影响最为深远的判断是建立（……）他们所试图发动的那一类战争；不是误打误撞，也不是尝试将其转化，而是建立与其本质一致的东西。这是所有战略问题中的第一个问题，

也是最为综合性的问题。

《关于战争》, I.1. 27, 1989, pp.88-89

为了探讨这个议题，本章在论及这三个主题之前，先简要介绍方法论趋向。然而，我们再次回到“判断崇高行动”的概念之上，即冲突的本质这个问题上。三个主题按以下标题组织：第一，理解克劳塞维兹。从经典中学习，我们认为克劳塞维兹关于政治、人和专业人士的关系，艺术、科学和工艺的区分，关于手段、目标和结果的审慎的辩证推断铺平了通向战略传播研究中有价值的论争之路。第二，重读克劳塞维兹。关于战争学和传播学领域的平行发展，我们采纳了这样的论点，自从专业的军队开始出现的，他们最为常规性的工作就是面对人们的起义，面对敌对者开展的非常规的、不对称的、游击的战争——这里的游击指的是小型战争。在19世纪早期，我们不仅仅看到严酷实践的改进，同时也看到人类战争和游击战争的实质性理论的发展。我们将追踪目前与战略传播相关的话语和主要概念。最后，再次重读克劳塞维兹。解构中，我们用对照法结束全文，英雄的解构，克劳塞维兹的解构。奈特和摩根（Knights & Morgan, 1990）确信克劳塞维兹和他的同辈作为中产阶级，创造了一个关于战争的艺术的（假的）科学话语，从而保护他们作为拥有独特问题解决能力的专家地位。我们认为目前的传播专家在继续一个类似的战略，也面临着类似的问题。

方法论的趋向

在《国际战略传播期刊》的创刊号中，主编主要探讨什么是战略传播，特别是战略的条件意味着什么。主编指出这样的事实，在摇摆于现代和后现代的21世纪的今天，战略的术语必须被作为一个“富”概念来考虑（Hallahan, Holtzhausen, van Ruler, Verčič, & Sriramesh, 2007, p.11）。虽然正如哈拉汗指出，它仍然与处于支配地位的现代主义管理方法相关，但有很多关于这个术语的其他资料同时存在着。

作者当然同意主编的论断，我们不能通过概念将话语限制在狭隘的、排外的话语中，遮蔽那些令人激动的其他研究视角。但是，谨慎地停留在探索的模糊层面上对专业领域和学术领域而言，并不令人满意。我们很有必要通过加深对战略术语的理解，来推动我们的研究。然而，我们并不相信人们需要纠结于战略的基本概念；我们也不认为在流行的综合方法中，有必要在过多的战略概念、学校和模型中形成妥协。我们想要继续的第三种方式是，探讨那些显性或隐性影响了这个领域的主要作者的核心观点，其中第一个和最重要的一个人就是克劳塞维兹。然后，我们相信对克劳塞维兹观点的熟悉，将促进我们对战略话语谱系的理解，从而推动我们对战略的理解，因此它本身对战略传播者而言意义重大。为了阐明他们的观点，作者将引述克劳塞维兹巨著的特定章节，同时也会辅以其他一致的或形成对照的作者的观点，也包括业界人员的观点，例如毛泽东（1936, 1938, 1966）、罗伯特·艾斯普瑞（Aspery, 1994）、厄内斯特·切·格瓦纳（Guevara, 1965, 2003a, 2003b）、哈利·萨默斯（Summers, 1982）、鲁伯特·斯密斯（Smith, 2006），以及诸如恩格斯和马克思，哈特（Hart, 1991, 1929, 1954）、皮特·派勒特（Paret, 2007）、麦克·霍华德（Howard, 1993）、卡尔·施密特（Schimitt, 2007）、赫弗瑞特·蒙科勒（Munkler, 1990）、安德鲁赫·博格鲁斯（Rothe, 2008）。我们确实相信我们的选择并不是对克劳塞维兹不公平，但是读者可能知道我们正在研究的思想来自思想的宏伟大厦。《关于战争》是一部实质性的、高度复杂且最终是阶段性的著作，任何尝试用两条线索来总结克劳塞维兹辩证的、多层次的思维将注定失败。

理解克劳塞维兹：从经典中学习

第一，克劳塞维兹在《关于战争》和其他早期的小论文中审慎辩证的推理，铺平了通向战略传播中的价值论战之路。为了理解战略传播的本质，我们认为职业的战略传播者必须发展出对战略概念状态、战略思想系统的有效性以及技艺、科学和艺术之间区别的成熟理解。

战略概念的状态

克劳塞维兹的经典演绎将战术界定为在交战中对武装力量的运用，而将战略界定为以战争为目标来运用战术。正如前文论述的克劳塞维兹有关战略的经典概念，它带有对战术的内在从属性，今天仍然在商学院和军事研究中被教授。此外，这里可以指出有趣的一点，杜拉克（Drucker, 1909—2005）曾经给出了令人印象深刻的，在结构上非常类似的“有效性”和“效率”的概念——它们之间的区别很明显，它们也经常与克劳塞维兹的概念混淆。对杜拉克而言，两者是用正确的方法做事情（战术=效率？）和做正确的事情（战略=有效性？）（Drucker, 1963/1967）。

然而，当我们在研究《关于战争》时，经常让人忽略的一点是克劳塞维兹并没有宣称他的概念的原创性。克劳塞维兹让步了，甚至论争道，他的理解衍生自普遍的和令人接受的时机的期限：

> 战术和战略的区别在现在看几乎是普遍的，每个人在不需要考虑原因的情况下，了解每个特定因素的归属。无论何时这些类目都被盲目地使用，因此这种现象必然有一个根深蒂固的原因。我们已经尝试去发现这些区别，也不得不说正是这种普遍的使用造成了这种局面。另一方面，我们拒绝一些作者人为的概念，因为他们根本没有对这些概念的普遍运用进行反思。
>
> 《关于战争》，II, 1.

我们相信克劳塞维兹在19世纪早期的研究可能很好地描述了200年后的今天在传播管理文献中的专业话语状态，这当然是令人震惊的。克劳塞维兹所说的东西，用今天的眼光来看就是战略，在他的年代，这是一个流行词，但在这个概念的背后有实质性的内容，即非常根深蒂固的缘由。虽然在20世纪末、21世纪初，传播管理话语中最不缺乏的就是流行词，但战略仍然是其中生命力最强的。这个概念拥有惊人的持续性，以至于人们不知道仅仅将它作为一个流行词是否公平。这个概念从其本身的丰富性和复杂性来说，已经开启了卓越的发展历程，成为一种伞形术语，可能成为营销传播、公共关系、组织传播和其他学科的桥梁，很多学者都持有这类观点（Falkheimer & Heide, 2007; Hallahan et al., 2007）

我们需要从克劳塞维兹那里学习的东西是，战略的概念可能既是一个流行词，也是一个实质性概念。接受它的二元性，起码能够解释在世纪之交职业话语的、刺激的但并不意外的状态。正如前文所描述的，斯泰恩（Steyn, 2003）之类的学者认为现在可能是时候来抓住这个已经被运用了几十年的术语。进一步说，二元性不可能是非自然的，也不会是新的。专业术语常常被长时间使用，服务于双重的需求。因此，战略术语足够包容、模糊，能够成为一个全方位的词语，传递对整体重要性的不明确的理解。它也足够深入和复杂，基于2000年的词源学，我们可以详尽地对之进行阐述。结果是战略成为现代理论家称之为无层次的实践，它实际来自对实践的谨慎分析，克劳塞维兹由此得到了他的理论。

战略系统的概念

在回顾中，克劳塞维兹作为18世纪末、19世纪初的一位典型作者出现。派勒特（Paret, 2007）令人信服地追踪了克劳塞维兹思想对同时代的哲学家费希特、教育改革家裴斯塔洛齐以及康德的影响，这种影响并不是实质上的，而是内容和推理形式方面的。作为一个军事人物，克劳塞维兹是一个围绕着有影响力人物如萨恩霍斯特、格内森瑙而形成的改革者小群体的一员，这一点是确信无疑的，他们都致力于改变普鲁士的状态。相对不那么为人所知的是克劳塞维兹的观点无论从哪种角度上说都不代表他那个时代的主流军事思想。克劳塞维兹职业生涯的起点是军事作家，他反对主流，至少是流行的主流，他1831年早早去世，年仅51岁，当时他仍然被认为是局外人。克劳塞维兹的著作经历了200年时间的考验，而那些以前被认为的主流，以及高度的理论成就已经作为古董被束之高阁。因此，对传播学者而言，提这个问题很有意思，即什么已经被时间所抛弃，什么被认为是实质性的东西？

我们希望证明克劳塞维兹思想中的实质性元素是他促进后来者对他的战争案例研究的基本关注点。虽然，《关于战争》包含了很多在18至19世纪军事运行中有实践意义的建议。克劳塞维兹总是拒绝进入教条式的论战或建立系统。他对当时非常知名的军事理论家布劳（Bulow, 1757—1807）和乔米尼（Jomini, 1779—1869）的严厉批判，表明他目光敏锐，想要通过有条理地推理达到事物的核心。比如布劳虽然并不是一个出色的军事人物，但却是那个时代著作阅读量最大的学者（其次是派勒特，1989）。他沿着机械的和几何的思路提出的军事理论，反映了那个时代的特征，宣称相较于遵循着支持与运作的基础、方法的角度组成的系统战略，要远比设计的战争和战术的运用更重要。与之形成对比的是，克劳塞维兹认为战略和战斗不可能也必然不会分开。有一点特别得到费德里希·恩格斯的赞赏（Howard, 1989, p.43），克劳塞维兹认为对于战争中对所有主要的或不重要的操作而言，根据武力而进行的决策就如同商业中的现金交易。在那个时候，布劳的理论似乎与战争中的现实一致。战争确实发展成为操纵和反操纵的博弈，在世纪末真正的战争并不多。

然而，拿破仑·波拿巴（1769—1821）扫除了同时代军事理论中的人造之物，在旧政权被取代之后，他对那些军事理论施加了压倒性的一击。因为他打算使用现金交易，换句话说他积极地寻求战争中的决策。因此我们需要从这个历史的例子中学到的东西是理论家应该注意不要人为地将战术的、有血有肉的根基与战略层面的高度的、客观的领域分离开来。正如战争并不是由战略决定的，而是由最优战略而来的有利于自身的成功交战决定的。传播战略并不会让人们确信，真正让人确信的是产品、服务和讯息。更进一步，根据理论，在传播管理或战略传播文献的科学系统中，迟早要到来的梦想，终究只是梦想。

技艺、科学和艺术

布劳属于克劳塞维兹试图扫除的一代作者，正如波拿巴的军队在1806年扫荡了普鲁士的军队。正如派勒特的解释所论争的，布劳这样的作者，想要将军事艺术变为与实践的因果——机械世界观保持一致。我们将要看到克劳塞维兹重新引入了人类的、心理的元素：受尊敬的司令官的天赋、战士的精神、细节的摩擦，还包括暴力、仇恨、激情和恐惧。

运用拿破仑时代的观点，克劳塞维兹显得是正确的：按照心理学家，或者现在被我们认为是专横的领导力且有技巧的观点来看，拿破仑取得了超越他所能获得的物质条件的令人震惊的成功。与之形成对比的是，在更宏大的历史语境下，20世纪的两次世界大战和21世纪的军事行动似乎都支持重返那种简单、直白的视角；而不支持布劳相当复杂的观念。越南战争是一个例外，因为一些原因显得比较有趣，要求压倒性的物质和技术优势的观点大行其道；物质和技术的优势主要来自科学和经济的繁荣。然而，克劳塞维兹确实看到了这一点。萨默斯（Summers, 1982, ch.4）之后区分了两类赋予战争特点的活动，一方面是准备战争，一方面是真正的战争。克劳塞维兹写道：

> 涉及准备的知识和技巧将与军事力量的创造、训练和维系有关……另一方面，真正战争的理论，探讨的是在这些手段前期准备就绪之后，如何利用这些手段。
>
> 《关于战争》，II, 1

克劳塞维兹早期这样解释准备战争和真正的战争，认为两者之间的关系犹如铸剑的技艺和击剑的艺术之间的关系（《关于战争》，II, 2）。因此，按照现代的术语来表达，克劳塞维兹清晰地看到了发动战争的特定领域，给他们提供了科学方法，而其他人的理论则没有做到这一点。

美国军事作家萨默斯（Summers, 1982, pp.42-51），在分析20世纪60年代越南战争的失败中，巧妙地借鉴了克劳塞维兹的分析。萨默斯认为美国失败的一个原因在于于罗伯特·麦克纳马拉（Robert McNamara）部长庇护下美国防御部门中的量化—经济范式。麦克纳马拉，是福特汽车公司最精明的人之一，他将商业系统分析和量化统计带入防御预算，也引入越南战争的指挥中（一个有争议的、全面的批判是，将越南前所未有地框定为一场游击战，Asprey, 1994）。虽然经验丰富的分析者例如亨利·基辛格大体上认同系统分析的正确性大于错误性，但量化的范式，虽然能够很好地运用于战争的筹备中，却侵蚀了真正战争的能力。基辛格描述了麦克纳马拉的精明学生，特别是阿兰因·瑟文和怀恩·史密斯，对军事编制的影响：

> 一群新的军事工作人员出现了：那些人学习了新的行话，可以使系统分析的论断显得如此时髦，比过去一代表达得更加清晰，比官僚操纵更加富有技巧。在某些层次上，它缓和了民用和军事之间的关系；在更深的层次上它剥夺了简单的、天然的政治过程。但是当议题被简化为对军事力量的测试以后，可能在最终的分析中我们还需要更多相关的评估。
>
> Kissinger, 1979，转引自 Summers, 1982, p.48

在这个评论中，我们可以学到关于传播管理的二重知识。其一，传播经理人需要理解，就如同战争一样，传播管理中的某些领域可以用科学方法来观察，但却不尽然。传播管理的准备不能全然按照科学的线索来组织；真正的传播管理，正如其在真实的时间和空间中所呈现的，仅可能被科学的方法所支撑。当控制传播的表述系统被开发出来，平衡积分卡和战略地图成为被接受的工具，强调克劳塞维兹的讯息就显得特别重要。系统能帮助我们做准备，这一点是确定无疑的。但是它们不能为你进行实质性的对抗或者实质性的传播。在现代管理学中有一个趋向，即采用显得非常理性的、客观的、科学的话语，直到其面临现实的非理性。

重读克劳塞维兹：在战争和传播中的平行发展

克劳塞维兹的《关于战争》是数十年实践的结果，他一生都尝试抓住的兴趣和目标是，战争与战争理论是截然不同的。但是《关于战争》是不可思议的，因为它的作者并没有目睹横扫已经建立的系统的深刻改变，以及随之发生的理论和实践。因此，我们自然要问在今天的传播实践中，能够观察到哪些影响深远的变化。将克劳塞维兹放在思维中，我们也必然要问同时代的发展怎样影响了我们对理论的理解。

令人吃惊的是，战略传播的科学共同体可以从克劳塞维兹的理论中，也可以从目前在军事理论中那些尝试理解战略传播正在发生什么的研究中学到很多。我们所说的改变了规则的当前趋向是：真正的草根运动的趋向，自组织的社会运动，诸如反公共活动、游击营销，政治传播中的反常规和不规则的、多样的传播实践，美国参议院中越来越多的阻挠议事的行动。我们认为这并不是巧合，隐喻地说这些行动指的两种类型的战争：人民的战争和游击战争。这些成为克劳塞维兹时代重要的军事概念，它们在克劳塞维兹早期的著作中被简要地描绘出来，随后被浓缩到《关于战争》一书中。克劳塞维兹的战略方法随后被一些19世纪和20世纪的崇拜者的理论详细地阐述过。

组织计划与田野行动的关系

随着对私人战争、人民战争、游击战争的深入挖掘，我们不得不考虑《关于战争》艺术并未完成（Paret, 1989）。虽然文本著作完整存在，但其中大部分都是暂时性的。克劳塞维兹想要修订一遍，但他却在做之前去世了。似乎他在修订版中所规划的是用不同的冲突逻辑强调战争的两种不同的理想类型。第一种是有限冲突，在克劳塞维兹的时代是一种典型的18世纪的私人战争，举个例子来说，这种战争的终结可能是平息了两个国家的一场边境争端。相反，第二种战争的理想类型是一种深刻的政治冲突，它的结果是粉碎、破坏和废除政治意义上的敌对者。在克劳塞维兹时代，早期的革命，之后的拿破仑，法国与古老的欧洲独裁体制之间的冲突，就是第二种类型的冲突，这是对社会不同设想的政治存在的竞争。

克劳塞维兹勾画了对不同类型冲突的区分，但并未详尽阐述，我们在其中看到了这样的理念，即参战时系统的组织逻辑和实际的军事行动之间存在着深层的结构性联系。换句话说，当两个系统在战场中发生冲突求得生存时，它们所进行的行动正是它们组织逻辑的表达。正是在这个领域中，克劳塞维兹提出了他著名的观点："战争是其他手段政治的延续。"它是替代性的选择，是第二重手段。战争不仅仅可以被理解为政治的工具，也可以被视为政治的表达。在《关于战争》中，克劳塞维兹运用了德国的政治概念，这是一个非常模糊的概念，表明了三个不同的政治维度，分别是政体、政策和政治。具体来说，是政治制度、政治项目或任务、政治程序的逻辑即做事情的方式。这些区分不是很精确，因为这种模糊性，人们可在克劳塞维兹著名格言的两类不同的英文翻译中发现“战争是其他手段的政策的延续”“战争是其他手段的政治的延续”。人们选择的术语不仅仅是翻译的问题，也是理解和把握的问题。克劳塞维兹似乎用不同的方式运用了德国的术语，有时确实带有晦涩的模糊性。大部分的时候，他似乎考虑的是政策，在他的论述中，战争似乎是实现政治项目或一定政治意愿的手段。这里所说的战争是一种工具。但是人们也可以发现在有些段落中他明显谈论的是政治，也就是说在特定的政治系统的组织结构中表达的政治过程的逻辑。

要理解克劳塞维兹在将政治和战争关联在一起的时候，他在考虑什么，人们必须考虑克劳塞维兹的战争理论，以及在特定的历史语境下他的战略思维的发展和成熟。在18世纪末和19世纪初，欧洲持续了数十年的战争。在拿破仑时代的战争中，法国的军队征服了几乎整个大陆，从西南部的西班牙到欧洲东北部的俄罗斯首都莫斯科。这个伟大的军事成功并不仅仅是因为拿破仑的杰出能力，也是前文那个伟大思想的结果，即通过特定的行动，一个组织建立的社会系统的延续。克劳塞维兹写道：

> 在18世纪的最后十年，战争的艺术已经发生了显著的变化，最好的军队看到他们遵循的部分学说变得无效，军队的胜利在某个规模上发生，在那时显得难以置信，让人觉得好像所有的错误都是因为军事错误。很明显的是战争的艺术……让人吃惊……但是真正令人震惊的是来自军事而不是政治吗？……很明显的是，法国革命的巨大效果并不是来自新的军事方法和概念，更多的是通过政策和管理的剧烈改变，通过政府的新特征，从而改变了法国人的状况。其他的政府并不理解这些变化，他们希望通过传统的方法去反对这些新的、压倒性的变化：所有的这些都是政治错误。
>
> 《关于战争》，VIII, 6.B

拿破仑战争中的法国军队似乎不仅仅因为拿破仑和他的司法官的战略能力而难以战胜，也因为法国革命在政体、政治和政策三个领域所带来的变化。他们关于如何组织社会、如何组织军事机构的革命新思想不仅仅鼓舞了法国士兵，也包括其他的欧洲人。这里对于我们的军事战略和战略传播的主题真正重要的东西是战争的事实，在克劳塞维兹的思想中，它不可分割地与制造战争的组织（政治的）条件联系在一起。拿破仑的战争被法国的革命政治发展所影响，也因此而成功。拿破仑的真正战略成就可以被认为是将革命的新的政治条件转化为战争，依靠新时代最强的军事力量创造了一个新的社会（Schmitt, 2007, p.3）。

一旦我们抓住军事理论和实践王国中历史的发展，在战略传播世界中同时代的令人震惊的平行发展也就显露出来。重新表达克劳塞维兹的观点，我们假定如果传播是政治的持续，那么传播就不能被描述为达成它所针对的目标的中立的工具——而应该是相反的。一个组织如何传播，传播什么将要也必须和组织的形式关联在一起：它必须也将会成为目的的表达。在克劳塞维兹的话语中，这是政治目标和作战目标之间的关系（《关于战争》，viii）。

冲突的形式和传播的概念

如前文所述，克劳塞维兹区分了战争的三种形式之间的区别：私人战争、人民战争和游击战争。我们可以毫不牵强附会地宣称经典的、职业的运动与私人战争非常类似，草根运动可以被理解为人民战争，游击传播则回应了游击战争。然而，重要的一点是类目并不仅仅抓住了工具的不同，也抓住了冲突的不同类型或形式。

克劳塞维兹的理论区分来自拿破仑在战争时代对战争实践发展的分析。新的革命的思维，与政治是相关的，因为法国革命反对旧政权的思维，且导致了战争的革命，即人民战争。古代欧洲独裁者相对小规模的军队，由商人或黑帮性质的士兵构成，他们当时面对由大批志愿者或被征召的士兵构成的军队。简而言之，法国军队当时募集了比他的对手数量更巨大的、更为积极的士兵，这也是为什么拿破仑能够在很短的时间里征服几乎整个欧洲的重要原因之一。然而，一个似是而非的细节是，虽然这些政治领域中新的革命发展对战争产生了很强的影响，但是在表面上它似乎对军事行动完全没有影响。当法国革命改变了法国的政治环境，也改变了法国军队的一些组织条件，但它并不一定会从根本上改变法国战斗的方式（见 Asprey, 2000, 2001 对拿破仑战役的军事历史分析）。法国士兵背更少的行李，行军更快，在战场上能忍耐更长时间的饥饿，攻击的时候更有精神，这些都是真实的。但是他们使用的武器，他们执行的计谋，战争的整个面貌我们仍然是熟悉的。拿破仑并没有重新发明新的战争形式，他不能，他甚至也没考虑进行特别的创新，他确实遵循了既有的标准和规则。人民战争的军事行动可能被理解，因此作为私人战争的军事行动带来了完善或走向极端。

尽管经历了以惨败形式出现的差异，目前观察者所看到的事实之下的一个最大的道理逐渐抓住了拿破仑统治的根基。对很多当代人而言，拿破仑的军队和新形式的人民战争与独裁者的公用军队和他们的私人战争显得有些类似。其根本上的起因被掩盖了。革命和早期拿破仑法国的权力根基给全体人民注入了力量，从根本上不同于普鲁士、不列颠或俄罗斯（见 Smith, 2006，书中做了简要介绍）。因此，我们认为人民战争和私人战争的区别与草根运动和传统运动的区别之间有着显著的相似之处。草根运动与传统的、专业的运动不同，因为力量根基不同，但是从表面来看，传播看起来都是相似的。我们这里要论证的是一个广泛的观念，即不论哪个组织传播怎样的议题，都在运用同样的技术和战略的原则。人们对于政治的不满意可能与专业的运动经理人和那些尝试将私人战争原则运用于人民战争中的宣传模式相关。

接下来转到第三种类型，游击战争不同于传统私人战争的不仅仅在权力基础的组织上，同样也在于其斗争的方式。1808—1941年的西班牙对法国军队的游击战争可以算作在克劳塞维兹时代发生的第二重要的政治—军事发展。当时拿破仑被包括普鲁士、俄罗斯、奥地利、意大利和西班牙以及它们的联盟在内的欧洲多个军事力量打败，他的军队不能够打败那些在西班牙正规军队被打败之后西班牙人民自发形成的起义。这个新的西班牙对手相对比较小，估计包含50,000武装力量，而当时拿破仑的军队，是欧洲最强大的军事力量，拥有250,000经验丰富的士兵（Schmitt, 2007, p.6）。尽管他们占据绝对优势，法国还是没能打败西班牙。原因在于游击战争从本质上不同于法国人所准备进行的常规的军事行动。

游击战争的诞生常常可以追溯到19世纪早期的西班牙，因为当时正式的表达出现——游击在西班牙语中意味着“小战争”。但是其实践的历史却更加悠久，比如，艾斯普瑞（Aspery, 1994）将游击战争追溯至古代波斯。然而，直到这个时候游击战争的系统理论在普鲁士才得以成型，进入了克劳塞维兹所设定的发展轨道（Schmitt, 2007）。普鲁士国王费德里希·威廉三世（1770—1840）的一些军事参谋系统地反思了他们在西班牙观察到的小型战争现象。在1813年，他们的思想导致了国王的公民力量条例的出台，这是一个法律文本，命令普鲁士人民，如果国家发生被外国占领的情况，务必对政府当局进行抵抗（Friedrich WihelmIII, 1813）。这项法令对如何利用日常的工具和武器扰乱公共秩序给出了详尽的规划，国王甚至判定那些过分的、暴动的狂徒反对法律和秩序好过将一个和平的国家留给敌人，让敌人的军队可以全部陷入军事行动中（Friedrich WihelmIII, 1813, p.83.）。这项法令判定了克劳塞维兹所说的“法定的无政府状态”(《关于战争》，VI, 26）。因此一方面普鲁士国王条例的存在表明法国革命军队与独裁的雇佣军相比是何其的强大；另一方面表明，人民战争与私人战争相比，其释放的力量是何其强大。对1813年的普鲁士战略家而言，似乎已经没有什么常规的军事手段可用来抵御拿破仑。同时，游击战争是人民战争的巧妙武器，也就是所谓动员非常规力量来反抗正规军。

通过对游击战争的反思，我们可以更好地理解两个维度：组织逻辑和现实的、具体的、特定的行动。人民战争意味着民族国家的全部力量被释放出来服务于战争，与私人战争仅仅动用了统治者、主权国家所相信的那部分武装力量，并能够用自己的钱来支付工资是不同的。然而，人民战争战斗的方式往往是传统的，最大的原因可能在于传统的战争形式往往遵循军事的贝比奇原则，它被设计为利用普通人，因为他们数量庞大且容易获得，而英雄总是短缺的。

相对而言，游击战争在组织和行动的维度上都存在质的差异。游击战争的显著标记在于极端的去中心化结构，有时甚至没有任何中枢指挥。游击战争是一系列或多或少独立的个体或群体所执行的自发的行动，一开始它也并没有呈现出序列性。游击组织是组织的一种类型，它逐渐发展起来，在劣势的地位抵抗强大的力量。因此，游击战争的武器总是简单的，源自日常生活（在费德里希·威廉的法令中，武器是干草叉、农民小斧头）。西班牙的例子表明在山地平原的游击组织非常高效，少量的民兵用简单的方法武装后能够抵御当时强大的力量。还有其他的例子，特别是20世纪的反殖民战争进一步证明了这一点。然而，正如理论家所指出来的，游击战争最终不是因为获得胜利而战斗，而是为了抵御入侵而战斗。为了获得胜利，去中心化的游击活动需要结合为一个更加常规性的组织，也就是人民战争的常规力量（Mao, 1936, pp.90-91; Guevara, 2003a, pp.45）。

把我们的观察放到战略传播领域中，我们认为游击传播是传播活动的过剩，表示为传播的游击形式，几乎总是被界定为在冲突中的劣势，表现为传播的非常规方式（Scholzel, 2012）。

游击传播的现象提出了一个问题，即是否在斗争中取得胜利，是否要改变规则。在一个定义中，克劳塞维兹将战争描述为“驱使我们的敌人按我们的意愿行事的力量的行动”(《关于战争》, 1.1)。在对比中国革命时，毛泽东作为最有影响的游击战争的理论家，将战争的结果界定为赢得斗争和破坏对手（Mao, 1938, p.171）。他考虑的并不是身体上的存在或毁灭，而是政治的存在或毁灭，他再次在组织结构和活动的层面论争，而不是在军事行动的层面来论述。克劳塞维兹的概念表明他的第一理想类型的战争，是平等的对手之间的冲突，或者“无数的决斗”，以制造一场战争（《关于战争》, 1.1）。毛泽东提及了第二类理想类型，即不同类型的社会组织之间的斗争。按毛泽东的方式理解，游击战争（与革命的人民战争相比）是社会组织的不同逻辑和他们不同做事方式之间的冲突。游击者通常发现他们在斗争中处于绝对的劣势。他们不是国家的外部反对者，而是社会秩序的内部竞争者，他们反对那些让他们觉得不合法的秩序，想要推翻它。因此常规的冲突是致力于在现存规则框架之下取得胜利，非常规的冲突是那些试图打破现存的规则，致力于改变已有的系统程序的冲突。

我们认为与战略传播相关的主要观点是，常规冲突中的战略可以被认为是最好的方式，以运用一般的规则从而赢得一场博弈。与之相对的，非常规的冲突一方面是冲突双方试图打破规则的博弈，另一方面尝试实施他们自己的规则，尝试打破对手的博弈。在这样的冲突之中，每个战略行动都是双边的行动：打破规则和建立新的博弈。我们可以发现在经典的著作中，游击战争多产的和破坏性的维度，比如格瓦纳（Guevara, 2003a, p.37, p.163）认为在游击营销的当代概念中也可以发现诸如非常规的商业政治和广告之类的概念。在营销学中，列文森（Levinson, 1984）和瑞思等人（Ries & Trout, 1986）提出了建构性的维度，科特勒等人（Kotler et al., 2007, pp.1124-1127）提出了破坏性维度。这些维度都可能带来第三重效果，这是一个转型的过程，也就是在更宏大的层面改变规则。比如军事的游击战争在整个21世纪，都在通过斗争改变政治系统的各个方面（Muynkle, 1990, p.16）。在当代的军事讨论中，我们可以发现诸如网络或群集的概念作为一种隐喻来描述在有组织的战争中近来转型的结果（Arquilla & Ronfeldt, 2000, 2001）。19

世纪和20世纪游击战争的非常规性，在今天游击网络组织或作为常规战争的新形式群集的后现代理念中也同样可以被发现。

这与今天的战略传播是高度相关的，因为很多年以来，我们已经观察到了传播实践的快速发展，这部分源于高速的技术发展，部分也因为社会价值的变迁和关系的改变。在今天的社会网络中，不论是谁在思考战略传播都应该考虑游击理论。如果我们将当代的组织按照绝对的独裁思维线索来描述是正确的，那么战略传播的主流概念就应该对应传统的私人战争，然而这显然与现存的网络社会的概念（Castells, 1997; Van Dijk, 1999）和群集现象之间存在结构冲突。因此，战略传播不仅仅考虑了传统传播的规则，同时也考虑了战略地打破规则博弈中的原则。这类一般性的反思将我们带回到了最初的问题：在今天，我们应当如何对战略传播进行充分的概念化？

配置表达的战略传播

在现代传播咨询人的行话中，游击战的比喻被用成了一个全选工具，描述了大量的创造性或创新性的传播形式。创造和创新在这里并不是主要指具体传播行为背后的组织设置，而是首先将之运用到那些不那么常规的活动和传播的渠道之中。

战略传播的类型指的是除了沿着信息流、信息转换和信息提交的范式构念之外的内容。这个范式起源于信息理论，主要探讨信息的技术转换问题。基于这个思维方式，有几个传播模式已经在过去的几十年中被发展出来，从简单的双向交互模型的存储和刺激—反应模式到信息的反馈流的复杂模式。但是这些模式并不适合于放在游击传播中，因为它的技术观点并不承认语义的现象或杂乱的实践。典型的类游击的传播关联性，例如文字游戏、各种规则的传播干扰（从象征论到法律规则），或者无意识的表达，都不是为了捕捉信息流。在这里指出这一点很有趣，在艺术学校，所有的创造性、创新性的传播实践都被开发和教授，理应更容易捕捉信息流。他们提供了基于语义学、语言理论和话语理论的传播方法。从这个观点来看，创造性传播虽然看似神秘，但其实并不神秘，它们只是缺乏层次性的实践，艺术学校的方法对于战略传播的问题似乎并不敏感。但是在传播中游击的隐喻可能作为理解基于无层次方法传播的工具，或者用一个不同的词来说，就是从冲突维度来理解传播。军事理论，特别是游击战争的概念，可能有助于追溯通向这一理解的道路（Scholzel, 2012, pp.47-82）。

在《关于战争》中，克劳塞维兹给战争和传播建立了接近关系。战争具有传播维度的事实似乎是一个微不足道的发现。第一，传播线路（意义供给的线路）的术语在“传播”这个词与媒介产生关联之前就已经被运用了。第二，我们能用信息交换的视角来思考传播。这类传播当然必须进行和执行军事行动，正如现代军事术语中的C3（命令、控制、传播）概念所捕捉的。第三，人们也可以考虑特定战争中传播对公共舆论的影响，这与建立和维持一个激励性的元素是相关的。这三个维度可以在所有的军事斗争，有时也在决策元素中被发现。战争中的胜利和失败常常被解释为传播劣势带来的结果，或者相反地，被理解为传播的失败或失灵带来政治的失败。任何军队、物质或领土的得失常常是密集的新闻报道或者保密工作的目标。我们这里有的是战争或关于战争的传播活动。似乎克劳塞维兹也在思考另一种关系，或者说，他不认同传播不仅仅是战争的必然结果的观点，而是认为战争本身可能被理解为一种传播形式。比如，克劳塞维兹修辞地提出这个问题：

> 当外交照会停止，人民和他们政府之间的政治关系是否就停止了？战争是不是仅仅是他们思想的另一种表达，是话语和文字的另一种形式？它确实可能具备自己的语法，但却没有它自己的逻辑。
>
> 《关于战争》，VIII.6.B.

战争作为一种传播的卓越反思本身存在于格瓦纳关于游击活动的中心概念中，在20世纪50年代末、60年代初发展于古巴和玻利维亚的战争中。他认为一个单一的军事行动不仅仅意味着对对手的打击，也意味着与人的交流。它的功能通过整合军事和传播的效果两种意义层面上来看，都是有意义的事件。第一，在军事的层面上，一次根据游击活动的中心概念规划和实施的交战是单一的，它聚焦于游击运动的操作。它的军事目标是通过突然袭击对手特定的弱点来打击和打败对手，因此在一般意义上通过这种方式来使之变弱。游击战争可以归结为很多个体的战术而没有一个整体的交战战略。然而，话语行为，与人的交流是为了制造话语，即表达。话语行为，与那些将会加入革命起义的人民进行交流。作为一个传播事件，军事交战应该聚焦于人们对既存的和相关的革命性游击运动的成功，以及对于某个反对的政权斗争的必要性和可能性的关注。这些观点都在聚焦性的军事战争中被表现出来（Guevara, 1965）。

在今天的网络化战争和军事群集的概念中，目前每个策略都被认为与传播过程相关。在冲突的非军事模型和信息趋向的战争之间的广阔范围中，存在着武力的传播冲突的混合形式（Arquilla, Ronfeldt, Fuller & Fuller, 1998, p.8），因而管理信息流发挥着重要作用（Arquilla & Ronfeldt, 2000, p.viii）。网络战争和群集描述了战争的学说，战争和传播之间的区别越来越模糊，因为传播本身在冲突中扮演了一个决定性的角色。因此传播的相关性不仅仅指传播媒体和信息的传递，同时也指各类事务中包含的越来越多的实质性的信息内容（Arquilla & Ronfeldt, 2000, p.iii）。

学者（Arquilla & Ronfeldt, 2000）似乎在思考什么时候考虑所有事务的信息内容是一种表达，甚至是一种军事行动的表达。或者，更普遍的是冲突中所有存在的相关因素。战略在这里不仅仅是管理信息流的问题，也是（或者可能首先是）系统性地管理在冲突之中各类相关的表达之间的关系问题。因此，战略传播的知识是关于运用话语，通过运动或其他复杂的方式管理传播的过程，或运用如游击行动那样单一的或相关的表达来形成无层次的环境（Scholze., 2012, pp.329-229）。表达与目标建立了特定的关系，可能支持特定的目的性行为。进一步的反思可能有助于建立战略传播的视角，目前它仍然既清晰又隐晦地建立于传播是一种信息流的理念之上。我们认为这些简化的和单边的概念非常需要补充性的、无层次的设想。

再次重读克劳塞维兹：解构

总的来说，我们认为通过解构克劳塞维兹，在某种程度上也重构了我们的观点。克劳塞维兹常常被认为是战略的领军人物。因为普鲁士的领导力出现在现代德国，他被认为是德国军国主义的精神之父——他的批判者认为，他对于20世纪的两次世界大战负有相当大的责任。但是仅仅从他的理论实质来看，哈特（Lidell-Hart, 1991/1929/1954）特别将克劳塞维兹提升到目前这个高度非常奇怪。埃里希（Erich Ludendorff，1865-1937），1916年以来德国高级军事指挥的总司令，其偶像是海德伯格，他曾经提出了一个完全与克劳塞维兹相反的概念，承继于默特克。按照霍华德（Howard, 1989）的说法，他仅仅是克劳塞维兹的崇拜者，而不是读者。埃里希欺骗性的世界观认为军事并不服务于国家：国家的存在仅仅是为了组织种族现有的所有战争（见Aspery 2005，他总结了埃里希这方面的观点）。

当我们探讨克劳塞维兹，很重要的一点是要认识到这个人和他的著作已经是标志性的，这意味着他真正所说的东西已经不那么重要，并且可以被自由地解读。真正重要的是光环，只需一瞥就可以让我们发现克劳塞维兹给这个话语带来了怎样的荣耀。第一，这个人用德国理想主义的哲学传统来书写，这种风格极度宗教化，复杂且难以理解。此外，克劳塞维兹是德国人 。第二,《关于战争》是一本长篇作品，在某些版本中它达到了600页。它一直都是未完成状况的，所以结果就是它的结构性不好，有时甚至显得比较混乱、沉闷，这使得只有很少的人可以逐页阅读它。第三，克劳塞维兹虽然有哲学家的风格，却是一个有高度秩序感的作者，他可以非常清晰地引用文献。第四，当我们实际阅读和研究它时可以发现克劳塞维兹其实是一个探讨实质性现象的思想家。诸如普林斯顿教授皮特•派勒特这类卓越的、严肃的学者，把他的大量精力花在克劳塞维兹身上，虽然没有彻底探讨所有的主题，但也可以成为佐证。

特别是，很多人都对克劳塞维兹标志性的角色感兴趣。因为，作为社会学家，奈特和摩根（Knight & Morgan, 1990）认为克劳塞维兹的战略概念，在军事领域和商业领域，创造职业概念和职业等级的话语中占据着重要位置。

> 战略话语的形成发现正确战略和实施它的能力是职业军官阶层的角色。这个阶层从骑士精神和荣誉的经典传统中发展出来，但是直到19世纪早期与反对

这个状态的专家才成为一个确定的特征。通向职业意识形态的途径使得军事精英的权力合法化；在这个意识形态中，在目前刚出现工作人员的学校中，军事战略和技巧研究，与领导能力的技巧和武器系统的科学技巧一起扮演着中心角色。

有学者同意奈特和摩根的观点，商业借鉴了军事精英的逻辑："如果没有其他内容，经理人已经常常将自己想象为军官阶层。战略将他们与那些普通士兵分隔开来。"（Micklethwait & Wooldridge, 1996, p.160）

因此，可以毫不夸张地说克劳塞维兹和《关于战争》是话语体系的基石，与今天的研究高度相关。传播学者感兴趣的是有两股相互关联的努力正在进行，这与18和19世纪专业的管理人员接触战略话语时很相似。第一，部分人尝试将"公共关系即战略传播"的术语和话语进行调整，以赶上战略管理中的话语。巴特兹等（Butschi & Steyn, 2006）认为这种努力很明显地指向更上层，这个思想逐渐进入职业管理阶层，甚至普通人员也获得解锁董事会的钥匙。第二，另一种努力在于大学和其他高等教育机构在建立障碍。这个障碍可能由学士/硕士之间的区别推动，它把那些在传播管理方面受过专业技术训练和教育的人，与那些较高级别的战略人才区分开来。然而，这里有趣的是前者拥有实习的经验，获得了实践性的教育，后者则被带入了理论的领域。

理论是为真实的战略决策做准备的假设，作为创造重要性光环的反面，理论假设是极具争议性的。从《关于战争》的第一部（极具权威性的部分）开始，克劳塞维兹仍需要对之进行申辩。但我们认为更重要的一点是所谓完全的、排他的传播的运动或冲突是不存在的。运动和冲突是关于一些人反对另一些人所从事的活动，所以，首要的议题和主题必须是"掌控"。要将学生社会化到相信少量的传播原则能够进入任何类型的运动或冲突中，这是与克劳塞维兹的警告相背离的：一个人要在其他人试图发起的战争基础上建立一种战争；他既不能搞混，也不能尝试将之转化为有悖于其本质的事务。这一点与克劳塞维兹是相呼应的，这正是所有战略问题中的第一位，也是最为综合的问题。

参考文献

[1] Arquilla, J., & Ronfeldt, D. (2000). *Swarming and the future of conflict*. Santa Monica RAND Corporation. Retrieved from http://www.rand.org/pubs/documented_briefings/DB311.html.

[2] Arquilla, J., & Ronfeldt, D. (2001). *Networks and netwars. The future of terror, crime, and militancy*. Santa Monica: RAND Corporation. Retrieved July 28 2014, from http://www.rand.org/pubs/monograph_reports/ MR1382.html.

[3] Arquilla, J., Ronfeldt, D., Fuller, G., & Fuller, M. (1998). *The Zapatista "Social Netwar" in Mexico*. Retrieved June 15, 2014, from http://www.rand.org/pubs/monograph_reports/ MR994.html

[4] Asprey, R. (1994). *War in the shadows. Classic history of guerrilla warfare from Ancient Persia to the*

present (2nd ed.).London: Little, Brown & Company.

[5] Asprey, R. (2000). *The rise and fall of Napoleon. Volume I: The rise*. London, England: Abacus.

[6] Asprey, R. (2001). *The rise and fall of Napoleon. Volume II: The fall*. London, England: Abacus.

[7] Asprey, R. (2005). *The German High Command at war*. Lincoln, NE: IUniverse.

[8] Bütschi, G., & Steyn, B. (2006). Theory on strategic communication management is the key to unlocking the boardroom. *Journal of Communication Management*, 10(1), 106–109.

[9] Castells, M. (1997). *The rise of the network society. The Information Age: Economy, society and culture* (Vol. 1).Malden. MA: Blackwell.

[10] Drucker, P. (1993). *The effective executive*. New York: Harper Business. (Originally published in 1967).

[11] Falkheimer, J., & Heide, M. (2007). *Strategisk kommunikation: En introduktion* [Strategic communication: An introduction]. Lund, Sweden: Studentlitteratur.

[12] Figes, O. (2010). *The Crimean War*. New York, NY: Metropolitan Books.

[13] Guevara, E. C. (1965). Der Sozialismus und der Mensch in Kuba [Socialism and Man in Cuba]. In E. C. Guevara, (2003b): Ausgewählte Werke in Einzelausgaben. Band 6: Der neue Mensch–Entwürfe für das Leben in der Zukunft [Selected works in separate volumes. Volume 6: The new man-concepts for life in the future] (4th ed.). Bonn: Pahl-Rugenstein, pp. 14–36.

[14] Guevara, E. C. (2003a). Ausgewählte Werke in Einzelausgaben. Band 1: Guerillakampf und Befreiungsbewegung [Selected works in separate volumes. Volume 1: Guerrilla conflict and liberation movement] (4th ed.). Bonn: Pahl-Rugenstein.

[15] Guevara, E. C. (2003b). Ausgewählte Werke in Einzelausgaben. Band 6: Der neue Mensch–Entwürfe für das Leben in der Zukunft [Selected works in separate volumes. Volume 6: The new man-concepts for life in the future] (4th ed.). Bonn: Pahl-Rugenstein.

[16] Hallahan, K., Holtzhausen, D., van Ruler, B., Verčič, D., & Sriramesh, K. (2007). Defining strategic communication. *International Journal of Strategic Communication*, 1(1), 3–35.

[17] Herberg-Rothe, A. (2008). Die wunderliche Dreifaltigkeit. Clausewitz allgemeine Theorie des gewaltsamen Konfliktes [The peculiar trinity. Clausewitz's General Theory of Violent Conflict]. *Österreichische Militärische Zeitschrift*, 88(2), 163–173.

[18] Hinterhuber, H. (1990). Wettbewerbsstrategie.2.2, völlig neu bearbeitete Auflage [Competitive strategy. 2nd, fully revised edition] Berlin, Germany; New York, NY: DeGruyter.

[19] Howard, M. (1989). The Influence of Clausewitz. In C. von Clausewitz, *On War* (M. Howard & P. Paret, Eds. and Trans.), pp. 27–44. New Jersey: Princeton University Press.

[20] Kissinger, H. (1979). *White House years*. Boston, MA: Little, Brown & Company.

[21] Knights, D., & Morgan, G. (1990). The concept of strategy in sociology. A note of dissent. *Sociology*, 24(3), 275–483.

[22] Kotler, P., Keller, K. L., & Bliemel, F. (2007). *Marketing-Management. Strategien für wertschaffendes Handeln* [Marketing management. Strategies for value reation]. (12th rev. ed.) München, Germany: Pearson Studium.

[23] Levinson, J. C. (1984). *Guerrilla marketing: Secrets for making big profits from your small business*. Boston, MA: Houghton Mifflin Company.

[24] Liddell-Hart, B. (1991). *Strategy* (2nd rev. ed.). New York, NY: Meridian. (First and second editions published in 1929 and 1954.)

[25] Lukaszewski, J. E. (2001). How to develop the mind of a strategist. *IABC Communication World*,

18(3), 13.
[26] Mao Tse-tung (1936). Strategie des chinesischen revolutionären Krieges [Strategy of the Chinese revolutionary war]. In Mao Tse-tung (1966), *Theorie des Guerillakrieges oder Strategie der Dritten Welt* [Theory of guerrilla warfare, or strategy of the Third World], pp. 35–102. Reinbek: Rowohlt.
[27] Mao Tse-tung (1938). Über den verlängerten Krieg [On protracted war]. In Mao Tse-tung (1966) *Theorie des Guerillakrieges oder Strategie der Dritten Welt* [Theory of guerrilla warfare, or strategy of the Third World] (pp. 133–204). Reinbek: Rowohlt.
[28] Mao Tse-tung (1966). *Theorie des Guerillakrieges oder Strategie der Dritten Welt* [Theory of guerrilla warfare, or strategy of the Third World]. Reinbek: Rowohlt.
[29] Micklethwait, J., & Wooldridge, A. (1996). *The witch doctors. What the management gurus are saying, why it mattersand how to make sense of it*. London: Random House/Mandarin.
[30] Münkler, H. (1990). *Der Partisan. Theorie, Strategie, Gestalt* [The partisan. Theory, strategy, gestalt]. Opladen: Westdeutscher Verlag.
[31] Paret, P (1989). The Genesis of On War. In Clausewitz, C. v.: *On War* (M. Howard & P. Paret, Eds. And Trans.), pp. 3–26. New Jersey: Princeton University Press.
[32] Paret, P. (2007). *Clausewitz and the State*. Princeton, NJ: Princeton University Press.
[33] Ries, A., & Trout, J. (1986). *Marketing Warfare*. Singapore: McGraw-Hill.
[34] Ritter, G. (1931). *Stein. Eine politische Biographie. Zweiter Band: Der Vorkämpfer nationaler Freiheit und Einheit* [Stein. A political biography. Second volume: Activist for national freedom and unity] Stuttgart and Berlin, Germany: Deutsche Verlagsanstalt.
[35] Schmitt, C. (2007). *Theory of the Partisan. Intermediate Commentary on the Concept of the Political*. New York, NY:Telos Press.
[36] Schölzel, H. (2012). *Guerillakommunikation. Genealogie einer politischen Konfliktform* [Guerilla communication.Genealogy of a mode of political conflict]. Bielefeld, Germany: transcript.
[37] Smith, R. (2006). *The Utility of Force. The Art of War in the Modern World*. London, England: Penguin.
[38] Steyn, B. (2003). From strategy to corporate communication strategy: A conceptualisation. *Journal of Communication Management*, 8(2), 168–183.
[39] Summers, H. (1982). *On Strategy*. New York, NY: Presidio.
[40] Tibbie, S. (1997). Developing communications strategy. *Journal of Communication Management*, 1(4): 356–361.
[41] Van Dijk, J. (1999). *The Network Society. Social Aspects of New Media*. London, England: Sage.
[42] von Clausewitz, C. (1989). *On War*. (M. Howard & P. Paret, Eds. and Trans.). New Jersey: Princeton University Press.
[43] von Clausewitz, C. (1991). *Vom Kriege* [On war] (19th ed.). Bonn, Germany: Dümmler.
[44] von Clausewitz, C. (2010). *Principles of War. A supplement to the courses taught to the Crown Prince in person*. CreateSpace: Kindle Edition. (Original work published 1812).
[45] Wilhelm III, Friedrich. (1813). Verordnung über den Landsturm [Ordinance on the citizen force]. In J. Schickel (1970) (Ed.), *Guerilleros, Partisanen. Theorie und Praxis* [Guerillas, partisans. Theory and practice] (pp. 69–87). München: Hanser.

第三章

传播科学的战略转向：从古希腊到今天传播科学的战略历史和角色

西蒙·M.拓普

本章主要展现这样的理念：作为一个组织学科和实践，战略的转向通过战略传播的发展，补充了传播的转向，它不仅仅导致了所有的事情——或几乎所有事情都被认为是传播，同时造成所有的事情——或几乎所有的事情都被认为是战略传播。组织传播的视野被拓宽到虚拟地包含了一个组织所说和所做的所有事情，以及被组织的存在和活动所影响的每一个人。战略转向的历史背景以一系列的理论和哲学观点的形式被勾画出来，这些观点存在于西方的传播理论历史中：雅典和希腊对传播的理解由柏拉图和亚里士多德揭示出来，罗马对传播的理解在于西塞罗和昆体良，传播的观念与中世纪的圣·奥古斯丁相关，之后经历文艺复兴、17世纪、启蒙时代、19世纪、现代修辞直至传播转向。这些时代都在斯坦利·迪兹的传播概念的双重目标和双重概念的理论基础上被分析过。从一个时代到另一个时代，人们对传播的理解发生了很大改变，有的认为交流主要是一个问题，即人们如何通过交流过程获得机会来促进意见形成和决策；有的认为交流主要是作为实现某些目标或实现控制的手段。本文简要回顾了传播在市场与营销中心的作用和地位的发展历程，从而展现怎样的关注点或目标——有效或参与——在各种各样的历史时代居于支配地位。最后，本章探讨与战略转向相关的有效性和参与之间的差异是否已经被分解或挑战。这个问题被提出来，拓宽了传播中战略的视野，它导致了传播的殖民化，给人们参与组织传播提供了更多机会，甚至可能包含了解放的潜力。

传播的双重本质

迪兹认为，如果不考虑来自社会的哪个领域和如何完成，所有的传播目的将一直悬浮于参与和有效性的目标与理想之间（Deetz, 1992）。我们考虑这些质量的方式已经有了历史性的变化。在有些年代，传播理论和发展已经专注于有效性，与工具和结果/方式定位的趋向相关联。这个方法的中心在于我们传播的效果，以及我们可以如何运用传播来进行控制，导致传播参与方面的边缘化。在其他年代的传播过程中，理想的参与已经在有效性的代价下获得了优先权。[1]迪兹按下面的方式界定了参与和有效性。

> 参与考虑在社会和群体中谁有权利影响意义的形成和群体的决策——哪些个体有渠道接近传播的各类系统和结构，他们是否可以说出自己的需求和意愿。有效性关注传播行为作为达成目标的方式的价值——意义是如何被传递的，通过传播的控制是如何被完成的。
>
> Deetz, 1992, p.94

参与和有效性并不是被联系在一起的实体或目标，但是规范性的目标对每个传播过程而言都是确定的。有效性和参与来自语境的社会建构，其中人们发现了自我。有效性和参与都不会在传播中以完全实现的形式出现。与所有传播相关联的一个重要因素是一个问题，即两类传播目标中哪一个才是更加规范性的理想（Deetz, 1992, p.164）。如果我们探讨有效性的以上概念，可以发现有效性的概念与战略的概念非常接近。战略可能被界定为行动的规划，它们在完成特定的目标（《美国传统词典》，2006, p.1712）。

与战略相关的传播历史中的关键时刻

接下来讨论传播历史中一些关键的时刻和理论家，从而阐明传播的角色和本质，特别是那些与战略有关的部分，是如何在各个历史时代中出现的。这里很有趣的是，我们可以观察到对传播内在的战略潜力的反思与传播理论本身一样具有悠久历史。为了理解在西方文明化的语境下，传播理论和传播本质的发展——或者说是传播的文化，我们需要回到经典的希腊。传播理论的诞生和它的童年故事也是哲学和修辞学的童年故事。这一点其实很自然，正如哲学是所有科学之母，在那个时候它是一种普遍性的科学。关于传播理论的讨论和反思发生于哲学中，尤其在修辞的标签之下，因此修辞学是西方最古老的科学（Kjeldsen, 2001, p.18）。

几乎从出现开始，修辞就已经成为被怀疑的对象（Fafner 2000, p.7），雄辩被视为欺骗的避难所。在希腊，柏拉图正是对修辞持有怀疑态度的最主要人物。

柏拉图

在柏拉图的几篇对话中可以发现一个非常精彩的关于传播角色的主题论述。[2]以下我尝试简要介绍，在他的青年对话《申辩》和成年对话《高尔吉亚》和《普罗塔戈拉》

中，柏拉图如何讨论修辞或话语的艺术，[3]以及我们今天要给话语的战略部分贴上怎样的标签。在《申辩》中，修辞被展现为操纵的工具，一种让谎言以真理形式呈现的技术。在《高尔吉亚》中，修辞也被视为一种与真相没有关联的煽动行为而受到排斥。在《普罗塔戈拉》中，修辞的一种理想形式是，在承认真相的前提下将修辞与哲学紧密相关，再次把真相带回到信徒面前，使得它更能让人接受。理想的修辞如同哲学，似乎是在传播真相，要求演讲者不仅仅要巧舌如簧，也要具有洞察力（Johansen, 1991, p.492; Plato, Gorgias and Phaedrus, Version Plato, 1992b, 1992c）。

《申辩》

在苏格拉底为自己辩护的最著名的演讲中，修辞扮演了一个重要的角色。这里柏拉图让苏格拉底很明显地远离了那些质疑他观点的人，他所说的内容并不包含获得真理，相反其用词遣句采用修辞，通过修辞做出贡献［Plato, Apology, version Plato（n.d.）］。这里的修辞被视为一种操纵的方式，使非真理看起来像真实的，因此与真理形成了鲜明的对比（Fafner 2000, p.8），也无须再用世故的伪装来粉饰。《申辩》的开始是苏格拉底宣称因为检察官精妙的陈述，他几乎忘记了他真正是谁。很清楚的是柏拉图相信这些词语，如果充分、明确地表达，很好地表现，能给某些人带来一些关于客观本质和事物语境的错误观念，包括对人的本来面目的认识。苏格拉底抱怨指责他的那些人，为了警告这些围观者不要让他们被欺骗，他宣称自己是一个卓越的演说者，而他本人已确认这一点是错误的，"如果不是通过修辞的力量，就意味着是通过真相的力量"（《申辩》）。

这意味着真相是好的演说的内在构成部分。这类指责者雄辩的能力在于说服和使人确信方面，他们同意苏格拉底的观点，但是他们认为是苏格拉底，而不是他们自己掌握着（或者说滥用着）这项技巧。在《申辩》开头的一段话中，真相与雄辩和修辞形成对比的地方正是人们怀疑的目标：

> 好的，正如我所说，他们几乎不用说一个词，或者最多说一个词，即真相；但是你应当从我这里听到所有的真相：然而不是按照他们的方式来传递的，不是在一个演讲堂，也不被词语所粉饰。当然不是这样的！但是我应当会用在那个时候我所感受到的词语和观点；因为我肯定这是正确的，那是属于我生命的时刻，我应当出现在你们，雅典人的面前，用一个幼稚的演讲者的方式出现。
>
> 柏拉图，《申辩》

《高尔吉亚》

在《高尔吉亚》中，修辞被作为蛊惑而被拒绝。苏格拉底极度地好奇修辞的特定目标是什么，因为所有的领域都在使用词语。比如，体操和医药运用词语来处理身体和它的健康状况（449B-E）。必要的事情是词语关注一些事物，也就是科学的目标。因此词语本身并不是最重要的目的，它们的功能如同媒介，通过它们，有深度的意见被传播出去。然而，在修辞中，关注的内容和目标是它们所包含的和构成它们的词语（449B）。面临着质询者渴望的和持续的压力，《高尔吉亚》总结出修辞的目标正是最大的善（452B），也是生命中最重要的、最有价值的东西（451B）。关于什么构成了修辞领域最特别的、最详尽的阐释——据此，也是最善意的——柏拉图在《高尔吉亚》中展现的这个阐释很有趣，因为它很清楚地传递了一种感觉，不仅仅是高尔吉亚可能真正相信这些东西，也因为在很大程度上柏拉图对修辞的观点，以及在当时为什么他对这个观点的厌恶如此明显。

高尔吉亚谈到了（456A）修辞不可思议的力量，以及修辞如何让所有其他的力量为之服务，并使他们臣服（p.129）。举个例子，他说一个演说者可能比医生在劝说一个犹豫是否要进行某项治疗的病人方面更有本事；对医生而言，如果他要在一个集会的场合与一个修辞者竞争医生的职位，即使他有专业技能，但仍然可能处于不利地位。演说者比任何专业技能人员都更能够就各类主题进行说服性演说。因此专业知识并不是在特定领域中使他人相信的要求。

修辞并不仅仅是唯一渴求说服目标的领域。在对话中有几个要点，它似乎告诉人们一些东西，要学会估算或其他一些内容，对高尔吉亚而言也要说服（453A-E）。苏格拉底得到结论——在他的启发式技巧的帮助下，也设计了他交谈的对象——认为存在两类说服：将知识和见解灌输给听众，或交流了观点却缺乏知识（454C）。具有说服力的修辞的控制形式是后者。

这里我们也看到了承认说服的程度和多样性的可能由此开端，之后这一趋势被亚里士多德激进化。但在缺乏知识信念方面非常明显。根据《高尔吉亚》的观点，修辞是中性的，它可以被用来谈论任何事情，也可以反对和服务于每个人（456A）。换句话说，在修辞中并不存在什么东西是固有的，修辞引导它的学生带着目的学会雄辩，他们将用正确的方式运用技巧。如果人们没有能够成功地运用，也并不能责怪老师（457B）。询问知识是正确的还是错误的，是好的还是坏的，或者是否可以通过在职业中的教授而学会（459A），是学习话语艺术的前提和最初的条件。高尔吉亚表明他相信自己能够教会那些是非不分的信徒，让他们掌握这些东西作为修辞的补充。

它在一系列的论辩中引用了苏格拉底的观点，揭示了高尔吉亚推论中的自我矛盾和不一致。按照苏格拉底的观点，他拥有对是非的洞见，是公正的，公正的人总是行为公正（460A）。在对话的早期，高尔吉亚认为修辞可以服务于正确的或错误的目的。因此对柏拉图或苏格拉底而言，最突出的特征是关于善、正确和公正的知识和洞见，这些知识会使得人们也这样行为。因此行为错误或不端正的人并不真正理解什么是善。在苏格拉底的观点中，修辞是可鄙的、不值得赞扬的实践技巧，它的目的仅仅是创造快乐和享受。他在奉承的概念下，与个人装饰、诡辩一起对修辞进行分类。修辞并不需要特殊的见解或能力，而是争取人心的诡秘和自然的能力（462C-464A）。很清楚的是，在柏拉图轻度讽刺的演绎中，高尔吉亚并不将参与和相互理解的创造视为传播的真正目的。它是不对称关系、权力和操纵，这些都被视为是最基本的部分，也是修辞所追求的东西。

《普罗塔戈拉》

在《普罗塔戈拉》中，柏拉图对修辞的语气变得温和些。在这里，并不是对修辞不计代价地拒绝，而是要发现一个让修辞看起来具有科学性、系统性的理论和方法。药学和修辞学之间有很大的相似性，两个学科都关注分析自身的本质。前者关注的是身体的本质，而后者是灵魂的本质。对医生而言，他的目标是健康，而修辞者的目标是给人们想要的说服和行动的力量（269D）——也就是说，修辞者想要的是对个体的说服。这些说服并不单纯是主观的，和药学一样，它依赖于来自全面调查的客观的科学性。在《普罗塔戈拉》中，柏拉图为某类目标群体做了一个辩护，决定了演说的方式。人们再次为目前的状况与柏拉图著作的关联性感到吃惊，尽管这部著作成书于2,400年前。“演说的艺术是引导灵魂的”，他如此诗意地表达出来，为了做到这些，演说者必须运用关于不同类型灵魂的知识。有些人允许他们被某种类型的话语说服，而其他人则被另外的方式说服（271C）。修辞者为了说服他的听众，因此必须拥有关于人类灵魂本质以及不同传播手段的效果的知识。这从本质上来说是战略传播，但是战略不是一种可以被用于任何事物的手段。为了学会如何用定向的方式战略地掌握传播，对灵魂的理解是必须的。知识是雄辩的前提条件。

亚里士多德

按照亚里士多德的观点，所有的艺术和科学都在各自的领域中说服。修辞和科学不再作为两个不兼容的特征站在彼此的对立面，正如它们在柏拉图的《高尔吉亚》和《申辩》中一样。修辞被界定为有关说服的各类手段的学说。这些说服的手段都只是修辞的目标，说服被视为科学实践的内在部分。因此，不仅是修辞可以被用来说服。

> 修辞可能被界定为在任何给定的案例中可被观察到的说服的能力。这不是其他任何艺术的功能，每个艺术都可以就其特定的主题引导或说服。例如，关于健康或不健康的药学，关于大小特征的几何学，关于数字的计算学，其他艺术和科学也是如此。但是我们把修辞看作观察我们所面临的任何主题的说服力量；这是我们为什么说，在技术层面上，它并不关注任何特定的、明确的主题。
>
> 亚里士多德，《修辞》

在“修辞”的第一个版本中，亚里士多德区分了精神气质、痛苦和理性。精神气质是一个演说者的可信度或特征；痛苦是人类的情感，在听众身上被激发出来，为了有目的地激发这种情感，演讲者必须对之熟悉；理性是指向某些个体的演说的内在关联性（见 Hoffe, 1992）。在亚里士多德的观点中，我们发现极度广泛的说服概念，它包含了语言表达的所有形式，包含了告知性的和指示性的语言运用，也包含了语言的意图和指导的功能，甚至包含了非语言类型的效果。因此，前面所提到的三个特征——精神气质、痛苦和理性——也被认为是说服的不同手段。人类基本上是说服性的：我们影响他人，也被他人所影响（Fafner, 2000, pp.32-33, 39）。在亚里士多德的修辞学中，非辩论的方式和额外的主观目标使得一些研究者相信在理论中存在不一致，这源于这些因素之间的对立和张力，构成了论辩力量的手段（Rapp, 2002）。

亚里士多德观点的开端和传播反映了一个相当不平坦的历史。常常被人们所忽略的是雅典或希腊理论，对传播的理解是建立在民主的基础上的，公民参与在公共讨论中扮演了一个基本的角色。然而，应该补充的一点是，公民身份的价值远离雅典社会中的众人，奴隶和女人都被排除在外（Deetz, 1992）。正如迪兹的观点，对亚里士多德而言，修辞的目的并不首先是给一些人提供优势的手段。修辞和辩证是同一枚硬币的两面。辩证被视为社会的和集体的过程，通过这个过程，个体与他人协同，朝前发展，见解和知识朝深刻的方向发展。[5]当亚里士多德谈到效果时，应该根据民主的雅典概念来理解。这里并不是关于真理的有效呈现，而是关于如何使真理更有效果。换句话说，有效性应该建立在服务真理的基础上，而不是相反。

> 他确定的社会问题不是真理的有效呈现，而是如何使真理更加有效。雅典人关注的有效性是推动平等参与的手段，真理出现的合理条件应当被提出来。
>
> Deetz, 1992, p.95

亚里士多德的去语境化阅读表现了对他的理论有效性的多边关注——罗马/拉丁语中对传播的理解也有类似观点。

罗马/拉丁语中对传播的理解

在经典的年代之后，对传播和传播理论发展反思的首要中心是罗马。先是西塞罗，之后是昆体良，生活在那个时代的早期，他们对此做出了重要贡献。西塞罗和昆体良常常被错误地放在同一个类目之下，在拉丁或罗马语中探讨的传播理论，好像它们在实践中属于同质的实体，其实存在细微差别。

西塞罗

在《论演说家》中，西塞罗让克拉苏表达了他对巨大的权力和与演说相关的效果的深刻迷恋，当他写下这些：

> ……没有比权力更加绝妙的东西了，演说的手段可以控制很多人，赢得他们的好感，可以将他们引向演说者希望到达的任何地方，也可以让他们偏离自己原本想要的地方。
>
> Cicero, 1967, p.i, viii, 30

话语和知识从源头上来说是一个整体，老师也这样教“好的行为和好的话语”（Cicero, 2009, p.iii, 57），目标在于让学生从“话语的演说者变为事情的实践者”（Cicero, 2009, p.iii, 57-58）。但是西塞罗最大的遗憾是，这两件事往往被分隔了。西塞罗关心人性，并通过《论演说家》中出现的角色探讨修辞是否真的根植于文化和人性，或者是否仅仅是一种技术（Johansen, 1991, p.615）。技巧可以让你成为“成功的演说者”，“拥有雄辩”的能力（Cicero, 1967, p.i, xv, pp.67-69; Cicero, 1967, p.ii, xvi, pp.67-68; Cicero, 2009, p.iii, 55），越是技巧高超的修辞者，这个人的道德就越重要。

> 权力越大，就越是必须保持正直和高标准的判断力。因为如果我们将演说的所有资源放到那些缺乏好的品质的人手上，我们当然不会将他们变为演说家，否则是把武器放到了疯子手上。
>
> Cicero, 2009, p.iii, 55

对精妙的演讲者或理想的演说家的要求这么多，以至于只有很少的人能够达到这些要求（Cicero, 1967, p.i, v, 19; Cicero, 1967, p.i, xvii, pp.74-xxi, 95），但是这是一个值得为之奋斗的理想。然而，理想是一件事，实践是另一件事。在实践中，共和国末年的修辞往往在和伦理的关系中被折中（Williams, 2009, p.325）。西塞罗在他辩论的演说中，例如《为米洛辩护》（Cicero, 1891），被控诉滥用修辞以达到有效性——用这个词是为了保持本章的术语的一致性——从而尝试让一起谋杀看起来像是一次正当防卫。根据威廉姆斯的观点，柏拉图应当将这个视为一种修辞固有的“对真相和公正的伦理关注的普遍缺乏”的表达（Williams, 2009, p.326）。

昆体良

在《雄辩术原理》中，昆体良将修辞界定为更好地演说（bene dicendi）（Quintilian, 1933, p.ii, xvii, 37, 342）。就像亚里士多德的传播概念，“好（bene）”这个词包含了双重性，可以被理解为用有效方式达成演说的目的，同时按照伦理的感知展现通向善的道路（Fafner, 2000, p.17）。按照昆体良的观点，人和那些其他也会死的生物相比，是上帝给了人演说的天赋（Quintilian, 1933, p.ii, xvi, pp.12-13, p.323）。这个能力或天赋，是我们应当感谢的。虽然演说既可以用来做好事，也可以用来做坏事，但我们不能因此拒绝修辞。毕竟，甚至一些必需的东西，例如食物和饮料，水和火，都会带来好的或坏的效果，甚至太阳和月亮都可能带来伤害。但是从本质上来说，这并不意味着我们应当停止吃东西，喝饮料，拒绝这些东西（Quintilian, 1933, p.ii, xvi, pp.5-9, 319-321）。

昆体良进一步分析发现，一个人不应当将修辞作为一个坏的东西来放弃，虽然它可以被用来做好事或坏事：战士手中的剑是好的，但强盗手中的剑是坏的（Quintilian, version 1933, p.ii, xvi, 20, 323）。对昆体良而言，修辞是否带来好的或坏的结果，依赖于实践者是否是一个怀着好的动机和目的的好人。作为一个普遍性原则，演说者将会利用他的技巧服务于真相，但是这可能是一个例子，“公共利益要求他应当为那些非真实的事情辩护”（Quintilian, version 1933, p.ii, xvii, 36, 341）。

昆体良和西塞罗必然聚焦于好人，这是因为在希腊的传播概念影响下的真相和表达之间关系的事实在罗马的传播概念中被违背。因此，个人受到了决策责任的压力。对亚里士多德而言，虽然真相来自传播本身——传播是讲出富有意义的真相——因此真相和表达是同一枚硬币的两面，在罗马，个体既是传播的前提也是目标。个体能够拥有真相，真相是一个前置的或额外的传播质量因素。传播被视为媒介，个体可以通过它提升眼界和兴趣（Deetz, 1992, pp.96-98）。在雅典的民主中，参与是潜在的前提，因此自然也是嵌入理解传播中的一个部分；传播是地点，是轨迹，真相从中出现。在罗马，参与和真相被视为外在于传播行为而存在的。在批判昆体良的过程中，迪兹在理解亚里士多德时可能有点过于理想化。迪兹没有注意到亚里士多德关注人格的重要性。对亚里士多德而言，演讲者的可信度或者伦理，也扮演了一个重要角色。如果一个人接受迪兹的希腊传播概念，那么我们可以说意义和目标与希腊而不是与罗马理解的联系更紧密。在这个概念中，传播在很大程度上被简化为手段。

中世纪：奥古斯丁

在中世纪早期，圣·奥古斯丁[6]将经典的修辞转换为基督徒的演说和布道的艺术。在《论基督教教义》中（Augustine, 1958），奥古斯丁尝试展示《圣经》中修辞的规则，《圣经》也尝试遵守这些规则，《圣经》的作者被标榜为真正修辞的榜样。在《论基督教教义》第四卷的开头，它被称为最伟大的基督修辞之作（Burke, 1969, p.49），也是基督教修辞的第一指南（Conley, 1994, p.77）。奥古斯丁解释了为什么修辞的艺术对宣传基督教教义很重要。修辞可以被用来推动真相和错误，“谁敢说真相应当在那些人反对谎言、没有武装的辩护者手上？”（Augustine, 1958, p.iv, 2, p.118）。与柏拉图不一样，对奥古斯丁而言，真相意味着宗教的真相，也就是说，基督教的信仰。因此对奥古斯丁而言，修辞是手段，或者是武器，可以被用来对抗邪说和罪恶，以扩展基督教。

> 一系列的修辞，什么才是最大的价值，是促进罪恶还是公正，它本身是中立的吗？如果罪恶篡夺了它，将它用在辩护不公正和错误过程中，以堕落的、无用的原因赢得胜利，为什么它不能被用作善的目的，服务于真相？
>
> Augustine, 1958, p.iv, 2, pp.118-119

与387年他转向到基督教义相联系，人们认为奥古斯丁已经打破了他的修辞观。然而，法夫勒（Fafner, 1995, p.132）并不认同这个观点，因为修辞是人们生活中不可避免的部分。奥古斯丁和早期的柏拉图一样，拒绝肤浅的和不好的修辞。在这种方式下，奥古斯丁不仅仅打破了诡辩者正式的修辞，也结束了自己的观点。因为准确地说，他实践的这种修辞在他转换之前就已经流行了。奥古斯丁在迦太基的修辞学校接受训练，这类学校提供那个时代最先进的培训，在他转变之前，他已经作为一个修辞教师在罗马和迦太基工作。对奥古斯丁而言，传播的能力在于有效地以基督教福音的形式扩散宗教的真理，这也是他思想的中心。问题是要创造宗教的社群以达成慈善（Roer, 2011, p.48）。

文艺复兴

据说在文艺复兴时期，经典的时期重新出现了，其中也包括修辞的艺术。[7]过去的年代注定是基督教的，其中教父相信语言应该服务于神圣的目的。文艺复兴时期的语言，普遍开始世俗化，自身变得“神圣”了（Fafner, 1995, p.174）。人来到了中心——有一种状态被称为“人性”——语言的观点变成以人类为中心（Fafner, 1995, p.172）。当语言被认为对人类而言处于绝对重要的地位时，修辞跟在古代一样再次被称为中心议题。有必要理解文艺复兴时代的修辞，因为修辞不能仅仅被视为肤浅地教授如何演说，而且是一种与哲学相联系的东西，智慧和修辞是齐头并进的。诗人弗兰西斯卡·彼特拉克，通过重新发现或复兴西塞罗的观点，可以获得重建修辞和哲学之间联系的荣誉。彼特拉克的精神继承人，科卢乔·萨卢塔迪，将理想的人视为哲学家、修辞者和诗人的结合（Fafner, 1995, p.177）——一个可以思考、感知和行为的人（Fafner, 1995, p.54）。这个主观视角定义了那个时代的传播观念，以之为基础，文艺复兴已经被认为是修辞的黄金时代。几位修辞学家甚至已经主张修辞的复兴不仅仅是文艺复兴的结果，也是文艺复兴本身的基本前提（Lindhardt, 1987, p.39）。

17世纪

在17世纪，人们对修辞的观点改变了。修辞从被认为是辩证争议[8]学科（Conley, 1994, p.162），认为是自身从不同的方面来看待事物，到现在被视为一种影响听众情感的方法。哲学家弗兰西斯·培根、瑞尼·笛卡尔和托马斯·霍布斯，他们都是优秀的修辞家，虽然都只有很少的言语提及了修辞。他们或全盘拒绝它，或将之视为比哲学低劣的东西（Roer, 2011, p.57; Conley, 1994，p.163）。像其他学科一样，修辞也有它的繁荣和衰退，根据法夫勒的观点（Fafner, 1995, p.464），历史清楚地表明学科的繁荣和衰退，与修辞作为一个学科受到尊敬的程度之间没有必然联系。在17世纪，修辞发展和流行起来，这个领域受到了很大的尊重。但是修辞仅仅被培育为部分的修辞，这个领域被简化为流行的学说、文学学者的手段（Fafner, 1995, p.464）。这也被认为是另一个年代，在其中对传播的理解都强调有效性。

传播理解的启蒙

随着启蒙，人们对传播的理解也改变了。虽然在改革之前，皇帝和教会被视为与上帝有着直接交流关系的人，但随着改革，个体也可以阅读《圣经》，可以直接地与上帝接触（Deetz, 1992, p.97）。这种与神的关系的个人化，加上宗教传播也不再通过较高的社会权力来传播，使得个人能够用一种新的方式参与传播。可以说，一个从前被排除在宗教沟通行为之外的人，现在可以作为主要行动者步入这种传播。从政治上看，改变造就了法国和美国革命中的表达（Deetz, 1992, p.17）。这里个人的参与——在政治过程的这个语境下——是基石。即使启蒙运动、宗教改革、法国革命和美国革命可以被认为是继承或复兴了雅典对传播理解的部分要素，但这里有个主要差别：对希腊人而言，他们是通过传播获得关于世界本质的真相和知识（通过辩证的方法）；在这个新时代，动力保持了个体的权利和运用推理达成真相的可能性。

19世纪

19世纪有时被称为“修辞死战到底”和“修辞的消亡”的世纪（Fafner, 1995, p.448）。[9]尽管这是19世纪的事实，就修辞方面来说，因为诸如人民主权的引介、意识形态的引入这类政治概念发展在许多方面都显示这是一个令人兴奋的时代（Roer, 2011, p.62）。然而，修辞理论并没有吸引很多那个时代里卓越的思想家的注意力，即使它获得了一些关注，也往往是负面的（Kock, 2011, p.63）。正如在17世纪，修辞的焦点在于效果和传播的工具属性。有些关于演说和大声发表演讲的艺术的专著被公开发表。在这个时代，修辞在很大程度上被认为是如何将意见强加给他人，以及如何在听众间激发情感。

这里一个重要的要素是讨论了传播的审美方面，同时传播的控制方面被认为可能是有效感动公众的关键（Fafner, 1995, p.464）。作为一个概念和学科，修辞还处于一个较低的位置点（Fafner, 1995, p.442; Kock, 2011, p.63）。修辞被认为仅是一种形式和陈词滥调，因为在大学的氛围中，优秀科学的理想来自自然科学（Roer, 2011, p.62）。

近来的修辞和传播理论

根据近来的修辞和传播理论，说服并不与过去一样是一个单向的过程，在这个过程中听众或接收者仅仅消极等待着被说服或被确信。今天，所有的团体都既是演说者又是接收者，说服是一个可逆的过程（Fafner, 2000, p.43），通过这个过程人们共同获得最好的答案。在超越独白趋向的修辞时，相信的概念——或者拉丁语所说的信仰——开始进入视野。相信意味着信念或信任。当说服被视为具有对话的本质，信念就既是说服的前提，也是目标（Fafner, 2000, p.43）。波克（Burke, 1969, p.55）将之表述为："你试图说服一个人时，只有通过话语、手势、语调、命令、图形、态度、理念来表达，用他的这些习惯来确定你的方式才是可行的。"[10]通过对话，相信的程度或范围才有发展的可能性。如果必需的信任受到干扰，不信任也可能得到发展。因此，传播具有目标和战略特征的事实并不会抵消它是构建于信任基础上的理念。目标、战略方面并不一定需要被概念化为真诚和寻求相互理解意愿的反面。

传播的转向：一切皆是传播

在20世纪，将所有的东西——或几乎所有的东西——视为传播变得越来越流行。传播的转向或语言的转向意味着传播和语言的角色已经获得了优势地位。关于这个观点更为激进的版本是，语言和传播被提升到了包含一切的位置。语言的转向在很多学科里，诸如哲学、历史、文化研究和社会科学中已经发生了。然而，有一点很重要，即理解所谓整体上被称为语言转向的东西在现实中包含了多元的转向和维度（Alvesson & Karreman, 2000; Bredsdorff, 2003）。在话语理论中，例如学者（Laclau & Mouffe, 1985）已经明确提出了一个激进的理论，其中话语具有优先权。一个普遍的和系统的理论视角，认为一切皆传播，这可以在卢曼（Luhmann, 1985）及受其启发的理论家的著作中发现。[11]

在组织的语境中，这意味着组织不仅仅在隐喻的层面由传播构成。从字面上看，组织即为传播（HØjlund & Knudsen, 2003）。在这个研究的分支中，学者提出了CCO（Communicative Constitution of Organization，组织的传播机构）（Putnam & Nicotera, 2009），组织被认为是通过传播，在传播中构成的（Cooren, Kuhn, Cornelissen & Clark, 2011）。从这个视角来看，传播不仅仅是一个变量，它和其他与组织有关的变量是同等的；传播是"组织建立、组成、设计和维系的手段"（Cooren et al., p.1150）。因此组织不仅仅是一个“容器”，人们使用它或通过它进行沟通，组织还通过传播而存在。

蒙特利尔学派是思想线索中最重要的部分（Taylor & van Every, 2000; 2001; Taylor, Cooren, Giroux & Robichuad, 1996; Cooren, Taylor & Every, 2006）。在各个理论和研究领域，诸如对话分析、系统功能语言学、社会心理和民族方法学的启发下，蒙特利尔学派的支持者主张组织源于传播。关于任何事物都是某种意义上的传播的观点出现了很多变体，很多建构主义浪潮都可以被认为是源于这条思维的线索。

战略转向

在某些方面，通过使用企业传播、企业品牌以及整合传播的术语，那些在战略转向中出现的东西是对传播和组织的新的理解。组织传播的内部和外部界限消失了，传统组织的界限被超越了。雇员和外部利益相关者成为组织传播宇宙中的目标（Torp, 2009）。组织传播的范围扩展到包含了几乎组织所说所做的一切，以及被组织存在和活动影响的所有人。在对传播的这个拓展概念最有野心的读解中，它意味着努力从视觉设计的外部整合扩展到组织文化和“灵魂”的内部整合（Torp, 2009）。人们可以说一个双重运动正在发生：所有的事情都不仅被视为传播，也被视为战略传播。换句话说，战略转向随着语言转向而来。战略转向并不是传播转向的替代，而是另一种视角，它将所有的传播变为战略传播。按照传播理论，战略转向并不一定需要等同于相信所有传播基本上都是战略的。它也可被视为一种努力或尝试的表达，即让所有的——或大多数——传播变为战略的。战略传播可以界定为“组织有目的地运用传播来完成它的任务”。战略传播包含了几个不同的领域，公共关系、广告和营销（Hallahan, Holtzhausen, Ruler, Verčič & Sriramesh, 2007, p.3, 16），它们有着共同点，即都涉及影响和说服。战略传播的特征在于目的性，总是带着特定的目标展开。

当过去经理人和传播专业人员关注发生于正式论坛、通过正式渠道的传播，战略转向包含组织内外的非正式传播。这个领域，过去并没有得到管理的注意，目前认为是与组织战略相关联且至关重要的。相对于过去的状况，这种变化滋润了雇员和组织之间的强联系和认同。在传播学者的眼中（Christensen & Morsing, 2005, p.52），企业品牌的符号和行为的维度意味着雇员现在必然也已经参与进来。在日常工作中，雇员被期待遵守和履行品牌做出的承诺。从一个批判的视角，作者指出认同是企业品牌的重要部分，因为组织的成员常常“期待将自己的个人价值与企业品牌的身份相匹配”（Christensen, Morsing, & Cheney, 2008, p.70）。雇员本身必须被整合到企业中，因此成为企业品牌的行走的化身。他们不仅仅被期待传播品牌，也要与品牌共存（Christensen & Morsing, 2005），不仅仅在工作中，也在工作之外。丹麦银行斯巴瑞克森（Sparekassen），在2007年获得“欧洲最佳金融公司”殊荣，这是它第二次被选为丹麦最佳公司[12]，它的口号是：“即使你下班的时候也是一个斯巴瑞克森人。”（BrØnserud, 2004）因此公司的战略焦点并不仅限于发自或发生于公司内部的传播。即使在休息时期，战略传播也是雇员心理状态、行为和传播的一部分。美国咨询公司的总监安德斯・葛兰斯特（Anders Gronstedt），将这种情况描述为战略传播包罗万象：

> 不仅仅是传播专业人员，整合公司中每个人的工作是必要的，因为公司将传播它的一切所作所为。产品和服务绩效、账务的精确性、对雇员的态度，都向利益相关者传播了有力的信息。
>
> Gronstedt, 1996, p.39f

战略传播已经常常被描绘为必然是非对称的、自上而下的（Hallahan et al., 2007, p.14）。然而哈拉汗和同事认为也不一定如此。战略可以来自基层，战略传播在考虑到组织形象和发展的前提下，不是简单地聚焦于经理人，也关注雇员和传播专业者的目标性行为（Hallahan et al., 2007, p.7）。

营销传播

如前文所述，战略传播也包含了公共关系、广告、营销（Hallahan et al., 2007, p.16）。在关于组织和公司的传播中，战略转向的基本要素是营销和营销传播的效果。下一个部分将按照上述参与的基本目标和效果的区别，简要地讨论营销传播的历史。营销的世界中，也已经有一个传播转向。[13]但是这个转向很特殊，常常是规范性的、多样的。舒尔茨等人（Schultz & Kitchen, 2000, p.55）认为“传播成为营销的核心和灵魂”，在他们的观点中，它介入了公司的战略和组织的文化。因此舒尔茨等人描述了这种类型的整合营销传播（IMC）：

> 我们将所有形式的营销转换为传播，所有形式的传播转换为营销。我们已经整合了我们的讯息和目标，构建了与客户的无缝的传播流。
>
> Schultz, Tannenbaum & Lauterborn, 1994, p.58

当舒尔茨等写下整合营销传播将所有形式的营销变为传播，对这一点的认识还是比较浅的，从理论层面来看也特别新。有些研究者（e.g., Boucher, 1991）已经宣称营销是传播。詹金斯（Jefkins, 1990, p.2）表明“营销在传播的工作中”，德罗泽（DeLozier, 1976）认为营销4P（产品、价格、地点、促销）中的所有元素都包含了营销传播的内涵。然而，关于营销作为一种传播形式的展现，一个基本的差异在于舒尔茨（Schultz et al., 1994）不认为营销扮演了和传播一样的角色。在后者中，营销通过整合营销传播，已经转化为传播。当我们假设所有形式的传播都是营销，更大更严肃的主题就突然开始出现。[14]

营销曾经是交谈

一个问题因此出现，人们是否能够在营销传播的领域谈论战略转向，或者营销传播的特征是否在于工具性和作为其首要目标的有效性。按照希尔斯等人的观点，现实并不是永远如此。他们认为营销曾经也不过是一种交谈。[15]这正是营销应该有的样子，并且因互联网的交谈本质，这可能再次成为现实。[16]在工业化和大众传播时代之前，营销在这个千年中都是交谈：

> 一开始的市场是集市。没有多头，没有空头，也没有看不见的手。不是战场、目标或者角斗场。不是人口、眼球或座位。最重要的，不是客户。最初的市场充斥着人，不是抽象的货物统计数据的集合；它是一个场所，供给方和需求方实在地会面，卖家和买家面对面联系。最初市场的设立是为了交换，人们都来买其他人卖的东西并交谈。最初的市场充斥着交谈。
>
> Searls & Weinberger, 2001, p.76[17]

市场最初的目标并不是销售，而是交谈。交谈有时带来了销售和消费，但是卖家和买家是平等的，交易并不是先于操纵行为的东西。交谈的最终目标并不是事先确定的，它来自和出现于各个团体的相遇。交互确实是社会性的，构建于利益的共同性之上，面对面发生，其中不存在诸如公司、企业和媒介这类居间者。参与者的角色在很大程度上是双重的。[18]人们常常同时既是卖家又是买家，买卖不同的产品。希尔斯（Searls & Weinberger, 2001）提出一个关于市场的有些浪漫的观点，在其中法国历史学家布劳德将市场视为“基本形式”（Braudel, 1992, p.29）。布劳德描述了这些市场，在德国被称为手拉手、眼对眼，在那里交易如何更加诚实、透明和直接，在历史长河中被保存下来。他解释道：“如果这个初级市场在历史中保持原样的存在，这必然是因为最有力的简单，它是难以战胜的。”（Braudel, 1992, p.29）在《线车宣言》（*The Cluetrain Manifesto*）一书中，作者总结了历史发展的一个简单的、线性的观点，与之相对的，布劳德将各类市场的构造视为历史的共存。

> 市场意味着自由、开放，通往另一个世界的渠道。它意味着呼吸新鲜空气。人的活动和交换多余的东西，逐步通过这个狭窄的渠道进入另一个世界，一开始这面临很多困难，就如同骆驼穿过针眼。之后随着社会变成一个越来越普遍化的市场社会，裂痕变得也越来越多、越来越深。最后，在这个语境下，它指的是时光流逝。这些裂痕从来不会同时，或在不同的领域用同样的方式发

> 生。因此并不存在一个关于市场发展的线性历史。在这个领域中，传统的、古典的、现代的或超现代的在今天仍然共存着。
>
> Searls & Weinberger, 2001, p.26

谈话被打断：工业化时代的营销传播

伴随着工业化，市场存在的原因改变了。它不再是果断的、平等的团体之间的对话和相遇，关系变成了不对称的。有权力的人凌驾于过程和结果之上成为问题；关系中的一个团体被简化为手段；客户转变为目标的对象，成为市场交谈中的参与对象，或成为实现市场目标的对象。希尔斯（Searls & Weinberger, 2001, p.78）写下“权力如此果断地偏向到供给方，以至于‘市场’这个词变成了动词：你对客户做的一些事情”。人们可能说市场变成了一种现象，在其中引导着你把你的产品带到市场，变为其他人所要消费的东西。经典的管理和产品的原则也反映了人们对市场的理解。正如工人被视为可替代的实体，与客户的关系也被视为不那么私人的。客户转变为消极的消费者。大生产创造了标准化的产品，大众传播创造了需要消费生产货物的标准化的消费者。人们可以说交谈和销售变换了地点。在交谈的市场中，交谈是本质的部分，销售是外在的。或者说，如果想要论辩不那么尖锐，我们可以说在市场中交谈和销售过程是分开的。在工业化的市场中，销售已经成为本质的部分，而交谈已经被忽略为外在的。包含传播参与的交谈被低估，有效性被提升为支配性和无所不能的原则。

在社交媒体时代的营销传播

与布劳德（Braudel, 1992）的不同市场结构共存的假设不同的是，如果按照希尔斯（Searls & Weiberger, 2001）对互联网的潜力和能力的看法，我们可以认为互联网和社交媒体所做的事情并不是重建消逝的对话，而是创造一种转变和进化的可能性，基本的市场对话模式重新出现在新的传播平台之上。换句话说，交谈现在已经被扩展了——对一些稳定控制的组织而言，不论多么不情愿也无法避免，即使对大公司而言也是如此。这些组织中的一部分已经急切地通过建立管理系统或限制他们的雇员使用脸书、推特和其他社交媒体，从而寻求限制因特网所提供的自由。（Stanton & Weiss, 2000）。[19]社交媒体和营销的新形式，例如病毒营销，已经代表了传播的条件以及传播者和接收者之间的关系。直到现在人们普遍认为利益相关者、雇员或客户，都是那些与之交流的人。目前的工作是通过与利益相关者的交流，将那些信息的接收者变为信息的推送者，可能甚至成为某些人的信息代理。希尔斯所赞同的交谈已经因互联网和社交媒体成为可能。但是很清楚的是，交谈及其理想的状态能够——也已经被作为操纵性的、非对话的、工具性的目的而被使用或滥用。同样，理想的对话在组织传播和营销传播中也已经被滥用。

总结和结论

正如本章所阐明的，关于战略传播和传播潜力讨论的反思与传播理论本身一样历史悠久。这里偏离了迪兹的理论观点，即“所有的传播概念都有社群的特性，它是对参与和效果展现的双重关注”（Deetz, 1992, p.94）。从一个历史时期到另一个历史时期，传播已经首先被视为一个关于人民如何通过传播的过程获得影响公共舆论和决策的问题，或者说是一种达成特定目标和必要的控制手段。正如人们可以确定哪个基本的传播目标属于哪个年代、哪个范式处于支配地位，人们也可以区分元理论的层次效果导向和参与导向的传播理论家和实践者。[20]参与导向的传播理论家将置于效果之上的优先性视为传播的目的，并将之等同于操纵。他们认为这个视角是比较劣等的，甚至是不正当的、不合法的。这个态度可能与一个事实有关，即在一定时期内，当效果的工具视角居于支配地位时，它将可能忽略或拒绝承认传播参与的意义，避免将任何行动者整合到传播过程中。支持参与传播方法的理论家相信工具主义者最初的也可能是唯一的目标，已经对控制这些行动者发挥了影响。效果导向的传播理论家和实践者，认为将参与作为传播的首要目标是毫无意义的。效果导向理论家和实践者处理或者参与传播，本身并不是一个目标，而是发挥影响和控制的一种手段。换句话说，参与仅仅是一种服务于效果的技巧。

我们有必要坚持这个观点，即传播不仅是参与，也不仅仅是效果的展现，传播一直具有双重属性和双重焦点。在组织学科和实践中维持战略传播中的这种双重性很重要，这也确保了理解不会退化为简化论。将战略传播和组织学科与实践联系起来，目前似乎可能发现传播的概念和目标正在以不同于过去的方式在互动。在战略转向下，有效性和参与在于组织传播相关联的情景下，已经以一种新的方式合流。甚至可能说，在特定的情形下，人们正在努力尝试化解传播基本目标之间的差别；这种尝试是为了创造一个新的杂交品种，其中参与被用来提升有效性，同时有效性也被用来促进参与。当然对于这两类传播的目标在原则上是否兼容仍然存在争议，因此也不可能混合出一种新的普遍目标；另一种争议是这种努力是否只是一种错觉，是一个简单的目标，或只是一种意图之内或之外的必然结果，引诱人们进入一个与效果相关联的真正参与的幻想概念中。而现实中，这只不过是经过伪装的效果。

它被视为一种移植的案例（Habermas, 1984），为了参与孕育一种全新的可能性，它取决于人们如何看待战略转向。这是因为组织生命的非正式方面和传播的非正式手段已经被提上了议程，并且在管理中享有了更多的关注。[21]在移植视角的基础上，我们可以宣称拓展与战略传播发展同时发生的战略视野，已经使得有效性和战略将自身置于人类生活的方方面面和各类形式的传播之上。行动者和接收者成为传播过程的一个部分，但是传播的真正目标是效果，不是参与。参与很明显地被简化为一种手段或技巧。然而在雅典理论中，参与是达成洞见和真知的前提，通过在社群中的辩证途径，战略转向之后的参与已经变得工具化；社群和真相不再是最终的目标。目前参与的正如雅典时期，是传播行为和传播过程的本质部分，但是行为的特征及其内在的参与是非常不同的，正如它们目标的差异。

在参与视角的基础上，战略传播作为一种单向的、不对称的、管理的、自上而下的东西，是将之作为一个可以从下往上的过程来理解、建构和实践，人们可以宣称实践中战略传播的发展吻合了变革期间传播发展的观点，在那个时候人们忽然获得了和神交流的机会。从置身于传播过程之外，仅仅做一个被动的目标，到现在已经有潜力成为传播过程中的中心行动者，这是社交媒体带来的可能性，它将战略的视角延伸到所有的传播中。

注释

[1] 根据迪兹的观点，传播理论可以基于前文提及的目标或支配性的理想被类型化而划分历史阶段。

[2] 在以上所提及的文本中斯特凡引文的页码并不是非常精确，其最初版本是1578年的，在柏拉图著作的很多版本中被引用，但在Hoeg和Rader版本的柏拉图合集中细节并不一致（Platon, version1992a, 1992b, 1992c）。然而，为了保持精确性，在丹麦版本中被标记在页面上方的斯特凡页码，在本文的引用中也加了进来。

[3] 苏格拉底不相信修辞可以被恰当地称为艺术（461D），在对话中，他谴责其中一个对话的行动者——波利斯将修辞提升到艺术的层面（Plato, The Apology of Socrates, version1992a）。

[4] Allen在他对《高尔吉亚》的翻译中使用了术语“烤点心”“化妆”（Plato, Dialogue, version1984, pp.284ff）。

[5] 迪兹引用了Paolo Valesio的著作《诺万迪卡：作为当代理论的修辞》，其中瓦雷西欧展现了辩证和修辞在一定的地区是如何被视为处于彼此完全相反的位置。在文艺复兴时期，它反对被用在反修辞的咒语中，之后被认为与真相和修辞概念在现代的分离相关联（Deetz, 1992, p.95）。

[6] 荷马的圣·奥古斯丁。

[7] 一些研究者表明文艺复兴代表了一种中世纪思维的突破，而其他人则认为是发展的延续（Roer, 2011, p.51）。

[8] 普罗塔戈拉相信一个事情总是应该从两面来看，这在拉丁语世界中被称为争议。

[9] 1750年有时被称为修辞死亡的象征年，从那时开始，学术修辞的传统面对了严重的挑战，在某些方面被审美所取代，在那个时代最杰出的代表是亚历山大·鲍姆加登（Fafner, 2009）。然而，这只是缓慢死亡的开始，或者正如前文所明确表达的，它在垂死挣扎。如我们所知，修辞并没有消亡。20世纪的后半叶被认为是修辞的黄金时代。

[10] 然而，我们可以反驳Burke在这里勾勒的身份和“设身处地”的愿望是错误的，人们可能只是假装同情，在现实中行为只是为了获得自己想要的东西而尝试进行的操纵。这将是一个关于传播效果是否达成既定目标的问题。

[11] 事实上卢曼对语言转向持批判态度，自动诗意的视角使得他对传播的看法非常不同。《如何沟通参与意识？》一文隐晦地包含了哈贝马斯的思想。卢曼认为“在社会力量中，语言理论的首要性和主体间性的概念应该被抛弃，应该把他们的位置放在社会传播的自我参考的封闭系统之中”（引自Harste: Niklas Luhmanns konstruktion af samfundsteorii Autopoiesis）。（Jacobsen, 1992; 也见Bredsodorff, 2003, p.20）。

[12] 在2010年，这个银行被最好工作场所学会评为欧洲第二优秀公司，参选者都是雇员超过500

人的公司。

[13] 与前面提及的立场不同，这个思想并不是构建于科学的、理论的或哲学的基础之上，而是更具备一种实践的特征。这并不是宣称一切都是传播。

[14] 自然而然，在市场领域也有这种趋势的反对者。Duncan和Moriaty（1998）并不接受这样的假设，即人类行为基本上被传播所统治，或至少仅仅是一种理论观点。他们将这个假设命名为“传播的谬误”（p.2）。

[15] “交谈是人性的深奥行为。因此，交谈曾经也是市场行为”（Searls & Weinberger, 2001, p.77）。

[16] Searls和Weinberger的表述并不像一个简单的理想—历史的，而是现实—历史的，例如现实历史过程的描述。

[17] “市场充满了交谈” 的说法激发了一个包容性的隐喻，它与其他那些用于描述市场原始状态的比喻并不十分和谐。同时也与市场是对话的观点并不一致。如果市场可以被认为充满了交谈，市场就应当先于这些存在。

[18] 词语的选择可能并不会令这些作者满意，因为他们似乎相信在当时市场中的人只是在做自己。他们的名字就等同于他们的品牌，是他们生产和交换的产品（Searls & Weinberger, 2011, p.77），比如说米勒、贝克、亨特等英文名。

[19] 控制并不一定来自抑制对话的需求，却可能是因为一个事实，这些交谈的一个部分并不和正在实施的工作相关，因此也使得注意力偏移了工作。雇员将时间花费在电子邮件回复、脸书、个人上网以及类似行为的调查方面，已经表明一些雇员在常规的工作日中花费了太多的时间在这些事情上（Conner, 2012a, 2012b）。

[20] 在传播学中，各类视角的更细节性的、成熟的分类见Craig（1999）。

[21] 人们甚至可能认为战略转向包含了解放的潜力。

参考文献

[1] Alvesson, M. & Kärreman, D. (2000). Taking the Linguistic Turn in Organizational Research. Challenges, Responses, Consequences. *The Journal of Applied Behavioral Science*, 36(2), 136–158.

[2] Aristotle. (n.d.). *Rhetoric*. Retrieved from http://etext.library.adelaide.edu.au/a/aristotle/ a8rh/book1.html. (Retrieved January 24, 2013).

[3] Augustine, St. (1958). *On Christian doctrine*. (D. W. Robertson, Trans.). New York, NY: Liberal Arts Press.

[4] Bouchet, D. (1991). Marketing as a specific form for communication. In H. H. Larsen, D. G. Mick, & C. Alsted, (Eds.), *Marketing and Semiotics. Selected Papers from the Copenhagen Symposium*, pp. 31–51. Copenhagen, Denmark: Handelshojskolens Forlag.

[5] Braudel, F. (1992). *The Wheels of Commerce. Civilization and Capitalism: 15th-18th Century*. Vol. 2. (S. Reynolds,Trans.). Berkeley, CA: University of California Press.

[6] Bredsdorff, N. (2003). *Diskurs og konstruktion. En samfundsvidenskabelig kritik af diskursanalyserog socialkonstruktivismer [Discourse and Construction: a sociological critique of discourse analyses and social constructivisms]*. Gylling, Denmark: Forlaget Sociologi.

[7] Bronserud, H. E. (2004). Retrieved from http://www.jak.dk/forening/blad04/z5–04_ Etiskregnskab.html. (Accessed January 24, 2013).

[8] Burke, K. (1969). *A Rhetoric of motives*. California, CA: University of California Press.

[9] Christensen, L. T. & Morsing, M. (2005). *Bagom corporate communication* [Behind corporate communication]. Gylling, Denmark: Forlaget Samfundslitteratur.

[10] Christensen, L. T., Morsing, M. & Cheney, G. (2008). *Corporate communications. Convention, complexity and critique*. London, England: Sage.

[11] Cicero, M. T. (1891). *The Orations of Marcus Tullius Cicero*. (C. D. Yonge, Trans.). London, England: George Bell & Sons. Retrieved from http://www.perseus.tufts.edu/hopper/text? doc=Perseus%3Atext%3A1999.02.0020%3Atext%3DMil.%3Asection%3D1 Cicero (1967). De Oratore [On the Ideal orator]. (E. W. Sutton, & H. Rackham, Trans.). Loeb Classical Library. Cambridge, MA: Harvard University Press.

[12] Cicero (2009). De Oratore [On the Ideal orator]. Excerpt. (J. M. May & J. Wisse, Trans.). In J. D. Williams (Ed.), *An introduction to classical rhetoric: Essential readings*. Chichester, England: Wiley-Blackwell.

[13] Conley, T. M. (1994). *Rhetoric in the European Tradition*. Chicago, IL: University of Chicago Press.

[14] Conner, C. (2012a (July 17)). Employees really do waste time at work. *Forbes*. Retrieved from http://www.forbes.com/sites/cherylsnappconner/2012/07/17/employees-really-do-waste-time-at-work/ (Accessed October 8,2014).

[15] Conner, C. (2012b (November 15). Employees really do waste time at work, II. *Forbes*. Retrieved from http://www.forbes.com/sites/cherylsnappconner/2012/11/15/employees-really-do-waste-time-at-work-part-ii/(Accessed October 8, 2014).

[16] Cooren, F. (2000). *The organizing property of communication*. Amsterdam, Holland: John Benjamins.

[17] Cooren, F., Taylor, J. R. & Every, E. J. van. (2006). Communication as organizing: Empirical and theoretical explorations in the dynamic of text and conversation. Mahwah, NJ: Lawrence Erlbaum Associates.

[18] Cooren, F. (2010). *Action and agency in dialogue: Passion, incarnation and ventriloquism*. Amsterdam, Holland: JohnBenjamins.

[19] Cooren, F., Kuhn, T., Cornelissen, J. P. & Clark, T. (2011). Communication, organizing, and organization: An overview and introduction to the special issue. *Organization Studies*, 32(9), pp. 1149–1170.

[20] Craig, R. T. (1999). Communication theory as a field. *Communication Theory*, 9(2), pp. 119–161.

[21] Deetz, S. A. (1992). *Democracy in an age of corporate colonization. Developments in communication and the politics of everyday life*. New York: State University of New York Press.

[22] DeLozier, M. W. (1976). *The Marketing Communication Process*. New York: McGraw Hill.

[23] Duncan, T. & Moriarty, S. E. (1998). A communication-based marketing model for managing relationships. *Journal of Marketing* 62(2), 1–13.

[24] Fafner, J. (1995). *Tanke og tale* [Thought and Speech]. Copenhagen, Denmark: C.A. Reitzels Forlag.

[25] Fafner, J. (2000). *Retorik. Klassisk & moderne* [Rhetoric. Classical & modern]. Copenhagen, Denmark: AkademiskForlag.

[26] Fafner, J. (2009). Retorik. *In Den Store Danske—Gyldendals* [Entry on Rhetoric from The Great Danish—Gyldendal's Open Encyclopaedia]. Retrieved from http://www.denstored anske.dk/Kunst_og_kultur/Litteratur/Stilistik,_retorik_og_metrik/retorik (accessed October 8, 2014).

[27] Gronstedt, A. (1996). Integrated communications in America's leading total quality management corporations. *Public Relations Review* 22(1), 25–42.

[28] Habermas, J. (1984). *The theory of communicative action*. (T. McCarthy, Trans.). Boston, MA: Beacon Press.

[29] Hallahan, K., Holtzhausen, D., van Ruler, B., Verčič, D. & Sriramesh, K. (2007). Defining strategic communication. *International Journal of Strategic Communication*, 1(1), 3–35.
[30] Harste, G. (1992). Niklas Luhmanns konstruktion af samfundsteori [Niklas Luhmann's construction of social theory]. In J. C. Jacobsen (Ed.), *Autopoiesis* (pp. 59–96). Copenhagen, Denmark: Forlaget politisk revy.
[31] Höffe, O. (1992). Aristoteles (384–322 f. Kr.) (K. K. Jensen, Trans.). In O. Höffe (Ed.), *Filosofi. Antikken & Middelalderen fra sokratikerne til Cusanus* [Philosophy: antiquity and the middle ages from the Presocratics to Nicholas of Cusa], pp. 59–90. Copenhagen, Denmark: Politikens Forlag.
[32] Hojlund, H. & Knudsen, M. (Ed.). (2003). *Organiseret kommunikation—systemteoretiske analyser* [Organized communication—system theory analyses]. Frederiksberg, Denmark: Samfundslitteratur.
[33] Jefkins, F. (1990). *Modern marketing communications*. Glasgow, Scotland: Blackie.
[34] Johansen, K. F. (1991). *Den europæiske filosofis historie (Bind 1)* [History of European philosophy(Vol. 1]. Viborg, Denmark: Nyt Nordisk Forlag Arnold Busck A/S.
[35] Kjeldsen, J. E. (2001). Skandinavisk retorikvidenskab. Mediesamfundets udfordringer til to afgransninger afretorikken som videnskab og fag [Scandinavian rhetorical studies: the challenges of the media society in defining rhetoric as a science and subject]. *Rhetorica Scandinavica* 20, 18–31
[36] Kock, C. (2011). Retorikken i nyere tid [Modern rhetoric], In R. Jorgensen & L. Villadsen (Eds.), *Retorik. Teori og praksis* [Rhetoric: Theory and practice], (pp. 63–83). Gylling: Samfundslitteratur.
[37] Laclau, E. & Mouffe, C. (1985). *Hegemony and socialist strategy*. London, England: Verso.
[38] Lindhardt, J. (1987). *Retorik* [Rhetoric]. Copenhagen, Denmark: Munksgaard.
[39] Luhmann, N. (1995). *Social Systems*. (J. Bednarz Jr. & D. Baecker, Trans.) Stanford, CA: Stanford University Press.
[40] Plato (1984). *The dialogues of Plato*. Vol. 1 (R. E. Allen, Trans.). New Haven, CT; London, England: Yale University Press.
[41] Plato. (n.d.). *Apology* (B. Jowett, Trans.). The Internet classics archive. Retrieved from http://classics.mit.edu/ Plato/apology.html (accessed October 8, 2014).
[42] Plato. *Gorgias*. (B. Jowett, trans). The Internet Classics Archive. Retrieved from http://classics.mit.edu/Plato/gorgias.html (accessed October 8, 2014).
[43] Platon (1992a). Sokrates' forsvarstale. *In Platon Skrifter 1* [The Apology of Socrates. Plato: Writings 1]. (C. Hoeg & H. Rader, Trans.) (pp. 267–296). Gylling, Denmark: Hans Reitzels Forlag.
[44] Platon (1992b). Gorgias. *Platon Skrifter 2*. (Plato: Writings 2). (C. Hoeg & H. Rader, Trans.). (p. 117–222). Gylling, Denmark: Hans Reitzels Forlag.
[45] Platon (1992c). Faidros. *Platon Skrifter 6*. (Plato: Writings 6). (C. Hoeg & H. Rader, Trans.). (p. 13–92). Gylling, Denmark: Hans Reitzels Forlag.
[46] Putnam, L. & Nicotera, A. (2009) (ed.). Building theories of organization: The constitutive role of communication. New York: Routledge.
[47] Quintilian. (1933). *The Institutio Oratoria*. (H. E. Butler, Trans.). Loeb Classical Library. Cambridge, MA: Harvard University Press.
[48] Rapp, C. (2002) Aristotle's Rhetoric. *The Stanford Encyclopedia of Philosophy* (Summer 2002 Edition), Edward N. Zalta (Ed.), retrieved from http://plato.stanford.edu/archives/sum2002/entires/aristotle- rhetoric/ (accessed October 8, 2014).
[49] Roer, H. (2011). Den retoriske tradition [The rhetorical tradition]. In R. Jorgensen, R. & L. Villadsen

(Eds.), *Retorik. Teori og praksis* [Rhetoric: theory and practice] (pp. 37–62). Gylling, Denmark: Samfundslitteratur.

[50] Schultz, D. E., Tannenbaum, S. I. & Lauterborn, R. F. (1994). *[Integrated Marketing Communications] The NewMarketing Paradigm*. Chicago, IL: NTC Business Books.

[51] Schultz, D. E. & Kitchen, P. J. (2000). *Communicating globally. An integrated marketing approach*. London, England: Palgrave.

[52] Searls, D. & Weinberger, D. (2001). Markets are conversations. In R. Levine, C. Locke, D. Searls & D. Weinberger (Eds.), *The Cluetrain Manifesto: The end of business as usual*. New York: Basic Books.

[53] Stanton, J. M. & Weiss, E. M. (2000). Electronic monitoring in their own words: an exploratory study of employees' experiences with new types of surveillance. *Computers in Human Behavior*, 16(4), pp. 423–440.

[54] Taylor, J. R., Cooren F., Giroux, N. & Robichaud, D. (1996). The communicational basis of organization: Between the conversation and the text. *Communication Theory*, 6(1), pp. 1–39.

[55] Taylor, J. R. & Every, E. J. van (2000). *The emergent Organization. Communication as Its Site and Surface*. Mahwah, NJ: Lawrence Erlbaum Associates.

[56] Taylor, J. R. & Every, E. J. van (2011). *The situated organization: Case studies in the pragmatics of communicationresearch*. New York: Routledge.

[57] *The American heritage dictionary* (4th ed.) (2006). Boston, MA: Houghton Mifflin Company.

[58] Torp, S. (2009). Integrated Communications: From one look to normative consistency. *Corporate Communications: An International Journal*, 14(2), 190–206.

[59] Williams, J. D. (2009). *An introduction to classical rhetoric: Essential readings*. Wiley-Blackwell.

第四章

欧洲视角下的战略传播和公共领域

盖特·班特勒和霍华德·诺斯哈特

至少在西方世界，研究战略传播、公共关系、传播管理或其他相关领域的学者们都将公共领域视为给定的方向。尽管社会学者、哲学家、政治理论家对细节问题仍然存在争论，但常识使我们确信大部分的公众知道“offentlichkeit”在德语中是关于什么内容的。但是一旦人们参与探讨，有一点就变得非常清楚，即所谓的常识在事实上并没有被普遍理解。概念总是会与其他内容发生冲突，例如政治、社会或民主，甚至来自同一个国家的人在“什么是公共的，什么是私人的”这一点上也会有不同的观点。什么应当属于公共领域，从规范上来说什么应当成为公共领域讨论的对象，虽然现实中有些东西被公开讨论，而其他人认为这类问题不应被讨论，这类问题显得特别复杂。接下来的章节分别追溯尤尔根·哈贝马斯和汉娜·阿伦特的著作中关于公共领域有影响的界定，在关于公共领域的大陆的或欧洲传统思维的基础上构建进一步的理论。

历史视角

在18世纪，起草一篇关于公共领域的论述是很便捷和安全的，当时这个概念的内涵和今天多多少少有些相似（参见Holscher, 1978），很多作者这样做。然而，我们需要回溯历史，因为我们相信公共领域的存在，不仅仅是哲学启蒙或自由民主论证的结果。如我们今天所认知的公共领域也是人类学常量的当代显性表现，也就是人类动物、政治动物的特征，是其与同类物种共存的方式。在超级复杂的现代社会中，我们所指的公共领域当然是一种仅出现在较高形式的文明中的东西，它的目的不仅仅是存在。20世纪末和21世纪初的公共领域在功能上与其他机构是同等的，但它以更加简单、复杂度较低的方式存在。几个世纪以来，人类共存方式的一定特征已经变得与其视角下的社会、文明或文化现实一致。但是如果我们要假设公共领域不存在，或者在特定的时期，例如中世纪，是可忽略的公共领域，那么我们就需要解释为什么是这种状况，是什么占据了公共领域的位置。

从“原始”社会到经典古代

公共生活的理念，一方面与原始生活相反，另一方面与办公室的事务不同，它可以追溯至古典的欧洲古代，即希腊（公元前750—50年）和罗马时代（公元前250—500年）。这一概念是否可以追溯到更早以前，以及在古埃及、巴比伦和苏美尔文明中是否有原始的公共生活，这些都很难说。然而，在我们进一步讨论时，有必要记住，这些古代文明追求的是宏伟工程，如建造大金字塔或对付尼罗河、幼发拉底河和底格里斯河。诚然，这表明了古代文明对公众福利的一些关注，但首先，这些项目有助于将人民禁锢在统治者的枷锁之下。

公共、私人和秘密：公共领域的双重性

德裔美国哲学家汉娜·阿伦特有一个著名的论点，即在城邦的普遍的、共享的、公共的领域中的参与——在公共场所倾听、参与讨论或集会——是自由的特权。它们超越了对日常存在和私人家庭必要性的关注（参见，Arendt, 2010, pp.38-47；英语版Arendt, 1958）。哈贝马斯（Habermas, 1990, pp.57-58; 1962），这位世界上最伟大的公共领域思想家（Calhoun, 1992），他补充道，在集会的公共领域，平等的人以平等的身份相遇来确定谁是最尊贵的。正是在公共领域，真理被点亮，而日常生活的残酷的必要性被可耻地隐藏于家庭生活中。相反，这也意味着，刺目的、启迪的光投射到个体在公共领域中争取赞同。对政治不感兴趣的人——被称为“idiotes”，是现代词汇“笨蛋”的词源，因此按照经典的设想这些人没有过一种完整的生活，而是被留在了黑暗中。我们在这里有一个重要的座右铭和支配性的隐喻：公共领域的双重性特征始于21世纪全球化世界的开端。一旦生命的必要性被关注，政治动物似乎继续催促以将自己与其他人区分开来。公共领域，可能是博客、咖啡馆、村落的集市或战士蹲坐的火堆旁，它有一个地点，在那里，人们可以觉醒，踏入光明。光明和黑暗的隐喻（Imhof, 2003, p.194）已经传递了双重性：这个地方沐浴在刺目的光线下，因为这是一个喝彩的场所，也是一个控制的机构。这是为什么“公开的概念”有两个对立面：一方面是私人，另一方面是秘密。个人如果一直过着私人的生活，他将被留在黑暗中，但是如果他想要权力或影响，也就是公职，他就必须能够适应光线。他所做的事情不再是私人的，因为如果有些人要掌管王国、帝国或部落的命运，他的每个方面（健康、观点）就非常重要——因此他们不能再是秘密。

公共领域是重要的领域

哈贝马斯（Habermas, 1990, p.57）指出了在任何古典事物中似乎都有一种内在的规

范性力量。受过教育的欧洲人在这样的理念中被抚养长大，即古典时期构成了高度的文明，然而，类文明结构在所谓原始的或野蛮的社会中也十分普遍。例如，古语“廷”（Ting），支配了德国部落社会的法院和集会，其意义可以追溯至北欧国家的议会。例如，在丹麦，下议院被称为Folketing、挪威的议会被称为Storting、冰岛立法议会被称为Althing。这也是英语单词东西Thing、德语单词Ding的词源。虽然围绕着Ting的政治环境是完全不同的，但其中的相似性无法回避。在古典时期，只有自由的人可以聚集在廷里面，廷是一个特定的场所，即Tingstead，“廷”构建了平等的人之间和平协商的机制，它（Tingfriede）保证了论争而不是武力的流行。

现代观察家很快指出，民主理想是有缺陷的，因为它不包括不自由的人，如农民和奴隶、儿童和妇女。但这本身就是一种发人深省的观察。它揭示了一个现代的假设，即个人是社会的基本组成部分。这绝不是一个必要的假设，因为与独居动物相比，单独的个体在自然界中通常很难照顾自己。古希腊人可能会说，奴隶、儿童和妇女本身并不算数，因为他们的命运与家庭的命运息息相关，而家庭是构成社会最小的因素。因此，我们必须认识到，公共领域作为欢呼的场所和（平等的）控制机构，它的本质是民主的。然而，它不是现代意义上的民主。公共领域不是每个人聚集的地方，而是他们各自文化、文明或社会中重要的人聚集的领域。每个人都重要的观点是非常新的。在雅典的城邦里，自由的人们聚集在集市上，因为那些没有工作负担的人，那些被解放出来过美好而真实生活的人，代表了城邦中重要的东西。Ting是一种被描述为军事民主文化的核心，因此只有战士聚集在一起；拿着长矛的人很重要。

存在和表现

21世纪社会的成员有一种隐晦的假设——权力和影响来自他们在组织中的位置趋向，常态的而不是暂时性的位置代表了权力。然而，认识到这一点很重要，在集会中参与讨论的家庭首领并不代表他的家庭，而只是他自己——这是我们之后还要论证的东西。在早期的、初级的民主中，我们通过集体达成治理，其中每个人代表自己，也通过身体的在场使自己的意见有价值。Imhof已经指出了公共领域的起源，“公共场所的原型”（Imhof, 2003, p.204）就是集会。因此合法化的最古老的形式来自一些集会中的主张，它给予每个人表达意见和反对它的机会。然而，经常被忽略的东西是机会可以非常多样。图4.1展现了这种差异。在最左边的图，图4.1(a)代表了一种集会的激进民主形式，其中每个人都很重要，每个人的重要性都是相同的。注意公共空间，集会是空的。它的边界由有影响的个人构成，但是事实上没有任何一个人占据了中间的位置。我们认为我们在这里拥有的东西接近于哈贝马斯的话语理想，如同理想的话语状态（Habermas 1997a, 1997b）。公共空间并不是由人们指定的，而是通过圈中的论争造就的。图4.1(b)看起来有些类似，但是有一些有传奇色彩的个人，在公共空间中发挥作用。如果人们表达意见反对某个观点，他也宣称反对某个人。然而，我们意识到一点很重要，即个体身在集会中是因为他们敢于在那里，而不是因为他们拥有头衔可以在那里。

(a) (b) (c)

图4.1 作为公共空间的集会的基本类型

边界上的任何个人都可以随时进入场地。当我们查看图4.1(c)时，这种差异变得非常明显。这个数字代表了舞台上实际的演员和潜在的演员，描绘了舞台的边界，但我们也有观众。听众属于重要的一类，否则它就不会存在。但它不属于在竞技场上实际或潜在地发挥作用的类型。不管原因是什么，只有少数人有能力、被允许或受过足够的教育在舞台上表演。作为潜在的或实际的内部圈子里的演员，他也不能保证外部圈子里的观众对于公共领域里的东西、有趣的东西、所有人关心的东西，都有相同的判断标准。事实上，公共领域的每一个理论都有一个重复发生的问题，即内圈和外圈，观众、潜在和实际的行动者之间几乎很难达成一致。这种一致性，不管是假设的还是事实的，就是后来所说的舆论（Habermas, 1990, pp.343-359; Noelle-Nellmann, 2002），这并不等于每个观众个体的统计代表。

共同在场的技术局限

很明显，将演员与观众区分开来，会使演员倾向于通过严格执行他们自己所满足的入口标准来限制其他人接近。然而，可以有把握地假设，除了代表某个群体的意识形态操纵从图4.1(a)到图4.1(c)的超越，除了名义上的代表，其潜在的原因在于社区日益增长的复杂性和人们同时在场的技术局限。当人们本应参与有意义的辩论时，这一点尤其正确：足球场里的5万人只能是一群乌合之众。允许成员参加辩论的议会的规模，如我们现代的议会，最大大约有500个席位，这绝不是巧合。例如，来自各国议会联盟的数据显示，在全世界登记的260个议会机构中，只有15个有500多个席位；其中包括第九届欧洲议会，它有736个席位，以经常有人缺席而著称（参见各国议会联盟在www.ipu.org上整理的数据）。如果按照发言人和投票人进行分类，例如雅典法庭，它聚集了6,000人，但不允许提问，只能投票表示赞成或反对，那它的规模可能会更大。

雅典民主vs罗马共和：政治的vs社会的

公共一词当然不是希腊语，而是拉丁语。众所周知，共和国是一个政治概念，它起源于“公共事务”一词，而“公共事务”一词又指关系到每个人的事情。与君主政体相反，共和政体的定义为人民是掌权者。西塞罗（Cicero，公元前106—43年），也许是罗马共和国最杰出的理论家，他明确指出，人民不仅仅是一个群众集会，而是人们为了一个共同的目的，如同意一项普通法，而举行的集会。然而，阿伦特（Arendt, 2010, p.38）指出，社会这个术语的起源——“社会”一词在希腊语中并不存在。虽然罗马共和国可能已经存在过，但在雅典民主时期，人们对它的理解是不同的。

通过引入第三个因素，即社会，极具精英主义色彩的政治与私人之间的鸿沟似乎已经消失。阿伦特（Arendt, 2010, p. 47）认为，社会的概念逐渐演变为日常生活的必需品，家庭事务迄今仍被视为私人事务而置于黑暗之中，但它却进入了公共政治领域的光明之中。图4.2说明了两者的区别。政治与私人的二元性突然变成了三位一体。

1. 政治的集会本身就是三位一体的：（1）一方面国家的中心被国家的掌权当局和政治权力机构所代表；（2）另一方面有政治影响力的公共生活控制官员（参见，Habermas, 2006, p.417，为了区分）；（3）观众，再一次控制官员和候选人。
2. 在家长制下的家庭圈层中仍然存在私人生活。
3. 最后，存在一种中间性的社会圈层，它既不是纯政治性的，也不是纯私人性的，其中人们必须要生活，且被视为社会需求而生活：一个圈层是私人的，却并不是隐秘的。在这里政治官员的私人生活突然变得重要。官员也需要讨论公共利益，这指的是每个人或一大群人物质的、私人的福利。阿伦特（Arendt, 2010, p.53）认为，这里也就出现了公众家庭的观念，或者出现了替代性的概念。

“国家是一种超级家庭，照顾各个家庭和个人”，这一概念在21世纪的人们看来是不言而喻的，很难想象它的消失。但是阿伦特（Arendt, 2010, p.38, 42）还认为公共家庭与希腊人的思想格格不入：至少在政治理论中，对于城邦中简单得多、与公众联系较少的生活以及生活的必需品，被认为是私人的、独立的，如图4.2所示。古代的城邦并不像罗马共和国开始时那样，是一个公共家庭，甚至也不是今天意义上的社会。这种变化反映在公共领域中讨论的主题和可以成功用于获得访问和获得公众支持的论点上：我们称之为公共演算（public calculus）。人们需要意识到，在雅典的民主政治中，每一个私人利益，无论是商业的、艺术的还是其他的，都被禁止在政治议事中：这一事实使得马克斯·韦伯将雅典的民主称为“养老金垄断”，由“消费主义无产阶级”组成（Weber, 1924, p.147；转引自Arendt, 2010, p.46）。如果一个公民在城邦之外拥有土地，他不允许投票决定城墙外的乡村是否应该被烧成焦土。在罗马共和国，区隔不再那么明显。社会的、私人的利益，特别是贵族家庭的利益，开始侵害政治，私人行动者——最卓越的可能是恺撒，一个卓越的公关案例——在公关领域将他们的个人利益呈现为政治的、社会的或社会—政治的。美其名曰：罗马共和国的利益。例如，一个统治国外省份的公职，被无耻地认为是谋取个人私利的机会。但是同时，要获得官员职务，人们必须要在公共工程，例如面包与马戏上花费财富，以满足和娱乐多数人，也就是用某些方式做善事，预示着现代合作的社会责任。相反的，社会开始在某种程度上进入私人生活，罗马人发现为了逃离有必要退到乡村去。

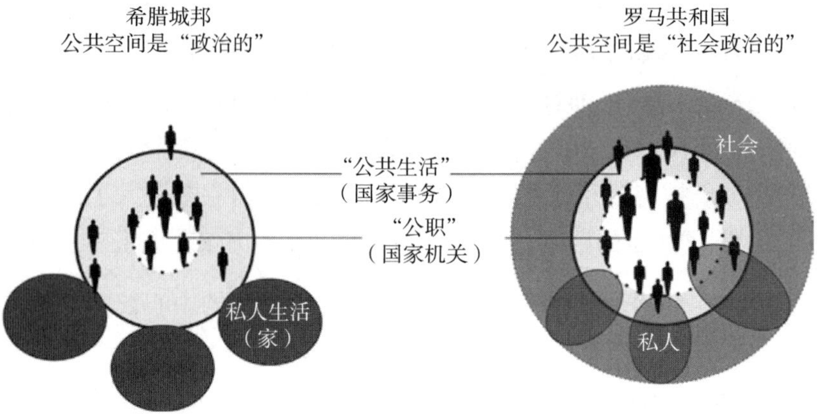

图4.2　社会的“发明”

从封建主义到启蒙：从强制社会到代表社会

罗马帝国灭亡后，西塞罗提出的政治秩序并没有复活。在被称为“黑暗时代”之后，中世纪欧洲出现的政治秩序大体上是封建的。学者们（例如，Habermas, 1990, p.60）普遍认为，尽管由于罗马法的传统，“私属”和“公地”这两个范畴仍然存在，但是不存在一个与国家机关和私人生活相分离的公共领域。在封建国家，对家族或封建诸侯行使的私人权力，不是与公职人员的政治权力相比较，而是作为一种政治权力的形式。这两种权力都来自一个源头，即国家的统治；简单地说，这两种力量都支持上帝赋予的秩序。阿伦特（Arendt, 2010, p.38-45）在这里提请人们注意两个方面：一方面是政治权力的性质，另一方面是中世纪明显的精神特征。

什么是政治权力?

第一点是，封建观点认为，作为一家之主的家长，他可以被想象成一个小的政治统治者：一个家庭的君主。阿伦特（Arendt, 2010, p.38）认为，没有什么比将古代政治作为城邦事务的观念更矛盾的了。国家元首不是政治领袖，而是私人统治者，因此他的权力是无限的，不可挑战的。相比之下，无边无际、不可挑战的政治权力与古代雅典的民主制度格格不入。正如阿伦特所说，不仅因为暴君的权力受到了美国公民的限制，而且因为不受制约的政治权力本身就构成了矛盾。尽管希腊的城邦制似乎很遥远，但人们需要记住它与政治权力的区别。毕竟，21世纪是私人和企业利益冲突的世纪，CEO认为自己是公司的家长（公司这个词来源于cum panis，意思是彼此分享面包和生活的必需品）。

世俗的和精神的

关于封建欧洲的第二重要的方面是基督教会的作用（Arendt, 2010, p.44, pp.65-70）。罗马帝国崩溃后，教会提供了唯一可以认同的公共机构。在雅典作为一个哲学城市和罗马帝国作为一个军事项目的美好生活之后，天主教教堂是西欧的巨大工程。私人与公共的二元性转变为世俗与精神的二元性。有趣的是，暗与光的隐喻性对比仍然存在，并体现在建筑和艺术中。私人生活是黑暗和肮脏的地方，而精神生活是光明和荣耀的地方。著名的“教会医生”之一圣·奥古斯丁（Russell, 2006, p. 314）在他的著作《上帝之城》中通过对两个城市的对比阐明了这一点。在一个领域，人类是卑贱、软弱和自私的；在另一个领域，人类被提升到崇高的境界，尽管是死后的境界。

基督教会改变了人类的愿望，它让人类自己在一项伟大而崇高的事业中脱颖而出，成为一项伟大工程的一部分，这项工程将超越自身，走向相反的事实，走向来生。封建欧洲的宏伟计划本质上是精神上的，而唯一使欧洲团结起来的世俗计划，十字军东征，就证明了这一点。如果这个词合适的话，我们也很清楚，为什么国家会扩大私人统治的范围，直到每个人都被纳入国家，除了对上帝负责的君主之外，没有人是自由的（主要指男人，自由的女人在那个时候是不可想象的）。当然，这种发展花了几个世纪，它才在理论中得到充分反映。

也许最严格的理想破灭的理论概念是在霍布斯的《利维坦》（1651）中。它著名的扉页上显示专制君主由数百名公民组成，他们被社会契约束缚在一起。此书虽然有不同的理论基础，但却简明扼要地概括了同样的观点，法国国王路易十四（1638—1715）也许是最绝对的欧洲君主，他坚持他是被神任命的。

统治传播和公共代表

随后，哈贝马斯也认为越来越有必要建立一个合法性的新基础。更精确一点，有必要用新的方式与旧的基础进行交流，从而填补过去由上帝给定的事务秩序的论断缺位后带来的鸿沟。新和旧的合法性的基础在于优先权，在于个体、继承和血缘。按照旧的方式，如果受到挑战，优越性就被展现出来：一个出身低微的农民不配穿上高度专业的锁子甲或金属战争盔甲，它只能匹配勇敢而光荣的武士。按照新的方式，在其受挑战之前，避免受挑战，优越性被再现。统治阶级的优越性代表了公众，而不是源自公众，这也是哈贝马斯所说的具有代表性的公共领域（“repräsentative Öffentlichkeit”）（Habermas, 1990, pp.58-67）。中世纪欧洲已经存在一种具有代表性的公共领域。人们只需想象一下，在一座其他任何建筑都无法比拟的大教堂里，用一种神秘的、难以理解的拉丁语举行的天主教弥撒会产生怎样的影响，他就会明白，教会卓越地实践了权力的代表。

但是随着教会信誉的削弱，以及对个人而不是对上帝的高度重视，世俗的代表变得越来越重要。文艺复兴时期的世俗权力表现在性质上是不同的，受过教育的大臣是其理想。但其基本思想是相同的：统治阶级通过塑造自己成为时代的理想，来显示它的优越性；通过在衣着、习惯、语言上的与众不同，从而在惊奇的群众面前突出自己。文艺复兴时期的统治者们，如英国女王伊丽莎白一世（1533—1603）所传达的信息是明确的：我们是如此的不同，以至于农民、市民、匠人，难以想象与我们拥有同样的权利和自由。

随着国家权力的集中，特别是在英国和法国，其代表性也变得更加集中（Habermas, 1990, p.58-67）。贵族们聚集在宫廷里，以增加君主的魅力和荣耀。巴洛克时期把宫廷庆典从人们的生活中转移到奢华的住宅中，但这只会增加一种压倒一切的效果。宫廷礼仪的改进使人们对衣着和习惯更加讲究，但这并没有改变一个具有代表性的公共领域的总体特征。这个领域的作用是使人眼花缭乱：排除而不是包容。罗马的梵蒂冈、意大利的美第奇宫、巴黎的凡尔赛宫，都没有公共控制，各自的掌权者都不会接受这个概念。中世纪的教皇并不是代表人民而干涉欧洲事务，而是代表上帝在地球上行使权力。直到古代政权的结束，领地的所有权以及居住其上的人民乐于被认为是统治家族的私人事务：政治并非社会事务，而是秘密又难解的。

重访公共空间的二重性——或私人事务的追求

当城市的公民在中世纪末期和文艺复兴时期获得权力，人民可能会问为什么接下来的世纪迎来了专制主义。阿伦特（Arendts, 2010, pp.81-89）认为发展的商人和商业阶层并不一定迫切要求公共领域的扩大，而是要求私人领域的扩张。商人和商业阶层并不想插手国家事务，他们只是希望自己不被干涉：市民需要一个稳定的框架从而能够聚焦于赚钱。这里再次提出，公共空间有基本的双重性，一方面是一个赞同的场所，另一方面是控制的机制——但是它构建于一个更加复杂、多层次和功能区分的社会（Marx, Durkheim, Tonnies & Weber，转引自 Imhof, 2003, pp.196-197）。突然，社会不仅仅在一个博弈领域将个体与其他人区分开来，而且其他很多领域也纷纷效仿。人可以在社会上崛起，使自己与众不同，例如艺术家、学者、商人、士兵甚至官僚。当然，代价是人们必须聚集于他的私人事务，或者可以说聚集于一个人的私人领域。在21世纪，我们注意到，跨国公司的公共办公室职位的复杂性类似于政治——这个事实与罗马学者蒲林妮和杨格的观察有关（Arendt, 2010, p.74），家长制家庭中的奴隶与共和国的公民是相同的。

从启蒙到现代性：从行动到行为

如果把中世纪以后的时代描述为人的优越性时代，那么以后的时期就可以被描述为理性优越性的时代。德国哲学家伊曼努尔·康德（Immanuel Kant, 1724—1804）最严格、最尖锐地提出了启蒙运动的核心思想：人类可能不依赖传统、经文或他人的指引，而是依赖自身的推理能力。当然，康德需要在当代知识分子氛围的和其他著名政治哲学家的背景下加以欣赏，如雅克·卢梭（1712—1778）、约翰·洛克（1632—1704）、杰里米·边沁（1748—1832）、约翰·斯图亚特·密尔（1806—1873）和亚历克西斯·德·托克维尔（1805—1859）等。启蒙的理念对自由民主中公共空间的概念的发展，以及之后资本主义社会和社会福利大众民主的意义，在哈贝马斯的论文《公共领域的结构转型》（Habermas, 1962, 1989）中得到分析和展现。没有必要把主要论点在这里全部重复一遍：哈贝马斯的推理是众所周知的，它是高度复杂和详细的，我们在文章中反复提到它，特别是当涉及哈贝马斯对现代大众民主的批判时。然而，最重要的是强调一些在理性时代影响下的细微但重要的转变。

公众的两双眼睛：社会、私人领域及其对手名人

我们追溯了社会的兴起，它是一个概念，与哈贝马斯，尤其是阿伦特的作品中政治最初的含义是相关的，但最终又是不同的。我们注意到，政治关注的是作为国家的一员，关注人的高级功能，而作为物种的一员存在的低级功能则隐藏在私人空间里。相反，社会意味着迄今为止物质福利的私人事务——我们今天所说的一切社会事务——成为公共利益和公众讨论的问题。城邦的政治世界也许不像野蛮武士的世界那样残酷，但竞争却丝毫不减。用现代的话来说，那是一个成人的世界。但至少它是明确定义的，个体（也就是男性个体）被允许在私人领域中避难。

相反，由国家作为某种超级家庭维系在一起的新兴现代社会，从出生到死亡，无处不在。现代福利社会照顾个人，但它也使个人处于依赖的半童年状态，古希腊人可能会认为这是一种耻辱。正如阿伦特所证明的那样，人们期望在社会中表现出来的行为与实际行为完全不同。法国哲学家卢梭，通过反抗社会的普遍性，将亲密领域定义为一种圣地。在这里，原始的人类，其“原始”的双重意义上的词，是未被社会破坏的（Arendts, 2010, pp.49-50; Habermas, 1990, pp.238-247）。在这里，个人被深刻的情感所感动，而不是表现出肤浅的情绪。在这里，个人是一个自然的人（这正是希腊人所鄙视的），而不是一个顺从的社会成员。

在我们现代的理解中，“亲密”这个词似乎是以一种相似但又不同的方式定义的。尽管私人领域毫无疑问已被社会所渗透，但它是一个被庇护的领域，不受公众的关注。例如，2008年英国《世界新闻报》（*News of the World*）报道了一级方程式（F1）赛车手马克思·莫斯利（Max Mosley）被穿着纳粹服装的妓女鞭打和折磨的故事，引起了公众极大的兴趣，他们的厌恶是真实的。但法院裁定，根据所谓的“隐私法”，该报纸没有权力公开这个事件：F1赛车是一家私人企业，莫斯利的性偏好仅是隐私事件，只要这些事件没有影响他们的表达能力。[2]因此，媒体观察家担心会出现莫斯利效应，即媒体对权贵的报道被压制。

阿伦特认为（Arendts, 2010, pp.48-49），卢梭描述的亲密领域与社会形成对比，而不是与政治领域形成对比，这绝不是巧合。对莫斯利先生的性行为异常感兴趣的，是社会上挤在一起的私人组成的公众的眼睛，而不是最终由法院、监狱和警察构成的政治权力的眼睛（当然，在其他国家可能会有所不同）。使一般人着迷的是一个人敢胡作非为；让人恼火和愤怒的是，那些有钱有势的人私下里行为不端，而普通公民却认为自己处于同僚、邻居和同事的不断监视之下。因此，不当行为似乎是为数不多的渗透在社会中的表演形式，错误的行为被个体秘密地“享受”或者打破桎梏完成一项艰难的工作（这可能不是享受——但可喜，被公众之眼看到了，这对于个体来说很重要）。只要看看好莱坞动作片的典型成分，你就会发现，在追求更高目标的过程中，超越社会边界的是动作而不是行为，它们构成了当今娱乐和小说的成分。

20世纪和21世纪初另一个与隐私相关的显著现象是：名人。很明显，名人无处不在，例如，战斗英雄、探险者、剧院演员。但是相对较新的现象，可能要回到好莱坞的明星系统和诸如P. T. Barnum早期的公开活动（参见Grunig & Hunt, 1984, pp.28-30），一般来说由媒介和公共代理机构联手进行职业化制造，以满足彼此需求的短暂名声。我们将名人界定为那些以出名为首要和终极目标的人。这样，一个名人或多或少就是一个突出的人。德国首相安吉拉·默克尔是一个突出的人，因为她身居高位，但她不是一个名人。关于帕丽斯·希尔顿这类名人的有趣的事，是在名人的最终阶段，过去一直存在的公共领域的双重性已经被融合了。这位名人的生活似乎都是在公众的聚光灯下度过的。但是随着名人的出现，越来越清楚的是，公共领域不能被简化为政治——它是社会的。因为观众真正感兴趣的不是公开的表演，而是私人的、亲密的领域。人们想知道名人的秘密。正是因为这个原因，人们并不真正期望名人去做某件事，而名人所做的每件事都有成为行动的潜力。名人说的话或做的事，即使以任何其他标准来衡量都与社会完全无关的，也会被视为一种声明。当然，不当行为尤其如此，这强化了这样一种观念：从谋生的压力中解放出来的名人，正引领着后现代社会真实而自由的生活。

作为组织代表的人

在某种程度上，名人是城邦自由的继承者。因为名人都是富有和著名的，名人所做的所有事情都是由他们的欲望决定的；它是一种行动，而并非是必要和被期待的行为。例如，超模海蒂·克鲁姆·瓦鲁（Heidi Klum valu）所做的推荐很有价值，即使人人都知道她的推荐是有偿的。与之相对的，一般的公民与社会期待紧紧捆绑在一起，特别是他们需要生存。公职人员被其他东西束缚着，因为责任而参与公共生活。首相默克尔不是一个自由的代理人，她的言行并不是代表她自己，而是代表着她的政党、她的政府，德国——简而言之，她代表某种组织或机构。她由这样的事实所束缚。从任何角度来说，现代社会学始于在社会中质问，真正人类行动的范围并不是一种巧合，我们也似乎可以很安全地表达卢曼（Luhmann, 1987）在传统中的系统理论，或新自由主义（DiMaggio & Powell, 1983），将人类表现视为一种行为而不是一种动作。但是马克斯·韦伯（Weber, 1920, p.203）赞赏和哀悼的"铁牢笼"[3]，在最理性的政府，统治机构中限制了个体的自私行动，它根植于一个更加宏大的系统，即民族国家。之后的现代社会似乎不再提供这些宏大的系统。"为领土而战"似乎并未激发出中世纪十字军东征那样的热情。

公共领域、组织和制度

图4.3展现了罗马共和国同样的基本布局，但在一些关键方面有差异。其中一个差别是组织存在的差别，正如图中边缘上那些房子形状的方形所呈现的。另一种差别，如图所示，是那些人，在数量上远比方形所代表的数目要多。人物和方形都构成了行动者。例如杰哈德等人（Gerhards, 1994; Gerhards & Neidhardt, 1990），区分了各种不同类型的演说者，作为传播者可以被称为代表、倡导者、专家、知识分子和记者（参见Bentele, 2005, p.709; Bentele, Liebert, & Seeling, 1997, pp.225-226）。在图4.3(a)中，从专业角度看，图中那些图示都注定在组织的在册名单中，然而倡议者表达了社会中特定团体或多或少聚集的兴趣，这些兴趣对他们而言并非注定。媒介专业人士，例如记者、脱口秀主持人、电视主持人，在这些方面都有特权，因为他们在公众面前是注定的演说者——因此他们都配备了扩音器。

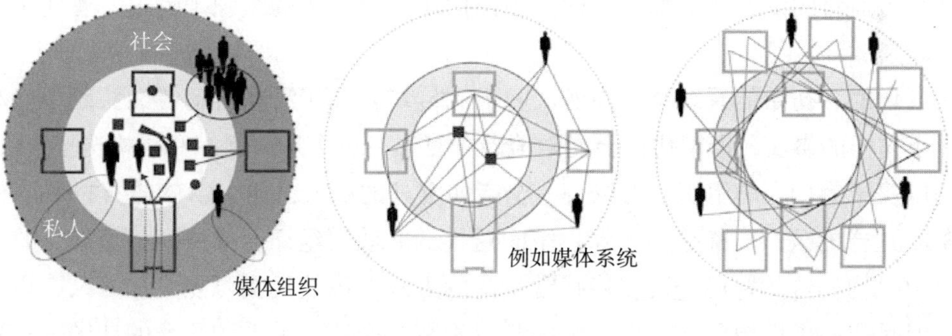

(a)
由组织代表组成的公共空间

(b)
组织社会和机构

(c)
作为超级机构的公共空间

图4.3 公共领域

在现代社会，很少有人在公共生活中只代表自己行事。现代个人在社会中占有一席之地，但借助现代大众传媒，每个人都在公共领域的观众中占有一席之地。人们也可以享有特权空间，它存在于社会的需求和压力之外，即私密空间。当然，也有一些人，它在公共空间中作为精力充沛的个体发挥作用。其中一种大于生活的名人，他们不仅对维持名人地位感兴趣，也在社会议题中发挥作用，例如乔治·克鲁尼。另一种类型是卓越的知识分子，他们是独立的（Mannheim, 1992），他们通过在特定论辩中的优势获得了进入公共领域的途径：例如尤尔根·哈贝马斯、皮特斯·洛特迪克、格特鲁·特霍特。专家是另一种与之相似的类型，他们与知识分子并不一样，因为他们是与系统连接在一起的，他们被赋予专家地位。第三种类型，是个体通过媒介组织使自己获得捷径，如图4.3a中6点位置房子中的水闸所呈现的。这里我们可以通过电视节目诸如德国的《下一个超模》，以及世界范围内类似这样的节目，在15分钟里与著名的人见面。

当然，所有的行动者都遵循战略和战略传播。然而正如奈德哈特（Neidhardt, 1994, p.18）指出的，在公共修辞中存在两个阶段：第一个是主题化阶段，第二是说服阶段。第一，行动者必须要进入公共领域。只有在他们的话题被讨论时，他们才能让人们相信他们的观点是正确的。一个社会，潜在行动者空间的细节，也就是公共生活绝不可能如图4.1和图4.2一样泾渭分明。在某种程度上，现代社会是开放的，只要有足够的压力或充分的理由，任何群体都可以进入公共生活的外部圈子，甚至可以在一段时间后把一个人变成一个代表，送进内部圈子。这就是哈贝马斯在1990年《公共领域的结构转型》（Habermas, 1990, p.15, pp.31-33）的序言中所承认的一个事实。同样值得注意的是，与图4.1和图4.2的情况一样，内圈是由边界上潜在的行动者构成的。在现代社会，拥有长矛的士兵并不是唯一的行动者。事实上，大部分的界限由抽象的概念构成，在图中它们由黑点虚线代表：被广泛接受的惯例、习俗和社会政治生活的传统——生效的规则、资源和模式，这些吉登斯（Giddens, 1986）在《结构理论》一书中指出来了。如果需求上升，甚至被监督组织（例如那些在图中顶部由正方形代表的组织）逼迫，有些论点将会被保护起来。

在古代的、初始的系统中，惯例、习俗和传统存在于潜在行动者的头脑中。真正的差异在于这样的事实，即现代社会无限地趋于复杂，更多地由组织和机构构成。图4.3(a)显示的以房子为代表的组织，可以是一个诸如宝马的私人公司，CNN这样的私人媒介公司，BBC这样的公共广播公司，绿色空间这样的非政府组织，或法庭、警局、监狱这样的公权力机构。这是普通公民看待日常生活的方式。虽然现实可能更加复杂，更加令人迷惑，但是我们可以想象在某个时刻绘制一份有关交流、关系和联系的地图——那些与你财务、法律、福利等观点相关的事务——这正如我们在图4.3(b)中看到的。我们观察这个系统，在其中不同的房间都有不同的功能，有些重要，另一些却是可替代的，有些是冗余的。我们也可以发现在私人的王国里，有些人与这个或那个系统的几乎所有方面都相联系。与制度和体制保障不同，这个系统本身并不可见。例如，金融系统由很多银行以及少量国有或国家控股的组织构成。个体层面，银行是多余的，但如果很多大银行都同时倒闭，整个系统就危险了，正如我们最近所经历的。我们每天所经历的制度和金融系统的建立，也就是货币。媒介是另一种系统。我们所经历的那些媒介系统的表达以及记者子系统，事实上就是新闻。

作为超制度的公共领域

图4.3(c)回答了一个问题，公共领域究竟是什么，公共领域是什么状态，我们相信：是一种超机构。一系列的个体、组织、制度按照特定的方式互动，遵循特定的观点，在追求特定战略的过程中，超机构得以产生和维系。互动往往不是面上的，因为行动者关心的并不必然是维系公共领域，而是如系统理论告诉我们的，通过遵循特定的观点追寻特定的战略，这些实际上的行为维系了这个空间。相反，其他的行动者将维系公共领域作为一个规范性的理想，事实上却破坏和弱化了这种超制度。

公共领域并非另一种简单的制度，或者是并列于其他系统中的社会子系统，因为它并不是与一种单一的事务，例如金融、法律或福利相关，而是与所有的事物息息相关。我们这里引用卢曼等人（Luhmann, 1990, p.181; Marcinkowski, 1993, p.118; Gerhards, 1994, p.87; Imhof, 2003, p.202）的观点，公共领域像一面镜子帮助社会观察自身。然而，这种比喻有优点也有缺点。优点在于镜子的理念表明公共领域并不等同于社会，而只是提供了社会的镜像。因此，我们所谓的代表，只不过是社会中群体利益的反映。缺点在于它是一个含蓄的假设，即在社会阴暗面所发生的一切与在公共领域中公开发生的事情存在着因果的一致性。我们相信一个完美的、非常干净的公共领域，如同我们早期的隐喻，确实在社会中以同构方式反映或阐明了公众的关注点。但那是一种规范性的理想。不论是镜子的清洁度还是镜子本身，都不是任何一种单一的制度或体制能够保证的。

超越现代性的大众媒介

我们还没有深入探讨一个可能最重要的现象：大众媒介的崛起（针对媒介社会而言，参见Jarren & Donger, 2006）。但是我们有充分的理由推迟这个讨论。自印刷媒介发明以来，虽然在一个世纪进程中大众媒介的崛起在社会的各个方面的变革已经具备根本性的重要作用，但大众媒介、社会和公共领域概念在某种程度上是齐头并进的。我们在这里所探讨的公共领域是一个圈层，它处于一个特定社会的中心。甚至现代大众媒介、广播、电视的框架就是民族国家：一个国家，它的制度构成了问题中社会的中心和边缘。

然而自21世纪初以来，民族国家、大众传播媒介和公共领域似乎已经走上了不同的道路。正如反复强调的那样，欧盟是一个具备很多国家功能的超民族国家。但是相应地，并没有一个超民族公共领域作为中心，也没有相应的所谓欧洲社会（参见，

Bruggemann, Hepp, Kleinen-von Konigslow & Wessler, 2009; Imhof, 2003, p.206）。我们敢说，大多数欧洲公民认为布鲁塞尔是一个由官僚独裁操纵的精英圈。即使在传播上花费不菲，欧盟中的政治事务与在希腊城邦集市上协商的事务之间也并没有什么共同点，它更类似于长老政体的幕后操纵（参见Sloterdijk, 2009）。当然这并不仅仅是布鲁塞尔精英阶层的过错，这也是人民的过错。

在高度整合的现代社会，特别是在整合的现代福利国家，大众民主之下，大众传媒的作用几乎不值得一提。早期的大众报纸以及之后的广播、电视，从技术限制了共同在场开始，始终都在掩饰我们所讨论的问题。大众媒介肯定没有解决受众参与的问题，即参选者鸿沟。但是观看电视新闻却让人感到自己是社会中的一部分，人们在社会中行动，情况或好转或恶化；抑或一个追寻宏大目标的社会，对抗恐怖主义或全球变暖等。因此，我们相信，去民族化和去社会化的大众媒介的发展，诸如卫星电视、互联网、合作媒体常常与个人化密切相关，也就是一种整体上与社会分离的感觉，特别是与社会中心政治分离的感觉。然而，个人化并不一定意味着退守到私人圈层、家庭圈层，例如在德国守旧时代的状况（在德国是政治退缩的时代，在艺术、建筑和文化上，与英国摄政时期和法兰西帝国等同）。在21世纪初期，个人化的表现似乎很好地利用了技术的可能性，从而连接、进入，并在全世界范围的圈子中行动。我们在之后还要讨论这一点。

中现代和后现代公共领域模型

我们对西欧文明化历史的回顾是与公共领域的概念相关联的，它揭示出文明化是与其他概念有内在关联的，且与那些我们今天的文明、社会或政治系统的核心理念密不可分。目前，我们想要做的是整合迄今为止所讨论的概念。基于各自的公共领域，我们提出了社会的两个模式：第一，现代社会，具备一个中心的模式；第二，后现代社会的模式，其特征在于去中心化。

中现代公共领域：组织的社会

图4.4是我们的现代社会模型，这个模型在20世纪和21世纪都是有效的。正如我们反复强调的，这个模型的主要特征在于这是一个组织的社会，主要行动者是组织而不是个人。在社会中组织的权势政治是中心。考虑到公共关系趋向于个人化，是给组织画像，而不是回到过去按照企业家的个人风格，做企业家的行动代理人（参见Eisenegger & Wehmeier, 2009）。透明度意味着，揭露在高墙之后企业行政工作中发生的事情（参见Szyszka, 2009，对功能性透明度而言）。

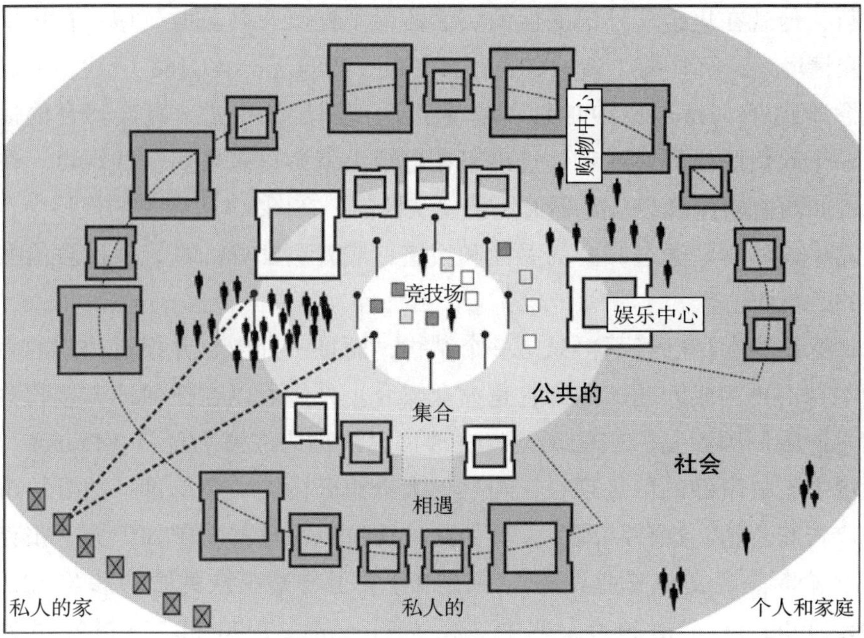

图4.4　现代社会的公共领域

大众媒介的竞技场、集会和相遇，公共领域的层次

可能与早期观点最显著的差异就在于，很多情况下大众在现代社会发挥了中介效应；也就是说，现代社会的公共空间由大众媒介构成，它通过天线介入家庭。正如我们前文所述，限制在场的技术问题自始至终被漠视。每个人都可以在不离开家的情况下成为旁观者：公共空间是泛在的。它可能在某些地方存在，但是在任何地方，人们都可以体会到媒介的替代物。与之相对的，社会被带入一个浅灰色地带，一方面意味着自由社会更加包容，也更加具有启蒙性；换句话说，社会的光芒启蒙了个体的家庭。同性恋，过去被认为是对中世纪欧洲建制的一种打击，在自由社会中它被认为是可接受的个人行为；一个父亲打骂自己的孩子，现在人们已经不认为这是家庭私事，尽管家庭的门还是对外关闭的。在20世纪末、21世纪初，公众的眼睛穿透关闭的门，也即社会要求人们遵从社会规则，国家制度要求人们遵从法律。

正如社会学家杰哈德等人（Gerhards & Neidhardt, 1990; Gerhards, 1994）指出的，公共领域的普遍性带来了社会体验的三个层面：相遇层面、集会层面和大众媒介（竞技场）层面。因此，现代社会的体验不可能离开作为中介的大众媒介。这是个常常被理论家忽视的事实，他们常常先验地假设，所有的一切都发生在媒体之中。例如，如果电视报道人们在外游行，个人可能离开家到外面看看究竟发生了什么。当人们在就政治进行交谈时，个体在相遇层面体验到社会及其公共领域（Luhmann, 1986, p.75）。如果个体决定参与游行，他就在集会、外部圈层的层面体验了社会及其公共领域：在这里我们的圈层是被公众情境理论解释的（参见Grunig & Hunt, 1984, pp.147-161），也由豪瑟的修辞公共领域概念所阐释（Hauser, 1998）。个体通过内部圈层获得进入社会舞台的途径，当他受邀进入一个政治脱口秀，或者被选出来在电视上就游行来发表一些观点。在议会中政治的演说，如西德联邦议会，并不天然是公众性的。在图4.4所展现的模型中，演说发生在一座白宫中；然而，通过媒介的关注和报道，或者更常见的是，通过政治家在公共场合上发表的声明而公开。

因此，竞技场本身已经不再只是一个结构，而是一种由媒介报道构成的力场。竞技场的容量本身不再构成问题，因为它是大众媒介。人们可以在任何地方接收关于竞技场事件的信息。限制因素是人们的利益，这种情况被称为注意力经济（Franck, 1998）。因为公共领域中有关事件的信息现在正与其他大众媒介内容竞争，即一边是故事、娱乐，另一边是广告和营销，这种状况就尤其如此。法拉克福学派左翼知识分子霍克海默和阿多诺的著名论断是，文化工业误导、混淆和分散了普通民众的政治参与（Imhof, 2003, pp.198-199; Muller-Doohm, 2000）。哈贝马斯（Habermas, 1990, pp.225-342, 16-23）进一步指责内部圈层已经被私人利益的代表所占领。2006年，在《公关领域的结构转型》出版近40年之后，哈贝马斯的作品没有那么明确，却仍然强调不平等和权力结构：

> 鉴于组织和物资资源的高水平，各职能系统和特定利益集团的代表也享有接触新闻媒介的特权。他们能够利用专业技术将社会权力转化为政治力量。公共利益集团和支持者倾向于同样运用组织的传播管理方法。由此可见，与政客和游说者相比，公民社会的行动者处于最弱势的地位。
>
> Habermas, 2006, p.419

组织的三种类型

图4.4描绘了代表组织的三种房子，即白色、浅灰色和深灰色。深灰色的房子是私人组织，不一定拥有所有权，而是有利益的。浅灰色的指公共组织，同样也不是针对产权，而是有利益的，如公共广播。白色房子是国家控制的组织，例如政府部门、监管董事会、管理委员会、警察。为了理解战略传播，准确的社会学标准并不十分重要，重要的是理解。一个浅灰色的房子虽然并不与公共利益相连，而是与特定团体的特定利益相关，但常被认为是追求更高目标的。这样理解的好处在于房子在社会的内圈占据了一个位置，然而追求完全个人利益的房子，例如为利益相关者追求利益最大化，是被排除在外的。然而他们在政治团体和其他利益集团如贸易协会中，被一定权力所代表。例如，从1950年到1990年，在战后的德国，社会的内部圈层是相对稳定的：包括一些企业行动

者、党派、协会和大公司在从事政治活动。然而，正如空心点所示，那些不符合标准的房子会被拆除，德国的工会在一定程度就是这样的。其他的组织也可能在某个时候取代他们的位置。例如绿党在20世纪80年代的德国社会核心圈子获得了一席之地。

房子内部的权力游戏

公共领域从权力游戏中产生，就像公共领域从聚集在特定场所集会的人群中产生一样。日常生活中普通的公民看不到权力的游戏。然而，重要的是不要将组织的权力游戏与图4.3b和图4.3c所描述的系统关系相混淆。系统关系只能由一个假设的外部观察者在宏观层面上把握。例如，不管银行首席执行官、专家或政客们相信什么、说了什么、做了什么，单个银行之间的对立可能是功能性的（正常的），也可能是金融系统功能失调的。在社会中存在的竞争、对抗和联合通过组织的行动而实现。因此，公共领域被建立、维系，在某种程度上被组织所控制；组织也和人一样，首先追求的是生存的目标，但是组织也与普通人不同，它们没有可退守的私人生活。无论它们做什么，并不会自己收拾行装，然后说，“好吧，这里已经不再需要我们了”。它们总是要找出一些自己不可或缺的理由，也就是它们自身的合法性，只有在遭遇生存危机的时候，才会去寻找新的工作领域。它们为了生存所做的事情首先是公开行动，但是行动也会影响社会结构，特别是公共领域。结构和行动是硬币的两面，就像吉登斯（Giddens, 1986）的结构理论所描述的那样。

20世纪末和21世纪早期的舞台：一个传播的社会

我们相信图4.3仍然描述了很多公共的现象，但是它没有展现出我们今天正在经历的21世纪的后现代社会公共领域，或者说至少没有完全令人满意地描绘出来（人们必须承认，当哈贝马斯写作《公共领域的结构转型》一书时，他对电视是没有什么亲身体验的，参见Habermas, 1990, p.29）。图4.3中的内容似乎有些过时，因为它不是动态的。这个模型的核心在于，21世纪的社会组织占据了一定的地位，这个地位确保了代表从竞技场中分离出来的权力。我们相信在20世纪的后半叶，那个既存的、所谓社团主义的制度正在逐渐发生变化。这种变化由多元因素所推动，但除了社会的普遍成熟之外，不可能找出原因。最重要的技术进步是互联网的普及。

我们认为变革的社会驱动力是一个明显但片面的发展，也就是公共关系的崛起，正如哈贝马斯在1962年所指出的（Habermas, 1990, pp.289-292）那样。因此，图4.4和图4.3的不同之处在于，组织不仅开始在公共领域采取行动以促进其利益，例如通过新闻和媒体工作，而且还通过出版对其公共领域做出贡献。在图4.4中所示的有关机构的天线展现了组织的公共活动。点亮的圆圈象征着组织通过公共关系来照亮自己的活动。在20世纪的最后几十年和21世纪的第一个十年里，组织的公共活动相互交织，逐渐形成了一个公共交流领域，它发生在社会上层一个明亮的阶层上。这里重新出现了关于城邦的隐喻。再一次我们有了一个真正需要的空间，它被认为是在光明的公共空间之下的一个黑暗的地方；个人似乎仍然想要摆脱日常生活的肮脏。

组织将自身置于良好光线下所构成的光明世界，诸如Merten等建构主义传播理论家假定，21世纪的公民至少在一定程度上，生活在一个虚拟世界时所提及的领域。从表面上看，个人经历的世界的确是虚构的、勇敢的、新奇的。在这个世界里，保险公司是合作伙伴，肥皂品牌是朋友，科幻系列、谈话节目和真人秀节目为青少年提供了准社会交往的榜样。但是，把个人理解为仅仅生活在这个范围内，被困在一个人造的世界里，是完全错误的。个人对这个美丽的新世界已经相当习惯了，而且与理论所期望的相反，他在这个世界上大体上表现得相当称职。原因之一当然是，正常的个人经历日常的差异不仅是其工作的组织内部和外部之间的差异，就像在20世纪中期一样，而且还包括沟通领域和社会领域之间的差异。在图4.5中的左边，旧的20世纪社会在新兴的21世纪领域的结构中闪耀，这绝不是巧合。不管你多么沉迷于博客圈，你偶尔还是会去酒吧，或者你的自行车被偷了，或者你的邻居在背后议论你。

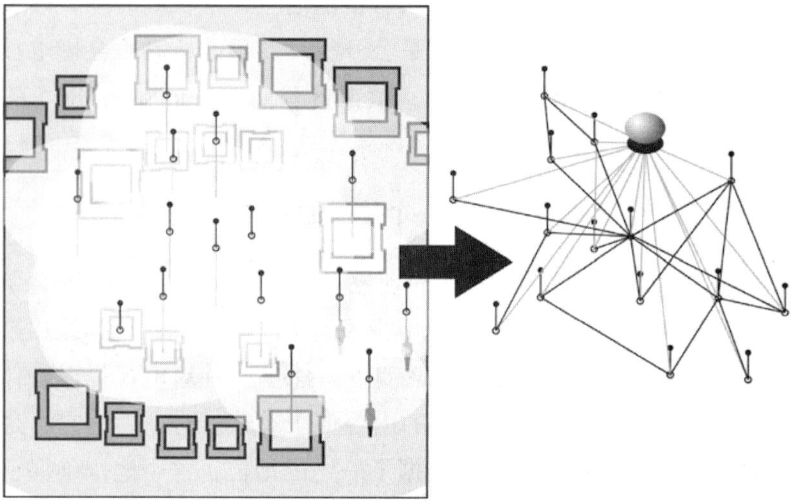

图4.5　后现代社会的公共领域

因此，21世纪公共领域的主要特征并不是它是虚拟的，因为它与上层和下层共存。其主要特征是，沟通领域在一定程度上瓦解了人的时间、距离、技术限制和身体缺陷等结构性约束。公共领域不再是“Ting”那样的聚会场所。它也不是由数量有限的行动者构成的媒体关注的力场，它是一个兴趣点构成的网络，一些东西例如一个品牌、“猪流感”、一个政治家或任何其他的话题，是在公共领域，由传播者在传播网络中传播它。图4.5的右边部分表现了交流涉及的双重关系：与你进行交流的人（黑线），包括那些你推送内容的人，或将内容推送给你的人；或者是你交流的一些内容（灰线），提及的对象。

结果是，我们所看到的是一个传播者彼此之间提及的对象的交谈网络。这是一个由皮特斯（Peters, 2007, p.329; Peters & Wesler, 2006; Bruggeman et al., 2009, p.394）开始阐述的视角，它最合理的地方在于：作为传播空间的公共领域，其中传播的密度很高，进一步说，它与外部空间的差异就在于它的密度很高。

规范的和认识论的视角

从雅典的民主到今天全球化的现代社会，我们走过了漫长的道路。正如我们从一开始就宣布的那样，所提出的模型相当具有描述性。最后，我们想要讨论一下与战略传播有关的规范性问题。

我们似乎已经花费了大量的理论努力来论证公众舆论的法庭为什么以及如何能够做出判断，并宣布一件事情是否合法；为什么以及何时公众的审议应该是理性的、公平的或良好的。然而，在我们看来，关于什么构成了一个干净的公共领域，公共话语被谁的利益搅乱（Habermas, 2006, p.416）、破坏、购买、殖民或再封建化的理论讨论，不仅是古老的话题，而且兼具理论和实践意义。纯粹从理论上寻找一个简洁的公式来确定什么属于一个干净的、未受破坏的、真正民主的公共领域是徒劳的。公共领域中的战略传播往往意味着，你的利益从某种角度上说也是一般公众、社会的利益。这是第一种对付策略：慷慨地宣布你的对手的利益是正当的，是的——但只是作为私人事务是正当的。这就是为什么公共关系被污名化的原因（Nothhaft, 2010, pp.202-204）：如果对手成功地获得了进入公共舞台的途径，这是因为他们手中的议题被作为一个真正的政治问题所接受，值得公众关注。然而，如果对手失败了，他的利益就会被认为是一种“追求关注”的行为，作为“民粹主义”或“纯粹的公共关系”被拒绝。因此公共关系的坏形象至少部分因为这个事实，即成功的公共关系看起来根本不是公共关系。因此，我们需要理解的是一种动态演算，通过这种演算，选择或取消那些值得公众考虑和支持的事情，在现实中此时此地都是有效的。

认识论的假设：一个重新建构的方法

除了在公共领域中讨论的问题应该值得公众讨论的规范性理想之外，还有另一种规范性理想，我们认为它更简单、更直接；也就是说，在公共领域所说的应该是真实的。我们已经提到了用建构主义理论来解释21世纪公共领域的诱惑，因为它是一个纯粹的、完全虚拟的公共领域，它切断了与社会现实的所有联系——无论如何，现实是建构主义框架中一个有问题的概念。我们认为这是一种误导：公共领域的存在离不开它周围和下面的社会。与此同时，此时此地，人们相信他们在电视上看到的或在报纸上读到的，因为这是在媒体上。但当一个人关注媒体且相信它，随着时间的推移，行动者及其代表在公共领域需要与社会相连接，否则很快受到媒体的侵蚀。正如前GDR的例子，很少有人相信官方的说法。连接手段是反映（因果关系）、重建还是建构，这是一个认识论问题。

班特勒（Bentele, 2008a, 2008b）将我们的立场阐述得很清楚，连接意味着重建。基于公共领域，一个真实的表述重建了在社会的半黑暗面发生的事情。一个言必称“人民的呼声”的政治家，并不一定就真正是社会现实的镜子。因为，确证所谓客观存在的事实本身就是一个具有争议性的概念。当然，政治家给出了他们的版本。这并不是一个随心所欲创造的版本，而是一个合理的版本，这个版本并不会与受众的日常经历抵触。在任何情况下，如果你告诉人们社会主义是一种福祉，但商场的货架却同时空空如也，一段时间以后，人们不会再相信你的说法，而会认为你是个疯子或在撒谎，不再服从统治。换句话说，如果想要读解现实，总要有一条边界限制着你操纵的空间（Bentele, 2008a, p.158）。

公众承认公共领域的行动者可能持有不同的视角，他们可能会选择其他重要的东西，对现实的理解也与众不同，但是视角、选择、建构有局限性，如果超出了界限，传播者自身会感到不再自信（Bentele, 2008a, p.152-158）。当然，当其他的传播者出现，他们通过指出错误、矛盾和差异，来贬低行动者时，这一点显得特别准确。因此，图4.5描述出虚拟的公共空间是现实的扭曲在线。所谓扭曲是一种结构特征，一个行动者代表跨国公司，另一个代表小的反歧视办公室，两个不同的结构都不再有任何特权。当一个组织的代表宣扬一些东西，例如他不能依靠那个唯一掌控组织内部秘密的人，另一个行动者可能来自同样的组织，可能随时架起天线，宣称一些完全相反的东西，例如，写一个批评的博客。类似的，在公平的立场上，战略传播确实让人们平等相遇，来讨论谁是最好的。

我们将通过双层模型的结果来结束全文：随着传播在碎片化的、独立的公众中变得越来越自我指涉，有必要指出越来越多的研究趋向于上下圈层之间的传递过程。也就是说，回答如何、何时、为什么公共传播导致了公共行动、政治手段、社会变革。在20世纪早期和中叶，当有些事情被公开讨论，我们认为争论的后果只是模糊地反映了协商的过程。在20世纪七八十年代，每个星期一德国的当权者都会颤抖，知名的新闻调查杂志《明镜》（*Der Spiegel*）会揭露什么？有争议的是，现在情况已经不是这样了。潮流、媒体炒作和丑闻不断交替，结果往往是不可预测的过度反应，几乎没有任何“真正”的结果。21世纪最显著的特征是大量的传播，但是公共传播和公共行动之间的关系似乎变得越来越显著了。公共关系和战略传播的学者是一群紧跟这类现象的学者。

注释

[1] 本章曾经在《国际战略传播期刊》[2010, 4(2): 93-116] 上发表，经出版商许可，本书收录。

[2] 令人震惊的是，英国法院诉讼的支点是这个问题，即狂欢是不是一种“纳粹狂欢”。《每日邮报》的专栏作家斯蒂芬·格洛弗详细解释了法官的论述：尽管在狂欢期间会说德语，也会穿制服，还会演戏，似乎会让人联想到集中营，但法官不认为这是纳粹的事情。他的结论是，如果

是这样的话，他会发现报纸对他是有利的，因为莫斯利是公众人物，与他打交道的“所有种族和宗教的人”可能会感到震惊。但是，在他看来，这并不是纳粹的狂欢，他认为莫斯利先生有权保护他的隐私。格洛弗相当合理地继续道：法官伊迪先生对纳粹和非纳粹狂欢的区分显然是荒谬的。（http://www.dailymail.co.uk/debate/article-1238131/STEPHEN-GLOVER Max-Mosley-abhorrent-behaviour——law-protects-rich-powerful.html）

[3] 韦伯最原始的表述是“stahlhartes Gehause”，字面意义是“钢铁一样坚硬的外壳”，但是帕森斯将其翻译为“铁笼子”。韦伯自己在不同的文本中提到了这个概念，但是本章引用的这个可能是最有影响、最著名的一个。

参考文献

[1] Arendt, H. (1958). *The human condition*. Chicago, IL: Chicago University Press.

[2] Arendt, H. (2010). *Vita Activa. Vom tätigen Leben* [The human condition]. München, Germany: Piper.

[3] Bentele, G. (2005). Public sphere (Öffentlichkeit). In R. L. Heath (Ed.). *Encyclopedia of public relations* (Vols 1and 2, pp. 707–710). Thousand Oaks, CA: Sage.

[4] Bentele, G. (2008a). Ein rekonstruktiver Ansatz der Public Relations [A reconstructive approach to public relations]. In G. Bentele, R. Fröhlich & P. Szyszka (Eds.), *Handbuch der Public Relations. Wissenschaftliche Grundlagen und berufliches Handeln* [Handbook of Public Relations. Scientific foundations and professional practice]. Mit Lexikon. 2., *korrigierte und erweiterte Auflage* (pp. 147–160). Wiesbaden: VS.

[5] Bentele, G. (2008b). Public relations theory: the reconstructive approach. In A. Zerfass, B. van Ruler and K. Sriramesh (Eds.), *Public relations research* (pp. 19–31). Wiesbaden: VS.

[6] Bentele, G., Liebert, T. & Seeling, S. (1997). Von der Determination zur Intereffikation. Ein integriertes Modell zum Verhältnis von Public Relations und Journalismus [From determination to intereffication. An integrated model of the relation between public relations and journalism]. In G. Bentele & M. Haller (1997), *Aktuelle Entstehung von Öffentlichkeit. Akteure–Strukturen–Veränderungen* [The Formation of the Public Sphere: Actors, Structures, Transformations] (pp. 225–250) Konstanz: UVK.

[7] Brüggemann, M., Hepp, A., Kleinen-von Königslöw, K., & Wessler, H. (2009). Transnationale Öffentlichkeit in Europa: Forschungsstand und Perspektiven [The transnational public sphere in Europe: Research status and perspectives]. *Publizistik*, 54(3),391–414.

[8] Calhoun, C. (1992). *Habermas and the public sphere*. Cambridge, MA: MIT Press.

[9] DiMaggio, P. & Powell, W. (1983). The iron cage revisited: Institutional isomorphism and collective rationality in organizational fields. *American Sociological Review*, 48(4), 147–160.

[10] Eisenegger, M. & Wehmeier, S. (2009). *Personalisierung der Organisationskommunikation. Theoretische Zugge,Empirie und Praxis* [Personalization of organizational communication. Theoretical approaches, research andpractice].Wiesbaden: VS.

[11] Franck, G. (1998). *Die Ökonomie der Aufmerksamkeit. Ein Entwurf* [The attention economy. A sketch]. München,Germany: Hanser.

[12] Gerhards, J. (1994). Politische Öffentlichkeit. Ein system-und akteurstheoretischer Bestimmungsversuch [Structures and Functions of the Modern Public Sphere]. In F. Neidhardt (Ed.), *Öffentlichkeit, öffentliche Meinung, soziale Bewegungen. Sonderheft 34 der Kölner Zeitschrift für Soziologie und Sozialpsychologie*. 77–105.

[13] Gerhards, J. & Neidhardt, F. (1990). Strukturen und Funktionen moderner Öffentlichkeit. In

Discussion Paper FS III. Berlin: Wissenschaftszentrum Berlin. 90–101.

[14] Giddens, A. (1986). *The constitution of society. Outline of the theory of structuration*. Cambridge, England: PolityPress. (Original work published 1984).

[15] Grunig, J. & Hunt, T. (1984). *Managing public relations*. Fort Worth, TX: Harcourt Brace Jovanovich.

[16] Habermas, J. (1989). *The structural transformation of the public sphere: an inquiry into a category of bourgeois society*. Cambridge, England: Polity Press.

[17] Habermas, J. (1990). *Strukturwandel der Öffentlichkeit* [The structural transformation of the public sphere]. Frankfurt, Germany.: Suhrkamp. (Originally published in 1962).

[18] Habermas, J. (1997a). *Theorie des kommunikativen Handelns. Band 1. Handlungsrationalit und gesel lschaftlicheRationalisierung* [Theory of Communicative Action. Vol. 1. Reason and the Rationalization of Society].Frankfurt, Germany: Suhrkamp.

[19] Habermas, J. (1997b, 1981b). *Theorie des kommunikativen Handelns. Band 2. Zur Kritik der funktionalistischen Vernunft* [Theory of Communicative Action. Vol. 2. Lifeworld and System: A Critique of FunctionalistReason]. Frankfurt, Germany: Suhrkamp.

[20] Habermas, J. (2006). Political communication in media society—does democracy still enjoy an epistemic dimension? The impact of normative theory on empirical research. *Communication Theory*, 16, 411–426. Based on a paper presented at the 56th ICA Annual Convention, Dresden, Germany.

[21] Hauser, G. (1998). Vernacular dialogue and the rhetoricality of public opinion. *Communication Monographs*, 65(2), 83–107.

[22] Hölscher, L. (1978). Öffentlichkeit [Public sphere]. In O. Brunner, W. Conze & R. Kosseleck (Eds.), *Geschichtliche Grundbegriffe* [Basic historical concepts] (Bd. 4, pp. 413–468). Stuttgart, Germany: Klett-Cotta.

[23] Imhof, K. (2003). Öffentlichkeitstheorien [Public sphere theories]. In G. Bentele, H.-B. Brosius & O. Jarren (Eds.), *Öffentliche Kommunikation. Handbuch Kommunikations-und Medienwissenschaft* [Communication in the public sphere. Handbook of communication and media science] (pp. 193–209). Wiesbaden: Westdeutscher Verlag.

[24] Jarren, O., &Donges, P. (2006). *Politische Kommunikation in der Mediengesellschaft* [Political communication inmedia society]. Wiesbaden: VS.

[25] Luhmann, N. (1986). *Ökologische Kommunikation: Kann die moderne Gesellschaft sich auf Ökologische Gefährdungen einstellen?* [Ecological communication. Can modern society adapt to ecological threats?] Opladen: Westdeutscher Verlag.

[26] Luhmann, N. (1987). *Soziale Systeme. Grundriss einer Allgemeinen Theorie* [Social systems. Outline of a generaltheory]. Frankfurt, Germany: Suhrkamp.

[27] Luhmann, N. (1990). Gesellschaftliche Komplexität und öffentliche Meinung [Societal complexity and public opinion]. In N. Luhmann, Soziologische Aufklärung 5 [Sociological enlightenment 5] (pp. 170–182). Opladen: Westdeutscher Verlag.

[28] Mannheim, K. (1929, 1995). *Ideologie und Utopie* [Ideology and utopia]. Bonn: Friedrich Cohen.

[29] Marcinkowski, F. (1993). *Publizistik als autopoietisches System* [Journalism as autopoietic system]. Opladen: Westdeutscher Verlag.

[30] Merten, K. (2008). Konstruktivistischer Ansatz [Constructivist approach]. In G. Bentele, R. Fröhlich & P. Szyszka (Eds.), *Handbuch der Public Relations. Wissenschaftliche Grundlagen und berufliches Handeln* [Handbook of Public Relations. Scientific foundations and professional practice]. *Mit Lexikon. 2., korrigierte und erweiterteAuflage* (pp. 136–148). Wiesbaden: VS.

[31] Müller-Doohm, S. (2000). Kritische Medientheorie–die Perspektive der Frankfurter Schule [Critical media theory—the perspective of the Frankfurt School]. In K. Neumann-Braun & S. Müller-Doohm (2000), *Medienund Kommunikationssoziologie. Eine Einführung in zentrale Begriffe und Theorien* [Media and communication sociology. An introduction to central concepts and theories] (pp. 69–92). Weinheim: Juventa.

[32] Neidhardt, F. (1994). Öffentlichkeit, Öffentliche Meinung, Soziale Bewegungen [The public sphere, public opinion and social movements]. In Neidhardt, F. (Ed.), Öffentlichkeit, öffentliche Meinung, soziale Bewegungen. Sonderheft 34 der Kölner Zeitschrift für Soziologie und Sozialpsychologie. 7–41.

[33] Noelle-Neumann, E. (2002). Öffentliche Meinung [Public opinion]. In E. Noelle-Neumann, W. Schulz & J. Wilke (Eds.), *Fischer Lexikon Publizistik Massenkommunikation* (pp. 392–406). Frankfurt, Germany: Fischer.

[34] Nothhaft, H. (2011). *Kommunikationsmanagement als professionelle Organisationspraxis Theoretische Annerung aufGrundlage einer teilnehmenden Beobachtungsstudie* [Communication Management as professional organizationalpractice. Theoretical approach on the basis of a participatory observation]. Wiesbaden, Germany: VS.

[35] Peters, B. (2007). *Der Sinn von Öffentlichkeit. Herausgegeben von Hartmut Wessler, mit einem Vorwort von Jürgen Habermas* [The purpose of the public sphere]. Frankfurt, Germany: Suhrkamp.

[36] Peters, B. & Wessler, H. (2006). Transnationale Öffentlichkeiten–analytische Dimensionen, normative Standards, sozialkulturelle Produktionsstrukturen [Transnational public spheres—analytical dimensions, socio-cultural production structures]. In K. Imhof, H. Bonfadelli & O. Jarren (Eds.), *Demokratie in der Mediengesellschaft* [Democracy in media society] (pp. 125–144). Wiesbaden: VS.

[37] Russell, B. (2006). *History of Western Philosophy*. Abingdon: Routledge.

[38] Sloterdijk, P. (2009, December 20). Das 21. Jahrhundert beginnt mit dem Debakel vom 19. Dezember 2009. Alles, was vorgibt, an der Macht zu sein, erscheint von jetzt an wie ein hohles Ancien Régime: Ein Gespräch mit dem Philosophen Peter Sloterdijk über die Folgen von Kopenhagen. *Süddeutsche Zeitung*.

[39] Szyszka, P. (2009). Organisation und Kommunikation. Integrativer Ansatz einer Theorie zu Public Relations und Public Relations-Management [Organization and Communication. Integrative Approach to a Theory of Public Relations and Public Relations Management]. In U. Röttger (Ed.), *Theorien der Public Relations*. Grundlagen und Perspektiven der PR-Forschung [Theories of public relations. foundations and perspective of PR research]. (pp. 135–150).

[40] Wiesbaden: VS. Weber, M. (1920). Die protestantische Ethik und der Geist des Kapitalismus [The Protestant Ethic and the Spirit of Capitalism]. In M. Weber, Gesammelte Aufsätze zur Religionssoziologie [Collected Essays in the Sociology of Religion]. Bd. 1 (pp. 17–206). Tübingen: J.C.B. Mohr (Paul Siebeck).

[41] Weber, M. (1924). Agrarverhältnisse im Altertum [The Agrarian Sociology of Ancient Civilizations]. In M. Weber, M., *Gesammelte Aufsze zur Sozial- und Wirtschaftsgeschichte* [Collected Essays in Social and Economic History]. (pp. 1–288). Tübingen: Mohr.

第五章
杜威，公共领域和战略传播

查尔斯·C.赛尔夫

两位20世纪的哲学家和理论家对话语的思考有着深远的影响。美国的约翰·杜威和欧洲的尤尔根·哈贝马斯将公众和话语概念化，他们在21世纪初，重塑了战略传播的概念和实践。

受学者和业界持续关注的是话语在公共领域中的作用。格鲁尼格认为20世纪早期的单向、非对称的话语模式侧重于向公众推销思想。“他们（已经）假定组织最了解……公众通过合作将会受益……如果持不同政见的公众拥有‘大局’或理解组织，这些公众将愿意与组织‘合作’。”（Grunig, 1989, p.32）

格鲁尼格提出，与处于情境中的公众建立双向对称的话语模型会更好地产生卓越（Grunig, 1997）。他认为，更有效地强调长期结果已经开始取代旧的话语操纵模式。他认为，这种新方法将促进本组织及其公众之间的相互理解和相互依存。他承认约翰·杜威对公众处境概念的影响（Grunig & Hunt, 1984, p.184; Grunig & White, 1992）。

与此同时，在德国，尤尔根·哈贝马斯发展了一个正式的话语模型。它在公共领域中展开了规模宏大的、结构严谨的、面对面的论证，反映了具有生活经验的世界。彼得斯认为哈贝马斯重振了公众在公共对话中的作用：

> 哈贝马斯做了一个伟大的贡献，他重建了一个在很大程度上来说已经被遗忘的概念，这个概念仍然是立宪政府的官方基础：一个主权的、理性的、公众的概念，由媒体的批评性报道滋养，并参与相互启发的争论。
>
> （Peters, 1993, p.544）

最近，肯特和泰勒建议，应该将更广泛的对话概念引入公共关系实践。他们将对话的根源追溯到多种哲学立场，定义了对话的基本原则。他们认为，对话“早于对称沟通几十年”，促进了公共关系从管理沟通到建立和维持关系的转变（Kent & Taylor, 2002, p.23；参见Taylor, 2011, Kent, 2011）。他们指出，对话不仅仅是达成共识，而且有助于在公共政策形成方面进行辩论和倡导。他们概述了五个假设、原则或特征，这些假设、原则或特征扩展了对话的复杂性，超越了双向对称：相互性（协作）、接近性（真实的参与）、同理心、风险和承诺（Kent & Taylor, 2002, p.24）。

皮尔森通过相互竞争的“认识论假设集”，即客观主义、相对主义和相互主观主义来追踪对话概念的变化。从“客观主义”的观点来看，修辞假设管理者以对社会负责的方式来对待公众，假设企业行为会产生社会产品。“相对主义方法”揭示了社会责任的失败和普遍道德原则的崩溃，在管理者和公众中产生了“消极的平静”和“愤世嫉俗的以自我为中心的激进主义”。“主体间性”将话语推回到战略沟通的中心。皮尔森说这种组织理论强调，“组织间关系的象征性维度……对话的或辩证的……它从不保持静止，似乎是对立或矛盾的，而倾向于相互依存的更复杂的关系”（Pearson, 1989, p.121）。这种论述的基础是“真正的态度、参与者的平等控制和对话各方的风险”（Pearson, 1989, p.125）。

一些对话型学者将古典修辞的思想运用到对话型交流中（Marsh, 2001 & 2003; Skerlep, 2001; Ihlen, 2011; Taylor, 2011; Troup, 2009）。其他人已经采用了一些方法，如布尔迪厄的结构社会学框架（Benson, 2008; Edwards, 2012）、福柯（动议，2005）和政治经济学（动议；Weaver, 2005）。有些人甚至谴责这种“对对话的迷恋”，称传播与和解比对称“更合乎道德”（Stoker & Berg, 2006, p.7, 17）。

因此，战略沟通作为话语的理论、研究和实践都建立在广泛的假设之上：一方面，组织沟通被认为是一种适当的战略和目标导向的活动，通过管理话语来实现组织定义的目标和结果；另一方面，组织沟通被认为是对话性的，致力于通过公共领域的话语或对话建立关系、达成真实讨论和理解。强调对话与强调通过强化战略信息来操纵公众舆论和改变公众行为的心理策略形成对比（Bybee, 1999）。对话性方法强调公众的平等参与、话语中的真实性和共同理解（Grunig, 1989; Pearson, 1989; Kent & Taylor, 2002）。这些作者假设意义是建立起来的，问题是通过与可识别的公众进行对话和讨论来解决的。

在后现代思维的影响下，在21世纪之初，强调通过对话构建关系，将对话和传播作为自然方法。这包括将对话理论化为网络（Castells, 2000, 2007）、复杂性（Stacey, 2003; Stacy & Griffin, 2006）、行动主义（Holtzhausen, 2007; 2012）、混沌（McNair, 2006），甚至是易变的现代性（Bauman, 2000）。这些作者认为传播是辩证的，并不是致力于达成共识，而在于接受、支持，甚至是赞美差异和多样性，将之视为行动和解决问题的基础。

在数字化技术和社交媒体重构与公众对话结构的背景下，理解话语差异的本质是如此迫切（Castells, 2000, 2003, 2005; McNair, 2006; Jenkins, 2006; Shirky, 2008; Curtis et al.,

2009），越来越多的组织都在运用社交媒体。

根源

传播的本质、目的和公众的概念根植于哲学传播中，彼此竞争成为19世纪末20世纪初的传播新科学（Delia, 1987; Self, 2009; 2013; Gerbner, 1983, Rogers, 1994; Hardt, 1979）。

争论的观点可以追溯到古希腊在修辞上的分歧（Marsh, 2003）。然而，近来对话语的强调大多来自杜威和哈贝马斯的著作。他们都把自己的许多假设追溯到德国唯心主义者那里，特别是黑格尔的理想辩证法。他们共享对称的、辩证的假设和观点。然而，他们在一些关键的方面出现了分歧，这些分歧对当前有关对称、关系和辩证话语在数字媒体和社交网络时代的作用的辩论，有很多可说之处。

这些差异主要集中在公众的本质以及社会制度与公众的关系、话语的本质以及如何进行话语、话语的目的以及接近使用话语的目标等方面。

哈贝马斯在今天也许是最被人理解的，因为他还在写作，但杜威的著作影响了大量关于话语和公众的研究，近年来又重新引起了人们的关注。这两位哲学家都关注公众和话语，但他们的方式截然不同。

他们都看到了公众的复杂性，都提出了始于康德、黑格尔以及其他德国唯心主义者提倡的话语和协商的重要性。他们都支持米德、皮尔斯、詹姆士和其他美国实用主义者的实用主义假设。然而，哈贝马斯提出了正式的、基于规则的话语是普遍实用的（Habermas, 1998, pp.21-103）或准先验的（Aboulafia, 2002, pp.4 & 5）。杜威却清楚地支持更激进的、反基础的（Dewey, 1929a, pp.3-25），甚至是非理论的、实验性的，其话语的观点（Dewey, 1925/1929a, pp.166-207）接近于后现代、网络、复杂的理论方法。

美国的实用主义者支持黑格尔用辩证的、权变的方法来探讨解决问题的方法（Shock & Good, 2010; Hegel, 1977）。这种方法成为杜威自然主义、实验经验主义和话语影响冲突解决模式的基础。它构成了实用主义问题解决行为的基础，这些行为的结果不断地被测量，并根据其结果被重新评估。它是杜威教育理论及其逻辑与科学探究理论和他的动态民主观的基础（Shock, 2010, pp.44-45; Good, 2010, pp.73-89）。

实用主义视野也塑造了哈贝马斯对马克斯·韦伯理性思想的批判性、对话性回答。哈贝马斯承认捍卫“一种康德式的实用主义”，推崇“皮尔斯的实用主义知识观”（Habermas, 2002, pp.223-224; Antonio & Kellner, 1992）。他进一步描述了他的观点，实用主义都将自己与黑格尔联系起来：“从外部来看，我认为美国的实用主义是继马克思和克尔凯郭尔之后，对黑格尔的第三次回应，可以说是年轻的黑格尔哲学的激进民主分支”（Aboulafia, 2002, p.2）。

随着20世纪话语行动理论（Searle, 1983）、结构符号理论（Cobley, 2010）、新实用主义对新语用主义的强调（Rorty, 1989/2007, pp.1-22, 74-75），话语研究路径的发展变得更加有力。它在近来网络符号（Self, 2013）的研究中更加突出，但在一些后现代主义话语中颇受争议，包括德里达的文本解构概念和“即将到来的民主”（Derrida, 2003, p.9）。

本文将探讨哈贝马斯的公共领域与传播、杜威的激进多元主义和谬误不确定性，并将其视为新兴的策略传播理论所必需的话语版本，以适应21世纪初数字媒体系统与网络符号学策略的变迁。

他们的分歧决定了今天话语和战略沟通的核心张力。这些差异集中在对话语的三个核心假设的解释上：公共的概念、话语的本质和公共话语的目的。

尤尔根·哈贝马斯

尤尔根·哈贝马斯是公认的欧洲20世纪后半叶最重要的哲学家。托马斯·麦卡锡称之为“最后一位伟大的理性主义者”，他的目标就是批判理性主义（McCarthy, 1984）。哈贝马斯自己提出了交互传播理论的三个层次：

1. 探索一个完整的理性概念；
2. 建构“两层社会概念”，将社区的“生活世界”与大众社会的“制度”范式联系起来；
3. 发展一种现代性理论来解释现代性的社会病态和悖论（Habemas, 1981/1984）。

这些任务建立于批判理论、学术以及哲学家、批判思想家和政治分析家等一系列灵活的研究和尝试基础上。

“哈贝马斯灵活地在这些话语中穿梭，为后形而上学的理性辩护，它是去理想化的，因为它保持了超越语境的理想化力量（Bookman, 2002, p.65）。他借鉴了许多学者和学派的观点，如康德、黑格尔、马克思、法兰克福学派、皮亚杰和科尔伯格、德国语言学转向、言语行为理论家奥斯汀和塞尔，以及美国实用主义者，特别是皮尔斯和米德。

这项工作催生了哈贝马斯的公共领域概念，现在这个概念被媒介社会学和传播研究广泛接受（Benson, 2009），在专业领域也仍然被广泛研究（Jensen, 2001）。话语是哈贝马斯思想的核心，他的工作侧重于交流、话语和论辩。《公共领域的结构转型》（Habermas, 1989/1991）是对非强制话语的社会空间的批判性检验。两卷本的《交往行为理论》（Habermas, 1981/1984）详述了在这一公共领域的话语框架，拓展了他的现代性批判理论，为日常经验的生活世界的交往理性提供了基础。将交往理性与现代工具系统的战略理性进行对比，后者破坏了公共领域内的主体间性理解和行为（Habermas, 1981/1984; vol.1, pp.10 & 168-185; Habermas1974/2005, pp.54-55）。

哈贝马斯在现代生活世界中通过话语重新激活了对主体间性的理解。他是反基础论的，他抛弃了先验的本体论观点，取而代之的是以话语规则为基础的准先验本体论。

> 尽管哈贝马斯多年来似乎把自己与准先验之间的距离拉大了——例如，通过强调甚至是论证假设的易错性——但他不能屈服于他所认为的相对主义和非理性（在实用主义的外衣下）。
>
> Aboulafia, 2002, p.5

因此，他发展了一种形式化的对话语的解释，这种解释依附于论辩的结构化语言规则，支配了主体间性理解与协商民主的有效性。这使得他区别于杜威的后现代哲学。

他对现代性的批判是现代主义成为理性主义的负担，将人类心理过程与传播策略分离开来并屈从于它。那些战略通过操纵人类的互动操纵了人类的行为，这些互动损害了对主体间性的理解和社会进程。他们使人类受制于权力的操纵，支配工具性传播话语和战略理性。

他对社群话语和公共空间论辩衰落的解释描述了传播过程的工具理性的扩张，“生产的公共性”和“非舆论”（Habermas, 1991, pp.221-222）破坏了话语基本要素的方式。

他的方法比杜威和美国的实用主义者更加正式、更加聚焦。虽然他共享了杜威的反基础和谬误的立场，但它强调主体间性理解和通过话语达成共识。与杜威对共享经验交往话语、实验项目和结果评价的强调不同，哈贝马斯构建了基于奥斯汀和赛尔话语行为理论推导出的先验论证结构的话语理解（Habermas, 1970）。

哈贝马斯的公众概念来自他对公共领域结构转型的解释，他将公众界定为愿意参与公共世界的人，将公共与私人区分开来。公共空间使得私人为了公共利益，把论辩和话语集合起来（Habermas, 1991, pp.1-26）。公共领域是一个构成公众空间的私人集会。

哈贝马斯的话语概念由公共空间的交往本质所界定。在《公共领域的结构转型》一书中，话语在中世纪被代表操纵而改变，在启蒙时代平等个体之间通过协商改变，到了现代社会被战略理性所操纵。在《交往行为理论》中，他将话语分为两种类型：战略理性和传播理性。战略理性是工具性的、目标导向的、操纵性的，致力于将已经界定的观点兜售给公众。交往理性是在“少数社会圈层和领域”的“行动语境”中非强制性的论辩，它遵循话语行为和有效性的原则（Habermas, 1981/1984, pp.24-27）。

哈贝马斯的话语目标概念是交互理解和为进一步互动达成共识，他这样写道：

> 使得交互理性成为可能的是通过交往的语言媒介。这种理性是内在于相互理解的语言目标……在寻求达成理解的过程中，自然的语言使用者必须假设，参与者毫无保留地追求他们言外行为的目标。他们将他们的赞同与可批判的有效性的观点的主体间性联系起来，愿意承担由于协商一致而产生的、对进一步互动有意义的义务。
>
> Habermas, 1966, pp.3-4

正如哈斯指出的：

> 哈贝马斯认为真正的民主的公共空间，只有在互动聚焦于公民普遍关注的问题时才能实现，每一个受到这些议题潜在影响的人都能够参与话题，基于理性—批判的协商，服从于规范性标准的评价。
>
> Hass, 2004, p.180

哈贝马斯认为传播的中介形式对民主至关重要。有人提出“哈贝马斯思想的主要关注点是重建人类传播过程理解的普遍条件”（Burkart, 2007, p.249）。

哈贝马斯的交往行为理论强调理性话语、操纵性战略理性的双重形式，致力于达成战略目标，为了达成共识、主体间性理解和共同目标而论辩。他提出了现代社会运作的原则，但是战略理性支配了社群系统，破坏了生活世界。另一方面，对话语的理解反哺了现实世界。战略和交互、系统和生活世界的双重结构被装入了哈贝马斯对个体自由和社群标准的界定中（Joas, 1991; Rosenthal, 2002, Ingram, 2002, pp.83-86中有详细论述）。

哈贝马斯提出传播的普遍实用性，根植于这样的假设，人们运用协商和论辩来满足传播需求，达成相关行动的主体间性理解（Habermas, 1998, pp.21-103）。

因此，哈贝马斯提出了三个主要假设：第一，他假设公众个体的社群被连接的生活世界的话语所划分；第二，他假设话语由根植于论证规则和语言的结构化论证构成；第三，他假设话语的恰当目标是达成交互理解和共识。

约翰·杜威

约翰·杜威是美国20世纪上半叶最重要的哲学家（Jackson, 2006, p.54; McDermott, 1973a, & 1973b）。他的观点被认为是实用主义的原则之一（Margolis, 2006, p.2），对构建美国的实用主义至关重要（Fott, 1991, p.29）。他是20世纪最重要的教育理论家，对心理和政治科学研究都产生了影响。

马戈利斯认为杜威对实用主义论述的关键部分是：

> （1）达尔文主义和黑格尔主义的自然主义著作；（2）皮尔斯符号学和詹姆士哲学关于意义和真相的论述；（3）在道德和社群生活中对最终目标和价值的抛弃……其特点也是他关于组织制度的原则，所谓的不确定的情境……产生了建构的、狭隘的现实主义（没有固定性和特权）。如果正确把握，它们本身就根植于实用主义提出的反思性经验，接近于黑格尔的现象学概念（然而，这一点并没有清晰阐述）。
>
> Magolis, 2006, p.8

杜威提出了民主决策的反精英主义和反基础观点（Rogers, 2010）。这个观点在《公众及其问题》一书中被详述（Dewey, 1927/1954），其他书中也有涉及（Wesbrook, 1991）。这本书是杜威对李普曼在《幻影公众》一书中所提出的批判的回应（Lippmann, 1925），杜威称之为“目前构思民主最有效的批判”（Bybee, 1999; Carey, 1989/1992, pp.74-82, Self, 2010, Schudson, 2008）。

杜威认为，来自公众的行动是“民主的灵魂”，比政治机器——普遍的选举权、选举、政治责任、同辈的审判等更加“广泛和充分”。民主和公共行为有两个部分：一是规范性：社群规则、习俗和制度的基础。二是认知：探索的协作过程，民主可以识别、优先排序和解决问题，具有“共同的传播经验”（MW9.93）（Hilderbrand, 2011, p.591; Hilderbrand, 2008）。

公众

杜威的公众来自通过话语解决问题的行为，而不是来自其本质或成员身份，他认为个人和团体行为使公众具体化。在联合的行为创造结果的过程中，公众出现、淹没、重新出现，他们影响了人，也被人们所影响。“私人和公众之间的界限是在行为后果的范畴和视野下被描画出来的，它非常重要，需要通过一致或促进的方法来控制。”（Dewey, 1927/1954, p.15）

> 诉诸群居本能来解释社会安排是懒惰谬误的突出例子……我们必须……始于我们的行动，而不是这些行为的假设原因，考虑他们的结果。我们必须引入智慧，或者对结果的观察，也就是将之与我们进行的行为结合起来。
>
> Dewey, 1927/1954, pp.10-12

对杜威而言，行动根植于三个关键主题：个人和社会的关系、多数主义的合法性、政治协商的意义和重要性（Rogers, 2010, p.69）。协商的理念是关于商业和公众关系的中心。

他认为公众是行动（网络）或关系聚集起来解决问题。一旦问题解决，公众关系就不复存在。虽然有时他们存在于社会结构之后解决问题，有时也会错误界定公众。但杜威认为公众是“联合的行动”，不是成员身份或结构（Dewey, 1929a, p.10）。

凯利批评了公众理念的持续性。他认为战略工具兴趣的扩张压倒了公众处理解决问题的能力：

> 杜威认为不论个体的行为是否有间接效果，公众的利益都会提升。因此，只要外部条件被创造出来，公众和公众利益就存在。但是当外部事物稳定扩

> 张，公众的领域和能力就会稳定地收缩。工业和商业创造出来的相互依赖性与公共生活的相互匹配性一致。
>
> Carey, 1997, pp.71-72

总之，杜威的观点是公众会出现，而且总是会出现，对问题的体验要求公众联合起来行动。

话语

杜威视话语为符号行动，或者说他将其称为与人类或非人类的联结性关系或能力（Dewey & Bentley, 1949/1960/1975, pp.270-271, Ryan, 1997）。“参与活动、共担结果是额外的关注。他们要求传播作为前提条件。只有当存在活动的信号或符号时，他们的结果才能大量地为人所见。”（Dewey, 1927/1954, p.152）他认为，话语允许行动“作为意义保存下来”。那些意义允许我们考虑将联合的经验传递给它们，将之转化为“从隐喻的角度界定的一般的成员或社会意识：需求和选择可以传播，被所有关注的人所共享”（Dewey, 1927/1954, p.153）。

他认为话语的瞬间行为来自解决问题的经验，然后退化为私人的关注。个人体验问题，分享他们关于话语的经验，联合起来规划解决方案，提出实验性步骤来解决问题，通过话语评价这些方法的结果。他们的话语有时候滞后于政治机器的社会结构的轨迹，但是机制并不包含民主的行动或者确定的话语。民主行动和话语永远保持着谬误的、模糊的、权变的，它们持续地改变。他写道：

> 思想建构的场所是经验性的，也就是实验性的。思想并不是一种事物的特征，也不是智慧或脱离自然之外的理性，这是一个直接的外部行动模型。理念和唯心主义在本身的假设中就不是终结，它们与操作的方式联系在一起，通过这些手段的结果来检测，而不是通过先于它们存在的东西来判断……行动是理念的中心。对已知的知识的实验，揭示知识本身就是一种行动，通过现实化的意义进一步地掩盖自然存在。
>
> Dewey, 1992a, pp.166-167

共同的经验和关于解决办法的协商是杜威联合行动的核心（Eldridge, 1996）。他认为在民主的世界中，民主作为一种政治机制，作为共同理念的语言居于其中心。埃尔德里奇（Eldridge, 1996）这样解释杜威的不同看法：

> 他如此看重开放的、告知性的传播，以至于他认为它们应当被赋予彼此互

> 动的方式的特征，而且它不应仅仅局限为政治的……作为一个民主主义者，他承认自己参与了智力活动，利用了我们的日常生活。
>
> Dewey, 1992a, p.11

对杜威（1927/1954）而言，话语是符号和信号形式共享的经验关系，它（实验）能够规划解决问题：

> 学会做人就要发展思维，学会施与受的传播，拥有作为社群中独特的一员的效能感……自己能够将自身的力量进一步转化为人力资源和价值。但是这种转化永远不会是完成时。
>
> Dewey, 1992a, p.154

对杜威而言，公共舆论是话语关系的网络，他写道：

> 意见和观念……预先提出有效的和有组织的探寻。除非我们有办法发现正在发生作用的能量，通过复杂网络中的互动跟踪它们的结果，否则那些作为公共舆论出现的将是那些被贬损的观念，而不是真正的公共的，不论这些观点貌似多么普遍而被广泛传播……观点作为一种结果一旦形成，总是在那些权与利的控制之下……所谓公共舆论只是名义上的。
>
> Dewey, 1992a, pp.177-178

目的

杜威（1927—1954）提出话语和公共行动的目的是解决问题：共同的经验，识别问题，开发问题的可行性解决方案，并评估这些解决方案的结果。这些话语总是容易出现错误的，且只能在复杂的、永恒模糊的环境中发生。杜威强调成功或失败只有通过关于经验和结果的持续话语来评价。

> 工具可以在运作中被进化和完善；运用它来观察、报道、组织现实的主观问题，这些运用并不能通过自由和系统的传播被保存下来……记录和传播对知识而言都是不可或缺的。被禁锢在私人感知中的知识是一个神话，社会现象的知识特别依赖于传播。因为只有通过传播，这类知识才能被获得或检测。
>
> Dewey, 1992a, pp.167, 176-177

杜威解决问题的行动是经验分享、实验计划和结果评估。他宣称问题“最终的原因”和“最终的解决办法”在原因的理论中被发现（Dewey, 1929a, pp.3-25; 1925/1929b, pp.40-77; 1938, pp.60-80）。他提出所有的解决办法都是权变的、易误的，常常是模糊的。他拒绝固定的本质，他们是否是神学的、形而上学的或自然的。他相信问题在共同的经验（探寻）和通过话语的规划与关系互动中被界定。这种博弈是复杂和混沌的。它通过话语和思维，在关系中被制造出来，而不具有一种等待发现的普遍本质。

这类科学工作有个普遍特征，我们有必要注意到它们为的是揭露关系。

如你所愿，真正的事情可能是暂时的；如你所愿，真正的事物也可能是持续的。这两者之间有着特定的差别，就如同闪电和一道山脉的历史。在任何情况下，它们只是关于知识的一个事件，而不是本质。知识所感兴趣的是这些变化或者事务之间的相互关系。

这是一个宣言，是思考事物的有效方式；这是界定思想的有效模式，能够明确地表达意义。

观点的权威性依赖于那些引导我们工作表现的内容。

Dewey, 1992a, p.125, 128, 134, 137

杜威认为解决问题的方式在（发现）话语的过程被建构起来。这些解决办法可以在社会经验中通过话语所评价。他提出涉及探寻（共同的经验）和发现（建构的解决办法）的系统化思维创造了对可能结果的实验性判断，它遵循着对结果的评价，永远保持权变，接受修改（Dewey, 1938; Dewey, 1891）。

杜威关于问题解决的思想被他称为指导外部行动的“实验”方法。他的经验主义理念构建于自然化的经验上，或者个体在解决联合发展问题时所依据的现实生活经验上（Dewey, 1927/1954; p.202; McDermott, 1973a, pp.xxii-xxix, Dewey, 1906/1973a; Dewey, 1939/1973b）。

杜威相信判断永远是权变的、可接受修正的，理念是在持续权变的宇宙中测试结果的工具。他将这种思维称为“行动的方法”，作为抽样反思的反面（Dewey, 1929a, p.36）。他也认为所有公众都涉及探寻和发现这类民主行为。任何事情都通过不同的形式来发生作用。

民主是一种观念，相信人类的经验可以产生目标和方法，通过经验可以将

> 之丰富。每一个其他形式的道德和社会信念都建立于这样的理念之上，经验必须在某种程度上受制于外部控制；从属于某些宣称存在于外部实验过程的权威……如果一个人问，在这个连接中经验意味着什么？我的回答是，这是一种在环境中个体间的自由互动，特别是在人类环境中，通过增加知识，发展和满足了需求。知识是传播和分享的基础；所有的传播意味着一些人从属于另一些人的传播，需求和愿望——在增长的目的和能量的方向之外——超越了存在，因此超越了知识，超越了科学。它们持续进入未经探索和未达到的将来。
>
> Dewey, 1939b, pp.16-17

哈贝马斯认为成员包含了公众，杜威看到了话语的行动；哈贝马斯看到了论辩规则的话语，杜威看到了代表了经验关系的符号；哈贝马斯看到了共识和理解，杜威看到了永远易误的问题的解决方法需要持续地修改。

理查德·罗蒂，后现代和符号网络

马戈利斯认为，杜威1925年在《范式的发展》中建立了“经典实用主义”（Margolis, 2006, p.4）。它来自皮尔森和詹姆士在发展的关键时刻复兴的实用主义（Margolis, 2006; Leary, 2009; Dewey, 1925/1929b）。这个复兴为欧洲学者哈贝马斯，美国学者帕特南、罗蒂奠定了基础，扩展和重新读解了实用主义，及其与全球化社会的批判的、结构主义、后现代主义解释之间的关系。

西克曼在著作《作为后现代主义的实用主义》一书中这样开篇“我的观点脱离了现在流行的理查德·罗蒂的印记，当一些后现代主义者到达了道路的尽头，他们会发现杜威在那里等他们”（Hickman, 2007, p.13）。他继续在两个关键的假设上引用了厄尔斯的观点：

> 第一，不存在普遍特性的假设——“天然的、神的或将来的”——这种特性保证了世界的单一性、思想的中立或客观的可能性。第二，假设所有的人类系统都像语言一样运作，它们是自反的系统，而不是参照的系统，不同功能的系统都有限度，但具有力量，它建构和维持了意义和价值。
>
> Hickman, 2007, p.15, 转引自 Ermarth, 1998

这些后现代的假设破坏了厄尔斯所谓的“单一世界假设”，一个形成于现代思维基础上的统一世界的观点（Ermarth, 2001, p.202）。

西克曼很久之前驳斥了杜威的“经典实用主义”观点，这个观点包含了那些关键假设。“对于那些对我们日益增长的技术文化中的问题和观点感兴趣的人来说，经典实用

主义比那些目前非常流行的‘新实用主义’提供了更加明显的优势。”（Hickman, 2007, p.48）

莫里斯认为杜威是在宣扬后现代主义，他最好被称为后实证主义者。

> 杜威在他的时代被斥为一个实证主义的‘反哲学者’，而在我们的时代被称为后现代主义来宣扬，这并不是一个巧合。他的思维沿着两个坐标发展，自然主义和推断性的，后者的要点在于它清楚地回避了自然主义的经验部分。
>
> Morris, 1999, p.608

罗蒂的著作是新自由主义作品中论证最详尽的。罗蒂从后现代主义视角下反复探讨了美国的实用主义传统（特别是杜威），他与包括德里达在内的后现代思想家进行了热烈的讨论（Mouffe, 1996）。他提出福柯和德里达与尼采的观点有共同之处，尼采“对西方传统哲学的怀疑——怀疑他们与美国的实用主义者有共同之处”（Rotty, 1996, p.13）。他认为，

> 德里达对我而言和米勒或杜威一样是人本主义者。当德里达谈到重构是‘民主终将到来的隐喻’，对我而言他表达的是和乌托邦的社会梦想一样的观点，这也是我对早期空想主义者的感觉。
>
> Rotty, 1996, p.14，例如，德里达的永恒混沌和实验性的民主将要到来的解释，转引自 Derrida, 2003; Reynolds, 2009

罗蒂被称为新实用主义者（Hickman, 2007, p.48; Mounce, 1997）。和杜威一样，他拒绝先验的现实理念，用结果的理念取代它们。他也将知识视为易误的，需要修正的。他强调在主张人类理解的基础时，话语和语言博弈的重要性（也见于Lyotard, 1979/1984, pp.9-10）。他坚持权变和知识的易误性取代了认识论的形而上学，提出语言是对社群发挥基本作用的主体间性基础。他认同杜威的论点，即“存在于世界的我们的经验是一种积极的事务，我们都用不同的方式做出了贡献——我们按照特定的语境，用特定的方式行动。更甚者，我们被自己建构和理解世界的方式所捆绑，例如我们总是在谈论自己的经验，我们体验过什么（Ljunggren, 2003, p.364）。他认为“讽刺作家”（Rorty, 1989/2007, p.73）必须准确地包含权变，因为知识是根植于权变语言的相互作用。

与哈贝马斯和杜威不同，罗蒂认为，社群的责任和个人自由之间的关系可以被分为私人自由和公开的讽刺（或权变）。没有防备的个人常常被浸入“最终的词汇中”，“他们运用这些词汇来为自己的行动、观念和生活辩白”（Rorty, 1989/2007, p.73）。然而，在公开领域，不同个体的“最终词汇”会彼此冲突，带来关于情境的冲突性观点，以及行动

的可能结果。这个冲突产生了一种“讽刺的态度”（Rorty, 1989/2007, p.74），这种态度承认了他们的语言、他们的道德思考、他们的良心。

罗蒂将他自己（和杜威）与哈贝马斯区分开来。他认为哈贝马斯的普遍实用主义仍然在寻找一种方式来使其展开关于终极真理的论述有效性。

> 哈贝马斯认为民主社会是必要的，因为它的自我形象代表了启蒙运动的普遍性和某种形式的理性主义。他认为他对传播理性的解释是理性主义的升级。我并不是要升级普遍主义或理性主义，我想做的是解构它们，用一些东西替代他们。我认为哈贝马斯用‘传播理性’替代‘自我中心理性’是对我所主张的观点的一种误导，我认为自由社会本身是呼唤‘真理’（正确或公正）的内容，任何没有歪曲的传播的结果都应该是这样，任何自由和开放环境下胜利的观点都应该是这样。
>
> Rorty, 1989/2007, p.67

他认为权变，也就是杜威所谓的‘不确定的危险的’世界的不确定性，损害了哈贝马斯的体系：

> 我们可以准确地说，这种说法有着普遍的有效性，我们所指称的‘语言的权变’使之难以置信，我自由的、乌托邦的诗化文化不再使然。这样的文化将替代杜威在‘想象是公益的主要工具’说法上的共识。
>
> Rorty, 1989/2007, p.69

在规划决策和解决问题的过程中，不确定性很容易产生后现代主义者所赞同的谬误。它与杜威话语的观点相关联的地方建立于社会、物质和言语关系网络转变的基础上，在其上采用实验来验证将来的结果。它也与伯恩斯坦所谓的“首要任务”相关：

> 罗蒂最深刻的吸引力是他所谓的“自由文化”。他揭示的表述是诸如布鲁姆、福柯的文艺文化的代表，德里达取代了专业哲学家，成为目前人类对话中的主流声音。杜威是罗蒂的英雄之一……罗蒂也是那些民主美德的辩护者，这是杜威思想的中心，也是他尝试具体化的东西。在这里，罗蒂和哈贝马斯之间有个很重要的差别——人们如果揭示他们共同的基础……达成杜威一开始指出来的民主的首要任务——“更加自由、更加人性化经验的创造，在这其中，每个人都分享，每个人都做出贡献。”
>
> Bernstein, 1982, pp.352-353

德里达也赞同“不可判定性”和决策的人性化目标中的中心性。他认为：

我认为，思维的必要性无限地穿越了不可判定的经验，这些经验只是以伦理或政治决策分析的方式呈现……我们会发现不可判别性本身是不可约的。如果人们不能认真考虑不可判别性，就不仅不能行动、决策、假设责任，甚至不能思考决策和责任的概念。

Derida, 1996, p.86

正在出现的网络符号学（Self, 2013）在数字化中介传播的时代很有发展前景，特别是在在线社交网络中。网络理论建立了“在给定系统中连接的形式”（Newman, 2011, p.20）。社会网络理论代表了“一系列的行动者或节点与特定类型的一系列纽带（诸如友谊）将这些节点联系起来”（Borgatti & Halgin, 2011, p.1169; Monge & Contractor, 2003; Scott, 2000）。符号学探讨在这样的网络中意义的关系系统如何产生。正如索绪尔所说，语言是“一个特定社群成员通过他们积极的表达……填充的仓库，因为语言不是由单个的演说者完成的，它仅仅存在于集体行动中”（Saussure, 1996, p.43）。各种形式的符号学都检验了连接的表征如何产生意义（Cobley, 2010, pp.3-12）。

因此，关系的综合在意义产生的网络中表现出来。库尔按照Uexküll的观点，提出客观世界或者非人类机制下关系的自我建构产生意义（Kull, 2010, p.43）。B. 拉图（B. Latour, 1991/1993）提出，人类的集合，非人类“杂交”产生意义。M. 富勒提出一个媒介目标的集合，认为“物质生态也需要行动、思考和感知的能力，可能影响到每一种构成，无论是否有机，都不被它的形态、它的联系、它周围的关系所影响”（M. Fuller, 2005, p.174）。

人类和非人类关系的集合永远展现了转变的不可判别性，意义和身份的模式（Castells, 2000, 2003; McNair, 2006; Hassan, 2003）。从福柯（1994）到利奥塔（1979/1984），再到鲍德里亚（1995）、德里达（1998）、后现代主义者提醒我们，知识并不是一种统一的叙述，而是根植于时间的非人类经验的表述。这种易误性和不可判性被杜威（1925/1929b, pp.354-393）描述为经验、自然和艺术。这是变换环境的生动经验在复杂的“交易”关系中产生的（Dewey & Bentley, 1949/1960/1975, pp.67-69）。杜威认为存在是可以改变的，只有在语言构建中我们才认为它是稳定的（Dewey, 1925/1929b, pp.40-77）。

关于数码技术强大的潜力已经有很多著述，但是社会行动的短暂模式是通过话语和事件来建构的（Shirky, 2008; Jenkins, 2006; Sunstein, 2006）。中介性话语和不稳定关系网络的出现已经被描述为社会和物质生态的结合（Fuller, 2005）。鲍曼提出出现的连接是流动的、暂时的，都会带来经济和社会的结果（Bauman, 2000）。

战略传播

在21世纪开局，话语的天穹回到了杜威时代（Hickman, Heubert, & Reich, 2009; Perry, 2001）。他的影响在20世纪先扬后抑，自始至终影响了战略传播中对话语的思考。凯利（Carey, 1989/1992）已经讨论了他对社会影响理论的作用。格鲁尼格已经承认杜威对公众的情境理论和对称理论发展的影响（Grunig & Hunt, 1984）。罗蒂（Rorty, 1996）和西克曼（Hickman, 2007）已经提出杜威正在后现代思维的终点等待。社会网络理论通过科特列文的场论、心理学的分类、菲斯廷格的平衡理论（Scott, 2000）与美国的实用主义者和杜威联系起来（Joas, 1993）。

哈贝马斯和杜威描述了后现代数字技术中话语在网络中的力量，在21世纪数字化时代，在全球公共领域中出现的对话的不固定形式（Dahlgren, 2005; Hytten, 2009; Neubert, 2010; Papacharissi, 2002; Donwney & Fenton, 2010）和疏远的连接文化（Papacharissi, 2010）中，他们的洞见被重新发现。

在21世纪的开局，战略传播研究和关注与公众的对话。肯特（Kent, 2001）提出竞争性话语构建了世界的竞争性形象，组织的话语延伸到公共话语的争论，创造社会资本，赋予公众明智的选择权（Taylor, 2011, esp, p.442）。

然而，公众仍然常常被成员身份而不是他们的行动所界定，话语仍然被界定为信息管理（Stroh, 2007, pp.199-203; Holtzhausen, 2007, pp.359-362）。斯特罗提出，这样的方法已经被新的强调“持续互动、参与、改变和自我组织的增长”所替代（Stroh, 2007, p.205）。她说社会制度是通过持续变化的关系创造的行动的有机系统，它构成了整体系统。它们是持续变化的复杂系统，能够通过承诺和促进（甚至是冲突），而不是管理、控制和共识（Stroh, 2007, p.215）来更好地处理。她强调社会组织中内在结果的不确定性。

霍尔兹豪森呼吁将传播者称为行动者。她提出公共关系专业人员应该更少地强调理想化的合作，更多注重冲突和抵抗（Holtzhausen, 2007, p.365）。她提出公共关系专业人员应该帮助识别“张量”或者在复杂系统中冲突的触发点，作为一个“边界扫描者”围绕着冲突促进交换（Holtzhausen, 2007, pp.367-368; Holtzhausen, 2012, pp.25-35）。

墨菲（Murphy, 2007, p.129）在Stacy（1996）之后解释了，在复杂系统中预测和控制的徒劳。“如果一个系统可能通过简化为构成部分而被准确、完整地描述，那它就仅仅是复杂；但是如果一个系统是真的复杂，它就绝不是部分的总和。”Stacy和Griffin指出复杂的组织中包含了个体和群体之间自组织和突发互动的持续的相互作用，这种互动通过可预测和不可预测的方式持续地发展，这些互动在一段时间里持续地合并或分开。因此，一个组织在成为一个整体时，并没有什么蓝图能带来意外的结果（Stacy and Griffin, 2006, pp.7-9）。

彼得斯（Peters, 1993, pp.561-562）认为战略传播和信息管理已经通过重现或炫耀组织单边的操纵性决策破坏了公共领域，甚至在他们向公众提供咨询时也是如此。

在2006年第56届国际传播协会年会上，哈贝马斯将日常生活中每天的经验与大众社会的系统范式联系起来。他提出目标话语应该被规则支配，能被理性地重新解读，重新创造主体间性的理解。他描绘了对“协商政治的规范性要求”的“权变限制的指标”，提出中介性话语必须独立于干扰，对公民的“关于问题和解决问题”的方法负责任（Habermas, 2006, pp.420-421）。

重叠的主题来自21世纪对话语的探讨：知识的易误性，作为社会网络的组织边界的复杂性和变动，结果的不确定性，与行动公众的持续合作的要求，有关风险共担的相互承诺。霍尔兹豪森提出21世纪传播的从业者应在对公共行动和公共话语“知晓的状态”下工作（Holtzhausen, 2012, pp.221-225）。

在20世纪早期，杜威预言了很多21世纪的主题。他提出关于关系、关于问题解决实验；复杂的、不确定性的环境中有关持续评价的话语构成了经验。他提出将组织看待为以不同形式的关系而不是持续实体来进行互动的社群。

> 动能可能最终通过远程的、非直接的互动提供了途径，它保持灵活性，阻止了在过去稳定环境中出现的萧条，用改变的、丰富的经验布置它，使人们之间的相互依赖倒退到本地生活中。组织可能停止将自己作为目的……组织作为达成目的的手段将加强给个人，通过给予它自己无法得到的资源来保证自身安全。
>
> Dewey, 1927/1954, p.216

杜威的观点将组织表现为话语的变化网络，吸引行动的公众，分享关于社会和物质生活的不同经验，界定个人遭遇的问题，讨论关于如何解决这些问题的冲突性观点，通过共享个体关于这些解决办法的经验，持续地评价这些办法是否成功。

这些话语并不聚焦于共识上。它聚焦于个人的经验和个人的需求。持续互动的话语和辩证的个人经验，产生的不是共识，而是包容性的、不确定性的综合，同时也是我们称为复杂网络的组织，其中包含了行动的公众。任何将变动的关系固定化的尝试都不可避免会造成确定性的错误感知（Dewey, 1929a, pp.26-48）。对杜威而言，公众是行动的网络，他们在话语中出现。他们的目标是分享经验，解决问题，评价结果。这促进了正在进行的过程的传播，也促进了人们持续地探讨问题，发现解决问题的办法，共同评价结果。

近来的研究，公共关系从业者已经在组织中准确地扮演他们的角色。数字化媒体和社会网络使得组织可以重建持续的、灵活的话语伙伴关系，在个人和团体中共享经验。随着问题（公众）出现，这些话语导致的伙伴关系使得联合的探寻成为可能。他们共同发现和解决问题，与组织成员网络中公众共同发展。这些伙伴关系，对结果的持续联合评价赋权。他们提供进一步联合行动的方法，以促成共同的解决方法和对方法的评价。随着问题的解决，他们提供渠道带来个人和组织间持续的经验共享。

哈贝马斯和杜威提出一个在21世纪初传播中关于话语的新观点，它不同于支配了20世纪的传播战略管理。他们在新的中介传播中需要创新性话语，为此提供革新。这些经典的新实用主义的观点与关于网络、关系、复杂性和后现代的文献呼应，提供了一个综合性的论证。这种方法在21世纪流动的虚拟世界中，给持续的公共行动和联合问题解决提供了承诺。

参考文献

[1] Aboulafia, M. (2002). Introduction. In M. Aboulafia, M. Bookman, & C. Kemp (Eds.), *Habermas and pragmatism* (pp. 1–13). London and New York: Routledge.

[2] Antonio, R. J., & Kellner, D. (1992). Communication, modernity, and democracy in Habermas and Dewey. *Symbolic Interaction*, 15(3), 277–297.

[3] Baudrillard, J. (1995). *Simulacra and simulation* (S. F. Glaser, Trans.). Ann Arbor, MI: University of Michigan Press.

[4] Bauman, Z. (2000). *Liquid modernity*. Cambridge, England: Polity.

[5] Benson, R. D. (2008, May). *Public relations in the public sphere: Habermas, Bourdieu, and the question of power*. Paperpresented at the annual meeting of the International Communication Association, Montreal, Canada.

[6] Benson, R. (2009). Shaping the public sphere: Habermas and beyond. *American Sociology*, 40, 175–197.

[7] Bernstein, R. J. (1982). What is a difference that makes a difference? Gadamer, Habermas, and Rorty. *In Proceedings of the biennial meeting of the Philosophy of Science Association, Vol. 1982, Volume Two: Symposia and Invited Papers*. Chicago, IL: University of Chicago Press on behalf of the Philosophy of Science Association.

[8] Bookman, M. (2002). Forming competence: Habermas on reconstructing worlds and context-transcendent reason. In M. Aboulafia, M. Bookman, & C. Kamp (Eds.), *Habermas and pragmatism* (pp. 65–79). London: Routledge.

[9] Borgatti, S. P., & Halgin D. S. (2011). On network theory. *Organization Science*, 22(5), 1168–1181.

[10] Burkart, R. (2007). On Jürgen Habermas and public relations. *Public Relations Review*, 33, 249–254.

[11] Bybee, C. (1999). Can democracy survive in the post factual age? *Journalism and Communication Monographs*, 1(1), 29–62.

[12] Carey, J. W. (1979). Foreword. In H. Hardt, *Social theories of the press: Early German & American perspectives* (pp. 9–14). Beverly Hills: Sage.

[13] Carey, J. W. (1992). *Communication as culture: Essays on media and society*. New York: Routledge. (Original work published 1989).

[14] Carey, J. W. (1997). Communications and economics. In E. S. Munson & C. A. Warren (Eds.), *James Carey: A critical reader* (pp. 60–75). Minneapolis, MN: University of Minnesota Press.

[15] Castells, M. (2000). *The rise of the network society* (2nd ed.). Oxford, England: Blackwell.

[16] Castells, M. (2003). *The power of identity: Economy, society and culture* (2nd ed.). Oxford, England: Blackwell.

[17] Castells, M. (2005). *End of millennium* (2nd ed.). Oxford, England: Blackwell.

[18] Castells, M. (2007). Communication, power and counter-power in the network society. *International Journal of Communication*, 1, 238–266.

[19] Cobley, P. (Ed.). (2010). Introduction. *In The Routledge companion to semiotics* (pp. 3–12). New York: Routledge.

[20] Curtis, L., Edwards, C., Fraser, K. L., Gudelsky, S., Holmquist, J., Thornton, K., & Sweetser, K. D. (2009). Adoption of social media for public relations by nonprofit organizations, *Public Relations Review*, 36(1), 90–92.

[21] Dahlgren, P. (2005). The internet, public spheres, and political communication: Dispersion and deliberation. *Political Communication*, 22, 147–162.

[22] Delia, J. G. (1987). Communication research: A history. In C R. Berger & S. H. Chaffee (Eds.), *Handbook of communication science* (20–98). Newbury Park, CA: Sage.

[23] Derrida, J. (1996). Remarks on deconstruction and pragmatism. In C. Mouffe (Ed.), *Deconstruction and pragmatism* (pp. 77–88). New York: Routledge.

[24] Derrida, J. (1998). *Of grammatology*. Baltimore, MD: The Johns Hopkins University Press.

[25] Derrida, J. (2003). The 'world' of the enlightenment to come (exception, calculation, sovereignty). *Research in Phenomenology*, 33, 9–52.

[26] Dewey, J. (1891). *Outlines of a critical theory of ethics*. Ann Arbor, MI: Register Publishing.

[27] Dewey, J. (1929a). *The quest for certainty: A study of the relation of knowledge and action (Gifford lectures)*. New York: Minton, Balch & Company.

[28] Dewey, J. (1929b). *Experience and nature (Lectures upon the Paul Carus Foundation, First Series)*. Chicago, IL: OpenCourt Publishing Company. (Original work published 1925).

[29] Dewey, J. (1938). *Logic: The theory of inquiry*. New York: Henry Holt and Company.

[30] Dewey, J. (1939a). The future of liberalism or, the democratic way of change. *In What is democracy? Its conflicts, ends and means* (pp. 3–10). Norman, OK: Cooperative Books.

[31] Dewey, J. (1939b). Creative democracy—The task before us. In L. A. Hickman & T. M. Alexander (Eds.), *The essential Dewey, volume 1: Pragmatism, education, democracy* (pp. 340–343). Bloomington, IN: Indiana University Press.

[32] Dewey, J. (1954). *The public and its problems*. Athens, OH: Ohio University Press. (Original work published 1927).

[33] Dewey, J. (1973a). The experimental theory of knowledge. In J. McDermott (ed.), *The philosophy of John Dewey: Volume I, the structure of experience* (pp. 175–193). New York: G. P. Putnam's Sons. (Original work published 1906).

[34] Dewey, J. (1973b). Having an experience. In J. McDermott (ed.), *The philosophy of John Dewey: Volume II, the lived experience* (pp. 554–573). New York: G. P. Putnam's Sons. (Original work published 1939).

[35] Dewey, J. & Bentley, A. F. (1975). *Knowing and the known*. Westport, CT: Greenwood Press. (Original work published 1949/1960).

[36] Downey, J., & Fenton, N. (2010). New media, counter publicity and the public sphere. *New Media & Society*, 5(2), 185–202.

[37] Edwards, L. (2012). Exploring the role of public relations as a cultural intermediary occupation.

Cultural Sociology, 6(4), 438–454.

[38] Eldridge, M. (1996). Dewey's faith in democracy as shared experience. *Transactions of the Charles S. Peirce Society*, 32(1), 11–30.

[39] Ermarth, E. D. (1998). Postmodernism. In the *Routledge Encyclopedia of Philosophy*. (7:587–590). Edward Craig(Ed.). London: Routledge.

[40] Ermarth, E. D. (2001). Beyond history. *Rethinking History: The Journal of Theory and Practice*, 5(2), 195–215.

[41] Foucault, M. (1994). *The order of things: An archeology of the human sciences*. New York: Vintage.

[42] Fott, D. (1991). John Dewey and the philosophical foundations of democracy. *The Social Science Journal*, 28(1), 29–44.

[43] Fuller, M. (2005). *Media ecologies: Materialist energies in art and technoculture*. Cambridge, MA: MIT Press.

[44] Gerbner, G. (Ed.). (1983). *Ferment in the field: Journal of Communication (Special Issue)*, 33(3), 4–5.

[45] Good, J. A. (2010). Rereading Dewey's permanent Hegelian deposit. In J. R. Shook & J. A. Good (Eds.), *John Dewey's Philosophy of Spirit, with the 1897 Lecture on Hegel* (pp. 56–89). New York: Fordham University Press.

[46] Grunig, J. E. (1989). Symmetrical presuppositions as a framework for public relations theory. In C. Botan & V. Hazelton (Eds.), *Public relations theory* (pp. 17–44). Hillsdale, NJ: Lawrence Erlbaum Associates.

[47] Grunig, J. E. (1997). A situational theory of publics: Conceptual history, recent challenges and new research. In D. Moss, T. MacManus, & D. Verčič (Eds.), Public relations research: An international perspective (pp. 3–48). London: International Thomson Business Press.

[48] Grunig, J.E., & Hunt, T. (1984). Managing public relations. New York: Holt, Rinehart and Winston.

[49] Grunig, J. E., & White (1992). The effect of worldviews on public relations theory and practice. In J. E. Grunig (Ed.), *Excellence in public relations and communication management* (31–64). Hillsdale, NJ: Lawrence Erlbaum Associates.

[50] Haas, T. (2004). The public sphere as a sphere of publics: Rethinking Habermas's theory of the public sphere. *Journal of Communication*, 54(1), 178–184.

[51] Habermas, J. (1970). Towards a theory of communicative competence. *Inquiry: An Interdisciplinary Journal of Philosophy*, 13(1–4), 360–375.

[52] Habermas, J. (1984). *The theory of communicative action, Vol. I and II*, (T. McCarthy, Trans.). Boston: Beacon Press. (Original work published 1981).

[53] Habermas, J. (1991). *The structural transformation of the public sphere: An inquiry into a category of bourgeois society*. Cambridge, MA: MIT Press. (Original work published 1989).

[54] Habermas, J. (1996). *Between facts and norms*. (W. Rehg, Trans.). Cambridge, MA: MIT Press. (Original work published 1992).

[55] Habermas (1998). *On the pragmatics of communication* (edited by Maeve Cooke). Cambridge, MA: The MIT Press.

[56] Habermas, J. (2002). Postscript: Some concluding remarks. In M. Aboulafia, M. Bookman, & C. Kemp (Eds.), *Habermas and pragmatism* (pp. 223–233). London and New York: Routledge.

[57] Habermas, J. (2005). The public sphere: An encyclopedia article (1964) (S. Lennox & F. Lennox, Trans.) *New German Critique*, 3, pp. 49–55. (Original work published 1974).

[58] Habermas, J. (2006). Political communication in media society: Does democracy still enjoy and

epistemic dimension? The impact of normative theory on empirical research. *Communication Theory*, 16(4), 411–426.
[59] Hardt, H. (1979). *Social theories of the press: Early German and American perspectives*. Beverly Hills, CA: Sage.
[60] Hassan, R. (2003). *The chronoscopic society: Globalization, time and knowledge in the network economy*. New York:Peter Lang Publishing.
[61] Hegel, G. W. F. (1977). *Phenomenology of spirit* (A. V. Miller, Trans.). New York: Oxford University Press.
[62] Hickman, L A. (2007). *Pragmatism as post-postmodernism: Lessons from John Dewey*. New York: Fordham UniversityPress.
[63] Hickman, L. A., Heubert, S., & Reich, K. (Eds). (2009). *John Dewey between pragmatism and constructivism*. NewYork: Fordham University Press.
[64] Hildebrand, D. L. (2008). *Dewey: A beginner's guide*. Oxford: Oneworld Publications.
[65] Hildebrand, D. L. (2011). Pragmatic democracy: Inquiry, objectivity, and experience. *Metaphilosophy*, 42(5), 589–604.
[66] Holtzhausen, D. R. (2007). Activism. In E. L. Toth (Ed.), *The future of excellence in public relations and communicationmanagement: Challenges for the next generation* (pp. 357–379). Mahwah, NJ: Lawrence Erlbaum Associates.
[67] Holtzhausen, D. R. (2012). *Public relations as activism: Postmodern approaches to theory & practice*. New York:Routledge.
[68] Hytten, K. (2009). Deweyan democracy in a globalized world. *Educational Theory*, 59(4), 395–408.
[69] Ihlen, Ø. (2011). On Barnyard scrambles: Toward rhetoric of public relations. *Management Communication Quarterly*, 25(3), 455–473.
[70] Ingram, D. (2002). The sirens of pragmatism versus the priests of proceduralism: Habermas and American legal realism. In M. Aboulafia, M. Bookman, & C. Kemp (Eds.), *Habermas and pragmatism* (pp. 83–112). London: Routledge.
[71] Jackson, P. W. (2006). John Dewey. In J. R. Shook & J. Margolis (Eds.), *A companion to pragmatism* (pp. 54–66).Oxford, England: Blackwell.
[72] Jenkins, H. (2006). *Convergence culture: Where old and new media collide*. New York: New York University Press.
[73] Jensen, I. (2001). Public relations and emerging functions of the public sphere: An analytical framework. *Journal of Communication Management*, 6(2), 133–147.
[74] Joas, H. (1991). The unhappy marriage of hermeneutics and functionalism. In A. Honneth & H. Joas (Eds.), *Communicative action: Essays on Jürgen Habermas's The Theory of Communicative Action* (J. Gaines & D. L. Jones,Trans.) (pp. 97–118). Cambridge: MIT Press.
[75] Joas, H. (1993). *Pragmatism and social theory*. Chicago, IL: University of Chicago Press.
[76] Kent, M. (2011). Public relations rhetoric: Criticism, dialogue, and the long now. *Management Communication Quarterly*, 25(3), 550–559.
[77] Kent, M., & Taylor, M. (2002). Toward a dialogic theory of public relations. *Public Relations Review*, 28, 21–37.
[78] Kull, K. (2010). Umwelt and modeling. In Paul Cobley (ed.), *The Routledge companion to semiotics* (pp. 43–56).New York: Routledge.
[79] Latour, B. (1993). *We Have Never Been Modern*. (Catherine Porter, Trans.). Cambridge, MA: Harvard

UniversityPress. (Original work published 1991).

[80] Leary, D. E. (2009). Between Peirce (1878) and James (1898): G. Stanley Hall, the origins of pragmatism, and the history of psychology. *Journal of the History of the Behavioral Sciences*, 45(1), 5–20.

[81] Lippmann, W. (1925). *The phantom public*. New York: Harcourt Brace.

[82] Ljunggren, C. (2003). The public has to define itself: Dewey, Habermas, and Rorty on democracy and individuality. *Studies in Philosophy and Education*, 22, 351–370.

[83] Lyotard, J. F. (1984). *The postmodern condition: A report on knowledge*. (G. Bennington & B. Massumi, Trans.). Minneapolis, MN: University of Minnesota Press. (Original work published 1979).

[84] Margolis, J. (2006). Introduction: Pragmatism, retrospective and prospective. In J. R. Shook & J. Margolis (Eds.), *A companion to pragmatism* (pp. 1–10). Oxford, England: Blackwell.

[85] Marsh, C. W. (2001). Public relations ethics: Contrasting models from the rhetorics of Plato, Aristotle, and Isocrates. *Journal of Mass Media Ethics*, 16(2 & 3), 78–98.

[86] Marsh, C. W. (2003). Antecedents of two-way symmetry in classical Greek rhetoric: The rhetoric of Isocrates. *Public Relations Review*, 29(3), 351–367.

[87] McCarthy, T. (1984). Translator's introduction. In J. Habermas, *The theory of communicative action I* (pp. v-xxxvii).Boston, MA: Beacon Press.

[88] McDermott, J. J. (Ed.). (1973a). *The philosophy of John Dewey: Volume I, the structure of experience*. New York:G. P. Putnam's Sons.

[89] McDermott, J. J. (Ed.). (1973b). *The philosophy of John Dewey: Volume II, the lived experience*. New York: G. P. Putnam's Sons.

[90] McNair, B. (2006). *Cultural chaos: Journalism, news, and power in a globalised world*. London: Routledge.

[91] Monge, P., & Contractor, N. (2003). *Theories of communication networks*. New York: Oxford University Press.

[92] Morris, D. (1999). How shall we read what we call reality? John Dewey's new science of democracy. *American Journal of Political Science*, 43(2), 608–628.

[93] Motion, J. (2005). Participative public relations: power to the people or legitimacy for government discourse? *Public Relations Review*, 31, 505–512.

[94] Motion, J., & Weaver, C. K. (2005). A discourse perspective for critical public relations research: Life sciences network and the battle for truth. *Journal of Public Relations Research*, 17(1), 49–67.

[95] Mouffe, C. (1996). *Deconstruction and pragmatism: Critchley, Derrida, Laclau & Rorty*. London: Routledge.

[96] Mounce, H. (1997). *The two pragmatisms: from Peirce to Rorty*. New York: Routledge.

[97] Murphy, P. (2007). Coping with an uncertain world: The relationship between excellence and complexity theories. In E. L. Toth (Ed.), *The future of excellence in public relations and communication management: Challengesfor the next generation* (pp. 119–134). Mahwah, NJ: Lawrence Erlbaum Associates.

[98] Neubert, S. (2010). Democracy and education in the twenty-first century: Deweyan pragmatism and the question of racism. *Educational Theory*, 60(4), 487–502.

[99] Newman, M. (2011). *Networks: An introduction*. Oxford: Oxford University Press.

[100] Papacharissi, Z. (2002). The virtual sphere: The internet as a public sphere. *New Media & Society*, 4(1), 9–27.

[101] Papacharissi, Z. (2010). *A Private Sphere: Democracy in a Digital Age*. Cambridge: Polity Press.

[102] Pearson, R. (1989). Business ethics as communication ethics: Public relations practice and the idea of dialogue. In C. H. Botan & V. Hazleton (Eds.), *Public relations theory* (111–131). Hillsdale, NJ: Lawrence Erlbaum.

[103] Perry, D. K. (2001). *American pragmatism and communication research*. Mahwah, NJ: Lawrence Erlbaum Associates.

[104] Peters, J. D. (1993). Distrust of representation: Habermas on the public sphere. *Media, Culture and Society*, 15, 541–571.

[105] Reynolds, A. (2009). The afterlife of dead metaphors: On Derrida's pragmatism. *Revista de Letras*, 49(2), 181–195.

[106] Rogers, E. M. (1994). *A history of communication study: A biographical approach*. New York: The Free Press.

[107] Rogers, M. L. (2010). Dewey and his vision of democracy. *Contemporary Pragmatism*, 7(1), 69–91.

[108] Rorty, R. (1996). Remarks on deconstruction and pragmatism. In C. Mouffe (Ed.), *Deconstruction and pragmatism* (pp. 13–18). New York: Routledge.

[109] Rorty, R. (2007). *Contingency, irony, and solidarity*. Cambridge: Cambridge University Press. (Original work published 1989).

[110] Rosenthal, S. B. (2002). Habermas, Dewey, and the democratic self. In M. Aboulafia, M. Bookman, & C. Kemp (Eds.), *Habermas and pragmatism* (210–222). London: Routledge.

[111] Ryan, F. X. (1997). The "extreme heresy" of John Dewey and Arthur F. Bentley II: A star crossed collaboration? *Transactions of the Charles S. Peirce Society*, 33(3), 1003–1023.

[112] Saussure, F. de (1996). The object of linguistics. In P. Cobley (Ed.), *The communication theory reader* (pp. 37–47).New York: Routledge.

[113] Schudson, M. (2008). The "Lippmann-Dewey debate" and the invention of Walter Lippmann as an antidemocrat 1986–1996. *International Journal of Communication*, 2, 1031–1042.

[114] Scott, J. P. (2000). *Social network analysis: A handbook* (2nd ed.). Thousand Oaks, CA: Sage

[115] Searle, J. R. (1983). *Intentionality, an essay in the philosophy of mind*. New York: Cambridge University Press.

[116] Self, C. C. (2009). The evolution of mass communication theory in the twentieth century. *The Romanian Review of Journalism and Communication*, 6(3), 29–42.

[117] Self, C. C. (2010). Hegel, Habermas, and community: The public in the new media era. *International Journal of Strategic Communication*, 4(2), 78–92.

[118] Self, C. C. (2013). Who. In P. Cobely & P. Schultz (Eds.), *Theories and models of communication Vol. I* (pp. 351–368). London: Routledge.

[119] Shirky, C. (2008). *Here comes everybody: The power of organizing without organizations*. New York: Penguin Press.

[120] Shook, J. R. (2010). Dewey's naturalized philosophy of spirit and religion. In J. R. Shook & J. A. Good, *John Dewey's philosophy of spirit, with the 1897 lecture on Hegel* (pp. 3–55). New York: Fordham University Press.

[121] Shook, J. R. & Good, J. A. (2010). *John Dewey's philosophy of spirit, with the 1897 lecture on Hegel*. New York:Fordham University Press.

[122] Skerlep, A. (2001). Re-evaluating the role of rhetoric in public relations theory and in strategies of

corporate discourse. *Journal of Communication Management*, 6(2), 176–187.

[123] Stacey, R. D. (1996). *Complexity and creativity in organizations*. San Francisco: Berrett Koehler.

[124] Stacey, R. D. (2003). *Strategic management and organizational dynamics: The challenge of complexity*. Harlow, England: Prentice Hall.

[125] Stacey, R. D., & Griffin, D. (Eds.). (2006). *Complexity and the experience of managing in public sector organizations*. New York: Routledge.

[126] Stoker, K. L., & Berg K. T. (2006). Reconsidering public relations' infatuation with dialogue: Why engagement and reconciliation can be more ethical than symmetry and reciprocity. *Journal of Mass Media Ethics*, 21(2–3), 156–176.

[127] Ströh, U. (2007). An alternative postmodern approach to corporate communication strategy. In E. L. Toth (Ed.), *The future of excellence in public relations and communication management: Challenges for the next generation* (199–220). Mahwah, NJ: Lawrence Erlbaum Associates.

[128] Sunstein, C. R. (2006). *Infotopia: How many minds produce knowledge*. Oxford, England: Oxford University Press.

[129] Taylor, M. (2011). Building social capital through rhetoric and public relations. *Management Communication Quarterly*, 25(3), 436–454.

[130] Troup, C. L. (2009). Ordinary people can reason: A rhetorical case for including vernacular voices in ethical public relations practice. *Journal of Business Ethics*, 87(4), 441–453.

[131] Westbrook, R. B. (1991). *John Dewey and American democracy*. Ithaca, NY: Cornell University Press.

第六章

网络世界中的战略传播：整合政府公民传播情境下的网络及传播理论

林赛·杨和威廉·彼得森

民主的相对健全在很大程度上取决于政府机构和公民之间信息流动的数量和质量。宾伯（Bimber, 2003）认为美国社会经历了一系列信息革命，信息成本、流动和分配的变化对政府和公民之间的权力平衡产生了深远的影响。促进这些转变的是通信技术的革命，它带来了信息的丰富性、低成本的可访问性、更对称的分布和更网络化的非线性流。

伴随这些变化的是三个更广泛的社会变化，这些变化可能对组织及其客户之间的战略沟通管理产生更广泛的影响。第一，社会结构发生了变化（van Dijk, 2006）。社会曾经以一种纵坐标化的方式组织起来，政府通过这种方式对公民行使权力，现在社会正日益围绕着一种强调横向关系和权力流动（与权力流动相反）的网络逻辑进行器官化（Castells, 2009）。第二，个性化（Castells, 1996; van Dijk, 2006）使得以普遍的、统一的方式接触公民变得更加困难。第三，政府和公民之间信任的基础已经改变。以前，公民对政府的信任源于道德感，而现在信任更多地植根于对政府表现的直接判断（Uslaner, 2002）。这些变化一起催生了大量的学术研究，旨在重新理论化人们熟悉的概念，如公共领域（Fraser, 1990; Downey & Fenton, 2003）、公民参与（Putnam, 2000）和集体行动（Castells, 1996, 2009）。

然而，我们认为，从这些根本转变中浮现出来的是一个更实际的问题，而通信学者们却很少关注这个问题：政府如何利用网络流量的力量与公民进行更有效的沟通？政府和公民有理由以一种正式的方式频繁沟通和互动，公民可以与政府组织就一系列的问题（例如社会服务的提供）进行联系，政府可以战略性地使用信息平台和活动来与公民进行交流并对其产生影响。不太正式的是，公民往往希望有机会行使他们参与政治制度的权利，并与政治制度的代表进行对话。

虽然，在很多情况下，传统媒体的活动在接触人民和影响人民偏好方面显得没有效率（Petty, Brinol & Prister, 2009），特别是根据上文所提及的社会变革，政府好像一直在通过划拨机制向公民推送他们的信息（Weiss & Tschirhart, 2007），在政府活动的代理人常常变动的情况下，公众很难有机会与政府进行对话。进一步来说，如班杜拉（Bandura, 2001, p.86）的论述："个人化引导的缺席限制了单向大众传播的力量。"因此这类活动的有效性受到挑战。

鉴于他们面临的沟通障碍，有问题或有参与政治话语愿望的公民更倾向于通过他们的社会媒体网络（Estrabrook, Witt & Rainie, 2007），而不是依赖于制度化的来源。这破坏了政府的信誉，降低了政府的权威形象（Bimber, 2003），即使政府团体希望整合新的技术平台到传播中。雷迪克（Reddick, 2005）指出市民可以获得信息，进行反馈的媒介的增加，使得设计有效的传播策略变得更加复杂。类似的，市场研究表明广告主越来越难确保信息被有效地传递给消费者，他们把这些归因于客户通过社会连接的推荐获得产品信息，而不是通过生产者赞助获得信息（Katona & Mueller, 1995）。

综上所述，我们社会的变化和由技术驱动的通信基础设施的变化，给通信理论家和实践者带来了两个重要的相关问题：首先，当前的传播理论在多大程度上能够抓住我们不断变化的社会和传播基础设施所造成的复杂性？其次，当前的理论在多大程度上能够为政府和公民之间有效沟通的设计和实施提供信息？

在本章，我们认为传统的传播理论预设了线性的信息流、科层的权威制、直接的效果，而这些都过于简单化了，不能够把握当代社会的复杂性，也过于刻板，不能把握公民传播行为的灵活性和基于语境的本质。基于这些假设，这些模型来指导战略传播决策，使得政府组织的传播效率低下，使得它们与公众的关系进一步恶化。通过建立一个适合战略传播研究和实践的网络传播框架，我们朝着纠正公民传播现实与政府传播者实践之间的偏差迈出了第一步。这个框架挑战了当前的传播理论和（政府）实践，主要从以下四个维度而言：

1. 受众的本质；
2. 公民的来源和渠道戏码的整体复杂性；
3. 个人渠道选择的多样性动机；
4. 在社会语境中信息流的嵌入性。

第一步，我们提出一个传播理论转向的解释性图景，特别是关于它们将如何影响概念化的过程，探讨关于政府—公众互动的研究，以强调那个被认为影响了重要关系的机制。第二步，按照政府和公众嵌入其中的传播环境的变化，我们分析了关于传播流的一系列立场，作为我们探讨网络现实的起点。我们认为这些观点应该作为政府和公众之间战略传播的基础。为了通过案例说明这些从业者在赞同这些观点的情形下会如何用其方法来设计和实施行动，我们从网络研究中得到的数据，总结了在多元气候变化环境下项目的特征。我们通过给从业者提出建议，总结了如何将理论观点变为领域中可以执行的实践。

传播理论的发展

人际影响理论已经从线性传播模型发展到两步模型，到多阶段扩散模型，最近到一个更全面的网络框架。关于传播流和社会影响的传统思想强调正式的媒介渠道（如报纸、电视、广播和互联网）作为信息和影响的来源。给予媒介这种地位反映了早期大众传播学术的假设，最著名的是拉斯韦尔的著作（Lasswell, 1948），他认为媒介和受众之间的关系是一种直接的关系。这种观点被称为“皮下注射”假说，它认为信息流动是一个直接的线性过程。其他有香农和韦弗（Shannon & Weaver, 1949）在《传播的数学理论》中提出的基于相似原理的模型。

这种线性模型在研究大众传播效应和人际影响方面的局限性越来越明显。主要的问题来自这些模型中关于信息的性质、如何传递以及我们如何处理信息的认识论假设。信息被作为一种物质实体对待，如同一个物质对象，可以随我们的意志而转移。甚至，这个假设带来了这样的误算，“个人的心灵是一个孤立的实体，从身体中分离出来，从其他思想中分离出来，从它存在的环境中分离出来”（Rogers & Kincaid, 1981, p.38）。因此，这些线性的、单向的模型所缺失的是一个人的社会/关系环境在沟通过程中所扮演的角色。

对直接效果理论的第一个挑战来自拉扎斯菲尔德及其同事所提出的“两级传播”理论。例如塔尔德、齐美尔等社会理论家认为，像舆论这样的社会现象是个体之间关系的产物，它们相互依存地联系在一个从属网络中（Mattelart & Mattelart, 2004）。拉扎斯菲尔德及其同事（1944）论证了这个观点，他们认为观念是按关系来建构的，发现与意见领袖的人际互动常常成为关系信息的生产者和消费者之间的中介，因此影响了个人决策和意见的发展。

“两级传播”模型受到关注，因为它重新将传播研究聚焦于组织，大众媒介和各类公众之间的信息流存在于个人连接上。然而，它也没有逃离类似的批判，被认为过于线性，过于简单。比如，在某些情况下，影响可能在一步之内发生，这时媒介直接对个人发生了影响，但是在另外的情况下，可能会发生多步骤的传播过程（Rogers & Kinkaid, 1981）。

为了推动我们对信息流的动态关系的理解，罗杰斯（Rogers, 2003）提出了广为人知的创新扩散理论（DOI）。新观念的扩散涉及四个主要要素：

1. 一个创新；
2. 通过特定渠道传布；
3. 经历一段时间；
4. 在社会系统成员之间发生。

与“两级传播”模型一样，创新扩散理论对意见领袖或“早期接收者”在影响过程中所扮演的角色进行了实证划分。然而，相对于个人与意见领袖之间的简单二元关系，它更清晰地描述了发生在整体网络中的信息流。例如，意见领袖通过个人接触对受众行为产生影响，但在传播过程中还包括了被称为改变者和看门人的额外中介。因此，罗杰斯解释了社会系统中不同类型的人可能影响决策周期在其演变的不同阶段。

创新扩散模型同样面临着挑战，首先它忽略了传播的语境，将对话者视为孤立的原子，将结果描述为单向的、线性的因果关系（Mattelart & Mattelart, 2004）。重新审视他的思路，罗杰斯提出要用一种明确的交流网络模型取代扩散模型，他称之为聚合模型。从趋同的角度来看，沟通的目的不仅仅是自上而下的影响或说服，而是促进相互理解和共识。传播被理解为一个“随时间推移的动态、循环的过程，其特征是：（1）相互的因果关系，而不是单向的机械性因果关系；（2）参与者之间的相互依赖关系，而不存在对信源或信宿所发出信息的偏见”（Rogers & Kincaide, 1981, p.69）。

最近，传播学者将网络引入传播研究的前沿。他们将传播网络描述为“跨越时间和空间，传播者之间讯息流创造的接触模式”（Monge & Contractor, 2003, p.3）。传播网络被概念化为日常交互和交换的结果，它对嵌入其中的个人产生社会和行为的结果（Freemanzai, 2004）。

作为一个过程，影响是这样的一件事，它是系统中各个参与者之间的信息和思想流动。对于那些寻求在社区或社会网络中促进态度或行为改变的人来说，确定该网络中信息交换的模式是能够有效地获得对这些改变的支持的关键步骤。

在健康传播的语境下，模拟相比传统的训示模型与网络通信的多步流动显示，错过了关键的训示模型的传播信息，“从最初的受众到其他人之间咨询信息的扩散”（Dhanjal, Blanchemanche, Clemencon, Rona-tas, & Rosi, 2012）。相反，他们发现网络传播方式在目标人群中传播信息更有效。总而言之，理论的发展是进步的，但是是渐进的，从传统的线性模型向信息流动的网络化视角转变。当我们考虑描述政府和公民之间的公共关系的具体理论发展时，这一趋势更加明显。现在我们转到这一关系的研究和理论发展的现状。

网络社会中的政府—公众互动

当代社会中的一个关键发展是互联网的到来，这个发展改变了公民彼此之间、公民和政府之间互动的方式（McNeal, Hale & Dotterweich, 2008; Reddick, 2005）。认识到互联网作为传播平台的卓越性，很多政府将服务搬到线上，采用电子媒介与公民交流。这个治理的新方法被认为是电子政务，加特纳将之界定为："通过改变技术、互联网和新媒体改变内部和外部的关系，从而优化服务，便于相关者参与治理。"（Baum & Di Maio, 2000）

在20世纪90年代互联网崛起的时候，政府和公民之间的乌托邦观点也随之变化。互联网被认为是使得政府能够更加以公民为中心，提升传播的理想结构。正如有人预言的，"在接下来的五年中，互联网将不仅改变大多数公共服务提供的方式，也将改变政府和公民之间的基本关系"（Symonds, 2000, p.3）。

然而，一些实际的问题已经出现，挑战了这些主张背后所表达的理想主义。第一，虽然互联网促进了网站、电子邮件、聊天软件、社交媒体（例如，推特、脸书）等媒体的发展，但公民与政府机构交流的偏好并不一定会随之改变。相反，研究表明，当公民与政府互动时，他们会更多地使用新旧媒体——彼此平行（Pieterson & Ebbers, 2008）。公民们不会简单地用新的媒体来取代他们传统的媒体偏好。

第二，Web2.0工具，例如社交媒体，已经提升了个人人际网络的信息资本（Resnick & Carroll, 2002）。在社交媒体出现之前，公民一般通过制度化渠道获取公共议题的信息。现在，诸如脸书和推特这类社交媒体在公民的社会网络中实现了信息交换（Boase, Horrigan, Wellman, & Raninie, 2006; Ellison, Steinfield, & Lampe, 2007），使得政府支持的传播对公众意见的形成影响变小。对政府而言，这些变化使得他们更难仅仅通过正式的传播渠道来管理公众之间的信息流。

公众实际如何利用和感知数字渠道方面知识的缺乏，也加剧了政府传播者面临的信息管理的难度。实用知识缺乏的是，相对于非正式接触、电视、报纸、图书馆和其他媒介，人们如何将互联网定位为一种信息来源（Savolainen & Kari, 2004）。从对信息搜索行为的研究，我们知道信息交换常常分为搜索、评价、反映等多个步骤（Ramirez, Walther, Burgoon, and Sunnafrank, 2002）。我们也知道交换常常涉及多重来源。比如，年轻人常常将用三角测量的方法，同时使用多元的信源（Roberts, 2000）。但是，理解为什么人们选取特定的媒介，或者将几者结合使用是很难说清的。对媒介选择行为的研究表明，在很多情况下这种选择都是一种习惯，被情绪所影响，这是基于情境的（Pieterson, 2009）。因为这些原因，对政府而言很难预测公民会在什么时候，基于什么目的运用特定的媒介来获得信息。

进一步让人混淆的是，中介媒体扮演的是政府和公民或生意之间的催化剂似的角色（Millard, 2006）。作为政府和他们客户之间的中间商，中介不仅仅给政府的客户提供关于政府管理的信息，也帮助他们完成——常常是复杂的在线交易（Van de Boer, Van de Wijingaert, Pieterson, & Arendsen, 2012; Jansen, Van de Wijingaert & Piterson, 2010）。虽然在服务策略中引入中介会更加受到青睐，但界定这些中介，将之整合到信息交换工作网络中目前仍然是战略传播和信息管理工作所面临的另一个挑战。

这些事态发展表明，有必要就政府与公民之间的关系建立一个相互联系的观点；然而，我们对社会语境下的支配性心理交际却知之甚少（Kinder, 1998）。在更广泛的环境下对关系动力的关注，社会网络分析是回答这些问题的很有价值的工具。然而，很少有研究探讨网络化的政府互动语境。此外，虽然社会网络分析已经被广泛地用来观察信息如何在个体行动者网络中流动（Freeman, 2004），但对个体和组织的互动，包括各类传播在互动中作用的关注还是很不够的。

鉴于更多传统的沟通过程视角的不足，我们解释了一套关于沟通流程的理论基础假设，并将其作为我们网络现实的起点。我们认为，这些假设应作为政府与公民之间的战略沟通努力的基础，并应在应用战略沟通研究环境中对数据收集程序产生影响。

数据网站和收集程序

我们可以通过将网络立场整合到受众研究中来例证战略传播实践者的观点，给基于探索性研究的每个假设提供实证支持，这些实验在一个关于气候变化的语境下进行，被称为“芝加哥气候行动计划”。接下来的部分是对这个网站和数据收集过程的简要描述。

数据网站

“芝加哥气候行动计划”（CCAP）是一项全市范围的行动计划，它旨在减少碳足迹，并为更可持续的未来铺平道路。认识到社区动态影响战略推广的性质和方向，社区行动方案的工作人员应共同努力，更多地了解以社区为基础的社会环境。环境决策是在这种社会环境中做出的，特别是普通公民在日常生活中做出的决策。

南芝加哥就是这样一个地方。作为一个多种族的社区，南芝加哥的非裔美国人占62%，拉丁裔占33.4%，白人占5.6%；主要是工薪阶层和低收入人群，平均收入为34,279美元。它起源于19世纪美国钢铁工业的发展，植根于丰富的生态环境中，南芝加哥的文化特征在很大程度上仍然与这些二元的现实——工业化和生态一体化——交织在一起。这些特点使南芝加哥成为一个更值得进行进一步调查的地方。

数据收集程序

作为CCAP项目的研究伙伴，我们在南芝加哥居民中开展了一项网络调查，以绘制和评估他们的信息环境。数据的收集使用了一个三部分的结构化问卷，每个部分分别设计用来引出关于个人的组织、媒体和基于同行信息源的信息。调查是由6位住在南芝加哥的受过训练的采访者亲自进行的，他们对他们所在社区的社会结构有着高度的了解和理解。调查数据是使用C-IKNOW（用于在Web上查询知识网络的网络基础设施）收集的，这是一个基于Web的软件工具，用于收集和分析基于调查的网络数据。

样本

受访者通过滚雪球的方法招募，这又被称为居民驱动样本（Heckathorn, 2002）。第一轮的受访者，我们称之为种子，他们通过特定的人口特征被选择出来，代表了社群中关键的人口群体。作为社区的成员，访问员负责1—2份档案，通过询问确定每个人的家庭、朋友、熟人的网络。

在第一轮访问完成以后，他们每个人任命1—3个他们认为可能会愿意参与调查的人。这些人的相关人员成为第二轮受访者，然后按照同样的方式获得下一轮的受访者。受访者被指导通过针对一个新的对象进入新一轮访谈。

最终285个居民接受了访问。其中，54%是男性，46%是女性。接近65%至少曾经到大学学习过，19%有学士学位，4%有研究生学历。75%的受访者在19—39岁之间，其中40%是30—39岁。

理论和实践的整合

基于对传播理论和政府—公民环境的分析，我们现在提出四个假设，给政府—公民传播研究提供新的视角，兼具理论和实践意义。

网络假设1：受众在他们与政府团体的传播关系中表现出多维性，既是信息的接收者也是生产者

网络视角强调政府、党派和公民之间信息和传播的双向性。新的ICT平台，例如博客、维基、社交媒体网站的互动能力，不仅给公众提供了获得它们生产的信息的渠道，而且用户也通过评论、点赞的行动，有机会生产信息并提供反馈，政府机构可以运用它们向公众告知公共政策。知道公众趋向于扮演他们自己的角色——客户和生产者——制定传统的政府—公民传播的“推送”策略，凭借这个渠道，信息从传播实践者或主题人员垂直推向不懂内情的公民（Bandura, 2001）。

个人的影响是一个更加动态的过程，涉及自上而下、自下而上垂直的信息流，也包括公民之间平行的、中介的信息流（Erickson, 1988）。在这些语境下，公民生产和消费信息。在他们消费信息的时候，他们有时是消极的，有时是积极的。知道项目对象会在何种程度上实际利用ICT互动技术来生产和交互信息，与政府机构互动是有效与公众沟通的关键步骤。在CCAP项目的语境下，三种类型的数据被收集上来，用来表现受众的二元性：受访者从组织信源处获取信息的媒介类型，受访者发起人际对话获得信息的范围。

“推送”vs“获取”媒介出口

从各类媒介来看，印刷、广播、网络形式，受访者选择了他们可以获得的关于家庭

的和社区的信息，包括那些与持续性实践相关的内容。近290名受访者中的60%，认为他们会适用谷歌这样的搜索引擎来寻找信息，32%指出他们会依赖网络入口，诸如雅虎。这些偏好反映受访者喜欢那些能够让他们积极寻找信息的媒介，让他们自己可以控制自己最终要接触的信息的类型和质量。

然而，正如前文所指出的，虽然新的互动信息平台是可获得的，但个体并不一定用新的媒介偏好取代旧的。因此，我们毫不吃惊地发现受访者会使用本地报纸、本地网络机构、公共电视等传统媒介。显然所谓获得信息的渠道并无对错可言，尊重受众获得信息的方式对有效传播非常重要。理解受访者既会考虑传统"推送"的媒介，也会考虑"获取"的媒介，这是一种混合的信息策略。

传播渠道的互动本质

除了获得组织相关的信息，他们还会咨询关于家庭和社区相关的信息和建议，受访者也会要求确定他们会运用何种渠道来接触他们需要的信源。渠道包含了面对面、电话、邮件、网站、社会媒体、写信。接下来是一个选择题，要求受访者选择他们最喜欢的与组织交互的渠道。

当受访者与组织交流，他会表现出对更加亲密的、传统的交流方式的偏好，例如面对面和电话。然而，浏览组织网站也常常被受访者认为是获得组织信息的恰当方式。网站是一种非亲密的交流方式，信息生产者和消费者较少能通过这种方式进行互动。这意味着在某些情况下，个体可能并不需要为了获得信息与组织进行双向互动。

人际对话中发起人vs被发起人

在获知某个议题、形成观点、做出决策的过程中，个人被他们的交流对象所影响。有时候关键的人发起互动，有时候同辈互动被吸引到关键的个体身上。询问受访者要求他们写出一些自己会与之探讨关注的议题的名字，告诉研究者受访者积极搜寻信息的程度（例如，为获得信息首先接近他人），还是被动接受他人的信息。

在CCAP的研究中，在提名了自己会就气候变化议题咨询意见的人以后，进一步关注他们是否曾经就这个问题与他的潜在信源实际探讨过。其中那些曾经与他的朋友探讨过环境议题的（$n = 63$）就是发起人，51%的是发起人，16%的发起人会聚合起来，且都表现出类似特征。

在网络社会中为了保证信息活动的有效性，他们需要包容受众成员的倾向性，通过传统的和当代的渠道来发起传播。例如，为了适应某些公民对传统互动媒体的偏好，例如面对面、电话交流。活动负责人应当确保信息能够通过前台获得热线服务。这些信息出口也需要社交媒体网站来补充，满足那些喜欢数字化平台人们的需要。

那就是说，这不应以战略性地创造与受众的交流机会为代价，以通过推送平台诸如印刷媒介、广播实现信息的消极暴露为代价。在很多情况下，活动的受众并不知道他们在第一时间需要信息，或者他们仅仅是没有时间、技能或资源来获得信息。增加信息的暴露可能增加个人对存在问题的认知，改变他们的态度，促使他们积极采取措施获得进一步的信息。

网络假设2：受众浸入信源和渠道多元的传播环境中

有些理论强调在思想扩散中中介信息的作用（Katz & Lazasfeld, 1955; Rogers, 2003）。同样的，个体被一系列正式或非正式的信源影响。信息的中介信源，无论是组织的、媒介的或同辈的，都能够促进组织和公民之间的信息流。然而，如果它们在影响发生过程中的角色不可预测，有效管理这些中介信源是战略传播者按既定方向影响受众的挑战。

为了了解信息环境的广度和宽度，他们试图联合起来，CCAP发起人的赞助者试图提前确认中介信源。首先，我们发现受访者评价咨询9.68个组织信源，4.07个媒介，4.37个同辈，这表明南芝加哥的居民相对拥有不同的个人信息网。但是这仅仅展现了CCAP运动所利用的多元信息环境的部分的、一般的图景。当缩小视野，凝视某一个特定种类的信源时，我们将看到一个更加详细的图景。例如审视组织，会看这些信源的本质以及他们彼此的关系。

为了这个目标，我们绘制了50个组织信源的相互关联网络（图6.1）。节点由不同形状代表，代表不同类型的组织。线条将节点连接起来，指的是连接带或边，象征了节点之间的关系。在这个情形下，组织间的一个连接带代表了他们之间的联系，按照同一个个体谈到恰当的信息来源时的提名绘制。然后，我们用线条的粗细展现更加经常被成对提及的信源之间的关系，我们可以发现不同类型的组织之间有很多条线，他们中的多数都很粗，这表明作为一个整体，个人倾向于选择多样的组织信源来获得信息和建议。

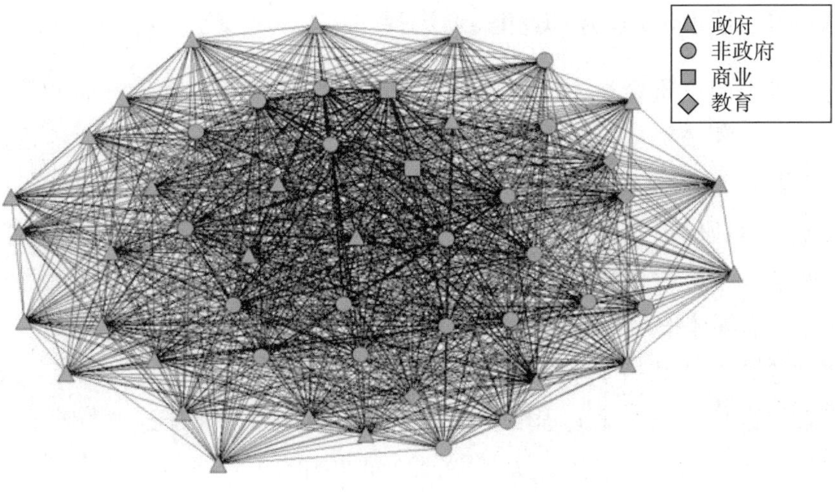

图6.1 公民赞助的组织联盟

多元性的另一层意思也呈现在传播的多元渠道（或节点）中，它们被用来与多个信源互动。渠道选择理论，特别是富媒体理论（MRT）（Daft & Lengel, 1986），假设独特的功能被放入传播技术中，特定的任务将会更加恰当。从这个视角来看，个人选择的传播模式应该是考虑到任务复杂性和所需信息的深度的、清楚的、有逻辑性的选择。

然而，现实常常告诉我们另一个故事。在南芝加哥，被调查的居民揭示了传播渠道的多元组合。在关于受众二重性的假设1的情况下，我们发现了一系列渠道的证据，即个人在关注个人或社区时与组织交流的偏好。因此，通过任务和信源的类型，对多种回答的解释在于个体差异以及他们对每个传播平台体验的态度。

渠道复杂性也在对给定信源的特定选择的传播模式中被证明。考虑到10个最常被提到的组织信源，受访者指出对它们的依赖是相对一致的，渠道多样性包含了面对面传播、电话、基于网络的参与模式。

然而，当我们考虑对不同类型组织的渠道选择时，细微的差异出现了。但我们联系硬件公司获得服务时，用电话与组织互动是一个较流行的传播模式，然而在获得市政单位的信息时，网站是更被偏爱的选择。这些细微之处表明关于组织本身的本质和信息告知任务的选择之间存在一些关联。

总之，那些采用了一系列信源和传播渠道的个人能够接触到多元的信息池，基于此来建构他们的观点和决策。同样，这也使得其他人影响他们的工作变得更加复杂。对传播运动的信息赞助者而言，管理信息如何被理解相对而言更容易。然而，个体的信息环境越是多元，越是复杂，人们就越难控制信息本身。因为战略传播者越是能够了解这种复杂性以及如何影响他们试图主宰的信息环境，他们就越是具备更强的能力来利用这些动力，而不是被它们阻碍。

网络假设3：基于情境的信源和渠道选择

我们的第三个假设质疑在人们选择信源和传播渠道时有关人类行为的传统提法。当有些研究已经对信源选择进行研究时，大多数理论发展和经验研究关注的是选择传播渠道的过程。富媒体理论（Daft & Lengel, 1986）是迄今为止这些理论中最知名的。

它提出为了保证传播的效果和效率，不同的信息需求要通过不同的传播渠道。这个理论描述了两类任务：被信息需求驱动的不确定性任务、由读解需求驱动的模糊任务。每一种都确保传播媒体按照传播任务本质提供可视性。

富媒体理论描绘出媒介提供的丰富性程度的可视性，基于四个特征：反馈的即时性、提供线索的数量、个人化的程度、语言多样的可能性。基于这些标准，面对面传播将会是最丰富的媒介，因为它拥有所有特征，而印刷的正式文本是最不丰富的。根据这个理论，富媒体应该被用于模糊任务，贫乏的媒体更适合于解决不确定性。

这些理论看起来似是而非，如果增加任务，媒介的适应度显得更有困难。很多批评家将富媒体理论的确认问题归因于它的潜在假设，即人们在选择传播渠道时是客观理性的（Bozeman, 1993）。对完全理性论点的怀疑态度可以追溯到西蒙（1956）的论点，他认为人因为时间的限制和认知的限度不能够做出完全理性的决策。西蒙提出了满足战略作为理性行为的软形式，在这种模式下，人们并不是追求利益的最大化，而是尝试达到决策更满意的程度。这意味着人们的行动确实是理性的（在衡量备选的意义上），但是他们的行为是在理性界限的范围之内的。

满意，可能是对于某些人选择特定的渠道满足信息需求更合理的解释。近来对渠道和信源的研究（例如，Pieterson, 2009; Van den Boer, Wijingaert, Pieterson, & Arendsen, 2012）给满意趋向的流行提供了支持，这表明习惯和情境因素，例如对给定信源的亲近性和同辈影响，比目的适应性更深刻地影响了渠道选择。为了了解什么样的目标和情境特征驱动了南芝加哥居民的渠道选择，我们询问了研究参与者，要他们指出为什么要依赖他们所提名的渠道和信源。可能的解释包括亲近性、方便、信任、专家知识、熟悉度和同辈使用。

整体来说，关于信源的驱动，结果显示同辈的咨询趋向于驱动信任（30.8%）、方便（22.5%）、熟悉度（20.0%），它们三者都表明受访者被那些他们常常交流且非常接近的同辈的咨询便利性所驱动。相反，如果是理性驱动的信源选择，人们选择特定同辈咨询的最重要原因是专家性。对信源专家性的感知确实驱动了人们寻求协助组织时的决策（34.7%）。总之，这些发现表明基于信源的不同本质，人们被差异性驱动。

我们对信源的研究结果以及其他对渠道的研究（例如，pieterson, 2009）确实表明对信源和渠道的选择并不总是理性的过程，但是它很大程度上依赖传播发生的特定语境。对战略传播而言，这意味着在规划战略活动时，战略者应该考虑情境，例如观众对特定信源的熟悉程度以及他们对信源的适用习惯。

网络假设4：嵌入促成或限制信息搜寻过程的关系情境中的信息流

从线性传播范式到网络传播范式的转移中，越来越多的关注被放在关系情境中，其中信息和知识被创造和交换。因此，网络方法的分析焦点是网络中行动者的交流关系而不是分隔的个体。进一步来说，在这些关系基础上显现的网络结构对其中的行动者有重要影响（Freeman, 2004），特别是对于他们接触到重要资源的能力，例如信息。因此，对于那些想要在社群和社会结构里促进态度和行为变化的人来说，确定目标人群中信息交换的模式是能够有效地为这些变化获得支持的重要步骤。

自我网络构成

评价关系嵌入性对信息可达性影响的一个方法是分析个人信息网络的构成。社会资本基于资源理论的支持者认为，个人满足信息需求和完成向上的社会迁移所需要获得信息的程度部分与个人能够接触的人的特点相关联（Lin, 1999; 2001; Marsden & HurlBert, 1988）。从这个视角来说，个体接触对象的社会人口学特征被认为是资源的代理，他们可以被假定为拥有信息，因此可以给他们熟悉的人提供渠道。

在CCAP研究中，我们需要分析每个受访者网络在人口学上与其他受访者的类似程度。个人信息网络范围的相关性由人口学上的类似性或多元性所决定，当嵌入这样的网络中时，相关性与个人所能够接触到的资源类型有关。如果我们假设个人的特征，诸如教育、职位、年龄、性别代表了一个人带入网络中的资源类型，嵌入与自己类似的人的网络中，这可能使你的个人网络失去价值。

为了这些目的，我们计算了每个受访者和他们相关同辈之间的相似性。这个计算基于四个人口学变量完成：性别、教育、年龄和种族。平均相似性取值从0—1，0代表个人的人际关系网络由完全异质的关系构成，1代表由完全同质的关系构成。0.5被认为是一个阈值，在其上，包含受访者的核心网络变得同质而不是异质。

整体来说，我们发现一个普遍的趋向，即受访者会咨询在年龄、性别、教育和种族方面与他们类似的同辈。当受访者的个人网络在四个特征上的类似性都超过了0.5的阈值，这个趋势在种族方面就特别显著。受访者的同辈关系平均有76%的种族类似性。

考虑到我们首先关注推进获取独特信息的条件（例如，无法靠个体拥有的信息），受访者个人网络的整体同质性可以被认为是一种限制，在其中类似的同辈不大可能给受访者提供新的观点。另一方面，同质性促进了信任。因此，与类似同辈的关系更可能促进对这些人的信任水平。在获得咨询的语境下，从信任对象那里获得信息的个人更可能接受并遵循这些建议。

自我网络结构

另一个评价信息可达性影响关系的方法是分析他们的结构特征。有些社会资本理论家已经提出个体从他们嵌入的特定的网络结构中获得价值（或资本）（Wellman and Frank, 2011; Burt, 1992; Coleman, 1988）。他们认为网络的结构特征，特别是它的密度，是信息流动的特定条件。

为了展现这个观点，图6.2绘制了自我中心网的四个版本，它们的密度递增。在每个图中，自我（例如网络的拥有者）被描述为一个正方形，他的密友（例如同辈）用圆圈代表。图6.2(a)代表了完全开放网络，其中自我是唯一连接其他所有人的行动者。然而，图6.2(d)展现了一个完全封闭的网络，其中自我和其他密友都两两直接相连。

在组织条件下，将战略优势理论化，博特（Burt, 1992）提出当个体处于结构洞位置时，从他周围的关系得益最多，如图6.2(a)所突出展现的。因为两个没有连接在一起的行动者之间缺乏连接带，一个结构洞代表了第三方填补这个洞的机会，因此他也获得了每个没有联系的团体所提供的非冗余资源。

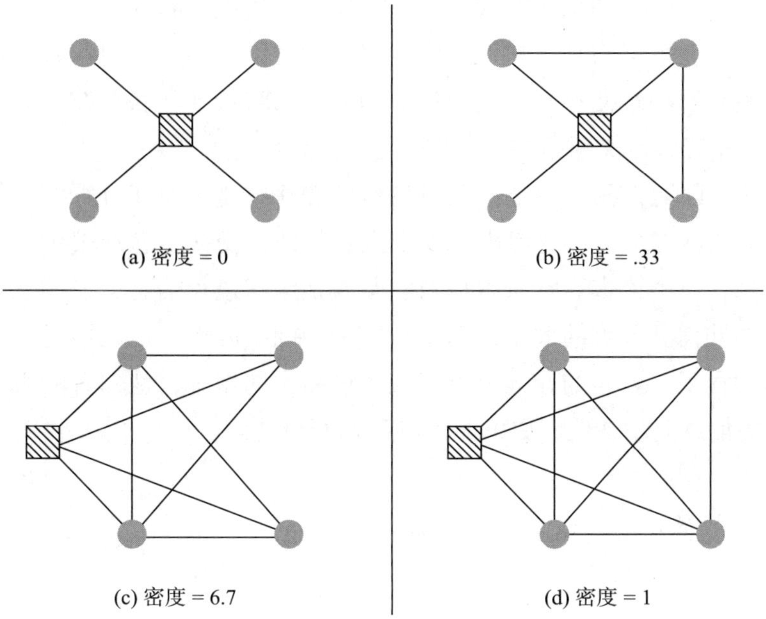

图6.2　不同密度的自我中心网络

然而，其他社会资本理论家，比如Coleman（1998）辩称嵌入封闭的密集网络中，如图6.2(d)所示，给个人提供了更大的价值。当一个人的关系变得关联和重叠，他就更容易接触到流动于其中的信息。紧密相连的网络促进了成员间的信任，使得人们更可能坚持流动在人与人之间的建议。

CCAP研究发现在南芝加哥个体倾向于拥有封闭信息网络，平均密度为0.836。接近70%的受访者被嵌入完全封闭的信息网络中，也就是受访者提名了网络中的另一个同辈。相反，17%的受访者表明个人网络是比较开放的，这意味着他们填补了结构洞，更可能接触到非冗余的、独特的信息。

最终，对依赖于信息检索情境的个人而言，何种类型的网络结构能够促进更好的结果？如果个体想要接近一个独特的、非冗余的信息来源，可能最好处于一个更开放的网络。然而，如果个体并不真正对环境中的议题感兴趣，而只是对可能对自己产生影响的行动感兴趣，他最好被嵌入一个有自己优势的密集网络。当一个受访者的信源形成了簇，其中每个人都与彼此有直接关系，信息可以更快、更有效地扩散。因此，对个人信息网络的准确看法可以帮助我们做出决定，如何最好地让受众参与到信息流中来，也可以看看在个人网络中是否存在可以利用或识别的趋势与模式，以便进行干预。

组织间网络结构

信息环境战略家的另一个结构维度应当保持了解信源之间的组织间网络。在诸如CCAP这样的政府领导的项目发起者，它尝试影响人们的态度和行为，基于社群组织的网络层次发挥信息扩散、知识构建和社会影响作用。组织之间的协作性连带如同资源的导管，给组织的企业主提供来自他人的资源接触途径。这些组织间的联系对低收入社群特别有用，这些社群很难接触到本地资源。因此，对将行动者联系在一起的组织间网络的协作关系有个精确的定义很重要。

为了说明这个问题，我们绘制了在南芝加哥22个样本的基于社群的组织间信息交换网络（图6.3）。来自每个组织的代表被要求提名与他们交换信息的组织。这里连带的方向性被保持下来，一个连带意味着组织对它与其他组织进行信息交换的感知，这并不是双方对于关系的共识。节点的大小是基于他们的中间中心性，这是描述一个组织存在于其他组织之间的程度。同样的，大节点代表了网络中的掮客，他们有能力促进彼此分隔的行动者之间的信息流动，他们更可能接触到非冗余的信息。

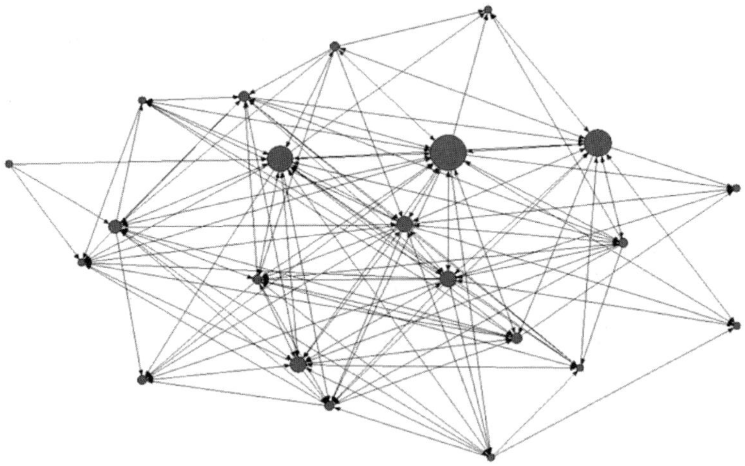

图6.3 组织间信息交换网络

进一步的结构分析表明消息交换网络中的网络密度是0.364，这意味着所有可能连带的36%是存在的。行动者平均有少于8个直接连带，大约38%的是双向的。网络中两个节点之间的最大步数是3，两个节点之间的平均步数是1.648，表明信息只需要两步就可以达到任何一个想到达的团体。最终，中间中心性是网络中行动者到达其他目标需要经过的节点变量的衡量方式。

社会网络图和分析，例如这里所强调的，是理解复杂信息环境的有价值的诊断工具。网络分析可以揭示如果相关组织缺失，不同类型的组织间的鸿沟就可能需要填补。网络图也可以帮助网络的参与者确认他们进行有效规划和管理的新伙伴、理念和资源（Vanceborland & Holley, 2011）。更进一步，一个人可以观察微观层面上不同类型的关系如何在信息环境的宏观结构特征上表现，它有潜力促进或挑战影响发生于其中的传播流和过程的战略努力。

讨论

在本章中，我们呈现了改变概念化和促进政府和公民之间有效信息传播方法的必要性。根据信息是治理的基础的观念（Bimber, 2003; Mayer-Schonberger & Lazer, 2007），政府尝试提升它与公民之间的传播关系。在一段时间里，理论已经得到发展，其中包含了关于传播流如何在机构和组织间发生作用的假设。这些理论反映了对现有传播结构能力的知识以及社会组织的方式。

在新的ICT技术的出现与社会向网络逻辑的转移结合起来的条件下，传播流的这些理论同样也从线性模型转变为网络模型。然而，证据表明政府运动仍然反映了传播的线性方法，通过分拨机制从大众媒介到公民推送信息（Ebbers, Pieterson & Noordman, 2008），公民几乎没有机会与运动背后的政府赞助者进行对话。

这里我们认为传统线性传播模式的内在假设对理解复杂的传播现实是不充分的。通过运用过时的假设，政府自己造成了传播的失效。相反，我们认为政府和政府群体应该重新定义传播过程的结构，反映更加网络化的视角，重新描述组织行动者和公民之间的传播关系，即多方向、多极、结构上相互依存。

战略传播实践者的意义

为了展现这些网络假设应当如何整合到战略传播规划中，我们将自己的经验运用到南芝加哥传播和信息案例的解释性研究中以构建实践样板。虽然这个研究的结果并不能够超出这个社群而具有普遍化意义，但我们认为数据收集的程序和发现强调了一些实践的观点，即在社区环境中设计和执行有效的战略传播运动。

1. 在做出传播决策前，利用网络调查和其他探索性数据收集的方法，可以来更多了解已经存在于目标社群成员之间关于搜寻信息和建议的实践。投入前瞻性研究是本地政府和公民之间战略传播设计的重要预备步骤。大多数战略传播运动试图围绕特定议题影响目标人群的知识、态度或行为。然而，有效地完成这些，从业者应该有传播网络结构的知识，这些特征已经存在于目标人群的范围中。促进或鼓励立场的改变非常难。更难的是尝试用与根深蒂固的传播系统对立甚至对抗的方式来传播这些目标。因此从实践角度来看，网络调查绘制了人们需要运作和利用的空间。

2. 为信源和战略伙伴的组织制造影响和声望。传播实践者都知道组织在中介变化代理和目标人群之间的社会传播互动中扮演了显著角色。这一点对基于社群的组织而言特别准确，这些组织必须建立与社区居民的关系，了解社区所面临的机遇和挑战。同样的，有潜力的组织作为协作的变革中介参与进来，与运动赞助者一起设计和实施这个过程，作为传播渠道，给客户和成员传递信息，本身也是变革的目标。

但并不是所有的组织都被平等地创造出来，有些更可能扮演这个角色。在战略运动中组织角色的关键因素是，针对相关议题，如何感知目标人群作为潜在信源和支持提供者的组织。因为这个原因，知道人们会去哪里，不会去哪里，是否需要帮助，这些都给战略传播实践者提供了宝贵的知识，因此决定哪类媒介出口有最广泛的影响力，因此哪个渠道在项目期间最适合被运用。

3. 利用嵌入人们偏好中的信息，例如，他们会在理解气候变化的时候咨询哪个组织。当人们做出选择，在对特定议题的理解时咨询哪个组织来获得帮助，他们同时也提供了关于他们如何概念化这些议题的信息。例如在南芝加哥的研究中，爱德曼办公室常常是受访者提名的会就气候议题进行咨询的前十名组织，这表明应将这个议题视为能源有效性、替代性运输、减少浪费等，是公民应考虑的“公共的”和“以人为中心”的议题。居民更多地提及，常常以保护组织作为信源来获知信息、了解和适应气候变化。这表明，对适应意味着学会与自然互动，这对他们而言可能是全新的。因此，气候变换似乎是人类和自然界共同面对的问题。

正如这些例子所展现的，确定居民和基于社区组织之间的关系维度，他们求助于组织并不仅是了解社区信息环境的社会结构，也要区分语义边界，揭示对本地议题理解的维度。对从业者而言，这个观点在某种程度上很有用，它可以从本地视角引导运动设计。

4. 在既有的组织架构中培育信任，建构共识，发展基于本地的项目促进社区变革。在政府引导的项目中尝试影响他人的态度和行为，将社区的组织间关系作为信息扩散、知识构建和社会影响的基础设施。因此，为了成功有效地影响目标社群，外在的实体，诸如涉及项目设计和实施的市级机构、研究团体、私部门群体，有责任利用内部的协作关系系统，将社区捆绑在一起。

从结构角度来说，从业者知道与哪个组织合作，以何种频率合作，也就告诉了他哪个组织被人们认为是权威的。根据公共利益理论，这一批权威常常变成合作的实体，帮助构建社区组织之间统一的任务共识，获取资源以支持社区的集体行动。对于变革代理机构而言，意识到社区内部组织并不是一个顺从的信息存储器，或者是一个等待他们引导的静默助手，这一点非常重要。他们建立了多年的社区服务的内部组织和协作系统，给他们带来了过去的社区运动中累积的经验，也带来了目标社群中长期行为变化的责任。因为这些原因，社区内部的组织间环境是任何战略传播运动的关键资源。

5. 利用来自人际网络结构中的资本以推进信息流和社会支持。和组织一样，个体社区成员嵌入他们自己的人际环境中，给他们提供了一定类型的价值或网络资本。同样，对变革代理人而言，如果他们想要影响目标人群的活动取得成功，那么了解这些私人网络的状况，特别是它们的结构就很重要。当大多数的个体都认识彼此，个体被认为拥有一个封闭的（密集）个人网络，这些网络被认为是适应于高速、有效的信息扩散，给新态度和行为提供社会支持的结构。相反，当个体彼此不认识他的同辈，这个网络就被认为是开放的。开放网络被认为在接触独特和非冗余信息方面有优势。

既然封闭和开放的网络都提供价值，对实践者而言关键就是让传播目标适应于在已有的个人网络环境中的限制下可以实际达成的现状。比如，在南芝加哥，居民很典型地拥有密集的人际关系网络，从他们高度连接的同辈那里获得信息。进一步而言，很多表明自己属于密集网络的受访者也提名家庭成员为他们的首要接触人。有了这些信息，CCAP规划者围绕更快、更轻松地传播信息开展扩散工作，通过进行家庭导向的项目，以及类似于保健诊所、教堂和学校这类组织，将居民个人网络的家庭从本质上来说转化为资本。

6. 给目标受众成员习惯的，也是最适于使用的传播模式投资，承认这些偏好是随着信息发言人以及信源的质量变化的。在类似于CCAP的传播运动中，有效的信息扩散战略必须利用被大多数目标公众所使用的传播渠道。然而，我们也必须承认当面对不同的信源，人们可能利用不同的渠道。受访者表现出通过传统的、更亲密的渠道，诸如面对面和电话，与组织和同辈进行交流的偏好。然而，运用哪个社交网站等电子渠道也与组织和个人交流的偏好有关。

尝试提升在社群中对变革的认知和影响，必须利用有所偏好的传播渠道。例如，卷入CCAP运动的社区组织应该让人们能从当地和网站同时获得信息。组织在芝加哥城市和社区居民之间的中间作用是通过它作为信息的、物质的以及数字的存储设备而发生的。因此，使得信息在现实的场所可以获得和接近，组织使用的是一种简单和战略的方式来达到那些喜欢与社区组织进行人际接触的人。为了满足那些喜欢数字化渠道的人，更有效的方法是鼓励基于社区的组织发布CCAP的信息，在网站上给CCAP的相关组织提供链接，帮助其建立一个互联网数字学习存储器。

将来的研究

为了进一步发展，我们提出要提升和构建网络的观点，将来的研究应聚焦在不同运动和情境环境下进行进一步拓展和经验性检验。只有那样我们才能整合一系列的观点，成为一个对理论家和实践人员都有用的更加综合的战略传播网络理论。作为一个研究领域，战略传播部分是学术，部分是实践。因此，实践人员和学者之间需要构建一个桥梁，将前者的行业经验和后者的理论、分析技术结合起来。为了达到这些目的，运动能够按照网络的理论对设计和实施重新界定。网络理论可以增强目标公民和政府变革代理人之间的关系动力，可以提升对项目成功的中介力量的理解。

参考文献

[1] Bandura, A. (2001). Social Cognitive Theory of Mass Communication. *Media Psychology*, 3(3), 265–299.

[2] Baum, C., & Di Maio, A. (2000). *Gartner's four phases of E-Government model*. Location: Gartner

Group, Research Note.

[3] Bimber, B. (2003). *Information and American Democracy: Technology in the Evolution of Political Power*. Cambridge,England: Cambridge University Press.

[4] Boase, J., Horrigan, J., Wellman, B., & Rainie, L. (2006). *The Strength of Internet Ties*. Washington, D.C.: Pew Internet & American Life Project.

[5] Bozeman, D. P. (1993, August). Toward a limited rationality perspective of managerial media selection in organizations. *Academy of Management Proceedings*, 1, 278–282.

[6] Burt, R. S. (1992). *Structural holes: The social structure of competition*. Cambridge, MA: Harvard University Press.

[7] Castells, M. (1996). *Rise of the Network Society: The Information Age: Economy, Society, and Culture*. Oxford, England: Blackwell.

[8] Castells, M. (2009). *Communication Power*. New York: Oxford University Press.

[9] Coleman, J. S. (1988). Social capital in the creation of human capital. *American Journal of Sociology*, S95-S120.

[10] Daft, R. L., & Lengel, R. H. (1986). Organizational Information Requirements, Media Richness and Structural Design. *Management Science*, 32(5), 554–571.

[11] van Dijk, J. (2006). *The network society* (2nd ed.). London: Sage.

[12] Dhanjal, C., Blanchemanche, S., Clémençon, S., Rona-Tas, A. & Rossi, F. (2012). Dissemination of Health Information within Social Networks. In B. Vedres & M. Scotti (eds.), *Networks in Social Policy Problems*. Cambridge: Cambridge University Press.

[13] Downey, J., & Fenton, N. (2003). New Media, Counter Publicity and the Public Sphere. *New Media & Society*, 5(2), 185–202.

[14] Ebbers, W., Pieterson, W., & Noordman, H. (2007). Rethinking Service and Channel Strategies after the Hype. In J. Makolm & Orthofer (Eds.), *ETaxation State & Perspectives*. Linz: Trauner Druck.

[15] Ebbers, W. E., Pieterson, W. J., & Noordman, H. N. (2008). Electronic government: Rethinking channel management strategies. *Government Information Quarterly*, 25(2), 181–201.

[16] Ellison, N. B., Steinfield, C., & Lampe, C. (2007). The Benefits of Facebook "Friends:" Social Capital and College Students' Use of Online Social Network Sites. *Journal of Computer-Mediated Communication*, 12(4) 1143–1168.

[17] Erickson, B.H. (1988). The relational basis of attitudes. In B. Wellman & S.D. Berkowitz. (Eds.), *Social Structures:A Network Approach*. Cambridge: Cambridge University Press.

[18] Estabrook, L., Witt, E., & Rainie, L. (2007). *Information searches that solve problems. How people use the internet,libraries, and government agencies when they need help*. Washington, DC: Pew Internet & American Life Project.

[19] Fraser, N. (1990). Rethinking the Public Sphere: A Contribution to the Critique of Actually Existing Democracy. *Social Text*, 1990(25/26), 56–80.

[20] Freeman, L.C. (2004). *The Development of Social Network Analysis: A Study in the Sociology of Science*. Vancouver,BC Canada: Empirical Press.

[21] Heckathorn, D. D. (2002). Respondent-driven sampling II: deriving valid population estimates from chainreferral samples of hidden populations. *Social Problems*, 49, 11.

[22] Jansen, J., Van de Wijngaert, L., & Pieterson, W. (2010) Channel choice and source choice of entrepreneurs in a public organizational context: The Dutch case. In Wimmer, M.A., Chappelet, J.-L.,

Janssen, M., Scholl, H.J. (eds.) *EGOV 2010*. LNCS, vol. 6228 (pp. 144–155). Heidelberg: Springer.

[23] Katz, E. and Lazarsfeld, P.F. (1955). *Personal influence: the part played by people in the flow of mass communication*. New York: The Free Press.

[24] Kinder, D. R. (1998). Communication and Opinion. *Annual Review of Political Science*, 1, 167–197.

[25] Lasswell, H. D. (1948). The structure and function of communication in society. In L. Bryson (Ed.), *The communication of ideas* (pp. 37–51). New York: Harper.

[26] Lazarsfeld, P. F., Berelson, B., and Gaudet, H. (1944). *The People's Choice.* New York: Duell, Sloan and Pearce.

[27] Lin, N. (1999). Social Networks and Status Attainment. *Annual Review of Sociology*, 25, 467–487.

[28] Lin, N. (2001). *Social capital: A theory of social structure and action.* New York: Cambridge University Press.

[29] Marsden, P.V. & Hurlbert, J.S. (1988). Social resources and mobility outcomes: a replication and extension. *Social Forces*, 66, 1038–1059.

[30] Mattelart, A. and Mattleart, M. (2004). *Theories of communication: a short introduction*. London, UK: Sage Publications.

[31] Mayer-Schönberger, V., & Lazer, D. (Eds.). (2007). *Governance and information technology: From electronic government to information government*. Cambridge, MA: MIT Press.

[32] McNeal, R., Hale, K., & Dotterweich, L. (2008). Citizen–Government Interaction and the Internet: Expectations and Accomplishments in Contact, Quality, and Trust. *Journal of Information Technology & Politics*, 5(2), 213–229.

[33] Millard, J. (2006). eGovernment for an inclusive society: flexi-channelling and social intermediaries. Paper presented at the eGOV conference 2006, Krakow, Poland.

[34] Monge, P.R. & Contractor, N. (2003). *Theories of communication networks*. New York: Oxford University Press.

[35] Petty, R. E., Brinol, P., & Priester, J. R. (2009). Mass Media Attitude Change; Implications of the Elaboration Likelihood Model of Persuasion. In J. Bryant & M. B. Oliver (Eds.), *Media effects: Advances in theory and research* (3rd ed.). New York: Routledge.

[36] Pieterson, W. (2009). *Channel choice: Citizens' channel behavior and public service channel strategy.* University ofTwente, Enschede.

[37] Pieterson, W., & Ebbers, W. (2008). The use of service channels by citizens in the Netherlands: Implications for multi-channel management. *International Review of Administrative Sciences*, 74(1), 95–110.

[38] Putnam, R. D. (2000). *Bowling alone: The collapse and revival of American community*. New York: Simon and Schuster.

[39] Ramirez, A., Walther, J. B., Burgoon, J. K., & Sunnafrank, M. (2002). Information-seeking strategies, uncertainty, and computer-mediated communication: Toward a conceptual model. *Human Communication Research*, 28, 213–228.

[40] Reddick, C. G. (2005). Citizen interaction with E-government: From the streets to servers. *Government Information Quarterly*, 22, 38–57.

[41] Resnick, P. (2002). Beyond bowling together: Social technical capital. In J. M. Carroll (Ed.), *HCI in the new millenium* (pp. 647–672). Boston, MA: Addison Wesley Professional.

[42] Roberts, D. F. (2000). Media and Youth: Access, Exposure, and Privatization. *Journal of Adolescent Health* 27, 8–14.

[43] Rogers, E.M. (2003). *Diffusion of innovations* (5th ed.). New York: The Free Press.

[44] Rogers, E.M. and Kincaid, D.L. (1981). *Communication networks: toward a new paradigm for research*. New York:The Free Press.

[45] Ronald, B. (1992). *Structural holes: The social structure of competition*. Cambridge, MA: Harvard University Press.

[46] Savolainen, R., & Kari, J. (2004). Placing the Internet in information source horizons. A study of information seeking by Internet users in the context of self-development. *Library & Information Science Research*, 26, 415–433.

[47] Shannon, C. and Weaver, W. (1949). *The Mathematical Theory of Communication*. Urbana and Champaign, IL: University of Illinois Press.

[48] Simon, H. A. (1956). Rational choice and the structure of the environment. *Psychological Review*, 63, 129–138.

[49] Symonds, M. (2000). The next revolution: a survey of government and the Internet. *The Economist*, 355, 1–34.

[50] Uslaner, E. M. (2002). *The moral foundations of trust*. Cambridge: Cambridge University Press.

[51] Vance-Borland, K. & Holley, J. (2011). Conservation stakeholder network mapping, analysis, and weaving. *Conservation Letters*, 4, 278–288. doi: 10.1111/j.1755–263X.2011.00176.x

[52] Van den Boer, Y., Wijngaert, L., Van de, Pieterson, W., & Arendsen, R. (2012). On the interaction of source and channel choice in the government-to-business context. Electronic government, lecture notes in computer science. In H.J. Scholl, M. Janssen, M.A. Wimmer, C.E. Moe, L.S. Flak (Eds.): *EGOV 2012*, LNCS 7443 (pp. 27–39). Heidelberg: Springer.

[53] Weiss, J.A. & Tschirhart, M. (2007). Public Information Campaigns as Policy Instruments. *Journal of Policy Analysis and Management*, 13(1), 82–119.

[54] Wellman, B., & Frank, K. (2001). Network capital in a multilevel world: Getting support from personal communities. *Social capital: Theory and research*, 233–273.

第七章

情境的失真：战略传播与万物的网络本质

普里西拉·墨菲

战略传播已经被界定为“组织有目的地运用传播来完成自己的任务”。虽然可能会产生意料之外的后果，但战略传播并不是“随意或无目的的（Hallahan, Holtzhausen, van Ruler, Verčič, & Sriramesh, 2007, p.4, 27）”；它不以控制为目的，而是通过对话或应急策略来考虑环境。从这个立场来看，战略传播是包容的和灵活的，但基本上仍是管理的、有目标的、以组织为中心的——至少它在组织内部是如此的。本章集中关注在这类传播进入公共领域后会发生什么，在这个领域中，它与随机的不受欢迎的关联共享空间，这些关联歪曲了信息的原始意图。最后，本章在这种语境中，提出了两个问题：

1. 在外部环境的歪曲下，“战略传播”如何成为战略的？
2. 在信息传播出去以后，组织如何让讯息的目的和最初的内容保持原貌？

在战略传播中，控制一直是一个让人苦恼的议题。组织独立地控制自身命运的情况很少见，或者从来不曾存在过，实证主义者发起的早期探讨按照目标实施公关管理的文献（例如Nager & Allen, 1991）现在已经褪色。从20世纪90年代后期开始，传播学者开始尝试多元理论——有些来自传播，有些不是——以探讨组织战略的一个中心问题，即控制的缺失，特别是在议题管理、声誉和新闻报道方面。例如，有人将组织的形象塑造视为一种变化的、重复的过程，借此在受众处理组织特征时，“在某个时刻一个形象可能变强，而另一个形成对比的形象可能因为多元矛盾的因素卷入，在不同的时间里占据支配地位”（Williams & Moffitt, 1997, p.241）。Boton和Soto（1998）、Berger（1999）提出了类似的观点，将公共关系视为变化的、周期性的过程，借此通过信源和信宿，组织和公众之间动态的信息交换，对意义进行协商。

很多学者已经探讨了信息管理的问题，但是议题仍然是开放的。例如，詹姆斯近来回顾了20世纪90年代重新将公共关系界定为“在意义建构、竞争和重塑的空间中，战略尝试监视和占据目的性形象的位置”（James, 2011, p.98）。Molleda（2011）同样指出，涉及跨国企业的争议倾向于跨越国界，与在地问题和之前的报道结合在一起，即使受到新闻影响的组织塑造新闻的能力有限，也会受到反映本国优先权的国际新闻机构的不同评价。利用社会资本的网络理论，伊伦指出“竞争性利益”是“持续努力以维持或改变组织象征资本的传播”，所谓象征资本指的是声誉（Ihlen, 2005, p.493）。

目前，议题管理和讯息看上去比以前更混乱了。例如，LuoAho和Vos近来按照“议题竞技场的多元性将议题管理描述为，包含了组织的利益相关者网络和传播伙伴”（LuoAho & Vos, 2010, p.316）。在这个动态的环境中，组织不再是一个控制性力量，而是一个“聚焦于议题而不是组织的所有玩家之一”；议题竞技的内容和结果确实是“脱离组织控制的”。公众和组织在议题竞技场中有同样的利益，它们由“各类利益的异质性网络”构成，也同样被“环境、规则、其他人、技术”影响（LuoAho & Vos, 2010, p.321, 322, 318）。

这些研究有一些共同的主题。它们将传播的结果描绘为难以驾驭、动态的和即时的，不断需要与多个利益群体进行协商谈判。所有研究都强调，即使传播源于一场战略规划，它也可能受到其他恰巧占据相同新闻空间或舆论环境信息的不可预测的影响。在这个不断变化的竞技场中，意义的协商总是具有在地性的，它避开了任何团体的管理，可以接受任何新奇的、意想不到的意义。例如，Curtin和Gaither指出，世界卫生组织在其根除天花的运动中完全强调了天花的地方意义，从昂贵的预防（发达国家）到新殖民主义的工具（发展中国家），再到宗教象征（印度、尼日利亚）。因此，天花消除被称为“意义的竞争性领域，使得人们知道信息如何呈现”（Curtin & Gaither, 2006, p.81）。

这些例子告诉我们，在将讯息推送到信息环境中时，很多与控制相关的问题也与语境相关，带来意想不到的、非期待的结果。情境失真的关键要素是连接性——利益群体之间的关系、技术的传播、事件、讯息和围绕意见环境的其他影响。在强调不可预测性的条件下，复杂系统已经被作为议题竞技的恰当模型提出来（例如，Gilpin & Murphy, 2008）。在本章中，鉴于对互联性的强调，建议将网络作为一种适当的方法来界定消息失真，并可能建议采用一些方法来解除这些不需要的关系。

社会网络和复杂系统理论的交汇

从概念上讲，这两个理论体系——复杂的系统和社会网络——在许多方面是交叉的。复杂的系统是由多个参与者组成的，这些参与者在本地进行短时的交互以改善他们的即时命运。由此产生的模式与最初的情况几乎没有相似之处，并且可以通过战略沟通抗拒变化（参见Gilpin & Murphy, 2008）。

至于网络，Borgatti和Foster将网络定义为“一组参与者通过一组纽带连接”（Borgatti

& Foster, 2003, p.992）。参与者可能是人、团队、组织、概念、技术——人或非人。关系本质上是局部的和二元的，尽管就像描述复杂系统的局部协商一样，两个参与者之间的每一个联系最终都会形成复杂的社会交流模式。网络连接可以是双向的（即共享的），也可以是单向的（单向的）；这种关系的强度可以用量表来衡量，也可以简单地将这种关系标记为存在或不存在。演员同时是许多不同网络的成员——工作、家庭——这使得信息有可能从一个网络传播到另一个网络。相反，演员也可以居住在紧密的小圈子里，他们对发生在他们自己意见环境之外的事情知之甚少。

过去，社会网络分析常常仅被作为一个处理数据的研究方法来探讨。然而，事实上，社会网络远不止如此：他们提供了一个新的看世界的方式，与传统的实质性视角差别甚大。网络理论并不会常常被运用在战略传播中；在传播学中，大多数既有研究都集中关注组织传播。Monge和Contractor在传播的视角下将网络界定为"由时间和空间中传播者之间的讯息流创造的接触的类型"（Monge & Contractor, 2003, p.3）。他们提出将团体之间、战略联盟之间、组织的全球网络，诸如跨国公司之间的个人网络和讯息流作为社会网络的实例。

在尝试将复杂性和网络理论结合在一起的努力中，Morcol和Wachhaus将网络界定为"多元的相互依存和自我组织的元素之间关系的相对稳定和复杂的形式（例如，社会、政治、经济行动者），它构成了一个整体的自组织网络"（Morcol & Wachhaus, p.45）。他们按照学者不同的研究视角界定复杂性和网络之间的差异：网络学者强调稳定性，然而复杂性学者强调变化。

理论的两个部分确实是类似的。虽然比传统的理论家更加强调网络的动态本质。Morcol和Wachhaus总结了社会网络和复杂系统之间的重叠部分。第一，两者都能够自我组织，虽然相较于复杂系统，网络"自我组织的方式被制度化的规则限制或引导"（Morcol & Wachhaus, p.48）。第二，当进行自我组织时，网络和复杂系统都是"难以预测的（或只能以质化的方式来预测）"（Morcol & Wachhaus, p.49）——也就是说，原因和效果之间的关系并不必然是成比例的，而是非线性的。第三，两者都是消耗性的：他们不倾向于达到稳定，而是趋于不稳定状态。第四，在他们代理互动的过程中，网络和复杂系统都适合于用计算模拟的方法通过宏观观察来理解。第五，那些研究网络和复杂系统的人都必须接受高度的不确定性，因为两种方法都具有强烈的非线性特征。因为近来很多文章已经将复杂理论运用到传播中（例如，Gilpin, 2010; Murphy, 2000, 2010），本章将集中讨论网络理论，引用复杂理论相对少些。

复杂理论和网络理论的发展反映了它们所扎根的社会科学的范式转换。两者都表达了现代主义、线性的简化世界观的衰落；两者都展现了始于20世纪中叶的转变，远离个人主义和结构主义的假设，朝向关系的、情境的、系统趋向的视角（Borgatti & Foster, 2003）。Knox、Savage和Harvey（2006）认为网络理论发展的三个阶段与社会科学视角的转换是平行的。首先是对格兰诺维特（1973）作品类型化的个人主义的强调，本章后面会讨论他对弱连带的强调。其次，在20世纪80年代，是对怀特等人在哈佛（1970）早期作品中提出的个人主义的回应，它被描述为“彻底的结构主义，其中社会网络成为界定社会结构的方法”“标志了现代主义者项目的最高点”（Knox et al., 2006, pp.117–119）。最近，社会网络理论家已经意识到过度结构化的问题，并且尝试发展社会网络的动态的、基于文化的方法[见Freeman（2004）对社会网络分析历史的深入回顾；见Gilpin & Murphy（2008）复杂理论平行发展的概览]。这个学科的发展已经在网络理论中留下了自己的印记，其中仍然保持了文化和结构之间的张力，塑造自己网络的代理与基于网络位置的决定论之间的张力（例如，Emirbayer, 1997）。本章谈论的类似张力，一方面表现为战略传播在讯息管理和目标公众之间的冲突，另一方面也表现为在传播竞技场中作为平等个体出现的团体的偶然讯息接收。

事实上，我们可以通过将它作为社会网络理论的较大领域来审视，更多地了解战略传播的特征、过程、局限。因为我们谈论的战略传播很多可能性和问题也已经造成了网络理论家之间的论战，从理论中来的观点大部分都与战略传播关系密切。在本章中将对部分内容进行探讨：

- 通过舆论环境不受控制地传播信息；
- 网络作为管道（动态且难以控制）或大梁（结构确定的、静态的）；
- 网络位置：中心性、子群体或洞；
- 网络中行动者之间的连带类型；
- 网络构成：中心化或离散网络。

网络将信息段落概念化是一种有效的方式，根据各种网络代码抓取的各个网络节点上发生的暂时和实质性歪曲，它的内容可能被一些节点放大，被另一些减弱，它的渠道被加速、减慢或彼此抑制。因此，脱离组织传播者控制的自我决定的环境造成的问题可以轻易地在组织的公共形象或声誉的歪曲中被观察到。

Borgatti和Lopez-Kidwell（2011）指出网络可以按两种不同的方式来考察：首先大量的资源——信息、友谊、影响通过一系列“管道”传递；其次，一系列“大梁”确定结构以及各个元素之间彼此位置。第一个视角——“管道”视角——强调由网络动力机制提出的问题；在战略传播中，流言在其中脱离了控制，在通过一个个节点时被歪曲理解，越来越偏离最初的信源。第二个视角——“大梁”视角——既存关系的各个节点之间的不可妥协性，很难将公共舆论按照组织的喜好来摆布。中介（管道）和决定论（大梁）之间的张力是战略传播者掌控快速扩展的新闻或流言以及牢固的公共舆论之间的进程的基础。

中心性和控制

传播者通过特定的网络控制信息流的决定因素是个人的中心性，或者是网络中行动者之间的连接模式。中心性捕捉的是重要的个体行动者如何掌控和操纵网络中物质的流动——这是一种只有基于网络的视角可以识别的内容，它可以展现整体图景，描绘关系。不同的中心性给我们提供了考虑管理信息和信息被歪曲的可能性方式，这种歪曲由适应不良的守门人机构造成，或者因为接收者远离信源而带来的信息熵造成。因此不同类型的中心性测量了行动者在网络中对资源管理和掌控的不同方式。他们恰当地表现了一个古老的说法，即“屁股决定脑袋”。

中心性最简单的形式就是点度中心度，它测量有多少行动者直接与特定的行动者相连。一个具有高度点度中心度的行动者在星形的本地网络中处于中心位置。这类行动者相较于其他中心度较低的行动者在获取信息方面更有优势，能够通过信息流动的路径抑制它。一个具有高点度中心度的接收者更类似于一个意见领袖：是信息从一个行动者流向它联系的很多人的高效导体。另一方面，Yu和Lester（2008）指出在一个工业网络中一个高度中心化的企业是如此高度地支配了公众的感知，以至于任何与之有关的丑闻都会很快地在彼此之间扩散，无论它们是供应商还是对手。按照这个逻辑，与一个支配了行业的有丑闻的公司关联，还不如与一个没有影响力的公司联系在一起。

更复杂的一个概念是接近中心性，它按照“分隔的度”测量网络中各个行动者之间的距离（Milgram, 1967），或为了达到目标需要通过的行动者的个数。一个全球中心的行动者与其他的行动者都很近，这样一个中心的玩家总是最先得知信息。接近中心度可以用马克·吐温描述辛辛那提的乡下习气来概括：“当世界末日来临，我希望在辛辛那提，因为它总是滞后世界20年。”（http://www.twainquotes.com/Cincinati.html）同样的问题也干扰了组织保持信息发出后完整性的能力。减小的接近中心度描绘信息熵；对信息内容和接收者理解的控制在信息沿着接收者链条流动时实质性地有所减弱。事实上，网络研究表明在离开信源两度以后，其影响基本可以忽略不计了（Kadushin, 2004）。从这个角度而言，组织希望战略信息保持原样，并不会在公众认知中走出太远。

另一个中心度的形式是中间中心度，测量的是行动者在两个行动者之间的最短距离，也就是行动者作为其他节点之间的守门人，或者可以在两个分开的团体间起到中介作用，充当掮客的程度。作为一个跨界者，公关从业人员在各个组织之间具有最高的中间中心度。从网络理论的视角来看，Burt（1992）探讨了中间性差异的结果：结构洞分开了网络中不同群体中的行动者。他发现可以识别那些洞的行动者，将他们自己界定为掮客联通了不同的子群体，拥有很大的权力。然而，这种掮客的力量也表明了传播方面存在的问题。如果一个组织不能保持它网络的完整性，它就打开了一个其他人可能填补的结构洞，可能带入流言或者不想要的框架。事实上，虽然他不想使用网络理论，这类原则是Entman（2003）“级联激活”模型的基础，解释了框架如何被战略性地操纵，以牺牲他人为代价推进特定的政策议程。他观察了“战略愚钝型管理，例如卡特和克林顿的白宫，常常发现新闻宣传框架脱离了他们的掌控。乏善可陈的战略创造了权力的真空，反对派的精英和记者可能带着他们自己的读解进入这个空间”。（Entman, 2003, p.422）

最后，中间中心度的特定形式——特征向量中心度——测量一个行动和是否与其联系度高的行动者关联。Borgatti和Lopez-Kidwell（2011）认为特征向量中心度是提升人气的指标，表明其有很好的关联性：是精英的指针。一个类似的概念是格兰诺维特（Granovetter, 1983）关于团体之间重要桥观点的基础：如果一个人没有被关联到重要的他者，被连接就并不是一个有利条件。在传播的语境下，特征向量中心度有助于解释为什么边缘的组织和行动者运动——例如在20世纪60年代的女性运动，或者最近的LGBTQ运动——都很难进入媒介议程。一个解决办法是策划有新闻价值的事件；然而，网络驱动的解决办法可能形成一个与更中心的行动者之间的联盟。因此，为了培育环境保护者议程，激进的地球朋友组织打造了一个与主流的Sierra Club的联盟；为了推进它的动物保护议程，SPCA与名人——橄榄球四分卫迈克尔·维克斯（Michael Vicks）建立联盟。

网络构成

除了个体行动者的中心性，考虑整个网络的中心化形式也很有用，网络中心化即网络中围绕着某个有力行动者或者围绕少数行动者的程度。网络中心化是一个清晰的控制指针，Entman（2003）认为，在考虑到媒介框架控制的前提下，如果一个行动者，或者一些子群体参与了网络资源的传播，其中行动者或群体对流动于网络中的信息有高度的控制性。

从不同的角度得到了同一个议题，传播学者和网络理论家很长时间以来都已经认识到同质性的重要，或者人们趋向于与和自己类似的人联系在一起（Mcpherson, Simth-Lovin, & Cook, 2001）。描述整个网络的构成形式可以发现同质子群体之间的传播在什么地方断裂。确实，对传播网络缺乏此类整体性理解的代价是很高的。例如，加纳（Garner, 2006）对NASA导致的哥伦比亚航天飞机灾难内部传播的网络分析表明，在NASA的组织报表和团队管理的航天飞机实际传播形式之间的报告关系中存在着断裂。在早期的挑战号灾难中，NASA在管理者和工程师之间也存在传播网络的断裂，以致关于航天飞机弱点的信息没有能够顺畅地传递开来。

在网络中同质性的团体可以被视为传播的有效目标，但是成员的强连带是很难进入的。在被其他人视为异类的时候，与和自己类似的人相连从而使得某些特质对群体成员而言显得主流化。例如Christakis和Fowler（2007, 2008）的一系列研究表明太胖的人和吸烟的人倾向于和网络中有同样特点的人相联系，这在一段时间里强化了这些坏习惯。同样的，人们可能基于同质性网络来考虑违法行为。有人指出网络研究的一个重要子集，所谓让人们沉溺在不当行为中无法自拔的“黑暗面”（Borgatti & Foster, 2003, p.994）。人们可能认为天主教会掩盖神职人员的虐待行为，源于教会将他们视为牢不可破的同性恋关系囚禁起来。类似的还有，财务的滥用带来的大衰退也是滋生于银行业中的一种感觉，即极度的风险是很平常的。在所有这些情况下，密集的同质群体看不见发生于它们周围的公共谴责的潮汐。

研究整体的网络构成可能也暴露了很多较少的甚至没有重叠传播的子群体，这是一个各类受众之间冲突的标志。传播专业人员可能视这些网络中的裂缝是文化差异的结果，以至于不同的利益群体可能从非常不同的视角——文化的、意识形态的——探讨同样的现象，他们所见的却完全不同。例如，盖瑞特和墨菲（Garyantes & Murphy, 2010）发现2005年伊拉克大选的媒介报道表明，美国对伊拉克战争的感知和伊拉克民众感知之间认知差异的起源，增长的意识形态差异的第一个信号在之后被进一步强化。然而，结构洞可能也是一个信号，其中冲突中的团体可以被联系起来。例如，“冲突团体不同的表述，代表每个人对自己或他人的理解是如何在弥散的空间创造了结构洞，尽管如此，围绕着这些仍然存在共同点，它创造了将个人的故事联系起来的可能性”（Pachucki & Breiger, 2010, p.216）。因此，研究利益群体的语义网络——是一个类似于社会网络分析的过程，作为行动者，他们用语言描述了在议题竞技场中传播是如何被推进的，以及它们如何被不同利益群体按照自己的利益来理解的（Gilpin, 2010; Murphy, 2010）。

除此之外，整体的网络构成——特别是中心性vs分散性——深刻地影响了其他行动者对新闻事件的感知——即使他们缺乏塑造环境的能力。例如，Yu和Lester（2008）表明网络立场强烈影响了一个组织会不会在类似公司的不当行为中被波及。中心的组织往往与更多的利益相关者相连，更容易影响网络中的其他组织，也比非中心的组织接受更多的公众审视，关于中心组织的新闻传播得更快。因此，在一个高度中心化的网络中，与一个高度中心的组织相连可以给其他行动者带来灾难。他们失去了建造自己讯息的自主性，这些讯息可能将他们与不当行为区分开来。正如前文所解释的，如果一个危机涉及中心企业，责难可能波及无辜，仅仅因为他们直接与有错的组织相关联。例如Molleda（2011）指出Mattel卷入了中国制造的铅污染玩具的危机变得猛烈而难以控制，就在于过去关于中国产品威胁生命的新闻报道传播开了。因此，有强连带的高度中心化的网络既有特权也有惩罚。

Yu和Lester（2008）也观察了非中心化的网络分支。例如，网络构成的第二种类型，它被命名为无尺度网络，中心化程度较低，高度连接的行动者较少，其他成员则几乎没有连接。无尺度网络包括互联网巨人谷歌，网站通过它按照规定发送信息与互联网用户沟通。这些中心拥有的近似独裁的连接赋予了他们不成比例的影响力。他们可以自由地将他们的规则和标准强加给他人，就如同媒介设置议程，给不那么有影响的媒介报道定下基调。

然而，这些星形网络在它们自己的成功中趋向失败：拥有太多连接的网站会变得迟缓；拥有太多连接的公众形象失去了它的适应性。Krackhart（1999）按照“拷问连接”提到了类似的现象——将一个行动者与一个议题或人有过多的联系时会造成不和谐。这种网络安排给希望将不同信息传递给不同支持者的组织带来了战略问题。一个典型的例子是NASA供应商Morton Thiokol面临的困境：该公司在1986年生产的有缺陷部件造成了挑战号航天飞机爆炸之后，它的利润创造了纪录；股东希望听到收入增长的好消息，但是大多数的受众希望看到它持续受到惩罚。类似的问题困扰着那些过去可以被竞争者利用操纵公共舆论的公众人物：奥巴马过去与激进的耶利米·怀特的关系，或者共和党总统候选人罗姆尼也不能摆脱过去的自由立场，这些“拷问连接”力量统一了阵线。

在一个没有中心、没有领导者的网络中发生了什么？那个形式也被称为分布式网络，据说它的特征如同恐怖分子小组被建立起来以降低关键人物被捕后可能造成的信息暴露，或者如果关键人物被杀，网络其他部分的传播将会破裂（Pedahzur & Perlinger, 2006）。对大多数战略传播者而言，当前的群众运动常常是分布式的。2011年的埃及革命就以分布式网络的形式出现；类似的，反WTO的抗议运动游行利用互联网组织了大众抗议的分布式网络。这类网络避开了控制，因为其中没有一个中心的支点，控制处于分布式的轨迹中，资源沿着这个系统平等地流动。因此信息需要更多的时间流过分布式的网络，所以相较于具备一个行动者或一群有影响力的行动者的网络而言，信息被歪曲的可能性也更大。WTO对1999年西雅图互联网组织的早期分散的民众抗议无力应对，证明对分布式网络传播进行管理很困难，关键人物的匿名性给其带来了战略优势。

强和弱连接

网络构成实质性地影响了关系连接的强度和特征，它也倾向于塑造网络的习惯和改变的可能性。一个最早的也最连续的网络理论涉及强连接和弱连接之间的区别（Granovetter, 1973, 1983）。强连接在以下情况中出现，交流频繁，情感强烈或两者兼具；涉入的团体在外形上或语言上紧密相关；也在行动者的观点和专业关系方面紧密相关。与之形成对比的是，弱连接的特征是不频繁、不强烈或互动复杂，例如与认识的人互动，与那些态度和背景不一样的人互动。

强连接创造了接近关系的配对，促进了系统中的信息扩散，不管是好还是坏，它将公共意识中的不同组织联系起来。类似行业在公众眼里往往是紧密联系的。当焦点组织做了一件好事时，连接带来优势。然而，有人指出当组织中的一个成员遭遇了危机的时候，组织间的强连接可能使整个行业的声誉受到伤害。他们运用网络的原则解释“为什么利益相关者可能按照它所感知的相关性判断声誉危机对一系列组织的影响。（Yu & Lester, 2008, pp.97-98）”他们初步聚焦于来自网络理论的两个概念。首先是直接连接存在，按照网络术语来说，即接近性。例如，一个公司的声誉可能因为它供应商的不当行为受损，正如有缺陷的轮胎不仅影响了日本轮胎制造商Bridgestone，也影响了美国购买这些轮胎的生产商。

其次是结构对等性，强连接网络给公司带来问题的第二种方式是涉及公众的感知，即有过错的公司与其他结构相似的公司相连。例如，在2011年地震和海啸之后，媒介对核电工业的报道常常促使大家讨论切尔诺贝利事故，继而引发对全世界核电工业的担忧，即使日本核电站与俄罗斯核电站和世界其他地方的现代化设计核电站完全不同。核电站的报道表明网络关系的力量通过强调某个特征，减轻或忽略其他特征，发挥引力将所有实体吸引到一起。

进一步来说，当连接的强度改变，讯息控制也发生波动，限制或促进行动者适应环境。在战略传播中最难的问题是驱逐根深蒂固的观念，无论那些理念是否与现实相关。打破强联系的难度是循环发生的危机驱动。例如，如前文所探讨的，中国总是要不断应对人们关于他们的产品不安全的感知，持续的媒介报道的循环加强了过去的事故。在复杂系统中难以改变历史模式的进一步例子是1978年Kool Aid饮料，从1978年开始，它发生持续的声誉危机。饮料通过氰化物与大众自杀联系在一起，在圭亚那斯顿镇，超过900个宗教狂热分子自杀。即使实际上与氰化物混合的是一个不那么知名的竞争对手的饮料，Flavor Aid。Kool Aid与斯顿镇一直被紧密地联系在一起，十年以后居然成为一个格言："不要喝Kool Aid。"（Murphy & Gilpin, 2013）

弱连接给战略传播提供了有利机会，特别是当它们连接了分隔团体的时候。通过桥，弱连接提供了一个低风险的方式来试水，探索与陌生人的共同之处，而不需要通过强连接所传递的承诺。Schultz和Breiger运用一个给陌生人提供香烟的案例，指出弱连接"可以被战略性地使用来到达外部"（Schultz & Breiger, p.613）。很多这样的努力都采用了他们所谓的"弱文化"的形式，对流行文化共同的趣味常常"将社会行动者捆绑在一起，这样他们可以一起工作达成工具性目标"（Schultz & Breiger, p.622）。

和框架一样，连接的重要性不仅仅在于界定谁是团体的成员，也在于界定谁不是。这个战略被美国的香烟制造商所利用，从而策划有力的战略活动在工人阶层吸烟者之间建立强连接。有一些连接涉及共同的语言；其他的涉及了由烟草公司创造的赞成吸烟的团体。烟草公司创造的吸烟者之间联系的最有力的方式是将不吸烟者界定为"他者"，将网络中尝试禁烟的公共健康行动者排除在外。为了给普通人，即一般的美国人代言，烟草公司采用了失败者的语调，"通过将控烟社群界定为他者使他们在公众的心目中以一种精英的（甚至是激进分子）的姿态出现，将他们描述为利用社会机器将自己的价值观强加给广泛的中低阶级身上"（Katz, 2005, p.35; Murphy, 2011, p.11引用）。

强连接和弱连接可能也有助于解释信息传播速度上的差异。行动者倾向于发展与自己相似的人之间的强连接（Granovetter, 1983）。如果目标受众过于同质——一个紧密的社会——一个新的信息就很难渗透。如果目标公众连接松散，或者缺乏强大的中心，讯息可能在到达受众成员之前逐渐减少。这些问题促使格兰诺维特推荐强弱连接之间的“劳动力分工”（Granovetter, 1983, p.219）。弱连接带来普遍的“文化感知……不同群体在风格、政治判断和广泛的社会趋势方面传递信息和影响”（Schultz & Breiger, 2010, p.227）。然而强连接在发现实际采用的新观念方面很有效，因为决策者主要被他的群体中的强连接所影响。格兰诺维特总结了强连接和弱连接之间平衡的需要，描述成功的行动者群体：“成功群体的发起者在社区中是边缘化的个体……他们是……行动者。”那表明“创新有争议的地方，基于驱动弱连接的动员战略更可能促进目标的采纳”（Granovetter, 1983, p.225）。

Burt按照“意见领袖的社会资本”描述了类似的动力。他将意见领袖视为掮客——可能与规范性的期待相反——不是居于顶端的人，而是处于边缘；不是群体的领导，而是群体间的掮客（Burt, p.47）。因此意见领袖用他们的弱连接帮助新理念在群体中获得立足之地，因此他们的角色是作为群体的成员，由他们的强连接和竞争性的理念所驱动。根据战略传播的界定，强弱连接的网络平衡是一个识别利益群体和确定他们对外在意见接受度的重要诊断方法。例如，Adamic和Glance探讨了1,000个自由的和保守的博客对2004年总统选举的转载形式。他们发现，另一个群体主要与他们各自的团体相连，“自由的和保守的博客关注不同的文章、主题和政治人物”（Adamic & Glance, 2005, p.14）。保守的博客更多地彼此相连，密集度也比自由的博客高，但是分析并不意味着每个团体能够接受来自外部的意见。

最后，战略传播者应当考虑哪种类型的连接存在于受众中，应当让他们讯息的设计符合这些渠道。格兰诺维特（1983）指出，一般来说，简单的信息最好沿着弱连接流动，然而更复杂或更难的信息最好通过强连接传播。那些受过媒介训练的人、专家、高级的管理人员常常发现很难将他们的信息与连接的强度恰当匹配。例如，总统奥巴马已经清楚地发现，当对主要的政策议题例如预算或健康服务进行框架时，很难按照连接的强度对信息进行编辑。因为强连接网络，也不能忽视信息沿着弱连接网络流动时可能发生的歪曲。因此，在2009年8月，在由奥巴马提出的健康服务改革中，要资助医生探讨终止生命的条款被共和党的Sarah Palin贴上了死亡陪审团的标签。Schultz和Breiger（2010）认为因为担忧文化共振，这个术语在传播过程中倾向于其他的流行文化潮流。“死亡陪审团”的绰号有效地终止了对这个议题资助的探讨。

嵌入性和多元性

另一个影响是，使得管理信息内容和控制他们传播的努力复杂化是多元性的网络现象。这个术语指行动者同时作为多个网络的成员。嵌入性特别地描述了行动者在商业和私人网络中同时享有的成员身份，例如，朋友间的高尔夫球赛也可能是同一个公司的人之间的集会。

那些管理战略传播的人也应该知道嵌入性的正面潜力。例如，媒介关系从业人员利用关键的媒介信源来培育社会关系，公司试图在社区中表现得积极以展现嵌入的有效性。虽然他们并不引用网络理论，但Williams和Moffitt（1997）基于嵌入对声誉进行研究，他们指出，下班以后，雇员就是邻里、家庭成员和社群的志愿者，在他们经过这些多元的网络时，公司对他们的战略传播会减弱。

最后，Molleda和他的同事（2011）指出多元性给冲突跨边界提供了一个新的视角。一个由儿童玩具油漆中的铅含量造成的单一危机将很多议题集中起来，生产玩具的中国工厂，销售它们的美国公司美泰（Mattel），中美政府对玩具安全的不同管理，媒介报道将过去中国制造的有缺陷的产品例如牙膏、奶粉、宠物食物令人厌恶地联系起来。Yu、Sengul、Lester指出在避免与其他公司的危机关联起来方面，公司几乎别无选择，利益相关者总是将他们放在一起来考虑。唯一的办法可能是从整体上切断这种联系，这个过程被称为“偏好分离”（Yu, Sengul & Lester, 2008, p.463）。这也是美泰公司的第一步行动，试图将指责限制在玩具的中国生产商身上。然而，他们也承认舆论通常会抵制这样的努力，事实上，Molleda的研究表明美泰发现自己很难与其不想要的关联分开。所以它选择向中国人道歉，因为它尝试使自己摆脱那些负面的关联，同时美国政府试图提升对安全性的管理。Yu和Lester描述了这种撤退战略，作为弱化与遭殃的组织联系的方法，这种方式通过在组织形式的合法特征中做出改变，通过将他们与最初的形式分离，以避免被惩罚或被轻视（Yu, Sengul & Lester, 2008, p.646）。因此，加强与声誉好的行动者的连接可以降低与声誉较差的人联系所产生的不良影响。

蔓延

多元性的另一个效果就是蔓延，观念随着网络流动的过程，或者从一个网络流向另一个网络，不考虑事实上的基础，听任它们自己的愿望接触战略传播者。Gladwell（2000）使得蔓延的概念流行，这个概念考虑的是思想的传播速度，尝试预测网络中所有参与者预期会加入的阈值。因此，Burt（1999）发现他对意见领袖机制的探讨部分建立在网络之间蔓延的运作基础上。他将“意见掮客”视为“网络企业家”，他连接了分隔的团体，为他们赋予“竞争优势”，因为他们能更快运动和适应。然而，Burt指出蔓延的操作更多的是通过网络中行动者的竞争而不是掮客，行动者因为看见他们邻居的优势而急于尝试新观点。

蔓延的过程与偏好关联的网络概念相关，根据这个概念，网络中的特定行动者显得比其他人更有吸引力，逐渐获得更多与其他人的连接，从而与那些有吸引力的特质关联起来。因此，越是连接得好的行动者，行动者本身就获得更多的连接。流行的网络写手（例如，Buchanan, 2002）将这个趋势描述为“富者越富”。这个原则被用来解释诸如连锁的董事会（被董事会选出的执行官显得比其他人更有吸引力），以及谷歌在网络中的支配地位这类现象。

网络研究表明蔓延趋向于使网络同质化。Borgatti和Foster描述道，在整体网络的层次上“行动者是相互影响的，在彼此交流的过程中在结构化的子群体中增加了同质性”，然而对个人层面的行动者而言，“采取一项实践取决于围绕它的节点比例，采纳的时机是由连接他和其他采纳者的路径长度决定的”（Borgatti & Foster, p.1005）。有人将这个过程描述为“通过社会影响产生共识”（Borgatti & Lopez-Kidwell, 2011, p.15）。一旦这些讯息或观念生根，战略传播可能发现自己很难管理对象的变化。例如，Hellsten（2003）追溯了“转基因食品快速传播和习惯化的过程”，从1992—2002十年间随着很多互联网消费者群体采用这项创新，将对食物的基因修改视为“怪物”。孟山都公司尝试通过战略传播运动修复这个破坏，他们将转基因与更正面的基因修改联系起来，科学的抱负有利于发展和知识积累。虽然他们自己设计的观点并没有流行起来，孟山都至少能够在这个由转基因食物神话的消费者主导的话题圈中活跃起来。

即使蔓延一般带来同质性，我们也必须记住网络是内在不稳定的，因此由蔓延所带来的模式一定会随着时间改变。从这个方向来说，社会网络中的蔓延概念特别接近于复杂理论的观点，即本地的互动最终带来了作为整体的社会宏观形态。意见环境的动力最终会按照环境的适应性来形塑，这个观点最初由复杂理论家考夫曼（Kauffman, 1993）为了模式化复杂生态系统中的进化过程而提出来。物种被认为与竞争物种一起居住于一个“地貌”或环境。每个物种都尝试将自己的适应性最大化——它的生存能力——“使其他物种也适应地貌，其他物种也会相对做出回应，创造持续的互动，稳定地进行着调整”（Gipin & Murphy, 2008, p.171）。考夫曼将这个基于网络的地貌的适应性扩展到在环境中组织成功的模式化。这个模式表明传播者可以通过发展多元的权变方式按照某个时间点在网络的构成中与他人交流，施加一定的压力来塑造信息。在有关议题竞技场的讨论中提出了类似观点：“因为众多利益相关者常常是竞争性的，一个战略可能不再是最后的备选，取而代之的是应当按照不同议题竞技场的需要来应用不同的战略……结果应当是按照多元的议题，针对多元的公众，由多元的战略构成的动态组合。”（Luoma-Aho & Vos, 2010, p.323）因此议题竞技场提供考夫曼基于网络“适应性地貌”观点的替代版本：在不稳定的议题环境中，每个人的战略都取决于他人的战略。

结论

回到本章开篇时的问题，战略传播的网络观点倾向于确认由哈拉汗（Hallahan et al., 2007）提出的战略的高度权变特征。在一个复杂的、紧密相连的意见环境中，战略传播可以是有目的的、警觉的，但却难以控制的。按照旧的目标公众和传播目标范式运作的组织需要知道局限性，甚至尝试规避在这些网络中表明立场的风险。

对战略传播而言，来自社会网络的最初观察是计算连接数。传播专业人员早已知道培育与关键公众的关系很重要。然而，网络理论使我们对关系的研究进入不同方向，特别是在公共关系中。相较于理论家所构想的，网络连带更加容易变动和充满风险，他们将关系视为构建与关键受众的亲密关系过程（例如，Ledingham & Bruning, 2006）。除此以外，不论传播是不是对称的，这都告诉我们了传播的本质（例如，Grunig, 2001）。在网络理论中，对网络中所有其他连接而言，同样重要的是连接的强度。强度决定了在持续的对环境适应性的协商中谁的讯息能够流行。

网络视角也给我们展现了目标公众不是一刀切的。他们与其他群体混合，不能够被单独挑出来作为目标。正如前文反复指出的，网络理论与理念的市场相协调，其中多元的行动者聚集以建构公共舆论。因此，培育想要的关系必须接受所有与受众联系的其他关系，不论我们想不想面对它们。

从这个角度考虑，在传播发生的意见竞技场的整体观点下，网络特别有用。如前文所解释的是，与关键人物的连接非常重要，不能被有目的地培育；但是议题、传播者、传播技术之间连接的外在形式都被不可预测的新闻发展偶然搅动了——这些挑战超出了人的控制。在这个环境中，"管理"意味着发现一个战略传播者持续扮演角色的方式——不是控制，而是角色——通过这个方式来塑造他们的讯息，这样他们至少可以参与到决定公共舆论的议题竞技场中。参与到议题竞技场意味着接受本章所描述的网络阴暗面：连接可以限制组织的选择，或者强迫无知的行动者在同样的空间里共享关联人物的不当行为。这就意味着组织别无选择，只能尝试着进行战略性的交流，但是这些尝试是否能够成功将和他们所发生的环境一样还不确定。

参考文献：

[1] Adamic, L., & Glance, N. (2005). The political blogosphere and the 2004 U.S. election: Divided they blog. *In LinkKDD 2005: Proceedings of the 3rd International Workshop on Link Discovery*, 36–43.

[2] Berger, B. K. (1999). The Halcion affair: Public relations and the construction of ideological world view. *Journal of Public Relations Research*, 11(3), 185–203.

[3] Borgatti, S. F., & Foster, P. C. (2003). The network paradigm in organizational research: A review and typology. *Journal of Management*, 29(6), 991–1013.

[4] Borgatti, S. F., & Lopez-Kidwell, V. L. (2011). Network theory. In P. Carrington and J. Scott (Eds.), *The Sage Handbook of Social Network Analysis*, pp. 40–54. Thousand Oaks, CA: Sage Publications.

[5] Botan, C. H., & Soto, F. (1998). A semiotic approach to the internal functioning of publics: implications for strategic communication and public relations. *Public Relations Review*, 24(1), 21-44.

[6] Buchanan, M. (2002). *Small worlds and the groundbreaking science of networks*. New York: W. W. Norton & Company Inc.

[7] Burt, R. S. (1992). *Structural holes: The social structure of competition*. Cambridge, MA: Harvard University Press.

[8] Burt, R. S. (1999). The social capital of opinion leaders. *Annals of the American Academy of Political*

and SocialScience, 566, 37–54.

[9] Christakis, N. A., & Fowler, J. H. (2007). The spread of obesity in a large social network over 32 years. *New England Journal of Medicine*, 357, 370–379.

[10] Christakis, N. A., & Fowler, J. H. (2008). The collective dynamics of smoking in a large social network. *New England Journal of Medicine*, 358(21), 2249–2258.

[11] Curtin, P. A., & Gaither, T. K. (2006). Contested notions of issue identity in international public relations: A case study. *Journal of Public Relations Research*, 18(1), 67–89.

[12] Emirbayer, M. (1997). Manifesto for a relational sociology. *American Journal of Sociology*, 103(2), 281–317.

[13] Entman, R. M. (2003). Cascading activation: Contesting the White House's frame after 9/11. *Political Communication*, 20, 415–432.

[14] Freeman, L. C. (2004). *The development of social network analysis: A study in the sociology of science*. North Charleston, SC: BookSurge.

[15] Garner, J. T. (2006). It's not what you know: A transactive memory analysis of knowledge networks at NASA. *Journal of Technical Writing and Communication*, 36(4) 329–351.

[16] Garyantes, D., & Murphy, P. (2010). Success or chaos? Framing and ideology in news coverage of the Iraqi national elections. *International Communication Gazette*, 72(2), 151–170.

[17] Gilpin, D. (2010). Organizational image construction in a fragmented online media environment. *Journal of Public Relations Research*, 22(3), 265–287.

[18] Gilpin, D. R., & Murphy, P. (2008). *Crisis management in a complex world*. New York: Oxford University Press.

[19] Gladwell, M. (2000). *The tipping point: How little things can make a big difference*. Boston, MA: Little, Brown& Co.

[20] Granovetter, M. (1973). The strength of weak ties. *American Journal of Sociology*, 78(6): 1360–1380.

[21] Granovetter, M. (1983). The strength of weak ties: A network theory revisited. *Sociological Theory*, 1, 201–233.

[22] Grunig, J. E. (2001). Two-way symmetrical public relations: Past, present, and future. In Robert L. Heath (Ed.), *Handbook of public relations* (pp. 11–30). Thousand Oaks, CA: Sage Publications.

[23] Hallahan, K., Holtzhausen, D., van Ruler, B., Verčič, D., & Sriramesh, K. (2007). Defining strategic communication. *International Journal of Strategic Communication*, 1(1), 3–35.

[24] Hellsten, I. (2003). Focus on metaphors: The case of "Frankenfood" on the web. *Journal of Computer-Mediated Communication*, 8(4).

[25] Ihlen, O. (2005). The power of social capital: Adapting Bourdieu to the study of public relations. *Public Relations Review*, 31, 492–496.

[26] James, M. (2011). A provisional conceptual framework for intentional positioning in public relations. *Journal of Public Relations Research*, 23(1), 93–118.

[27] Kadushin, C. (2004). Some basic network concepts and propositions. In *Introduction to social network theory* (Chapter 2). Retrieved from http://construct.haifa.ac.il/~cerpe/papers/ kadushin.html.

[28] Katz, J. E. (2005). Individual rights advocacy in tobacco control policies: An assessment and recommendation. *Tobacco Control*, 14(suppl II) ii, 31–37.

[29] Kauffman, S. (1993). *The origins of order: Self-organization and selection in evolution*. New York: Oxford UniversityPress.

[30] Knox, H., Savage, M., & Harvey, P. (2006). Social networks and the study of relations: Networks as

method, metaphor and form. *Economy and Society*, 35(1), 113–140.

[31] Krackhart, D. (1999). The ties that torture: Simmelian tie analysis in organizations. *Research in the Sociology of Organizations*, 16, 183–210.

[32] Ledingham, J. A., & Bruning, S. D. (2006). *Relationship management: A relational approach to public relations*. Mahwah, NJ: Lawrence Erlbaum.

[33] Luoma-Aho, V., & Vos, M. (2010). Towards a more dynamic stakeholder model: Acknowledging multiple issue arenas. *Corporate Communications*, 15(3), 315–331.

[34] McPherson, J. M., Smith-Lovin, L., & Cook, J. (2001). Birds of a feather: Homophily in social networks. *Annual Review of Sociology*, 2, 415–444.

[35] Milgram, S. (1967). The small world problem. *Psychology Today*, 1, 60–67.

[36] Molleda, J.-C. (2011). Advancing the theory of cross-national conflict-shifting: A case discussion and quantitative content analysis of a transnational crisis' newswire coverage. *International Journal of Strategic Communication*, 5(1), 49–70.

[37] Monge, P. R., & Contractor, N. (2003). *Theories of communication networks*. New York: Oxford University Press.

[38] Morçöl, G., & Wachhaus, A. (2009). Network and complexity theories: A comparison and prospects for a synthesis. *Administrative Theory & Praxis*, 31(1), 44–58.

[39] Murphy, P. (2000). Symmetry, contingency, complexity: Accommodating uncertainty in public relations theory. *Public Relations Review*, 26(4), 447–462.

[40] Murphy, P. (2010). The intractability of reputation: Media coverage as a complex system in the case of Martha Stewart. *Journal of Public Relations Research*, 22(2), 209–237.

[41] Murphy, P. (2011). Communicating with culturally unsympathetic audiences: Smokers as subaltern communities. Unpublished paper.

[42] Murphy, P., & Gilpin, D. R. (2013). Complexity theory: Against reputation management. In Craig Carroll (Ed.), *The Handbook of Corporate Reputation*, pp. 166–182. Hoboken, NJ: Wiley-Blackwell.

[43] Nager, N. R., & Allen, T. H. (1991). *Public relations: Management by objectives*. Lanham, MD: University Pressof America.

[44] Pachucki, M. A., & Breiger, R. L. (2010). Cultural holes: Beyond relationality in social networks and culture. *Annual Review of Sociology*, 36, 205–224.

[45] Pedahzur, A., & Perlinger, A. (2006). The changing nature of suicide attacks: A social network perspective. *Social Forces*, 84(4), 1987–2008.

[46] Schultz, J., & Breiger, R. L. (2010). The strength of weak culture. *Poetics*, 38(6), 610–624.

[47] White, H. C. (1970). *Chains of opportunity: System models of mobility in organizations*. Cambridge, MA: HarvardUniversity Press.

[48] Williams, S. L., and Moffitt, M. A. (1997). Corporate image as an impression formation process: Prioritizing personal, organizational, and environmental audience factors. *Journal of Public Relations Research*, 9(4), 237–258.

[49] Yu, T., & Lester, R. H. (2008). Moving beyond firm boundaries: A social network perspective on reputation spillover. *Corporate Reputation Review*, 11(1), 94–108.

[50] Yu, T., Sengul, M., & Lester, R. H. (2008). Misery loves company: The spread of negative impacts resulting from an organizational crisis. *Academy of Management Review*, 22(2), 452–472.

第八章 战略传播的社会理论

欧文·伊伦和皮埃特·范霍文

学者越来越倾向于运用社会理论来研究社会中战略传播的实践和结果。关于这个议题的重要问题，例如信任和合法性、权力和行为已经被提出来。利用社会理论，包括社会和文化趋向方法，实践者和学者聚焦于组织如何从普遍意义上将自身与公共场所或社会关联起来。这项研究的本身往往超出了实证数据对伦理和政治结果的讨论。

然而，我们必须说这个方法在很多方面都不相同。有些学者批评了企业战略传播实践形式，特别是运用批判理论（例如，L'Etang & Pieczka, 1996, 2006）和后殖民理论（例如，Dutta-Bergman, 2005; McKie*Munshi, 2007; Munshi & Kurian, 2005）。然而研究也已经包括其他社会理论，比如后现代主义（Holtzhausen, 2012; Mckie & Munshi, 2007; Radford, 2012）、女性主义（Aldoory, 1998; Grunig & Hon, 2001; O'Neil, 2003; Toth, 2001）、建构主义（Merten, 2004）、社群主义（Hallahan, 2004; Kruckeberg & Stark, 1988; Leeper, 2001; Starck & Kruckeberg, 2001）、文化理论（Banks, 1995; Leichty, 2003; Ristino, 2008; Hatch & Schultz, 2002）、结构理论（Durham, 205），社会建构理论（Tsetsura, 2010）、系统理论（Holmstrom, 2010）、复杂理论（Gilpin & Murphy, 2010）、交叉理论（Vardeman-Winter & Tindall, 2010）、议程设置和议程建构理论（Carroll & McCombs, 2003; Meijer & Kleinni jenhuis, 2006; Schultz, Kleinnijenhuis, Oegema, Utz & vanAtteveldt, 2012）、框架理论（Lim & Jones, 2010）。

当谈到个别社会理论家和战略传播，我们总会想到哈贝马斯的著作（Burkart, 2004; Jensen, 2001; Leeper, 1996; Maier, 2005; Meisenbach, 2005; Olasky, 1989; Pearson, 1989a, 1989b, 1990; Self, 2010），还有卢曼（Geist, 2001; Holmstrom, 1997, 2003; Merten, 2004; Ronneberger & Ruhl, 1992）、福柯（Livesey, 2002; Motion, 1997; Motion & Weaver, 2005）和布尔迪厄的著作及其观点（Edwards, 2006, 2007; Ihlen, 2004, 2005）。特别是运用社会理

论来分析公共关系，已经在《公共关系和社会理论：关键人物和概念》（Ihlen, van Ruler, & Fredriksson, 2009）中进行了讨论，同时文化方法已经在其他文献中进行了更全面的探讨（Edwards & Hodges, 2011）。

本章基于多层次的文献得到一些通用性的结论。我们认为应按照深层含义来选择社会理论的方法：

1. 包含社会层次的研究领域；
2. 寻求对社会的描述；
3. 涌现的关键概念，诸如合法性和反思；
4. 研究关注的关键议题，诸如权力和语言；
5. 基于社会建构理论的经验研究推动了传播研究（Ihlen & Verhoeven, 2009, 2012）。

我们将继续讨论这些相应要点。

界限：研究领域

战略传播是“组织有目的地利用传播来完成任务”（Hallaha, Holtzhausen, van Ruler, Verčič, & Sriramesh, 2007, p.3），从这个简单的概念出发，我们认为社会理论方法将研究社会层面上关系中的“传播功能与社会的联系”。我们认为那是对结果的关注，而不仅仅是对它意味着的效果（Rakow & Nastasia, 2009）。研究不仅仅关注组织的层次，也通过追溯补充管理的视角和评价社会与政治影响的方法，来确定公司或组织在社会结构中处于什么位置，德语将这个位置称为Öffentlichkeit（在公众中）（Ihlen & van Ruler, 2007）。Öffentlichkeit代表输出结果，是社会公共传播系统的质量（Roneberger & Ruhl, 1992）。和新闻一样，战略传播的所有形式都可以通过创造象征现实帮助或摧毁社会传播中的公共传播现实系统。因此对战略传播的研究将关注组织的行为，包括意义的创造。

在早期的研究中，有人论述了传播行业如何通过筹划“虚假的事件”创造了“非现实的威胁”（Boorstin, 1962/1992, p.247）。德国理论家哈贝马斯首先从自身角度，谴责了战略传播破坏批判的公共领域：“因为在共识的产生过程中，通过成熟的意见塑造技术，在伪公共利益的面纱下，理性标准完全缺失。”（Habermas, 1989, p.193-195）类似的批判也来自Mayhew（1997），他认为我们所谓的公共舆论越来越成了营销研究的结果，它帮助专业的传播人员按下正确的按钮。进一步，所有出版的著作都在批判传播行业如何以牺牲公共利益为代价推动了企业的利益（Dinan & Miller, 2007; Miller & Dinan, 2008）。

特别是公共关系的教材都展现了专业人员的积极发展，其中妄图主导他人和自我为中心的方式让位于有道德和启示性的传播形式（Duffy, 2000）。当一项不道德的行为被媒体曝光，来自行业协会的典型回答不代表“真实”或“好”的战略传播。取而代之，他们会指出协会规定了道德原则或道德准则有已经界定的伦理原则和标准。在公共关系文献中，人们认为实践值得鼓励它让社会成为一个更好的生活和工作的地方（Heath, 2010）。事实上，已经有人试图让这一做法发挥积极的公民作用："在社会中公共关系的角色是创造（重新创造）缔造公民社会的条件。"（Taylor, 2010, p.7）在欧洲，大多数传播工作人员（58%）认为今日道德问题比从前更加重要，这是因为组织、媒介和社会的国际化，需要遵从的透明规则数量的增加，以及社交媒介创造的新道德挑战。大概67%的欧洲专业人员都表明在日常工作中遭遇过道德挑战，93%的欧洲专业人员认为需要给国际和国内的传播专业组织提供新的道德规则（Zerfass, Verčič, Verhoeven, Moreno, & Tench, 2012）。

伦理感知的提高和伦理反思的需求很好地回应了西斯（Heath, 2010）的观点，战略传播更少让组织变得更加高效，它更侧重于让社会变得更高效。这里基于社会理论的研究扮演了很明显的角色，也提出了一个关键的问题，即对谁有效？在很多方面，战略传播仍然是为了私利而使用，它常常与企业利益相连，其中关键目标是"达成或拒绝由特定的意义或潜在地推动行动变革"（Leitch & Motion, 2010, p.103）。这当然只是硬币的一面，因为战略传播也是反抗企业剥削的武器。战略传播本身并无好坏，但是可以被用于好的或坏的目的。建立于社会理论的研究视角应该意识到这一点。

语境：社会的描述

社会理论需要对社会如何运作进行分析，需要质疑那些包围我们的价值和意义。社会理论告诉我们对社会病态和社会变革的不同诊断。社会已经看到了它在元叙事上的改变，它被描述为：一个个人行为方式以传统为基础的社会转变为一个以目标为导向的理性社会（Waraas, 2009）。然而，与后现代社会的观点形成对比的观点认为，情感与价值导向的秩序与理性共存。多元主义、多情境性、情境知识界定了这个情境的特征（Lyotard, 1979）。即使事实在之前的现代社会并不被认可的，价值和标准是具体的、基础的、接近反思的（Zijderveld, 2000）。在现代社会，一个越来越普遍的观点是由杜威在1916年提出的：社会不仅由传播维持，而且由传播构成（Kuckelhaus, 1998）。因此战略传播和公共关系与现代性紧密相连，特别是在商业团体和行政机关的经济背景下。

如果传播构成了现代社会，那么战略传播和公共关系是现代性的重要成分。社会建构的视角似乎主导了社会理论家描述现代和后现代社会存在过程的形成。这样一种观点侧重于语言、交流和关系，必然也有助于解释、解构和重建意义。建构社会现实的过程同时是一个建构意义的过程（Bentele & Ruhl, 1993; Van Nisterlrooij, 2000）。

在过去十年里，有些理论家通过引入所谓第二现代性（Beck, Bonss & Lau, 2003）和超现代性（Lipovetsky, 2205）尝试弥合理论和概念上的区别。第二现代性，也被称为反现代性，这是一个包容性的理论视角，也是一个能够战胜相对主义，与后现代主义联系起来的研究项目。

传播管理的实践领域常常被谴责是相对主义，因此这样的视角非常适合战略传播和公共关系，它推动了社会在整体上的后现代相对主义。在第二现代性中，Beck、Bonss和Lau（2003）承认20世纪的现代社会已经发生了基本改变，它被学者们称为现代性的现代化。那是第二现代性或反现代性，并不意味着“掌控和良知的增加，而是因为认知的提高使得掌控成为可能”（Latour, 2003, p.36）。“现代社会通过去魅和消解变成反思性的。”（Beck, et al., 2003, p.3）在民族国家的领域中，它的前提是福利国家、法律系统、经济和治理。在第二现代性的社会空间中，自然和社会、科学和非科学表述之间的边界并不是和现代性中一样被制度所确定的，也不是如后现代性一样完全被消解。在第二现代性中，边界变为多元的，同时也是基础的。这个过程意在提升制度化新的想象或者可协商边界的必要性，它消解了社会责任和决策之间的冲突。

相反的，科学阵营在第二现代性中得到增长，对科学范围外的认识也将增加。第二现代主义者并没有形成任意多元主义的后现代认知，也没有贬低声明辩白的需求，而是尝试发现一种方法考虑政治和行动难以预测的方面，寻求通过决策的特别方式来终结争论（Beck etal., 2003）。我们并不难想象战略传播在辩论各个方面的重要角色。同时，主观性成为第二现代性中的核心概念。主观性划定了社会生活各个方面（制度的、文化的和技术的）的边界，承认这些主观的边界是积极的想象，帮助我们解决社会问题。这不同于后现代主义的“布雷克主义”思想，这是多元的、有说服力的主体性的接受。（Beck et al., 2003, p.27）第二现代性的视角可以帮助我们解决组织之间传播的问题和冲突，因为它承认许多战略沟通信息的私人利益和基本的主观特征，而不是现代的错误沟通，因为组织间假设界限的存在，同样与现代的误传播不同。例如在第一现代性中，不被承认的主观性带来了沟通错误，因为我们总是期待一个客观的解决办法，例如在社会和环境问题的争论中。

个人化是第二现代性的另一个重要方面。个人化是对个人可以界定的多元基础的接受所带来的结果。于是个体的自我界定变得个人化（Beck et al., 2003）。更加个人化方向的发展也出现在超现代性理论中，其中法国哲学家吉尔斯·利波夫斯基（Grilles Lipoversky, 2005）是主要代表人物。超现代性也是非常合适战略传播研究的视角，因为它不仅仅认识到基本的个人化和社会的反思性，也承认今天西方社会甚至全球社会的基本消费主义特征。因为战略传播常常在经济环境下发挥作用，作为社会中一种巨大的力量，对消费主义的再认识有助于它的理论化。

超现代社会是对这个时代的称呼（Lipovetsky, 2005, p.9），Charles（2005）认为其特征在于超消费主义、超现代性和超自恋。在一个“超”国度中，超消费、超现代性和自恋，三者都已经被过度使用了。在社会生活的很多方面，消费已经越来越成为中心，消费越来越多地被放到情感和快乐主义的情境下。消费成为关于奢侈、快乐和感觉的代名词。超现代性是持续的运动、流动性和灵活性的状态。科学、技术和进步的观念如同它们就是现代性，但是这种观念同时也被批判和怀疑。超自恋并不仅仅是个人化的一种形式，而且是与一种每个人都以自己负责任的方式来行动的期待。后现代的享乐主义被超现代的责任所取代（见Charles, 2005; Lipovetsky, 2005；介绍了超现代主义）。我们并不难在超现代的理论视角下描述战略传播：消费的中心性、现代福利和进步的观念，个人对自己行为的责任都接近于在战略传播和公共关系领域中的核心职业价值观。战略传播是超现代组织的一部分（Roberts & Armitage, 2006），同时在它的体制中扮演了重要角色，超现代环境中组织是社会的一部分，其中冲突和差异是永恒的。

社会理论家对于在社会中冲突和差异如何被感知这一问题存在着不同看法。法国学者布尔迪厄（Bourdiell, 1990）将社会描述为通过个人的和集体的斗争构成和重造的结构。冲突和差异被认为是人类存在的基本核心。福柯（Foucault, 1972）对一定话语如何结合起来怀有类似的观点，他描述了一定的话语如何产生现代知识，以及权力如何通过这些话语表达。其他作者已经关注到这样的权力关系如何找到它们的表达方式，在社会中风险如何分布，性别和父权的宏观结构如何发挥作用（Fredrinksson, 2009; Rakow & Natasia, 2009）。例如，什么人能够控制所谓的风险？

当社会理论家对社会问题做出一个诊断，意味着他们也常常会提出一个补救办法。已经提出的解决办法可能被接受或者呼唤一个交互行为（Habermas, 1984, 1987）。交互行为是一个社会诊断和共识构建的形式，也被视为反对的战略行动，只为私人利益的实现服务，它可能涉及有目的性地利用他人。正如前文所指出的，有些人也视战略传播为重要的公民工具（Heath, 2011; Taylor, 2010）。其他人已经辩论到我们应该从行动者和行为体如何从无到有地构建我们在非现代条件中吸取教训（Verhoeven, 2009）。呼吁重点关注战略传播如何帮助不同性别、种族和地区的人对抗社会不公平。传播实践者被要求成为组织公众的积极分子，学会识别和理解差异（Holtzhausen, 2012）。从马克思主义的解构主义视角，斯皮瓦克（Spivak转引Dutta, 2009）指出新自由跨国资本主义是如何产生基本的不平等的。因此，研究战略沟通及其作用就成为一种补救措施。简而言之，利用社会理论可以帮助战略传播发展本体论，这也正是公共关系所缺乏的（Cheney & Christensen, 2001）。

概念：合法性和反思

前文提到了一个深刻的社会变革，即社会权威如何丢失了它们过去的特权位置，以及如何使决策持续合法化。因此，战略传播将关注这类“选民的想法”（Stanford Encyclopedia of Philosophy，2011）并将之作为合法性进行反思。这些都是抽象的思想，它构造知识，也被知识所构造，对从最基础的层面理解战略传播非常有益。

社会理论已经给合法性提供了一些概念，这对于战略传播非常有用。例如，韦伯将之界定为“存在的正当权利”（Web转引Waraas, 2009, p.282）。组织受环境约束。卢曼

(Luhmann, 1993, p, 28)认为“人们在一定容忍的界限内做普遍的准备来接受决策，决策并不能确定为被关注的内容”。哈贝马斯将合法性与真相联系起来，Burkart(2009)引用他的著作，提出了一个模型，将这一方面作为一种达成组织和公众之间进一步理解的手段，反过来可能形成合法性的基础。

战略沟通最根本任务是确保本组织的使命被认为是合法的(Holmstrom, Falkheimer, & Nielsen, 2010)。社会的快速变化，使得组织需要保持与其步调一致，定位它们的环境(Ihlen, 2008)。有些人会认为战略传播是一个反思性的社会专家系统，它有助于努力(Falkheimer, 2009)。在卢曼的基础上，其他人将战略传播更多地视为功能系统，成为代表组织的反思性实践(Holmstrom, 2009)。

对合法性日益增长的需求是驱动性因素之一，从上文对共同的社会责任的讨论已经可见一斑(Ihlen, Barlett, & May, 2011; May, Cheney, & Roper, 2007)。组织不得不掌控来自不同的群体、利益相关者或公众的需求，从而保持他们“运营的资格”。从Holmstrom(2000, 2003)的论证中获得启发，van Ruler和Verčič(2005)说明为了维持运营的资格，那些组织管理的负责人应该对传播管理持有反思的观点。传播管理的反思模型视战略传播为“通过理解情境，从中创造恰当的意义，寻找可被接受的框架和规定，从而建构社会”(van Ruler & Verčič, 2005, p.266)。这是一种战略传播的社会方法，将整个社会作为分析单位，从外部来看组织，也就是从公共领域的视角来观察。传播管理被界定为“最大化、优化或者满足意义创造的过程，通过共同创造社会的合法性，利用信息化的、有说服力的、关系性的干预和话语性的干预来解决管理问题”(Van ruler & Verčič, 2005, p.266)。

有些人提出把合法性作为目的，或者作为实现组织目标的手段。社会理论的视角使得这一点变得非常清晰，合法性是由不同的公众授予组织的，因此它是无法被管理的(Wehmeier, 2006)，这使我们得到这样的结论，战略传播必须关注知识、意义和行为的协商。在公共关系中，这种思想与所谓的共创方法呼应，视公众和群体为意义的共同创造者(Botan & Taylor, 2004; Taylor, 2010)。

关注和议题：权力和语言

关注或议题可以被界定为讨论的事件。换句话说，议题是形成中的事实。关注和议题也可以带来创造性的和有价值的讨论，部分涉及前面部分讨论的概念。

权力常常在文献中被探讨(例如，B. K. Berger, 2005; Cottle, 2003; Courtright & Smudde, 2007; Edwards, 2006; Leitch & Motion, 2010; Plowman, 1998; Weaver, Motion, & Roper, 2006)。Smudde和Courtright(2010)将权力界定为三个维度：科层的、修辞的和社会的。科层的权力是基于组织中个人的等级和位置。在组织中的科层权力仍然是一个研究议题，因为对组织中传播专业人员的权力研究以及他们如何与决策者联合的研究结果

（Grunig, 2012）是混合的。欧洲研究表明，不是所有的实践者都能够在决策桌上有一席之地（Zerfass, Tench, Verhoeven, Verčič, & Moreno, 2010）。欧洲研究也进一步表明女性从业人员认为她们做出的战略决策和组织的规划比男性从业人员的影响要小（Verhoeven & Aarts, 2010）。关于薪资不平等和管理层中女性的缺位这类议题远没有消失（Wrighey, 2010）。

修辞权力关注有效运用语言和符号的技巧。与社会理论相关的修辞权力描述了影响公共讨论之下的议题和价值的能力，换句话说，这些议题与公共领域相关（Bentele & Nothhaft, 2010; Holtzhausen, 2010; Jensen, 2010）。公共领域被视为人类的社会建构。例如，伊伦（Ihlen, 2002, 2004）将修辞方法与社会方法结合起来，展现了战略传播如何构成行动者在意义的公共战场中的斗争，它影响了公共意义，也就是影响了社会现实。意义创造是公共关系的核心，与组织给定的，它与创造的概念紧密相关（Morsing & Schultz, 2006; Weick，Sutcliffe, & Obstfeld, 2005）。借助于感官给予，组织尝试将自己对一个现象的理解强加给他人，常常通过宣传方式单向传播。如果将给予感和理解感在双向传播过程中结合起来，将会对于传播中产生的意义进行多元读解和协商提供空间。

社会权力将另外两种权力联系在一起：人们一起行动，通过传播创造组织、创造社会（Smudde & Courtright, 2010）。这样也可以增加从1990年以来全球层面媒介环境的技术和社会发展的掌控（见Catalano, 2007）。数字和社交媒体的崛起及其使用引发了人们对战略传播影响的质疑。这也是按照欧洲传播专业人员的观点，在2013年对专业人员而言，最重要的五个议题之一（Zerfass et al., 2010）。其中探讨的数字化发展和社会网络被视为最重要的议题。

社会建构主义的观念已经被提及过。Berger和Luckmann（1966）认为现实是一个社会结构，同样的，真相是不能与我们彼此交流和互动的方式分离的。这个观点与现实主义者认为的客观知识是可以获得的这个观点背道而驰。为了更好理解社会中的战略传播，我们必须看到其背后的东西，探求战略传播如何作为社会中一定意义的生产者发挥作用（B.K.Berger, 1999; Heide, 2009）。这个过程对权力议题有重要意义。他们使得战略传播具有政治性，因为它加强了特定的真相（Motion & Leitch, 2009）。

首先，自从20世纪大众媒介开始发展。其次，在电脑社交媒体崛起的最近十年，来自个体、群体和组织的所有特定真相的表达已经越来越被媒介化。今天通过传统大众媒介和新的社交媒体系统的互动发生的意义建构越来越实质化，并在全球范围内得以实现。除了传播参与者的目的外，所有这些讯息和传播都获得了自己的动力，影响了意义建构的过程和议题的意义。这复杂的意义建构过程和传播的动态性是战略传播研究的新课题。新的研究方法应该在话语中显示更高的顺序结构，并允许跨时间与跨话语的比较。例如，更高阶的结构显示了所使用语言的结构特征和交流的结构特征，换句话说就是话语的结构特征。下一阶分析即通过分析所谓的含蓄框架揭示了域内建构的语境化（Hellsten et al., 2010）。含蓄框架显示了交际内容潜在的维度和产生的意义。这类二阶分析表明，意义构建过程可以被运用在信息科学技术研究中的语义映射技术来完成（Leydesdorff, 2011; Leydesdorff & Hellsten, 2006）。在战略传播领域，这类语义映射方法可以展现战略传播者、媒体记者、互联网的活跃公众所建构的关于组织的不同意义（Jonkman & Verhoeven, 2013; Verhoeven, Jonkman & Boumans, 2012）以及不同话语之间的相互作用（van der Meer & Verhoeven，出版中）。

实证途径：一个研究项目

从社会理论出发分析，战略传播为形成经验问题和假设提供了大量的可能性。社会理论对描述、理解和解释在战略传播领域发生了什么以及有什么结果是非常必要的（Ihlen & Verhoeven, 2009）。最基本和共同的前提是，一个实证研究项目包含了从所谓的传播、语言或话语转向中获得的见解。一个建构主义者的基本起点需要关于个人行动的微观研究，也需要系统理论的宏观视角（Holmstrom, 2010; van Ruler & Verčič, 2005）。在此背景之下的社会理论视角可以帮助我们弥补在管理范式下描述性和规范性研究，以及行为范式下对个体心理研究之间的不足。战略传播可以视为传播的不同形式，从符号、人际到社会传播，到系统理论中的非人类传播功能。我们可能在宏观、中观和微观层面区别中介和非中介的传播。

有些由社会理论提出的问题可能源于前面章节的讨论，与战略传播的影响相关，即对不同公众的认知、态度和行为的影响是什么？这类研究可以在以下框架理论的帮助下展开（Entman, 1993; Hallahan, 1999），也可以在议程设置和启动（Scheufele, 2000）、使用和满足（Ketelaar & van derLann, 2009; Ruggiero, 2000）、舆论动力和形成（van Ginneken, 2003）、文化指示（Gerbner, Gross, Morgan, & Signorelli, 1994）、犬儒主义的螺旋（Cappella & Jamieson, 1997）、接受鸿沟（Zaller, 1996）或关于计算机中介传播的媒介理论（Neuman & Guggenheim, 2011）的视野下展开。这里只是列举一小部分。第一步可以是对过去25年间进行的各类传播的结果进行元分析。

结论

在本章中，我们展现了关于战略传播的社会理论视角的几个关键的结论。首先，我们认为这样的视角确定了战略传播实践的消极的和积极的方面。社会理论视角研究所有方面，不能仅仅评判看它是否提升了实践。社会理论中对社会的各个维度提供了不同描述。其次，我们特别讨论了第二现代性和超现代性的概念，在其中传播被视为一个重要的构成要素。这个视角下的一个重要贡献在于承认消费主义是战略传播的主要力量。战略传播的功能在于为组织创造合法性，这个目标可能通过反思社会的需求而实现。社会理论要求人们关注在这个意义上围绕知识、意义和行为的协商。也就是，接下来的权力和语言的议题。社会理论帮助我们看到战略传播如何在社会中通过传播被权力结构影响，又影响权力结构，例如符号的使用。最后，我们提出如何对之进行实证研究。

战略传播被用来帮助所有类型的组织，社会理论让我们关注这个过程如何影响社会。对此，一个贴切的表达可以是企业如何成为现代社会的主导制度，很多研究都聚焦于现代企业的权力角色，以及它对公共领域和政治的（消极）影响（例如，Bakan, 2004; Boggs, 2000; Carey, 1995; Korten, 2001）。简单的探索展现了很多企业的回报如何超过了整个区县的国民生产总值。例如，2010年沃尔玛的利润使之成为全世界第25大的经济体（Trivett, 2011）。利用社会理论来探讨战略传播可以帮助我们理解为什么这样的立场是合法的。这样的任务已经超出了很多传播杂志运用的管理方法所能理解的范畴。为了这个目的，其他学者（Ihlen & Verhoeven, 2009）提出了一个批判现实主义的框架（Contu & Wilmott, 2005; Reed, 2005）。这被认为是一个可以超出社会科学中实证主义者（现实主义者）和社会建构，提供新的解决办法的视角。对现代和后现代分析而言，这是个现实主义的哲学替代，因为它承认了一方面社会现实的建构性，另一方面认同现实不依赖于我们的认知。批判现实主义提出，要基于社会现象之下的结构和机制的真实性和深层次，对之进行解释（见Bhaskar, 1978/1979, 1986）。在批判现实的框架下，本章提出的所有元素都可以与战略传播相结合解释一种社会现象。在批判现实的框架下对战略传播现实的研究议程并没有被强加于一个特定的方法论或致力于提出一个战略传播的普遍理论。它提供了不同层次的分析问题思路：从印象、感知和情感，事件和事实的状态到领域中真实和深层的结构和机制。同时，它也可以解释文化的作用。然而，这仅仅是从社会理论领域的大量文献中获得的众多可能性之一。

注释

[1] 本章是Ihlen & Verhoeven（2009; 2012）的发展。

参考文献

[1] Aldoory, L. (1998). The language of leadership for female public relations professionals. *Journal of Public Relations Research*, 10(2), 73–101.

[2] Bakan, J. (2004). The corporation: The pathological pursuit of profit and power. London: Constable.

[3] Banks, S. (1995). *Multicultural public relations: A social-interpretive approach*. Thousand Oaks, CA: Sage.

[4] Beck, U., Bonss, W., & Lau, C. (2003). The theory of reflexive modernization: Problematic, hypotheses and research programme. *Theory, Culture & Society*, 20(2), 1–33.

[5] Bentele, G. (1994). Öffentliches Vertrauen: Normative und soziale Grundlage für Public Relations [Public trust: Normative and social fundamentals for Public Relations]. In W. Armbrecht & U. Zabel (Eds.), *Normative Aspekte der Public Relations. Grundlagen und Perspektiven* [Normative aspects of Public Relations. Fundamentals and perspectives] (pp. 131–158). Opladen, Germany: Westdeustscher Verlag.

[6] Bentele, G, & Nothhaft, H. (2010). Strategic Communication and the Public Sphere from a European Perspective. *International Journal of Strategic Communication*, 4(2), 93–116.

[7] Bentele, G., & Rühl, M. (Eds.). (1993). *Theorien öffentlicher Kommunikation [Theories of public communication]*. München, Germany: Ölschläger.

[8] Bentele, G., & Wehmeier, S. (2007). Applying sociology to public relations: A commentary. *Public Relations Review*, 33(3), 294–300.

[9] Berger, B. K. (1999). The Halicon affair: Public relations and the construction of ideological world view. *Journal of Public Relations Research*, 11(3), 187–203.

[10] Berger, B. K. (2005). Power over, power with, and power to relations: Critical reflections on public relations, the dominant coalition, and activism. *Journal of Public Relations Research*, 17(1), 5–28.

[11] Berger, P., & Luckmann, T. (1966). *The social construction of reality: A treatise in the sociology of knowledge*. London: Penguin Books.

[12] Bhaskar, R. (1978). *A realist theory of science*. London: Verso.

[13] Bhaskar, R. (1979). *The possibility of naturalism: A philosophical critique of the contemporary human sciences*. New York: Routledge.

[14] Bhaskar, R. (1986). *Scientific realism and human emancipation*. London, England: Verso.

[15] Boggs, C. (2000). The end of politics: Corporate power and the decline of the public sphere. New York: Guilford.

[16] Boorstin, D. J. (1992). *The image: A guide to pseudo-events in America*. New York, NY: Vintage Books. (Original work published 1962).

[17] Botan, C H., & Taylor, M. (2004). Public relations: State of the field. *Journal of Communication*, 54(4), 645–661.

[18] Bourdieu, P. (1990). *The logic of practice* (R. Nice, Trans.). Cambridge, UK: Polity.

[19] Burkart, R. (2004). Consensus-oriented public relations (COPR): A concept for planning and evaluation of public relations. In B. van Ruler & D. Verčič (Eds.), *Public relations and communication management in Europe: A nation-by-nation introduction to public relations theory and practice* (pp. 459–465). Berlin: Walter de Gruyter.

[20] Burkart, R. (2009). On Habermas: Understanding and public relations. In Ø. Ihlen, B. van Ruler & M. Fredriksson (Eds.), *Public relations and social theory: Key figures and concepts* (pp. 141–165). New York: Routledge.

[21] Cappella, J. N., & Jamieson, K. H. (1997). *Spiral of cynicism: The press and the public good*. New York: Oxford University Press.

[22] Carey, A. (1995). *Taking the risk out of democracy: Corporate propaganda versus freedom and liberty*. Urbana, IL: University of Illinois Press.

[23] Carroll, G. E., & McCombs, M. (2003). Agenda-setting effects of business news on the public's images and opinions about major corporations. *Corporate Reputation Review*, 6(1), 36–46.

[24] Catalano, C. S. (2007). Megaphones to the internet and the world: The role of blogs in corporate communications. *International Journal of Strategic Communication*, 1(4), 247–262.

[25] Charles, S. (2005). Paradoxical individualism: An introduction to the thought of Gilles Lipovetsky. In Lipovetsky, G. *Hypermodern times* (pp. 1–28), Cambridge: Polity Press.

[26] Cheney, G., & Christensen, L. T. (2001). Public relations as contested terrain: A critical response. In R. L. Heath (Ed.), *Handbook of public relations* (pp. 167–182). Thousand Oaks, CA: Sage.

[27] Contu, A., & Willmott, H. (2005). You spin me round: The realist turn in organization and management studies. *Journal of Management Studies*, 42(8), 1645–1662.

[28] Cottle, S. (Ed.). (2003). *News, public relations and power*. London: Sage Publications.

[29] Courtright, J. L., & Smudde, P. M. (Eds.). (2007). *Power and public relations*. Cresskill, NJ: Hampton.

[30] Dinan, W., & Miller, D. (Eds.). (2007). *Thinker, faker, spinner, spy: Corporate PR and the assault on democracy*. London: Pluto.

[31] Duffy, M. E. (2000). There's no two-way symmetrical about it: A postmodern examination of public relations textbooks. *Critical Studies in Mass Communication*, 17(3), 294–315.

[32] Durham, F. D. (2005). Public relations as structuration: A prescriptive critique of the Starlink global food contamination case. *Journal of Public Relations Research*, 17(1), 29–47.

[33] Dutta, M. J. (2009). On Spivak: Theorizing resistance: Applying Gayatri Chakravorty Spivak in public relations. In Ø. Ihlen, B. van Ruler & M. Fredriksson (Eds.), *Public relations and social theory: Key figures and concepts* (pp. 278–300). New York: Routledge.

[34] Dutta-Bergman, M. J. (2005). Civil society and public relations: Not so civil after all. *Journal of Public Relations Research*, 17(3), 267–289.

[35] Edwards, L. (2006). Rethinking power in public relations. *Public Relations Review*, 32(3), 229–231.

[36] Edwards, L. (2007). *Exploring power in public relations: A Bourdieusian perspective*. (PhD), Leeds Metropolitan University, Leeds, UK.

[37] Edwards, L., & Hodges, C. E. M. (Eds.). (2011). *Public relations, society & culture: Theoretical and empirical explorations*. London: Routledge.

[38] Entman, R. M. (1993). Framing: Toward clarification of a fractured paradigm. *Journal of Communication*, 43(4), 51–58.

[39] Falkheimer, J. (2009). On Giddens: Interpreting public relations through Anthony Giddens' Structuration and Late Modernity Theory. In Ø. Ihlen, B. van Ruler & M. Fredriksson (Eds.), *Public relations and social theory: Key figures and concepts* (pp. 103–118). New York: Routledge.

[40] Foucault, M. (1972). *The archaeology of knowledge and the discourse on language*. New York: Pantheon Books.

[41] Fredriksson, M. (2009). On Beck: Risk and sub-politics in reflexive modernity. In Ø. Ihlen, B. van Ruler & M. Fredriksson (Eds.), *Public relations and social theory: Key figures and concepts* (pp. 21–42). New York: Routledge.

[42] Geist, U. (2001). Om paradokser, usandsynligheder og tillid—en præsentation af Luhmanns teori om sociale systemer [About paradoxes, improbabilities and trust – a presentation of Luhmann's theory of social systems]. In M. Femø Nielsen (Ed.), *Profil og offentlighed: Public relations for viderekomne* [Profile and publicity: Public relations for the advanced] (pp. 301–334). Frederiksberg, Denmark.

[43] Gerbner, G., Gross, L., Morgan, M. , & Signorelli, M. (1994). Growing up with television: The cultivation process. In J. Bryant & D. Zilmann (Eds.), *Media effects. Advances in theory and research* (pp. 17–41). Mahwah, NJ: Lawrence Erlbaum.

[44] Gilpin, D. R., & Murphy, P J. (2010). Implications of complexity theory for public relations: Beyond crisis. In R. L. Heath (Ed.), *The SAGE handbook of public relations* (pp. 71–84). Thousand Oaks, CA: Sage.

[45] Grunig, L. A. (1992). Power in the public relations department. In J. E. Grunig, D. M. Dozier, W. P. Ehling, L. A. Grunig, F. C. Repper & J. White (Eds.), *Excellence in public relations and*

communication management (pp. 483-501). Hillsdale, NJ: Lawrence Erlbaum.

[46] Grunig, L. A., & Hon, L. C. (2001). *Women in public relations: How gender influences practice*. New York: Guilford Press.

[47] Habermas, J. (1984). *The theory of communicative action* (Vol. 1). Cambridge, UK: Polity Press.

[48] Habermas, J. (1987). *The theory of communicative action* (Vol. 2). Cambridge, UK: Polity Press.

[49] Habermas, J. (1989). *The structural transformation of the public sphere: An inquiry into a category of bourgeois society* (T. Burger, Trans.). Cambridge, MA: MIT Press.

[50] Hallahan, K. (1999). Seven models of framing: Implications for public relations. *Journal of Public Relations Research*, 11(3), 205–242.

[51] Hallahan, K. (2004). “Community” as a foundation for public relations theory and practice. *Communication Yearbook*, 28(1), 233–279.

[52] Hallahan, K., Holtzhausen, D., van Ruler, B., Verčič, D., & Sriramesh, K. (2007). Defining strategic communication. *International Journal of Strategic Communication*, 1(1), 3–35.

[53] Hatch, M. J., & Schultz, M. (2002). The dynamics of organizational identity. *Human Relations*, 55, 989–1018.

[54] Heath, R. L. (Ed.). (2010). *The SAGE handbook of public relations*. Thousands Oaks, CA: Sage.

[55] Heath, R. L. (2011). External organizational rhetoric: Bridging management and sociopolitical discourse. *Management Communication Quarterly*, 25(3), 415–435.

[56] Heide, M. (2009). On Berger: A social constructionist perspective on public relations and crisis communication. In Ø. Ihlen, B. van Ruler & M. Fredriksson (Eds.), *Public relations and social theory: Key figures and concepts* (pp. 43–61). New York: Routledge.

[57] Hellsten, L, Dawson, J., & Leydesdorff, L. (2010). Implicit media frames: Automated analysis of public debate on artificial sweeteners. *Public Understanding of Science*, 19(5), 590–608.

[58] Holmström, S. (1997). The inter-subjective and the social systemic public relations paradigms. *Journal of Communication Management*, 2(1), 24–39.

[59] Holmström, S. (2000, July 7). *The reflective paradigm turning into ceremony: Three phases of public relations—strategic, normative and cognitive in the institutionalisation of a new business paradigm, leading to three scenarios*. Paper presented at the 7th International Public Relations Research Symposium, Bled, Slovenia.

[60] Holmström, S. (2003). *Grænser for ansvar* [Limits for responsibility]. Unpublished doctoral dissertation, Roskilde University, Roskilde, Denmark.

[61] Holmström, S. (2009). On Luhmann: Contingency, risk, trust and reflection. In Ø. Ihlen, B. van Ruler & M. Fredriksson (Eds.), *Public relations and social theory: Key figures and concepts* (pp. 187–211). New York: Routledge.

[62] Holmström, S. (2010). Reflective management: Seeing the organization as if from outside. In R. L. Heath (Ed.), *The SAGE handbook of public relations* (pp. 261–276). Thousand Oaks, CA: Sage.

[63] Holmström, S., Falkheimer, J., & Nielsen, A. G. (2010). Legitimacy and Strategic communication in globalization: The cartoon crisis and other legitimacy conflicts. *International Journal of Strategic Communication*, 4(1), 1–18.

[64] Holtzhausen, D. R. (2010). Communication in the Public Sphere: The political context of strategic communication. *International Journal of Strategic Communication*, 4(2), 75–77.

[65] Holtzhausen, D. R. (2012). *Public relations as activism: Postmodern approaches to theory &*

practice. New York: Routledge.

[66] Ihlen, Ø. (2002). Rhetoric and resources: Notes for a new approach to public relations and issues management. *Journal of Public Affairs*, 2(4), 259–269.

[67] Ihlen, Ø. (2004). *Rhetoric and resources in public relations strategies: A rhetorical and sociological analysis of two conflicts over energy and the environment* [Doctoral dissertation]. Oslo, Norway: Unipub forlag.

[68] Ihlen, Ø. (2005). The power of social capital: Adapting Bourdieu to the study of public relations. *Public Relations Review*, 31(4), 492–496.

[69] Ihlen, Ø. (2008). Mapping the environment of corporate social responsibility: Stakeholders, publics, and the public sphere. *Corporate Communications: An International Journal*, 13(2), 135–146.

[70] Ihlen, Ø., Bartlett, J., & May, S. (Eds.). (2011). *Handbook of communication and corporate social responsibility*. Malden, MA: Wiley-Blackwell.

[71] Ihlen, Ø., & van Ruler, B. (2007). How public relations works: Theoretical roots and public relations perspectives. *Public Relations Review*, 33(3), 243–248.

[72] Ihlen, Ø., van Ruler, B., & Fredriksson, M. (Eds.). (2009). *Public relations and social theory: Key figures and concepts*. New York: Routledge.

[73] Ihlen, Ø., & Verhoeven, P. (2009). Conclusions on the domain, context, concepts, issues and empirical avenues of public relations. In Ø. Ihlen, B. van Ruler & M. Fredriksson (Eds.), *Public relations and social theory: Key figures and concepts* (pp. 332–349). New York: Routledge.

[74] Ihlen, Ø., & Verhoeven, P. (2012). A public relations identity for the 2010s. *Public Relations Inquiry*, 1(2), 159–176

[75] Jensen, I. (2001). Public relations and emerging functions of the public sphere: An analytical framework. *Journal of Communication Management*, 6(2), 133–147.

[76] Jonkman, J., & Verhoeven, P. (2013). From risk to safety: Implicit frames of third-party airport risk in Dutch quality news papers between 1992 and 2009. *Safety Science*, 58, 1–10.

[77] Ketelaar, P. E., & van der Laan, M. P. (2009). A uses and gratifications approach to marketing communications: How to serve the interests of all stakeholder groups. In R. P. Konig, P. W. M. Nelissen & F. J. M. Huismans (Eds.), *Meaningful media: On the social construction of reality* (pp. 145–163). Nijmegen, the Netherlands: Tandem Felix.

[78] Korten, D. C. (2001). *When corporations rule the world* (2 ed.). Bloomfield, CN: Kumarian Press.

[79] Kruckeberg, D., & Starck, K. (1988). *Public relations and community*. Westport, CT: Praeger.

[80] Kückelhaus, A. (1998). *Public Relations: die Konstruktion von Wirklichkeit: Kommunikationstheoretische Annäherungen an ein neuzeitliches Phänomen [Public Relations: The construction of reality: Communication scientific perspectives into a current phenomenon]*. Opladen, Germany: Westdeustcher Verlag.

[81] L'Etang, J., & Pieczka, M. (Eds.). (1996). *Critical perspectives in public relations*. London: International Thomson Business Press.

[82] L'Etang, J., & Pieczka, M. (Eds.). (2006). *Public relations: Critical debates and contemporary practice. Mahwah*, NJ: Lawrence Erlbaum.

[83] Latour, B. (2003). Is Re-modernization occurring—And if so, how to prove it? *Theory, Culture & Society*, 20(2), 35–48.

[84] Leeper, R. V. (1996). Moral objectivity, Jürgen Habermas' discourse ethics and public relations.

Public Relations Review, 22(2), 133–150.
[85] Leeper, R. V. (2001). In search of a metatheory for public relations: An argument for communitarianism. In R. L. Heath (Ed.), *Handbook of public relations* (pp. 93–104). Thousand Oaks, CA: Sage.
[86] Leichty, G. (2003). The cultural tribes of public relations. *Journal of Public Relations Research*, 15(4), 277–304.
[87] Leitch, S., & Motion, J. (2010). Publics and public relations: Effective change. In R. L. Heath (Ed.), *The SAGE Handbook of Public Relations* (pp. 99–110). Thousand Oaks, CA: Sage.
[88] Leydesdorff, L., (2001). *A sociological theory of communication: The self-organization of the knowledge-based society*. Leiden: DSWO Press, Leiden University.
[89] Leydesdorff, L. & Hellsten, I. (2006). Measuring the meanings of words in contexts: Automated contexts of 'monarch butterflies,' 'Frankenfoods' and 'stem cells.' *Scientometrics*, 67, 231–258.
[90] Lim, J., & Jones, L. (2010). A baseline summary of framing research in public relations from 1990 to 2009. *Public Relations Review*, 36, 292–297.
[91] Lipovetsky, G. (2005). *Hypermodern times*. Cambridge: Polity Press.
[92] Livesey, S. M. (2002). The discourse of the middle ground: Citizen Shell commits to sustainable development. *Management Communication Quarterly*, 15(3), 313–349.
[93] Luhmann, N. (1993). *Legitimation durch Verfahren*. Frankfurt, Germany: Suhrkamp.
[94] Lyotard, J. F. (1979). *La condition postmoderne [The postmodern condition]*. Paris: Editions de Minuit.
[95] Maier, C. T. (2005). Weathering the storm: Hauser's Vernacular Voices, public relations and the Roman Catholic Church's sexual abuse scandal. *Public Relations Review*, 31(2), 219–227.
[96] May, S. K., Cheney, G., & Roper, J. (Eds.). (2007). *The debate over corporate social responsibility*. New York: Oxford University Press.
[97] Mayhew, L. H. (1997). *The new public: Professional communication and the means of social influence*. Cambridge: Cambridge University Press.
[98] McKie, D., & Munshi, D. (2007). *Reconfiguring public relations: Ecology, equity and enterprise*. New York: Routledge.
[99] Meijer, M. M., & Kleinnijenhuis, J. (2006). Issue news and corporate reputation: Applying the theories of agenda setting and issue ownership in the field of business communication. *Journal of Communication* 56, 543–559.
[100] Meisenbach, R J. (2005). Habermas' discourse ethics and principle of universalization as a moral framework for organizational communication. *Management Communication Quaterly*, 20(1), 39–62.
[101] Merten, K. (2004). A constructivistic approach to public relations. In B. v. Ruler & D. Verčič (Eds.), *Public relations and communication management in Europe: A nation-by-nation introduction to public relations theory and practice* (pp. 45–54). Berlin: Walter de Gruyter.
[102] Miller, D, & Dinan, W. (2008). *A century of spin: How public relations became the cutting edge of corporate power*. London: Pluto Press.
[103] Morsing, M., & Schultz, M. (2006). Corporate social responsibility communication: Stakeholder information, response and involvement strategies. *Business Ethics: A European Review*, 15(4), 323–338.
[104] Motion, J. (1997). Technologising the self-an art of public relations. *Australian Journal of Communication*, 24(2), 1–16.

[105] Motion, J., & Leitch, S. (2009). On Foucault: A toolbox for public relations. In Ø. Ihlen, B. van Ruler & M. Fredriksson (Eds.), *Public relations and social theory: Key figures and concepts* (pp. 83–102). New York: Routledge.

[106] Motion, J., & Weaver, C. K. (2005). A discourse perspective for critical public relations research: Life sciences network and the battle for truth. *Journal of Public Relations Research*, 17(1), 49–67.

[107] Munshi, D., & Kurian, P. (2005). Imperializing spin cycles: A postcolonial look at public relations, greenwashing, and the separation of publics. *Public Relations Review*, 31(4), 513–520.

[108] Neuman, W. R., & Guggenheim, L. (2011). The evolution of media effects theory: A six-stage model of cumulative research. *Communication Theory*, 21(2), 169–196.

[109] Nistelrooij, A. van. (2000). *Collectief organiseren: Een sociaal-constructionistisch onderzoek naar het werken met grote groepen [Collective organizing: A social-constructionistic research project into large scale group work]*. Utrecht, the Netherlands: Lemma.

[110] O'Neil, J. (2003). An analysis of the relationships among structure, influence, and gender: Helping to build a feminist theory of public relations. *Journal of Public Relations Research*, 15(2), 151–180.

[111] Olasky, M. N. (1989). The aborted debate within public relations: An approach through Kuhn's paradigm. *Public Relations Research Annual*, 1, 87–95.

[112] Pearson, R. (1989a). Beyond ethical relativism in public relations: Coorientation, rules, and the idea of communication symmetry. In J. E. Grunig & L. A. Grunig (Eds.), *Public Relations Research Annual* (Vol. 2, pp. 67–86). Hillsdale, NJ: Lawrence Erlbaum.

[113] Pearson, R. (1989b). Business ethics as communication ethics: Public relations practice and the idea of dialogue. In C. H. Botan & V. Hazelton Jr. (Eds.), *Public relations theory* (pp. 111–131). Hillsdale, NJ: Lawrence Erlbaum.

[114] Pearson, R. (1990). Ethical values or strategic values? The two faces of systems theory in public relations. In L. A. Grunig & J. E. Grunig (Eds.), *Public Relations Research Annual* (Vol. 2, pp. 219–234). Hillsdale, NJ: Lawrence Erlbaum.

[115] Plowman, K. D. (1998). Power in conflict for public relations. *Journal of Public Relations Research*, 10(4), 237–261.

[116] Radford, G. P. (2012). Public relations in a postmodern world. *Public Relations Inquiry*, 1(1), 49–67.

[117] Rakow, L. F., & Nastasia, D. (2009). On feminist theory of public relations: An example from Dorothy E. Smith. In Ø. Ihlen, B. van Ruler & M. Fredriksson (Eds.), *Public relations and social theory: Key figures and concepts* (pp. 252–277). New York: Routledge.

[118] Reed, M. (2005). Reflections on the 'Realist Turn' in Organization and Management Studies. *Journal of Management Studies*, 42(8), 1621–1644.

[119] Ristino, R. J. (2008). The sociocultural model of public relations/communication management practice: A critical-cultural perspective. *International Journal of Strategic Communication*, 2(1), 54–73.

[120] Roberts, J., & Armitage, J. (2006). From organization to hypermodern organization. On the accelerated appearance and disappearance of Enron. *Journal of Organizational Change Management*, 19, 558–577.

[121] Ronnebeger, F., & Rühl, M. (1992). *Theorie der public relations: Ein entwurf* [Theories of public relations: an introduction]. Opladen, Germany: Westdeutscher Verlag.

[122] Ruggiero, T. E. (2000). Uses and gratifications theory in the 21st century. *Mass Communication and*

Society, 3(1), 3–37.

[123] Scheufele, D. A. (2000). Agenda-setting, priming, and framing revisited: Another look at cognitive effects of political communication. *Mass Communication and Society*, 3(2), 297–316.

[124] Schultz, F., Kleinnijenhuis, J., Oegema, D., Utz, S., & van Atteveldt, W. (2012). Strategic framing in the BP crisis: A semantic network analysis of associative frames. *Public Relations Review*, 38, 97–107.

[125] Self, C. C. (2010). Hegel, Habermas, and community: The public in the new media era. *International Journal of Strategic Communication*, 4(2), 78–92.

[126] Smudde, P., & Courtright, J. (2010). Public relations and power. In R. L. Heath (Ed.), *The SAGE Handbook of Public Relations* (pp. 177–190). Thousand Oaks, CA: Sage.

[127] Stanford Encyclopedia of Philosophy. (2011). Concepts. *Stanford Encyclopedia of Philosophy* Stanford, CA.

[128] Starck, K., & Kruckeberg, D. (2001). Public relations and community: A reconstructed theory revisited. In R. L. Heath (Ed.), *Handbook of public relations*. Thousand Oaks, CA: Sage.

[129] Taylor, M. (2010). Public relations in the enactment of civil society. In R. L. Heath (Ed.), *The SAGE handbook of public relations* (pp. 5–16). Thousand Oaks, CA: Sage.

[130] Toth, E. L. (2001). How feminist theory advanced the practice of public relations. In R. L. Heath (Ed.), *Handbook of public relations* (pp. 237–246). Thousand Oaks, CA: Sage.

[131] Trivett, V. (2011). 25 US Mega Corporations: Where they rank if they were countries. *Business Insider*. Retrieved December 3, 2012, from http://www.businessinsider.com/25-corporations-bigger-tan-countries-2011-6?op=1

[132] Tsetsura, K. (2010). Social construction and public relations. In R. L. Heath (Ed.), *The SAGE Handbook of Public Relations* (pp. 163–175). Thousand Oaks, CA: Sage.

[133] van Ginneken, J. (2003). *Collective behavior and public opinion: Rapid shifts in opinion and communication*. Mahwah, NJ: Lawrence Erlbaum.

[134] Van der Meer, T. G. L. A., & Verhoeven, P. (in press). Public framing organizational crisis situations: Social media versus new media. *Public Relations Review*. Http://dx.doi.org/10.1016/j.pubrev.2012.12.001.

[135] van Ruler, B., & Verčič, D. (2005). Reflective communication management: Future ways for public relations research. In P. J. Kalbefleisch (Ed.), *Communication Yearbook* (Vol. 29, pp. 239–274). Mahwah, NJ: Lawrence Erlbaum.

[136] Vardeman-Winter, J., & Tindall, N. T. J. (2010). Toward an intersectionality theory of public relations. In R. L. Heath (Ed.), *The SAGE handbook of public relations* (pp. 223–236). Thousand Oaks, CA: Sage.

[137] Verhoeven, P. (2009). On Latour: Actor-Network-Theory (ANT) and public relations. In Ø. Ihlen, B. van Ruler & M. Fredriksson (Eds.), *Public relations and social theory: Key figures and concepts* (pp. 166–186). New York: Routledge.

[138] Verhoeven, P., & Aarts, N. (2010). How European public relations men and women perceive the impact of their professional activities. *PRism*, 7(4). Available at http:///www.prisonjournal.org.

[139] Verhoeven, P., Jonkman, J., & Boumans, J. (2012). *Framebuilding van een nieuwe ziekte [Framebuilding of a new disease]*. Paper presented at the Etmaal van de Communicatiewetenschap, Netherlands School of Communications Research (NESCoR). Leuven: February 9–10.

[140] Weaver, K., Motion, J., & Roper, J. (2006). From propaganda to discourse (and back again): Truth, power, the public interest and public relations. In J. L'Etang & M. Pieczka (Eds.), *Public relations: Critical debates and contemporary practice* (pp. 7–21). Mahwah, NJ: Lawrence Erlbaum.

[141] Wehmeier, S. (2006). Dancers in the dark: The myth of rationality in public relations. *Public Relations Review*, 32(3), 213–220.

[142] Weick, K. E., Sutcliffe, K. M., & Obstfeld, D. (2005). Organizing and the process of sense making. *Organizational Science*, 16, 409–421.

[143] Wrigley, B. J. (2010). Feminist scholarship and its contributions to public relations. In R. L. Heath (Ed.), *The SAGE handbook of public relations* (pp. 247–260). Thousand Oaks, CA: Sage.

[144] Wæraas, A. (2009). On Weber: Legitimacy and legitimation in public relations. In Ø. Ihlen, B. van Ruler & M. Fredriksson (Eds.), *Public relations and social theory: Key figures and concepts* (pp. 301–322). New York: Routledge.

[145] Zaller, J. (1996). The myth of massive media impact revived: new support for a discredited idea. In D. C. Mutz, P. M. Sniderman & R. M. Brody (Eds.), *Political persuasion and attitude change* (pp. 17–60). Ann Arbor, MI: Michigan University Press.

[146] Zerfass, A., Tench, R., Verhoeven, P., Verčič, D., & Moreno, A. (2010). *European Communication Monitor 2009: Status quo and challenges for communication management in Europe: Results of an empirical survey in 46 countries*. Brussels, Belgium: EACD, EUPRERA.

[147] Zijderveld, A. C. (2000). *The institutional imperative: The interface of institutions and networks*. Amsterdam: Amsterdam University Press.

[148] Zerfass, A., Verčič, D., Verhoeven, P., Moreno, A., & Tench, R. (2012). European Communication Monitor 2012. Challenges and competencies for strategic communication. Results of an empirical survey in 42 countries. Brussels, Belgium: EACD/EUPRERA.

第二部分
制度和组织维度

第九章

以制度化工作作为战略传播

马格纳斯·弗雷德里克松和约瑟夫·帕拉斯

当今的组织在环境中运作，几乎需要在各种意义上的战略行动。招聘、财务、产品开发、组织还有传播，都期待由理性支配的战略行动。战略并不仅仅对组织自发地按照其目标和期待的行动很关键，也对安全地、持续地、可预测地控制组织相关人员的行为至关重要。因此战略的概念在战略传播和管理实践的主要理论中占据强有力地位。

简而言之，战略传播可以被界定为“组织有目的地运用传播来完成自己的任务（Hallahan, Holtzhausen, van Ruler, Verčič, & Sriramesh, 2007, p.3）。这是一个基于管理、组织、任务或目标非常明确的概念，与理性、预测和自由选择权的观念一致（Argenti, 1996; Cornelissen, 2008; J.E.Grunig & Hunt, 1984; Hallahan et al., 2007; Harlow, 1976; Long & Hazleton, 1987; Zerfass, 2009）。从整体上看，这些学者将组织的行动描述为理念、资源、传播者技巧以及同伴、组织条件的结果。他们也将之归结为传播者及其服务的组织试图对传播过程施加决定性影响。目标、手段和结果都主要被视为组织的思量、战略和能力的结果，同样每个组织都被视为排他的（Argenti, 1996; Cutlip，Broom, & Center, 2006; Gregory & White, 2008, L.A.Grunig, Grunig, & Dozier, 2002’Heath, 2001）。

然而，如果我们退一步，观察组织如何交流，排他性将会消失，因为一个组织内部的活动基本上与其他组织是相同的。关于协调业务战略或模式（程序一致性）和组织结构（结构一致性），除了雇佣一定能力或专业经理的人员（Meyer & Rowan, 1977; Suchman, 1995），这些组织研究的结果相似，战略传播的特征一致。例如，在组织内部建立传播部门、建立推荐的教育方式、界定有关权限、制定传播政策、传播战略和传播计划、举办新闻发布会、发布新闻稿、组织媒体培训和编制年度报告。在组织环境下的大部分传播活动和传播产品都是在不考虑其实际利益的情况下运作和产生。这些活动和产品都被期待在组织中运作和产生，同样它们或多或少已经不证自明。

这些观察很好地吻合了战略传播的社会学视角，这个视角致力于从宏观、中观和微观层面分析实践（Edwards, 2012; Fredriksson, 2013; Ihlen, Ruler & Fredriksson, 2009; Ihlen & Verhoeven, 2012）。这个研究流派中的一个思维线索由新制度派理论所激发（Feredriksson, Pallas, & Wehmeier, 2013; Pallas & Fredriksson, 2011, 2013; Sandhu, 2009; Wehmeier, 2006），这个传统扎根于政治科学、社会学和经济学（Dimaggio & Powell, 1991）。实践的制度化是新制度理论的中心论题，它将社会结构作为组织治理的主要力量。与个体不同，组织的、新制度的理论在它对组织为什么能够正常运行的解释中强调其社会性（Meyer & Rowan, 1977）。这些著作主要是在认识管理、规范以及作为组织绩效的治理机制的认知结构基础上论述的（Scott, 2008）。

尽管具有强大解释力，战略传播领域的学者只是零星地运用新制度理论视角并为之努力（例如Barlett, Tywoniak, & Hatcher, 2007; Sandhu, 2009; Wehmeier, 2006），他们倾向于组织的决定论观点。现有的分析视战略传播为管理、规范和认知结构的结果，其中传播者或多或少消极地服从于这些要求，他们是社会语境的生产和推动的部分。因此分析常常终结于对制度及其对个人和组织影响的权威解读。

这是对主导性范式的一个反应，其中个人和组织都是至高无上的。然而，新制度主义的观点不能被简化为组织的传播主要来自普遍的制度约束。制度影响组织和他们的行为的方式不是固定的、决定性的。相反，以强制、规范和认知的形式出现的制度是可以接受创新和解读的（Czarniawska & Joerges, 1996; Dimaggio, 1988; Lawrence & Sddaby, & Leca, 2009b; Oliver, 1991; Rovik, 2002）。因此，本章把关注点回到对战略传播的分析，将之视为被制度条件所决定和限制。我们认为主流的静态制度观点并不令人满意，没有给组织运作和管理它们传播的方式提供深入的理解（Fredriksson et al., 2013）。鉴于不足，本章界定了制度化工作概念和机制，通过这个机制，组织行动以创造、维持和破坏制度（Brown, Ainsworth, & Grant, 2012; Lawrence & Suddaby, 2006; Lawrence，Suddaby, & Leca, 2011）。在这个情境下，制度可以被理解为理所当然的社会建构模板，通过民主、经济和家庭这三个具体的范例，给行动和社会交换赋予意义（Greenwood, Oliver, Sahlin, & Suddaby, 2008）。因此这里的目标有三个方面：（1）确证过去的制度限制角色的论证；（2）认为这样的确认既不是整体的，也不是被动的，组织用技巧、知识和资源来积极参与塑造和建构制度化环境；（3）重新界定战略传播，将之作为制度化结构的构成部分。

战略传播和制度

类似于其他的社会活动，战略传播被规则、规定和认知结构所支配。战略传播者和其他传播者一样，并不仅仅按照法律、专业规则或支配性理念来行动，也因为违反这些原则所带来的成本——标新立异的成本很高，既包括金钱成本也包括社会成本。这并不是说如果相互比较，传播者之间缺乏差异，而是组织倾向于在细节上而非观念上区分自己。组织选择不同的场合来进行媒介工作（细节的差异），但是所有的组织都会进行媒介工作（类似的观念）(Pallas & Fredriksson, 2011, 2013)。

新制度主义理论认为，组织——有目的或无目的的——与来自环境的期待和要求相关联。因此，组织的结构、过程和责任可以被认为是对这种需求和期望的回应（DiMaggio & Powell, 1983; Meyer & Rowan, 1977）。这个观点是基于这样的假设，即组织尝试通过遵从构成和代表组织环境中的重要资源的个体和群体认同的规则和理念，以减少在他们运作过程中的风险和干扰的假设（Thompsin, 1967）。不确定性的一般形式可能包括金融风险（例如金融市场），技术转型（例如新技术的发展、环境的退化），以及文化的或道德的要求（例如，企业社会责任的降低标准）。调整的目标是为了达成合法性、可信度和权威性。这些特征是组织在社会中必备的生存能力，其中许多利益相关者群体对之审视、审计和排名（Power, 1997, 2007; Power, Scheytt, Soin, & Sahlin, 2009）。通过吸收那些被认为是理性的、有效的、必要的和道德正确的解决方案、活动、单元、模型和行为模式，组织可以将其核心活动中的干扰风险降到最低（Meyer, 1994; Meyer & Rowan, 1977; Rovik, 2002; Scott, 2008）。组织的外部需求用不同的方式表达出来，指向三个原则的影响：管理的、规范的和拟态的，以规则、规范和观念的形式出现（Scott, 2008）。

合法的结构——受控的传播

当前已经被描述为控制加强的时代（Levi-Faur & Jordana, 2005）。法律、指令、条例和规则构成了社会现实的主要部分，它影响了组织的一系列行动（Djelic & Sahlin-Andersson, 2006）。信息传播法规、会计和报道原则和规章、营销和游说的规则都是一些关于不同规定的形式如何影响当代组织传播行为的例子（Sandhu, 2009）。规则和原则是强制性的，它规定了谁有权力要求信息（记者、公众和股东），决定信息传播的方式（新闻稿、报告和声明），应该包括哪些主题（新的规章、财务记录和工作平等的描述），应该发送给哪些人（监管者、客户、股东和工会）(Callison, 2003; Fredriksson, 2008; Kent, Taylor, & White, 2003; Pallas, 2007)。

为了保证组织符合这些规定，不同的监管和审计机制出台，例如偏离或违反现有法规的罚款和许可证发放制裁行为（Jonsson, 2002; Jonsson, Greve, & Fujiwara-Greve, 2009; Power, 1997）。设计和管理不同监管和审计机制的责任常常被认为是当局政府机构应承担的责任。但是，也有其他的规则制定者和审计者（例如，认证评级机构或行业协会），它们涉及管理框架开发。这些或多或少都是强制的，它们常常通过与标准、成员资格和认证的联系来获得权力（Djelic & Sahlin-Andersson, 2006；也见 Scott, 2004）。

管理过程的存在是基于规则制定者的目的从而创造出博弈的原则，这些原则确保了社会背景如组织领域的可预测性和稳定性（Hoffman, 1999）。如果人们可以预测组织在特定情境下的行为结果，不确定性的程度就会减小。然而，遵守管理的条件并不能确保这一点。如果法律、指令、规则和规定被认为是无关的或者过时的，组织遵从这些规则程序的可能性就会降低（Jonsson, 2002; Scheiberg & Soule, 2005）。同样的情况也发生在那些不依赖于规则制定的行动者的组织上，它们按照依赖的不同资源类型，诸如金融、技术或声誉资产（Leblebici, Salancik, Corpay, & King, 1991; Maguire, Hardy, & Lawrence, 2004）。规则的支配能力是规则制定者合法性的直接结果，以及他们的（Suchman, 1995），控制和制裁机制的能力（Black, 2002; Power etal., 2009）。

首先，地方（如市或县）、国家（如州）和国际（如欧盟）的政治组织制定法规。然而，制度自由化和全球化平行的同时，无政府行动者也成为一种趋向，他们参与到各种领域制造和传播新的或替代性的规则的过程中。商业和政治网络、联盟只是软规则制定者影响一系列领域的少数例子之一（Boli & Thomas, 1999; Djelic & Sahlin-Andersson, 2006; Higgott, Underhill, & Bieler, 2000; Morth, 2004）。全球联盟的工作可被视为一种尝试，即通过建立斯德哥尔摩协议的，以及最近的墨尔本指令，建立管理战略沟通工作的监管结构。这两份文件都涵盖了全球联盟及其成员被视为传播者授权的角色、责任和原则（Global Alliance for Public Relations and Communication Management, 2012）。

规范的结构——调试的传播

虽然战略传播领域并不被认为是专业的，但这个领域的专业化程度正在提升。最近的研究已经表明大多数从业者有类似的教育背景——也就是媒介和传播研究、工商管理或政治科学方面的学位；归属同样的行业协会；具备类似的工作经验和职业生涯（Gregory, 2008）。一种职业身份的意义和重要性是显著的，它也被运用在半职业人员上。在战略传播中，人们可以制定一套指导实践者工作组织和执行方式的理念、理想、模型、方法和战略。然而，这些理念和观念，无论有何争议和质疑，都被证明是为了避免被修正或被替代；也就是，对传播者而言，这些理念被认为是最有效的、道德的、伦理的、完备的和被承认的传播行为。

在这里，整合传播的概念是关于规范性过程运营的一个很好的例子。简而言之，整合传播是一种基于确信的理念，它认为一个组织所有的传播应当被整合，与管理制定和表现的价值观、理解和读解保持一致（Schultz & Kitchen, 2004）。基本原理在于创造一个组织的同质形象，一致性和整体性被认为是组织稳定性、理性和可预测性的前提（van Riel, 1992）。这是一个衍生于现代主义视角的理解，其中社会行动者被视为一贯的主体，有着单一的身份。在两个不同的场合来说两个不同的事情或者说一套又做另一套，被认为是不可靠，甚至是精神分裂的标志，即使这样做的原因完全是理性的。因此，人们或多或少不可能在不考虑整合传播理念的情形下进行战略传播。传播者对这个概念和实践持有积极观点（Christense, Morsing, & Cheney, 2008）。

通过共享理念、模型和期待的方式，制度的规范性元素确保令人满意的、理想的或在道德上正确的组织行为。这些规范的形式带来了日常的程序、习俗、技术和特定的组织形式和结构，也包括了组织实施或调整的传播政策。有关这类规范性压力的一个非常贴切的例子是医疗、教育、研究、文化和艺术领域中的市场化理念（Brunsson & Sahlin-Andersson, 2000; Powel, Gammal, & Simard, 2005）。这些部门与其他社会部门一起，都应按照市场原则行事（Byrikjeflot & Angell, 2007; Waraas, 2008; Waraas, Byrikjeflot, & Angell, 2011）。

规范本身没有约束力，因此它们与法律在很多方面都不同。首先，它们不是真正意义上的强制。你不能因为使用特定的沟通方法而在法庭上被定罪，并且对于传播部门应该如何组织、哪些应该包含在组织的传播政策中，都不存在正式的要求。然而，即使没有与规则相关的正式惩罚，它们仍然很难被忽略（Ashforth & Gibbs, 1990; Jonsson, 2002; Jonsson et al., 2009; Suchman, 1995）。标准是普遍被接受的信念和事实，“将规定性、评估性和强制性的维度引入社会生活”（Scott, 2011, p.54）。其次，由于管理咨询、高校和媒体等专业载体的产生、扩散和传播，它常常表现为从科学的角度建构并合理化，进一步增强了其作为必然性和强制性的地位（Sahlin-Andersson & Engwall, 2002）。

规范和标准界定了行动者之间的互动和关系，也被它们所界定，而关系和互动是由行动者之间的责任以及周围社群界定的。同样的，它或多或少地构建了一个参考的清晰框架，从而在特定的社会情境中获得理想地位（Bostrom, Forssell, Jacobsson, & Tamm Hallstrom, 2004）。换句话说，规范和标准不仅描述了社会义务，也创造了机会和特权（Brunsson & Jacobsson, 2000）。拒绝或违反规定要求可能导致组织陷入孤立或惩罚（Jonsson et al., 2009; Suchman, 1995）。声誉受损、排名靠后和认证缺失是制裁的一些例子，它们往往比罚款或取缔构成更大的威胁。当组织对规范保持充分一致，例如遵循社会责任的标准或伦理的营销规则，它也能获得优势（Bartlett, Frostenson, & Pallas, 2013; Deephouse & Carter, 2005）。新制度理论家认为，对这类规范性压力的适应是建立在适当性的逻辑之上的，也就是说，组织为那些被认为是恰当的、理想的东西而奋斗，而不是为了某些理性的且最有效的东西奋斗（Olsen & March, 2004; Sevon, 1996）。

在传播的语境下适当性逻辑运用的一个例子是ISO10668，它是一个品牌价值评估标准或者是行业协会创建和推广的职业道德标准指南。传播者需要根据这些标准开展工作，从而保持他们在职业群体中的身份。协会大多通过了《雅典守则》和《威尼斯守则》，发展新的规则和标准，规定专业公关人员的行为。遵循这些规则和原则不仅给从业者，也给组织和整个职业领域的合法性和声誉提供了基础。

另一个具备强大规范性力量的实践例子是行业奖项和荣誉。这些活动的目的显然是强调和承认令人满意的和有价值的传播工作和活动。除了不同的奖励，还有很多专业的会议、研讨会和座谈会，共同创造了一个强有力的规范环境，界定了个体和组织应当如何组织和实施他们的传播活动。

认知结构——理解传播

规则和规范是经过深思熟虑而逐渐产生和不断清楚的，传播者被认为应该知道也应该遵循它们。他们也被期待通过教育和经验获得知识和技能，参与专业机构、培训机构和会议。但是关于工作，它的前提和成果的隐性假设也支配了他们正在进行的活动。这些假设或多或少都被认为是理所当然的，当传播者设定他的目标，选择他的方向并评价结果的时候，这些假设起着参考作用。假设告诉他将什么界定为重要，如何创造意义，如何在不同的语境下行动。法国社会学家布尔迪厄用惯习的概念来描述这些假设和行动模式（Bourdieu, 1990）。

管理组织使用沟通假设的一个例子是沟通本身是如何被概念化的。Reddy（1979）指出，我们倾向于认为传播是意义的传递，其中信息或多或少具有物理特征，被视为从一个地方运动到另一个地方（Deetz, 1992; Krippendorff, 1993）。传播常常被比喻为管道，传播者被描述为正确讯息的意义建构者，传播者运用正确的媒介将讯息运送到正确的接收者那里，达到想要的效果（Spicer, 1997）。所有的隐喻如同思想系统一样发挥作用，凭借一个理念，也就是，传播是在与其他概念的关系中被建构的，诸如知识，组织和社会等。作为思想系统，隐喻给某些方面赋予了优先性，因此隐喻创造了意义的空间（Lakoff & Johnson, 1980）。因此，一定的传播方法和战略被认为是明显的，且被吸收到相关理念之中：人们可以运用传播解决什么问题，人们可以怎样运用传播、可以期待什么结果（Deetz, 1992）。

为了能够理解认知结构的力量，我们需要理解意义产生及其框架的意义。有时候意义被用来支持主体和个人，也就是说，我们对世界的意义的理解是围绕着主体和个人的感知而建立的。这是一个谬误。相反，关于认知结构的推理需要作为主观性和集体性的论证来被理解。我们的解释是在与他人的互动中产生、与规则和系统保持一致的。因此，个人解释的范围是受限的（Berger & Luckmann, 1996）。这一点常用“有界限的理性”和“嵌入的代理”观点来理解，这个观点认为个人的行为（包括行动所处的语境的解释和评价）不是自发的。个人总是特定的社会环境中集体所接受的规范、规则和价值的一部分（March & Simon, 1958; Dimaggio & Powell, 1983）。规则和系统的意义也在意义理解和实践的互动中被放大，同时，这些规则和系统限制并塑造了我们行动的前提。我们行动仅仅因为我们看不见其他的选择。我们已经使社会系统内在化了（Bourdieu, 1984）。

意义的产生是一个在与他人的关系以及系统中发生的过程，个人对事件的阐释可以逐渐地上升到组织层面。组织的行为也通过对外在和内在过程的集体读解而创造，也通过两个过程的互动，读解世界并赋予其意义。这些阐述中一部分在程序、结构和责任的分配中被内化，以类似的前提，创造了组织间的标准。驱动这些行为的是行动者对不安全感的厌恶，以及对自己是唯一的运用一定程序、结构和能力的人的感知。

理念是强大的力量，但是并不是决定性力量。它们并没有规定特定的行为，但是将其他的选择限制在非常少的数量中。然而，它们确实创造了框架，并将限制组织行动空间的结构内部化。因此，特别是在不安全的情况下，组织考虑后倾向于按照那些成功组织的行为来做。通过采纳它们视为的功能性解决方案，例如创造特定的结构，或招募具有一定能力的专业人员，组织寻求稳定、控制和合法性。通过实施整合传播，建立传播部门，任命具有新闻背景的传播人员，组织在有意识或潜意识的层面努力寻求安全感（Brykjeflot & Angell, 2007; Engwall, 2009）。

但是，这并不仅仅是加强自尊，它放大了同化和标准化。它应当被视为一种策略，能满足利益行动者的期待，降低他们的不安全感。利益相关者期望特定的结构、责任和分配程序。一个小型商业组织应该按照一种形式运转和组织，一个大型医院的运作方法就应该是另一种。因此，要获得认可与合法性，显得成功又正直，组织就需要采纳和吸收其他企业的做法。组织往往很难做到以特定方式做事，因为要拿出很多资源让利益相关者相信它能正常运转（Dimaggio, 1983; Sevon, 1996）。内化几乎不是有意识的或深思熟虑的，或者在对所有选项评价后做出的。在很大程度上，这是社会学习、模仿或翻译成功概念的形式，在其中，组织做出调整、重塑，或者在它们觉得有吸引力的概念中增加整体或部分的概念（Czarniawska & Sevon, 1996, 2005）。

原则、规范和认知结构对战略传播的实践有着重要的意义，见表9.1所总结的。

表9.1　组织管理的、规范的和文化—认知的条件

	管理的	规范的	文化—认知的
传播	接触官方文件公共渠道的原则	整合传播	管道的隐喻
表达	正式的法律，原则和前提	规范、标准、模型	概念、理念
合法性的基础	管理	道德化	社会化
来源	政府、欧盟、联合国	专业、媒介	基模、类型、符号
顺从与合法性的基础	强制—司法的/财务的处罚	规范的—社会的制裁和压力	拟态的—不确定性、复杂性、文化的支持

战略传播和制度的转变

通过经典的新制度主义分析，接下来的部分阐明战略传播的概念受到了怎样的质疑。通过遵循规则、规范和认知结构，传播者达到其所处的社会环境的要求。新制度分析描述了战略传播的潜在构成部分，更多地作为一种神话，而并非实际，因此批判“一个组织有目的地运用传播来完成它的任务”（Hallahan et al., 2007, p.3）。但是，正如我们一开始所论证的，我们应该谨慎对待将制度影响组织的方式视为静态的。作为行动者，他们的行为是社会行为，并不是制作文化毒瘤的行为。我们不应当将战略传播中制度有限观念理解为绝对忽略或拒绝有规划的、有目的的传播活动。而是我们应当将注意力放在战略传播之上，将之作为组织工具，为制度的管理、规范和认知的基础提供备选方案（Pallas & Fredriksson, 2011, 2013）。接下来的部分我们将通过制度研究和新制度对传播作为制度产生过程的核心来理解和阐述这一主张（Lammers, 2011; Suddaby, 2011）。

制度化工作——制度的创造、维系和破坏

本节从近年来战略行为新制度的重构出发，试图提出和发展战略传播的观念，将其作为一种组织创新和改变制度结构的有意和博学的能力（Barley & Tolbert, 1997; Giddens, 1984）。通过结合一般意义上对制度创新精神的研究（Battlana, Leca, & Boxenbaum, 2009; Dimaggio, 1988; Hoffman, 1999; Hwang & Powell, 2005; Oliver, 1991），特别是对制度代工作的研究（Lawrence & Suddaby, 2006; Lawrence et al., 2009b, 2011; Zietsma & Mcknight, 2009），我们将战略传播界定为行动者用来积极参与制度的规则、规范和做法的形成和转型，因此，当组织试图维持、干扰或改变渗透在其活动中的调节、规范和认知约束时，就会将复制和协作的行动联系在一起（Lammers, 2011; Suddaby, 2011）。

制度的企业家精神是一种概念，它借行动者在影响、改变和维持制度方面被赋予中心的位置（DiMaggio & Powell, 1991; Hoffman, 1999）。这里代理被视为必须的。然而，在试图还原代理的时候，概念倾向于放大战略传播的领域和行动者行动的自由，给行动者带来了一种妄想，以为自己是打了类固醇的英雄（Lawrence & Suddaby, 2006; Lawrence, Suddaby & Leca, 2009a; Lawrence et al., 2011）。为了平衡，且提供一个关于制度、代理和行动者之间相互作用的更完备的观点，劳伦斯等人将制度工作界定为"个人和组织旨在创建、维护和破坏制度的有目标的行动"（Lawrence & Suddaby, 2006, p.215）。据此，制度工作的理念不仅强调制度在新的规则、规范、理念和实践中形成和变革，也强调制度生态的整个过程，包括持续性和去制度化（Hwang & Colyvas, 2012）。劳伦斯等人认为虽然我们承认行动者具备有意识地改变其制度环境的能力，但这些行动者并不是自发的，或者独立于限制他们活动的背景，否则他们的行动很难完成（Lawrence et al., 2009a, 2011）。行动者的嵌入性和他们工作中意料之外的后果，强调了赞成区分创造行为和创造、维系行为以及维护、破坏行为的重要性（Lawrence et al., 2009a），甚至，因为制度和去制度化的过程非常复杂且彼此重叠，我们很难预见或孤立个人意图的效果（Lounsbury & Crumley, 2007）。这一事实被放大，即那些界定了既存的制度秩序或促进了竞争秩序的其他行动者常常会质疑这种尝试。

在考虑这类限制的前提下，文献表明三类活动可促进制度创新：协作安排、良好的互动和广泛的信息流。这些在制度化和去制度化过程中是非常必要的，它们帮助行动者

支持或阻止新的或旧的制度合法化和传播（Battilana & D. Aunno, 2009; Lawrence, Hardy, & Phillips, 2002）。新制度主义理论家提出并描述了一系列不同的形式和方式，行动者通过它们创造新的或改变既有的制度（Lawrence, Suddaby, 2006）。这些可以被归结为三个不同目标。第一，通过对意义的抽象项目的质疑和新的强制性结构的引入，行动者能够积极、有目的地为新制度的创建做出贡献。这类例子包括宣传、模仿、改变不规范的联系、理论化和教育。第二，制度不是自我复制的，法律、法规和规范体系等持久保护着制度，因此它可以被解释和调整（Hirsch & Bermiss, 2009; Zilber, 2009）。因此，制度的维护与积极的战略有关，如嵌入、程序化、仪式化、政策化和神话化。制度工作的第三种形式包括：脱离规范，与标准化、规范化和道德基础、价值观脱节（Hirsch & Bermiss, 2009）。

战略传播和制度工作

战略传播可以被理解为一种行动者用来达成或超越特定的组织目标和任务的方式（Fredriksson et al., 2013）。从这个视角看，战略传播必须被视为一种将价值和偏好嵌入协作结构中的实践，帮助它们广泛传播和制度化，或者挑战和破坏相互竞争的结构。这个理念被社会秩序的新观点所支持，通过象征性和交际性手段和活动构建强加到行动者身上（Lammers, 2011; Suddaby, 2011）。战略传播可作为这些制度化元素的载体或者翻译者，同时战略传播也是它们的维护者和创造者。

以此为出发点，我们运用早期对组织运行媒介不同方式的研究可得（Pallas, 2010; Pallas & Fredriksson, 2011），战略传播可能有三个基本功能：

1. 提供组织对制度化的价值、规范和规则调适的信号；
2. 促进自身对制度化形式的采用；
3. 与其他组织协作改造制度。

提供

由于法律和合法性，在工业或组织领域中强有力的规范和监管制度下运作的组织，宣称遵循在特定情形下的“游戏规则”（DiMaggio & Powell, 1983; Suchman, 1995）。战略传播可以在这样的背景下作为一种保护性机制发挥功能，因为它通过让相关受众认可，并认同其合法性而服务于组织。这样的传播行为的主要目标是保护稳定性和可预测性。拥有正式的和标准的系统信息流，组织就可以被评估，例如，行业标准、普遍的市场管理或专业的标准。通过提供的方式，那些受益于现行条件的组织，助力制度结构的维持和保护（Lawrence & Suddaby, 2006; Pallas & Fredriksson, 2011）。

推广

组织发现受到现有规则、规范和价值观的威胁，例如，在市场重新调整的情形下，那些将制度界定为不充分的、失灵的组织，更可能将战略传播用于推销活动（Ihlen, 2009; Maguire et al., 2004）。在这种情况下，推广活动包括在时间、机会、形式、渠道、目标群体中，进行适当调整的传播活动，致力于引入创新性的理念、规范和规则，这些内容有趣或将之与其他语境下被运用的合法的模型相关联（Fredriksson, 2009; Suddaby, 2011）。这些活动需要一系列的正式活动，以获得替代性形式，以及非正式互动，在互动中象征性和修辞性的手段被用来吸引有资源的和杰出的行动者，寻求他们的支持。

共同选择

作为一个传播策略，战略传播建立共同的平台，反映并整合了一系列社会行动者利益和需求，它并不是一种基于预设的目标的传播活动（Pallas & Fredriksson, 2011）。在这里，传播的主要目标是创造强有力的协作环境、议题和主题，它被赋予相关性和重要性以引导工作。

通过确定长期的效果和结果，呼吁建立共同价值观应对挑战，组织试图基于集体的利益而不是个人的私利与受众交流。这是一个一般性的策略，主要针对那些具有长期稳定性和可预测性的人，以及那些在被质疑、被批判的领域的人，诸如在能源部门和烟草行业开展业务的人（参见，Fredriksson, 2008; Pallas, 2007）。这类传播工作常常是非直接的，通常通过第三方（如行业协会、专家组或公关顾问）完成（Larsson, 2005）。

提供、促进和共同选择的概念带来了组织的复杂、多层次的制度环境，它强加不同的甚至是相互矛盾的要求和期望，见表9.2所总结的。

表9.2　作为制度工作的提供、推广和共同选择的功能

	提供	推广	共同选择
组织的战略	保护	建立	整合
制度的功能	维持	创造	转变
主要方法	顺从	排除	互动
出现	周期性的	选择性的	持续性的

结论

组织被嵌入社会网络中，这本身是一个显而易见的观点，但是，当组织的实践成为学术研究或实证研究的主体时，这一点仍然常常被忽略。在本章中，我们展现了什么条件下战略传播被运用，以及法律、规范和认知结构如何支配这些实践。通过一些阐释性的例子，本章论证了一个视角，组织的传播活动具有制度和程序一致性的特点，在这种情况下，组织更多的是寻求安全性和可预测性，而不是独特性和区别性。换句话说，这是一种在社会结构影响下的实践，它界定和限制了传播内容、方式、时间和对象。

然而，本章也指出这类结构决定论的局限性，认为个体和组织不能够被视为文化傻瓜。个体拥有资源、意图和技能，特别是传播能力，帮助他们保护、质疑和重塑他们自己作为构成部分的语境。

因此，当组织尝试改变它们所嵌入的制度的特征时，战略沟通便必不可少。这类视角在以下两个方面质疑了战略传播的传统概念化：

- 目的：焦点在于决定性的、熟练的制度结构的颁布，这反转了战略传播的传统目的，认为传播活动常常服务于组织以构成这些结构，而不是作用于这些结构。
- 动力：战略传播基于正在进行的多层次的互动和写作，而不是被这些互动所界定。

一般来说，这意味着战略传播作为概念和实践需要与社会生活的结构相关联，其中组织的传播行为既从属于又构成了普遍认同的原则、规则和理念。

参考文献

[1] Argenti, P. A. (1996). Corporate communication as a discipline. *Management Communication Quarterly*, 10(1), 73–97.

[2] Ashforth, B. E., & Gibbs, B. W. (1990). The double-edge of organizational legitimation. *Organization Science: A Journal of the Institute of Management Sciences*, 1(2), 177–194.

[3] Barley, S. R., & Tolbert, P. S. (1997). Institutionalization and structuration: studying the links between action and institution. *Organization Studies*, 18(1), 93–117.

[4] Bartlett, J. L., Frostenson, M., & Pallas, J. (2013). Reputation rankings, certifications and accreditations. In C. E. Carroll (Ed.), *The handbook of communication and corporate reputation*. Chichester, England: Wiley & Blackwell.

[5] Bartlett, J. L., Tywoniak, S., & Hatcher, C. (2007). Public relations professional practice and the institutionalisation of CSR. *Journal of Communication Management*, 11(4), 281–299.

[6] Battilana, J., & D'Aunno, T. (2009). Institutional work and the paradox of embedded agency. In T. B. Lawrence, R. Suddaby & B. Leca (Eds.), *Institutional work. Actors and agency in institutional studies of organizations*. New York: Cambridge University Press.

[7] Battilana, J., Leca, B., & Boxenbaum, E. (2009). How actors change institutions: towards a theory of institutional entrepreneurship. *The Academy of Management Annals*, 3(1), 65–107.

[8] Berger, P., & Luckmann, T. (1966). *The social construction of reality: a treatise on the sociology of knowledge*. London, England: Penguin.

[9] Black, J. (2002). Critical reflections on regulation. *Australian Journal of Legal Philosophy*, 27, 1–35.

[10] Boli, J., & Thomas, G. M. (Eds.). (1999). *Constructing world culture: international nongovernmental organizations since 1875*. Stanford, CA: Stanford University Press.

[11] Boström, M., Forssell, A., Jacobsson, K., & Tamm Hallström, K. (2004). *Den organiserade frivilligheten [The organized voluntariness]*. Malmö, Sweden: Liber.

[12] Bourdieu, P. (1984). *Distinctions. A social critique of the judgment of taste*. Cambridge, MA: Harvard University Press.

[13] Bourdieu, P. (1990). *The logic of practice*. Cambridge, MA: Polity Press.

[14] Brown, A. D., Ainsworth, S., & Grant, D. (2012). The rhetoric of institutional change. *Organization Studies*, 33(3), 297–321.

[15] Brunsson, N., & Jacobsson, B. (2000). *A world of standards*. Oxford, England: Oxford University Press.

[16] Brunsson, N., & Sahlin-Andersson, K. (2000). Constructing organizations: the example of public sector reform. *Organization Studies*, 21(4), 721–746.

[17] Byrkjeflot, H., & Angell, S. I. (2007). Dressing up hospitals as enterprises? The expansion and managerialization of communication in Norwegian hospitals. In P. Kjaer & T. Slaata (Eds.), *Mediating business: the expansion of business journalism in the nordic countries*. Copenhagen, Denmark: Copenhagen Business School Press.

[18] Callison, C. (2003). Media relations and the Internet: How Fortune 500 company web sites assist journalists in news gathering. *Public Relations Review*, 29(1), 29-41.

[19] Christensen, L. T., Morsing, M., & Cheney, G. (2008). *Corporate communications: convention, complexity, and critique*. London, England: Sage.

[20] Cornelissen, J. (2008). *Corporate communications: guide to theory and practice*. London, England: SAGE Publications.

[21] Cutlip, S. M., Broom, G. M., & Center, A. H. (2006). *Effective public relations* (9th ed.). Upper Saddle River, NJ Pearson Prentice Hall.

[22] Czarniawska, B., & Joerges, B. (1996). Travels of ideas. In B. Czarniawska & G. Sevón (Eds.), *Translating organizational change* (pp. 13–48). Berlin, Germany: Walter de Gruyter.

[23] Czarniawska, B., & Sevón, G. (Eds). (1996). *Translating organizational change*. Berlin, Germany: Walter de Gruyter.

[24] Czarniawska, B., & Sevón, G. (Eds). (2005). *Global ideas: how ideas, objects and practices travel in the global economy*. Malmö, Sweden: Libris.

[25] Deephouse, D. L., & Carter, S. M. (2005). An examination of differences between organizational legitimacy and organizational reputation. *Journal of Management Studies*, 42(2), 329–360.

[26] Deetz, S. A. (1992). *Democracy in an age of corporate colonization. Developments in communication and the politics of everyday life*. Albany, NY: State University of New York Press.

[27] DiMaggio, P. J. (1983). State expansion and organizational fields. In R. H. Hall & R. E. Quinn (Eds.), *Organizational Theory and Public Policy* (pp. 147–161). Beverly Hills, CA: Sage Publications.

[28] DiMaggio, P. J. (1988). Interest and agency in institutional theory. In L. G. Zucker (Ed.), *Patterns and organizations: culture and environment* (pp. 4–21). Cambridge, MA: Ballinger Publishing Company.

[29] DiMaggio, P. J., & Powell, W. W. (1983). The iron cage revisted: Institutional isomorphism and collective rationality in organizational fields. *American Sociological Review*, 48(April), 147–160.

[30] DiMaggio, P. J., & Powell, W. W. (1991). *The new institutionalism in organizational analysis*. Chicago, IL: University of Chicago Press.

[31] Djelic, M.-L., & Sahlin-Andersson, K. (2006). *Transnational governance: Institutional dynamics of regulation*. Cambridge, England: Cambridge University Press.

[32] Edwards, L. (2012). Defining the 'object' of public relations research: A new starting point. *Public Relations Inquiry*, 1(1), 7–30.

[33] Engwall, L. (2009). *Mercury meets Minerva: business studies and higher education: the Swedish case* (2nd, extended ed.). Stockholm, Sweden: Economic Research Institute, Stockholm School of

Economics (EFI).

[34] Fredriksson, M. (2008). *Företags ansvar marknadens retorik : en analys av företags strategiska kommunikationsarbete [Corporate responsibility marketplace rhetoric. An analysis of corporations strategic communication]*. Gothenburg, Sweden: Göteborgs Universitet.

[35] Fredriksson, M. (2009). On Beck: Risk and sub-politics in reflexive modernity. In Ø. Ihlen, B. van Ruler & M. Fredriksson (Eds), *Public relations and social theory key figures and concepts* (pp. 21–42). London, England: Routledge.

[36] Fredriksson, M. (2013). European social theory and public relations. In R. L. Heath (Ed.), *Encyclopedia of public relations*. Thousand Oaks, CA: Sage.

[37] Fredriksson, M., Pallas, J., & Wehmeier, S. (2013). Institutional perspectives on public relations. *Public Relations Inquiry*, 2(3).

[38] Giddens, A. (1984). *The constitution of society: Outline of the theory of structuration*. Cambridge, MA: Polity Press.

[39] Global Alliance for Public Relations and Communication Management (2012). *The Melbourne Mandate*. Retrieved January 3, 2013, from http://melbournemandate.globalalliancepr.org/

[40] Greenwood, R., Oliver, C., Sahlin, K., & Suddaby, R. (2008). Introduction. In R. Greenwood, C. Oliver, K. Sahlin & R. Suddaby (Eds.), *The SAGE handbook of organisational institutionalism*. London, England: Sage.

[41] Gregory, A. (2008). Competencies of senior communication practitioners in the UK: an initial study. *Public Relations Review*, 34(3), 215–223.

[42] Gregory, A., & White, J. (2008). Introducing the Chartered Institute of Public Relations initiative: Moving on from talking about evaluation to incorporating it into better management of the practice. In B. van Ruler, A. T. Verčič & D. Verčič (Eds.), *Public relations metrics : research and evaluation* (pp. 307–317). New York: Routledge.

[43] Grunig, J. E., & Hunt, T. (1984). *Managing public relations*. Fort Worth, TX: Harcourt Brace College.

[44] Grunig, L. A., Grunig, J. E., & Dozier, D. M. (2002). *Excellent public relations and effective organizations: a study of communication management in three countries*. Mahwah, NJ: Lawrence Erlbaum.

[45] Hallahan, K., Holtzhausen, D., van Ruler, B., Verčič, D., & Sriramesh, K. (2007). Defining strategic communication. *International Journal of Strategic Communication*, 1(1), 3–35.

[46] Harlow, R. F. (1976). Building a public relations definition. *Public Relations Review*, 2(4), 34–42.

[47] Heath, R. L. (2001). Shifting foundations: public relations as relationship building. In R. L. Heath (Ed.), *Handbook of public relations* (pp. 1–10). Thousand Oaks, CA: Sage.

[48] Higgott, R. A., Underhill, G. R. D., & Bieler, A. (Eds). (2000). *Non-state actors and authority in the global system*. London, England: Routledge.

[49] Hirsch, P. M., & Bermiss, Y. S. (2009). Institutional "dirty" work: preserving institutions through strategic decoupling. In T. B. Lawrence, R. Suddaby & B. Leca (Eds), *Institutional work. actors and agency in institutional studies of organizations*. Cambridge, England: Cambridge University Press.

[50] Hoffman, A. J. (1999). Institutional evolution and change: environmentalism and the U.S. chemical industry. *Academy of Management Journal*, 42(4), 351.

[51] Hwang, H., & Colyvas, J. (2012). Institutional work to maintain professional power: recreating the model of medical professionalism. *Organization Studies*, 33, 937–962.

[52] Hwang, H., & Powell, W. W. (2005). Institutions and entrepreneurship. In S. Alvarez, R. Agrawal

& O. Sorenson (Eds), *Handbook of entrepreneurial research: disciplinary perspectives*. New York: Springer.

[53] Ihlen, Ø. (2009). Business and climate change: the climate response of the world's 30 largest corporations. *Environmental Communication—a Journal of Nature and Culture*, 3(2), 244–262.

[54] Ihlen, Ø., Ruler, B. v., & Fredriksson, M. (2009). *Public relations and social theory key figures and concepts*. London, England: Routledge.

[55] Ihlen, Ø., & Verhoeven, P. (2012). A public relations identity for the 2010s. *Public Relations Inquiry*, 1(2), 159–176.

[56] Jonsson, S. (2002). *Making and breaking norms. Competitive imitation patterns in the swedish mutual fund industry*. Doctoral Thesis, Stockholm School of Economics, Stockholm, Sweden.

[57] Jonsson, S., Greve, H. R., & Fujiwara-Greve, T. (2009). Lost without deserving: the spread of legitimacy loss in response to reported corporate deviance. *Administrative Science Quarterly*, 59(2), 195–228.

[58] Kent, M. L., Taylor, Maureen, White, William J. (2003). The relationship between web site design and organizational responsivenes to stakeholders. *Public Relations Review*, 29, 63–77.

[59] Krippendorff, K. (1993). Major metaphors of communication and some constructivist reflections on their use. *Cybernetics & Human Knowing*, 2(1), 3–25.

[60] Lakoff, G., & Johnson, M. (1980). *Metaphors we live by*. Chicago, IL: University of Chicago Press.

[61] Lammers, J. C. (2011). How institutions communicate: institutional messages, institutional logics, and organizational communication. *Management Communication Quarterly*, 25(1), 154–182.

[62] Larsson, L. (2005). *Opinionsmakarna. En studie om PR-konsulter, journalistik och demokrati* [A study of PR-consultants, journalism and democracy]. Lund, Sweden: Studentlitteratur.

[63] Lawrence, T. B., Hardy, C., & Phillips, N. (2002). Institutional effects on interorganizational collaboration: the emergence of proto-institutions. *Academy of Management Journal*, 45(1), 281–290.

[64] Lawrence, T. B., & Suddaby, R. (2006). Institutions and institutional work. In S. Clegg, C. Hardy, T. B. Lawrence & W. Nord (Eds), *The Sage Handbook of Organization Studies (2nd ed.)* (pp. 215–254). London, England: Sage.

[65] Lawrence, T. B., Suddaby, R., & Leca, B. (2009a). Introduction: theorizing and studying institutional work. In T. B. Lawrence, R. Suddaby & B. Leca (Eds), I*nstitutional work. actors and agency in institutional studies of organizations*. Cambridge, England: Cambridge University Press

[66] Lawrence, T. B., Suddaby, R., & Leca, B. (Eds.). (2009b). *Institutional work. Actors and agency in institutional studies of organizations*. Cambridge, England: Cambridge University Press

[67] Lawrence, T. B., Suddaby, R., & Leca, B. (2011). institutional work: refocusing institutional studies of organization. *Journal of Management Inquiry*, 20(1), 52–58.

[68] Leblebici, H., Salancik, G. R., Copay, A., & King, T. (1991). Institutional change and the transformation of interorganizational fields: an organizational history of the U.S. radio broadcasting industry. *Administrative Science Quarterly*, 36(3), 333.

[69] Levi-Faur, D., & Jordana, J. (2005). *The rise of regulatory capitalism*. Paper presented at the The Annals of APSA, London, England.

[70] Long, L. W., & Hazleton, V. (1987). Public relations: A theoretical and practical response. *Public Relations Review*, 13(3), 3–13.

[71] Lounsbury, M., & Crumley, E. T. (2007). New practice creation: an institutional perspective on innovation. *Organization Studies*, 28(07), 993–1012.

[72] Maguire, S., Hardy, C., & Lawrence, T. B. (2004). Institutional entrepreneurship in emerging fields: HIV/Aids treatment advocacy in Canada. *Academy of Management Journal*, 47(5), 657–679.

[73] March, J. G., & Simon, H. A. (1958). *Organizations*. New York: Wiley.

[74] Meyer, J. W. (1994). Rationalized environments. In P. M. Scott, John (Ed.), *Institutional environments and organizations* (pp. 28–54). Thousand Oak: CA: Sage.

[75] Meyer, J. W., & Rowan, B. (1977). Institutionalized organizations: formal structure as myth and ceremony. *American Journal of Sociology*, 83(2), 340–363.

[76] Mörth, U. (2004). *Soft law in governance and regulation: an interdisciplinary analysis*. Cheltenham, England: Edward Elgar.

[77] Oliver, C. (1991). Strategic responses to institutional processes. *The Academy of Management Review*, 16(1), 145–179.

[78] Olsen, J. P., & March, J. G. (2004). *The logic of appropriateness*. ARENA Working Papers no 9. ARENA. Retrieved from http://ideas.repec.org/p/erp/arenax/p0026.html

[79] Pallas, J. (2007). *Talking organizations: corporate media work and negotiation of institutions*. Doctoral thesis, Uppsala University, Uppsala, Sweden.

[80] Pallas, J. (2010). Informatörerna och medierna [Communicators and media]. In J. Pallas & L. Strannegård (Eds), *Företag och medier* [Corporations and media]. Malmö, Sweden: Liber.

[81] Pallas, J., & Fredriksson, M. (2011). Providing, promoting and co-opting: corporate media work in a mediatized society. *Journal of Communication Management*, 15(2), 165–178.

[82] Pallas, J., & Fredriksson, M. (2013). corporate media work and micro-dynamics of mediatization. *European Journal of Communication*, 28, 420–435.

[83] Powell, W. W., Gammal, D. L., & Simard, C. (2005). Close encounters: the circulation and reception of managerial practices in the San Francisco Bay area nonprofit community. In B. Czarniawska & G. Sevon (Eds), *Global ideas*. Malmö, Sweden: Liber & Copenhagen Business School Press.

[84] Power, M. (1997). *Audit society: rituals of verification*. Oxford, England: Oxford University Press.

[85] Power, M. (2007). *Organized uncertainty: designing a world of risk management*. Oxford, England: Oxford University Press.

[86] Power, M., Scheytt, T., Soin, K., & Sahlin, K. (2009). Reputational risk as a logic of organizing in late modernity. *Organization Studies*, 30(2–3), 301–324.

[87] Reddy, M. J. (1979). The conduit metaphor. In A. Ortony (Ed.), *Metaphor and thought*. Cambridge, England: Cambridge University Press.

[88] Rövik, K.-A. (2002). The secrets of the winners: management ideas that flow. In K. Sahlin-Andersson & L. Engwall (Eds.), *The expansion of management knowledge: carriers, flows, and sources* (pp. 113–144). Stanford, CA: Stanford University Press.

[89] Sahlin-Andersson, K., & Engwall, L. (Eds.). (2002). *The expansion of management knowledge: carriers, flows, and sources*. Stanford, CA: Stanford University Press.

[90] Sandhu, S. (2009). Strategic communication: an institutional perspective. *International Journal of Strategic Communication*, 3(2), 72–92.

[91] Schneiberg, M., & Soule, S. (2005). Institutionalization as a contested, multi-level process: politics, social movements and rate regulation in American fire insurance. In M. Zald, R. W. Scott & J. Davis (Eds.), *Social movements and organizations* (pp. 122–160). Cambridge, England: Cambridge University Press.

[92] Schultz, D. E., & Kitchen, P. J. (2004). Managing the changes in corporate branding and

communication: closing and re-opening the corporate umbrella. *Corporate Reputation Review*, 6(4), 347–366.

[93] Scott, R. W. (2001). *Institutions and Organizations*. London, England: Sage.

[94] Scott, R. W. (2004). Reflections on a half-century of organizational sociology. *Annual Review of Sociology*, 30, 1–21.

[95] Scott, R. W. (2008). *Institutions and organizations. Ideas and interests*. Thousand Oaks, CA: Sage.

[96] Sevón, G. (1996). Organizational imitation in identity transformation. In B. Czarniawska & G. Sevón (Eds.), *Translating organizational change* (pp. 49–68). Berlin, Germany: Walter de Gruyter.

[97] Spicer, C. (1997). *Organizational public relations. a political perspective*. Mahwah, NJ: Lawrence Erlbaum.

[98] Suchman, M. C. (1995). Managing legitimacy: strategic and institutional approaches. *Academy of Management Review*, 20(3), 571–610.

[99] Suddaby, R. (2011). How communication institutionalizes: a response to Lammers. *Management Communication Quarterly*, 25(1), 183–190.

[100] Thompson, J. D. (1967). *Organizations in action: social science bases of administrative theory*. New York: McGraw-Hill.

[101] Wæraas, A. (2008). Can public sector organizations be coherent corporate brands? *Marketing Theory* 8(2), 205–221.

[102] Wæraas, A., Byrkjeflot, H., & Angell, S. I. (Eds.). (2011). *Substans og framtreden; omdømmehåndtering i offentlig sektor [Substance and performances: reputation management in public service organizations]*. Oslo, Norway: Universitetsforlaget.

[103] van Riel, C. B. M. (1992). *Principles of corporate communication*. Hemel Hempstead, England: Prentice Hall Europe.

[104] Wehmeier, S. (2006). Dancers in the dark: The myth of rationality in public relations. *Public Relations Review*, 32(3), 213–220.

[105] Zerfass, A. (2009). Institutionalizing strategic communication: theoretical analysis and empirical evidence. *International Journal of Strategic Communication*, 3(2), 69–71.

[106] Zietsma, C., & McKnight, B. (2009). Building the iron cage: instutional creation work in the context of competing proto-institutions. In T. B. Lawrence, R. Suddaby & B. Leca (Eds.), *Institutional work. Actors and agency in institutional studies of organizations*. Cambridge, England: Cambridge University Press.

[107] Zilber, T. B. (2009). Institutional maintenance as narrative acts. In T. B. Lawrence, R. Suddaby & B. Leca (Eds), *Institutional work. Actors and agency in institutional studies of organizations*. Cambridge, England: Cambridge University Press.

第十章
文化对战略传播的影响

金·约翰森和詹姆斯·艾特利特

战略传播是组织应对环境不确定性的核心手段。战略响应的前提是两个关键的内部活动。第一，要求管理层监测和解释环境；第二，要求对这一解释做出适当反应。这两者都对来自组织内部环境的运行特征产生影响。

研究战略发展的学者已经承认采用文化视角（Vollberda & Elfring, 2001）理解组织内部运行过程及其对决策的影响（Craig-Lees, 2001; Weick, 2001）的必要性。然而，从战略管理的视角（George, Chattopadhyay, Sitkin, & Barden, 2006），或者从公共关系或传播管理的视角（Sriramesh, 2007）来看，对这些因素的探讨并没有取得多少进步。

从文化视角看，组织文化是社会知识的系统，它在组织成员之间分享并跨时间传递（Durham, 1991; Everett, 1985, 1990; Schein, 1984）。在这些术语中，战略的形成需要组织成员的协作，以识别、解释之后做出决策，这个决策可以创造关于复杂情境的共同理解，从而减少环境的不确定性（Lanem 2007; Selsky, Goes, & Baburoglu, 2007）。解析这些协作行为从而探索来自文化价值和假设的参考框架如何影响了那个过程，这是战略形成中一个重要的概念挑战（Bailey & Johnson, 2001）。

Weick认为，组织对环境多义性起调适性响应作用，这个社会文化概念框定了研究的基本术语（Weick, 1969, 1979）。概念的前提是组织通过对环境意义达成的共识进行显性或隐性的行动，尝试减少环境的不确定性（Kreps, 1990; Littlejohn, 1999; Weick, 1996）。Weick主张的边缘世界观影响了经理如何读解环境的多义性，以及组织接下来管理它们与环境关系的响应（Weick, 1969, 1979）。这个视角将战略传播的形成置于文化的框架之中，关注群体如何社会地共享传递观念和价值需求，也就是，它的文化塑造了它对环境的理解和行动（Dil, 1980; Milton, 1996）。作为一个关系模型，Weick的社会文化方法提供了一个基础来探讨这个互动以产生组织的战略传播过程（Weick, 1969, 1979）。

战略传播是一个组织深思熟虑的沟通实践的结果，它概述了组织中领导、成员有目的的交易行动，以及传播业者对环境变化的响应。这种概念化是基于将战略传播描述为关注目标的传播工作，它结合了基于知识的决策和行动。Hallahan, Holtzhausen, van Ruler, Verčič 和 Sriramesh 将战略传播界定为“组织有目的地运用传播以完成任务”（Hallahan, Holtzhausen, van Ruler, Verčič, & Sriramesh, 2007, p.3）。因此战略传播使组织能够通过有目的的、工具性的战略行动（Verhoeven，Zerfass, & Tench, 2011）来应对环境不确定性的挑战（Zerfass & Huck, 2007）。

Clampitt、Dekoch 和 Cashman 将战略传播的发展视为一系列的宏观选择，视为行动的基础（Clampitt, Dekoch & Cashman, 2000, p.41）。在这些术语之下，战略传播是组织中交易性的社会行动的结果（Marchiori & Bulgacov, 2012; Shockley-Zalabak, 2002）或者社会行动（Jarzabkowski, Balogun, & Seidl, 2007, p.8）。虽然有些学者（例如，Botan, 2006; Steyn, 2003b）认为战略传播是一种管理功能，但本章是基于一个交易的视角，假设战略传播包含了战略识别和实施的过程。作为组织的历史、文化和市场条件这类因素的功能，这些过程都会随着一个从高度整合到广泛分布的过程而改变。

在这些假设的前提下，战略传播源自有计划的和突发的过程（Christensen & Comelissen, 2011; Comelissen, 2011; Comelissen, 2008）。战略形成的一个阐释方法是基于战略的社会接触观点，在这个视角下，组织被视为“个人自愿签订的合作协议集合”（Chaffee, 1985, p.93）。虽然战略传播行动的其他因素也被提出来，但文献中的主导范式是理性的，以功能效率为导向的视角（Sandhu, 2009）。类似的公共关系和组织传播文献常常将战略传播的形成描述为理性的、线性的和传统的过程，关注传播运动的规划和技术性实施（Chia & Synnott, 2009; Seitel, 2002; Shockley-Zalabak, 2002; Steyn, 2003a; Stroh, 2007）。

战略形成的文化视角承认组织成员尝试读解环境信息和恰当地努力回应的基础性意义（Ansoff & Sullivan, 1993; Bourgeois, 1980; Hambrick, 1981; Mintzberg & Quinn, 2003）。在这个语境下，回应的有效性是基于组织成员阐释、理解或转化不确定环境中的信息（Beer, Voelpel, Leibold, & Tekie, 2005; Everett, 1993; O'Shannassy, 2003; Weick, 1998, 2001）。本章探讨集体影响的重要性，将之概念化为组织文化。

战略传播中组织文化的重要性

在人类学文献中，文化传统地被认为对人类行为产生中介影响，塑造了群体中成员的行动和意义，给他们的生活提供了方向（Dil, 1980; Durham, 1991; Milton, 1996; Norlin, Chess, Dale, & Smith, 2003）。按照这些术语，文化对人类的阐释发挥了基础性的、导向性的力量，巩固了人类对环境的理解、定义和行动（Hatch, 1993; Milton, 1996）。因此，文化的功能在于赋予意义，它作为结果影响了实践如何被观察和被理解（Bates, 2001）。

吉尔兹运用蜘蛛网的类比来描述文化的概念，他认为“人类就是悬挂于他自己所编织的意义网络中的动物”（Geertz, 1973, p.5）。按照吉尔兹的说法，这些文化网络的分析应当是阐释性的，更关注意义。

文化被界定为一个共享意义、价值或观念的系统，它在社会上，在特定的社会团体之间，跨越时间地传递（Bates, 2001; Durham, 1991; Geertz, 1973; Keesing, 1981; Keyton, 2005）。虽然很多文化的概念被提出来（Chick, 1997），但中心概念的运用是不同的（Sackmann, 1992），人类学家一般同意文化是一个认知现象（D’Andrade, 2001）。

关键挑战在于运用文化概念分析组织，在各类文献中提出一系列关于文化意味着什么的观点。另一个挑战涉及围绕文化概念的现有概念多样性，这使组织难以操作（Sackmann, 1992），需要采用概念化的方法，提供“更明确和更具分析性的文化概念”（Durham, 1991, p.3）。

将文化视为社会知识体系的观点抓住了文化在社群与生态环境中的角色联系的作用（Keesing, 1874）。Durham视文化为“一个符号编码的概念现象的系统，这个系统在人们之间传递”（Durham, 1991, p.9）。文化作为一个共同的知识学习系统运行，支持成员与环境建立关系并应对环境（Bates, 2001）。作为社会文化系统，它展现了特定环境下为了生存的概念设计的制定或社会实现（Keesing, 1974, p.82）。

文化的模式

阐释的模式作为人们理解事件、行动和情境的框架，以独特的方式发挥作用，允许意义和现实被建构（Chan, 2003）。Weick认为模式指导了行动，有中介效果或可与经验相提并论（Weick, 1979, p.154）。模式在个人的层面操作，作为理解组织生活的框架，或者更简单地说，“模式影响个体对组织事件的解释、假设和期望”（Scroggins, 2006, p.86）。这个观点遵循了Pace的认知，他认为模式“构成了关于进入信息的假设或期待，也提供了收集、阐释和利用这些信息的规划”（Pace, 1988, p.149）。Lyles和Schwenk提出组织决策者的模式对环境信息如何被阐释、构建和处理产生重要影响（Lyles & Schwenk, 1992）。这个提法与本章的视角一致，其中战略来自集体的努力。

文化的选择

文化选择描述组织文化系统影响它自身进化的能力（Durham, 1991），它被界定为“通过人类决策的文化变体的差异性社会传递”或简单地作为“偏好的保存”（Durham, 1991, p.199）。文化选择通过强调跨越时间的差异保存了不同群体之间文化的变化。文化选择预测了人类决策系统促进适应的普遍形式，也就是意愿也维持了那个群体中的很多差异（Durham, 1992）。正是在社会过程中，文化内容影响了选择过程（Everett, 2002），支持了Weick的观点，即组织中的选择压力是“阐释和特定阐释模式”的结果（Weick,

1979, p.131）。

在传播管理中，组织文化理论的重要性已经在近20年间被阐明，没有取得什么进步（Everett, 1993; Sriramesh, 2007）。Grunig将独裁主义和参与文化界定为组织文化中两个主要的影响概念，认为这些变量直接影响了组织的传播功能，成功地达成了组织的结果（Grunig, 1992a, 1992b）。Cameron和McCollum研究了组织文化和传播内容生产者之间的关系，强调各个层次的成员关于组织观念（共享的现实）的联合的重要性（Cameron & McCollum, 1993）。近来关于组织文化的研究已经持续指出文化在伦理决策方面的影响（Bowen, 2004），以及对不同实践语境下从业人员的影响（见Diaz, Abratt, Clarke, & Bendixen, 2009; Rhee & Moon, 2009），更重要的是，Kersten论证了组织在对现实的感知中挑战单一关系假设合理性的必要性（Kersten, 2005）。

这些研究共同记录了组织文化与战略传播问题在组织环境中的重要互动，以及对组织传播本质的广泛性理解。研究发现的一致性确认了组织文化作为一面镜子的重要意义，通过它，我们能观察和阐释、发展和实施战略传播的挑战。在组织的和企业的传播实践中探索组织文化的研究已经承认意义和解释是核心过程（Christensen & Cornelissen, 2011; Leichty & Warner, 2001）。文化的话语条件影响了这些实践，然而，这些并没有被完全理解（Leichty & Warner, 2001）。

研究

核心研究问题反映了一个核心议题，即战略传播的出现与其说是组织成员对客观给定的环境因素的直接、理性的反应，不如说是文化选择的结果（Durham, 1992）。这一观点为本章提供了启示，因为它解释了组织成员对组织过程的文化影响，澳大利亚的人道主义组织对一些关键事件的回应。本章有两个研究问题：

1. 环境阐释和期待的组织过程受到了怎样的文化影响？
2. 对战略传播的识别和实施，这些文化影响有什么意义？

根据Rabinow（1977）的观点，探讨文化是一个阐释性行为，因为这个研究关注阐释的议题，人类学很适合用来理解行动者通过集体经验建构意义的过程（Hammersley & Arkinson, 2007）。本研究运用了组织人类学进行深层次的探讨，并适应组织过程的多元视角（Fine, Morrill, & Surianarain, 2009）。在这类学科中，人类学负责研究战略传播（包括公共关系、市场营销和组织传播）的方法，关键在于对实践的价值，围绕实践的话语，以及对新的理论方向的研究做出贡献（Daymon & Hodges, 2009; Everett & Johnston, 2012; Sriramesh, 1992）。

组织人类学被界定为组织和组织过程的人类学研究（Ybema, Yanow, Wels, & Kamsteeg, 2009）。它与传统的人类学存在差异，因为人们在一个环境中是围绕着规定的目标和形式化的规则来组织，这些规则控制着环境中的状态、关系和行为（Rosen, 1991）。

这项研究的主要背景是一个重要的人道主义组织，它也是在澳大利亚居领导地位的人道主义和灾难响应组织之一。它在全国雇用了将近2,000名员工，通过国家部门作为一个分散的组织结构运作。战略传播的焦点在于那些卷入环境诱因的制定、选择和保留的组织成员的人类学研究。因为战略常常在群体环境或社群实践中被实施（Balogun, Huff, & Johnson, 2003），观察集中于战略传播过程和结果、研究者预测决策以及理解发生了什么的场景（Hammersley & Atkinson, 1995），这包括了部门和高级管理会议、团队领导人和工作人员会议和研讨会或项目特定会议。

定性研究传统提供了数据收集的三个主要方法："参与式观察（经验）、采访（探询的）、研究他人准备的资料（检查的）"（Wolcott, 1994, p.10）。工作数据主要来源于围绕着直接经验、社会行动、谈话和补充数据的成员言行（Lofland, Snow, Anderson, & Lofland, 2006）。本研究的数据包含了观察（接近787个小时）和51次深度采访。采访寻求丰富和复杂的数据，适合于探索性和描述性研究（Cavana, Delahaye, & Sekaran, 2000），利用半结构化问题，促使参与者谈论关键主题（Hammersley & Atkinson, 1995）。

本研究衍生于民族生态学的方法，试图理解人们如何感知他们的环境，如何组织这些感知（Frake, 1962）。通过探索组织和环境之间的关系，民族生态学"尝试提供对当地人所持有的系统知识的理解"（Gragson & Blount, 1999）。因此民族生态学聚焦于当地人知道什么、如何分类，以及他们如何运用关于环境的知识（Sutton & Anderson, 2010）。数据收集、分析和理论生成的迭代耦合应用于数据的归纳分析，以产生探索性理论，探讨组织对环境的相应的战略传播的起源和本质（Marshall & Rossman, 1999; Patton, 1990; Strauss & Corbin, 1998）。事例集的逐步语境化（Vayda, 1983）寻找"多样现象的系统关系，而不是类似现象的实质同一性"（Geertz, 1973, p.9）。数据简化通过描述、分析和阐释，遵循数据转化的迭代步骤（Wolcott, 1994, 2009）。

在描述的第一个步骤，田野观察的数据被记录在日志和转录的访谈中。通过在三种语境下的记录，观察结果进一步减少：在田野中，直接观察了一个事件之后，进行一系列观察之后，在每个观察日结束之后。随着主题逐渐浮现和转变，概念图也被提炼出来。笔记和数据分类（简化）被数据出现的关键紧急特征（Glaser, 1998）所引导。在所有步骤中，分析的目标是让案例的独特模式出现（Denzin, 2002）。制定的第一个阶段发生在个人层面；因此，类别、议题和形式被确定下来，从而在个人层面描述规制的事件，将之作为文化结构表现出来。个体制定的环境表现了正在发生些什么影响组织的事情。这个层次的变量将在分析阶段被把握。

在集体层面，文化的角色被描述为文化基因，代表了选择过程中的模式；也就是，文化数据模式代表了集体的文化资料，或者组织成员的集体关联如何作为文化标准发挥作用。这个阶段的分析目标是确定那些代表了文化子系统的概念，它们从整体上是既定资料的选择偏差的基础。

描述、主题和分析标准区分了每个编码阶段的目标（Richards, 2005）。在第一个阶段，描述性编码确定了案例和数据的特征，包括职位、部门、地点、性别、年龄、资格和工作年限。主题的编码最开始是将表达式、句子和段落标记为从数据中产生的主题和类别（Richards, 2005），它被提出来以建构概念理论并阐明关系。

第一个研究问题尝试确定由组织成员进行环境读解的组织过程，以及与之相关的期望。在组织案例中，借助提供概念基础从而在战略传播的发展过程中探讨文化影响的作用，代表了参与者共同文化知识的知识结构和图式被确定下来。分类方案的确定来自观察，而不是被认为是理论发展中最重要步骤预设的模型（Pratt, 1994）。我们从数据中提出了五个模式（见图10.1），作为连贯的知识系统的核心主题，它们被映射到一起从而作为标准在选择过程中引导选择（Weick, 1979）。选择标准被界定为一个单位，它能够社会性地传递，拥有一个历史的存在，发挥了告知或引导行为的作用（Durham, 1991）。这些标准展现了数据产生的五个连贯的知识系统（见图10.1）：围绕避免谴责的标准；围绕容忍的标准；围绕内部焦点的标准；围绕标志性的标准；围绕灵活性和流畅性的标准。根据Durham，这些单元是人们学习和共享的知识和信仰的系统，并随着时间的推移被社会传播（Durham, 1991）。

图10.1中描述的文化模式发挥作用，将其他文化知识结构组织在一起成为一个连贯的选择系统，因此，在选择过程中文化模式对文化选择系统运行的识别发挥基础性作用（Everett, 2003）。

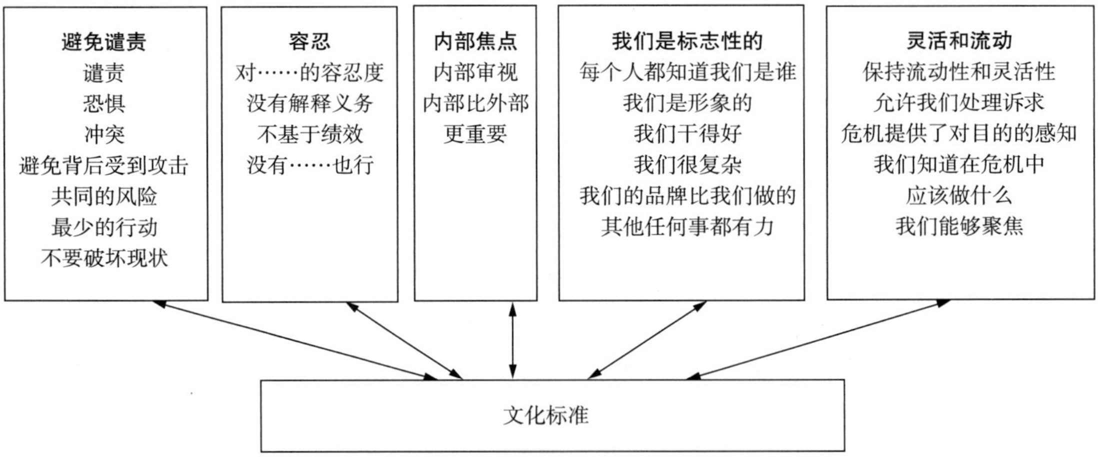

图10.1　焦点组织中的文化模式

改编自Johnston, 2011

第二个研究问题试图确定这些文化影响对战略传播的识别和实施的意义。战略传播被认为是跨学科的工作（Sandhu, 2009），与代表了组织的传播管理保持一致（Heath,

2005）。战略传播的形成要求组织成员阐释、理解或翻译难以解释的环境信息（Beer et al., 2005; Everett, 1993; O'Shannassy, 2003; Weick, 1979, 1995），在可获得的信息的基础上做决策（Johnson，Scholes, & Whittington, 2008）。在接下来的章节中我们将讨论与文化选择标准相关的发现。

文化选择标准：五个模式

1. 避免谴责

避免谴责的文化标准从很多方面影响了战略传播的开展。避免谴责的标准在影响传播响应的时机方面发挥了工具性作用。深思熟虑的传播行为及其令人窒息的本质，以及花费精力在如何“正确”做出回应以避免谴责上意味着工作量会增加，响应会变慢。时间被花费在多次重写界定问题上。组织成员按照先例或历史上建立起来的行动的脚本。成员选择复制那些已经做过的行为，或者他们认为过去做过的行为，避免冒险。文化选择影响了工作场所的背书，它使得传播项目、活动或行动中没有出现各类文件。这包括缺乏书面形式的规划，也包括行动的评价。这些标准的流动性使缺乏文件和规划合理化，同时需要灵活和开放地接受变化，因为他们认为这些是组织的“危机”。对战略传播而言，这意味着行动为反应性的或指向性的项目而保留，给探索其他选择或未被注意的传播行动留下机会。

文化选择影响了群体的工作方式，避免了对绩效的评价，因此避免被谴责。环境的扫描，例如媒介监控总是被避免，因为它往往挑战现存的状态，响应被简化为成员运用被高级管理所批准的传播技巧，尝试在官僚政治中达到更高层次。成员避免谴责的努力往往破坏了对外部环境的敏感性。关于外部事件和传播响应的决策揭示了成员积极寻求避免在组织内部受到挑战的情境，例如，他们忽略——看不见或听不见——外部的信号，如果他们看到的东西挑战了目前公认的组织内部的观点。因此，成员不大可能承认模糊性，或者积极回避或忽略模糊性，如果它与内部动态冲突。避免谴责的标准意味着成员寻求方向，遵循指导，在这个过程中缺乏对他们所接受的指令的必要分析。回避谴责作为标准也使成员回避权力关系挑战。对成员而言，这意味着即使成员感到阐释或行动并不正确，他们也不会去挑战或质疑这些，从而维持现状。这样的行动对组织而言也是可接受的，被作为组织运转的方式，且被认为是正当的。

2. 容忍

容忍的文化标准在很多方面影响了战略传播的发展。在组织中，传统和历史的力量与联合结构的传统，以及委员会和社区代表的传统角色意味着成员并不倾向于接受机会。遵循既有先例的趋向使成员保持常规和做事的传统方式，减少或避免风险，不尝试新事物。战略传播的其他构成部分，包括讯息和渠道选择也受到这种文化标准影响。在这种情况下，讯息和渠道被按照它们是否符合期待，是否满足旧的工作方式来识别。传播问题的旧的概念被那些上了年纪的董事会成员所推崇，也被更多的年轻成员所接受。质疑或挑战董事会成员的阐释被视为不敬，不是为组织着想的行为。

容忍度标准在影响绩效和群体的期待方面是很有力的。这个标准对战略传播开发的影响，意味着成员对环境并不敏感，不做回应，也不愿承担风险，想要保持或容忍那些熟悉的东西。虽然看到组织不愿承担风险并没有什么奇怪的，但群体的文化选择仍然会影响传播行动。选择标准引导了行动，从而避免将个人或集体置于风险之中。作为工作方式，这意味着很少有人意识到机会只是对紧急问题的反应并且普遍不愿接受机会。

3. 内部的焦点

文化选择影响了对关注和回应起支配性作用的内部焦点。第一，组织成员并不会认为来自外部环境的信息很重要。这包含了识别、分析、排列来自媒介或意见领袖的信息，并整合利益相关者的观点到决策中。成员依赖组织中的掌权者来识别和阐释生态环境变化的意义。依赖掌权者界定环境使得中低层次成员完全沦为技术人员的角色。通过允许掌权者界定战略传播的问题，识别传播的响应，团队成员的风险被减少了。

第二，成员对内部关系的高度重视和对外部议题、外部公众的重视度较低，使得组织行动对外部公众所造成的任何影响或后果都缺乏认知。在组织中权力关系的支配性意味着，对成员而言，这不是一个适宜承担风险质疑内部焦点的环境，这意味着常常存在一些来自不同阶层的冲突的指令。

第三，内部焦点使得组织丢失了战略传播的机会。内部焦点标准，加上避免谴责标准，意味着该组织不是积极的，而是对问题保持反应。

4. 我们是标志性的

文化标准，即“我们是标志性的”，在组织战略传播开发过程中的影响通过创造高贵或组织优越感而产生，特别是当探索潜在的赞助或合作伙伴的时候。成为一种标志性的、大型的和全球化重要的人权组织意味着对潜在关系评估的标准，是其他组织是否值得与我们发展伙伴关系，而不是基于财务标准，例如投资回报率或者可触及的战略传播成果。

这种模式有助于指导一种倾向，即根据以往的经验，历史性地将沟通问题概念化。例如，因为存在这样的文化期待，即该组织是一个标志性的利益攸关的人权组织，组织成员视当地的营销、传播或公共关系为没有效果的工作。对他们来说，这意味着他们的行为对组织的声誉影响有限。此外，旧的或传统的工作方式意味着既存的实践是不容置疑的，或者被接受为与利益相关者沟通的方式。

5. 灵活和流动

“灵活和流动”的文化标准鼓励在组织中采用非结构的传播方法，仅有最少的文件和规划证明了这一点。这对战略传播有四个关键影响。

灵活的标准影响了围绕战略传播的决策过程的流动性，导致围绕关键项目或工程仅有很少的或非正式的规划过程。这个结果意味着很少有资源被分配给项目，更重要的是，对传播的结果没有任何评估。

虽然有些成员宣称他们正式规划了传播活动（战略地），但没有正式的文件记录战略传播的发生。“灵活和流动”的标准鼓励成员在传播活动中发挥作用。对有些成员而言，这使得他们在最小的限制条件下工作，从而只能采取被动的方式排列沟通行动的优先次序，但是这种方式也几乎没有给成员撤回项目提供支持，因为缺少对项目优先事项和目标的文档记录。

灵活和流动性也阻碍了项目开发的进程，因为成员认为他们需要关注其他优先事项。对有些成员而言，他们仅仅是“在危机之前踩水”；对项目而言，保持摇摆不定的状态是可接受的。最后，灵活和流动性的标准给成员带来了额外压力，因为缺乏绩效的基准或围绕着基石的结构。在回应这一标准的时候，成员将按照先例审时度势，回到过去做事的方式，通过给高级管理人员提供一些他们熟悉的东西从而得到承认。

总之，前文的讨论分析了文化标准的功能，从数据中确立的五个模式在选择过程中起作用，以影响组织中的战略传播（Weick, 1969, 1979）。每个文化选择标准都影响了战略传播，在成员协商意义和行动、响应环境的模糊性时，其在自由选择和有立场的选择中都发挥了作用（Durham, 1992）。这个发现有利于理解内部组织环境如何影响战略决策（Nutt & Wilson, 2010; Papadakis, Thanos, & Barwise, 2010），特别是影响战略传播（Johnston, 2011）。

源自文化的战略传播

社会生态学描述了系统构成部分之间的关系，反映了组织应对变化环境的需求（Emery & Trist, 1973）。社会生态学承认系统互动作用，同时强调社会环境和组织的相互依存关系。在生态语境下，战略传播代表了组织对其运作环境的社会因素，例如舆论、利益相关者和特定利益群体的行动的响应（Broom & Sha, 2012; Everett, 1993）。Everett认为，适应社会环境变化的挑战是组织如何努力与其社会环境建立和维系关系（Everett, 2001）。这种适应性挑战也突出了评估组织战略传播有效性的一个重要的考虑因素，既然所有组织都寻求最好的战略适应结果，那么战略传播的一个基本挑战将是在组织的社会生态中确定和实现这些结果。

战略传播的中心问题是协助组织回应不确定性，最终帮助组织满足其适应需求。

（Argenti, Howell, & Beck, 2005; Hallanhan et al., 2007; Steyn, 2003b; Xavier, Johnston, & Patel, 2006）。Clampitt等人强调管理层基于判断做出选择的作用（Clampitt et al., 2000）。文化衍生的战略传播反映了组织在形成它们对文化的适应性响应时，在社会认知方面文化选择的影响（Johnston, 2011），如图10.2所示。文化衍生的战略传播通过文化标准和文化选择，被置于组织生态关系以及它们适应环境的中心。在群体层次，文化标准的中心性保守地影响着成员们为制定战略传播而承担的核心角色和职能（Johnston, 2011）。

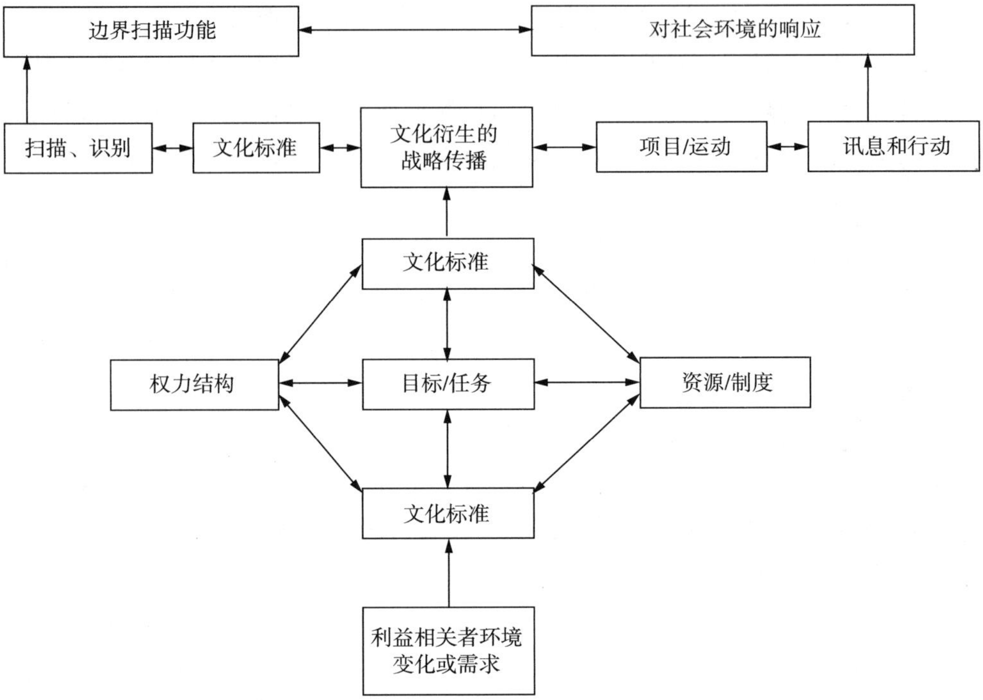

图10.2 生态关系：源自文化的战略传播模型

改自Johnston, 2011

按照Alvesson的战略文化观，在组织中环境扫描因素包含了舆论、媒介和利益相关者群体，以及关于环境模糊性的随后的阐释和判断。这个观点强调外部环境的现实性是群体的社会建构。他认为，“组织的环境和组织参与者行动的结果被按照阐释、参考的框架、感知和理解的形式揭示出来，而这些都将行动者视为集体”（Alvesson, 2002, p.77）。他提醒需要理解群体是如何从整体上将意义和内容归因于环境的。这种理解是通过审视组织中的知识结构，确定选择过程中发挥作用的文化标准的方式被提出来的（Durham, 1991）。因此源自文化的战略传播将会影响组织内部的规则，也同样影响外部。组织文化越强（Geertz, 1973），文化而非环境变量越有可能在战略传播发展中产生支配性影响。这种影响的结果最终将给组织群体之间带来实质性的差别，即使它们可能面临类似的环境挑战。这些影响将在下一节讨论。

理解战略传播受到的影响

本章已经探讨了组织文化在战略传播形成过程中的重要作用。我们认为系统基于集体知识做出的文化选择标准的行动，也就是组织文化，是战略传播的中介。当战略传播被视为包括观念和价值的组织群体知识结构的荟萃时，文化选择标准对知识系统的引导性影响可以对交互行为和运用在组织战略传播过程的讯息产生重要影响。对文化选择标准的影响的确支持了传播管理学科中对接收视角的批判，即所谓战略传播原则上是被组织的社会语境的外部驱动者的响应所推动的。与管理中心视角形成对比，本研究显示战略传播可能在组织的文化中影响文化选择行动的结果，这为它影响社会外部环境的驱动力提供了证据。更重要的是，我们认为组织的文化对组织确定战略传播的必要性具有潜在的重要影响。Weick关于组织沟通的基本观点支持了这个中心观点，其也是本章的关键理论视角（Weick, 1969, 1979），即组织首先是社会文化体系。

战略传播管理的意义

从生态学视角理解组织通过战略传播在他们的社会环境中满足适应性要求的努力，已经在Cutlip、Center、布鲁姆编写的关于公共关系的教科书中得到明确表述（Cutlip, Center & Broom, 2000）。在这个视角下，本章的研究和发现有助于理解文化生态的意义，因为它们确定和描述了文化和文化选择在调解组织－环境关系中的作用，以及组织文化如何应对环境变化的影响。

Astley和Fombrun强调组织适应环境的“集体”形式的重要性（Astley & Fombrun, 1983）。在公共关系（Broom & Sha, 2012）、组织传播（Conrad & Poole, 2012）和战略营销（Drummond, Ensor, & Ashford, 2012）的文献中，组织调试的发挥是一个重要的观点。虽然明茨伯格和Lampel（1999）认为战略形成是直觉的和判断性的，但这种方法在核心的战略传播教科书中并没有被反映出来（Steyn, 2007; Stroh, 2007）。

传统的组织－环境关系的概念化加强了环境对组织行动选择的支配地位（Astely & Fombrun, 1983）。按照这个传统，战略传播中的学生教育关注环境扫描和分析的任务，理性的方法仍然占支配地位（Steyn, 2007）。然而本研究发现的一个势在必行的任务是，实践者应当在分析和描述组织文化从而理解战略传播发展的基本语境方面受到培训。虽然高级管理者在战略制定方面提供了指导，高管给战略提供了纪律和视角（Porter, 1996），从业者为了理解和描述他们的工作如何被组织文化影响，需要更有准备。文化选择对战略传播发展的意义强化了这一观点。

Everett的早期著作，探讨了将组织视为社会文化系统的观点，这个系统确认了将组织文化作为不断发展的社会知识系统在组织传播的理论意义（Everett, 1985, 1990）。本研究通过识别文化选择在组织选择过程中的作用，拓展了Everett的观点（Weick, 1969,

1979），将之作为理解组织社会生态的关键动力。Weick的观点是，来自组织过去的经验创造了模板以引导模糊信息的阐释（Weick, 1979），这个观点在文化衍生的战略传播模型中得到了扩展（Johnston, 2011），这个模型说明了创造这些模型的是组织的文化选择行为（Weick, 1969, 1979）。

本章的基础是理解文化选择在组织过程中的作用，更具体地说，是基于组织的战略传播开发的。在组织层面，我们应当预计在长时间里，文化选择行为将会创造类似类型组织，使它们在审视、理解以及回应环境特征方面，产生越来越大的差异。这个过程最终将会带来组织间的实质性差异，即使它们面临相似的环境挑战。这个宏观的结果在组织中与选择标准一起发挥作用。在这方面，当组织在评价它们社会环境中的必须应对的事项，确定能为这些必须之事做什么的时候，文化选择标准的行动具有重要作用。

参考文献

[1] Alvesson, M. (2002). *Understanding organizational culture*. London: Sage.

[2] Ansoff, H. I., & Sullivan, P. A. (1993). Optimizing profitability in turbulent environments: A formula for strategic success. *Long Range Planning*, 26(5), 11.

[3] Argenti, P. A., Howell, R. A., & Beck, K. A. (2005). The strategic communication imperative. *MIT Sloan Management Review*, 46(3), 83.

[4] Astley, W. G., & Fombrun, C. J. (1983). Collective strategy: Social ecology of organizational environments. *Academy of Management. The Academy of Management Review*, 8(4), 576.

[5] Bailey, A., & Johnson, G. (2001). A framework for managerial understanding of strategy development. In H. W. Volberda & T. Elfring (Eds.), *Rethinking strategy* (pp. 212–230). London: Sage.

[6] Balogun, J., Huff, A. S., & Johnson, P. (2003). Three Responses to the methodological challenges of studying strategizing. *Journal of Management Studies*, 40(1), 197–224.

[7] Bates, D. (2001). *Human adaptive strategies: Ecology, culture and politics* (2nd ed.). Needham Heights, MA: Allyn and Bacon.

[8] Beer, M., Voelpel, S. C., Leibold, M., & Tekie, E. B. (2005). Strategic management as organizational learning: Developing fit and alignment through a disciplined process. *Long Range Planning*, 38(5), 445–465.

[9] Botan, C. H. (2006). Grand strategy, strategy, and tactics in public relations. In C. H. Botan & V. Hazelton (Eds.), *Public Relations Theory II*. Mahwah, NJ: Lawrence Erlbaum Associates.

[10] Bourgeois, L. J. (1980). Strategy and environment: A conceptual integration. *The Academy of Management Review*, 5(1), 25–39.

[11] Bowen, S. A. (2004). Organizational factors encouraging ethical decision making: An exploration into the case of an exemplar. *Journal of Business Ethics*, 52(4), 311–324.

[12] Broom, G. M., & Sha, B. (2012). *Cutlip and Center's effective public relations* (11th ed.). New Jersey: Prentice Hall.

[13] Cameron, G. T., & McCollum, T. (1993). Competing corporate cultures: A multi-method, cultural analysis of the role of internal communication. *Journal of Public Relations Research*, 5(4), 217–250.

[14] Cavana, R. Y., Delahaye, B. L., & Sekaran, U. (2000). *Applied business research: qualitative and*

quantitative methods. Brisbane: John Wiley and Sons Australia.

[15] Chaffee, E. E. (1985). Three models of strategy. *Academy of Management Review*, 10(1), 89–98.

[16] Chan, A. (2003). Instantiative versus entitative culture: The case for culture as a process. In R. Westwood & S. Clegg (Eds.), *Debating organization: Point-counterpoint in organization studies* (pp. 311–320). Malden, MA.: Blackwell.

[17] Chia, J., & Synnott, G. (2009). *An introduction to public relations: From theory to practice*. Melbourne, Vic: Oxford University Press.

[18] Chick, G. (1997). Cultural Complexity: The concept and its measurement. *Cross-Cultural Research*, 31, 275–307.

[19] Christensen, L. T., & Cornelissen, J. (2011). Bridging Corporate and organizational communication: Review, development and a look to the future. *Management communication quarterly*, 25(3), 383–414.

[20] Clampitt, P. G., DeKoch, R. J., & Cashman, T. (2000). A strategy for communicating about uncertainty. *The Academy of Management Executive*, 14(4), 41–59.

[21] Conrad, C. R., & Poole, M. S. (2012). *Strategic organizational communication* Malden: Wiley & Blackwell.

[22] Cornelissen, J. (2008). *Corporate communications–theory and practice* (2nd ed.). London: Sage Publications.

[23] Craig-Lees, M. (2001). Sense making: Trojan Horse? Pandora's Box? *Psychology & Marketing*, 18(5), 513.

[24] Cutlip, S., Center, A., & Broom, G. M. (2000). *Effective Public Relations* (8th ed.). Upper Saddle River, NJ: Prentice-Hall.

[25] D'Andrade, R. (2001). A cognitivist's view of the units debate in cultural anthropology. *Cross-Cultural Research*, 35(2), 242.

[26] Daymon, C., & Hodges, C. (2009). Researching the occupational culture of public relations in Mexico. *Public Relations Review*, 35, 429–433.

[27] Denzin, N. K. (2002). The interpretive process. In M. B. Miles & A. M. Huberman (Eds.), *The qualitative researcher's companion*. Thousand Oaks: Sage.

[28] Diaz, V., Abratt, R., Clarke, R., & Bendixen, M. (2009). PR practitioners in international assignments. *Corporate Communications*, 14(1), 78.

[29] Dil, A. S. (Ed.). (1980). *Language and cultural description–essays by Charles O. Frake*. Stanford California: Stanford University Press.

[30] Drummond, G., Ensor, J., & Ashford, R. (2012). *Strategic Marketing: Planning and Control* (2nd ed.). Oxford: Butterworth Heinemann.

[31] Durham, W. H. (1991). *Coevolution—genes, culture and human diversity*. Stanford, CA: Stanford University Press.

[32] Durham, W. H. (1992). Applications of evolutionary culture theory. *Annual Review of Anthropology*, 21(1), 331–355.

[33] Emery, F. E., & Trist, E. L. (1973). *Towards a social ecology*. New York: Plenum Rosetta.

[34] Everett, J. L. (1985). *Culture and ecology in the analysis of organizations*. (doctoral dissertation), University of Colorado, Boulder, CO.

[35] Everett, J. L. (1990). Organizational culture and ethnoecology in public relations theory and practice. *Public Relations Research Annual*, 2(1–4), 235–251.

[36] Everett, J. L. (1993). The ecological paradigm in public relations theory and practice. *Public Relations*

Review, 19(2), 177–186.

[37] Everett, J. L. (2001). Public relations and the ecology of organisational change. In R. L. Heath (Ed.), *Handbook of Public Relations* (pp. 311–320). CA: Sage Publications.

[38] Everett, J. L. (2002). *Towards identification of cultural structures in Weick's model of organising*. Paper presented at the International Conference on Social Sciences June 12–15, 2002, Honolulu, Hawaii, USA.

[39] Everett, J. L. (2003). *The culture pools of organizational populations*. Paper presented at the Second Hawaii International Conference on Social Sciences June 12–15, 2003, Honolulu, Hawaii, USA.

[40] Everett, J. L., & Johnston, K. A. (2012). Toward an ethnographic imperative in public relations research. *Public Relations Review*, 38(4), 522–528.

[41] Fine, G., Morrill, C., & Surianarain, S. (2009). Ethnography in organizational settings. In D. A. Buchanan & A. Bryman (Eds.), *The Sage handbook of organizational research methods* (pp. 603–619). Thousand Oaks: Sage.

[42] Frake, C. O. (1962). Cultural Ecology and Ethnography. *American Anthropologist*, 64(1), 53–59.

[43] Geertz, C. (1973). *The interpretation of cultures; Selected essays*. New York: Basic Books.

[44] George, E., Chattopadhyay, P., Sitkin, S. B., & Barden, J. (2006). Cognitive underpinnings of institutional persistence and change: A framing perspective. *Academy of Management Review*, 31(2), 347–365.

[45] Glaser, B. G. (1998). *Doing grounded theory; Issues and discussion*. Mill Valley, CA: Sociology Press.

[46] Gragson, T., & Blount, B. (1999). *Ethnoecology: knowledge, resources, and rights*. Athens, Georgia: University of Georgia Press.

[47] Grunig, J. E. (1992a). *Excellence in public relations and communication management*. New Jersey: Lawrence Erlbaum Associates.

[48] Grunig, J. E. (1992b). Symmetrical systems of internal communication. In J. E. Grunig (Ed.), *Excellence in public relations and communication management* (pp. 531–575). Hillsdale, NJ: Lawrence Erlbaum.

[49] Hallahan, K., Holtzhausen, D. R., van Ruler, B., Verčič, D., & Sriramesh, K. (2007). Defining strategic communication. *International Journal of Strategic Communication*, 7(1), 3–35.

[50] Hambrick, D. C. (1981). Specialization of Environmental Scanning Activities Among Upper Level Executives. *The Journal of Management Studies*, 18(3), 299.

[51] Hammersley, M., & Atkinson, P. (1995). *Ethnography: Principles in practice* (2nd ed.). London: Routledge.

[52] Hammersley, M., & Atkinson, P. (2007). *Ethnography: Principles in practice* (3rd ed.). London: Routledge.

[53] Hatch, M. J. (1993). The dynamics of organizational culture. *Academy of Management Review*, 18(4), 657–693.

[54] Heath, R. L. (Ed.). (2005). *Encyclopedia of public relations*. Thousand Oaks, CA: Sage.

[55] Jarzabkowski, P., Balogun, J., & Seidl, D. (2007). Strategizing: The challenges of a practice perspective. *Human Relations*, 60(1), 5–27.

[56] Johnson, G., Scholes, K., & Whittington, R. (2008). *Exploring corporate strategy* (8th ed.). Harlow, UK: Prentice Hall.

[57] Johnston, K. A. (2011). *The influence of cultural selection on strategic communication*. (PhD thesis), Queensland University of Technology, Brisbane.

[58] Keesing, R. M. (1974). Theories of culture. *Annual Review of Anthropology*, 3, 73–97.

[59] Keesing, R. M. (1981). *Cultural anthropology*. New York: CBS College Publishing.

[60] Kersten, A. (2005). Crisis as usual: Organizational dysfunction and public relations. *Public Relations Review*, 31(4), 544–549.

[61] Keyton, J. (2005). *Communication and organizational culture*. Thousand Oaks: Sage.

[62] Kreps, G. L. (1990). Weick's model of organizing: Organization as a response to information equivocality. In G. L. Kreps (Ed.), *Organizational Communication: Theory and practice* (2nd ed., pp. 114–134). White Plains, NY: Longmann.

[63] Lane, A. B. (2007). Empowering publics: The potential and challenge for public relations practitioners in creative approaches to two-way symmetric public relations. *Australian Journal of Communication Monographs*, 34(1), 71–86.

[64] Leichty, G., & Warner, E. (2001). Cultural topoi: Implications for public relations. In R. L. Heath (Ed.), *Handbook of Public Relations* (pp. 61–74). CA: Sage Publications.

[65] Littlejohn, S. W. (1999). *Theories of human communication*. Belmont, CA: Wadsworth.

[66] Lofland, J., Snow, D., Anderson, L., & Lofland, L. (2006). *Analysing social settings*. Belmont, CA: Wadsworth Thomson.

[67] Lyles, M., & Schwenk, C. (1992). Top management, strategy and organizational knowledge structures. *Journal of Management Studies*, 29(2), 155–174.

[68] Marchiori, M., & Bulgacov, S. (2012). Strategy as Communicational Practice in Organizations. *International Journal of Strategic Communication*, 6(3), 199–211.

[69] Marshall, C., & Rossman, G. B. (1999). *Designing qualitative research* (3rd ed.). Thousand Oaks, CA: Sage.

[70] Milton, K. (1996). *Environmentalism and cultural theory: Exploring the role of anthropology in environmental discourse*. London: Routledge.

[71] Mintzberg, H., & Lampel, J. (1999). Reflecting on the strategy process. *Sloan Management Review*, 40(3), 21–31.

[72] Mintzberg, H., & Quinn, J. B. (2003). *The strategy process* (4th ed.). London: Prentice Hall.

[73] Norlin, J. M., Chess, W. A., Dale, O., & Smith, R. (2003). *Human behavior and the social environment* (4th ed.). Boston MA: Allyn & Bacon, & Pearson Education.

[74] Nutt, P. C., & Wilson, D. C. (2010). Discussion and implications: Toward creating a unified theory of decision making. In P. C. Nutt & D. C. Wilson (Eds.), *Handbook of decision making* (pp. 645–677). Chichester: John Wiley & Sons.

[75] O'Shannassy, T. (2003). Modern strategic management: Balancing strategic thinking and strategic planning for internal and external stakeholders. *Singapore Management Review*, 25(1), 53–57.

[76] Pace, T. M. (1988). Schema theory: A framework for research and practice in psychotherapy. *Journal of Cognitive Psychotherapy*, 2(3), 147–163.

[77] Papadakis, V., Thanos, I., & Barwise, P. (2010). Research on strategic decisions: Taking stock and looking ahead. In P. C. Nutt & D. C. Wilson (Eds.), *Handbook of decision making* (pp. 31–69). Chichester: John Wiley & Sons.

[78] Patton, M. Q. (1990). *Qualitative evaluation and research methods*. Newbury Park, CA: Sage Publications.

[79] Porter, M. E. (1996). What is strategy? *Harvard business review*, 74(6), 61–79.

[80] Pratt, C. B. (1994). Applying classical ethical theories to ethical decision making in pulblic relation: Perrier's Product Recall. *Management Communication Quarterly : McQ* (1986–1998), 8(1), 70.

[81] Rabinow, P. (1977). *Reflections on fieldwork in Morocco*. Berkeley: University of California Press.

[82] Rhee, Y., & Moon, B. (2009). Organizational culture and strategic communication practice: Testing the competing values model (cvm) and employee communication strategies (ecs) model in Korea. *International Journal of Strategic Communication*, 3(1), 52–67.

[83] Richards, L. (2005). *Handling qualitative data: A practical guide*. London: Sage.

[84] Rosen, M. (1991). Coming to terms with the field: Understanding and doing organizational ethnography *Journal of Management Studies*, 28(1), 1–24.

[85] Sackmann, S. (1992). Culture and subcultures: An analysis of organizational knowledge. *Administrative Science Quarterly*, 37(1), 140–161.

[86] Sandhu, S. (2009). Strategic communication: An institutional perspective. *International Journal of Strategic Communication*, 3, 72–92.

[87] Schein, E. H. (1984). Coming to a new awareness of organizational culture. *Sloan Management Review*, 25(2), 3.

[88] Scroggins, W. A. (2006). Managing meaning for strategic change: The role of perception and meaning congruence. *Journal of Health and Human Services Administration*, 29(1/2), 83–102.

[89] Seitel, F. P. (2007). *The practice of public relations* (10th ed.). Upper Saddle River, NJ: Pearson Education.

[90] Selsky, J. W., Goes, J., & Baburoglu, O. N. (2007). Contrasting perspectives of strategy making: Applications in 'Hyper' environments. *Organization Studies*, 28(1), 71–94.

[91] Shockley-Zalabak, P. (2002). *Fundamentals of organizational communication* (5th ed.). Boston, MA: Allyn & Bacon.

[92] Sriramesh, K. (1992). Societal culture and public relations: Ethnographic evidence from India. *Public Relations Review*, 18(2), 201–211.

[93] Sriramesh, K. (2007). The relationship between culture and public relations. In E. Toth (Ed.), *The future of excellence in public relations and communication management* (pp. 507–526). Mahwah N.J: Lawrence Erlbaum.

[94] Steyn, B. (2003a, July). *A conceptualisation and empirical verification of the 'strategist', (redefined) 'manager, and 'technical 'roles of public relations*. Paper presented at the 10th International PR Research Symposium, Lake Bled.

[95] Steyn, B. (2003b). From strategy to corporate communication strategy: A conceptualisation. *Journal of Communication Management*, 8(2), 168.

[96] Steyn, B. (2007). Contribution of public relations to organizational strategy formulation. In E. L. Toth (Ed.), *The future of excellence in public relations and communication management: Challenges for the next generation* (pp. 137–172). Mahwah, N.J: Erlbaum.

[97] Strauss, A., & Corbin, M. J. (1998). *Basics of qualitative research: Techniques and procedures for developing grounded theory*. Thousand Oaks: Sage.

[98] Stroh, U. (2007). An alternative postmodern approach to corporate communication strategy. In E. Toth (Ed.), *The future of excellence in public relations and communication management* (pp. 199–220). Mahwah, NJ: Lawrence Erlbaum Associates.

[99] Sutton, M. Q., & Anderson, E. (2010). *Introduction to Cultural Ecology*. (2nd ed.). Lanham: AltaMira Press.

[100] Vayda, A. P. (1983). Progressive contextualization: Methods for research in human ecology. *Human*

Ecology, 11(3), 265–281.

[101] Verhoeven, P., Zerfass, A., & Tench, R. (2011). Strategic Orientation of Communication Professionals in Europe. *International Journal of Strategic Communication*, 5(2), 95–117.

[102] Volberda, H. W., & Elfring, T. (2001). *Rethinking strategy*. London: Sage.

[103] Weick, K. E. (1969). *The social psychology of organizing*. Reading, MA: Addison-Wesley.

[104] Weick, K. E. (1979). *The social psychology of organizing* (2nd ed.). NY: Newbery Award Records, Inc.

[105] Weick, K. E. (1988). Enacted Sensemaking in Crisis Situations. *The Journal of Management Studies*, 25(4), 305.

[106] Weick, K. E. (1995). *Sensemaking in organizations*. Thousand Oaks: Sage

[107] Weick, K. E. (2001). *Making sense of the organization*. Oxford, UK: Blackwell Publishers.

[108] Wolcott, H. F. (1994). *Transforming qualitative data*. Thousand Oaks, CA: Sage.

[109] Wolcott, H. F. (2009). *Writing up qualitative research* (3 ed.). Thousand Oaks, CA: Sage.

[110] Xavier, R. J., Johnston, K. A., & Patel, A. M. (2006). Exploring strategy : What public relations strategy means in practice. *Asia Pacific Public Relations Journal*, 6(2), 1–10.

[111] Ybema, S., Yanow, D., Wels, H., & Kamsteeg, F. (Eds.). (2009). *Organizational Ethnography*. London: Sage.

[112] Zerfass, A., & Huck, S. (2007). Innovation, communication and leadership: New developments in strategic communication. *International Journal of Strategic Communication*, 1(2), 107–122.

第十一章
战略传播：复调在管理团队会议中的角色

海勒·K. 阿格霍姆和克里斯塔·托马森

战略已经被界定为“情景化、有社会成就的活动”（Jarzabkowski, Balogun, & Steidl, 2007, pp.7-8），进一步说，“战略化包含了多元行动者的那些行动、互动和协商，以及他们在完成那些活动基础上做出的情景实践”。因此，战略工作与特定类型的实践相关，例如，战略会议（Jarzabkowski & Seidl, 2008）和战略研讨会（Prashantham, Baourque, Floyd, & Johnson, 2010; Seidl, MacIntosh & MacLean, 2006; Schwarz, 2009），这些可以被理解为组织成员战略活动的焦点（Jarzabkowski & Seidl, 2008）。将战略传播作为情景化、社会性技巧的活动进行分析的一个建议是，关注管理团队和他们的交互行为以及与战略形成相关的实践（Jarzabkowski & Seidl, 2008）。

研究者已经将管理团队概念化为执行者的内部圈子，他们共同制定、表达和执行组织的战略和战术行动（Raes, Heijltjes, Glunk, & Roe, 2011; Eisenhardt, Kahwajy, & Bourgeois, 1997）。这个研究领域的基本假设是，管理团队通过制定和实施战略来影响他们的组织（Hambrick & Mason, 1984; Love, Priem, & Lumpkin, 2002; Mintzberg, 1978）。传播可以被视为一个观察的棱镜，用于描述和解释组织，以及战略形成过程中的兴趣，这些都按照管理团队会议中对传播行动的特定主题的选择来界定（Hendry, 2000; Habermas, 2006）。这里重点在于通过交互而不是组织内部的“命令”实现组织的过程（Deetz, 2001, p.5）。因此，在这个观点中，决策的过程被视为传播过程本身，通过传播沟通有意义的决策被建构（Deetz, 2001; Hallahan, Holtzhausen, van Ruler, Verčič, & Sriramesh, 2007）。

过去的研究已经表明，团队成员在做出决策的时候，决策过程中收集、解释和综合信息的数量和类型都影响着战略决策的质量（Dooley & Fryxell, 1999; Galbraith, 1973; Tushman & Nadler, 1978）。Hambrick 和 Mason 认为团队成员的价值观、认知和个性是造成信息差异的重要源泉，这种差异对战略决策的质量和内容都有影响（Hambrick &

Mason, 1984）。实证研究已经支持了这个观点，这些结果表明团队成员的认知背景、团队会议内部公开讨论的、与任务相关的信息和观点的互动过程，都与战略决策的质量存在正相关关系（Amason, 1996; Dooley & Fryxell, 1999; Olson, Parayitam, & BAo, 2007）。

尽管进行了这项研究，我们对于在管理团队决策过程中的话语实践，它们在组织管理层中及更广泛的组织环境中对战略传播形成的影响知之甚少。在最近的十年左右，我们已经看见在战略研究中学术界对话语导向的兴趣日增（例如 Varaa, 2010; Vaara & Tienari, 2002; Vaara & Monin, 2010; Suddaby & Greenwood, 2005）。整体来看，这种兴趣被认为是社会科学更普遍的语言学转向的一部分。例如，战略话语分析已经增加了我们对战略实施过程中语言角色的理解，并开启了战略研究的新视角：我们相信这些视角对研究战略传播大有裨益（参见 Golsorkhi, Rouleau, Seidl, & Vaara, 2010; Jarzabkowski & Sillince, 2007; Palli, Vaara, & Sora, 2009; Spee & Jarzabkowski, 2011）。与此相一致的，管理领域中的话语分析已经增加了我们对特定语言现象的理解，例如复调，我们也相信它对研究战略传播有帮助（例如，Kornberger, Clegg & Carter, 2006）。

很多学者已经研究了企业高管采取的频繁和持续的传播战略，以避免矛盾、悖论、不一致和对立的局面（Putnam & Fairhust, 2001; Seo & Creed, 2002）。研究发现，高管为组织的共识、团结和承诺创造了潜在的根基和语境（Jarzabkowski & Sillince, 2007; Quinn, 1981; Rapert, Velliquette & Garreston, 2002）。同时，似乎存在一个学术的共识，即战略传播的管理性运用，被理解为组织有目的地运用传播来完成使命（Hallahan et al., 2007）——可能内在包含了与说服负相关的因素（Habermas, 1985），或者最少是某种恶意（Foucault, 1984; Lyotard & Thebaud, 1985）。这个被说成通过运用语言的微观分析来描述复调的环境远远不够精确，例如，管理团队在某种场合下产生复调实例（Kornberger et al., 2006）。结果，在这个领域中知识的缺乏可能已经造成组织对权力和特殊利益要素的无知，这些要素将不可避免地出现在组织的信息中。

基于以上理论产生的假设，我们打算在本章在微观层面探讨、分析话语实践可能如何帮助人们加深对战略传播的理解。在此基础上，本章的焦点有三个：第一，我们应当研究在战略决策过程中传播的作用，而不是将传播实践作为组织职能来研究，本章的焦点是研究多元视角的存在如何影响团队高层的决策制定。第二，到现在为止，战略传播已经在宏观和中观的层面被研究（参见，Sandhu, 2009），对微观层面的现象考虑较少，诸如 Kornberg 等基于交换和语言的关系所提出的观点（Kornberg et al., 2006）。然而，议题并不是简单地出现，而是被特定的群体界定，被特定的参考语言框架限制，被话语有力地确认（Kornberger et al., 2006）。因此，本章的第二个焦点是微观层次的战略传播研究目的在于拓宽对微观现象的理解，融合宏观和微观的研究。第三，也是最后一点，本章尝试挑战管理层战略传播中内在的说服性因素。组织（或个体）想要改变他人行为有四种工具：武力、赞助、购买或说服（Cutlip, Center, & Broom, 1995）。后者涉及不同话语之间的徘徊和转化（Kornberger et al., 2006）以及利用战略传播促进理念的接受。因此，说服直到现在仍然是战略传播的中心（Hallahan et al., 2007）。然而，本章将运用复调的概念来说明，“在有些情况下多义性的存在如何潜在地展现了管理者的说服力”（Belvo, King & Sliwa, 2008, p.496），但是多义性在实践中代表了对组织现实的接受和相互认同。运用观察笔记，以及对四个管理人员会议的录音，本章以复调的角度对在管理团队中的传播进行实证研究。通过运用语言学理论（Nolke et al., 2004），聚焦于复调的事件，例如，以否定形式出现的语言的微观元素，本章的目的在于确定接下来的研究问题。

在话语实践中，由管理团队造成的复调是如何发生的？在组织层面，随后的战略传播意义为何？

通过回答这些问题，我们致力于为目前正在发生的在话语的、复调的视角下的战略传播和管理团队之间的可能的相关性研究做出贡献。

本章由四个部分组成。第一，我们回顾战略传播、组织复调和模糊性的文献，认为复杂性和模糊性是战略传播的中心议题。复调是研究多义性的一个有用的框架，在某种程度上，它可以用来揭示不同类型的隐性互动，以及构成组织的很多声音和话语（Hazen, 1993）。管理人员必须在这些话语和声音中巡回和转化（Kornberger et al., 2006），从而完成组织的使命。第二，我们阐述了复调的经验研究设计和分析过程。第三，我们将实证结果分为两部分：

1. 展现在管理团队中复调如何塑造了战略；
2. 展现在战略制定阶段，复调的发生如何影响了随后对雇员的战略传播。

最后，我们探讨了研究结果及其对战略传播的贡献。

理论背景

在本节，我们回顾了战略传播、组织的复调和模糊性的文献，目的在于确定相关信息，将既有研究置于其对组织和战略化理解的背景之下。

战略传播的视角

传统上，战略传播被界定为“组织有目的地运用传播来完成任务”（Hallahan et al., 2007, p.3）。这个定义意味着人们致力于代表组织从事有意识的传播实践，例如塑造意义、构建信任、创造声誉和管理内部、外部利益相关者的象征性关系，从而支持组织的发展，保证运作自由（Zerfass, 2004; Grunig, Grunig, & Dozier, 2002）。传统的管理理论根据对成功核心要素的经济贡献来描绘和评价战略工作（Deetz, 2001）。Hallahan 等人（Hallahan et al., 2007）认为，在传统语境下，与传播相关的战略这一术语赋予管理话语以特权，强调上层为组织设定的目标是确定的和合法的。因此，战略传播认为有目的的影响是组织传播的基础目标。在这个工具性视角下，传播被描述为管理人员为达到目标完成的一些事情（Conrad & Haynes, 2001, p.53）。然而，这些视角也包含了一个天真的接收者，他认为描述以单纯、无法缓和的方式代表了一个目标，使得自己容易受到欺骗和误导，而且还抢在任何有机会追踪错误信息或反击它之前（Arminen, 2006, p.166）。因此，按照传播，战略的术语不可避免地与组织的语境和接收者的阐释联系在一起。

除了缺乏经验的接收者（Arminen, 2006），战略传播中的目的性也需要诠释（Hallahan et al., 2007, p12）。然而，越来越多的战略管理学者似乎质疑行动者在权变环境中是否具有这种理性行动的能力（Balogun, 2006; Holtzhausen, 2002; Jenkins, Ambrosini, & Collier, 2007; Pettigrew, Thomas, & Whittigngton, 2002; Powell, 2002; Pozzebon, 2004, Sandhu, 2009）。因此，Hallahan 等人（Hallahan et al., 2007）解构了战略的术语，从而确定它是否意味着操纵或不正常的传播实践，或者它是否允许替代性和更具批判性的阅读，可以给很多不同类型的学者提供归属。与上文所描述的积极的和幼稚的代理相反（Arminen, 2006），吉登斯（Giddens, 1994）认为代理有可能有效地选择和执行行动，挑战既有规则，因此吉登斯指出，代理是一个积极的人，驾驭社会结构对生活的影响。从吉登斯的视角来看，传播代理能够灵活地拒绝支配，在战略传播塑造组织方面发挥积极作用（Hallahan et al., 2007）。

组织的复调

俄罗斯哲学家巴赫金引入了复调的概念，并将之界定为“独立的、没有合并的声音和知觉的多元性……每一个都有同样的地位和自己的空间”（Bakhtin, 1984, p.208）。话语中的复调（例如，Bakhtin, 1981; Goffman, 1981; Klewitz & Cluper-Kuhlen, 1999, Kotthoff, 1998）表现为说话者永远将话语转换成他们自己的不同声音。因此，传播模式已经偏离了过去将战略传播视为发送者和接收者之间的讯息交换的传播模式（Shannon & Weaver, 1949），变为将传播理解为一个发出复杂的、多元声音的过程。

根据Belova等人的观点，复调可以在话语空间被支配性的多元化声音影响，也被边缘化的声音所影响，“它们一起构成了竞争的、持续变化的人类行动的空间”（Belova et al., 2008, p.495）。复调可以被用作分析组织的工具，研究者提倡在组织中运用复调的镜头，从而将战略实践理解为一个多中心的、非线性的和主体间的话语活动。例如，一个由 Oswick、Anthony、Keenoy、Mangham 和 Grant（Oswick, Anthony, Keenoy, Mangham, & Grant, 2000）所做的关于组织学习的研究，他们在研究中提出现实和复杂阐释的多种解释的交织将组织事件建构成一个复调，而不是单一意义的理解。因此，复调支持将组织视为一个空间，没有一个得到普遍性认同的中心声音空间（Gergen & Whitney, 1996）。组织远不是一个自由意志和自由流动观点的混合，它是由理解相互交叉、碰撞和干扰的群体和个人之间的意义活动网构成的（Hazen, 1993）。在组织的复调观点中，关于什么正在发生并不存在一个支配一切的观点，只有部分的、非线性的、难以捉摸的和不断变化的理解，它们随着彼此之间关系的变化而改变。因此，Carter、Clegg、Hogan和科恩贝格尔强调组织中复调的普遍存在，即使它可能被支配性的声音所掩盖，他们认为“在大多数的组织中，不同语言的建构有着持续的丰富性，它塑造了组织的现实”（Carter, Clegg, Hogan, & Kornberger, 2003, p.295）。

科恩贝格尔等人提出多种话语代表和加强了组织分隔的群体和成员之间的差异，这构成了组织的复调（Kornberger et al., 2006）。在管理的复调中，管理人员的作用在于通过在他们的语境中传递信息，在不抹掉或统一那些丰富了组织生活的差异的情况下加强意义，转化这些异质的话语。这个观点与我们在组织中的战略传播研究相关，它帮助我们划定了关键的传播过程。也就是，在我们的案例中，战略转化的过程发生在组织会议中，其中管理人员明显地表达了含义模糊的讯息，这些不清楚的讯息是管理层在过去管理团队会议上谈话的深层含义造成的。

模糊性作为传播战略的资源

正如前文所述，研究者承认在组织中复调和多元观点不可避免地存在（Eisenberg, 1984）。这种源自不同观点的模糊性常常被视为复杂组织中的一个关键维度。Weick认为模糊性居于中心地位，存在于“组织活动的所有方面”（Weick, 2001, p.4），从正式到非正式的活动，包含了所有组织成员。与此保持一致的是，在战略研究中，人们已经广泛承认模糊性是战略工作的中心特征（Alvesson & Sveningson, 2003; Davenport & Leitch, 2005; Jarzabkowski et al., 2010）。

之后，人们越来越认识到，在一般性的组织传播中，特别是在战略研究中，模糊性的复杂。这个复杂性包含了促进多元理解的潜力，也包括对组织统一性的预期挑战。正如阿扎布科夫斯基等人指出，“一方面，模糊性是一种政治资源，它可能有助于产生行动。然而，模糊性也有助于部分的和多重的意义和利益扩散，这模糊了行动”（Jarzabkowski et al., 2010, p.21）。

战略模糊性的概念代表了这样的假设，模糊性可以在组织传播中作为资源来运用。艾森伯格认为，这个概念是“人们在某些情境下有目的地运用模糊性来达成自己的目标”（Eisenberg, 1984, p.230），因此，在战略传播的传统观念中内在地包含了战略目的的元素（Hallahan et al., 2007; Zerfass, 2004; Grunig et al., 2002）。艾森伯格指出，“在很多情况下，模糊的传播比清楚的传播更加有利，特别是在迅速变化和不确定的环境中”（Eisenberg, 1984, p.230），因此，强调管理层可以有目的地运用模糊性，促进与组织相关的特定活动的多重理解。

达文波特和莱奇遵循将模糊性作为一种话语战略资源的观点（Davenport & Leitch, 2005）。他们聚焦于在变化过程中战略模糊性的作用，表现出战略模糊性可以为多元的利益相关群体之间共同创造意义打开机会。因此，他们的研究深入探讨了如何战略性地运用模糊性，以便能够从不同利益相关者那里得到创造性的响应。

阿扎布科夫斯基等人将模糊性作为一种资源来关注，通过展现不同的战略行动者如何将战略模糊性作为呼吁资源，从而平衡个体的利益和组织集体目标（Jarzabkowski et al., 2010）。基于四种修辞立场，他们发展了一个概念性的框架，以解释战略模糊性如何被用作集体行动的资源，同时维护个人利益。

为了将模糊性作为战略资源的普遍关注的回应，吉鲁引入了实用模糊性的术语，尝试承认一个特定的发起者导致的结果远不止一种。这里，模糊性被视为可以被有目的地发掘的东西，但是，吉鲁也承认并不是所有的模糊性都是有目的的行为的结果。相反，模糊性可以自己出现，比如，“出版的文本，获得它们自己的生活，有时候脱离了他们设计者的意图”（Giroux, 2006, p.1232）。因此，吉鲁承认有些阐释是不可避免的，同时也强调很多阐释并不一定会挑战群体和整体。“概念的模糊性允许不同的行为，同时维持统一的表象”（Giroux, 2006, p.1232）。

在战略工作中，我们对模糊性的战略潜力的探索不太感兴趣。相反，我们希望详细探讨话语和传播在战略形成过程中的功能，不同的战略行动者如何利用语言，这个语言如何被用来防止统一，防止在组织的其他部分形成单一声音、战略的（目的性的）讯息。通过这样做，我们希望能够有助于新的观点进入战略传播管理中，同时在更普遍的层次上，将战略制定作为微观层面的讨论和实践内容。以上的回顾揭示管理学和组织学的一些研究已经探讨了复调的概念，已经展现了它们在理解组织化和战略化中的作用。然而，在如何运用这些概念上，特别是在实证研究中，它们仍然有许多未挖掘的潜力。虽然以上研究已经涉及语言和话语研究，但话语的微观层次分析仍然是一个待研究的领域。本章试图通过将战略化活动确定为一种微观的话语实践来解决这个问题。

多义性研究的微观分析框架

在语言学文献中，由文本和其他声音，诸如报道、预设、否定和反讽，所带来的话语的特征已经被研究了10年，并运用在话语分析中。例如，福柯谈到了显性的互文和隐性的互文以及互斥性，例证了与复调有关的话语的特征（Fairclough, 1992）。关于对话，过去的研究（例如，Linell, 1998, 2009）也在很大程度上关注互文性和多义性的分析。

诺尔克尔等人已经提出基于语言的复调视角和分析框架（Nolkel et al., 2004）。我们也认为这个视角构成了一个研究管理团队中传播的有用框架，在这个意义上，它有助于人们确认和描述不同类型的隐藏互动。因此它揭示了来自管理团队多重职能所产生的隐含和不清楚的讯息。管理团队中的多义性是不是有意为之的并不是复调理论的核心。复调反而被视为一种固有现象，存在于所有的词汇、形式和组织中。由管理人员个人所发表的言论似乎特别多义，在这种意义上，必须考虑不同利益相关者的声音和观点，例如，投资者、董事会成员、白领雇员和蓝领雇员。管理话语是我们研究的中心，我们发现不同的话语被赋予了发言权，即使不清楚（例如通过引用特定的利益相关者的话语），之后通过一些不同的标记表明复调，诸如否定词、连词和副词。这些声音可能按照不同的方式被拒绝或接受，它们在冲突性战略和说服战略的复杂语境中，和战略模糊性或者“创造性的不清晰性”的元素一起被运用（Flottum, 2010, p.922）。基于语言的复调视角（Nolke et al., 2004）：

> 在语言描述中不同层次的元素有助于一个表达的复调结构含代词、连接词、句子副词、否定词、预设、信息结构和报告语等。当复调结构被确定在一个抽象的微观语言层次，它给我们提供了关于与话语语境相关的话语的可能解释的指导，这使我们能够讨论不同的复调结构。
>
> Flottum, 2010, p.993

在我们的分析中，我们倾向于确定复调的构成，并将之与组织的语境关联起来，根据Flottum（2010, p.993）的观点，这体现了一种分析水平，在这种水平上，我们可以将经过语言验证的抽象声音与一个具体的人或群体联系在一起。

复调的构成可以被描述为一个“单元”，它由四个实体构成（Flottum, 2010, p.993）：

1. 负责表达的语言建构者；
2. 观点与来源相关语义的实体；
3. 话语本身，构成来源的语义实体；
4. 宣告的关系，将观点与话语本身联系起来，有两个主要的关系：责任关系，迄今为止是最重要的；也有非责任的关系，它包含了很多类型，例如论辩的、驳斥的、重构的和拒绝的。

图11.1说明了组织传播中复调结构的创造，并将框架与传统的、功能性的理解交流的方式联系起来。在我们的案例中，我们研究的管理团队中的每一个成员代表了这样一种结构。

如图11.2所示，很多观点构成了对目的性战略传播的挑战，在这种意义上，它们有助于形成由共同起点构成的公司故事。共同起点被认为是核心战略价值，在组织面对的各类传播中发挥了基础功能（Van Riel, 1995, p.19）。因此，基于这个理论框架，共同起点不可避免地具有多重意义，也可能被多样地阐释。

在接下来的段落中，我们将展现管理层形式单一的表达如何潜在地影响复调结构，在这个结构中，管理者个人整合了其他人的声音。对不同声音的识别，以及他们内在或外在组织的源头，揭示了个体管理者和确定这样的关系对于理解整体的话语，以及界定相关的语义层次是至关重要的（Flottum & Stenvoll, 2009），例如，组织的层次。

我们将举几个复调例子，否定不是在辩论中使用，而是在对比中使用。我们的数据中频繁使用这两个标记，证明了这种选择的正确性。

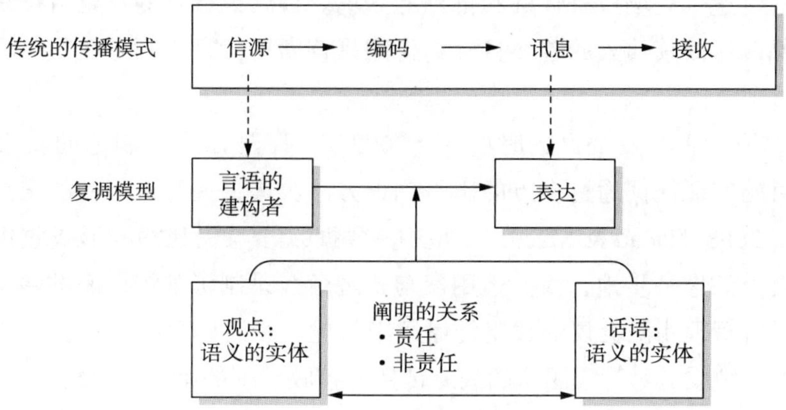

图 11.1　复调结构的创造

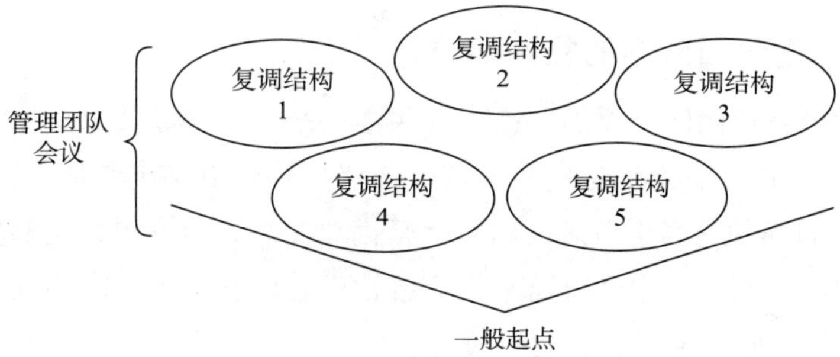

图 11.2　多元声音的一般起点的创造

研究设计

分析是基于作者从一个中型企业的单个案例研究中提取的数据（Yin, 2009）。企业成立于1993年，在1997年开始专门进行自有品牌宠物食品的生产。在2008年，企业被分为两个独立的战略商业单元：参与本次研究的企业（自有品牌）和与之合作很少的另一个企业（品牌业务）。公司以首席执行官为首的高管团队支持运行。公司所有权归属一个大的资本集团，该资本集团已明确表示，如果价格合适，将在合适的时候剥离SBU。

在12个月的期限中，作者在数据收集的各个阶段常规性地与公司接触（从第一次接触，到实际收集数据，再到进行研究），不论是在公共媒体，还是管理团队本身正式或非正式的讨论中，金融危机都是一个主要议题。危机对企业的影响程度越来越大，因此，全球经济的衰退如何影响市场的状况，成为一个在数据收集时期高层经常讨论的议题。

有一点越来越明显，即CEO还有那些我们认为是战略管理团队核心人物（首席运营官、营销总监、财务总监和人力资源总监）对于公司情况往往有不一样的观点，研究者常常听到会议中的多重观点和不同声音。首席执行官明显维护市场的地位，然而首席运营官和营销总监则对这个立场持有怀疑和批判的立场。首席执行官的首要目标是如何为公司的销售做准备，然而其他人的首要目标，特别是首席运营官，则是在很多方面为公司远景做准备。

数据收集是围绕在六个月的时期中（2009年7月至12月）制定的新市场战略开发进行的。项目的实证证据通过多点的田野调查方法收集，关注进行中的田野工作的技术（Czarniawska, 2008, Nadau & Maeder, 2005）。数据以参与式观察的形式收集，录制了六个管理团队会议。进一步地，我们运用参与式观察，录制了组织层面的两个战略信息会议，以深入了解管理团队会议的战略传播运用状况。最后，我们实施了12次半结构的雇员采访，获得组织成员对管理团队的战略传播的接收状况的第一手资料。

为了达成本章的目的，我们已经选择了最合适的例子来展现在管理团队成员的话语中复调的作用。

案例分析：管理团队中的复调话语

我们分析六个管理团队会议的特征，这些会议基本上是以共识为导向的，很大程度上基于战略语境，也就是战略变化和撤资。会议分别在2009年7月、8月和9月进行，持续2—3小时。首席执行官、首席运营官、营销总监和人力资源总监都参与了这六次会议，财务总监缺席了两次。生产总监和供应链管理总监参与了两次会议。会议都在金融危机的背景下进行，同时与撤资议题相关。

管理团队会议的主题是战略商业规划的发展和形成，其中诸如公司历史和价格分销等议题都被提出。在这个环境下，首席执行官认为战略规划必须有助于公司的成功和管理团队对情境的掌控，然而首席运营官和营销总监则关注按照公司当前所面临的营销困境来应对挑战。

撤资的组织情境和金融危机的语境构成了下文的阐释复调结构的重要背景。然而，接下来，重点必须放在语言的特征上。我们已经选择了案例中的典型段落，其中包含了否定词的使用实例作为复调的标记，而不是对比和让步的连接词。没有展现首席执行官话语中的复调，例子表现了首席运营官和营销总监话语中的复调。因此，作者分析解释了管理团队成员中隐性互动的不同类型，在这种情况下，首席执行官话语中的隐性互动对照首席运营官和营销总监的隐性互动，彼此观察，相互转换（Kornberger et al., 2006）。

管理团队中的战略制定

首席执行官对公司的积极看法，以及对企业状况的控制在管理团队会议中清晰地表现了出来。这种认知表现在积极的评价动词和动词结构上，如发展、继续发展和旨在发展：

1. 首席执行官说："我们能做的就是说，相信我们产品的市场将会发展，持续扩张。同时，还可以说，明年我们致力于发展产品的市场，例如英国，这里我们就要开始努力。"

通过使用"我们"这样的词语，首席执行官将他的表述从看起来似乎是高管管理层的主流声音变成了与其他管理团队成员一起的多重声音的混合体，因此构建了一个话语的共识。我们认为以上交换可以被归纳为"创造性的不清晰"（Flottum, 2009, p.922）。例如，表述的实际意思是什么，例如发展和努力？还有说我们致力于开拓市场，我们需要做出努力中的"我们"究竟指谁？谁的声音实际上被包含在这个集体性的表达中？是不是整个管理团队的声音都被包括进来了？

首席运营官和营销总监对公司的感知与首席执行官的感知在很多方面形成对比。首席运营官宁可用一些负面的评价性动词和建构性动词表达自己的感知，例如"数据不会说谎""他们并不乐观""如果价格进一步下滑"。

2. 首席运营官说："数据不会说谎……趋势很重要，他们并不乐观……如果价格进一步下滑（被首席执行官打断：我们不知道）……但是如果你看近三年，价格已经下降了……折扣会上升……更多……超市链已经受到严重打击，只能贴上打折的标签。"

营销总监同样用负面评价的动词和建构性动词表达自己的感知，例如，"这是下行的"。

3. 营销总监说："在我们本土市场上这是下行的……我们在任何地方都需要一个突破。在这个国家市场是饱和的……市场发展发生在海的另一边（英国）。"

首席运营官和营销总监对公司的观点是以一种更加明确的方式表达的。通过运用代词我们、你们，他们把自己的表达转化为似乎是专家的、市场分析家的声音，这些与管理团队的声音一起建构了话语的共识。这指向了相反的方向，复调和相反的方向被否定词（例如数据不会说谎），以及一个隐含的开头，如但是，标记出来。

接下来我们将要表现复调如何帮助我们揭示话语中隐藏的互动，一方面是首席执行官的话语，另一方面是首席运行官和营销总监的话语。我们将要展现经理个人如何将别人的声音整合到他的话语中。不同声音和信源揭示了每个管理者与其谈话中所包含的声音之间的关系（接受或拒绝）。识别这样的关系能帮助我们界定相关的语境层次，例如社会、政治和组织，架起微观和宏观的桥梁。

类似于以前的分析，我们将举几个例子来说明隐含复调的标记，否定词（首席执行官的话语）和对比性的连词"但是"（首席运营官和营销总监的话语）。讨论的主要问题是价格策略，例如讨论即将到来的英国市场的扩张。首席执行官坚持认为价格并不重要，然而首席运营官和营销总监表达了相反的立场，也就是，价格很重要，市场去年一整年正面临着价格下降的压力。我们将首先展示首席执行官话语中的复调。

4. 首席执行官说："我们指导我们的终端用户，产品卖8块还是9块是否重要，或者说一个产品是不是只有被很好地定位的时候才会被消费。你并不需要降价那么多。我们可以记下来价格并不是一个很重要的因素。"

在这个例子中，复调被否定词标记出来，并被理解为对隐含观点的反驳："价格很重要"，但是对其他人则不是那么回事。然而，通过复调否定，首席执行官拒绝将价格作为一个重要因素。

在这一点上，营销总监提出了一个与首席执行官不一样的声音。

5. 营销总监说："……但是我们是一个批发商，我们没有专门的销售……我们必须攻克德国、法国、英国的标准……渠道是我们首先关注的……除此之外，我并不完全同意……价格和分销是最重要的因素。"

通过在对比和让步的过程中，运用标记复调的词语"但是"，营销总监提出了他的观点，"我们是一个批发商，我们没有专门的销售"。连词"但是"给了我们一个信号，演说者对首席执行官的观点做出了让步，但是在这个语境下，演说者并不认为首席执行官的观点是对的，并论证了质疑的理由。这里的有效观点是由营销总监提出来的。

营销总监的声音或多或少得到了首席运营官的回应。

6. 首席运营官说："如果我们看一下近三年的情况，事实上价格已经降了。"

通过利用代词"我们"，首席运营官将他的立场转化为管理团队的经理们的立场，建构了话语的共识。

然而，首席执行官重复了他的观点，用了一种更类似于说教的口吻。

7. 首席执行官说："如果我们能扩张市场这当然是很好的……但打价格战没有抓到要害。更重要的应该是产品……这和牛奶不一样……这里不存在一个自然的需求。我们创造了需求，因此理论上需求是不饱和的……我们忽略的正是我们给人们提供的销售点。"

在这个例子中，复调被标记为"不是"（三次），它拒绝了隐藏的观点：要搞价格竞争。通过复调否定，首席执行官再次拒绝将价格作为一个重要因素。事实上，在管理团队会议上，首席执行官的这一席话就意味着价格和市场状况讨论的终止，接下来开始讨论传播战略。

首席运营官和营销总监似乎接受了这个主题的转移，然而，再次表达了他们与首席执行官不同的观点，接下来我们列举了营销总监的话。

8. 营销总监说："这里的目的和讯息……在启动会议上（与所有雇员一起整个组织层面的信息），例如……我们要传递组织的完美图景，或者这是不是说这就是我们将要面临的……我们的生意面临了一些挑战……"

复调再次被一个隐含的观点标记出来，但是紧接着两个对比的观点，即"组织的完美图景"和"这是我们将要面临的"，这是营销总监做的一个对抗性的陈述，这使得首席执行官在下一个例子中的陈述变得模糊和不清楚。

9. 首席执行官说："我们能够做的是我们相信我们产品的市场将会发展，并持续扩张，按照我们的这个描述，我们可以说，明年我们致力于发展产品市场，例如在英国，这里我们需要做的是努力。"

图11.3总结了以上管理团队成员对价格策略的分析。它反映了由Van Riel所提出的一般性起点和公司的持续计划的产生方面的多重声音（Van Riel, 1995）。

这种缺乏清晰性的现象解释了在与雇员交流战略的时候的模糊性。

在下一部分中，我们将要基于管理团队会议后发生的事情，探讨模糊性的概念。这个讨论的目标在于展现我们对复调的论述，在微观层面上展现它本身，我们首先从个体的管理人员的话语中，之后从管理团队的话语中，最后在组织层面的传播中来观察，这些都是雇员之间不确定性和迷惑的源头，且最终造成了组织说服力的缺乏。

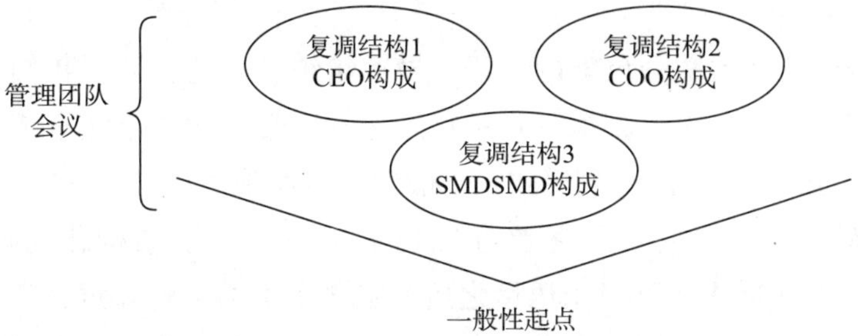

图11.3　在管理团队中多元声音的一般起点的创造

讨论

六次管理团队会议后，在高管和其他组织行动者（中层管理者和雇员）中举行的一次年度会议上，管理层安排了与将来营销和市场工作相关的战略决策。会议的目的在于告知雇员目前的状况、发展计划和战略目标，从而建立、鼓励管理层和雇员之间的对话，在不同职能部门产生共同的承诺和企业精神。我们考虑在组织层面会议上的这种翻译是战略传播的一个典范，因为传播的焦点在于传播正式形成的战略，达成书面的企业和战略的共识（管理团队会议的结果）。在组织层面的会议上，战略团队由首席执行官、首席运营官和营销总监代表的战略团队向组织其他成员，包括前台和后台员工和中层管理人员，共120人介绍了销售战略和市场情况。

在公司的年度演说中，首席执行官通过反复向听众强调组织不会被全球金融危机所影响，从而解决了公司的市场状况。

我们公司的特点在于——我们可以从这些数字中发现——这并不是一个会

影响到我们的金融危机。目前的情况完全不一样。这个问题就像是冬天下不下雪。到底世界上有多少宠物？宠物市场的发展是不是饱和了？因为一旦你养了一只猫或者狗，不管是不是有金融危机你都会喂养它。就像你养育一个孩子或者供养你的祖父母。如果你喂养花园里面的鸟，你就会一直这样做。因为这并不要花费很多钱，这只是一笔小钱，而作为回报，你得到了很多快乐。但是对我们公司而言，独特之处是我们没有受到金融危机的影响……

之后，我们可以从下面摘录看到，首席运营官陈述了相反的观点：

是的，公司已经绝对被金融危机所影响——但是相对于其他的出口公司并不严重。我们很多产品在英国出售，很多是通过英镑交易的。

了解了在多个管理团队会议上的话语主导了组织层面的会议，我们并不难解释传播得不一致是如何发生的。由首席执行官和首席运营官带来的两个完全不同的修辞立场，似乎遵循了管理团队会议上的复调模式，一般性起点似乎消失了。

在组织层面的会议之后，研究者对12位员工进行了半结构化访谈（员工总数的10%），从而了解在战略进入到员工语境之后，随之发生的读解和意义产生的过程。从首席执行官的稳定性和没有危机的修辞立场为出发点，我们对采访的分析表明了差异，修辞立场诸如接受、模糊性和拒绝在员工的话语中表达出来，以此来揭示第三种重新语境化情境下多元化现象。

一个工作在产品线上的，与公司战略和财务状况相关度很低的没有薪水的成员发出声音，支持了首席执行官的话语立场，也就是说，组织不会被全球金融危机所影响。其接受首席执行官对战略现实的翻译，这揭示了该成员的一种安全感以及对管理和公司战略的信任："好吧……金融危机正在过去。这是一个很好的公司。"另一个在仓库工作的没有薪水的成员创造了一个模糊的或迷惑的话语立场，他用话语怀疑了战略团队成员提出的战略项目。

很好，我想，这样我们公司的分支将会被出售，其他分支也将会被分解，我的第一个想法是，不知道我们在其他人接管公司以后，是否将会被长期雇用。这是我第一个想法。之后，我与仓库经理聊了，他已经在公司干了15年，他很冷静和自信。所以我想很好，不会出什么事。

因此，员工对于外部打击是否会导致市场萎缩的潜在风险，表达了不确定和模糊的立场。最终，组织声音的第三个例子建构了一个关于全球危机结果的消极话语立场，运用了徘徊于资本所有者的金融危机的认知性理解和情绪上的不安全感之间的摇摆色彩话语。这个立场可以以采购部门办公室员工的表达为例。

> 在目前的情况下，当你听到风险资本面临困境，资本的基础不再如从前那样，资本所有者可以被迫采取一些不好的措施，诸如解散。这就意味着在现实中我们可能需要通过将消费转移到诸如德国来获得一些可观增效，因为他们的采购部门在那里。

这些修辞表明受访员工多元的阐释或意义，再次表明了在自身所处的情境和每个个体的优先性的条件下，模糊性理解的出现。根植于个人化的情境，有些员工可能会选择忽略金融危机的打击，而倾向于运用积极的修辞表达他们对战略的理解。其他人因为个人特质，诸如赋权、自信或家庭环境等因素，则可能不那么害怕风险，所以这些个体可能更加倾向于质疑各类管理人员的修辞立场，他们表现为拒绝管理人员的阐释，或接受通过传播过程创造的模糊性。结果，在理解的阶段，组织成员感受和读解管理人员的战略话语，他们通过话语表达立场，接受、模糊、迷失，矛盾—反对，这些最终影响了战略实施的过程（Luscher & Lewis, 2008）。正如科恩贝格尔等人指出的，“议题不会简单地出现，但是被一定的团体所定义，限制在参考的语言框架之中，通过话语被有力地界定”（Kornberger et al., 2006, p.13）。因此，这些例子展现了组织行动者的交互行为通过战略化的各个阶段，被特定的情境所影响。这就导致了人们对战略提问的多重解读，从而质疑战略传播的目的性。复调可能将战略管理传播限制为话语实践，不是被单一的、说服性话语支配，而是被不同声音所驱动。

图11.4表明了在战略化的多个阶段复调如何导致了一般性起点的多元化。

结论

通过这些例子，我们已经尝试分析了表现微观层面的复调方法可能如何有助于战略管理传播。我们已经尝试指出宏观层面的组织方法可能如何补充微观层面的方法。

总之，人们可能会问，从微观的复调视角研究战略传播有哪些相关要素？

从这个案例的组织视角来看，议题包括诸如多元声音、接受或拒绝、观点等都很有趣。它们指出了宏观层面和微观层面之间的趋同点。然而，为了给出管理话语的宏观层面的读解，微观层面的复调分析需要借助广泛的管理和组织视角。这些将会帮助确定语言在回应谁，回应什么，诸如，一个利益相关者或利益相关群体，或普遍性的观点。为了理解为什么特定的语言被放在一起，为什么特定的内容被传播，为什么展现两个观点的特定关系，了解表达之间的关系及其出现的语境，以及我们案例中的变化和撤资，这些都很必要。

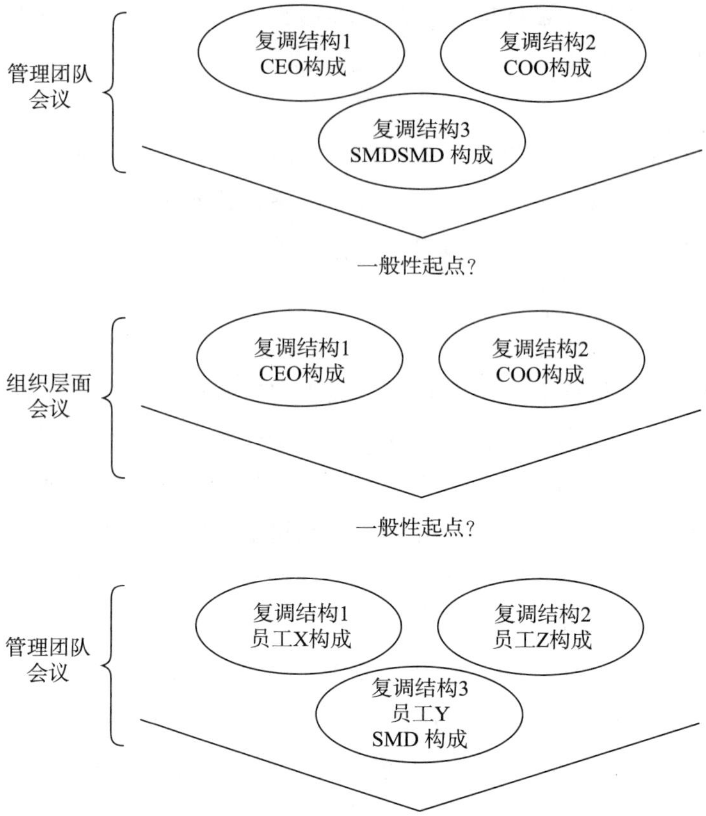

图 11.4　复调的一般性起点的创造

这个分析已经整合了战略传播的广泛视角，特别是一般性起点的概念（Van Riel, 1995）。这些帮我们确定了首席执行官、首席运行官、营销人员、市场负责人所用的话语并不一定回应了同样的人或同样的群体，在我们的案例中是不同的客户群体。然而首席运营官和营销总监的话语中包含例如关于折扣连锁店的声音，这些声音在首席执行官的话语中没有。考虑分析撤资的语境，在撤资语境中首席执行官的个人参与度（也可能是财务的），首席执行官和营销总监提到获得折扣链渠道的困难，有助于我们理解在讨论中发生了什么，以及之后在向组织其他成员传递讨论结果的时候发生了什么。因此，研究中进行的微观层面的复调分析，结合了语境信息，揭示了管理团队会议的多重声音，展现了多重声音如何导致组织层面管理团队成员之间对企业战略的外部语境的表达差异，这带来了员工们的不确定性和疑惑，最终使组织缺乏权威性。

本章分析了管理传播与战略和说服因素的内在关联，对复调在战略传播中的作用研究兼具理论和实证贡献。与科恩贝格尔（Kornberger, 2006, p.19）保持一致。研究揭示，没有一个元语言和宏大叙事代表不同复调。考虑到组织有不同的话语构成——包括上层管理者赋予的合法性——没有一个单一的话语可以被确定能够应对来自复调的复杂性。特别是，我们的分析已经表明在战略传播中，整体的目的或说服的因素可能会因复调引起的在管理团队中的话语差异而消失。在这个领域需要进一步进行实证研究以掌握战略沟通中复调的真正性质，以便就如何应对管理化和战略化挑战向管理者提出建议。

参考文献

[1] Alvesson, M., & Sveningsson, S. (2003). Good visions, Bad micro-management and ugly ambiguity: Contradictions of (non-) leadership in a knowledge-intensive organization. *Organization Studies*, 24, 961–988.

[2] Amason, A. (1996). Distinguishing the effects of functional and dysfunctional conflict on strategic decision making: resolving a paradox for top management teams. *Academy of Management Journal*, 39, 123–148.

[3] Arminen, I. (2006). *Institutional Interaction. Studies of Talk at Work*. Aldershot, England: Ashgate.

[4] Bakhtin, M. M. (1981). Discourse in the novel. In C. Emerson & M. Holquist (Eds), *The dialogic imagination* (pp. 259–422). Austin, TX: University of Texas Press.

[5] Bakhtin, M. M. (1984). *Problems of Dostoevsky's poetics* (trans. C. Emerson). Minneapolis, MN: University of Minnesota Press.

[6] Balogun, J. (2006). Managing change: Steering a course between intended strategies and unanticipated outcomes. *Long Range Planning*, 39(1), 29–49.

[7] Belova, O., King, I., & Sliwa, M. (2008). Introduction. Polyphony and organization studies: Mikhail Bakhtin and beyond. *Organization Studies*, 29(4), 493–500.

[8] Carter, C., S. Clegg, J. Hogan, and M. Kornberger (2003). 'The polyphonic spree: The case of the Liverpool Dockers,' *Industrial Relations Journal* 34(4): 290–304.

[9] Conrad, C., & Haynes, J. (2001). Development of key constructs. In F. M. Jablin & L. L. Putnam (Eds), *The new handbook of organizational communication: advances in theory, research, and methods* (pp. 47–77). Thousand Oaks, CA: Sage.

[10] Cutlip, S. M., Center, A. H., & Broom, G. M. (1995). *Effective public relations*. Englewood Cliffs, NJ: Prentice-Hall.

[11] Czarniawska, B. (2008). *Shadowing: and Other Techniques for Doing Fieldwork in Modern Societies*. Malmö: Liber and Copenhagen Business School Press.

[12] Davenport, S., & Leitch, S. (2005). Circuits of power in practice: strategic ambiguity as delegation of authority. *Organization Studies*, 26, 1603–1623.

[13] Deetz, S. (2001). Conceptual foundations. In F.M. Jablin & L.L. Putnam (Eds), *The new handbook of organizational communication. Advances in theory, research, and methods* (pp. 3–46). Thousand Oaks, CA: Sage.

[14] Dooley, R.S., & Fryxell, G.E. (1999). Attaining decision quality and commitment from dissent: the moderating effects of loyalty and competence in strategic decision-making teams. *Academy of Management Journal*, 42, 389–402.

[15] Eisenberg, E.M. (1984). Ambiguity as strategy in organizational communication. *Communication Monographs*, 51, 227–242.

[16] Eisenhardt, K. M., Kahwajy, J. L., & Bourgeois, L. J., III. (1997). Conflict and strategic choice: how top management teams disagree. *California Management Review*, 39(2): 42–62.

[17] Fairclough N., 1992, *Discourse and Social Change*. Polity Press, Cambridge.

[18] Fløttum, K. (2010). EU discourse: polyphony and unclearness. *Journal of Pragmatics*, 42, 990–999.

[19] Fløttum, K., & Stenvoll, D. (2009). Blair speeches in a polyphonic perspective. NOTs and BUTs in visions on Europe. *Journal of Language and Politics* 8, 269–286.

[20] Foucault, M. (1984). What is Enlightenment? In P. Rabinow (Ed.), *The Foucault reader*, pp. 32–50. New York: Pantheon.

[21] Galbraith, J. (1973). *Designing complex organizations*. Reading, MA: Addison-Wesley.

[22] Gergen, K., & Whitney, D. (1996). Technologies of representation in the global corporation: power and polyphony. In D. Boje, R. Gephart, & T. Thatchenkery (Eds), *Postmodern management and organization theory*, pp. 331–357. Thousand Oaks, CA: Sage.

[23] Giddens, A. (1984). *The constitution of society: Outline of the theory of structuration*. Cambridge, MA: Polity Press.

[24] Giroux, H. (2006). 'It was such a handy term': Management fashions and pragmatic ambiguity. *Journal of Management Studies*, 43(6), 1227–1260

[25] Golsorkhi, D., L. Rouleau, D. Seidl & E. Vaara (2010). *Cambridge handbook of strategy in practice*, Cambridge, England: Cambridge University Press.

[26] Goffman, E. (1981). *Forms of talk*. Philadelphia: University of Pennsylvania Press.

[27] Grunig, L. A., Grunig, J. E., & Dozier, D. M. (2002). *Excellent organizations and effective organizations: a study of communication management in three countries*. Mahwah, NJ: Lawrence Erlbaum.

[28] Habermas, J. (2006). Political communication in media society—Does society still enjoy an epistemic dimension? The impact of normative theory on empirical research. *Communication Theory*, 16(4), 411–426.

[29] Hallahan, K., Holtzhausen, D., van Ruler, B., Verčič, D., & Sriramesh, K. (2007). Defining strategic communication. *International Journal of Strategic Communication*, 1(1), pp. 3–35.

[30] Hambrick, D.C., & Mason, P.A. (1984). Upper echelons: The organization as a reflection of its top managers. *Academy of Management Review*, 9, 193–206.

[31] Hazen, M. (1993). Towards polyphonic organization. *Journal of Organizational Change Management*, 6(5), 15–26

[32] Hendry, J. (2000). Strategic decision making, discourse, and strategy as social practice. *Journal of Management Studies*, 37(7), pp. 955–977.

[33] Holtzhausen, D. (2002). Towards a postmodern research agenda for public relations. *Public Relations Review*, 28(3), 251–264.

[34] Jarzabkowski, P., Balogun, J., & Seidl, D. (2007). Strategizing: The challenges of a practice perspective. *Human Relations*, 60(1), 5–27.

[35] Jarzabkowski, P., & Seidl, D. (2008). The role of strategy meetings in the social practice of strategy. *Organization Studies*, 29 (11), 1391–1426.

[36] Jarzabkowski, P., & Sillince, J. (2007). A rhetoric-in-context approach to building commitment to multiple strategic goals. *Organization Studies*, 28(11), 1639–1665.

[37] Jarzabkowski, P., Sillince, J.A.A., & Shaw, D. (2010). Strategic ambiguity as a rhetorical resource for enabling multiple interests. *Human Relations*, 63(2), 219–248.

[38] Jenkins, M., Ambrosini, V., & Collier, N. (2007). *Advanced strategic management* (2nd ed.). London, England: Palgrave.

[39] Klewitz, G., & Couper-Kuhlen, E. (1999). Quote-unquote? The role of prosody in the contextualization of reported speech sequences. *Interaction and Linguistic Structures*, 12, 1–32.

[40] Kornberger, M., Clegg, S.R., & Carter, C. (2006). Rethinking the polyphonic organization: Managing as discursive practice. *Scandinavian Journal of Management*, 22, 3–30.

[41] Kotthoff, H. (1998). Irony, quotation, and other forms of staged intertextuality: Double or contrastive perspectivation in conversation. *Interaction and Linguistic Structures*, 5, 1–27.

[42] Linell, P. (1998). *Approaching dialogue: talk, interaction and contexts in dialogical perspectives*. Amsterdam: John Benjamins.

[43] Linell, P. (2009). *Rethinking language, mind and world dialogically*. Charlotte, NC: IAP Press.

[44] Love, L. G., Priem, R. L., & Lumpkin, G. T. (2002). Explicitly articulated strategy and firm performance under alternative levels of centralization. *Journal of Management*, 28, 611–627.

[45] Lüscher, L., & Lewis, M. W. (2008). Organizational change and managerial sensemaking: Working through paradox. *Academy of Management Journal*, 51(2), 221–240.

[46] Lyotard, J.F., & Thébaud, J.L. (1985). *Just gaming*, Minneapolis, MN: University of Minnesota Press.

[47] Mintzberg, H. (1973). *The nature of managerial work*. New York: Harper & Row.

[48] Mintzberg, H. (1978). Patterns in strategy formation. *Management Science*, 24(9), 934–948.

[49] Nadai, E., & Maeder, C. (2005). Fuzzy fields. Multi-sited ethnography in sociological research. *Forum: Qualitative Social Research*, 6(3). Retrieved August 1, 2014, from http://www.qualitative-research.net/fqs.

[50] Nølke, H., Fløttum, K., & Norén, C. (2004). *ScaPoLine. La théorie scandinave de la polyphonie linguistique [ScaPoLine. The Scandinavian theory of linguistic polyphony]*. Paris, France: Kimé.

[51] Olson, B. J., Parayitam, S., & Bao, Y. (2007). Strategic decision making: the effects of cognitive diversity, conflict, and trust on decision outcomes. *Journal of Management*, 33, 196–222.

[52] Oswick, C., Anthony, P., Keenoy, T., Mangham, I. and Grant, D. (2000), A dialogic analysis of organizational learning. *Journal of Management Studies*, 37(6), 887–901.

[53] Pälli P., Vaara, E. and Sorsa, V. (2009). Strategy as text and discursive practice: A genre-based approach to strategizing in city administration. *Discourse & Communication*, 3(3), 303–318.

[54] Pettigrew, A., Thomas, H., & Whittington, R. (2002). Strategic management: the strengths and limitations of a field. In A. Pettigrew, H. Thomas, & R. Whittington (Eds), *Handbook of strategy and management* (pp. 3–30). London, England: Sage.

[55] Powell, T. C. (2002). The philosophy of strategy. *Strategic Management Journal*, 23, 873–880.

[56] Pozzebon, M. (2004). The influence of a structurationist view on strategic management research. *Journal of Management Studies*, 41(2), 247–272.

[57] Prashantham, S., Bourque, N., Floyd, S. W. & Johnson, G. (2010). The ritualization of strategy workshops. *Organization Studies*, 31(12), 1589–1618.

[58] Putnam, L. L., & Fairhurst, G. T. (2001). Discourse analysis in organizations. Issues and concerns. In F. M. Jablin & L. L. Putnam (Eds), *The new handbook of organizational communication. Advances in theory, research, and methods* (pp. 78–136). Thousand Oaks, CA: Sage.

[59] Quinn, J. B. (1981). Formulating strategy one step at a time. *Journal of Business Strategy*, 1(3), 42–63.

[60] Raes, A.M.L., Heijltjes, M.G., Glunk, U., & Roe, R.A. (2011). The interface of the top management team and middle managers: a process model. *Academy of Management Review*, 36(1), 102–126.

[61] Rapert, M. I., Velliquette, A., & Garretson, J. A. (2002). The strategic implementation process. Evoking strategic consensus through communication. *Journal of Business Research*, 55, 301–310.

[62] Sandhu, S. (2009). Strategic communication: an institutional perspective. *International Journal of Strategic Communication*, 3, 72–92.

[63] Schwarz, M. (2009). Strategy workshops facilitating and constraining strategy making. *Journal of Strategy and Management*, 2(3), pp. 277–287.189

[64] Seidl, D., MacIntosh, R.R., & MacLean, D. (2006). Strategy workshops and strategic change: toward a theory of endogenous strategic change. *Munich Business Research Paper*, No. 2006–2007.

[65] Seo, M.G., & Creed, W. E. D. (2002). Institutional contradictions, praxis, and institutional change: a dialectical perspective. *The Academy of Management Review*, 27(2), 222–247.

[66] Shannon, C., & Weaver, W. (1949). *The mathematical theory of communication*. Urbana, IL: University of Illinois Press.

[67] Spee, A. P., & Jarzabkowski, P. (2011). Strategic planning as communicative process. *Organization Studies*, 32(9),1217–1245.

[68] Suddaby, R., & Greenwood, R. (2005). Rhetorical strategies of legitimacy. *Administrative Science Quarterly*, 50, 35–67.

[69] Tushman, M. L., & Nadler, D. A. (1978). Information processing as an integrating concept in organizational design. *Academy of Management Review*, 3, 613–624.

[70] Vaara, E. (2010). Taking the linguistic turn seriously: strategy as a multifaceted and interdiscursive phenomenon. *The Globalization of Strategy Research. Advances in Strategic management*, 27, 29–50.

[71] Vaara, E., & Monin, P. (2010). A recursive perspective on discursive legitimation and organizational action in mergers and acquisitions. *Organization Science*, 21(1), 3–22.

[72] Vaara, E., & Tienari, J. (2002). Justification, legitimization and naturalization of mergers and acquisitions: A critical discourse analysis of media texts. *Organization*, 9(2), 275–304.

[73] van Riel, C. B. M. (1995). *Principles of corporate communication*. London, England: Prentice Hall.

[74] Weick, K. E. (2001). *Making sense of the organization*. Malden, MA: Blackwell Business.

[75] Yin, R. K. (2009). *Case study research: Design and methods* (4th ed.). Thousand Oaks, CA: Sage.

[76] Zerfass, A. (2004). Unternehmensführung und Öffentlichkeitsarbeit. *Grundlegung einer Theorie der Unternehmenskommunikation und Public Relations [Business management and the public sphere. Foundationsof a theory of corporate communications and public relations]* (2nd ed.). Wiesbaden, Germany: VS Verlag fürSozialwissenschaften.

第十二章
战略在组织中的传播实践

马勒尼·马奇诺里和塞尔希奥·布尔加科夫

在传统的关于战略的文献中，传播已被成熟地论述，并被认为是一种协调的功能型机制（Srikanth & Puranam, 2011）。这一视角已经涉及公司战略中的经济方法。另一方面，传播和战略过程这一相对较新的现象，以及组织过程的日益复杂为研究组织的核心问题提供了这样一个背景：传播实践如何助力于战略实践的构建。为了解为何战略可以被理解为一种传播实践和一个概念，本章将探讨在2008—2010年间伊泰普科技园的这一现象。

传播过程与组织是一个不断创造的过程这一概念密切相关。对这个过程的洞见可以来自对组织环境中战略实践的研究。人们基于互动、价值和想法修改他们日常的战略，同时将新的行动者、资源和环境嵌入到过程当中。当代的战略观认为，战略是“由日常的相互作用而产生的感觉的动态变化”（Reis, Marchiori, & Casali, 2001, p.173）。

互动是组织存在的必要条件（Cooren, 2006）。在组织语境中，战略的意义是通过组织中存在的永久关系来构建的：源自传播和战略的视角，关系存在于组织与人们之间，也存在于人与人之间。组织是通过互动和关系建立起来的（Cheney, Christensen, Zorn & Ganesh, 2011）。当人们学习一项新的活动、做出决策、处理冲突、形成联盟、实施变革或处理分歧时，都必然经历创造、刺激和发展的过程。进一步说，日常的传播实践，即所谓的“非正式”实践，才是组织的实质（Mumby, 2011）。“组织需要过程思维……用持续发展的观念代替组织的固定观念”（Hatch, 2011, p.96）。

因此，本案例研究遵循了一个现实是主体间性的，组织行为和战略是社会建构的过程。因此，在人们互动时，传播成了战略创造、发展和实践的一个基础性元素。为了使意义和实践被认为是基础性的和战略的，首先有必要让传播的参与者意识到这一点。这种认知的产生基于这样一种考虑，即传播是将战略过程带入生活的因素：“传播是战略中的一个结构性要素，换句话说，传播是战略的组成部分。”（Reis et al., 2010, p.169）泰勒和鲁比乔认为，“传播在一项活动的产生、完成以及使之产生意义的过程中起着关键作用”（Taylor & Roubichaud, 2004, p.398）。

战略是由组织的内部和外部参与者根据他们的代理能力来构建的。日常实践和传播既能促进社会行动，也能限制社会行动，因为它们都是由战略家通过意义共享来创造和修改出来的。为了参与，人们需要一系列的持续互动（Stohl & Cheney, 2001），从而建构意义。正是这种持续性赋予了过程生命，并重新点燃了交换空间的本质。个人通过传播行为进行互动。基于这些，应该指出的是，在考虑实施和解释时，在传播过程及战略实践中，行动者代理是分析战略过程的一项重要因素。

通过这种方式，战略实践被构想为“社交中完成的活动”（Jarzabkowski, Balogun, & Seid, 2007, p.5）。本章的理论价值在于，通过深入研究传播过程和作为实践的战略两者的贡献，整合和区分两者，并展现巴西伊泰普科技园的案例，该园区将战略作为传播实践纳入传播部门。本研究的主要贡献在于，展示和界定了构成不同级别组织战略实践的传播实践。在此考量下，本章研究的问题是传播实践如何有助于战略实践的建构。本研究旨在加深人们对作为传播实践的战略这一概念的理解，这一概念表明，在技术园区中，由于传播的程序性和互动性，传播是战略实践的组成部分。

具体来说，研究目标是展示传播实践在2008—2010年间是如何建构伊泰普科技园的战略实践的；试图理解对话领域中的传播实践，在这个领域中，是战略家们推动着动态战略的创造和再创造。我们将首先讨论战略作为实践和传播的概念，然后深入探讨作为传播实践的战略，最后讨论如何将传播作为战略构建的一部分。在案例研究中，本章通过展示组织传播的架构和活动在互动过程中的变化，将这些观点汇集在一起，最后，提出结论并鼓励反思未来战略研究议程作为传播实践的可能性。

理论基础

作为实践和传播的战略

惠廷顿提出，必须特别关注任何特定战略的参与者，以及过程和实践的发展（Whittington, 2006）。这反过来又要求检查组织内部和外部环境。这样的语境表明，在战略研究领域，通过人们参与而展开的实践构成了组织行动的主要基础，这使得我们不能孤立地看待组织和参与者。

组织的实践被理解为一个通过社会互动的方式建构现实的过程，其中微观活动至关重要（Whittington, 1996, 2004, 2006; Jarzabkowski, 2005; Haag, Helin & Melin, 2006; Spee & Jarzabkowski, 2008; Canhada, 2009）。McAuley、Duberley和约翰逊总结认为，“我们所感知到的是一个过程，在这个过程中，我们是积极的参与者，而不是中立的接受者或被动的观察者”（McAuley, Duberley & Johnson, 2007, p.39）。对阿扎布科夫斯基等人（Jarzabkowski et al., 2007）而言，理解将战略作为实践的方法有三个必不可少的维度：练习（社会活动的流动）、实践（认知的、行为的、话语动机和身体的实践）、实践者（通过身份、行动方式以及使用的资源来建构这种实践的行动者）。战略化就是这三个维度的融合。

组织的存在是为了让人们可以执行他们独自执行不了的活动（Hall, 2004），因此，人们通过社会互动建构了组织的现实和战略。这就需要将传播视为现实的构成过程，意味着要超越将传播视为单纯的组织过程的想法（Putnam & Nicotera, 2009）。传播是战略建构的基础性过程。这是一个可以挑战人们认知的形成性过程，也是个人通过互动构建战略的主要过程。因此，传播不仅有助于人们找到实施战略的方法，还有助于战略化。战略也被视为人们所做之事，也就是“一种社会实践，而不仅仅是组织的属性”（Bulgacov & Marchiori, 2010, p.150）。战略作为一种社会实践意味着将之视为日常活动的需求，而不是最终的结果（Reis et al., 2010, p273）。斯皮和阿扎布科夫斯基提出，考虑到所有的参与者，战略可以被视为从日常实践中发展而来（Spee & Jarzabkowski, 2008）。可以通过检查组织的正式文件（如书面文本、实践规划或消息等）来理解活动。在这个新兴的战略发展过程中，来自组织内外不同层次的多个参与者也参与进来（Johnson, Langley, Melin & Whittington, 2007）。

因为组织变革源于人的参与，所以要强调日常生活：习惯性的活动、（人际）关系、学习、知识交流、讨论、对话、冲突和互动。在约翰逊等人的研究中，人与人之间微小的互动使得战略具有潜在的有效性（Johnson et al., 2007）。根据Cheney等人的研究，组织的现实是积极建构的、动态的、流动的和不稳定的（Cheney et al., 2011）。随着人们越来越多地参与进来，他们能更好地理解自己的行为，这促成了组织内部知识的提升和交流。当人们将自己头脑中所想付诸实践，战略过程就发生了。换句话说，如果没有实践这个过程就不完整，实践通过组织的日常活动完成。这些想法将战略视为“人与人之间的交互（传播）”的实践（Spee & Jarzabkowski, 2008）。

作为传播实践的战略

基于Berger和卢克曼（Berger & Luckmann, 1996/2003）、吉尔兹（Geertz, 2008）、吉登斯（Giddens, 2003）的著作，坎哈达认为，利益相关者如何影响战略的发展可以用作从解释性和社会建构主义的视角来理解战略作为一种社会实践的范式（Giddens, 2009）。社会建构关注的是人们如何从他们的语境中产生意义（Westwood & Clegg, 2003）。建构意义的过程也可被视为一项社会活动（Gergen & Warhus, 2001）。对话者通过在组织内部的互动来创造和提升知识、信息和意义（Taylor & Van Every, 2000）。

因此，组织的社会现实和战略本身是在物质世界和人类良知的客观性之间不断转换的过程中构建起来的两个相互依存、永恒关联的方面（Bulgacov & Marchiori, 2010）。这个作者认为，当发生对现实的主观感知时，个体所做的解释发生在一个连续的运动中。在这个运动中，人们将自己带入社会关系中，通过这些关系参与到共同意义的建构中。这些普遍的意义通过语言和传播，使人们的知识和实践得以延续和发展，并形成了我们所认为的人类文化（Geertz, 2008）。因此，Canhada认为，战略模型可以被看作一种符号系统，它通过语言和人类解释来调节社会实践（Canhada, 2009）。作者还认为，这是理解为什么战略作为一种实践，能验证主流话语、模型和战略工具，以及行为者对自身及在实践中使用的解释的关键。新的解释产生于对话者之间的互动过程，并在组织背景下重新排列，因为他们创造的意义是这一背景的一部分。

因此，可以认为，传播的程序性和互动性建构了战略实践。我们必须指出，这个传播——战略关系基本上依赖于那些参与到这个过程中的参与者。战略作为一种实践，一旦被理解为发生于微观活动中，就是对这种现实的阐释。战略本质上是互动和意义建构的过程，其表达性来自传播和语言。作为一个过程，传播有其自身的动力，一旦它成为一个连续的过程，它就不可能有一个确定的开始、中间或结束（Marchiori, 2001）。由于组织环境中的利益差异，传播过程的出现是多维度和多方向的。在当代社会中观察这些差异至关重要，因为这种动态使得战略被视为一种实践，作为“已经明确的意义所产生的相反意义”（Pinto, 2008, p.88），它突出了组织的差异，使它们本质上是独特的。

因此，主要的论点是，传播由战略过程和语境构成。在传播中或通过传播进行的组织实践是“产生知识的来源”（Gherardi, 2009, p.115），它也是一种主动知识，构成了实践本身的知识。

研究

本研究采用归纳和独特的个案研究方法（Yin, 2003, p.27），对战略和传播实践进行研究。伊泰普科技园是一个特别适合进行案例研究的组织，因为在该组织开展决策活动中，我们可以对其关键的战略决策者进行访谈，并对组织实践进行观察。另一个让案例研究变得相当有趣的方面是技术园区本身的特征。这个园区由巴西最大的水力发电站公司——伊泰普水电站于2003年创建，这家公司（PTI）的使命是了解并改变伊瓜苏地区三国的现实，三国即巴西、阿根廷、巴拉圭。它阐明了促进面向该区域经济、科学和技术发展的行动，所有这些行动都侧重于通过大学和实验室等几个综合组织解决与水、能源和旅游业有关的问题。

PTI位于伊泰普工厂的前半部分，是教育、科学、技术和创业领域的创新场所。作为世界上发电规模最大的水电站的一部分，伊泰普还依赖于20多年来积累的专业技术。

PTI致力于各级知识的生产和分配，以推动科学技术发展并创造就业机会和增加收入。这些行动通过以下四个项目实施：PTI教育、PTI科学技术、PTI研究发展和PTI创业。从一开始，传播部门就认识到需要扩大活动范围，而不限于活动组织或公共关系。传播管理人员决定制订一项传播战略计划，以拓展他们的行动领域。最初的工作重点是了解关于PTI战略计划及其项目结构的完整而详细的知识。这一过程是本研究关注的重点，调查了决策过程中的每一个步骤及其各自实施的情况。

研究分三个阶段实施。第一个阶段主要是对二手数据进行文本分析，第二个阶段是实地观察和深度访谈。本研究对所有管理人员进行了50次深度访谈，受访人员包括董事、经理及区域助理，也包括PTI项目和工程管理人员，以及传播团队成员。由于与经理和管理人员关系较好，我们对园区内所有的组织和整个传播部门都进行了采访，为期三个月，以私人和常规的方式进行。并且我们采用内容分析（Trivinos, 1987）的方法来处理数据。最后在第三个阶段我们对所有数据进行了三角测量，以保证数据的客观性、精确度和效度。

为建立分析参考，我们试图观察出现或被修改的任何做法，并确定参与方。新参与者的加入和退出被视为给个人和群体带来理解意义的新要素。这些要素为代表相关团体利益的行动和实践提供了正当性，对权力更大的个人和任何引起变化的事件给予特别的关注。在观察对实践产生影响的不同来源时，我们并没有发现也没有建立个体之间的动态而明确的规则。在第一轮观察中，另一个发现是，由于在国际、国内、区域、地方和组织各级都存在着管理办法，因此所观察到的传播过程是多层次的。组织也仍然处于定义其角色的过程中，然而，还是更加强调区域和组织层面。

发现

传播部门的战略经理提出的建议中所包含的流程和做法是基于加强和发展PTI的四个结构化项目：科技、创业、研发、教育。伊泰普双边旅游综合项目也是一个考虑因素。该建议考虑了与传播团队所进行的全面讨论，他们讨论了给8名不同层次的参与者团队赋权的步骤。正如三名经常处理传播实践的资深经理所指出的：

> 我们并没有传播规划，而是尝试构建一个。我们正在搭建一座桥梁，以推进新的传播机制和实践。例如报纸就不错，语言清晰，并面向大多数人。
>
> 传播实践并不是传播部门专属的职责。这些计划和项目必须与每个人都息息相关。
>
> 我们不得不说，实际的传播实践是PTI战略规划的一部分。PTI传播规划必须考虑到PTI的动态及其变化速度。

工作场所的文化有利于团队亲密度、观点的认知、思想交流，从而提高团队成员自身和整个PTI的知识水平。正如传播管理团队所观察到的：“传播必须被视为组织的整体。这将由语言、表情和传播工具、一般做法以及主要由传播团队的成熟度来体现。”

同时，访谈中团队发现，管理者对传播的理解与团队对传播的理解相似，即它不仅仅是组织活动。他们也明白，这种期望不仅需要背景工作，还需要不同项目和程序的开发。我们观察了制定组织战略上传播过程的结果：引导大家如何应付利益相关者；给PTI的身份和形象赋权；地区层面和国家层面的PTI的制度化；以及进一步的战略传播措施。

接下来，团队提出了构建PTI传播行为的建议，团队精心设计了它的任务、愿景和目标。在几次团队会议之后，PTI的传播任务被这样描述出来：

> 阐明和支持公共关系网络中的传播，推动PTI的发展。愿景：PTI参与者之间交流互动，使PTI成为公众认可的可持续发展实体。以下为具体目标：促进结构化计划、项目和战略合作伙伴之间的交流，并增进对园区居民的了解；阐明并支持PTI内部的、部门的和公共的传播流程及实践；发展关系以增进对PTI作为模范科技园的认识；拓展园区里伊泰普和PTI在所有领域中的合作；强化组织的身份；加强塑造PTI的形象和声誉。

除了以上这些观点外，有一点也非常必要，传播结构必须基于给定的项目，遵循PTI自身的结构。因此，传播团队在考虑了哪些项目可以为众多的PTI项目提供支持后，认为以下项目是最重要的，“告知并传播给公众；发展和管理内外部关系；接近和倾听利益相关者”。

正如图12.1所示的结构——由PTI经理和员工开发、讨论和定义的——在创造力和态度方面给予了传播团队灵活性，从而提供了更多行动的可能。所提出的结构并不是固定的，也不限于传统的传播领域，例如新闻、公共关系和宣传，而是根据团队将要付诸实践的优先次序而变化。这当然促进了区域之间的持续交流，以及PTI中团队实践的进一步成熟。这一观点被认为是传播学组织研究中的一种创新结构。

该战略指南有三大重点：内部传播、外部传播和促进关系网络，因为这将是PTI与利益相关者一起发展的基础，如图12.2所示。

从这点来说，战略的构建就包含了团队实践的战略思维。然后，定义与利益相关者相关的战略和范围，如图12.3所示。

整个建议对于重新考虑将传播作为组织发展的战略组成部分至关重要。

在传播战略规划的最后阶段，团队致力于开发PTI对目标的态度指标，这些指标是在三个不同的成就水平上进行测量的。

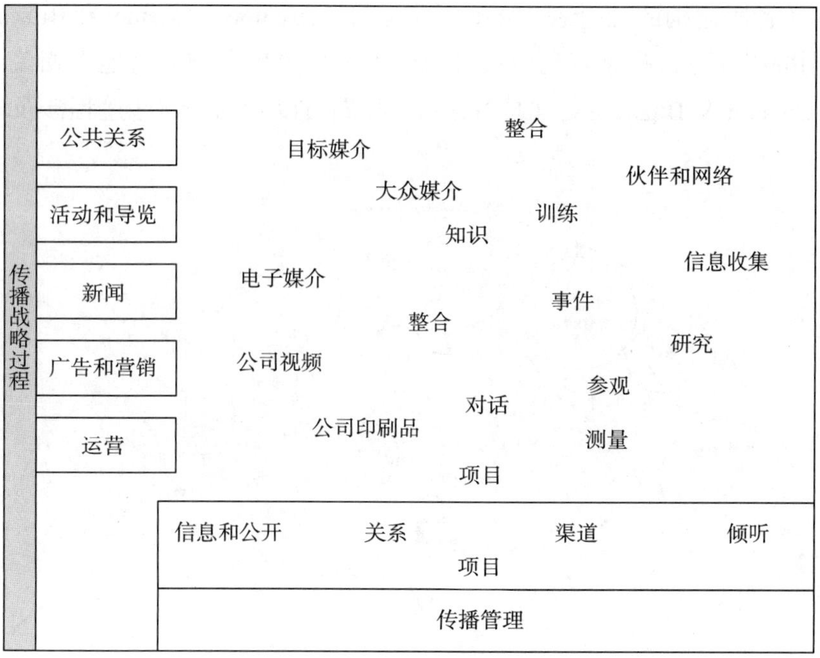

图 12.1 提出的制度化传播的结构

作者自己所作（经伊泰普—PTI技术园区的丹尼尔·维洛内斯许可转载）

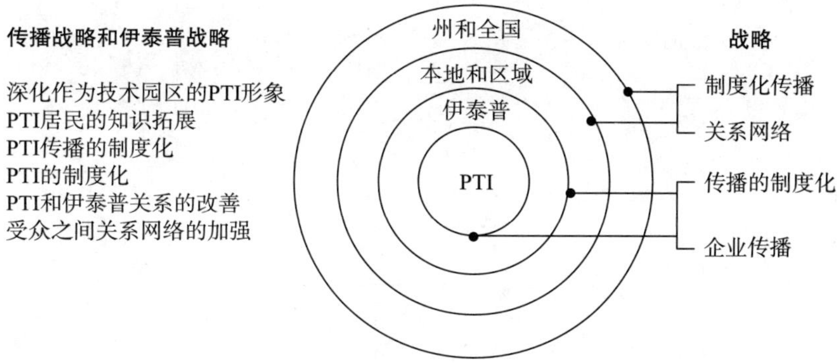

图 12.2 影响范围

作者自己所作（ITAIPU-PTI技术园区的丹尼拉·维洛内斯的许可转载）

讨论

变化的数据表明，随着对战略制定理解的加深，利益相关者及其实践对传播过程产生了重要影响。基于理论的方法，实证数据显示，正如在PTI的案例中，传播管理一直遵循该领域的发展趋势，推进战略实践的互动，如这里的报告和分析所示。

建构主义的视角促进了解释和理解的主观建构，这在PTI是很自然的事情。组织的战略现实与解释和人类价值观的主观性之间存在着一种持续的、相互依存的关系，从而证实了行动者所建构的社会现实的两个实例。Marchiori，Contani和Buzzanell提出，“在对话原则的指导下，战略互动的成功意味着人们可以参与到与他人相关的过程中”（Marchiori, Contani & Buzzanell, 2011, p.18）。我们可以看到，这些过程涉及了互动和意义建构。

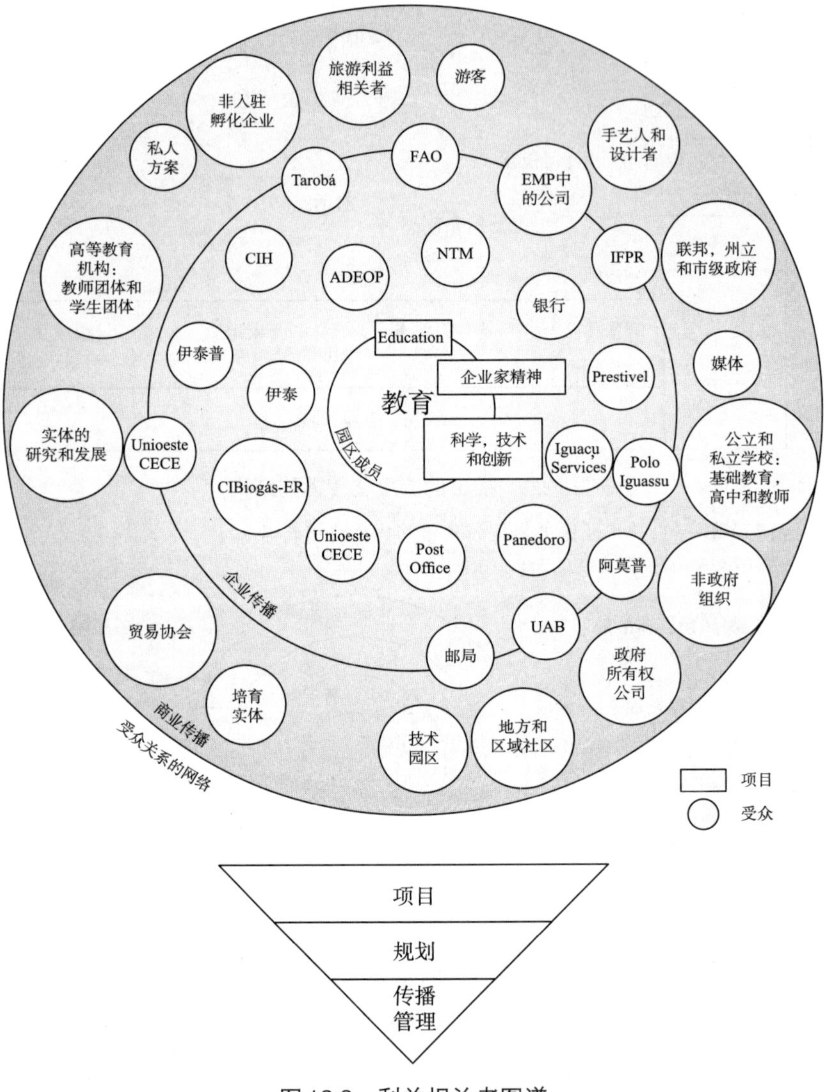

图 12.3　利益相关者图谱

（经旅游利益相关者许可转载）

团队所构建的共同意义是通过语言和传播渠道共同构建的概念传播的。访谈提供了共同感知的证据，这些感知是从个体对现实的阐释中获得的。在PTI的组织环境中，无论是日常活动，还是传播活动，人们都可以看到集体运作的价值和意义。

需要强调的是，PTI的传播过程是多样化的。它有不同的行动逻辑，但有一个共享的、重要的和主体间的传播过程，这样，所有的参与者都有相同的机会去行动和互动。因此，在考虑本章所用的理论方法时，我们注意到，传播过程构建了共同意义，为相对个性化的知识提供共同的工作空间，这在某种程度上阻碍了集体行动。这并不是参与者逻辑的一部分。构建战略意义的集体行动可以被界定为动态传播的结果。研究表明，理解战略和传播过程的某些方面的内容被保留下来，其他内容则被修改，并且在分析中出现了不同的参照。

这项研究为人们的行为变化提供了依据，因此它意味着，战略实践通过互动带来了反思，并且扩展了那些自然形成实践群体的个体的知识，提升了他们的创新能力（Wenger, 1993）。其最大的贡献在于在战略化过程中所展示的传播实践，即对话者在以互动和社会历史为背景下所产生并分享的理性创造（Maia & Franca, 2003）。这一解释也可以用来理解传播作为一种组织过程的概念。Varey认为，传播是互动的行为，而不是物体和人工制品（Varey, 2006, p.194）。互动不能被视为一个信息过程，而是一个“意义的建构和协商（一个传播过程）”的过程。

结论

本文旨在描述和界定构成不同层次战略实践的传播实践。我们试图展示传播实践是如何影响伊泰普技术园区的战略实践的，特别是在2008年至2011年期间。我们的工作是对话理论中理解传播实践的理论基础，在其中，战略家之间的共存使得动态的战略能够被创造和再造。它认为传播是一个互动和意义协商的过程。

该研究的前提是，传播和战略之间的动态关系是递归的。主体间性可以通过战略实践来观察、通过传播方式来强化，是建立在研究过程中发展和修改的战略意识。本研究认为，作为实践的战略体现在传播实践中，传播实践在不同的对话者之间构建意义。如果将战略视为一种传播实践，我们就会发现语境、历史和互动动态构成了这些对话者的环境和意义，从而确立了当代社会中各种组织的存在。因此，意义的建构和协商是一种互动，Varey将其理解为一种传播过程（Varey, 2006）。

变化的数据表明，利益相关者及其行为对传播实践有重要影响，同时也加深了他们自身对战略制定的理解。这一点在研究中得到了证实。每一次参与者参与或退出一个事件时，改变的传播条件都需要参与者对正在发生的事情有一个新的了解，这通常会导致战略的改变，正如我们在图12.2中所看到的对外部参与者的界定。

通过这种方式，团队构建了由语言和传播共同组成的概念的共同意义。因此，可以肯定的是，社会建构的传播实践是建立在社会互动基础上的合法化、制度化的战略实践。

这项研究还揭示了人们行为的变化。战略实践是互动过程的一部分，战略实践带来了反思，扩展了那些自然形成实践群体的个体的知识，提高了他们的创新能力（Wenger, 1993）。其最大的贡献在于在战略化过程中所展示的传播实践，即对话者在以互动和社会历史为背景的过程中所产生并分享的理性创造（Maia & Franca, 2003）。这强调了每天、每分钟在组织内部发生的微观行动和活动的重要性，“行动者以影响战略结果的方式塑造活动”（Jarzabkowski et al., 2007）。

未来的研究可能会基于已经存在意义的组织实践，以验证传播过程中的变化是如何干扰这些意义的。另一个未来可能的研究方向是关于战略实践及其传播先驱之间的差异。未来的研究可能会以多层次、量化的方法来分析不同组织层次上的传播属性，从而加深对那些更稳定的相关战略属性的理解。

参考文献

[1] Berger, P. & Luckmann, T. (2003). *A Construção Social da Realidade*. [The social construction of reality]. (F. Fernandes, Trans.) Petrópolis: EditoraVozes. (Original work published in 1966).

[2] Bulgacov, S. & Marchiori, M. (2010). Estratégia como prática: a construção de uma realidade social em processos de interação organizacional. [Strategy as practice: the construction of a social reality in processes of organization interaction]. In M. Marchiori . (Org) *Comunicação e Organização*: reflexões, processos e práticas (pp. 149–165). São Caetano, SP: Difusão Editora.

[3] Canhada, D. I. D. (2009). Estratégia como prática social e resultados acadêmicos: o doutorado em administração no Brasil [Strategy as social practice and academic results: the doctoral course of administration in Brazil]. Master's thesis. Programa de Mestrado e Doutorado em Administração, Universidade Federal do Paraná, Curitiba, Brazil.

[4] Cheney, G., Christensen, L.T. , Zorn, T., Jr. , & Ganesh, S. (2011). *Organizational communication in an age of globalization: Issues, reflections, practices* (2nd ed.). Long Grove, IL: Waveland.

[5] Cooren, F. (2006). Arguments for the in-depth study of organizational interactions: a rejoinder to McPhee, Myers, and Trethewey. *Management Communication Quarterly*, 19, 327–340.

[6] Geertz, C. (2008). *A interpretação das culturas* [The interpretation of cultures]. Rio de Janeiro: LTC Editora.

[7] Gergen, K. J. & Warhus, L. (2001). Therapy as social construction. In K. J. Gergen (Ed.), *Social constructions in context* (pp. 96–114). London, UK: Sage.

[8] Gherardi, S. (2009). Introduction: the critical power of the 'practice lens.' *Management Learning*, 40(12), 115–128.

[9] Giddens, A. (2003). *A constituição da sociedade*. [The constitution of society]. São Paulo: Martins Fontes.

[10] Hall, R. (2004). *Organização*: estruturas, processos e resultados [*Organization:* structures, processes and outcomes]. (8th. ed.), R. Galman, Trans.) São Paulo, SP: Prentice Hall.

[11] Haag, K., Helin, J., & Melin, L. (2006, July). Practices of communication in the strategic context of succession. Paper presented at the 22nd European Group for Organizational Studies (EGOS) Colloquium, Bergen, Norway.

[12] Hatch, Mary Jo. (2011). *Organizations: a very short introduction*. New York: Oxford University Press.

[13] Jarzabkowski, P. (2005). *Strategy as practice: an activity-based approach*. Thousand Oaks, CA: Sage.

[14] Jarzabkowski, P. , Balogun, J. ,& Seidl, D. (2007). *Strategizing*: the challenges of a practice perspective. *Human Relations*, 60(1), 5–27.

[15] Johnson, G., Langley, A., Melin, L., & Whittington, R. (2007). *Strategy as practice: Research directions and resources*. Cambridge: Cambridge University Press.

[16] McAuley, J., Duberley, J., & Johnson, P. (2007). *Organization theory: Challenges and perspectives*. Harlow, England:Pearson Education.

[17] Maia, R. C., & França, V. (2003). A comunidade e a conformação de uma abordagem comunicacional dos fenômenos. [Community and the conformation of a communicational approach of events.]. In M. Lopes (Ed.), *Epistemologia da comunicação* (pp. 187–203). São Paulo, SP: Loyola.

[18] Marchiori, M. (2010, September). Reflexões iniciais sobre a comunicação como processo nas organizações da contemporaneidade [Initial reflections on communication as a process in contemporary organizations]. Paper presented to the XXXIII Congresso brasileiro de Ciências da Comunicação (INTERCOM 2010), Caxias do Sul, Brasil.

[19] Marchiori, M. R., Contani, M. L., & Buzzanell, P. M. (2011, April). *Dialogue as a possibility for knowledge in organizations*. Paper presented to the 13th Conference, Dialogue and Representation (IADA 2011), Quebec, Canada.

[20] Mumby, D. K. (2011). *Reframing difference in organizational communication studies: Research, pedagogy, practice*. Thousand Oaks, CA: Sage Publications.

[21] Pinto, J. (2008). Comunicação organizacional ou comunicação no contexto das organizações? [Organizational communication or communication in the context of organizations?]. In R. Ivone, L. Soares, & Ana T. Nogueira (Eds), *Interfaces e tendências da comunicação no contexto das organizações* (pp. 81–90). São Caetano, SP: Difusão Editora.

[22] Putnam, L. L. & Nicotera, A. M. (Eds) (2009). *Building theories of organization: the constitutive role of communication*. New York: Routledge.

[23] Reis, M. C., Marchiori, M., Casali, A. M. (2010). A relação comunicação estratégia no contexto das práticas organizacionais [The relation between communication and strategy in the context of organizational practices). In M. Marchiori (Org). *Comunicação e Organização:* reflexões, processos e práticas (pp. 165–187). São Caetano, SP: Difusão Editora.

[24] Spee, A. P. & Jarzabkowski, P. (2008, July). Strategy formation as communicative process. Paper presented at the 24th EGOS Colloquium, Amsterdam, Holland.

[25] Srikanth, K. & Puranam, P. (2011, August) Integrating distributed work: comparing task design, communication, and tacit coordination mechanisms. Strategic Management Journal, 32(8), 849–875.

[26] Stohl, C. & Cheney, G. (2001). Participatory processes/paradoxical practices: communication and the dilemmas of organizational democracy. *Management Communication* Quarterly, 14, 349–407.

[27] Taylor, J. R., & Roubichaud, D. (2004). Finding the organization in the communication: discourse as action and sensemaking. *Organization*,11, 395–413.

[28] Taylor, J. R., & Van Every, E. J. (2000). *The emergent organization: communication as its site and surface*. Mahwah,NJ: Lawrence Erlbaum.

[29] Triviños, A. N. S. (1987). *Introdução à pesquisa em ciências sociais [Introduction to social research]*. São Paulo, SP: Atlas.

[30] Varey, R. J. (2006). Accounts in interactions: implications of accounting practices for managing. In F. Cooren, J. R. Taylor, & E. J. V. Every (Eds.), *Communication as organizing: Empirical and theoretical explorations in the dynamic of text and conversation* (pp. 181–196). Mahwah, NJ: Lawrence Erlbaum.

[31] Wenger, E. (1993) *Communities of practice: learning, meaning and identity*. Cambridge, MA: Cambridge University Press.

[32] Westwood, R., & Clegg, S. (2003). *Debating organization: point-counterpoint in organization studies*. Oxford, UK:Blackwell Publishing.

[33] Whittington, R. (1996). Strategy as practice. *Long Range Planning*, 29(5), 731–735.

[34] Whittington, R. (2004). Estratégia após o modernismo: Recuperando a prática. *ERA-Revista de Administração de Empresas*, 44(4), 44-53.

[35] Whittington, R. (2006). Completing the practice turn in strategy research. *Organization Studies*, 25, 613-634.

[36] Yin, R. K. (2003). *Estudo de Caso*: planejamento e métodos *(Case study: planning and methods)*. (2nd ed.). Porto Alegre, RS: Bookman.

第十三章

良好治理和战略传播：一种传播资本的方式

帕特里夏·莱利，盖尔·F. 托马斯，丽贝卡·温特劳布，艾丽森·诺伊和斯蒂芬尼·迪克森

> 眼不见，心不烦。
>
> 英国谚语

在发展中国家谋求发展、消除贫穷、维护和平的过程中，善政是一项决定性要素（联合国千年宣言，2000）。善政改革运动在世界范围内愈加普遍，旨在促进公民与政府团结协作进行改革，改善公民的生计。在善政语境下，战略传播的概念包含了行动者、组织、公共建设和制度，这些对确保“政府与公民之间信息和意见的双向交流”十分必要。（Mozammel & Odugbemi, 2005, p.9）。

随着政策制定和安全性变得更加复杂，以行为和结果定义的治理被认为是促进和传播善政的必要条件。

> 善政是有效的、公平的，它也确保了社会广泛共识基础上的政治的、社会的及经济的头等大事，以及最贫困的、最弱势者的声音能够在发展资源分配的决策过程中被听到。
>
> UNDP, n.d.

从这个视角来看，治理常常被认为依赖于政府机构和公共社会组织，也包括私人组织之间的积极的、可持续的、开放的关系，还依赖于能够积极参与到治理过程中的有见识的公众。

作为一个过程，战略传播通过领导人和政策制定者（政治意愿），中层官员（组织意愿），以及公民（公共意愿）（odugbemi, 2010）之间的观点、态度和行为的变化，获得对治理改革的支持。因此个体、组织、大或小的机构之间形成了关键的传播路径，诸如政府组织和社群之间的对话，或信息权力组织和媒介之间的合作。虽然听起来很乐观，但这一空间必然存在实践和理论的相互冲突和争议。

战略传播已经被界定为"与公司整体战略一致以提升战略位置的传播"（Argentina, Howell & Beck, 2005）。众多研究者在探讨战略传播时，将焦点放在诸如公共关系领域的传播实践（Waters & Lemanski, 2011）、政治运动（Holbert, Geidner, & Jones, 2004）、军事行动和议题（Ward, 2011）、企业营销上（Kitchen, Brignell, Li, & Jones, 2004）。实践导向的传播方法已经被诸如迪兹等学者批判，认为因其服务于管理层而牺牲了其他组织成员的利益（Deetz, 2001）。哈贝马斯认为，有时传播带有操纵性和隐藏的目的（Habermas, 1979）。然而最新结果表示，战略传播的概念其本身并不存在好坏，特别是战略传播实践在致力于公共利益的组织中变得越来越普遍（例如，Faccinetti, 2004）。

其他探讨战略传播的组织包括公民社会群体和国际发展组织（参见Botan & Taylor, 2005; Duran-Bravo & Fernandez-Fuentes, 2010），参与研究减贫、健康和善政等问题的组织，目前都在研究和实践战略传播的新途径。这些学者兼从业者保留了战略传播的目的性内涵，但他们较少关注特定组织的传播，反而更关注多个组织（无论大或小）以改善特定结果的参与传播情况。相较于传统的理解，这一视角创建了更加宏大的框架，同时也需要一个新的分析模型。

理论框架

我们用来实现善政的战略传播框架，是一个将政府部门与机构及中介传播联系起来，以带来个体和群体传播的过程。从这个意义上来说，制度被认为是传播实践中瞬间的行为（Mcphee & Zaug, 2009; Putnam & Nicotera, 2009）。这种观点认为，传播即构成，即传播产生了组织的现实，如文化、权力、网络和结构—代理关系（Ashcraft, Kuhn, & Cooren, 2009; Banks & Riley, 2006; Eisenberg & Riley, 2000）。吉登斯的行动理论视角为这一战略传播概念提供了依据（Giddens, 1984）。他认为，人的能动作用和社会结构不是两个独立的概念或结构，而具有结构二元性。他运用"结构化"探索了在社会互动中社会系统被生产和再生产的过程。通过将战略传播置于结构理论之中，基于人机交互理论视角，我们着眼于多元系统的相互渗透，认为行动系统的复杂性通常会导致矛盾和意想不到的后果，会产生对行动者机构的信任以及认为其具有在人类传播中跨越时间和空间的能力（Giddens, 1991; Poole, Seibold & Mcphee, 1985; Riley, 1983）。

对结构概念的不同运用是具有创造性的，它展现了扩张性和灵活的本质。[3]随着结构理论的发展，吉登斯详细阐述了后现代社会的社会状况，重点关注了在一个快速变化的、以大众为媒介的、经济上相互依存的、网络化的世界中凸显出来的社会建构（Giddens, 1991）。诸如身份、安全、技能、政治和生态系统这些议题都在吉登斯向往的进步世界中的多样且相互交叠的景观中发挥作用（一种以主体为中心的社会哲学）。因此吉登斯的工作给我们提供了有用的框架，该框架将战略传播视为在目的性的议程中被捆绑在一起的一系列的关键概念，在这种情况下，其与善政的渐进改革议程有关。

然而在最近，生产、消费和组织层面与系统层面传播过程的关系本质已经被一系列剧烈的社会变革所改变。其中包括信息和信息发展传播速度的加快、渠道和平台的增多、城市化和移民导致社会变得越来越密集与多样化、组织结构在形式和边界上的大变化以及政府、科学、人文和艺术的权力关系也在发生转移。在这一环境下，系统的复杂性和变革的速度为那些改革者和对战略规划变革感兴趣的人带来了机遇和挑战。

从战略的、宏观的视角来看，人类传播的实践——社会关系的习惯性本质和行动者学习社会行为和策略的方式（用他的话说就是规则和资源）——提供了分析的关键性特征（Giddens, 1986）。根植于各类社会活动中（例如家庭、社群、组织、大型政府机构）的行为和关系，在研究者尝试确定它们的再生产方式时就显得特别的重要。这些模式可能构成了有吸引力的、创新的文化，孕育出伟大的思想，也可能产生滥用的、扰乱组织的行为，这些行为在其他地方是不能容忍的。在政府机构和官僚机构中，中层公务员的表现要优于领导者，因此调查领导者规则和权力来源极为重要。因此，组织变革的努力和其战略传播计划常常会改变或破坏潜在的社会结构生产和再生产机制，这会导致组织成员对变革漠不关心。

战略传播的角度也允许我们检查现有的机构和权力之间的关系，利用它们的传播技巧（机构）和知识以提升它们的传播和社会资金支持以及效果和变化。

战略传播的视角让我们能够审视中介和权力中心之间既存的关系立场。在这个条件下，行动者感知他们在其他方面可以做些什么，利用他们从传播项目（规则和资源）的传播技巧和来自传播项目的知识提升他们的传播力，增加社会资本以宣扬并影响变革。例如，这可能需要对规训权力（在福柯主义者的视角）在官僚或领导者的个人或组织生活中的内在嵌入性进行分析，并对系统性资源分配进行详细研究。因为简单的说服性诉求也可能没有动机，即使它们本身是可信的，可以引起情感共鸣的。

权力的战略性重新定位可以增加公民参与创造用于治理的信息的机会，并创造信息的双向流动。[4]

传播过程的目标之一还应该是增加机构生产信息的透明度，包括其所有权的相关知识（Fairbanks，Plowman & Rawlins, 2007）。这就构建了系统的传播能力。同样，传播能力可以通过加强协作和参与改革的人员网络来构建。作为一种传播现象的集体行为通常包括：（1）识别并联系在公共产品中拥有共同利益的个体；（2）与这些人进行信息交换；（3）协作、整合或同步个人的贡献。（Flanigan, Stohl & Bimber, 2006, p.32）

战略性的治理传播有助于将知识渊博的、创造性的努力（如问题构建和消息传递）与运营活动（如联盟构建和网络开发）所需的协作和协调技能相结合。

在这一概念下，战略传播不仅是议题、讯息或运动——它需要审查现有的联盟和政策谈判；它需要理解体制定位（McPhee & Zaug, 2009），以及需要分析的结构，如竞争网络、媒体争论框架和组织文化变化（Riley, 2005）。

项目概览

专家访谈法

为了更好地理解发展中国家中其战略传播的需求和挑战，在世界银行传播鸿沟项目中，我们的伙伴对来自政府、私人机构、世界银行的地区传播专员进行了深度访谈，这些采访对象均通过其工作以某种能力参与治理改革。我们对17个国家、6个地区的人员进行了51次电话访谈和面访，包括：非洲（加纳、肯尼亚、尼日利亚、卢旺达、南非、坦桑尼亚）、中东和北非（摩洛哥）、东欧（波斯尼亚、塞尔维亚、罗马尼亚），拉丁美洲和加勒比（圭亚那、特立尼达和多巴哥）、东亚（印度尼西亚、菲律宾、泰国）、南亚（印度）。这些半结构化的访谈还提供了关键的治理改革技能以及传播和治理改革研讨会的目标受众的信息。访谈被转录下来，并且我们以结构主义的视角来分析数据，以识别相互关联的系统议题，并通过主题分析来寻找关键议题（例如挑战和机会）（Boyatzis, 1998），这是进行更大范围的内容分析研究的第一步（见Roberts, 1997），之后才能进入这个研究项目的第二阶段。

分析

对访谈数据的分析显示了与传播相关的治理挑战之间的联系、应对这些挑战所需的技能，以及沟通和治理改革研讨会的目标受众，该研讨会将向参与者传授应对这些挑战所需的知识基础和技能。

与传播相关的治理挑战

参与者被要求确定他们与当前在治理改革实施方面的经验相一致的关键的治理挑战。大家回答的范围很广，但是其中包含了四个关键主题。

1. 与政治意愿缺乏相关的挑战。受访者谈到了改革政治知识的缺乏。部分受访者谈到既得利益和政治议程阻碍了必要的改革；部分受访者探讨了那些并没有带来有意义变化的政治变革；还有部分受访者认为透明度的缺乏是一个挑战。在所有的这些挑战中，政治意愿被认为是最重要的挑战。有人这样评论“政治意愿是挑战的最高点”。

2. 与组织意愿缺乏相关的挑战。一个受访者说，“政治意愿和管理意愿是关键的挑战。传播在提供政策到改革实施的连接中扮演了关键角色”。在所有的评论中，绝大多数的挑战集中在参与者组织内部。一个经常被提及的问题是来自中层管理者的阻力。有些人认为中层管理者对变革缺乏动机；其他人则认为中层管理人员对改革缺乏认知和了解。有些人提到缺乏领导支持、资源缺乏、政府人员缺乏连续性、协调与协作欠佳等问题。整体来说，很多受访者似乎坚信他们的组织缺乏有效实施政府改革的能力。

3. 与公众意愿缺乏相关的挑战。有些受访者提到公民参与的滞后性，这通常表现为公民的冷漠或改革的乏力。一些受访者称，公民在体制中缺乏发言权，或者没有力量团结人民支持治理改革。在某些情况下，受访者认为公众意愿是一个短暂的概念。例如：有些国家既没有改革的动力，也没有达成政府应该做什么的共识。一名受访者表示，他们对公共政策改革知之甚少，也没有问责的要求。有些人认为根本就不存在所谓的舆论，因为社会是碎片化的。

4. 与公众交流的缺乏。很多受访者认为他们的组织需要建立与更多利益相关者的联系，建立更广泛的传播网络。一些人认为，他们没有做到努力与公众沟通，还有人提出进行改革管理者也缺乏媒体管理经验。

应对治理挑战所需的个人技能

受访者认为，与改革相关的组织技能还不成熟。这些受访者谈论的范围广泛，可以分为以下六个主题。

1. 政治、历史和文化环境。参与者似乎理解其改革倡议背景的重要性。一名受访者表示，他们必须知道“如何操控和驾驭政治局面”。另一位则指出：“改革与政治息息相关，所以理解政治文化的发展是关键。”有些人提到了文化差异的重要性，而其他人的观点则超越了典型的文化差异问题。例如，一位受访者声称：

> 一个例子是尼日利亚和它们的秘密组织。它们拥有由不同社会和部族管理的平行政府体系……对尼日利亚人来说，这些东西比既存的任何事情都重要。所以我们需要做的是更熟知一个国家。如果“你”想要改变制度和个人还需要掌握一些不为人知的东西，发现一些未知的事情。

2. 联盟构建和利益相关者分析。很多人提到联盟构建的重要性。例如一位受访者表示，建立能够解决既得利益问题的联盟至关重要。

> 联盟构建是关键……为了成功实施，需要让人们参与集体行动。如果没有强大的联盟，传播就不能走远。建立战略利益集团是至关重要的，只有这样，人们才能把信息传递给社会的其他人。

受访者普遍认为，关注改革和宣传的智库的个人、学者、私营机构传播顾问需要培养传播能力。其他人提出，贸易组织或者联合国成员、慈善组织的传播专员（例如DFID）、在政府机构工作的人、与媒体打交道的人、高级政治和公共服务官员、监测和评估专家，他们都应该接受传播重要性方面的培训。还有一些关于对手的评论，例如有一些阻碍改革的例子，这意味着在现有体制下可以分配的工作机会会减少，或企业游说以减慢改革步伐，还有一些人担心他们的对手。当然这激发了无惧的个体的意愿——那些热情的变革支持者。与联盟构建相关的是利益相关者分析。有些人强调了分析和理解与改革相关的多元利益相关者的重要性。利益相关者分析对于确定关键利益、权力来源、感知和媒介偏好是很有价值的。这个分析将是建立信任的第一步，能够帮助我们了解如何更好地解决问题，并学习如何管理与多元利益相关者的关系。

3. 变革管理。实施改革的核心是理解变革管理。有些受访者讲述了一些复杂的情况，这些情况虽然并非完全出乎意料，但仍然让人感到受挫。一名受访者讨论了理解利益相关者和变革管理之间的关系：

> 就信息和文化变革而言，阿富汗就是一个例子。他们从广播和电视上获得信息，但是如果深入挖掘，反思他们所作所为及其对变革的影响，我们会发现真正影响他们变革的是家庭内部的讨论。

4. 管理和评价。受访者还关心研究和评估技能。许多人对收集数据和分析指标很感兴趣。一名受访者说："使用指标和评估框架对于跟踪进度、确定制约因素和确保所进行的工作取得成果至关重要。"

5. 解决问题和战略层面的思考。受访者有兴趣为其改革工作开发更具战略意义的方法。有些人谈到了战略传播的重要性，其他人则谈到了发展解决问题能力的重要性。

6. 专业传播者的角色。另一个有趣的主题是：传播是一种角色、一种职业。一名受访者指出，传播专业人员可能很重要，但是"取决于你去哪，例如在南亚，10个案例中有8个是17岁的传播人员，他们去参会只是去弄点三明治吃，充其量他们只发布一两篇新闻稿"。

其他受访者也提出了类似观点，指出传播专业人员被低估了，因此教育干预的最佳受众是来自任何职能职位的高层次决策者和高级经理，而不只是传播人员，因为他们有影响变革的能力。然而也有其他人指出，传播专业人员不是那些需要了解传播是治理改革的核心之人。有些受访者则更加关注记者的作用。他们指出，他们所在的地区与西方有很大不同，在那里他们缺乏科学写作经验，因为记者倾向于扮演通才，而非西方中的专才。

传播和治理项目

通过对治理改革工作以及传播和治理访谈数据的分析，相关人员制订了传播和治理改革的执行性课程以及为期五年的计划，以构建治理改革的能力和可持续性。本节概述了南加州大学安纳伯格学院的C@C研究小组、宾夕法尼亚大学安纳伯格学院以及世界银行集团的传播鸿沟和世界银行学院合作开展的关于传播和治理改革的长期项目。

这一项目的目标在于通过那些最为相关的人，也就是本国居民，或者通过政府，确保治理改革能够推进并取得长远发展。该计划包含五个相互关联和相互支持的组成部分，通过能力建设、网络和知识创造的自我强化循环，促进联合治理改革。这五个组成部分如下。

传播和治理改革的执行性课程。这一组成部分将直接加强传播人员和其他专业人员支持发展中国家改革努力的能力。

学生、学者和从业者的网络。这一组成部分将执行课程的毕业生、学者和从业者整合在一起。他们将制定研究议程，培养人才，与地方、区域和国际组织建立联系，并提高其成员运用专业知识的能力。

同行合作的研究和分析。该部分旨在通过创建致力于发展中国家传播和治理改革问题的早期专业研究人员团队来发展南北合作研究，并对治理和发展更广泛的对话产生影响。

知识领导权、创造和分享。这一组成部分提取和分享来自项目其他成员的知识。它如同一个关于治理和传播议题的全球性智库，有助于通过政策取向的研究和讨论带来关于治理改革的广泛讨论。

面向执行的建议。特别借鉴了项目的知识领导力和网络元素，这些方面将组织与治理改革的传播方面的实际的、实用的、可操作的建议结合起来。

课程开发

本章的剩余部分聚焦于课程的开发，即“世界银行传播和治理改革的安能博格执行课程”。项目在开始阶段尤其关注非洲和中东这两个区域。

课程的概念一开始基于银行对政治经济方法的运用，以便更好地理解利益相关者和他们的改革语境。执行课程的目标在于从对政治的简单分析过渡到寻找对其实施至关重要的支持。世界银行的丰富经验表明，以下一些议题给成功治理带来了严峻挑战：加强政治意愿和增加客户所有权的必要性；克服官僚阻力，特别是来自中层管理者的阻力；管理既得利益者；直面敌对的公众舆论；解决集体行动问题；培养公民对问责的需求。访谈数据分析普遍支持这一观点。

我们将这些议题视为问题，这些问题可以通过战略传播的视角和传播资本及能力的建构来解决。例如，建立有效和高效的信息系统，培养新的反腐败支持者网络和联盟，能帮助解决集体行动问题，并最终扩大现有的改革空间。

课程体系需要三个项目伙伴的共同合作来完成，这三个项目伙伴分别是：安纳伯格学院的C@C研究团队，宾夕法尼亚大学的安纳伯格学院和世界银行的世界银行学院。该课程在9个月的时间里进行了试点，并于2011年7月在世界银行华盛顿分部实施。世界银行向可能感兴趣的个人和组织发出邀请，并收回了400份申请，通过严格的审查后选择了35个人参与试点：11个来自北美和中东，11个来自非洲，3个来自其他地区。来自世界各地的发展和捐赠组织的10位代表也参加了试点课程。

学习目标要求参与者能够完成以下任务。

阐释治理诊断和政治经济分析。参与者被要求获得知识和技能，从而成为政治经济分析和治理诊断的见多识广的消费者，并能够提出基于传播的解决方案的非技术挑战。

制定和实施多方利益相关者联盟建设战略，以支持改革。参与者被要求能够保证对变革持广泛支持的态度；获得来自中层政治管理者的支持；通过建立有影响力的支持者联盟来解决既得利益者的问题；将冷漠甚至充满敌意的公众舆论转变为支持改革；激发公民对良好治理和问责制提出需求。

提供实施的支持。参与者也被要求获得知识和技能——推进多元利益相关者之间的对话和协商，从而达到持久的共识；建立持续的收集政治语境的机制，升级改革管理者和国际组织本国机构的知识；确定并利用必要的高质量专业知识保障实施；确定实施所需的专家团队。

运用管理和评价框架。最后参与者被要求能够熟悉并掌握评价框架的实际使用，在上游规划过程中嵌入管理和评价框架；建立管理机制以追踪结果；评估传播和治理的干预是否有助于实现预期结果。

为期10天的课程主要围绕5个关键的学习领域。

1. 传播和治理。
2. 维持治理联盟和网络。
3. 传统媒体、社交媒体和第五类资产。
4. 指标和评估框架。
5. 传播和自我管理。

我们回顾了下面涉及关键学习领域的每一个领域，然后对整个研讨会和课程开发的进程进行了反思。

传播和治理

研讨会的第一个模块着重于开发环境中的治理，特别是治理过程中传播的中心作用。

参与者了解到，治理是发展中一个有争议的领域，包括了治理是从狭隘的公共行政视角演变而来，只专注于供应方因素，而今天范围更广泛的治理议程力求将需求方的考虑与传统关注点结合在一起。此外，参与者认识到，只有公共消费者（利益相关者和市民社会）参与到决策中来，才能实行善政——无论是否通过直接参与和/或问责机制。

研讨会还以传播的视角回顾公众舆论和影响力等关键概念。政治经济学分析帮助参与者对改革“是什么、为什么以及如何”产生更深层次的认识，包括现有的异常情况、异常情况的起源，以及成功实施改革的异常情况应对策略。参与者将这些原则与达卡公交车系统提升项目和印度的新闻方法的具体例子相结合。

参与者还学会了利益相关者分析和绘图，这有助于他们确定赢家和输家、改革的坚定支持者和强有力的反对者。利益相关者分析是一种将传播置于组织和社会决策中心的分析方式。它需要战略传播规划并提出以下问题：哪种利益相关者可能最适合传播信息？我们如何才能接触到年轻的公民？哪些联盟成员与志同道合但不参与改革的个人有联系？

维持治理联盟和网络

第二个模块强调了建立联盟以使改革受益的过程，并通过加强知识共享的技术来维持改革。一个构建联盟的案例是菲律宾对采购改革政策的支持，它给参与者提供了一个关于这个过程的现实案例，参与这项实践给他们提供了一个思考机会，即思考在联盟构建的初始阶段，作为利益相关者在当地语境下的定位。关于维持联盟的介绍展现了有助于组织知识共享过程的技术和最佳实践，这些技术和最佳实践有可能将围绕单一改革建立的联盟转变为长期的信息共享网络。参与者有机会通过网络领导力的练习来思考自己在建立的持久网络中的角色。

传统媒体和社交媒体（第五种资产）

这一部分的产生源于对媒体的关注，我们将之作为数据的最重要来源——在宏观、全球视野和微观、地方视角上。讲座包括全球媒体的公共外交视角，以及媒体使用和信息传播视角，讨论了叙事和形象权力，并介绍了诸如信息黏性、框架等具体议题。参与者还关注了社交媒体，以研究政府和企业以及社交媒体对信息和受众传统观念的变革性影响。移动社交媒体研究项目“移动之声”提供了一个小型研究案例，作为公民赋权的一个例子。与媒体建立联系的重要性是贯穿所有会议的主题。最近由Jacobson和Jang主持的一项研究探讨了媒体如何通过促进和平以及报道民主斗争为全球做出贡献（Jacobson & Jang, 2002）。泰勒认为，媒体的作用特别是独立媒体，在帮助维权组织参与制定公共议程和激发公共话语方面起着至关重要的作用（Taylor, 2000）。

指标和评估框架

这个模块强调战略传播方法中最为重要的部分：指标和评估。参与者学会如何制定监测和评价方法，以及如何收集数据以便进行分析。该模块包括传统的重点监测和评估，这是在“捐赠世界”中所需要的，但也有所变化。通过为课程开发网页门户以及培训参与者向维基提供数据，这一模块促进了治理研究发展。参与者被鼓励在试验和测试他们自己的指标和诊断工具方面坚持创新精神，并成为我们所说的创造、测试和传播过程的“现场知识工作者”。参与者讨论了成功战略传播所需要的数据，并讨论了以下问题：如何收集这些数据？应该使用什么评价指标？应如何监测进展情况？如何评价改革成效？

传播和自我管理

最后一个模块聚焦为参与者个人创造传播资本的过程，通过一个情景演练探讨了领导力、远见，该情景演练发展了个人的战略思维和远见。

讨论

世界各地都感受到了善政需求日益增加的压力。善政的特点是高度参与、双向沟通、公民和政府相连接。吉登斯认为，治理不善是在传播中产生和复制的一种社会制度（Giddens, 1984）。自上而下、非参与性传播和腐败往往是治理不善的特征。要打破这些模式，改革管理人员必须理解生产、消费、关系组织和系统级流程的深层结构。

例如，共同治理的挑战是需要一个涉及建立透明度激励机制的解决方案。这些激励措施必须通过与关键利益相关者的持续对话来制定。这就需要对研究工作和利益相关者进行分析，以了解当前的系统是如何产生和复制的，以及进一步理解利益相关者的价值和假设。例如，哪些规则和规范重现了当前的行为？哪些可以作为关键利益相关者的证据表明该系统正在变得透明？

改革管理者的干预需要一种战略方法，他将宏观层面的问题与微观层面的行动联系起来。改革管理者必须学会善于建构政治意愿、组织意愿和公众意愿——所有这些问题都需要首先通过发展传播资本来提高系统和制度上的传播能力。很少有人真正有能力进行自我掌控，并能够利用高度发展的个人传播技能与政府、机构及民间社会组织成功接触。

受访者对传播专家的制度化角色和其他角色对传播技巧的需求进行了较多评论。这两个职位上的个人都被认为是既有用又无用，因为在某些地区，传播专家似乎没有什么特别的技能，人们可以用来实施改革的资源有很大不同。

受访者一致认为，中层管理者是抵制行为的守护者，虽然他们能够阐明支持这些行为的动机和心理模型，但他们很少能够讨论这些行为是如何随着时间的推移而持续的。他们还注意到，大多数大众传媒系统仍然是强大的实体，既能促成变化，也能阻止变化。受访者认为，需要进行进一步分析，以便更好地了解机构改革工作中战略传播的更深层次结构。在几年的时间里，他们还需要跨州和地区收集实地数据，以展示这些模式。

采访显示，许多公民对他们国家的改革的努力知之甚少，对其政府体制也不甚了解。这种知识的缺乏使当权者得以复制主宰他们生活的表层结构，如不适当的税收或不平等的法律。只有少数几个国家代表提到了公司的力量，而公司一直是西方重要的权力中介机构。问题是，为什么会这样？那些结构是看不见的还是说不出来的？此外，几乎没有受访者提到社交媒体和新技术的作用。这可能是由于非洲和中东许多农村地区缺乏通信技术和互联网，但在许多国家，有大量信息显示移动技术的作用日益增强。这些访谈是在2011年“阿拉伯之春”运动期间进行的。最初的媒体报道指出，Facebook和Twitter等社交媒体在突尼斯和埃及人民起义中扮演了重要角色，尽管它们的作用可能比最初报道的更微妙，但实证研究表明，社交媒体起着重要作用（Lotan et al., 2011）。我们预计，随着时间的推移，智能手机和平台的发展将增加人们对社交媒体的兴趣。

对经验的反思和发展

我们对一部分参与者进行了简短采访，以了解他们对课程第一阶段的看法。虽然对这些访谈的系统分析还在进行，但已出现了一个关键主题，即在这类课程中点对点知识共享的价值。这些来自世界不同地区的人都使用本地化的传播视角，有自身特定的本地环境中应对治理改革的挑战，但是他们所面临的挑战具有许多共同特点，并且他们应对这些挑战的工作既具本地性又具全球性。

菲律宾一家智库的项目主管说：“我们中的很多人在前景方面有些短视，只在自己的领域中实行过倡导性传播或治理改革。能够听听别人的经历和故事……有助于你在倡导、传播和治理改革方面具有更全球化的姿态。”

罗马尼亚政府的一位公共关系发言人也指出：“尽管我们来自不同的国家，有着不同的文化和历史背景，但我认为在改革方面我们有共同之处和同样的挑战。过渡过程看起来非常相似且非常困难。”

这个为期10天的项目并不是为了取代研究生院而设计的，而是随着参与性研究工作的不断增加，其本地化知识与媒体信息相结合的价值越来越体现出来。“有效研究”引起很多关注，本课程中强调的分析工具之一是cynefin模型（Kurtz & Snowden, 2003）。这种管理决策的系统模型对那些从事战略传播和治理的人来说是一个有用的判断方法。它把情况或项目分成五类：简单的、复杂的、综合的、混乱的和无序的。在个人将其情况分成这些类别之后，该模型将帮助其确定最恰当的回应方式。第一类是最佳实践，第二类是可以采用的良好实践，第三类是紧急实践，第四类是在尝试新方法的时候，第五类是在无序环境没有提供指导的时候。最后，战略传播原则表明，当所有方法都无效时，应该停止传播，只通过倾听以建立关系（Taylor & Doerfel, 2003），并终有一天获得可以改变的传播资本。

注释：

[1] 该项目的部分资金来自CommGap、世界银行集团，部分资金来自安嫩伯格全球通信网络信托基金。作者要感谢CommGap中的合作伙伴所提供的帮助和支持。

[2] 引自Chambers, R. (1999). Rural development: Putting the last first. Longman London. 源自网站http://www.eou.edu/socwomen/support/articles/chambers.pdf.

[3] 这并不是说这个理论没有挑战（参见Conrad, 1993）。尽管如此，在很大程度上吉登斯被认为是当今在世的最重要的社会理论家之一。

[4] 这是这一术语的新用法。Nando Malmelin将传播资本作为组织资产的概念使用（Nando Malmelin, 2007），但我们几乎在同一时间开始将这一术语作为个人发展概念使用，更喜欢在组织或机构层面使用传播能力。

参考文献

[1] Argenti, P., Howell, R.A., & Beck, K.A. (2005). The strategic communication imperative. *MIT Sloan Management Review*, 46, 83-89.

[2] Ashcraft, K. L., Kuhn, T. R., & Cooren, F. (2009). Constitutional amendments: “Materializing” organizational communication. *The academy of management annals*, 3, 1–64.

[3] Banks, S. P., & Riley, P. (2006). Structuration theory as an ontology for communication and research. In L. Putnam and K. Krone (Eds.), *Organizational communication, Vol*. 1. Thousand Oaks, CA: Sage Publications.

[4] Botan, C., & Taylor, M. (2005). The role of trust in channels of strategic communication for building civil society. *Journal of Communication*, 55, 685–702.

[5] Boyatzis, R.E. (1998). *Transforming qualitative information: Thematic analysis and code development*. Thousand Oaks,CA: Sage Publications.

[6] Conrad, C. (1993). Rhetorical/communication theory as an ontology for structuration research. In S. Deetz, (Ed.) *Communication yearbook* 16 (pp. 197–208).

[7] Deetz, S. (2001). Conceptual foundations. In F. M. Jablin & L. L. Putnam (Eds.), *New handbook of organizational communication: Advances in theory, research and methods* (pp.3–46). Thousand Oaks, CA: Sage

[8] Durán-Bravo, P., & Fernández-Fuentes, M. (2010). Communication in third sector organisations. *Revista Latina de Comunicación Social*, 65, 595–603. Retrieved May 22, 2011, from Research Library. (Document ID: 2252652601).

[9] Eisenberg, E.M. & Riley, P. (2000). Organizational culture. In F.M Jablin & L. Putnam, L. (Eds.). *The new handbook of organizational communication: Advances in theory, research, and methods* (pp. 291–322). Thousand Oaks, CA: Sage Publications.

[10] Faccinetti, J. D. (2004). Making strategic communications work to prevent elder abuse. *Journal of Elder Abuse & Neglect*, 14, 11–20.

[11] Fairbanks, J., Plowman, K. D., & Rawlins, B. L. (2007). Transparency in government communication. *Journal of Public Affairs*, 7, 23–37.

[12] Flanigan, A., Stohl, C., & Bimber, B. (2006). Modeling the structure of collective action. *Communication Monographs*, 73, 29–54.

[13] Giddens, A. (1984). *The constitution of society*. Cambridge: Polity Press.

[14] Giddens, A. (1986). Action, subjectivity, and the constitution of meaning. *Social Research*, 53, 529–545.

[15] Giddens, A. (1991). *Modernity and self-identity: Self and society in the late modern age*. Cambridge: Polity.

[16] Habermas, J. (1979). *Communication and the evolution of society*. Boston, MA: Beacon Press.

[17] Hallahan, K., Holtzhausen, D, van Ruler, B., Verčič, D. & Sriramesh, K. (2007). Defining strategic communication. *International Journal of Strategic Communication*, 1, 3–35.

[18] Holbert, L. R., & Geidner, N. (2009). The 2008 election: Highlighting the need to explore additional communication subfields to advance political communication. *Communication Studies*, 60, 344–358.

[19] Jacobson, T. L., & Jang, W. Y. (2002). Media, war, peace and global civil society. In W. B. Gudykunst & B. Mody (Eds.), *The handbook of intercultural and international communication* (pp. 343–358). Thousand Oaks, CA: Sage.

[20] Kitchen, P. J., Brignell, J., Li, T., & Jones, G. S. (2004). The emergence of IMC: A theoretical perspective. *Journal of Advertising Research*, 44, 19–30.

[21] Kurtz, C.F., & Snowden, D.J. (2003). The new dynamics of strategy: Sense-making in a complex and complicated world, *IBM Systems Journal*, 42, 462.

[22] Lotan, G., Graeff, E., Ananny, M., Gaffney, D., Pearce, I., & boyd, d. (2011). The Arab Spring| The revolutions were tweeted: Information flows during the 2011 Tunisian and Egyptian Revolutions. *International Journal of Communication*, 5, 1/3, 75–1405. Retrieved from http://ijoc.org/index.php/ijoc/article/view/1246/643.

[23] Malmelin, M. (2007). Communication capital: Modeling corporate communications as an organizational asset. *Corporate Communications*, 12, 298–310. Retrieved May 24, 2011, from ABI/INFORM Global. (Document ID: 1858590561).

[24] McPhee, R. D., & Zaug, P. (2009). The communicative constitution of organization: A framework for explanation. In L. L. Putnam & A. M. Nicotera (Eds.), *Building theories of organization: The constitutive role of communication* (pp. 21–48). New York: Routledge.

[25] Mozammel, M. & Odugbemi, S. (2005). *With the support of multitudes: Using strategic communication to fight povertythrough PRSPs*. London: DFID.

[26] Odugbemi, S. (2010, April 10). 'Why is the transparency revolution not taking off in Africa?' Retrieved from http://blogs.worldbank.org//publicsphere/why-transparency-revolution-not- taking-africa.

[27] Poole, M. S., Seibold, D. R. & McPhee, R. D. (1985). Group decision-making as a structurational process. *Quarterly Journal of Speech*, 71, 74–102.

[28] Putnam, L. L., & Nicotera, A. M. (Eds.). (2009). *Building theories of organization: The constitutive role of communication*. New York: Routledge.

[29] Riley, P. (1983). A structurationist account of political culture. *Administrative Science Quarterly*, 28, 414-437.

[30] Riley, P. (2005). Communication Centered Change (C3): engaging the public organization. In J. Simpson & P. Shockley-Zalabak (Eds.) *Engaging communication, transforming organizations: Scholarship of engagement in action*. Cresskill, NJ: Hampton Press.

[31] Roberts, C.W. (Ed.) (1997). *Text analysis for the social sciences: Methods for drawing statistical inferences from texts andtranscripts*. Mahwah, NJ: Lawrence Erlbaum Associates.

[32] Taylor, M. (2000). Media relations in Bosnia: A role for public relations in building civil society. *Public Relations Review*, 26, 1–14.

[33] Taylor, M. & Doerfelr, M. L. Building relationships that build nations. *Human Communication Research*, 29, 153–181.

[34] UNDP (n.d.). Our work—Democratic governance. Retrieved from http://www.tj.undp.org/content/tajikistan/en/home/library/democratic_governance/

[35] United Nations Millennium Declaration (2000). Retrieved from http://www.un.org/millennium/declaration/ares552e.htm

[36] Ward, W.E. (2011). Strategic communication at work. *Leader to Leader*, 59, 33–38.

[37] Waters, R.D., & Lemanski, J. L. (2011). Revisiting strategic communication's past to understand the present: Examining the direction and nature of communication on Fortune 500 and Philanthropy 400 web sites. *Corporate Communications: An International Journal*, 16, 150–169.

第十四章
以企业家的视角研究战略传播

伊曼纽尔·因维尼奇和斯蒂芬妮娅·罗曼蒂

企业家组织理论（EOTs）的四个维度

本章探讨了企业家组织理论（Alvarez & Barney, 200; Burns, 2005; Busenitz et al., 2003; Bygrave, 1989; Dew, Ramakrishna & Venkataraman, 2004; Fos & Klein, 2005; Ireland, Hitt & Sirmon, 2003）以提供一个独特的概念框架，可用于整合和评估战略传播的各个层面。

企业家组织理论（EOTs）支持企业创造价值过程的发展，因为它具有“企业家般的行动能力”（Stevenson & Jarillo, 1990, p.23）。“因此在新的全球经济中，所有趋向于领导权和卓越的各种类型的公司，其企业家精神可以成为竞争优势和技术增长的基础”（Gupta, MacMillan & Surie, 2004, p.243）。Stevenson和Jarillo将公司的企业家精神界定为“个体——或者基于自身或者基于组织——在不考虑他们当前控制的资源的情况下追求机会的过程”（Stevenson & Jarillo, 1990, p.23）。

我们研究了EOTs理论的四个维度，它们是把关和织网、创新导向、变革型领导和愿景以及规制。

把关和织网

把关是指持续地收集外部更新的信息以及与组织发展利益相关的知识的行为，例如组织环境或市场中技术创新或引进变革。这意味着“挖掘、筛选和评估来自组织外部的潜在机会，包括那些可以通过应用或结合现有能力而为我所用的相关的和新兴的技术、市场和服务”（Tidd, Bessant, & Pavitt, 2001, p.923）。把关可以通过支持和结合现有的知识来源并协调不同的工作小组，在组织内部实施。“对内部环境的检查包括评估现有技术的新组合、搁置的概念和想法以及现有能力的新应用”（McFadzean, O'Loughlin, & Shaw,

2005, p.356）。特别是把关有助于发展、维系和提升所谓的内部传播网络的工作群体。

在把关者中创造一个基于信任和可信度的关系网络有助于建立传播信息、反馈和知识所需的社会资本。“自从Granovetter（1973）提出网络而非自主行为作为企业家活动的主要驱动力以来，网络被视为企业家活动的重要因素”（Butler, Brown & Chamornmarn, 2003, p.152）。企业家活动需要组织内部和外部的社会互动，以从其他人那里获得支持、创造和发展新的理念（Sadler-Smith, Hampson, Chaston, & Badger, 2003）。“网络作为一个重要的解释变量，提供了一个将信息和企业家表现联系起来的方式”（Butler et al., 2003, p.153）。当个人网络是企业家网络的关键要素以及理念的有效传播渠道时，商业网络提供了有价值的商业信息、建议和通往非正式联盟的途径（Kusuma Wardhani, McCarthy & Perera, 2009）。

培育网络给一个企业中长期生存提供了所需的资源（Stevenson & Jarillo, 1990）。这意味着能够在不同的行业，发展和维系与客户、供应商、合作者、竞争者的关系（Hitt, Ireland, Camp, & Sexton, 2001）。通过这种方式，组织设法在自己的网络中找到信息、技术和财务资源，以及在市场上成功竞争所需的技能（Hitt et al., 2001）。

通过将组织内部网络中获得的经验形成社会资本，这已经成为一个越来越重要的主题（Hitt et al., 2001; Tsai, 2000）。组织趋向于构建信任关系，以使它们能与伙伴有效地工作。建立在相互信任基础上的关系不仅限制了机会主义行为，而且代表了网络竞争优势（Davis，Schoorman，Mayer, & Tan, 2000）。在资源和所开展工作的合法性方面的优势，以及网络的成员资格，可能会影响到网络的组成部分（Hitt et al., 2001）。

创新导向

“很多学者已经强调创业是支持创新的主要行为，这也呼应了Schumpeter（1961）的观点，他认为创业是创新的主要催化剂”（McFadzean et al., 2005, p.351）。例如，Drucker提出创新是企业家的首要任务（Drucker, 1985）。Lumpkin和Dess（1996）认为创业导向的一个关键方面是它对创新的重视。“公司的企业家精神可以被界定为在不确定的环境下推动创新的努力”（McFadzean et al., 2005, p.356）。

企业家组织内部，通过不断评估新的潜力和想法，整合不同的资源来开发这些潜力，从而从内部角度推动创新（Li, Liu, Wang, Li, & Guo, 2009）。这是McFadzean等人为什么将企业家精神和内部创业的概念交换使用的原因（McFadzean et al., 2005）。

拥有创新能力意味着知道如何识别新的市场、技术和组织的机会，也知道如何处理可能的问题，或弥补因组织运行环境的变化而带来的差距（Hayton & Kelley, 2006）。

> 创新可以被定义为通过开发新程序、解决方案、产品和服务以及新的商业

化方法，为组织及其供应商和客户提供增值和一定程度的新颖性的过程。

McFadzean et al., 2005, p.353

企业家理论认为创新是一个不连续的、非线性的过程，它涉及了组织内外大量学科。公司的企业家精神被用来促进组织内的创业行为（Echols & Neck, 1998）。

创新能力不可能仅仅集中于少数几个人。这是因为创新需要广泛而专业的技术知识和现有服务及产品的管理实践（Knight, 1997; Prahalad & Ramaswamy, 2003）。在公司中创业水平主要依赖于企业中高管个体的态度（Stevenson & Jarillo, 1990, p.24）。战略的成功实施需要整个组织人员的参与（Morris, Kuratko & Schindehutte, 2001; Morris & Kuratko, 2002）。Gupta 等人认为：

培养下属主动性，从而促进自主的战略决策制定，这有助于产生使命感和高度的参与度，提高士气，并且组织通过提升由多种渠道获得所需信息的能力，增强解决模糊性问题的能力。

Gupta et al., 2004, p.244

企业领导者的挑战性任务是调动组织及其利益相关者的能力来完成上述任务（Gupta et al., 2004, p.245）。

变革型领导和愿景

企业家组织不仅要具有创新能力，也要具有确保其发展和应用的能力（Hayton & Kelly, 2006）。这种能力被认为是任何组织主动性工作成功所不可缺少的（Schon, 1967），并且在企业家精神的文献中，这种能力已经被确定为拥护、远见或变革型领导的特质（Bass, 1985; Gupta et al., 2004; Hayton & Kelley, 2006; McFadzean et al., 2005）。这意味着需要了解如何在组织中开发创新潜力，克服关键障碍，并通过不断寻求关键利益相关者的承诺来解决任何反对意见（Howell & Higgins, 1990）。这需要"给员工以能量，帮助他们战胜面对的挑战"（McFadzean et al., 2005, p.366）。

积极地推动创新的想法和项目是在组织成员间创造敬业、激励和共享的好方法（Hayton & Kelly, 2006; Howell & Higgins, 1990），从而获得他们的支持。企业家组织的一个重要特征是企业愿景的有效传播。Hitt 等人注意到在组织成员之间创造、交流和强调特定的共享价值的重要性（Hitt et al., 2001）。有些学者"强调高管在创造变革的环境中具有前瞻性的作用"（Gupta et al., 2004, p.244）。

从这个方面看，企业家组织的灵感来自组织环境中的变革型领导理论（Bass, 1985;

Hayton & Kelly, 2006; Howell & Higgins, 1990），并强调了制定项目愿景的重要性，从而鼓励参与的组织成员积极支持项目，并建立相互信任和尊重的关系。分享项目的目标以鼓励参与者取得更好的结果，促进关于项目的讨论，比较不同的分析观点，这些都同样重要（Maidique, 1980）。“我们将企业家领导定义为构建愿景的领导，它们被用来团结和动员一群支持型的参与者，这些参与者致力于发现和利用战略价值创造的愿景”（Gupta et al., 2004, p.242）。这一定义强调了动员资源和企业家领袖所面临的创造性价值所需承诺的挑战，这涉及创建愿景和能够实现该愿景的支持者。“创建一个愿景和得到一群有能力且坚定的支持者这两项挑战是相互依存的，因为没有后者前者就无用”（Gupta et al., 2004, p.242）。

规制

企业家组织的创新能力与激活、构建、重构组织的竞争环境紧密相关。换句话说，组织实施规制的过程，表示在个体解释的基础上激活和创造环境的过程（Daft & Weick, 1984; Weick, 1995）。事实上，制度化的设置有时可能并不适合企业家组织所进行的创新解决方案和行为。因此，组织可能决定与环境保持一致，或者按照它对环境的阐释进行修改和变革。“严格地说，在企业家的创造性思维中机会成为现实，他或她运用来自环境的观察和印象激发资源与客户需求之间未知的隐藏的联系”（Zander, 2007, p.1144）。

在这样的案例中，我们谈到规制的环境（Daft & Weick, 1984; Smircich & Stubbart, 1985）或者选择的环境（Levinthal, 1994），在其中，组织实施行为，实验不同的解决办法，或者在它们自己的知识和观点之上创造新的市场，忽略过去的行为标准和固有的传统的期待。“环境中并不存在威胁或机会，只有事实和行动的符号性记录。但是，一个决心要找到意义的战略家，可以通过把联系和模式带到行动中来建立关系”（Smircich & Stubbart, 1985, p.726）。

> 一个规制模式意味着战略家可以理解的环境是由战略家的行动模式建立起来的——不是通过感知环境的过程，而是通过创造环境的过程。总之，涉及了目标或感知环境的观点的理论，使得环境中的组织具体化，但是又将之与物质环境分隔开来。两者之间的关系用因果关系来表达。另一方面，规制理论放弃了具体的、实质的组织的观念，而更倾向于社会创造的符号世界。
>
> Smircich & Stubbart, 1985, p.727

古普塔尔等人描述了两类规制：方案和规定。方案制定包括对可能的机会情景进行设想和创造（Gupta et al., 2004）。实施规定可以使公司利益相关者网络相信可以完成既定目标。

寻找战略传播的四个维度

有关企业传播和公共关系的文献已经给战略传播赋予了多元意义，赞美其多元潜力，描绘了它在组织价值创造过程中的意义（Hallahan, Holtzhausen, van Ruler, Verčič, & Sriramesh, 2007）。本节将根据企业家组织理论（EOT）的四个维度，提出战略传播的四个组成部分。比较战略传播的每个组成部分在创造竞争优势和为公司的成功做出贡献方面的重要性。尤其是它让我们看到，在公司的不同的决策过程中战略传播做出的贡献。根据企业家组织理论所进行的分析，重读战略传播的贡献，我们从中总结出四个维度：战略传播的协调作用，意味着跨越边界和环境扫描，以及传播和吸引利益相关者的活动；激励内部利益相关者的作用，激发他们的创新趋向；传播的愿景作用，意味着通过定义和传播愿景、企业战略和指导价值来激活变革型领导；战略传播的构成作用，即通过意义的形成过程和组织环境、公司环境的创造来营造竞争环境。

结盟

战略传播的结盟功能包括了环境扫描和跨界活动，也包括了联系和参与活动。

传播在组织与其相关环境之间越来越脆弱的边界中发挥作用（White & Verčič, 2001）。从这个观点来看，传播发挥了跨界的功能。这一事实也使企业传播在观察和阐释组织运行环境方面处于有利地位，这也被认为是战略管理研究中的关键议题，以确保企业的长期生存。

因此，对环境扫描中正在进行的动态的监测和解释是传播对决策过程的战略贡献的一个重要组成部分，它在两个层次上发挥作用：议题和公众层面以及公司利益相关者层面（Stoffels, 1994）。通过这样的行动，传播激励管理层制定符合公司社会环境中不断变化的动态和利益相关者最相关的期望的战略和流程，而不是仅仅局限于考虑自己的利益（Steyn, 2007）。这有助于公司在其环境中逐步合法化，这是维持公司长远运行的必要条件。

运用这种方法进行决策的公司更加可持续，大多数传统公司并不仅仅关注财务、人力资源和技术，也关注传播（Lurati & Eppler, 2006）。因此，从传播视角采取可持续性的决策意味着确保所做的选择不仅要传播，而且要符合公司利益相关者的期望以及组织的公众形象和身份（Lurati & Eppler, 2006）。

与跨界和环境扫描活动一起，战略传播的联盟包括与利益相关者建立桥梁和促进他们参与。

公共关系学者传统地认为，组织和利益相关者之间坚固、持续和对称关系的发展是传播的战略目标（Grunig, 2001; Lan, 2006; Ledingham & Bruning, 2000）。这个角色意味着抛弃维护自身利益空间的短视的管理态度（缓冲），而是致力于鼓励组织对其参考环境更加开放，拥抱来自外界的刺激，重视那些构成了组织语境的观点、立场和经验。

采用这种方法意味着构建组织与大多数重要利益相关者之间的桥梁，也包括激发、促进公司成员的参与，同时考虑维系他们的声音与组织管理团队的声音之间的平衡（Van den Bosch & Van Riel, 1998）。

除了桥接，利益相关者的参与意味着激活共同决策的过程，构建伙伴关系，赢得利益相关者的支持行为。推动共同决策的过程。例如通过特别的利益相关者会议和多方利益相关者研讨会，意味着将利益相关者的意见整合到管理决策中，其结果是共同的选择会更符合利益相关者的期待。构建伙伴关系意味着与利益相关者一起设计、规划、发展新的商业解决方案，激励支持行为将利益相关者转变为组织项目的真正支持者。

葛兰纳诺（Granarolo）的案例

葛兰纳诺是意大利领先的乳制品公司，其声誉建立在坚实的利益相关者伙伴关系网络上，通过该网络，公司不断提升组织学习和开发新的业务解决方案的能力。特别是激活涉及利益相关者的共同决策过程，使公司能够在20世纪90年代后半期从投资者严重丧失信心的情况中恢复过来。

葛兰纳诺采用的声誉发展模型关注的是利益相关者的系统参与。六个声誉驱动要素——愿景和领导力、财务绩效、内部环境、社会责任、产品质量、创新——成为利益相关者参与的出发点。因此，参与已经不再局限于员工倾听利益相关者的需求和期待。员工首先参与确定、传播和执行新的价值观念和企业形象的过程。其次，员工参与到工作组中以实施共享的解决方案，以改善工作环境和内部氛围，并讨论公司未来面临的挑战。

其他吸引客户、当地社群、非政府组织和供应商参与社会、环境和经济的可持续性议题的方法也被采纳。为了开发新产品、包装和生产解决方案，公司与供应商建立了大量的合作关系。结果，公司从1995年到2008年收入增加了两倍，之后市场份额持续增长。

案例研究表明，将利益相关者纳入共同决策过程，构建伙伴关系，激发支持行为，有助于企业克服员工和股东之间严重的信任危机。将利益相关者的参与置于声誉发展的中心，能使公司满足多类利益相关者的要求（Freeman, 1984），鼓励他们确定并认同业务项目，确保传播、核心价值和组织行为方面实质持久地保持一致。

赋能

战略决策应当以本组织和其最重要的内部对话者之间的交流互动为基础，而不是仅仅由占主导地位的联盟自主决策（Stroh, 2007）。这方面的研究是Knights对公司战略管理的后现代方法的具体表述，其中决策的效率与参与成员的数量成正比，也就是说，与丰富的观点和经验成正比（Knights, 1997）。

传播专业人员作为行动主义者存在，应当更加关注推动传播而不是管理传播，从而有助于创建有意义的过程，并将优先权赋予组织的战略选择（Holtzhausen, 2002）。后现代方法强调这样一个事实，即悖论源于主要人物之间的对话，不断地塑造着企业生活的特征。组织行动的内涵实际上是通过组织各部门之间的不断互动、参与、持续变化和自我调节而形成的。因此，多样性有助于为决策、管理和生产过程提供不断更新的知识。

即使最新的著作《创新传播》中（Zerfass, 2005; Zerfass, & Huck, 2007），作者也强调战略传播作为创新的支持，其目标是创造协作文化和营造丰富的企业氛围。“战略传播与‘普通’传播有着根本区别，‘普通’传播是基于组织和员工通常采取一致行动，并共享一个共同的企业目标”（Zerfass, 2005, p. 16）。战略传播支持管理层就创新带来的变化安抚员工，提供足够的信息，特别是倾听组织内发生的事情（Zerfass & Huck, 2007）。传播必须以精确定义目标为导向，促进目标共享和合作。“内部创新传播对于定义创新目标、利用现有知识、克服恐惧、增强动力和发展共同愿景至关重要”（Zerfass, 2005, p. 18）。

在内部传播领域，最新的成果（Boswell, 2006; Welch & Jackson, 2007）强调在创新过程中给员工授权的重要性。企业内部传播维度被定义为组织的战略管理者和它的内部利益相关者之间的传播，旨在促进对组织的承诺，对组织的归属感，对其不断变化的环境的认识和对其不断发展的目标的理解（Welch & Jackson, 2007, p. 193）。传播的目的是使员工负责任，因为他们在实施创新过程中至关重要（Dougherty, 1996）。有效的传播将创新精神传递给所有员工，激励他们，提供意见，给每个人表达的空间，并明确其具体职责。

法拉利的案例

著名的一级方程式汽车制造商法拉利在经历了20世纪80年代一段极其严重的危机后得以重生，这与新任首席执行官Luca Montezemolo实施的战略密不可分。Luca Montezemolo是菲亚特（FIAT）集团前企业传播总监，他在那里获得了首席文化官（CCO）的职位。他加入法拉利后，在1991年成为总裁，开始了一个叫法拉利形象的项目，这个项目持续关注创新和创造性的提升，关注每一位员工及其所做的贡献。

为此，他建造了几栋建筑并优化了工作环境来改善生产过程，强调员工的个体身份以及归属感。此外，他还设计了一个专门的系统以认可员工的贡献，并实施一系列公司赞助/服务，包括外部服务，简化和提升员工的生活。这一系列的福利考虑到了私人生活的各个方面：医疗、保健和经济支持，特别是在买房和继续教育方面。

法拉利形象的理念在于用这些措施向员工传达公司对他们的重视，以及对每位员工为公司成功所做贡献的认可。

从员工的承诺和公司的经济效益来看，这一项目取得了惊人成功。20世纪90年代中期，法拉利经营状况开始好转；1999年，法拉利再次赢得了世界领先地位，并一直持续到2008年（Invernizzi, Romenti, & Fumagalli, 2012）。

愿景

有学者（Argenti, 2008; Cornelissen, 2008; Van Riel, 1995）认为，那些让公司战略和重要的公司决策内容为内部和外部的利益相关者所知的传播活动就是战略。传播活动关注的是为了达到预期的效果而传播什么（Stroh, 2007）。对内部的利益相关者而言，传播有关公司战略选择的决策有助于集合力量达成共同目标，与公司的使命和指导价值相一致。

对外部利益相关者而言，战略传播活动对于在利益相关者心中形成一个单一的、清晰的公司定位以及建立稳固的长期声誉至关重要（Cornelissen, 2008）。这些研究强调了协调所有传播活动以确保所发信息的一致性和本组织的战略意图的重要性（Van Riel, 1995）。

传播部门和专业人员之间的适当协调加强了信息内容、语气、风格之间的一致性（Argenti, 2008）。

愿景的构成部分呼应了这些维度，Zerfass将之界定为让传播发挥作用，意味着传播推动了企业决策的实施（Zerfass, 2008, p.70）。在这种情况下，首席文化官通过遵循实际的决策动力，按照决策传播和实施的方式来发挥影响力。传播有助于管理活动，主要是战术性质的活动，这是执行决策本身所必需的。事实上，传播通过将决策过程的内容传递给相关方，激励人力资源，支持领导权的发挥，帮助计划和组织管理、运营活动，并检查所获结果，从而实现决策过程。有学者（Argenti, 2008; Cornelissen, 2008; Steyn, 2007）认为，传播战略使组织内外知晓公司的战略和商业目标，将组织内外成员的精力集中在一个共同的目标上（Fenton & Langley, 2011）。

愿景的作用包括了基础作用，传统上归因于传播，即维持和支持公司业务的作用（Kotler, 2001）。传播是一个关键的组成部分，因为它对决策的有效性和质量提升做出了重大贡献。然而，传播却没有对决策内容本身造成影响，而是影响执行决策的方式。这一方法采用了功能主义矩阵，因为它首先询问哪些流程、结构和传播系统是最合适的，并对制定业务决策战略的贡献最大（Belasen, 2008）。

Hamrefors也认为传播领导者身兼协调者的特殊作用，即不仅努力从外部向内部传递信息，而且最重要的是，创造一个共同的、可理解的、共享的意义（Hamrefors, 2010）。在这种特殊情况下，需要具备谈判和能够施加影响的技能。

Pastificio Rana的案例

Pastificio Rana是一家成功的新鲜面食生产商，几年内就发展成了一家跨国公司。公司创始人兼总裁Giovanni Rana，一直以来都是运用基于传播和关系目标的原则来管理公司，并带领公司走向了成功。在他最重要的战略和运营决策中，Rana总是认真考虑传播对每一个战略选择的影响。他也一直将关系和传播置于最重要的位置，即使决策具有技术或商业性质。

一个技术决策的例子是设计和制造一种生产通心粉的机器，要求与家庭制作的通心粉非常相似。他做出决策，认为该通心粉并不进入冷冻食品市场，其原因并不是因为产品的品质会因此而下降，或者不如新鲜食品的口感好，而是因为希望保持与高价格相当的高品质产品的认知。这一直是Rana产品在消费者心中的特点，即使冒着市场份额下降的风险，公司也会坚持这一特色。

我们还可以举出其他的例子用以表明，Giovanni Rana和他的儿子，即现任首席执行官Gian Luca Rana，一直将人际关系视为管理公司的重要工具。

首先，父子之间的关系是对创始人能力的一种赞颂，创始人能够通过激活一种协作努力，将潜在的代际问题转化为代际协同，从而确保逐步过渡而不间断。这个协同作用对推动从家族企业转化为管理型企业是至关重要的，也就是说，实现Giovanni Rana所定义的由两个发动机运营的船只——一家能够在面对国际挑战时成长并取得成功的公司。

与客户的关系是另一个重要方面，例如，在公司发展早期，作为推销产品的手段，公司将细通心粉赠送给潜在客户。最近，Gian Luca Rana在他位于加尔答湖的别墅里，向重要客户（零售公司的董事）发出了晚宴邀请，晚宴由Gian Luca本人及其经理们负责做饭和招待客人。

价值观与文化的强力融合植根于人际关系，这是Giovanni Rana和他儿子Gian Luca Rana建立的特色，他们由小手工作坊起家，发展为一家成功的跨国企业（Invernizzi, Romenti, 2013）。

建构

对收集到的信息的解释，以及意义和意义的归属，是Weick定义的组织意义形成过程的一部分（Weick, 1995）。通过将传播纳入主导联盟中，明智的决策过程将使公司及其内部所有利益相关方的观点更加完整和清晰。

有意义的决策可以在公司内部使用，也可以在公司外部使用，并且可以预先明确决策的传播方面、组织可以使用的战略选项以及特定的战略目标，特别是，利益相关者的态度和行为，以及战略决策对关系网络质量和企业声誉价值的影响。从外部到组织内部的意义制定对于了解问题对决策、生产和管理过程的影响也是至关重要的。

在这种情况下，传播已经不再是商业的基础性构成部分。那些界定了作为组织构成的传播理论的学者（Cooren, Taylor, & Van Every, 2006; Putnam & Nicotera, 2009, 2010; Reed, 2010; Sewell, 2010）认为，传播是组织过程的基本构成部分，在这些理论的基础上，Weick（1969）提出了组织意义生成的概念。

一个组织被视为一个连续的实体，它们持续地改变其成员的传播行为（Bisel, 2010; Cooren, Kuhn, Cornelissen, & Clark, 2011; Kuhn, 2008）。在这种情况下，传播已不仅仅是业务的基本构成部分，它能促进决策过程，甚至通过分析和解释内部和外部环境的反射活动来影响其内容。这里倾听活动与传播的促进作用不同，它致力于将决策的传播与利益相关者的意见和态度联系起来，促使传播发挥作用。

在决策的传播角度的概念中，基本的构成部分起着至关重要的作用，完善了传播影响企业决策过程的方式。

每个构成部分都强调决策、管理、运营过程的特定条件。

例如，通过调整构成部分，活动战略贡献构建了与关键公众的对称关系，特别是在决策过程开始的特别重要的阶段。事实上，引起决策过程的问题应当根植于组织与其相关环境之间的持续交流。在这个交流中，传播专业人员可以扮演行动者和推进者的角色。

特别是分析和解释组织环境的活动有助于制定可供管理者使用的战略，并指导他或她做出最合适的选择。实际上，通过这些活动，管理人员可以了解组织环境中哪些动态因素可能对决策过程产生影响，同时也可以了解各种可用选项的传播结果。

传播者通过让主要对话者了解公司的战略内容和相关决策，并通过创造有利于创新的工作环境，从而对公司做出战略贡献。在这些情况下，传播者的专业精神对于选择最适合达到预期效果的语言以及选择最适当的技术、信息和工具是很重要的。

意利咖啡（Illycaffè）的案例

意利咖啡的首席执行官Andrea Illy表示："意利咖啡的真正问题在于，公司的目标一直是生产高质量的产品，而一般人认为咖啡是一种站着喝的产品，而且经常是匆忙喝的。这种喝咖啡的方式使得人们很难去感受品质，也使得消费者并不愿意去付出高价。"（Andrea Illy, 2009）

多年以来，意利咖啡的目标是让客户感受产品品质的同时，建立与公司的牢固联系。因为这个原因，Andrea Illy一直致力于为消费者建构产品的相关性，构建其对公司的信任。

相关性的构建意味着客户将一杯咖啡作为一种心愿来感受，通过愉悦的感受获得满足，从这些味觉开始继而发展为具有关系的、文化的和环境的本质。换句话说，这意味着提升期待从而能够感受产品的品质。

建立信任意味着企业关注自身的声誉，这样客户知道产品的质量是卓越的，原材料的选择和烘烤很讲究，环境、人、文化和审美都是高品质的。

传播对意利咖啡来说具有战略意义，既能保持其与消费者的相关性，又能增进信任，还能产生协同效应。传播的战略组成部分带来了一个特别有趣的维度，它可以被定义为场景制定中的企业组成部分，在这里，传播被用来支持企业战略，以创建创造前文所提及的商业机会。

通过传播设定的情景中，企业家的维度是从传播中得到的，以维持公司的企业家精神实质，根据CEO的想法和公司历史，这一点是非常明显的，正如企业在四个概念支柱上所做的那样。第一个重心是产品和服务的高质量；第二是为客户生产相关性高的优质产品；第三是建立信任，这种信任是为了让客户受益而建立的，它基于公司长期以来建立的声誉；第四是该公司及其产品真正独特的性质与上述三个因素产生了共鸣，强化了意利咖啡的成功。

企业的传播模式

在本章中，企业家组织理论提供了一个概念框架，用来描述和评价战略传播的相关性。运用企业家组织理论我们不仅能够描述传播的战略作用，也能够描述传播的战略作用是如何支持组织决策过程的。这意味着要解释与产品、建筑和布局有关的主要组织行为的战略传播内容，以及每一个重大的管理选择的结果。

我们已经明确了企业家组织理论做出的最重要的贡献（Busenitz et al., 2003），下面我们将列出最适合于解释战略传播活动潜力的四个维度。这里，我们将企业家组织理论的四个方面分别与战略传播的一个方面联系起来，如图14.1所示。

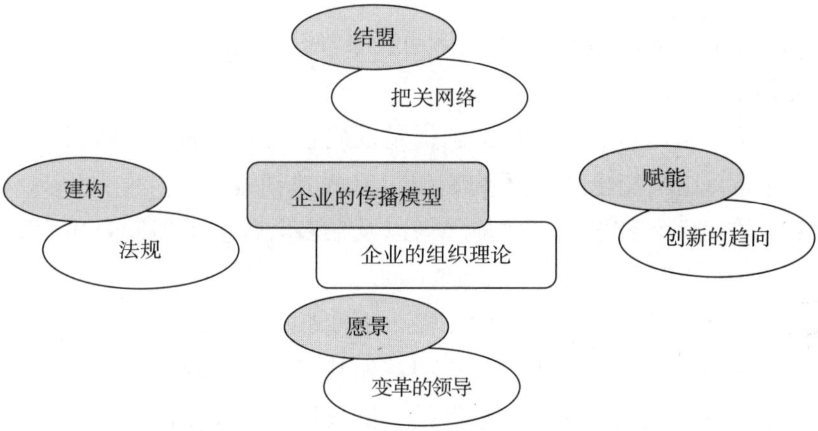

图14.1　企业家组织理论的四个维度与企业传播模型

通过这样做，我们提炼了战略传播的企业家内容。其结果就是我们所谓的企业传播模型，由结盟、赋能、愿景和建构四个维度组成。

四个维度彼此并不相关，因为每个维度本身都必须被评估。任何一个都不是一个战略传播开始支持或企业战略决策的（特定）起点。相反，如企业家组织理论和实践所表明的，企业家思想和企业活动可以从战略传播的任何一个维度和阶段开始，按照不同的路径持续下去。

第一，相关企业研究表明，战略决策是通过持续的把关活动和组织内外的社会互动来构建的，目的是获得支持，形成和发展新的想法。企业传播通过结盟的方法能够支持组织扫描环境，实施跨边界的活动，构建利益相关者的支持网络。

Granarolo的案例研究是协调活动的一个例子，它主要致力于吸引利益相关者，如形成新的指导价值，开发新产品和降低成本。

第二，成功的组织应当是创新驱动的，企业研究强调公司如何创新性地使用资源，公司的创新能力和竞争力，以及促进内部利益相关者采取创新行为至关重要。企业传播支持内部协作网络，通过与现有资源的结合驱动创新、提升能力、传播知识。

法拉利的案例研究表明，基于内部利益相关者的参与“法拉利形象”项目如何促使企业在长时期的低迷之后重新获得经济上的成功。

第三，企业家组织研究强调了管理层在制定企业战略、创建愿景和定义围绕组织项目的指导价值方面所扮演的变革性领导角色。通过愿景这一部分，企业传播可以帮助企业创造和分享使命和价值，传递一致的信息。

Pastificio Rana的案例研究说明了公司愿景在多大程度上是基于将产品质量视为一种“执念”，以及必须建立与利益相关者的关系，来指导包括广告在内的每一项行动和传播活动的。

第四，学者认为组织不可能对环境有全面完美的认知，但应在做出战略决策之前制定其选择性的环境（Weick, 1995）。规制活动意味着创业组织的工作环境将由社会创造，因此在企业成员心目中，机会变成了现实。

建立制定战略决策的选择性环境的前提是发展企业传播的构成要素，组织应当被视为持续变化的产品，这个变化是成员开展传播活动的结果。

对意利咖啡的案例研究说明了传播如何以及在多大程度上帮助公司营造外部环境，转化产品，将一杯咖啡转化为一种高质量的商品。

总体来说，战略传播的四个维度中，每个维度都有特定的、相关的企业内容，以此制定出了企业传播模式。我们所提出的模型首先基于本章对战略传播与企业家组织理论之间概念关系的讨论，还基于对四个案例的实证分析。未来将需要进一步的概念性和经验性的研究来强化这一模型。

参考文献

[1] Alvarez, S., & Barney, J. (2004). Organizing rent generation and appropriation: toward a theory of the entrepreneurial firm. *Journal of Business Venturing*, 19, 621–635.

[2] Argenti, P. (2008). *Corporate communication*. New York: McGraw-Hill.

[3] Bass, B. M. (1985). *Leadership and performance beyond expectations*. New York: Free Press.

[4] Belasen, A. T. (2008). *The theory and practice of corporate communication*. Thousand Oaks, CA: Sage Publications.

[5] Bisel, R. (2010). A communicative ontology of organization? A description, history, and critique of CCO theories for organization science. *Management Communication Quarterly*, 24, 124–131.

[6] Boswell, W. (2006). Aligning employees with the organization's strategic objectives: out of line of sight, out of mind. *Human Resource Management*, 17, 1489–1511.

[7] Burns, P. (2005). *Corporate entrepreneurship: building an entrepreneurial organization*. Basingstoke, England: Palgrave MacMillan.

[8] Busenitz, L. W., West, G. P., Shepherd, D., Nelson, T., Chandler, G., & Zacharakis, A. (2003). Entrepreneurship research in emergence. *Journal of Management*, 29, 285–308.

[9] Butler, L. E., & Brown, B., & Chamornmarn, W. (2003). Informational networks, entrepreneurial action and performance. *Asia Pacific Journal of Management*, 20, 151–174.

[10] Bygrave, W. D. (1989). The entrepreneurship paradigm (I): a philosophical look at its research methodologies. *Entrepreneurship: Theory and Practice*, 14, 7–26.

[11] Cooren, F., & Taylor, J. R., & Van Every, E. J. (2006). *Communication as organizing*, Mahwah, NJ: Lawrence Erlbaum.

[12] Cooren, F., Kuhn, T., Cornelissen, & J. P., Clark, T. (2011). Communication, organizing and organization: an overview and introduction to the special issue. *Organization Studies*, 32, pp. 1149–1170.

[13] Cornelissen, J. (2008). *Corporate communication*. London: Sage.

[14] Daft, R.L., & Weick, K.E. (1984). Toward a model of organizations as interpretations systems. *Academy of Management Review*, 9, 284–295.

[15] Davis, J. H., Schoorman, F. D., Mayer, R. C., & Tan, H. H. (2000). The trusted general manager and business unit performance: empirical evidence of a competitive advantage. *Strategic Management Journal*, 21, 563–576.

[16] Dew, N., & Ramakrishna, V. S., & Venkataraman, S. (2004). Dispersed knowledge and an entrepreneurial theory of the firm. *Journal of Business Venturing*, 19, 659–679.

[17] Dougherty, D. (1996). Organizing for innovation. In S. R. Clegg, C. Hardy, & W. R. Nord (Eds.), *Handbook of organization studies* (pp. 424–439). London, England: Sage.

[18] Drucker, P.F. (1985). *Innovation and entrepreneurship: practice and principles*. New York: Harper and Row.

[19] Echols, A.E., & Neck. C.P. (1998). The impact of behaviors and structure on corporate entrepreneurial success. *Journal of Managerial Psychology*, 13, 38–46.

[20] Fenton C., Langley A. (2011). Strategy as practice and the narrative turn. *Organization Studies*, 32(9), 1171–1196.

[21] Foss, N. J., Klein, P.G. (2005). Entrepreneurship and the economic theory of the firm: any gains from trade? In R. Agarwal, S.A. Alvarez, & O. Sorenson (Eds.), *Handbook of entrepreneurship research: disciplinary perspectives* (pp. 349–372). Dordrecht, Holland: Springer.

[22] Freeman, R. E. (1984). *Strategic management: a stakeholder approach*. Boston, MA: Pitman.

[23] Granovetter, M. S. (1973). The strength of weak ties. *American Journal of Sociology*, 78, 1360–1380.

[24] Grunig, J. E. (2001). Two-way symmetrical public relations: past, present and future. In R. L. Heath (Ed.), *Handbook of public relations*. Thousand Oaks, CA: Sage.

[25] Gupta, V., MacMillan, I. C., & Surie, G. (2004). Entrepreneurial leadership: developing and measuring a crosscultural construct. *Journal of Business Venturing*, 19, 241–260.

[26] Hallahan, K., & Holtzhausen, D., van Ruler, B., Verčič, D., & Sriramesh, K. (2007). Defining strategic communication. *International Journal of Strategic Communication*, 1, 3–35

[27] Hamrefors, S. (2010). Communicative leadership. *Journal of Communication Management*, 14, 141–

152.
[28] Hayton, J.C., & Kelley, D. (2006). A competency-based framework for promoting corporate entrepreneurship. *Human Resource Management*, 45, 407–427.
[29] Hitt, M. A., Ireland, I. D., Camp, S. M., & Sexton, D. L. (2001). Guest editors' introduction to the special issue Strategic Entrepreneurship: Entrepreneurial Strategies for Wealth Creation. *Strategic Management Journal*, 22, 479–491.
[30] Holtzhausen D. R. (2002). Towards a postmodern research agenda for public relations. *Public Relations Review*, 28, 251–264
[31] Howell, J. M., & Higgins, C. A. (1990). The champions of technological innovation. *Administrative Science Quarterly*, 35, 317–341.
[32] Invernizzi, E., Muzi Falconi, T., & Romenti, S. (Eds.), (2009). *Institutionalising PR and corporate communication*. Milano: Pearson.
[33] Invernizzi, E., & Romenti, S. (2009). Institutionalisation and evaluation of corporate communication in Italian companies, *International Journal of Strategic Communication*, 3, 116–130.
[34] Invernizzi, E., Romenti, S., Fumagalli, M. (2012). Identity, communication and change management in Ferrari. *Corporate Communications: an International Journal*, 17, 483–497.
[35] Invernizzi E., Romenti S.(2013) Relationships and quality management. The Pastificio Rana case study. In J. M. T. Balmer, L. Illia, B. Gonzales (Eds.), *Contemporary perspectives on corporate marketing*. Abingdon, England: Routledge.
[36] Ireland, R. D., Hitt, M. A., & Sirmon, D. G. (2003) A model of strategic entrepreneurship: the construct and its dimensions. *Journal of Management*, 29, 963–989.
[37] Knight, G. A. (1997). Cross-cultural reliability and validity of a scale to measure firm entrepreneurial orientation. *Journal of Business Venturing*, 12, 213–225.
[38] Knights, D. (1997). Organization theory in the age of deconstruction. *Organization Studies*, 18, 1–19.
[39] Kotler, P. (2001). *Marketing management*. Englewood Cliffs, NJ: Prentice Hall.
[40] Kuhn, T. A. (2008). Communicative theory of the firm: developing an alternative perspective on intraorganizational power and stakeholder relationships. *Organization Studies*, 29, 1227–1254.
[41] Kusuma Wardhani, A., McCarthy, G., & Perera, N. (2009, December). Framework of entrepreneurial orientation and networking: a study of SME's performance in a developing country. Paper presented at the Australian and New Zealand Academy of Management Conference, Adelaide, Australia.
[42] Lan, N. (2006). Relationships as organizational resources: examining public relations impact through its connection with organizational strategies. *Public Relations Review*, 32, 276–28.
[43] Ledingham, J. A., & Bruning, S. D. (2000) (Eds.), *Public relations as relationship management*. Mahwah, NJ: Lawrence Erlbaum.
[44] Levinthal, D. A. (1994). Surviving Schumpeterian Environments: an Evolutionary Perspective. In J. A. C. Baum, J. V. Singh (Eds.), *Evolutionary dynamics of organizations*. New York: Oxford University Press.
[45] Li, Y., Liu, X., Wang, L., Li, M., & Guo, H. (2009). How entrepreneurial orientation moderates the effects of knowledge management on innovation. *Systems Research and Behavioral Science*, 26, 645—660
[46] Lumpkin, G. T., & Dess, G. G. (1996). Clarifying the entrepreneurial orientation construct and linking it to performance. *Academy of Management Review*, 21, 135–172
[47] Lurati, F., & Eppler, M. J. (2006). Communication and management: researching corporate

communication and knowledge communication in organizational settings. *Studies in Communication Sciences*, 6, 75–98.

[48] Maidique, M. A. (1980). Entrepreneurs, champions, and technological innovation. *Sloan Management Review*, 21, 59–76.

[49] McFadzean, E., O'Loughlin, A., & Shaw, E. (2005). Corporate entrepreneurship and innovation part 1: the missing link. *European Journal of Innovation Management*, 8, 350–372.

[50] Morris, M. H., & Kuratko, D. F . (2002). *Corporate entrepreneurship*. Fort Worth, TX: Harcourt College Publisher.

[51] Morris, M. H., Kuratko, D. F., & Schindehutte, M. (2001). Towards integration: understanding entrepreneurship through frameworks. *Entrepreneurship and Innovation*, 2, 35–49.

[52] Prahalad, C. K., Ramaswamy, V. (2003). The new frontier of experience innovation. *MIT Sloan Management Review*, 44, 11–18.

[53] Putnam, L. L., Nicotera, A. M. (2009). *Building theories of organization: the constitutive role of communication*. NewYork: Routledge.

[54] Putnam, L. L., & Nicotera, A. M. (2010). Communicative constitution of organization is a question: critical issues for addressing it. *Management Communication Quarterly*, 24, 158–165.

[55] Reed, M. (2010). Is communication constitutive of organization? *Management Communication Quarterly*, 24, 151–157.

[56] Sadler-Smith, E., Hampson, Y., Chaston, I., & Badger, B. (2003). Managerial behaviour, entrepreneurial style and small firm performance. *Journal of Small Business Management*, 41, 47–67.

[57] Schon, D. A. (1967). *Technology and change*. New York: Delacorte.

[58] Schumpeter, J. A. (1961). *The theory of economic development: an inquiry into profits, capital, credit, interest and thebusiness cycle* (7th ed.). Cambridge, MA: Harvard University Press.

[59] Sewell, G. (2010). Metaphor, myth, and theory building: communication studies meets the linguistic turn in sociology, anthropology, and philosophy. *Management Communication Quarterly*, 24, 139–150.

[60] Smircich, L., & Stubbart, C. (1985). Strategic management in an enacted world. *Academy of Management Review*, 10, 724–736

[61] Stevenson, H. H., & Jarillo J. C. (1990). A paradigm of entrepreneurship: entrepreneurial management. *Strategic Management Journal*, 11, 17–27.

[62] Steyn, B. (2007). Contribution of public relations to organizational strategy formulation. In E. L. Toth (Ed.), *The future of excellence in public relations and communication management*. London, England: Routledge.

[63] Stoffels, J. D. (1994). *Strategic issues management: A comprehensive guide to environmental scanning*. Tarrytown, NY: Elsevier.

[64] Stroh, U. (2007). An alternative postmodern approach to corporate communication strategy. In E. L. Toth(Ed.), *The future of excellence in public relations and communication management*. London, England: Routledge

[65] Tidd, J., & Bessant, J., & Pavitt, K. (2001). *Managing innovation: integrating technological market and organizationalchange* (2nd ed.). Chichester, England: John Wiley & Sons.

[66] Tsai, W. (2000). Social capital, strategic relatedness and the formation of intraorganizational linkages. *Strategic Management Journal*, 21, 925–939.

[67] van den Bosch, F. A. J., & van Riel, C. B. M. (1998). Buffering and bridging as environmental

strategies of firms. *Business Strategy and the Environment*, 7, 24–31

[68] van Riel, C. B. M. (1995). *Principles of corporate communication*. London: Prentice Hall

[69] Weick, K. E. (1995). *Sensemaking in organizations*, Thousand Oaks, CA: Sage.

[70] Welch, M., & Jackson, P.R. (2007).Rethinking internal communication: a stakeholder approach. *Corporate Communications: an International Journal*, 12, 177–198

[71] White, J., & Verčič, D. (2001). An examination of possible obstacles to management acceptance of public relations contribution to decision making, planning and organisation functioning. *Journal of Communication Management*, 6, 194–200.

[72] Zander, I. (2007). Do You See What I Mean? An Entrepreneurship Perspective on the Nature and Boundaries of the Firm. *Journal of Management Studies*, 44, 1141–1164.

[73] Zerfass, A. (2005). Innovation readiness. A framework for enhancing corporations and regions by innovation communication. *Innovation Journalism*, 2, 1–27.

[74] Zerfass, A. (2008). Corporate communication revisited: integrating business strategy and strategic communication. In Zerfass, A., van Ruler, B., Krishnamurthym, S. (Eds.), *Public Relations Research European and International Perspective and Innovations* (pp. 65–92), Wiesbaden: VS Verlag für Sozialwissenschaften.

[75] Zerfass, A., & Huck, S. (2007). Innovation, Communication, and Leadership: New Developments in Strategic Communication. *International Journal of Strategic Communication*, 1, 107–122.

第十五章
传播管理者在战略和战略化中的角色

弗恩·弗兰森和薇妮·约翰森

19世纪50—60年代，战略和战略化这两个词语——主要在企业战略和战略管理中——进入了商业领域（Kiechel, 2010）。从那以后，私营和公共部门的管理人员一直生活在一种新战略范式之下，这一范式越来越占据主导地位。今天，战略已经变成了几乎每个组织都拥有（应当拥有）或者使用（应当使用）的东西；变成了每个人都在谈论或者不论正面、负面多少对其有点认知的东西。

战略和战略化两个词语也贯穿在这本书的各个章节中。战略传播被界定在特定的组织实践或特定的学术领域。今天，传播专业人员需要为组织制定传播战略；同时，传播与过去相比越来越被认为是一种战略管理职能，向主导联盟汇报或代表该联盟，协助或参与决策过程。同样，越来越多的传播学者开始探讨战略、战略化和战略家是什么，意味着什么。

新的战略范式贯穿了两个与组织战略传播相关的、不同的但又相互重叠的层面：在组织实践层面，它强调对战略的理解，外部和内部传播活动的方法，以及组织的（工具的或功能的视角下）使命、愿景和战略之间的关系。在传播从业人员的社会角色层面，它被认为是组织战略工作的一部分，给传播从业人员提供新的和更有权力的地位（制度或象征的视角）。

本章目的在于，在战略和战略化的研究方面，就传播管理者的作用提供最前沿的研究成果综述。我们将讨论以下议题：传播管理者在贯彻战略和战略化方面发挥的作用；在战略思维方面的能力；他们对自己战略能力的感知；组织成员如何服务于其他管理职能，例如首席执行官和其他管理者，并感知他们的战略能力（合法性）。

在我们开始探讨这些议题之前，我们需要阐明一些关键概念。我们不仅仅要理解特定的行为项目（传播管理者需要采取的行动，或者正如在组织角色理论中，他或她在特定的战略和组织情境中实际采取的行动)，也要理解那些综合的、跨越了传统概念界限(能力、身份、合法性)的东西。传播管理者(Wright, 1995)不仅仅指一个组织中最高层次的传播者，也包括涉及战略和战略化的所有类型的传播经理人。最后，战略也不仅仅指理性决策的一次性结果，也指不那么理性的微观社会活动，借此战略被制定出来并“实施”(战略化)。

本章分为四个部分。首先，我们简要介绍了自20世纪60年代以来，管理研究领域的战略研究是如何沿着一系列重要的脉络发展的。这部分后面还有一个同样简短的部分，展示战略是如何在公共关系、企业传播和战略传播领域中被主题化的。然后是一个较长的部分，展现了目前在战略和战略化中传播管理者的职能、能力、身份、合法性。我们介绍了战略工作的概念，作为这种现象的总称。本章有一节是关于未来研究的，重点是我们迄今为止已经获得的关于传播主管的见解，尤其是我们为此目的所采用的方法。它回答了这样的问题：我们目前所知的究竟是什么，我们可以用什么方法来获得这些知识。这一章的最后我们讨论了一个更加情境化的方法是否会为我们提供一种对传播主管的战略工作新的、更好的、更加现实的理解。

理解战略和战略管理：从规范的理想主义到批判的现实主义

Frandsen和Johansen认为，“战略、管理和领导的概念是多维的，在运用于一系列不同的理论和实践的情境过程中都或多或少有些分歧”(Frandsen & Johansen, 2010, p.298)。除了列出一系列战略管理中的思想流派(Mintzberg, Ahlstrand & Lampel, 1998)，他们通过梳理四条重要的发展脉络来进行概述，从整体上展现了在管理研究中从规范的理想主义到批判的现实主义的范式转向。这些发展脉络是本章其他部分的理论架构。四条发展脉络如下。

从规范性到突发性的战略管理视角

根据规范性的视角，战略是线性的、理性分析的结果，其被划分成一系列独立的步骤，诸如制度化分析、决策(战略形成)实施、评估。规范的视角是基于这样一种理念，即有可能预先确定战略目标，并在实施战略之前制定其主要要素(Lynch, 2012, p. 35)。与之形成对比的是，从突发性的视角看，战略从来不是一个过程的结果。战略并不总是按照计划或预期发展，而是随着时间的推移，由于新的机会、组织的学习甚至是偶然的行动而在组织中出现。因此，突发性视角中我们不可能提前确定战略的最终目标，或在实施之前制定其主要要素(Lynch, 2012, p. 40)。这意味着从突发视角看，将决策和实施作为战略形成过程中的两个独立的步骤毫无意义。

McGee提出了两个世界观的类似区别：程序化的观点“倾向于认为世界在大体上是可以预测，并据此规划的”(McGee, 2003, p.150)；突发性的观点“倾向于将世界视为不确定的，可以塑造亦可被塑造”（McGee, 2003, p.150）。程序化的方法比偶然性的方法更加普遍。它代表了我们可能称之为战略管理原型的东西。在公共关系、企业传播和战略传播中同样如此，人们一般很少会使用突发性的视角。即使在最近发表的文章中，例如Moss和DeSanto提出了公共关系的管理视角，他们认为“大部分传播和公共关系领域的文章对于关于管理和管理实践的思考在近年来是如何发展的这个问题基本没有什么认识”（DeSanto, 2011, p.XV），他们的文章以一个规范性的视角结尾。Moss和DeSanto提出了C-MACIE框架，这一框架由四个步骤构成：传播管理分析、传播管理选择、传播管理实施和传播管理评价（DeSanto, 2011, p.41）。

从直觉到科学的战略传播方法

在20世纪60年代末和70年代初，战略管理一直是基于直觉的理解，并非基于科学的调查，通常参考Fayol（1916/1918）所划分的管理的五个职能：规划、组织、调整、命令和控制。然而，在1973年，Henry Mintzberg提出了他的著名问题：管理者在管理时真正做什么。这是一系列关于管理人员的工作或预期要做的事情（他们的行为和活动、他们的职责），他们如何做自己的工作，与谁互动和交流以及他们还做其他哪些事情（管理工作的非正式方面）的实证研究的第一篇。在研究中，明茨伯格确定了10个基本的管理工作角色，他将其划分为三个类别：人际角色（管理者作为灵魂人物、领袖、中间人）、信息角色（管理者作为控制者、传播者和发言人）和决策角色（管理者作为企业家、障碍排除者、资源划分者和协商者）（Mintzberg, 1973）。之后，其他管理学者例如Hales（1986, 2001）和Stewart（1983, 1988）——包括明茨伯格自己（见2009）——也探讨了实证结果，还有理论和方法方面的议题，这些议题与研究管理者在管理时真正做什么有关。

明茨伯格代表了一项重大突破（Mintzberg, 1973）。然而，正如我们在本章第二部分将要看到的，在公共关系、企业传播和战略传播中，对传播管理者的角色的研究只有很少一部分是受这类经验管理研究启发的。

从功能主义到批判主义的战略管理方法

战略管理方法的第三条发展脉络是从战略管理的功能主义转为批判主义。在批判理论（法兰克福学派）、社会建构主义、女性主义、后结构主义和“法国理论”（如福柯和德里达）的启发下，批判主义方法质疑了组织的主要管理原则（如效率、理性、同质性和男性特质），给战略概念带来了新的意义。

Shrivastava得出了这样的结论，即战略管理是一种意识形态，战略的话语有助于将现有的权力结构和资源不平等合理化（Shrivastava, 1986）。Knights和Morgan也得出了类似的结论，他们将企业战略定义为“一系列话语和实践，这些话语和实践将管理者和员工转变为通过制定、评估和实施战略来确保其目的感和现实感的主体”（Knights & Morgan, 1991, p.252）。

自20世纪90年代初，Alvesson和Willmott关于批判性管理研究的文章出版以来，批判性管理研究（CMS）已经确立了自己作为一个分支学科的地位，为管理研究的议程增加了一个新的和具有挑衅性的维度（Alvesson & Willmott, 1992）。根据Alvesson和迪兹的观点，批判性管理研究包含了三项任务：洞察的任务，展现了对“与真实情境中生活紧密相关的解释性的阐释和民族志的目标”的承诺（Alvesson & Deetz, 2000, p.17）；批判性的任务，回击“那些被认为是理所当然的，被印在管理和组织理念中的目标、理念、意识形态和话语”（Alvesson & Deetz, 2000, p.17）；变革性的重新定义的任务，展示了对批判性方法的实用主义方面的承诺，“认识到没有社会行动支持的洞察力和批判只会让研究变得孤立和无结果”（Alvesson & Deetz, 2000, p.17）。

在公共关系、企业传播和战略传播中，批判性的战略管理方法仍然很少见。L’Etang是少数的代表人物之一。她将战略管理描述为“一些公关学者和从业者的圣杯”，一种“侧重于统治和权力的意识形态实践”，以及“一种公民政治冲突或心理战”（L’Etang, 2008, pp.29–30）。在她的书里，关于公共关系和管理的章节中，她介绍了一些新的主题，如管理知识的克里奥化、权力和性别问题、管理方式及其重要人物。然而，战略管理仅仅被提到一次，她也并没有试图去阐明关于战略的全新话语。另外一位批判主义学者是Derina Holtzhausen，她采用后现代方法将公共关系界定为行动主义（Holtzhausen, 2012）。

从宏观层面到微观层面的战略管理方法

第四个重要的发展脉络也是最新的发展方向：自21世纪以来，学者们以“战略即实践”的名义将之引入战略管理的微观层面（Johnson, Langley, Melin & Whittington, 2007; Golsorkhi, Rouleau, Seidl & Vaara, 2010）。一批学者首先被社会科学中的“实践转向”所鼓动（Schatzki, Knorr Cetina & Savigny, 2001）。如明茨伯格和阿扎布科夫斯基，他们想研究人们在组织中与战略打交道时的实际行为：

> 作为实践的战略试图对战略的主导概念进行根本性的颠覆。然而战略从传统上已经被视为组织固有的——如多样化的战略或者国际化的战略——作为实践研究者的战略，战略就是他们的工作。
>
> Whittington & Jarzabkowski, 2008, p.101

根据战略传播的原型，战略是组织所固有的，战略是一次性决策的结果，战略在特定的场所（例如董事会办公室）、特定的时间（例如战略研讨会）由处于组织等级顶层的特定的人（高级经理或董事长）制定，战略总是在实施之前被制定。“战略即实践”的研究人员采取了一种稍微不同的方法。对他们来说，战略首先是制定战略，是人们做的事情，是嵌入在特定组织环境中的活动。其结果是重新关注构成组织生活的日常活动（包括战略制定）的复杂微观实践。从这个角度来看，战略管理并非一种无形的和无语境的活动，而是组织环境中一种互动的和处处存在的行为。

除战略管理研究的这四条发展脉络之外，人们可能还要补充一条脉络，即从领导趋向的视角来看，战略被理解为管理者将决策传达给员工的结果，这个视角关注领导者身份，或者领导者行为（正如最近的交易型与变革型领导理论）；而从追随者趋向的视角来看，战略被理解为是一种管理者和员工之间互动的结果（如最近的共享理论、集体或分布式领导理论、领导者—成员交换理论以及领导的浪漫）（Shamir, Pillai, Bligh & Uhl-Bien, 2008）。到目前为止，Heide和Simonsson是试图在战略传播领域发展以追随者为导向视角的极少数学者之一（Heide & Simonsson, 2011）。

在最流行的一本企业传播的教材中，战略被简要地界定为“达成企业目标，产生效果的方式或路径”（Cornelissen, 2011, p.7）。然而，在同一本书中，作者更加详尽地论述了制定战略的两种方法。其中之一被描述为详尽考虑、规划、分析性的自上而下的过程，另外一种则是自发的、偶发的、想象性的自下而上的过程（Cornelissen, 2011, p.83）。换句话说，我们重新发现了上一节中提出的五种发展脉络的第一种。

与企业传播大多数教材形成对比的是，我们必须强调Cornelissen（2011）在战略和战略制定上采取了一种相当进步的方法。大多数其他的教科书要么避免定义他们所理解的战略和战略化，要么他们明确地，但大多是含蓄地，支持对战略的规范性视角。Van Riel运用了企业战略的术语，却没有对其定义（Van Riel, 1995）。Argenti更加偏好组织战略的概念，这一概念包含了三个子部分：确定目标，确定可用的资源，诊断组织的形象可信度（Argenti, 1994）。

最近Goodman和Hirsch讨论了领导力的定义，认为其要么由领导者的身份决定，要么是由领导者的行为方式决定（Goodman & Hirsch, 2010）。这两位作者的目的是建立规范性的指导方针，在全球环境下将企业传播战略付诸行动——不幸的是，他们再次没有明确界定战略的含义。

战略传播

战略传播在2000年后作为一门学科出现，成为三门学科中的最后一门，人们将其研究领域定义为“一个组织有目的地使用传播来完成其使命”（Hallahan, Holtzhausen, van Ruler，Verčič & Sriramesh, 2007, p.3；也见Holtzhausen, 2008）。组织在这一语境中有非常广泛的含义，不仅包含了私人和公共的组织，也包含广告机构和政治团体（Hallahan, 2004）。战略传播是唯一由战略一词构成名称本身的学科，它也是一门从一开始就以一种更加复杂的方式对战略和战略意义进行反思的学科。

Hallahan等人区分了战略和战略管理的现代主义和后现代主义方法（Hallahan et al., 2007）。现代主义方法对应了我们在前一部分提出的规范性视角。战略形成的过程被视为理性而有目的性的，也就是，作为一个过程超然于政治和文化的语境。现代主义方法的批判者认为，这种方法只考虑了最高管理层的利益和目标，而将战略传播退化为从最高管理层到员工的不对称的、自上而下的传播。因此，战略也被人们理解为具有负面影响的。后现代主义方法对应了我们在前一部分所谓的突发性观点，但它也包括我们所描述的向批判性或实践性取向转变的要素（包括权力和代理问题）。关于突发性视角，它强调战略制定过程总是基于过去的经验和行动，它也包含了由组织所有层次的员工所做的决策和行动。因此，后现代主义方法需要批判由公共关系学者引入的两个角色之间的传统区别：做出决策或对决策过程做出贡献的传播管理人员和执行这些决策的传播技术人员。

综上所述，在公共关系、企业传播和战略传播学科中，对战略和战略管理的阐释已经发展了30多年。战略导向在20世纪80年代已经成为一个重要的研究议题，但它一直停留在规范性视角的范围内。之后，特别是从2000年开始，传播学者们对战略和战略管理的理解已经变得更加清晰和成熟。然而，如果我们将之与管理研究领域进行对比，这中间的差距仍然很大。Steyn（2007）、Raupp和Hoffjann（2010）等学者对缩小这一差距做出了贡献。

传播管理者的战略角色

有了对战略和战略管理研究如何在一般管理研究领域，特别是在公共关系、企业传播和战略传播学科中发展的理解，现在我们可以讨论本章的重点：在战略和战略化中传播的角色。为了进行最前沿的综述，我们筛选了公共关系、企业传播和战略传播中最重要的期刊（例如*Public Relations Review, Journal of Public Relations Research, Corporate Communications: An International Journal, Journal of Strategic Communication*），还包括一些从1990年到2013年间出版的最重要的研究专著和手册。关于传播管理者在战略和战略制定中的作用的文献不多，但在不断增加。通过分析我们得出该主题的几种变化，即传播管理者如何看待自己是战略家这一问题，其他人如何看待他们，他们的战略思维，他们对社交媒体和文本类型如新闻稿的看法，以及传播管理者在特定类型组织（如大学）中和在特定的国家（如英国）中的作用。在所有这些变化的背后，是组织传播管理制度化的关键问题（Grandien & Johansson, 2012; Frandsen & Johansen, 2013）。

由于篇幅有限，无法对所有这些研究成果进行综述。因此，在本节中，如前所述，我们将集中讨论传播管理者作为战略家的角色、能力、身份和合法性。

传播管理者作为战略家的角色

在前面章节中，我们认为，迄今为止公共关系学者并没有用成熟的方式来解决战略和战略管理的概念问题。然而，这并不意味着公共关系学科没有为这方面的研究做出贡献，公共关系学科所做出的贡献对于阐明以上议题至关重要。特别是在两个领域，公共关系学者对传播管理者进行了相关研究。其一是公关实践者的研究，其二是关于主导联盟的准入和成员资格的研究。

关于第一个研究方向，我们可以大致区分为第一代和第二代的公共关系从业者角色研究，第一代研究以布鲁姆和杜泽尔为代表，从20世纪70年代末到21世纪初；第二代研究（以Moss、Steyn和Holtzhausen为代表）开始于2000年之后（参见Dozier & Broom, 2006最新的文献综述）。第一代研究者的特点在于他们并没有清楚地认识到实践者作为战略家和组织战略工作的参与者的角色，而第二代学者似乎对此角色认识更加深刻。

布鲁姆和史密斯（Broom & Smith, 1979）基于组织和咨询角色的文献，提出了第一个实践者角色类型。组织的角色被界定为“抽象概念，概述组织成员的日常行为的最突出特征的概念图”（Dozier & Broom, 2006, p. 137）。布鲁姆和史密斯界定了四个概念性的角色：专家型的命令者（公共关系人员作为权威的实践者）、传播推进者（作为协调组织和公众的实践者）、解决问题的过程推动者（与管理者协作，理性解决问题的实践者）、传播技术人员（作为传播资料生产者的实践者）（Broom & Smith, 1979）。

之后，杜泽尔发现了最开始的三种类型可能已经融合为一种角色，从而形成了著名的角色二分法：也就是传播管理者的角色与传播技术人员的角色（Dozier, 1983, 1984）。这种现象一直持续到21世纪。关于传播管理者角色的内容，杜泽尔提到了决策和战略规划，但是他很少而且只是间接地提到战略和战略制定，或者是执行者作为战略家的角色。

在一系列文章中，Moss和Green（2001），DeSanto和Moss（2004），Moss、Newman和DeSanto（2005）强调了以往的从业者角色研究所存在的局限，包括19世纪80年代和90年代布鲁姆和杜泽尔的开创性研究。第一，大多数关于从业者角色的研究仅仅提供了一个片面的角色设定视角，“而不是将角色生成过程视为‘角色发送者’和‘角色接收者’之间交互的产物”（Moss & Green, 2001, p.122）。这一批判反映了作为前文展示的实践研究传统的战略微观视角。第二，研究非常关注性别差异的问题。第三，研究非常关注美国语境。最后，引用明茨伯格的话：“在公共关系语境中对于如何批判性地界定‘管理工作’的本质这方面的研究还不够。”也就是说，“公共关系管理者做了什么？”根据Moss及其同事的观点，解释是方法论性质的：公共关系研究者采用演绎的方法来检验布鲁姆和杜泽尔确定的概念角色类型的有效性，而管理研究人员采用了一种归纳的方法，采用定量和定性的方法，如参与观察、访谈和记录。

Tindall和Holtzhausen是最早将传播管理者的战略角色概念化的学者之一（Tindall & Holtzhausen, 2011）。受Steyn启发，他们测验了公共关系角色理论，对782名南非广告从业人员、公共关系从业人员和政府从业人员进行了在线调查（Steyn, 2002, 2007）。必须强调的是，该研究的目的不是测试这些角色本身的存在性，而是对Hallahan等人提出的战略传播的理论进行建构（Hallahan et al., 2007）。

这个研究所提出的三个研究问题中，研究问题一是与本章最为相关的：南非的传播从业者担当了何种角色？共有32个项目被用来评估9种不同的传播角色类型：四种是由布鲁姆和史密斯（Broom & Smith, 1979）提出来的概念，四种来源于之前的一项研究（Holtzhausen, Petersen, & Tindall, 2003），最后一种是战略者的新角色，用来衡量战略家角色的四个项目是：

1. 我需要在环境中寻找新的利益相关者和发现社会趋势，以用于战略规划；
2. 我代表传播部门积极参与组织/客户的战略规划过程；
3. 我是战略团队的一员，可帮助我的组织/客户适应未来发展；
4. 我总是考虑我的工作对组织/客户的战略意义。

有趣的是，Tindall和Holtzhausen的研究结果表明，战略家的角色是南非传播实践中最常用的角色。此外，为确保角色之间没有重叠而进行的因子分析还显示，战略家角色实际上包括9个项目，其中2个项目来自专家型命令者角色，3个项目来自过程推动者角色（Tindall & Holtzhausen, 2011, p.87）。

公共关系角色研究不仅研究战略家（而不仅仅是传播管理者）的角色，还在公共关系以外的领域进行研究，如广告和政府传播研究。然而，当受访者给出“我积极参与组织的战略规划”以及“我是组织的战略团队的一员”这样的回答时，我们仍然对受访者实际上如何看待战略和战略化知之甚少。

主导联盟的成员

第二个研究方向是研究传播管理者在战略和战略制定中的作用，探讨公共关系实践者如何获得组织主导联盟中的成员身份。所谓成员身份是指特定的组织地位和特定的组织行为和反应，其表现形式多样，例如从拥有临时身份到获得永久身份，或者在主导联盟内部从被动参与者变为主动参与者，或获得高层管理层的关注和支持。

界定主导联盟是什么是一项非常有挑战的工作。Grunig将之界定为“组织权力的所有者”（Grunig, 1992, p.24）。主导联盟的原型仍然是首席执行官、其他高管，或拥有正式权力并控制决策过程、资源和结果的董事会。然而，Berger等公共关系研究者强调了主导联盟性质的转变：

> 多数决策斗争都发生在多个主导联盟中的董事会之中。这些是交叉的权力集团，松散地或紧密地结合在一起，公共关系管理者追求或积极地担当战略制定者角色。有些这样的联盟或权力集团在本质上是相对固定和正式的，而另一些则是临时的和基于偶然性的。
>
> Berger, 2005, p. 10

Bowen就传播管理者如何在主导联盟中获得身份，以及获得这个身份有哪些障碍开展了一项重要研究（Bowen, 2009）。根据对IABC成员进行的一次大规模调查、四个焦点小组的访谈数据以及对32位传播主管访谈的内容，她确定了短期或长期成为组织主导联盟成员的五种途径：严重的组织危机、道德困境、长时间累积的可信度、成为媒体议程上的重要议题和领导力。

在一系列对批判性观点进行的研究中，学者们都将权力作为重要议题进行了研究，Berger（2005, 2007）、Berger和Reber（2006）试图通过公开审查来揭开主导联盟的神秘面纱。

当传播管理者最终获得成员资格时，占主导地位的联盟内部会发生什么？根据卓越理论，我们可以期待传播管理者做"正确"之事，即促进公共关系的双向对称模型的实施，平衡组织自身利益与关键公众的利益。然而由Berger和Reber进行的研究揭示了一个不同的情况。

基于对21名传播管理者的访谈，Berger提出了6个观点（适用于大型组织），揭示了我们在谈论主导联盟时缺乏现实性（Berger, 2005）。

1. 并非只有一个主导联盟：权力关系出现在多个主导联盟中。
2. 永久的成员身份往往难以维系：通往主导联盟的路径总是在正式和非正式间变化。
3. 首席执行官常常被认为是主导联盟的核心成员，即使没有出席非正式会议，也被认为在场：决策仍然需要得到首席执行官的首肯。
4. 由主导联盟做出的决策很少是最终的决策：决策过程通常是持续的，很多时候都可以不断更改。
5. 主导联盟可能重视公共关系的战略建议，但它仍需要一套强调技术技能的可交付成果（文本）。
6. 公共关系专业人员并不能免于服从组织，也就是说，他们并不总是做"正确"的事情。

Bowen（2009）和Berger（2005）都强调在主导联盟中获得成员身份的重要性。然而，他们从两个不同的视角阐述了这一主题。正如很多卓越理论的案例，Bowen视战略管理为战略决策过程，其中传播管理者可能能够进入特定的情境，因为他们具有特定的能力，但是他们并不这样看待战略。Berger自认为是一个批判学者，而他的方法确实非常实用，但他既没有阐明传播管理者如何理解和运用战略，也没有阐明对他们而言战略到底是什么。

能力

许多研究关注传播技术人员和传播管理人员之间差别，以及以下观点：参与战略决策和主导联盟的成员资格取决于传播执行者发挥管理者角色的能力（Bronn, 2001）。Bronn认为因为扮演管理者角色与“执行高级技术活动”相同（Bronn, 2001, p.313），所以传播管理者需要的是战略思维。

基于对文献的回顾，以及战略规划、议题管理和议题生命周期的模型，Bronn界定了与战略思维相关的三个主要属性：运用基于研究的信息（来自环境扫描或信息收集）；制定规划（管理计划：战略计划和战术计划）；成为具有跨界角色的最高管理团队的成员，也就是说，将利益相关者的观点传达给高级经理，反之亦然。

他人眼中的传播管理者

然而，大多数关于传播管理者能力和角色的研究都是基于实践者的自我感知，仅有少量研究探讨了首席执行官和其他部门负责人，例如营销、人力资源部的主管如何看待传播管理者。Steyn（1999）、Bronn（2001），特别是Bronn和Dahlen（2012）已经试图阐明这一重要方面。

Steyn对103位南非公共和私营机构的首席执行官进行了一项调查，以确定首席执行官对公共关系职位的期望（Steyn, 1999）。他根据25项陈述对首席执行官的期望进行评估，这些陈述构成了衡量公共关系技术人员、公共关系管理者和公共关系战略家角色的指数。研究发现，历史上的管理者角色可以被分为公共关系战略家和公共关系管理者两种。在更小的组织中，一个人可能同时担当这两个角色，然而，在大型组织中不同组织层次上这些角色往往由两个人来担当。这项研究也描述了首席执行官希望公共关系战略家要做的事：为组织的战略制定过程提供战略信息，包括战略利益相关者、公众和行动主义者及其关注的问题，以及组织政策和战略对这些群体的影响。

Bronn和Dahlen对挪威的一大批私营和公共机构的领导者进行了一项调查，调查他们如何看待传播主管和传播职能，他们发现领导者与传播实践者之间的观点存在一些差异（Bronn & Dahlen, 2012）。领导者对传播主管在战略思维方面的能力的评价仅高于平均水平，在公共机构比在私营部门中差。这些能力与信息收集、问题分析、创造力、规划等有关。参与调查的领导者寻求能够与高管进行的活动相匹配的能力。如果他们发现传播管理者能够做出战略贡献，他们可能更加看重传播管理者和传播部门。这意味着如果传播管理者想要对战略决策产生更大的影响并受邀参加高层会议，那么具备能力并获得高管的支持十分关键。这也意味着传播管理者应该能够“了解外部环境、组织的能力和目标、松散事件之间的联系、影响者、新机遇与战略和解决方案之间的关联”（Hayes & Dahlen, 2012）。然而，只有3%的挪威传播从业人员表示，他们所在的部门负责环境扫描和议题管理。

传播管理者的合法性

Johansson和Ottestig探讨了在组织内部或者在整个社会中传播管理者的合法性（Johansson & Ottestig, 2011）。2009年，瑞典公共关系协会（Swedish Public Relations Association）对200名首席执行官进行了一项关于公共关系从业者未来工作的调查，这两位研究人员就受此启发。这个调查表明80%的传播管理者都是管理团队的高层，他们主要从事诸如品牌问题、关系管理、传播战略制定、传播管理者培训等活动。调查也表明，很多传播管理者在没有任何在公共关系或传播学科专业知识的情况下被招募进来。

基于这些发现，Johansson和Ottestig对来自10个组织的传播管理者进行了深度访谈，以确定他们的内部和外部角色是否增强了传播职能的合法性（Johansson & Ottestig, 2011）。这项探索性研究表明，受访者具有战略或管理作用，他们的工作显然位于管理和战略层面。传播管理者的外部合法性被认为是良好的。从外部来看，他们被视为代表其组织的官方发言人，被视为组织负责人，并且与记者保持着良好的关系。然而，研究也表明传播管理者的内部合法性是组织内部不断协商的结果，并且各组织之间存在很大差异。尽管瑞典的私营组织和公共组织的内部合法性有所提高（五分之四的参与者是高管团队的成员），一部分受访者指出他们仍没有得到应有的尊重，或者有时他们必须像高层证明自己存在的必要性，例如通过积极主动的方式。合法性会随着时间的推移而变化，而且可能会因为其他管理者的期望而受到损害。传播管理者没有受过公共关系或传播学方面的正规教育也被认为是一个促成因素。

跟踪研究传播管理者

受明茨伯格《管理工作的本质》（*The nature of managerial work*, 1973）一书的启发，Nothhaft对8家德国公司进行了一项跟踪研究，研究传播管理人员在管理时的行为及其原因（Nothhaft, 2010a, 2010b）。研究表明，传播管理者的角色和职能是可以被界定的。然而，研究也表明事情远不止如此。Nothaft引入了一级管理和二级管理的区别（Nothhaft, 2010a, 2010b）。一级管理通过传播管理者管理工作来影响下属的工作，例如规划、组织、控制。二级管理是指为了组织的利益，将组织（特定利益相关者或公众）的某些问题制度化，以此来影响其他人（同行）的管理。

跟踪研究表明，传播管理者进行二级管理时，至少可以扮演三种不同的角色，即传教士、常识代理人和承担责任的人（Nothaft, 2010a, 2010b）。虽然与明茨伯格的领袖概念类似，但传教士并不是指一个特定的人。当他（她）向新员工解释了企业的品牌价值，他（她）就成了“一个被伟大思想所激励的普通人”（Nothaft, 2010b, p.135）。常识代理人类似于明茨伯格的障碍处理者的角色。这种类型的传播管理者是一名外交家，试图通过运用传播技巧和公共关系，向当事人灌输一些常识，使他们停止争吵。最终，传播失误的承担者是传播管理者，当出现问题时，他们必须承担责任。承担责任的人是一个更加被动的角色，经常被强加于传播管理者身上而不是由他们主动承担。他（她）被视为是在传播问题上保护他人之人。在二级管理中有一点很重要，即传播管理者应该用一个温柔的、有影响力的及老练的方式来影响、建议和引导，而不是用强硬的管理方式。事实上，Nothaft得出的结论是，对于传播管理者而言，在使用权力或宣示权威时，审慎十分重要，保持自我节制，而不是去与他人争辉。

未来研究：打开黑匣子？

几十年来，公共关系、企业传播和战略传播领域的学者和从业者都有这样的野心，希望在自己的研究或实践领域应用和推广战略方法。然而，在我们对战略的概念有一个更加完善的理解之前，我们仍然需要竭尽所能地去研究它。关于这个主题最常见的一种表达方式是“战略决策”这个表述，但在大多数情况下，这一表述只是另一个黑匣子，不让我们看到什么是战略和决策制定（见Latour 1987年关于黑匣子概念地位的相关论述）。

未来关于传播管理者在战略和战略化中的作用的研究有可能沿着两条平行的轨道发展：理论轨道和方法论轨道。

理论轨道将首先体现为传播学研究与管理学研究的交叉结合。虽然自20世纪80年代以来交叉结合方式的研究已取得了很大进步，但大多数学者，尤其是在公共关系和企业传播领域的学者，似乎只关注战略管理的规范性视角。这尤其适用于关于主导联盟中从业者角色和成员资格的第一代研究。现在是时候在其他一些观点和方法（例如突发性视角或战略即实践的方法）的启发下，展开研究战略和战略管理概念的许多方面。

方法论的轨道很可能会采用定量和定性研究方法更强结合的形式。一方面，如Tindall和Holtzhausen所做的研究，调查仍然是识别重复模式和在大量受访者中进行研究时最合适的方法（Tindall & Holtzhausen, 2011）。另一方面，研究者例如Bowen（2009）、Berger（2005）、DeSanto和Moss（2004）以及Nothhaft（2010a, 2010b）展示了传统知名的定性研究方法，如访谈和焦点小组，以及新的但可能不太知名的研究方法，如跟踪和参与观察，可能给在私营组织和公共组织中的传播管理者的角色和功能带来新的见解。

针对这些发现，我们首先认为，定性方法的日益广泛应用将推动我们在总体上研究战略传播，特别是研究传播管理者和传播部门的角色和职能时，采取一种更加情境化的方法。我们所说的情境化，指的是战略传播不仅是一种理性的、工具化的，而且是一种情境化的组织实践。其次，作为情境化方法的即时结果，一种更高层次的批判现实主义意识应逐渐出现在我们的雄心壮志中，促使我们了解什么是战略和战略管理，以及它们在组织中的作用是什么。

参考文献

[1] Alvesson, M., & Willmott, H. (Eds.) (1992). *Critical management studies*. London, England: Sage.
[2] Alvesson, M., & Deetz, S. (2000). *Doing critical management research*. London, England: Sage.

[3] Argenti, P. (1994). *Corporate communication*. Boston, MA: Irwin McGraw-Hill.

[4] Berger, B. K. (2005). Power over, power with, and power to relations: Critical reflections on public relations, the dominant coalition, and activism. *Journal of Public Relations Research*, 17(1), 5–28.

[5] Berger, B. K. (2007). Public relations and organizational power. In E. L. Toth (Ed.), *The future of excellence in public relations and communication management: Challenges for the next generation* (pp. 221–234). Mahwah, NJ: Lawrence Erlbaum.

[6] Berger, B. K., & Reber, B. H. (2006). *Gaining influence in public relations: The role of resistence in practice*. Mahwah,NJ: Lawrence Erlbaum.

[7] Bowen, S. A. (2009). What communication professionals tell us regarding dominant coalition access and gaining membership. *Journal of Applied Communication Research*, 37(4), 418–443.

[8] Broom, G. M., & Smith, G. D. (1979). Testing the practitioner's impact on clients. *Public Relations Review*, 5(3), 47–59.

[9] Br.nn, P. S. (2001). Communication managers as strategists? Can they make the grade? *Journal of Communication Management*, 5(4), 313–325.

[10] Br.nn, P. S., & Pedersen Dahlen, Ø. (2012). *Communication managers as strategists: Are they making the grade yet?A view of how other leaders view communication managers and communication in Norwegian private and public sector organizations*. Paper presented at annual the EUPRERA annual conference, Istanbul, Turkey.

[11] Cornelissen, J. (2011). *Corporate Communication: A Guide to Theory and Practice* (3rd ed.). London, England: Sage.

[12] DeSanto, B., & Moss, D. (2004). Rediscovering what PR managers do: Rethinking the measurement of managerial behavior in the public relations context. *Journal of Communication Management*, 9(2), 179–196.

[13] Dozier, D. M. (1983). Toward a reconciliation of 'role conflict' in public relations research. Paper presented at the meeting of the Western Communication Education Conference, Fullerton, CA.

[14] Dozier, D. M. (1984). Program evaluation and roles of practitioners. *Public Relations Review*, 10(2), 13–21.

[15] Dozier, D. M., & Broom, G. M. (1995). Evolution of the managerial role in public relations practice. *Journal of Public Relations Research*, 7(1), 3–26.

[16] Dozier, D. M., & Broom, G. M. (2006). The centrality of practitioner roles to public relations theory. In Botan, C., & Hazelton, V. (Eds). *Public Relations. Theory II* (pp. 137–170). London, England: Lawrence Erlbaum.

[17] Fayol, H. (1918). *Administration industrielle et générale*. Paris, France: Dunod. (Originally published in the *Bulletin de la Société de l'Industrie Minérale*, 1916).

[18] Frandsen, F., & Johansen, W. (2010). Strategy, management, leadership, and public relations. In Heath, R. L. (Ed.). *The SAGE handbook of public relations* (2nd ed., pp. 293–306). Thousand Oaks, CA: Sage.

[19] Frandsen, F., & Johansen, W. (2013). Public relations and the new institutionalism: In search of a theoretical framework. *Public Relations Inquiry*, 2(2), 205–221.

[20] Frandsen, F., & Johansen, W. (2014). Corporate communication. In V. Bhatia, & S. Bremner (Eds.). *The Routledge handbook of language and professional communication* (pp. 220–236). London, England: Routledge.

[21] Golsorkhi, D., Rouleau, L., Seidl, D., & Vaara, E. (Eds.) (2010). *Cambridge handbook of strategy as*

practice. Cambridge, England: Cambridge University Press.

[22] Goodman, M. B., & Hirsch, P. (2010). *Corporate communication: strategic adaptation for global practice*. New York:Peter Lang.

[23] Grandien, C., & Johansson, C. (2012). Institutionalization of communication management: A theoretical framework. *Corporate communication: an international journal*, 17(2), 209–227.

[24] Grunig, J. E. (1992). Communication, public relations, and effective organizations: An overview of the book. In Grunig, J. E. (Ed.). *Excellence in public relations and communication management*, pp.1–28. Hillsdale, NJ: Lawrence Erlbaum.

[25] Grunig, J. E. (2006). *After 50 years: The value and values of public relations*. 45th Annual Distinguished Lecture, TheInstitute for Public Relations, The Yale Club, New York, November 9, 2006.

[26] Grunig, L. A., Grunig, J. E., & D. M. Dozier (2002). *Excellent public relations and effective organizations: A study of communication management in three countries*. Mahwah, NJ: Lawrence Erlbaum.

[27] Grunig, J. E., & Repper, F. C. (1992). Strategic management, publics, and isssues. In Grunig, J. E. (1992). *Excellence in public relations and communication management* (pp. 117–157). Hillsdale, NJ: Lawrence Erlbaum.

[28] Heide, M., & Simonsson, C. (2011). Putting coworkers in the limelight: New challenges for communication professionals. *International Journal of Strategic Communication*, 5, 201–220.

[29] Hales, C. P. (1986). What do managers do? A critical review of the evidence. *Journal of Management Studies*, 23(1), 88–115.

[30] Hales, C. P. (2001). Does it matter what managers do? *Business Strategy Review*, 12(2), 50–58.

[31] Hallahan, K. (2004). Communication management. In R. L. Heath (Ed.). *Encyclopedia of Public Relations* (Vol. 1, pp. 161–164). Thousand Oaks, CA: Sage.

[32] Hallahan, K., Holtzhausen, D. R., van Ruler, B., Verčič, D., & Sriramesk, K. (2007). Defining strategic communication. *International Journal of Strategic Communication*, 1(1), 3–35.

[33] Holtzhausen, D., Petersen, B. K., & Tindall, N. T. J. (2003). Exploding the myth of the symmetrical/asymmetrical dichotomy: Public relations models in the new South Africa. *Journal of Public Relations Research*, 15(4), 305–341.

[34] Holtzhausen, D. R. (2008). Strategic communication. In W. Donsbach (Ed.). *The International Encyclopedia of Communication* (pp. 4848–4855). New York: Wiley-Blackwell.

[35] Holtzhausen, D. R. (2012). *Public relations as activism: postmodern approaches to theory and practice*. New York: Routledge.

[36] Jarzabkowski, P., & Whittington, R. (2008). Hard to disagree, mostly. *Strategic Organization*, 6(1), 101–106.

[37] Johansson, C., & Ottestig, A. T. (2011). Communication executives in a changing world: Legitimacy beyond organizational borders. *Journal of Communication Management*, 15(2), 144–164.

[38] Johnson, G., Langley, A., Melin, L., & Whittington, R. (2007). *Strategy as practice: research directions and resources*. Cambridge, England: Cambridge University Press.

[39] Kiechel, W. (2010). *The lords of strategy: The secret intellectual history of the new corporate world*. Boston, MA: Harvard Business Press.

[40] Knights, D., & Morgan, G. (1991). Corporate strategy, organizations, and subjectivity: A critique. *Organization Studies*, 12(2), 251–273.

[41] Latour, B. (1987). *Science in action: How to follow scientists and engineers through society*. Boston, MA: Harvard University Press.

[42] L'Etang, J. (2008). *Public relations: Concepts, practice and critique*. London, England: Sage.

[43] Lynch, R. (2012). *Strategic management* (6th ed.). Harlow, England: Pearson.

[44] McGee, J. (2003). Strategy as orchestrating knowledge. In S. Cummings & D. Wilson(Eds.), *Images of strategy* (pp. 136–163). Malden, MA: Blackwell.

[45] Mintzberg, H. (1973). *The nature of managerial work*. New York: Harper & Row.

[46] Mintzberg, H. (2009). *Managing*. San Francisco, CA: Berrett-Koehler.

[47] Mintzberg, H., Ahlstrand, B., & Lampel, J. (1998). *Strategy safari: The complete guide through the wilds of strategic management*. London, England: FT Prentice Hall.

[48] Moss, D., & DeSanto, B. (2011). *Public relations: A managerial perspective*. London, England: Sage.

[49] Moss, D., & Green, R. (2001). Re-examining the manager's role in public relations: What management and public relations research teaches us. *Journal of Communication Management*, 6(2), 118–132.

[50] Moss, D., Newman, A., & DeSanto, B. (2005). What do communication managers do? Defining and redefining the core elements of management in a public relations/corporate communication context. *Journalism and Mass Communication Quarterly*, 82, 873–890.

[51] Nothaft, H. (2010a). *Kommunikations management als eine professionelle Organisationspraxis. Theoretische Annäherung auf Grundlage einer teilnehmenden Beobachtung*. Leipzig, Germany: University of Leipzig.

[52] Nothaft, H. (2010b). Communication management as a second order management function: Roles and functions of the communication executive: Results from a shadowing study. *Journal of Communication Management*, 14(2), 127–140.

[53] Raupp, J., & Hoffjann, O. (2010). Understanding strategy in communication management. *Journal of Communication Management*, 16(2), 146–161.

[54] Shamir, B., Pillai, R., Bligh, M. C., & Uhl-Bien, M. (Eds.) (2008). *Follower-centered perspectives on leadership: A tribute to the memory of James E. Maindl*. Greenwich, CT: Information Age.

[55] Schatzki, T. R., Knorr Cetina, K., & von Savigny, E. (Eds.) (2001). *The practice turn in contemporary theory*. London, England: Routledge.

[56] Shrivastava, P. (1986). Is strategic management ideological? *Journal of Management*, 12(3), 363–377.

[57] Steyn, B. (1999). CEO Expectations in terms of PR roles. *Communicare*, 19(1), 20–43.

[58] Steyn, B. (2002). A meta-theoretical framework for the role of the corporate communication strategist. *Communicare*, 21(2), 42–63.

[59] Steyn, B. (2007). Contribution of public relations to organizational strategy formulation. In E. L. Toth (Ed.). *The future of excellence in public relations and communication management: Challenges for the next generation* (pp. 137–172). Mahwah, NJ: Lawrence Erlbaum.

[60] Stewart, R. (1983). Managerial behavior: How research has changed the traditional picture. In Earl, M. J. (Ed.). *Perspectives on management* (pp. 82–98). Oxford, England: Oxford University Press.

[61] Stewart, R. (1988). *Managers and their jobs: A study of the similarities and differences in ways managers spend their time*. London, England: Macmillan.

[62] Tindall, N. T. J., & Holtzhausen, D. R. (2011). Toward a roles theory for strategic communication: The case of South Africa. *International Journal of Strategic Communication*, 5(2), 74–94.

[63] van Riel, C. (1995). *Principles of corporate communication*. London, England: Prentice Hall.

[64] Wright, D. K. (1995). The role of corporate public relations executives in the future of employee communications. *Public Relations Review*, 21(3), 181–198.

第十六章
战略传播中的组织目的和行为目标

克里克·哈拉汗

战略传播是指一个组织以有目的的方式进行传播以达成其使命的活动。术语“战略性”和形容词“目的性”暗含了一个或多个结果被设想、计划和追求。(Hallahan, Holtzhausen, van Ruler, Verčič & Sriramesh, 2007)。有效的战略传播始于分析情境(问题或机会),通过研究了解其本质(见第24章)。具体的目的和目标为规划和评估工作,以及战略信息的发展提供了基础(见第15章,17章)。从现代主义的视角看战略传播,其战略性追求的结果带有控制和操纵的意味。今天,在越来越后现代化的传播环境中,所有类型的实体(组织、产品、服务、个人和事业)都努力追求理想的结果——虽然这些结果和实现这些结果的方法的本质,可能与传统的现代主义方法不同。

本章探讨目的和目标的本质,它们被广泛运用在传播领域的各个分支学科的战略传播中,包括管理沟通、营销传播、公共关系、技术传播、政治传播、公共外交、健康和亲社会宣传活动。

现代主义视角:目标管理

尽管有相反的观点,但当我们从现代管理的视角来看,一个实体所开展的组织传播项目或活动与其他精心设计的组织工作并没有什么不同。传播者必须负起责任,才能得到组织领导人的支持。

目标管理(MBO)是一个由管理学大家彼得·德鲁克(Peter Drucker, 1954; 1974, pp.430–422)引入的概念,代表了现代管理理论的顶峰,他认为每个管理者的工作都必须聚焦于整个组织的成功。他写道:

> 管理者被期待的绩效必须源自整个生意的绩效目标,他的成果必须通过他

> 对整个企业成功所做的贡献来衡量。管理者必须知道和理解企业的目标是要求他有怎样的绩效，他的上级必须知道下级应该要做出什么贡献，并对他做出相应的评判。如果这些目标没有达到，管理者就被错误引导了，他们的努力也白费了，从而取代团队工作的，是摩擦，挫折和冲突。
>
> Drucker, 1954，p. 121

> MBO后来被密歇根大学的乔治·奥迪恩编撰成《管理圣经》并广为传播，他将MBO定义为：一个组织的上下级管理者共同确定其共同目标，根据预期的结果认定每个人的主要责任领域的过程，他们利用这些测量手段引导管理部门评估成员贡献。
>
> Odiorne, 1965, pp. 55–56

他认为，MBO并不要求特殊的术语，因为MBO“基本上是一个系统，它被融入一个更具逻辑的、有效的形式中，那些人们已经在遵循的形式中”，以一种让风险和责任更清晰的方式表现出来。

传播专业人员很快接受了基于目标方法的价值。1961年，罗素·科利提出广告专业人员应该界定广告目标从而测算广告效果（Colley, 1964）。他的DGAMAR模型包含了受众细分和相应的目标（广告信息效果）。科利认为广告应当被概念化为传播过程，而不仅仅是按照销售来界定。后一个目标已经支配了广告很长一段时间。科利发展了传奇的AIDA模型（Strong, 1925），认为其核心步骤应包括认知、理解、信念和行动。随后，另一些学者定义了在战略传播的各个学科中规划和明确目标的重要性。这个观点在广告、公关和宣传活动中最为普遍。人们进行管理沟通和技术传播过程中并没有过多地关注广泛的组织目标或短期目标，虽然他们的目标是明确的：提升生产力。在管理沟通这一领域，主要的关注点在于领导沟通，并从提供信息和指导的角度阐述（Argenti, 2009; Munter, 2012）。与此类似，技术传播者通过提供信息帮助组织的客户和员工以令人满意的方式及时完成任务，关注有效的行动（Carliner, 1998）。政治传播趋向于关注短期结果的达成，例如，赢得选举或者特定政治群体发起的采纳特定的法律或行政规则的行动。然而，政治家和政治活动家往往试图实现更广泛的目标，这些都是根植于他们对公共政策、社会价值观和文化长期变革的渴望。

在传播语境中，西蒙斯（Simmons, 1990, pp.115–116）提出了基于目标的管理：

1. 确保所有相关人员都获得书面通知；
2. 要求表述是详细的、可观察的或有可以测量的结果；
3. 确保活动的信息与目标紧密相关；

4. 促进工作的授权；
5. 提供问责制；
6. 确认预期的结果是传播活动的结果还是受环境中的虚假力量影响的结果。

后现代视角：目的和目标的作用

今天，很多管理和营销的信条已经受到替代性理论和后现代方法的挑战（Boje & Dennehy, 1993; Firat & Venkatesh, 1995; Hatch & Cunliffe, 2006）。然而，在很多领域中已表明，例如营销领域（Brown, 2006, p.223），现代主义的观念依旧深深地嵌入其中。

例如，管理理论认为组织并不是一个有着单一、理性目的的整体。管理理论研究者指出，组织目的的达成常常是折中的，受到组织中占支配性地位的领导联盟的权力和控制权的斗争的影响。确实，只有在组织受到外部力量的威胁或者彼此依赖的时候，组织的利益才能压倒个人的利益（Pfeffer & Salancik, 1978）。个体管理者尝试增加他们的权威性或者在组织思维中他们视角的突出性。因此战略传播者努力获得认可和信任。他们努力成为管理统治阶层的一员（或者至少发展与CEO的战略联盟或者与派系联盟，如果没有一个单一领导层存在的话），也试图通过他们的建议角色影响组织的目的和战略（Berger & Reber, 2006; L.A.Grunig, J.E.Grunig & Ehling, 1992, p.78; J.E.Grunig & Hunt, 1984, p.120）。

后现代主义的影响在组织如何被建构和管理方面已经很明显。在过去30年，我们观察到的变化包含了等级的扁平化、责任委托、工作团队的出现、从特定的到普遍规则制定的转变以及鼓励创新。特别是组织已经被要求成为能够不断更新知识的组织（Senge, 1990），并且组织在各个方面能够利用企业内部网和知识管理系统来分享信息（Hislop, 2013）。

后现代主义者同样认识到传统线性模式在战略和规划上的局限性。例如，查菲（Chaffee, 1985）勾勒了战略的三个被广泛运用的方法：线性的、适应的和解释的（Moss & Warnaby, 1997）。此外，明茨伯格和沃特思（Mintzberg & Waters, 1985）区分了完全有意识的规范性战略——其结果有清楚规定，活动被精心规划；与之相对的是完全应急性战略——其行动随着组织的战略学习和对变化的环境和组织无法控制的外部因素的反应而发展。作者们提出，大多数的组织战略都沿着两个极端之间的连续体排列，并结合了两者的元素。根据明茨伯格（Mintzberg, 1994）的观点，应急的战略可以在没有或忽视特定的任务和目标的情况下，随着时间而发展。然而，作为一个实际问题，经理人往往必须将他们的愿望或预期的结果（和预期的行动）施加到他们的组织身上，以提供一种方向感。进一步，在特定的情境下（当收集了需要的信息，了解了环境的状况），经理人应抛弃应急战略并用最大的决心去追求目标（Mintzberg & Waters, 1985, p.271）。更重要的是，今天的组织一直都是结果导向的，每个工作单元都是可计算的。只有高级经理可以进行的每个单元活动的微观管理已经被淘汰了。实际上，鉴于管理组织中各种专门职能所需的专门知识以及大型复杂组织的规模和范围，这样的审视是不现实的。

这一点并不意外，今天专业的传播者在很多组织中行使了越来越高层次的自主性，他们不只负责执行被分配的任务，实际上，他们有责任成为批判的思考者和领导人（Nager & Truitt, 1987）。由于他们有相当大的自主性，甚至组织内部的员工都已经变成了雇用他们客户的代理人，他们有相当大的独立性和控制自己工作、塑造环境的能力。Derina Holtzhausen认为这类代理的后果是:（a）自我主张的期望,（b）基于具体成就的绩效的评价和判断,（c）主动塑造和改变环境以服务于代理人预想的理念,（d）独立行动,（e）被来自组织内外的发展影响（Holtzhausen, 2012, p.213; Weick & Sutcliffe, 2007）。委托代理理论（PAT）指出，专家（诸如战略传播者）相比于委托人（雇员和客户）更具优势，而且往往有不同的利益诉求（Miller, 2005; Holtzhausen, 2012, pp.216–217）。

这个后现代的视角解释了为什么目标和目的在当代战略传播中一直这么重要。首先，目标和目的通常是展现给客户的传播计划的一部分，它实质上创造了一个合同，激励代理人为客户的利益工作。第二，包含了目的和目标的计划或者被客户认可或者由客户确定（Crable & Vibbert, 1986, p.209），或者与客户一起协商和共创。第三，目的提供了一个共识基础，结果将被承认。第四，目标和目的可以引导战略传播者的活动，确保预期结果能够切实达成，这加强了传播者的专业性或自我认同。[1]

组织目的vs传播目标

学者和从业者对于目的（goal）和目标（objective）的使用都不甚明了，两个术语经常被混用。如此，德鲁克可能已经写过关于以目的进行管理的文章。重要的是，多种结果——既可以在组织层面又可以在项目层面被评价的结果——可能通过战略传播达成。尽管这种区分可能显得武断，与日常实践中术语的使用方式相反，但我们认为，两种相互关联的结果应该是战略传播的重点（Hallahan, 2011）。我们在图16.1中进行了对比。

组织目的是一个实体在组织、部门或单位层面上追求的最终结果，与是否采用传播活动无关；而传播目标在于改变人们（或其他实体）的行为，这是战略传播活动的直接结果，它的目标（并且是必要的）在于达成组织的目的。

重要的是，目的和目标都是规划过程的产物——目的是组织规划的结果，传播目标是传播规划的结果。传播规划尽管已经取得了很大进步，仍然充其量算作不完美的艺术（几乎不能被认为是一个业已建立的科学）。

学者们也指出，在组织层面关于目的设定的经验研究还比较缺乏（Smith, Locke & Barry, 1990; Young & K.G.Smith, 2013），他们也为传播者缺乏针对特定结果的专业性感到遗憾。例如安德森、哈德利、罗克兰德和威姆（Anderson, Hadley, Rockland, & Weiner, 2009, p.4）指出，公共关系规划中的目标常常被“忽略”。多齐尔（Pozier, 1985, p.22）指出："从业者并不知道如何设定可测量的目标。"皮耶奇卡（Pieczka, 2000, p.227）在她分析英国获奖项目中发现，"在目标设置或评估上的糟糕技巧，或两个方面都不行"。在广告中，希斯和西索迪亚（Sheth & Sisodia, 2012, p.12）认为营销部门明显对目的和目标存在误用，它们都没有被清楚地表达出来。

沃特金斯（Watkis, 2010）观察到很多营销人员（传播者）始终认为他们的角色是富有创造性的，关注促销、客户关系管理与联络。他认为，营销人员在工作的时候相对较少考虑运用资源以达成组织目标方面的责任。

根据沃特金斯的观点，对营销人员而言最重要的活动是建立目标——一份实现目的的规划，一个支持规划的预算，以及达成他们目的的相应的对资产和资源的管理。沃特金斯认为，很多营销人员都被发现缺乏这些重要技能——这是一个很多专业传播者身上都存在的问题。咨询者进一步阐述，"不幸的是，很多营销目标都是主观的表述，因此很难测量。或者，目标可以量化，但是无法有效地与其他的测量方式比较，这对营销人员是一个潜在的难点，特别是被要求给出关于生意贡献的证据时"（Watkis, 2010）。

表 16.1　目的和目标比较

组织目的	传播目标
关注组织活动的高层次结果 建立一个基准以帮助完成组织的使命或实现其愿景 按照常规的组织检查活动来测量，如 • 售卖或捐赠的单位 • 收入 • 活动的参与度 • 场所的流量 • 市场份额（销售或服务） • 行业或领域中的市场位置或等级 • 某种特别的成就（例如赢得选举） • 疾病、风险或反社会行为的减少 用来自现存的、某个组织系统提供或由公共资源提供的数据来测量。 常常通过客户或管理作为年度的或者其他规划活动的一部分被确定；有时候被传播者完善或重新阐释，以纳入一个传播项目中	涉及与人有关的行为的低层次效果 被建立起来，为在传播活动、方案或项目等情景中达成特定的组织目标 按照人们对特定传播活动的反应来测量 • 知识（仅限于知晓、识别、回忆、理解、体谅） • 态度（感动、倾向、信念） • 媒介行动（典型的互动或传播行为） • 有利于组织或个人的最终的行为——购买、投资、捐赠或志愿服务、工作、投票、接受特定信念等 • 后行动行为 用量化或质化研究方法收集数据作为活动、方案、项目的一个部分 一般由活动的规划者做具体规定，根据既定目标推荐给客户，有些指标的制定目的可能是供传播者自己使用

目的：组织层面界定的结果

目的是组织通常通过正式或非正式战略规划过程确定的预期结果（Abraham, 2011; Allison, 2011; Simerson, 2011; Mintzberg, 1994）。企业目标（目的）常常由管理委员会设立或批准，然后慢慢渗透到整个组织（Bart, 1997; Sheth & Sisodia, 2012, p.11）。很重要的一点是，战略传播者可以（也应当）作为咨询者参与，以帮助组织的领导完善组织目标

（White & Mazur, 1995, p.29）。

按照斯戴恩（Steyn, 2007）的观点，目的应该更恰当地被视为一种根植于战略思维的理念。因此，目的只是作为正式的战略规划实践的一部分被加以完善。简而言之，战略思维和战略规划涉及确定组织的目的和方向，战略的执行应当基于当前的环境以及替代性的行动路线。战略规划一般始于一种任务陈述，它简洁地描述了实体的目的，以及基于各自的定位要做什么事（Bart, 1997; Haschak, 1998; Jones & Kahaner, 1995; McGinnis, 1981）。一个远景的描述是为了描绘组织想成为什么样子以及它如何从理念上有别于其他类似的实体（Lipton, 1996; Truitt, 2002）。

反过来，目的是对结果的陈述，是一个实体努力达成的愿景，并为战略提供基础（R.D.Smith, 2013）。目的可以是长期的、中期的或短期的。理想情况下，目的应该驱动实体在指定的计划周期内提升从事活动的水平（当计划的活动结束或将被评估时终止）。实体可以追求多个兼容的目的（目的一致性），可以将相关目的聚集或嵌套在一起（目的层次结构），并且可以按顺序处理目的（目的排序）。

管理理论家，例如卡普兰和诺顿（Kaplan & Norton, 2006）认为，组织应当采用平衡计分卡的方法，考虑设定目的和评价组织成就的四个维度，这些包括财务的、客户的、运营的或内部的和创新或学习的维度（也见Fleisher & Mahaffy, 1997; Zerfass, 2008a, 2008b）。虽然目的在传统上是由内部驱动的，但企业目的越来越反映了外部条件（Steyn, 2007）。艾尔金顿（Elkington, 1998）提出企业成功和企业责任的三大支柱：利润、人员，以及环境——一个现在被通俗化为"三重底线"的理念。

从20世纪60年代开始，心理学家已经认识到目的和规划在传播和解决问题时作为组成部分的重要性（Eccles & Wigfield, 2002; Elliot & Dweck, 1998; Hawkins & Daly, 1988; Ryan, 1970）。克鲁格兰斯基（Kruglanski, 1996, p.600）称，目的被描述为"人们想要通过行动达成的理想的、将来的状态"。与此类似，米勒、加兰特和普里鲍姆（Miller, Galanter, & Pribaum, 1960/1986, p. 161）将规划界定为"组织中任何层次性的过程，可以控制操作序列执行的顺序"。作为认知结构，目的包含了达成目的的替代路径或模式（心理图式）（Schrank & Abelson, 1977）。

目的设定显然是目标管理和更广泛的规划的组成部分。工业心理学家埃德温·M. 洛克提出了目的设定理论，主持了一个跨越40年的研究项目，他强调目的和激励在提高个人绩效上的重要性优于仅仅要求员工尽力去做。这个研究之后扩展到考虑宏观层面的目的设定对组织的影响。洛克和他的同事通过总结认为，绩效与目的的具体性和难度呈正相关，并受目的承诺、目的重要性、自我效能、反馈和任务复杂性的影响。反过来，对绩效和奖励的满意增加了员工承担新的挑战的意愿（Latham & Locke, 2002, p.714）。目的与完成任务所需的自我效能感（对特定任务的自信）一同被个性、反馈、决策参与、工作自主性、金钱激励等因素影响（Locke & Latham, 2006）。

根据规划执行的严格程度，目的可以是非常宽泛的，例如“一些大胆的目标”，（Collins & Porras, 1997），或者非常具体的。有效的目的在具体的（明确可识别的结果）和可测量的（表明可验证的结果）时候具有最实际的价值。更重要的是，目的是可以在组织内广泛传播并共享的期望的结果，是大家（既是战略传播部也是其他部门）追求的结果，有时候它直接来自书面的、战略的、营销的或其他规划。然而，目的也可以由组织的领导人基于他们自己对组织的使命、愿景或宗旨的理解表达出来，而不必直接从任何官方来源提取或总结。的确，目的是组织内部通过传播过程共同创造或实施的社会结构（Berger & Luckmann, 1966；Weick, 1995）。

理论上，战略传播者以他们的咨询角色参与到帮助制定或阐明组织目标的工作中（White & Mazur, 1995）。战略传播者作为组织的代理人能够帮助客户阐明或者表达现行的作为战略传播基础的目标，这反映了战略传播者享有自主权。布罗迪（Brody, 1988, p.75）甚至指出，公共关系实践者“应当承担起建立目标的责任——至少在开发有效的公共关系项目的范畴中具有这个责任”，因为传播目标并不需要被一字不差地接纳，传播者的力量在于聚焦，从话语层面设定目标，反映他们建构现实的能力。

除了在整个组织中共享，客户组织通常可以使用现有的监控，追踪和反馈其他系统测量目的的达成情况。大多数的实体通常使用易于直接获得数据的方式来衡量目的的实现情况，数据来源包括交易数据和其他如下可证实的公共信息。

- 活动水平。这些包括了销售情况、活动的出席率、项目的参与度、场所的流量等。虽然目的常常涉及提高活动水平，但有些传播项目关注减少不理想的或反社会的活动（例如，减少疾病的发生或酒后驾车等危险行为）。
- 收入水平。这一成果典型地通过财务状况来测量，例如收入，代表了售出商品的货币价值、收到的捐款或其他基于财务的成果。收入常常被用作活动的替代测算方法，但是，同一活动的收入可能会因为会计程序有所差别。因此，活动的水平（与收入相比）可能是最纯正的衡量标准。

其他常见的目的还包括以下几点。

- 比较成就。这类目的涉及将一个组织的活动和收入与其他组织进行比较。例如，包括了市场份额的比例（活动份额与圈子里的其他人相比）或某一行业或领域与其他行业或领域相比所享有的市场排名，通过在可测量的先进组织的排名名单中的名次提升来实现比较。然而，这类目标可能存在问题，因为它们是基于所有牵涉其中的组织活动来预测的。组织某个活动的剧烈增长可能被其他参与者的类似增长削弱，而市场份额与排名的下降可能完全是因为其他人的超常发挥。
- 特定成就。有时候目的涉及获得组织认定的优先事项的荣誉，例如，赢得选举，获得奖项或者被选为一个获奖者。选举是一个理想的例子，因为所有表面的好处都会给胜利者。如果需要多数选票，仅仅赢得45%的选票（相对多数）是不够的。获奖可能是一种追求，因为这被视为获得经济或其他有形回报的路径，但是，直接回报更多的是与荣耀相关的“狂傲资本”。

目的可能基于环境而改变。关键是要在所追求的结果、活动、方案和项目的评价方面，与客户和战略传播者达成共识。

目标：在项目层面界定的结果

虽然组织目标植根于组织规划和文化，并由传播专业人员直接采用或改编，但传播专业人员几乎总是构想传播目的，以促进传播规划。传播目的可以被概念化为低层次的结果，它有助于达成高层次的组织目标。值得注意的是，这个过程不是相互的；组织的目标并不会促使传播目的达成。

追求基于行为的目的与现代主义关于有意识的战略的观点完全一致，也与后现代对于应急性战略的采纳相符。确实，在后现代管理和后现代营销文献中都没有任何去合法化或解构目的或目标本身的尝试。后现代主义的方法首先挑战了现代主义的制度实践，这些实践包括集权或权力的过分使用。

依据不同情况，一个战略传播者会卷入影响人类行为的方方面面之中。这些包含了能直接转变为实现组织目的的最终行为，以及引导个人做出预期反应的中介行为。这些涉及了认知和态度的改变，也包含了中介的行为。图16.2总结了组织目标的8个大类，它们常常在战略传播的各个分支学科中出现，还包括了达成这些目标（第二栏）所需要的相应行为或者传播目的以及战略传播者在实现这些组织成果（目标）时可能指定的中间行为或步骤。

最终行为

传播目标强调人们采取的最终行为与组织目的相一致。虽然这些有时候在表达组织目的时是暗含其中的，但实际完成任务时却很容易被忽视，除非它被清晰地陈述。例如，产生销售（不论是产品、服务或者文化活动的门票），这可能是营销传播项目追求的最普遍的行为。但是驱动销售的最根本行为是购买（例如分销商、零售商的购买，消费者的消费）。与此类似，投资者关系中最重要的功能是吸纳资本或资金，但是潜在的行为是投资（这个词不仅用于商业投资，也用于为非营利事业寻求巨额捐款）。很多管理沟通的目的都是提高绩效和生产力，但是，这只能够通过塑造员工的工作习惯来完成——使他们去申请工作，变得勤奋，以及更加安全地工作。

政治传播试图影响公共政策，但是根本的行为是投票（选民投票以及立法者和政府官员的决策）。很多有价值的事业的宣传运动都试图促进特定的文化价值观，但是这类社会的或文化的变化要求人们采纳亲社会的行为（如信仰某种特定的宗教或教派或遵循良好的环境实践）。同样，政府机构和非政府组织常常以消灭疾病、保护公共健康和安全作为目标——但是这样的目标只有在人们避免风险行为或采用健康生活方式时才奏效。

表 16.2　8个常见的组织目的和相应的传播目标

组织目的	传播目标 （最终行为）	传播目标的中介步骤
产生销售、收入 吸引资本 提升组织绩效 影响公共政策 帮助他人 推进和平，减少冲突，推进文化价值 保护公共健康和安全	购买 投资 有效、安全的工作 投票 捐赠（金融资源） 志愿行为（时间和才能） 合作 支持或参与支持性的文化事务与活动 避免风险行为 参与健康活动	知识 • 认知（认识、回忆） • 领悟或理解 • 信仰 • 规范 态度 • 兴奋 • 情感 • 价值观 • 信念 • 倾向 • 信任 • 接受度 • 偏好 中介行动 • 意向 • 自我效能感 • 信息参与 • 信息搜寻 • 信息分享 • 测评 • 自我观察 后行动行为 • 确认 • 被他人强化 • 信息分享或支持 • 重复

通往有效行为的中介步骤

图 16.2（第三栏）包含了多个中介步骤，它们可能会影响到第二栏中的终极的传播目标。正如大多数战略传播者所知，影响人类行为有一个复杂过程，涉及他们所知道的（认知），他们的感受（情感）和实际行动（意向）。这些中介步骤是心理转变过程中的基本概念（Christen & Hallahan, 2014），也是说服的基础（McGuire, 1973）。这些也存在于广告效果层次模型以及关于创新扩散的理论中（Barry, 1987, 1990; Lavidge & Steiner, 1961; Rogers, 2003; Strong, 1925）。这些相同的概念在有关战略传播行为方面的讨论中被广泛识别（见 Anderson, Hadley, Rockland & Weimer, 2009; Broom & Dozier, 1990; Coombs &

Holladay, 2009, p.70; Dozier, 1985; Dozier & Ehing, 1992, pp.163–164; J.E.Grunig & Hunt, 1984, p.125; Smith, 2013, p.74–77; Stacks, 2012, pp.28–32; Tucker & Derelian, 1989, p.45; Watson & Noble, 2005, p.166），Wilcox & Cameron, 2012）。这些都是处于信息生产和行动之间的中介效果（Parente, 2006, p.105）。

- 知识目标包括但不限于认知（通过认识和回忆来测量——在辅助或无辅助的基础上回忆信息），领悟或理解（表现为解释一个概念的能力），信念的采纳（相信记忆中的信息是真实的）和规范的假设（信息比较的情境参照）。
- 与态度相关的目标包含了兴奋（情感刺激），情感（正面或负面情绪），价值（认为一个议题重要或不重要的基于情感的评价），可信度或逼真度（信息是否与个人的经验一致），倾向（对某个话题或观点的令人满意或不满意的评价），信任（信息是否值得信赖，是否与可信的信源一致或源于这样的信源），观点或主张的接受（表现为不拒绝，不争辩）和偏好（有特定的选择而非很多备选）。
- 中介行为涉及人们实际采取的意欲的或可观察的行动。行动意图涉及个体采取特定行动的决心（不仅仅是赞成意见的表达）。自我效能感是指一个人的信念，（自信）认为他们能够胜任某项特定工作。两者都包含在行动中，因为它们涉及的是具体行动的思考，而不仅仅是笼统的态度。信息搜寻包含了查询以获得更多的信息，也包括确认信息（可以采取个人访问、电话、上网或在线讨论，以及与家庭、朋友或同学交流等形式）。信息参与包括对说服性信息的广泛关注和处理，例如重读或参与在线活动，像是游戏或辩论。信息分享包括各种强化行为，由此人们用一种新接受的观念来表达他们对自己的经历的看法。如今，信息分享网络世界中信息分享尤其重要，往往以评级的形式出现：线上推荐（例如喜欢或最偏爱的线上内容）、转发邮件、文本、微博信息、发送或贴出评论（一般是对其体验的认可或抱怨）。测评涉及新观念的尝试性采纳，通常是为了做出第一手评价。自我观察是学习强化的形式，在这种形式中，人们观察他或她自己采取的行动或反应。
- 后行为行动可能会导致一种习惯性的行为模式，基于对所采取行为的满意度。确认指的是个人对决定的确认。信息分享或支持包括与他人就某一经验进行交流，这能加强个人评估。重复指多次采取目标行为。

设定传播目标包含与设定组织目的相同的过程，从积累的利益来看两者并无实质差别。虽然所要求的终极行为能够通过客户设定的组织目的推测出来 ，很多适当的中介步骤的规范需要传播者具备大量的客户可能具备的专业知识。再次声明，战略传播者对预期结果的规范有相当的控制力。重要的是，虽然客户组织通常有一个系统来测量组织目的的达成情况，但传播目标需要传播专业人员来安排相关测量手段的收集和分析。在测量和汇报中介层面的行为目标成果上，传播者行使了可观的权力。

确定目的、目标和中介行为步骤的过程

阐明组织目的和匹配传播目标是战略传播规划过程中最关键的一步。它通常基于形成性的研究，考察组织和它运作的环境、它的关键产品（产品、服务、可能对项目而言最基础的理念）、关键成员的意见、沟通机会（过去的活动、潜在的媒体和渠道）。结果的情境分析试图将结果综合成一个连贯的问题陈述或机会描述，这类分析可以结合一系列流行的分析工具，诸如SWOT分析（Hill & Westbrook, 1997）、力场分析（Lewin, 1943; Tucker & Derelian, 1989）。

研究包括了采访作为关键知情人的客户代表（Anderson, Hadley, Rockland & Weimer, 2009）。客户通常能够表达他们想要达成的结果，特别是当他们直接卷入组织的战略规划或年度的、季度的运营规划中时。但是，很多缺乏经验的客户不能够表达出传播的目的和目标，或者不能够明确地阐述。例如，一个客户可能说努力的目标是“创造认知”。但是，他真正的意思是他知道认知带来销售——销售才是实际的目标。或者，我们可以看一个政治运动的例子。每一个候选人都想被选中，然而实际的目的也许该这样表述：“在普选中获得50%以上的投票。”

完备的传播目标建起了与组织目的之间的重要联系（Steyn, 2007, pp.155, 161），它衍生自组织的目的或目标（Anderson, Hadley, Rockland & Weimer, 2009, p.3）。进一步看，传播目标将组织的目的和重要成员（可能有着不同标签，诸如受众、公众、市场、成员、利益相关者或社群）的行为连接起来。

虽然传播者可能同时研究和考虑可能的目的和目标，但只有最先设定组织目的，这个过程才能更好地完成。不确定组织需求是没有办法执行传播项目的。即使没有直接采用组织现行的计划，目标至少应当与组织想要达成的目的保持一致。

在目标与目的设定上最重要的考虑在于决定想要追寻的成果数。如果可能，组织在任何时候关注的目标越少，表现越好，虽然多元的结果可能是恰当的。对于一些计划而言，一个目的，一个目标以及少数几个中介步骤就足够了。在一个分阶段的项目中，初始的阶段可能只聚焦于认知，在之后的阶段强调在知晓并持有正面倾向的受众中推进行动。这与英特尔CEO安迪・葛洛夫（转引Sheth & Sisodia, 2012, p.11）的警告是一致的，他认为组织应该追求少量精确阐述的目标（之后给管理者留下很大的考虑余地来决定如何达成这些目标）。很少有作者提出比较可能有助于达成组织目的的传播目标的特定标准。一个值得注意的例子，在社会化营销中，目的可以根据潜在影响、受众意愿、可测量性、机会和需求进行评估（Lee & Kotler, 2011, p.166–167）。

具体的传播目标非常重要，因为受众群体所处的位置与通向最终行为的路径往往因为他们的知识、态度、行为意图和自我效能感的差异而不同。具体的挑战可能是具体

化、强化或加强，或者改变反应（Pfau & Parrott, 1994）。只有确定那些影响行为变化的中介步骤，研究才是最有效的。至少四种情境可能与人们现有的知识和态度相关。

- 当一种理念是新的，挑战在于创造支持性的知识和积极的态度，这样预期的行为才有可能成为现实。
- 当知识已经足够，但是态度缺位，焦点可能完全在于态度这一步。
- 当情境逆转（知识缺位而态度是积极的），焦点应该放在增长知识，鼓励促进教育的中介步骤上（例如信息搜寻）。
- 当认知和态度都是积极的，需求可能仅在于战胜惰性，为迅速采取行动提供强有力的激励。

思考一下，以减少HIV/AIDS为总目的的公共宣传活动的例子。这个目的可以被进一步提炼，重新表述的重点是：a）减少AIDS发生率，例如感染率或者；b）减少感染者的死亡率，或在可以治疗的时候，减少生命不必要的损失。这些都是可能涉及的完全不同的结果和几个可能的行为变化。例如，目的可能是：a）不提倡随意的性接触；b）鼓励坚持使用避孕套；c）推进日常的筛查和治疗；d）鼓励检测呈阳性的病人获得切实治疗。

在这个例子中，社会对HIV/AIDS一般性的认知已经很高了，但是关于与陌生人的危险性行为、避孕套使用、可获得的治疗这些具体知识可能还不那么容易获得。因此信息是一个关键的步骤。同样，目标受众的态度可能会有所不同，他们可能需要减少恐惧，增强自我效能感以避免风险情境，可能需要更多地坚持使用避孕套，或者寻求检测和治疗。

在创造目的和目标时（以及规定那些会影响行为的中介步骤），一个很有用的程序是头脑风暴，考虑所有可能的目的和目标，然后毫不心软地将列表的结果压缩到最少。最终的子项应当是相互补充，剔除矛盾或重复项的。一个冗长而笨拙的多结果列表可能会混淆目的，使评估复杂化，并分散客户和工作人员对优先事项的注意力。（见下文关于撰写目的和目标陈述的内容。）

为了确定所需的中介步骤，最好的策略是在任何时候都关注最高层次的中介步骤。激励行动永远比单纯改变态度更可取，形成或明确态度也比仅仅创造知识重要。这些高层次的测量总是需要建立在低层次的成果之上。然而，依情况来看，仅仅提升知识或者培育积极态度可能就足够了，特别是当不需要有行为上的改变并且期望的行为已被理解或表明时。

纂写目的和目标

目的和目标在它们能够被精确测量的情况下才是有用的。

在他的DAGMAR模型中，科利（Colley, 1964）是最早强调清晰界定书面目标重要性的人之一。他强调了四个关键要素。科利认为，一个好的目标应当是具体和可测量的，针对特定受众，为其追求的变化程度提供一个基准和衡量标准，并规定一个时间段。今天的广告学者提出了关于这些准则的变形（见Duncan, 2002; Moriarty, Mitchell & Wells, 2012; O'Guinn, Allen & Semenik, 2009）。

近年来，为了揭示有效目标的特征，人们提出了各种模型和记忆法。最突出的是S.M.A.R.T.公式，它提出一个好的目标应当是具体的、可测量的、可实现的、相关的和有时限的/及时的（Doran, 1981; Meyer, 2003）。同时，在个人规划领域的专家提出目标应当遵循一个代表了具体的、可测量的、可实现的和兼容的（目的设定n.d.）S.M.A.C.指南。邓肯（Duncan, 2002, p.199）应用了一个类似的S.M.A.C.缩略语，指出广告目标应当是具体的、可测量的和有挑战性的。[4]

运用S. M. A. R. T. 法则写下精确的陈述

一个看似简单却极为重要的战略传播的技能是写清楚组织目的和传播目标，当它被置于传播计划中时能够经得起测试。最好的目的和目标的陈述是简单的短句，它传递一个单一的概念，往往以"为了……"开头。正如S.M.A.R.T.公式所主张的，目标和目的所包含的具体的结果可以在未来某个特定的时间被测量，所使用的指标可以基于原始数字或百分比，但是那些数字应当是可以达成的、现实的和相关的，才能符合S.M.A.R.T.方案。

接下来，我们列举一些写得很好的例子，尤其是一些简短的结果陈述在战略传播活动中非常适用。

S.M.A.R.T. 法目的陈述的例子

- 在2015年圣诞之前将XYZ产品的销量增加30%。
- 年底达到3.75亿欧元的销售额。
- 在2015年12月31日前通过首次公开募股筹集6亿欧元的新资本。
- 在2010年内成为德国最大的厨房用具分销商。
- 在2015年7月30日前在各大食品销售商中占据20%的市场份额。
- 在10月31日前消除美国西部报告的食品污染事件。
- 在2015年成为纽约最受欢迎的女性网站。

S.M.A.R.T.法目标陈述的例子

- 12月31日之前，让南美35%的消费者对XYZ产品产生认知。
- 到年底，将客户对产品的认知增加10个点（从15%到25%）。
- 在距离选举10天的时候，将候选人在民意调查汇总的青睐度（积极态度）从45%提升到55%。
- 到并购之时，在35%的雇员中创造对新的福利项目的积极态度（实际的日期并不知道或没有暗示）。

- 在12月1日之前，在澳大利亚消费者中获得2,500条销售线索。
- 在影片发行之前，将网站的流量提升50%。
- 在5月份为组织新的邮件系统增加6,000个注册用户。

基于以上例子有几点需要指出来。第一，指标和时间框架常常蕴含在目的和目标之中。例如“消除”意味着完全去掉。与此类似，“在并购日期之前”意味着未知的、变化的目标，但人们能够领悟事情终将发生，就算时间还不确定，结果仍然是具体的和可测量的。第二，对客户而言，当实际的价值（活动水平、收入、市场份额等）被提出而不仅仅是给出比例的变化时，目的和目标会更有价值。想了解更多关于纂写目的的额外考虑，可参考弗格森的意见（Ferguson, 1999, pp.38–39）。

作为评价基础的目的和目标

人们普遍认为具体的和可测量的组织目的和传播目标，在评估战略传播方案时扮演了重要角色（Broom & Dozier, 1990; Fill, 2009; Stacks, 2011; Watson & Noble, 2005）。为了具有战略意义，传播活动必须对组织而言极为重要，并且预期的结果应该事先确定。没有陈述清楚目标，传播活动可能是有价值的，但不是战略性的。

虽然很多客户拥有评价组织层面结果（目的）的系统思维和见识，但是他们常常需要依赖传播工作人员或者通过咨询以编写和分析传播效果。正如前文所阐述的，专业传播者有责任确保所需数据和见解可用，并按照传播者对客户的承诺交付。

证据表明，很多传播者并没有充分阐释组织目的（Pieczka, 2000），而是仅仅将组织目的的达成归因于（而不是证实）竞争的收获（Bissland, 1990）。

测量独立于组织目的的传播目标是必要的。确实，传播目标应当从概念上与组织目的相联系，但是它们并不一定是直接相关的。这个观点自从科利的广告（传播）的效果应当与销售活动分开的论断提出之后就已经在广告领域中被认可。因此，广告人应继续反对将广告的效果仅仅与销售联系在一起，而是关注更多的测量方式，诸如认知、态度改变、测评、二次购买和品牌转化（McGuinn, Allen & Semenick, 2009, pp.269–270; Parente, 2006, pp.105–106）。与此类似，为维持上市公司股价，管理者在投资者关系活动中投入更多，但投资者关系主管绝大多数拒绝将股票价格作为一个衡量他们工作的有效指标，因为太多其他因素会影响金融市场（Laskin, 2011）。

事实上，各种各样的战略沟通计划可以被引用，这些计划在促使人们采取期望的行动方面非常有效——但是组织的目标并未达到。这种失败常常由外部因素（如市场状况或公共争议）或者与传播无关的内部因素（例如财务投资、库存不足或人员绩效）造成的。对失败的恐惧是一些传播者不愿意将目的和目标具体界定的原因之一。然而，当寻求多个结果时，例如将一个可测量的组织目标与一个或多个行为目的相结合，发现积极结果（及更有意义的洞察）的能力会得到提升。

战略传播评估可以基于影响、过程或经济的测量方式。影响测量关注获得的结果，因此目标和目的对结果评价而言是一个整体。通过比较，过程测量强调一些因素，例如生产产品的质量（产量）、信息暴露的数量和受众对信息的反响（喜欢或被内容吸引）。但是，过程测量充其量只能作为测量影响的工具。最后，经济测量能够确定两种或更多的策略的比较成本，以确定哪个更有效（假定获得同样的影响或结果）或者能够处理投资回报（ROI）（活动为组织财务贡献了多少）。然而，与过程测量一样，良好的效率或者ROI本身并不是组织开展战略传播活动的原因。还需要有一个清晰的目的（组织的目的或传播的目标），对项目影响（结果）的有效评估需要传播专业人员有冷静的承诺、评估方法的知识及评估资源的分配。有效的评估还要求创造一种企业文化，将评估作为一种战略工具，但也认识到有效性和可靠性的重要性和评价研究方法的局限性。

讨论和意义

作为不同结果的目的和目标

本章已经展现了一个区分组织目的和传播（行为）目标的框架，区别于其他的对这两个概念的讨论。本章提出的方法将目的概念化为组织层次的结果，它与一些作者的观点一致，例如布罗迪（Brody, 1988）将目的描述为公共关系活动的前提，弗格森（Ferguson, 1999）直接用目标指代这两个概念，但至少要区分企业目标和功能目标。其他人将目的降级为针对特定项目的概念。例如，布鲁姆和沙（Broom & Sha, 2013, p.270）认为目的是“概括的陈述，阐明了一个项目的总体成果”。学者们并没有详细阐述这些结果将在什么层次上（组织的或项目的）实现，只是说“如果为每类公众设定的目标都实现了，会达成什么结果”。

一些学者会混用这些术语（Parente, 2006），也有人会将区别复杂化。例如可雷布和维伯特（Crable & Vibbert, 1986, p.209）指出，“目的是公共关系的目标……为实现共同目标提供中介性的进展”。纳吉尔和艾伦（Nager & Allen, 1984, p.56）打了个比方，将目的作为总体的方向，然而目标是具体的目的地（也引自 Watson & Noble, 2005, p.162; Austin & Pinkleton, 2006, pp.36–40）。沃特森和诺布尔（Watson & Noble, 2005, p.160）回避了这个问题，他们指出，“我们不可能更加精确了，我们惯常讲的目的（goals）和准心（aims），与目标（objectives）相比通常更宽泛一点，定义不那么严密，我们也更关注于后者的理解和应用”。

还有些学者提出目标是一个广义的结果（Grunig & Hunt, 1984, p.116; Dozier & Ehling, 1992, p.163），是一个“一般性的，常常是不可测量的结果”（Hainsworth & Wilson,

1992, p.12），是一个“更广泛、更一般的结果”（Bobbitt & Sullivan, 2005，p.87），是一个“总的方向”（Rayfield, 1991），或者作为“在每个目标受众中所尝试的任何期望的改变或效果”（Moffitt, 1999）。与此类似，这个概念不同于塔克和德雷利安（Tucker & Derelian, 1989）、肯德尔（Kendall, 1996）、奥斯汀和平克尔顿（Austin & Pinkleton, 2006）、Wilson和Ogden（2008）提出的方法，他们都提出项目的目的仅仅是一种陈述，提供了一个问题的解决方案或机遇，这是活动、方案或项目的基础。

这里，目标并不是一个关于任何结果的一般性陈述，而是特指一种对项目结果的测量，主要考察的是人们行为的变化。一位著名的运动理论家指出，至少有三种可以使用这个术语的方式：全局目标（要实现的广泛成果）、中介目标（要完成的任务）和依据努力的结果实际测量的最终目标（Simmons, 1990；同样被引用于Austin & Pinkleton, 2006, p.40）。其他人也类似地、表层地将目标确定为要完成的具体任务或要遵循的程序（Hainsworth & Wilson, 1992; Kendall, 1996; Moffitt, 1996; Nager & Allen, 1984; Pavlik, 1987）。目前的概念承认中介步骤或阶段是包含于其中的，但是它们代表的是目标受众的行为状态，而不是传播者要完成的任务。

遗憾的是，目的和目标之间的混用一直影响了今天的实践。一大批学者颠倒使用了这两个概念，用目的来表示测量项目目标的具体指标（例如，Lee & Kotler, 2011, p.165）。

皮耶奇卡（Pizzka, 2000, p.222）也哀叹，在英国的获奖项目中获奖项目通常都包含了两到三个组织层面的目的和目标，且对两者没有区分。与此同时，一位专业人士的一本针对公共关系的畅销书界定了目标的四种类型（信息的、激励的、法定的、财务的），之后继续使用这个术语引征过程性目标而不是结果性目标（Bobbitt & Sullivan, 2005, p.88; J. E. Grunig, 2008, pp.104–106）。

更加关注目的和目标

在战略传播的各个分支学科中，对关于从业者对目标和目的的看法进行的正式研究相对较少。虽然对明确目标的需求已经在广告中被认识到（Corkindale, 1976; Huntington, 2008；美国政府问责署，2003; Welsh, 1965），但广告中的学术研究已经放弃了任何关注实际项目的目的和他们成就的研究（Preston, 1985; Smallianov & Aiyeku, 2009）。其他的领域，诸如管理沟通、政治传播和技术传播（Carliner, 1998），事实上几乎没有关注这个议题。

在公共关系中，霍恩观察发现，关于公共关系对组织的实际作用的研究相对较少。她认为我们需要做更多的研究去探讨如何界定有效性。第二项研究，还涉及对从业者和首席执行官的深度访谈，她将有效的公共关系界定为当“传播活动达成了传播目的（以成本效益高的方式）”（Hon, 1997, p.104），认为公共关系的产出“必须越来越多地与对组织和客户有意义的结果紧密联系”（Hon, 1997, p.104）。虽然她采访的实践者一般认为设定目的和目标并不复杂，但她的研究揭示了受访者在对公共关系目的和目标的解释上存在巨大差异。她的结论是，设定目的和目标并进行评估实际上是非常复杂的工作（Hon, 1998, p.128）。

2012年，一项针对54名公共关系从业者的在线调查指出了项目失败的几个原因，并得出结论：公共关系从业者在进行项目规划时缺乏战略思维（Siegel, 2012a）。举个例子：当提问“失败是不是与没有在一开始设定公共关系目标（或者设定不现实的目标）有关？”超过一半的受访者（57%）给出肯定回答。

质疑目的和目标的价值

在制定、协商、评估组织目的，特别是传播目标时至少可以确定五个问题。

误用

一个根本问题是一个有缺陷的假设，认为特定的问题仅通过传播就能解决，而不是通过组织的政策或实践上的实质性改变。如果没有清楚地、持续地和现实地界定能够达成的进展，或者时间框架不合理，目的和目标也无法达到SMART的标准。虽然战略传播者在制定要实施的目的和目标上享有很大自由度，但必须进行充分研究，保证充足的来自客户的高质量的信息输入以确保客户和传播者的期望是同步的。这包含了各级管理层之间的良好沟通——贫乏的沟通也是导致失败的一个缺点（Siegel, 2012b）。

对指标的迷恋

虽然在现代管理理论中，战略传播和诸如计划、目的、目标和指标等概念被大肆吹嘘，但现代理论家并没有一致地接受它们。明茨伯格（Mintzberg, 2009, pp.61–62）将目标管理视为“想当然”，在管理者并不知道应当如何做的情况下，下属被驱使去达成。他斥责战略规划是刻板的过程，它关注分析，而不是综合，不能详细阐明战略，（也见Mintzberg, 1994）。爱德华兹·戴明，一个知名的统计学家和管理专家，他因为在日本的工作而臭名昭著，尽管他提倡规划和结果的重要性，但他拒绝了目标管理的观念，呼吁通过数字目标来消除管理。作为替代，他呼吁用领导力取代指标（Walton, 1991）。

被误用的指标

目的和目标的指标和测量等级可能被误用。有些传播者或客户可能有目的地建立了保守的目的和目标等级，由于过低而无法服务于组织的需求，或者因为害怕达不到有野心的结果，有意把目标定得很低。以在收入上增加4个百分点为例，只增加3.9个百分点可以被视为失败或等同于成功，这取决于企业文化或者特定管理者倾向于对这些数字进行有利或不利的解读以推进特定议程。这就像我们常说的那句名言“数据能够说谎，说谎者会算计”。如果目的和目标定得很有野心，自然有可能达不到，允许人们达不到是有必要的。

后现代主义同样质疑了目的和目标的滥用。法国社会理论家让-弗朗索瓦·利奥塔虽然没有直接界定目的和目标，但他可能会将它们描绘为一种工具，使得战略规划变为一种盲从于测量（Holtzhausen, 2012, p.152; Lyotard, 1992, pp.138–139）及生产力和效率（Holtzhausen, 2012, pp.189–191; Lyotard, 1984, p.51）的恐怖主义形式。

在批判性地审视组织如何行使权力时，后现代传播学者德里娜·霍尔茨豪森提供了一个框架，从批判的视角考虑目的和目标可能受到怎样的质疑。例如它们的话语本质，它们在广告推销上对情报收集及后续利用的依赖，它们在组织和组织间拉开距离，它们的框架和对特定理念的关注，以及它们对组织元话语的创造（Holtzhausen, 2012, pp.108–111, 151–153, 217–219）。她指出，这样的组织元话语被社会哲学家哈贝马斯驳斥（Habermas, 1979, p. 210）为“蓄意的伪共识传播”，也被社会学家鲍曼（Bauman, 1993, p.205）称为一种确保对未来进行预测和“殖民”的工具。

具体化的目标

随着人们越来越趋向于用象征性的术语来确定所期望的结果，包括提升组织形象、声誉、身份，或者培育商誉，清晰地区分目标和目的的重要性就愈加明显。在研究组织行为的文献中，艾尔斯巴赫（Elsbach, 2006）为组织认知管理开辟了一个新领域。根据作者的观点，他从未提到“传播”作为基础性的构成活动，组织感知是通过语言的来往、分类和标签、象征性的商业行为和物理的印记来管理的。与此类似，菲尔（Fill, 2009, p.326）指出，印象、声誉和利益相关者对组织的偏好常常被引用为宣传目标。

虽然这些理念对目标的达成有所助益，但形象、声誉和身份的概念本身并不是可以与组织活动或收入水平同等衡量的具体结果。它们最多可能作为中介性的概念，被用来测量核心的行为结果，例如知识、态度和行为意图。

与此类似，另外两种当今非常流行的概念——关系和参与度，被不恰当地引用为传播项目的结果。尽管格鲁尼格（J. E. Grunig, 1993）拒绝关注有助于公共关系实质的符号，但他对关系（信任、承诺、相互控制和满意度）的衡量是基于对组织公共关系的感知（Hon & J. E. Grunig, 1999）。确实，营销人员将关系作为一种基于组织与其客户或市场之间消费行为的互动模式（Sheth & Parvatiyar, 2000）。同样，参与并不是一个单一的概念，而是一个包含学习、态度、互动和深度信息处理参与的行为因素混合体（Evans, 2010; Gambetti & Graffigna, 2010; Mollen & Wilson, 2010）。战略传播者需要更好地区分这些有点模糊的概念事实上如何表现了有价值的、可测量的结果，它们直接转化为客户的利益。

只关注组织结果

最后一个重要的问题是目的和目标是否仅仅被用来推进实现组织自身目的（例如创造财富）还是用于改善其服务的公众、选民、市场和社区的生活质量或利益。组织不再处于一个可以假定自己更加了解，且拥有特权立场可以为他人做决策的环境中。它也不能假设人们对现实有着共同的世界观，他们不会欣然地接受组织的优先性，除非能说服他们这样做。编制聪明的、有说服力的信息可能会捕捉注意力，但在一个受众棘手的时代是不够的（Bauer, 1964），他们处理说服性信息的能力和动机更加多样（Hallahan, 2000），他们是意义的共同创造者。

今天战略传播者必须表现出对他人的真正关心，并按道德行事，或展现鲍曼（Bauman, 1993, pp.10–15）所说的真正“道德的冲动”。在这个受众是如此多疑、组织被要求承担社会责任的年代，制定那些仅仅服务于组织利益的组织目的（或传播目标）是注定要失败的。有效的目的既对组织有利，也对它的成员有利，而有效的传播目标应当赋权受众去采取互利的行动。

注释

[1] 还有很多关于目的和目标益处的清晰阐述被引征（Hallahan, 1992, 2007）。布鲁姆和沙（Broom & Sha, 2013）提出，例如目标为制定沟通计划提供了重点和方向，为实施该计划的人提供了指导和动力，并阐明了监测进展和评估影响的标准。安德森、哈德利、罗克兰德和威姆（Anderson, Hadley, Rockland & Weimer, 2009）提出这些措施提供了一个优先排序的结构，减少了日后争议的可能性，集中资源，确定规定的变化领域。杜泽尔（Dozier, 1985, pp.21–22）引用了传播作为管理活动和责任的论证。菲尔（Fill, 2002, p.310）增加了确定活动完成的时间段，向参与者传达活动的价值和范围。

[2] 更重要的是，态度不会自动导致行为；态度和行为会因为很多原因不一致。与此类似，有证据表明在效果模型层次中的传统顺序（知识、态度和行为）并不总是奏效，例如在低参与度的情境或者当人们被强迫要从根本上改变自己的行为时（Ray, Sawyer, Rothschild, Heller, Strong & Reed, 1973）。高（或低）可信度和信任并不总是能够转化为积极（或消极）态度的或行为的回应（Parente, 2006）。

[3] 本章并不试图解决战略这个复杂议题，或者它如何影响反应。然而，战略可以包含组织主动地直接与人接触，回应问题，运用中介通信或者包含第三方的影响作为中介。后者本质上需要一个两步说服过程，其最终期望的行动是由有影响力的人进行沟通。此外还需要同样的指向行动的中介步骤，包括知识和积极的态度，特别是行为意图和自我效能感。

[4] 其他建议包括SAFE（看到最终的结果，接受最终的结果，感受最终的结果，表达最终的结果）；RUMBA（合理，明确，可测量，有时间限制，可实现）；STEP UP（具体，有时限，参与，现实，在掌控中，进度管理）；STAR（具体，可测试，可实现，相关）；GROW（目标，现实，选择，意愿）；SMARTT（针对性地加入时间框架）以及SMARTER或者SMARTERS（具体，激励，可实现，回报，技巧，可评估，可修改，满意度）。很多顾问已将这些首字母缩略词中的单词替换为自己的目的服务的其他词，另外一些已经创建了其他扩展的特征列表，使用编号而不再使用首字母，它包含了4—11个理想的特征（Kotler, 2002; Parente, 2006; Simmons, 1990, pp. 119–121; Wilson & Ogden, 2008, pp.78–80）。

[5] 按照百分比来说明目的和目标可能是有问题的。例如，将客户数量增加50%会给人深刻印象，除非读者发现它意味着从6个客户增加到9个客户。百分比可能还充满了其他问题：从38%变化到41%，并不是变化了3%，这是增加了3个百分点，实际上代表了7.8%的增幅（41是38的

107.8%)。最后，如果从0开始，按照百分比从0开始增加会有问题（从0开始增加15%从数学上等同于0)。因此，对于新产品而言，15%的增加是不可能的，因为现有知识为0。

参考文献

[1] Abraham, S. C. (2011). *Strategic planning. A practical guide for competitive success*. Bingley, UK: Emerald Group.

[2] Allison, M. (2011). *Strategic planning for nonprofit organizations. A practice guide and workbook*. Hoboken, NJ: John Wiley & Sons.

[3] Anderson, F. W., Hadley, L., Rockland, D. & Weiner, M. (2010). *Guidelines for setting measurable public relations objectives: An update*. Gainesville, FL: The Institute for Public Relations. Retrieved July 7, 2014, from http://www.instituteforpr.org/topics/setting-measurable-objectives/

[4] Argenti, P. (2009). *Corporate communication* (5th ed.). Boston: McGraw-Hill Irwin.

[5] Austin, E. W. & Pinkleton, B. E. (2006). *Strategic public relations management: Planning and managing effective communication programs* (2nd ed.) Mahwah, NJ: Lawrence Erlbaum.

[6] Baines, P. (2011). Political public relations and election campaigning. In J. Strömbäck & S. Kiousis (Eds.), *Political public relations. Principles and applications* (pp. 115–137). New York: Routledge.

[7] Barry, T. E. (1987). The development of the hierarchy of effects: An historical perspective. *Current Issues & Research in Advertising*, 10(2), 251–295.

[8] Barry, T. E. & Howard, D. J. (1990). A review and critique of hierarchy of effects in advertising. *International Journal of Advertising*, 9(2), 121–135.

[9] Bart, C. K. (1997). Sex, lies and mission statements. *Business Horizons*, 40(6), 9–18.

[10] Bauer, R. (1964).The obstinate audience: The influence process from the point of view of social communication. *American Psychologist*, 19(5), 319–328.

[11] Bauman, Z. (1993). *Postmodern ethics*. Cambridge, MA: Blackwell.

[12] Berger, P. L. & Luckmann, T. (1966). *The social construction of reality. A treatise on the sociology of knowledge*. Garden City, NY: Doubleday.

[13] Berger, B. K. & Reber, B. H. (2006). *Gaining influence in public relations. The role of resistance in practice*. Mahwah, NJ: Lawrence Erlbaum.

[14] Bissland, J. H. (1990). Accountability gap: Evaluation practices show improvement. *Public Relations Review*, 16(2), 25–35.

[15] Bobbitt, R. & Sullivan, R. (2005). *Developing the public relations campaign. A team based approach*. Boston, MA: Pearson.

[16] Boje, D. & Dennehy, R. (1993). *Managing in the postmodern world. America's resolution against exploitation*. Dubuque, IA: Kendall/Hunt.

[17] Brody, E. W. (1988). *Public relations programming and production*. New York: Praeger.

[18] Broom, G. M. & Dozier, D. (1990). *Using research in public relations. Applications to program management*. Englewood Cliffs, NJ: Prentice-Hall.

[19] Broom, G. M. & Sha, B.-L. (2013). *Cutlip & Center's effective public relations* (11th ed.) Upper Saddle River, NJ: Prentice-Hall.

[20] Brown, S. (2006). Recycling postmodern marketing. *The Marketing Review*, 6, 211–230.

[21] Carliner, S. (1998). Business objectives: A key tool for demonstrating the value of technical communication products. *Technical Communication*, 45(3), 380–384.

[22] Chaffee, E. E. (1985). Three models of strategy. *Academy of Management Review*, 10(1), 89–98.

[23] Christen, C. T. & Hallahan, K. (2014). *Psychological processing*. In R.L. Heath (Ed.), *Encyclopedia of public relations* (2nd ed.) (vol. 2, pp.705-709). Thousand Oaks, CA: Sage.

[24] Colley, R. H. (1964). *Defining advertising goals for measured advertising results*. New York: Association of American Advertisers.

[25] Collins, J. C. & Porras, J. (1997). *Built to last: Successful habits of visionary companies*. New York: HarperBusiness.

[26] Coombs, W. T. & Holladay, S. J. (2009). *PR strategy and application: Managing influence*. Hoboken, NJ: Wiley Higher Education.

[27] Corkindale, D. (1976). Setting objectives for advertising. *European Journal of Marketing*, 10(3), 109–127.

[28] Crable, R. E. & Vibbert, S. L. (1986). *Public relations as communication management*. Edina, MN: Burgess International/Bellwether Press.

[29] Doran, G. T. (1981). There's a S.M.A.R.T. way to write management's goals and objectives. *Management Review*, 70(11), 35–36.

[30] Dozier, D. M. (1985, Summer). Planning and evaluation in PR practice. *Public Relations Review*, 11(2), 17–25.

[31] Dozier, D. M. & Ehling, W. P. (1992). Evaluation of public relations programs: What the literature tells us about their effects. In J. E. Grunig (Ed.), *Excellence in public relations and communication management* (pp. 159–184). Hillsdale, NJ: Lawrence Erlbaum.

[32] Drucker, P. F. (1954). *The practice of management*. New York: Harper & Row.

[33] Drucker, P. F. (1974). *Management. Tasks, responsibilities, practices*. New York: Harper & Row.

[34] Duncan, T. (2002). *IMC. Using advertising and promotion to build brands*. Boston, MA: McGraw-Hill.

[35] Eccles, J. S. & Wigfield, A. (2002). Motivational beliefs, values and goals. *Annual Review of Psychology*, 53, 109–132.

[36] Elkington, J. (1998). Cannibals with forks: *the triple bottom line of 21st century*. Gabriola Island, BC; Stony Creek, CT : New Society Publishers.

[37] Elliott, E. S. & Dweck, C. S. (1998). Goals: An approach to motivation and achievement. *Journal of Personality and Social Psychology*, 54(1) 5–12.

[38] Elsbach, K. D. (2006). *Organizational perception management*. Mahwah, NJ: Lawrence Erlbaum.

[39] Evans, D. (2010). *Social media marketing: The next generation of business engagement*. Hoboken, NJ: John Wiley & Sons.

[40] Ferguson, S. D. (1999). *Communication planning. An integrated approach*. Thousand Oaks, CA: Sage.

[41] Fill, C. (2002). *Marketing communications. Contexts, strategies and applications* (3rd ed.) Harlow, England: Prentice-Hall.

[42] Fill, C. (2009). *Marketing communications. Interactivity, community and content.* (5th ed.) Harlow, England: Prentice-Hall.

[43] Firat, A. F. and Venkatesh, A. (1995), Liberatory postmodernism and the reenchantment of consumption. *Journal of Consumer Research*, 22, 239–267.

[44] Fleisher, C. S. & Mahaffy, D. M. (1997). A balanced scorecard approach to public relations

management assessment. *Public Relations Review*, 23, 117–142.

[45] Gambetti, R. C. & Graffigna, G. (2010). The concept of engagement. A systematic analysis of the ongoing marketing debate. *International Journal of Market Research*, 52(6), 801–826.

[46] Goal setting guidelines (n.d.) Retrieved July7, 2014, from http://www.affirmations-for-radical-success.com/goal-setting-guidelines.html

[47] Grant, J. (1999). *The new marketing manifesto*. London, England: Orion.

[48] Grunig, J. E. (1993). Image and substance: From symbolic to behavioral relationships. *Public Relations Review*, 19, 123–139.

[49] Grunig, J. E. (2008). Conceptualizing quantitative research in public relations. In B. van Ruler, A. Tkalac Verčič & D. Verčič (Eds.), *Public relations metrics. Research and evaluation* (pp. 88–119). New York: Routledge.

[50] Grunig, L.A., Grunig, J. E. & Ehling, W. P. (1992). What is an effective organization? In J. E. Grunig (Ed.), *Excellence in public relations and communication management* (pp. 65–90). Hillsdale, NJ: Lawrence Erlbaum.

[51] Grunig, J. E. & Hunt, T. (1984). *Managing public relations*. New York: Holt, Rinehart and Winston.

[52] Habermas, J. (1979). *Communication and the evolution of society*. Boston, MA: Beacon Press.

[53] Hainsworth, B. E. & Wilson, L. J. (1992). Strategic program planning, *Public Relations Review*, 18(1), 9–15.

[54] Hallahan, K. (1992). The paradigm struggle and the public relations practitioner. *Public Relations Review*, 19(4), 197–205.

[55] Hallahan, K. (2000). Enhancing motivation, ability and opportunity to process public relations messages. *Public Relations Review*, 26(4), 463–480.

[56] Hallahan, K. (2007). Integrated communication: Implications for and beyond public relations excellence. In Elizabeth L. Toth (Ed.), *The future of excellence in public relations and communication management: Challenges to the next generation* (pp. 299–337). Mahwah, NJ: Lawrence Erlbaum.

[57] Hallahan, K. (2011). *Communication campaign/program organizer* (Ver. 5.0). Available http://lamar.colostate. edu/~pr/organizer.htm

[58] Hallahan, K., Holtzhausen, D., van Ruler, B., Verčič, D. & Sriramesh, K. (2007). On defining strategic communication. *International Journal of Strategic Communication*, 1(1), 3–35.

[59] Haschak, P. G. (1998). *Corporate statements: The official missions, goals, principles and philosophies of over 900 companies*. Jefferson, NC: McFarland.

[60] Hatch, M. J. & Cunliffe, A. L. (2006). *Organizational theory: Modern, symbolic and postmodern perspectives*. New York: Oxford University Press.

[61] Hawkins, R. P. & Daly, J. (1988). Cognition and communication. In R. Hawkins, J. Wiemann & S. Pingree (Eds.), *Advancing communication science: Merging mass and interpersonal* (pp. 191–223). Newbury Park, CA: Sage.

[62] Hill, T. & Westbrook, R. (1997). SWOT analysis: It's time for a product recall. *Long Range Planning*, 30(1), 46–52.

[63] Hislop, D. (2013). *Knowledge management in organizations. A critical introduction*. Oxford, England: Oxford University Press.

[64] Holtzhausen, D. (2012). *Public relations as activism. Postmodern approaches to theory and practice*. New York: Routledge.

[65] Hon, L. C. (1997). What have you done for me lately? Exploring effectiveness in public relations.

Journal of Public Relations Research, 9(1), 1–30.
[66] Hon, L. C. (1998). Demonstrating effectiveness in public relations: goals, objectives and evaluation. *Journal of Public Relations Research* 10(2), 103–116.
[67] Hon, L. C. & Grunig, J. E. (1999, November). Guidelines for measuring relationships in public relations. Gainesville, FL: Institute for Public Relations. Retrieved July 7, 2014, from www.instituteforpr.org/measuring-relationships
[68] Huntington, R. (2008, July 31) How can advertising succeed if it doesn't have a clear goal? *New Media Age*, p. 16. Retrieved July 7, 2014, from http://econsultancy.com/us/nma-archive/14414-how-can-advertisingsucceed-if-it-doesn-t-have-a-clear-goal
[69] Jones, P. & Kahaner, L. (1995). *Say it and live it: The 50 corporate mission statements that hit the mark*. New York: Currency Doubleday.
[70] Kaplan, R. S. & Norton, D. P (2006). *Alignment: Using the balanced scorecard to create corporate synergies*. Boston, MA: Harvard Business School Press.
[71] Kendall, R. (1996). *Public relations campaigns strategies. Planning for implementation*. New York: HarperCollins College Publishers.
[72] Kotler, P. (2002). *Marketing management* (10th ed.). Upper Saddle River, NJ: Prentice-Hall.
[73] Kotter, J.P. (1977, July-August). Power, dependence and effective management. *Harvard Business Review*, 55(4), 125–136.
[74] Kruglanski, A.W. (1996). Goals as knowledge structures. In P. M. Gollwitzer & J. A. Bargh (Eds.), *The psychology of action* (pp. 599–618). New York: Guilford.
[75] Laskin, A. (2011). How investor relations contributes to the corporate bottom line. *Journal of Public Relations Research*, 23(3), 302–324.
[76] Latham, G. & Locke, E. A. (2002). Building a practically useful theory of goal setting and task motivation. *American Psychologist*, 57(2), 705–709.
[77] Lavidge, R. J. & Steiner, G. A. (1961, October). A model for predictive measurements of advertising effectiveness. *Journal of Marketing*. 25, 59–62.
[78] Lee, N. R. & Kotler, P. (2011). *Social marketing. Influencing behaviors for good* (4th ed.). Los Angeles, CA: Sage.
[79] Lewin, K. (1943). Defining the "field at a given time." *Psychological Review*. 50, 292–310.
[80] Lipton, M. (1996, Summer). Demystifying the development of an organizational vision. *Sloan Management Review*, 37(4), 83–92.
[81] Locke, E. & Latham, G. (2006). New directions in goal-setting theory. *Current Directions in Psychological Science*, 15(5), 265–268.
[82] Lyotard, J.-F. (1984). *The postmodern condition: A report on knowledge*. G. Bennington & B. Massumi, trans. Minneapolis: University of Minnesota Press.
[83] Lyotard, J.-F. (1992). Answering the question: What is postmodernism? In C. Jencks (Ed.), *The postmodern reader* (pp. 138–150). London, England: Academy Editions.
[84] McElreath, M. P. (1999). *Managing systematic and ethical public relations campaigns* (2nd ed.). Madison, WI: Brown & Benchmark.
[85] McGinnis, V. (1981). The mission statement: A key step in strategic planning. *Business*, 31(6), 41.
[86] McGuire, W. J. (1973). Persuasion, resistance and attitude change. In I. de Sola Pool & W. Schramm (Eds.), *Handbook of communication* (pp. 216–252). Chicago, IL: Rand-McNally.

[87] Meyer, P. J. (2003). *Attitude is everything: If you want to succeed above and beyond*. Meyer Resource Group, Incorporated.

[88] Miller, G.J. (2005). The political evolution of principal-agency models. *Annual Review of Political Science*, 8, 203-225.

[89] Miller, G. A, Galanter, E. & Pribaum, K. H. (1960/1986). *Plans and the structure of behavior*. New York: Adams Bannister. (Originally published 1960).

[90] Mind Tools, Ltd. (n.d.) SWOT analysis. Discover new opportunities, manage and eliminate threats. *MindTools* [Website]. Retrieved July 7, 2014, from http://www.mindtools.com/pages/article/newTMC_05.htm

[91] Mintzberg, H. (1994). *The rise and fall of strategic planning*. New York: Free Press.

[92] Mintzberg, H. (2009). *Managing*. San Francisco, CA: Berrett-Koehler Publishers.

[93] Mintzberg, H. & Waters, J.A. (1985). Of strategies, deliberate and emergent. *Strategic Management Journal*, 6, 257–272.

[94] Moffitt, M.A. (1999). *Campaign strategies and message design. A practitioner's guide from start to finish*. Westport, CT: Praeger.

[95] Mollen, A. & Wilson, H. (2010). Engagement, telepresence and interactivity in online consumer experience: Reconciling scholastic and managerial perspectives. *Journal of Business Research*, 63(9/10), 919–925.

[96] Moriarty, S., Mitchell, N. & Wells, W.D. (2012). *Advertising. Principles and practice* (9th ed.) Upper Saddle River, NJ: Pearson Education.

[97] Moss, D. & Warnaby, G. (1997). A strategic perspective for public relations. In P.J. Kitchen (Ed.), *Public relations: Principles and practice* (pp. 43–73). London, England: International Thomson Business Press.

[98] Munter, M. (2012). *Guide to managerial communication: Effective business writing and speaking*. Boston, MA: Pearson.

[99] Nager, N.R. & Allen, T.H. (1984). *Public relations management by objectives*. New York: Longman.

[100] Nager, N.R. & Truitt, R.H. (1987). *Strategic public relations counseling. Models from the Counselor's Academy*. New York: Longman

[101] O'Guinn, T.C., Allen, C.T. & Semenik, R.J. (2009). *Advertising and integrated brand promotion* (5th ed.). Cincinnati, OH: South-Western Cengage Learning.

[102] Odiorne, G.S. (1965). *Managing by objectives*. New York: Pitman.

[103] Parente, D. (2006). *Advertising campaign strategy. A guide to marketing communication plans* (4th ed.) Mason, OH: Thomson Higher Education/South-Western.

[104] Pavlik, J.V. (1987). *Public relations: What research tells us*. Newbury Park, CA: Sage.

[105] Pfau, M. & Parrott, R. (1993). *Persuasive communication campaigns*. Boston, MA: Allyn and Bacon.

[106] Pfeffer, J. & Salancik, G.R. (1978). *The external control of organizations. A resource dependence perspective*. New York: Harper & Row.

[107] Pieczka, M. (2000) Objectives and evaluation in public relations work: What do they tell us about expertise and professionalism? *Journal of Public Relations Research*, 12(3), 211–234.

[108] Preston, I. L. (1985). The detachment of advertising research from the study of advertiser's goals. *Current Issues & Research in Advertising*, 8(1), 1–14.

[109] Ray, M.L., Sawyer, A.G., Rothschild, M.L., Heller, R.M. Strong, E.C. & Reed, J. (1973). Marketing

communication and hierarchy of effects. In P. Clarke (Ed.), *New models for communication research* (pp. 147–173). Beverly Hills, CA: Sage.

[110] Rayfield, R. (1991). *Public relations writing. Strategies and skills*. Dubuque, IA: Wm. C. Brown.

[111] Resnick, E.A. & Siegel, M. (2013). *Marketing public health. Strategies to promote social change* (3rd ed.). Burlington, MA: Jones & Bartlett.

[112] Rice, R.E. & Atkin, C.K. (2013). *Public communication campaigns* (4th ed.). Los Angeles, CA: Sage.

[113] Rice, R.E. & Paisley, W.J. (1981). *Public communication campaigns*. Beverly Hills, CA: Sage.

[114] Rogers, E. M. (2003). *Diffusion of innovations* (5th ed.). New York: Free Press.

[115] Ross, R.D. (1977). *The management of public relations*. New York: Wiley.

[116] Ryan, T.A. (1970). *Intentional behavior*. New York: Ronald Press.

[117] Schrank, R.C. & Abelson, R.P. (1977). *Scripts, plans goals and understanding. An inquiry into human knowledge structures*. Mahwah, NJ: Lawrence Erlbaum.

[118] Senge, P.M. (1990). *The fifth discipline. The art and practice of the learning organization*. New York: Doubleday.

[119] Sheth, J.N. & Parvatiyar, A. (Eds.) (2000), *Handbook of relationship marketing*. Thousand Oaks, CA: Sage.

[120] Sheth, J.N. & Sisodia, R.S. (2012). *The 4A's of marketing. Creating value for customers, companies and society*. New York: Routledge.

[121] Siegel, L. (2012a, October 9). Failure to meet PR goals and expectations: Why it happens; what can prevent it. *BridgeBuzz* [Web log post]. Retrieved July 7, 2014, from http://scottpublicrelations.com/failure-to-meet-pr-goals-and-expectations-why-it-happens-what-can-prevent-it/

[122] Siegel, L. (2012b, October 14). Many comments: Factors contributing to PR failure. *BridgeBuzz* [Blog]. Retrieved July 7, 2014, from http://scottpublicrelations.com/many-comments-factors-contributing-to-pr-failure/

[123] Simerson, B.K. (2011). *Strategic planning. A practical guide for strategy formulation and execution*. Santa Barbara, CA: Praeger.

[124] Simmons, R.E. (1990). *Communication campaign management. A systems approach*. New York: Longman

[125] Smallianov, P. & Aiyeku, J.F. (2009). Corporate marketing objectives and evaluation measures for integrated television advertising and sports event sponsorships. *Journal of Promotion Managemen*t, 15, 79–89.

[126] Smith, K. & Locke, E. A. & Barry, D. 1990). Goal setting, planning and organizational performance: An Experimental simulation. *Organizational Behavior and Human Decision Processes*, 46, 118–134.

[127] Smith, M. F. & Ferguson, D. P. (2001). Activism. In R.L. Heath (Ed.), *Handbook of public relations* (pp. 291–300). Thousand Oaks, CA: Sage.

[128] Smith, R. D. (2013). *Strategic planning for public relations* (4th ed.). New York: Routledge.

[129] Stacks, D. W. (2012). *Primer of public relations research* (2nd ed.). New York: Guilford Press.

[130] Steyn, B. (2007). Contribution of public relations to organizational strategy formulation. In E. L. Toth (Ed.), *The future of excellence in public relations and communication management. Challenges for the next generation* (pp. 137–172). Mahwah, NJ: Lawrence Erlbaum.

[131] Strong, E.K. (1925). *The psychology of selling and advertising*. New York: McGraw-Hill.

[132] Truitt, W.B. (2002). *Business planning. A comprehensive framework and process*. Westport, CT:

Quorum Books.
[133] Tucker, K. & Derelian, D. (1989). *Public relations writing. A planned approach for creating results.* Englewood Cliffs, NJ: Prentice-Hall.
[134] U.S. Government Accountability Office (2003, September 19). Military recruiting: DOD needs to establish objectives and measures to better evaluate advertising's effectiveness: GAO-03–1005 [Report]. Washington, DC: GAO. Available www.gao.gov/products/GAO-03–1005
[135] Walton, M. (1991). *Deming management at work.* New York: Perigee Books.
[136] Watkis, N. (2010, November). Marketers won't succeed if they don't have objectives. *Marketing Magnified* (CMO Council e-Journal). Retrieved from http://www.marketingmagnified.com/2010/november/index.html
[137] Watson, T. & Noble, P. (2005). *Evaluating public relations. A best practice guide to public relations, planning, research & evaluation.* London, England: Kogan Page.
[138] Weick, K.E. (1995). *Sense-making in organizations.* Thousand Oaks, CA: Sage.
[138] Weick, K.E. & Sutcliffe (2007). *Managing the unexpected. Resilient performance in an age of uncertainty.* San Francisco, CA: Jossey-Bass.
[139] Welsh, S.J. (1965). Marketing and advertising: Setting objectives that get results. *Management Review*, 54(1), 4–12.
[140] White, J. & Mazur, L. (1995). *Strategic communication management.* Wokingham, England: Addison-Wesley.
[141] Wilcox, D. L. & Cameron, G.T. (2012). *Public relations strategies and tactics* (10th ed.). Boston: Allyn & Bacon.
[142] Wilson, L.J. & Ogden, J.D (2008). *Strategic communications planning: For effective public relations & marketing* (5th ed.). Dubuque, IA: Kendall/Hunt Publishers.
[143] Young, G. & Smith, K.G. (2013). Units, divisions and organizations: Macro-level goals setting. In E.A. Locke & G.P. Latham (Eds.), *New directions in goal setting and task performance* (pp. 311–328). New York: Routledge Academic.
[144] Zerfass, A. (2008a). Corporate communication revisited: Integrating business strategy and strategic communication. In. A. Zerfass, B. van Ruler & K. Sriramesh (Eds.). *Public relations research, European and international perspectives and innovations* (pp. 65–96). Wiesbaden, Germany: Verlag.
[145] Zerfass, A. (2008b). The corporate communications scorecard. A framework for managing and evaluating communication strategies. In B. van Ruler, A. Tkalac Verčič & D. Verčič (Eds.), *Public relations metrics. Research and evaluation* (pp. 193–153). New York: Routledge.

第三部分

实施战略传播

第十七章
战略传播的信息传递理论架构

凯利·佩奇·韦德

本章所回顾的研究项目旨在界定、描述、解释战略传播过程中的信息变量。虽然公共关系学这门具体学科的学术研究提供了先进的战略传播信息传递框架，但是战略传播的多学科性质促使了多个领域理论和概念的整合，从而能使人们更全面地了解组织传播的过程与效果。本章将从具体学科下的公共关系学研究方法到战略传播领域的多学科研究方法，对这一研究理论的发展进行回顾。

这个研究领域探究的焦点在于传播过程中的信息变量，而不是过往作为公共关系学分析单位的信源和接收者变量。哈勒汉提出，创造有效信息以影响具有战略意义的公众是公共关系的重要功能。然而，公共关系理论家们并没有提出一套与公众沟通的信息策略（Hallahan, 2000, p.464）。同样，斯普林仕顿和启顿指出，尽管学者们已经提出同时向多元的公众传递战略信息的必要性，但是尚未出现具有理论依据的方法用于评估发送给公众的信息（Springston & Keyton, p.117）。

虽然战略信息传递受到公共关系学界的关注有限，但公共关系过程模型提供了一个理论框架（Hazleton & Long, 1988），将公共关系视为目标驱动的信息策略，用于组织在一定环境中与目标受众进行互动。作为模型的一部分，黑兹尔顿（Hazleton, 1992, 1993）从心理学层面界定了六种信息功能，反映了公共关系常见的信息传播效果：信息告知、说服、推动、胁迫、合作性问题解决以及谈判。大量研究结果表明，信息策略分类法是对组织传播行为的有效概念化（Förster & Werder, 2011; Gallo, 2009; Guilfoil, 2010; Page, 2000a, 2000b; Page & Hazleton, 1999; Werder, 2005, 2006a, 2006b; Werder & Holtzhausen, 2009; Werder & Mitrook, 2011; Werder & Schuch, 2008; Werder & Schweickart, 2013）。

虽然公共关系过程模型提供了一种有效的理论框架，但这一理论框架并不体现接收者变量具有重要性，即可通过战略信息传播的方式来实现组织目标。而且，这一理论框架也没有详述不同情境下的战略信息传递效果，因此，需要更开阔的视野整合这些概念，以对战略信息传播进行更强有力的解释。本章介绍了来自不同学术领域的理论，并试图将这些理论综合成一个全面而简洁的框架来识别、描述和解释战略传播过程中的信息变量。

界定战略传播的信息

根据黑兹尔顿和朗的公关过程模型[1]，公共关系是管理的一种沟通功能，组织通过它建立适应、改变或维护环境所必需的关系，以达到组织目标（Hazleton, 1993; Hazleton & Dougall, 2007; Hazleton & Long, 1988; Long & Hazleton, 1987）。据此，公共关系可以被概念化为一个开放系统，由一个多维环境和三个子系统组成。在宏观层面，环境是一个系统，公共关系的输入、转换和输出过程由组织、传播和目标受众三个子系统组成（Hazleton & Long, 1988, p.82）。

传播子系统在环境、组织和目标受众子系统间提供一种跨界功能。这种跨界功能是编码和传输信息（Hazleton & Long, 1988, p.85）。组织中的公共关系行为是通过旨在实现组织目标的传播战略来实施的（Hazleton, 1993）。传播战略以对环境中目标受众输入的信息的形式展现出来。这种信息展现是基于符号分析的传播过程的功能性结果。

黑兹尔顿（Hazleton, 1993）指出，符号是传播过程中可观察到的有形部分。为使传播有效，符号或符号系统必须在传播过程中由信源和接收者共享，或者说传播过程中二者至少要做到对符号或符号系统的理解。作为具有物质形态且具有可预测效果的社会构建的对象，符号可以被视为组织资源。为达成组织目标，组织会消耗其他类型的资源来开发和使用符号资源（Hazleton, 1993, p.89）。

因此，将信息视为一种含有独特物理、心理和社会属性的符号来进行分析是可行的。“在物理层面，信息是可被感知的有形刺激。在心理层面，接收者赋予信息的意义是可以指定的。在社会层面，‘重要他人’会影响个人信息评估过程”（Hazleton & Long, 1988, p.85）。

黑兹尔顿利用这些概念发展出一个矩阵来分析作为符号传播的公共关系信息。该矩阵如表17.1所示。矩阵的顶部反映了受众在信息效果和信息处理方面的抽象程度不断提高。在第一个层次，消息被看作个体可以理解和处理的物理对象。在第二个层次上，鉴于信息被看作个体可以理解的对象，他们的心理影响也该被考虑在内。在第三个层次，考虑社会过程对符号效果的影响（Hazleton, 1993, p.91）。

矩阵的左侧由三个一般概念组成，即内容、结构和功能，这些概念反映出了关于信息特征的假设。尽管这些概念存在于传播过程中的每一环节，但它们是可被独立审视的符号信息的各个层面。因此，可在不知晓信源动机或特点的情况下识别和理解这些概念。

表 17.1　公共关系符号分析矩阵

	物理属性	心理属性	社会属性
内容	• 图形-视觉 • 口头-听觉 • 触觉 • 嗅觉 • 味觉	A. 参照 • 外延 • 内涵 B. 风格 • 逻辑 • 兴趣 • 激情 • 自信 • 保存面子 • 简洁的 • 模糊的 • 真实的	• 修辞视野 • 梦幻主题 • 符号线索 • 幻想类型 • 冒险故事
结构	• 强度 • 对比 • 特定顺序 • 时间顺序	A. 有机的 • 空间的 • 时间的 • 类型 B. 心理的 • 原因/效果 • 问题/解决 • 高潮/反高潮	A. 分布 • 网络规模 • 网络形态 • 对称 • 关系 B. 频率 • 活动 • 议题/符号
功能	A. 符号属性 • 重复 • 矛盾 • 替代 • 补充 • 强调 • 验证 B. 传播属性 • 关系 • 地位 • 影响	推动 告知 胁迫/赋权 谈判 解决问题 说服	A. 任务表现 • 问题界定 • 解决方案确定 • 行为规范 • 信息交换 B. 团队维系 • 社会化 • 认知提升 • 冲突解决 • 领导权

Hazleton, 1993

内容是指信息的显性特征。结构是指在特定分析层次中传播元素的分布和频率。功能涉及受众并反映了对于信息效果的假设。根据黑兹尔顿的说法，"根据功能特性，对信息进行分类时必须考虑到接收信息的受众特征。具体来说，战略选择反映了关于受众的激励、认知和行为特征的假设"（Hazleton, 1993, p.91）。

黑兹尔顿（Hazleton, 1993）从心理层面上界定了信息的六大功能，反映了与公众沟通时组织采用的公共关系策略。从受众的信息影响以及受众赋予信息的意义角度来看，这些功能象征了公共关系的目标。这六大功能是：推动、告知、说服、胁迫、谈判和解决问题。

前四项信息功能，推动、告知、说服和胁迫，来源于社会变革文献，包括由萨尔特曼和邓肯提出的计划性变革概念。虽然没有明确的方法对这些策略进行分类，但是这些策略按照被施加压力大小来排序（Zaltman & Duncan, 1977, p.60）。此外，萨尔特曼和邓肯指出，可以采用多重策略来实现预期目标。矩阵中的最后两项功能——谈判和问题解决，结合了格鲁尼格关于传播方向和传播目的的理念（J. E. Grunig & Hunt, 1984）。这些策略反映了格鲁尼格的卓越理论（J. E. Gruning, 1992）中描述的双向不对称和双向对称公共关系模型的特征。

黑兹尔顿（Hazleton, 1992）利用信息的这六大心理功能发展出一套组织与公众进行沟通时使用的公共关系策略分类法，包括告知、推动、说服、权力（之前称为胁迫）、谈判，以及合作性问题解决策略。

告知策略

告知策略是建立在不带偏见的事实和假设一个理性和积极的受众基础之上的。告知的信息不会得出结论，而是假设公众将从准确的数据中推断出适当结论。告知策略将提供问题的多种替代性解决方案。此外，该策略的特点是使用中性语言和有机的或自然的组织模式以更易达成理解。

研究表明，工作时间和接触消息的频率与学习呈正相关，因此，当目标公众的行为变化不必短时间内迅速发生时，告知策略是最有效的。萨尔特曼和邓肯认为告知策略有效地增强了问题识别，因此其可以为未来的学习建立基础。然而，该策略在明确需求前不能提出一个具体的解决方案，特别是有争议的解决方案。告知策略可以有效建立对问题的认知，并建立一种已知问题可被解决的感知（即减少约束认知），但是，当组织没维持长期参与所需的资源时，单独使用这一策略将是无效的（Zaltman & Duncan, 1977, p.132）。

此外，告知策略在变革过程的认知阶段是有效的。它可以有效地预防个体抵抗变化或恢复到以前的行为模式。当对变革的抵抗力很高时，告知策略需要更多的时间才能有效。此外，当公众不具备实施变革所需的知识或技能时，告知策略就该出场了，其尤其对具动机的公众最为有效。

推动策略

推动策略的实现是通过向公众提供资源，使其以一种已经倾向于采取的方式来行动。资源可能是有形的物品，如工具或金钱，或是完成具体任务的指导。

根据萨尔特曼和邓肯（Zaltman & Duncan, 1977）的研究，当公众认识到一个问题，同意需要采取补救行动，愿意接受外部援助，并且愿意进行自助时，推动策略是有效的，当配合采用一个能在公众中间创造援助有用性的意识的项目时，推动策略最有效。此外，使用推动策略的组织必须确定战略的延续是否需要在初步实施变更后持续进行资源消耗。当目标公众缺乏实施或维持变革所需的资源时，可使用推动策略来弥补。此外，如果公众对变革产生较大抵触，推动策略则不太可能成功。

说服策略

说服策略的特点在于诉诸公众的价值观或情感。该策略包含信息的选择性呈现。它可以使用不中立的语言，反映出问题的重要性或信源在该情境下的涉入。说服性的信息是指示性的，包含一种默示或明确的行动要求。根据萨尔特曼和邓肯的观点，说服策略用于当公众没有意识到或认为问题很重要的情况下，或涉入程度较低时，或当一项特定的解决方案不被认为有效时。当有必要诱导公众将资源从一个项目或活动重新分配到组织倡导的另一个方案或活动时；当一个组织不能通过操纵公众重视的资源来直接控制公众时；当时间限制很大，并且使用权力的能力很低时，说服策略是有效的（Zaltman & Duncan, 1977, p.151）。

此外，当公众改变的动机较低时，说服策略可能是有用的，但是当目标公众缺乏维持变化的资源时，该策略则不可行。这些策略在变革过程的合法化和评估阶段，以及当变革的程度被认为是巨大的或被认为是有风险时特别有用。当其他策略尝试无果，所处情境变化又很难理解，或在没有其他明显的相对优势时，说服则是必要的。此外，当目标公众强烈抵制时，表明更需要说服策略；然而，当公众意识到说服意图时，其就会更加抵制。

权力策略

承诺和奖励、威胁和惩罚策略都是通过使用权力获得遵从来定义的，因此，它们被认为是胁迫手段。承诺和奖励策略包含一个指令性的附带的结果，它可能明确地或默默地与指令要求的绩效相关。当信息源操控了信息接收者期望的结果时，这种策略使用的是积极的胁迫；相反，威胁和惩罚策略采用了消极的胁迫，该策略意味着信息源操控了会让信息接收者恐惧或厌恶的结果。当公众对变革的需求的感知度较低时，权力策略是有效的；然而，如果目标群体没有接受改变所需的资源，并且组织无法提供这些资源，权力策略则不会奏效（Zaltman & Duncan, 1977）。权力策略有效地促使公众重新分配资源，以发起和维持变革。当出现预期的变革阻力，必须在短时间内解决，以迅速变革时，权力策略也是有用的。此外，一个组织必须能够控制目标公众行为或心理方面变化的结果，才能使权力策略有效，因此，这些策略通常比其他策略需要更多资源。当目标是公众行为方面的改变而心理方面的变化并不重要时，权力策略更为有效。如果很看重心理变化，那么权力策略必须与其他策略结合使用。总之，承诺和奖励策略比威胁与惩罚策略更容易使用，因为它们的社会接纳度更高。

谈判策略

谈判策略的特点是在沟通者之间有组织地交换信息，使用了隐瞒信息的策略和欺骗手段，目的是诱导他人考虑一个可接受范围内的替代方案，并摸清对方可接受的替代方案范围。谈判沟通的特点是使用对比鲜明的符号来区分不同的群体，例如“我们”和“他们”。这种策略反映的特征类似于格鲁尼格（J. E. Grunig, 1992）的双向不对称模型，因为组织和公众可能有不兼容的目标，隐瞒信息是一种常见战略。

当各方依存度较高时可以使用协商谈判策略。这意味着谈判情境中的所有势力依赖于其他各方的合作来实现其目标。这是一种约束，因为谈判是一种竞争性的情境。当各方的目标不太一致时，谈判可能是一个更可行的战略；然而，除非所有各方都有一系列可以接受的替代方案以达成解决，否则谈判不太可能奏效。

合作性问题解决策略

合作性问题解决策略反映了共同界定问题和解决问题的愿意。这一策略的信息特点是各方面通过公开的信息交换，来建立问题的共同定义和共同目标，并引导就该问题的统一立场与责任共享。这些策略往往使用包容性的符号，例如“我们”。此外，该策略反映了格鲁尼格（J. E. Grunig, 1992）双向对称模型的特征，因为组织与公众之间存在相互依赖的感觉。当组织和公众认识到他们的相互依赖性，感到需要彼此参与以识别问题并发展替代性解决方案时，合作是有效的。各方的目标越一致，合作性问题解决策略就越有效。所有各方必须能够就常见问题和解决方案达成一致。各方目标越兼容，合作性问题解决策略就越有效。各方必须能够就共同的问题的定义和解决方案达成一致。因此，开放性和公平性是这些策略的特点。

描述信息策略的使用和效果

公共关系过程模型及其对应的公共关系策略的分类，为理解组织的信息传递行为提供了一个非常必要的框架。模型的一个基本假设是，这个模型是情境式的，认为组织在特定时间对特定受众的感知指导了该组织所选择的策略（Hazleton, 1993）。在公共关系决策过程的研究和分析阶段，组织可以识别出公众的属性，以此选择最适合和最有效地实现组织目标的公共关系策略。这样，组织的目标就与公众的属性相一致，从而推动策略的使用，公共关系策略成为组织目标和公众之间的功能性链接。此外，通过将公共关系策略视为由公众属性引导的符号化信息，可以预测战略在实现组织目标方面的有效性。许多研究通过测量组织中策略使用的频率、公众属性对策略使用和有效性的影响以及信息策略对接收者变量的影响，验证了黑兹尔顿的信息策略分类法。研究还调查了组织管理变量与信息策略使用及效果在达成组织目标时的关系。研究结果如下表所示。

组织中策略使用的频率

目前，衡量组织中策略使用频率的研究已经进行了六项。表格17.2和17.3分别显示出采用调查方法和内容分析法得出的研究结果。

表17.2 运用调查方法的研究中信息策略运用频率的比较

韦尔德和霍特卓森（Werder & Holtzhausen, 2009）	韦尔德（Werder, 2005）	佩吉（Page, 2000a）	佩吉和黑兹尔顿（Page & Hazleton, 1999）
说服 告知 推动 合作 权力	说服 告知 推动 合作	告知 说服 合作 推动 承诺/奖励 威胁/惩罚 谈判	说服 告知 合作 承诺/奖励 谈判威胁/惩罚

表17.3 信息策略使用的频率比较——采用内容分析方法的交叉研究

韦尔德（Werder, 2006a，2006b）	佩吉（Page, 2000b）
说服 告知 合作 推动 承诺/奖励 威胁/惩罚 谈判	告知 说服 推动 合作 威胁/惩罚 承诺/奖励 谈判

在使用信息策略分类法的第一个实证研究中，佩吉与黑兹尔顿通过直邮调查了美国公共关系协会（PRSA）的成员，以测量在执行公共关系活动时策略的使用情况。通过使用一种重复测量的工具，调查工具提供了七种策略的定义，并通过一种5分量量表来要求参与者评估这几种策略的使用频率。"这一组织经常使用这种策略"，"这一组织从不使用这一策略"。佩吉与黑兹尔顿发现，对于不同策略，使用频率上存在显著差异，研究报告了在策略使用的频率上，约40%的方差由策略类型造成。具体来说，研究发现组织最常使用说服策略，告知策略是第二位最常用的，其次是合作性问题解决策略和推动策略。承诺与奖励策略、谈判策略、威胁和惩罚策略则是从业者最少使用的。

后续两项研究得出了类似结果。在一项研究中，佩吉（Page, 2000a）使用在线问卷调查了作为PRSA顾问学院成员的公共关系从业者。结果表明，告知策略最常用于执行公共关系活动中。具体来说，告知策略占用了48.8%的时间。从业者报告使用说服策略的时间占18.8%，其次是合作性问题解决策略（14.6%）和推动策略（12.2%）。承诺与奖励策略的使用率为4.9%，威胁与惩罚策略只占1.2%。在本研究中没有使用谈判策略的报告。

在另一项研究中，佩吉（Page, 2000b）通过美通社网站（www.prnewswire.com）对组织发布的100个随机选择的新闻稿中的公共关系策略使用情况进行了分析。结果表明，告知策略在新闻稿中最常用。说服策略是第二个最常用的策略，其次是推动策略、合作性问题解决策略、威胁与惩罚策略、承诺与奖励策略，以及谈判策略。

5年后，沃德重复进行了这项内容分析（Werder, 2006a），结果略有不同。具体来说，组织在之后的新闻稿样本中最常采用说服策略，其余依次为告知策略、合作性解决问题策略、推动策略、承诺与奖励、威胁与惩罚以及谈判策略。

2005年，沃德重复了对佩吉与黑兹尔顿（Page & Hazleton, 1999）对PRSA成员的调查，此次调查样本量更大（$N = 403$）；然而，研究发现，最常用的策略只有4个，最常使用的是说服策略，其余依次是告知策略、推动策略和合作性问题解决策略。

最后，在一项大规模的组织传播管理实践研究中，沃德与霍特卓森（Werder & Holtzhausen, 2009）调查了885名PRSA成员，发现被测的5种策略的使用频率在统计学上存在显著差异。Eta平方系数显示本次测量中策略类型对策略使用频率的解释率为69%。他们的研究得出了与沃德（Werder, 2005）相同的策略使用频率；并且还测试出权力策略在被调查的从业者中被使用的次数最少。这6项研究的结果验证了黑兹尔顿的公共关系信息策略分类，并提出概念定义与策略操作之间有良好契合。此外，研究发现策略使用的频率因类型而异，这显示出不同策略具有独特的使用特性——组织使用一些策略高过另一些，有的完全不用。这一点支持了黑兹尔顿的判断，即公共关系信息策略的使用是情境化的。

公众属性对策略使用与策略效果的影响

为了解释为什么组织在不同的情况下使用不同的信息策略，佩吉和黑兹尔顿（Page & Hazleton, 1999）指出，公关从业者使用的策略更多地受到接收者的影响，而不是组织的影响，这是迄今为止公共关系学术研究的焦点。他们尝试通过检测格鲁尼格公众情境理论（J. E. Grunig & Hunt, 1984）中的公众属性来描述公众属性、策略使用和策略效果之间的关系，检验的理论要素包括问题识别、约束识别、参与度、信息处理和信息搜寻。此外，佩吉和黑兹尔顿将目标一致性作为影响组织战略信息选择的关键公众属性加以概念化并进行了检测目标一致性研究。他们发现，策略类型对公众属性的解释率达72.6%。具体来说，从业者对问题识别、信息搜寻和公众目标一致性的感知是信息策略选择中最重要的变量（Page & Hazleton, 1999, p.17）。

佩吉和黑兹尔顿（Page &Hazleton, 1999）还预测，在达成组织目标时，公众属性与其感知的信息策略效果有相关性。研究检测了7项策略，其中6项的多元回归分析显示公众属性与有效性显著相关。具体来看，目标一致性、问题辨识、卷入程度、信息搜寻等变量是策略效能的重要预测因子。然而，佩吉和黑兹尔顿指出，目标一致性是战略有效性的主要预测因素，其在5项策略的效果检测中贡献了主要方差。根据作者的观点，当组织处理信息的能力有限时，目标一致性的属性变得更加重要。在限制组织的能力去评估公众多种属性的条件下，目标一致性可能是策略使用和策略效果的主要影响因素。这些结果得到了佩吉（Page, 2000a）的支持，她进行了后续研究，以便更好地了解目标一致性以及其如何与策略效果相关。结果表明目标一致性和策略效果之间显著正相关（$r = .412$，$p < .001$）。

沃德在2005年的研究中使用问题识别、约束识别、参与度和目标一致性等多项目测量来检验公众的属性对策略使用的影响。根据ANOVA重复测量的结果，策略类型对公众属性的方差解释率为58%。单变量分析表明，问题识别和约束识别测量的效应值最大，目标一致性和参与度测量的效应值最小。

沃德在2005年的研究还发现，公众的感知属性在影响告知策略、推动策略、说服策略和合作性问题解决策略的效果方面起到非常重要的作用。具体来说，在告知策略效果的检测中，目标一致性、问题识别和参与度的解释率约为33%；在推动策略效果的检测中，目标一致性、问题识别、参与度和信息处理的解释率约为40%；在说服策略效果的检测中，目标一致性、问题识别、信息处理、参与度和约束识别的解释率约为42%；在合作性问题解决策略效果的检测中，目标一致性、参与度、问题识别和信息处理的解释率约为52%。

依据这些结果，沃德（Werder, 2005）提出了一个公共关系/广告策略使用的实证理论的基础，这一基础连接了公关过程中内在的信息和接收者变量。她提出了如下假设和相关命题，以供未来的实证检验。

假设1：公众的感知属性影响公共关系策略在组织中的使用。

命题1.1：当使用告知策略时，从业者将公众视为拥有低问题识别力与低目标一致性的人。

命题1.2：当使用推动策略时，从业者认为公众具有中等问题识别力、高目标一致性、高参与度，以及信息处理行为。

命题1.3：当使用说服策略时，从业者认为公众具有低问题识别力、低目标一致性、低参与度，以及信息搜寻行为。

命题1.4：当使用合作性问题解决策略时，从业人员会感觉公众具有高问题识别力、高目标一致性，以及信息搜寻行为。

假设2：公众的感知属性是公共关系策略效果的预测因子。

命题2.1：告知策略的效果通过感知的目标一致性和问题识别来预测。

命题2.2：推动策略的效果通过感知的目标一致性和信息处理行为来预测。

命题2.3：说服策略的效果通过感知的目标一致性来预测。

命题2.4：合作性问题解决策略的效果通过感知的目标一致性和问题识别来预测。

信息策略对接收者变量的影响

许多实验研究试图确定，在不同情境下，为达成组织目标哪些公关信息策略最有效。这些研究主要聚焦于信息策略对相关接收者认知的影响。为了扩大公关信息策略的应用范围，佩吉（Page, 2003）使用理性行动理论（Fishbein & Ajzen, 1975）测试了公关信息策略对接收者变量的影响，这一理论是广告和营销研究中常用的框架。理性行动理论提供了一个模型，用于衡量人们对某一行为的信念、态度和意向，以便预测他们的实际行为（Fishbein & Ajzen, 1975; Ajzen & Fishbein, 1980）。理论的具体内容如下。

1. 行为由行为意向所决定。
2. 意图由对行为的态度和主观规范所决定。
3. 态度由行为的信念及对显著结果的评价决定。
4. 主观规范由规范性的信念和遵循具有显著参考价值的动机决定（Fishbein & Ajzen, 1975）。

该理论假设态度和行为是相关的，因为人类是理性的，他们以合理的方式系统地处理他们可用的信息，以达到行为目标（Ajzen & Fishbein, 1980）。在大多数情况下，人们的行动与他们所述的态度一致（Fishbein & Ajzen, 1975; Ajzen & Fishbein, 1980）。

佩吉（Page, 2003）采用实验设计，运用理性行为理论（Fishbein & amp; Ajzen, 1975）研究公共关系策略如何影响个人对一个响应积极主义的组织的信念、态度和行为意向。结果表明，合作性问题解决策略对组织产生了最积极的态度和行为意向。相比之下，威胁和惩罚策略对组织产生的效果最差。

在一项使用公众情境理论相关变量的研究中（J. E. Grunig & Hunt, 1984），沃德（Werder, 2006b）发现信息策略类型对个体的问题识别和对一个响应积极主义的组织的卷入程度有显著影响。具体来说，推动策略在公众中产生的问题识别水平最高，其次是合作性问题解决策略。告知策略在产生公众问题识别方面效果最差。说服策略产生了最高的公众卷入程度，其次是推动策略。告知策略、威胁与惩罚策略在公众中产生的参与度最低。

沃德和舒赫（Werder & Schuch, 2008）重复了沃德（WErder, 2006b）的研究，但从积极组织的角度，而不是从企业回应积极主义的角度，研究了信息策略。他们的研究综合了公众情境理论和理性行为理论的变量，发现信息策略影响问题识别、目标一致性、战略态度和行为态度。此外，他们的研究结果表明，说服和权力策略在让公众积极参与一个积极组织的事业方面最为有效。

加洛（Gallo, 2009）使用了紧急管理情境来检测信息策略类型对接收人响应飓风疏散消息的影响。结果表明，策略类型对问题识别和信息接收者的卷入程度有显著影响。威胁和惩罚策略在信息接收者中产生的问题识别率最高，其次是说服策略、承诺和奖励策略。威胁和惩罚策略在信息接收者中的卷入程度最高，其次是推动和合作性问题解决的策略。此外，威胁和惩罚策略产生的信息搜寻行为水平最高，说服策略产生的信息搜寻行为水平最低。

使用类似的实验设计，基尔弗瓦尔（Guilfoil, 2010）探讨了信息策略对非划船者和积极划船者在划船安全的信念、态度和行为意向上的影响。结果表明，权力策略、威胁和惩罚策略、承诺和奖励策略在与被动公众沟通时最有效。

为了更好地理解参与度和信息策略效果之间的关系，沃德和米卓克（Werder & Mitrook, 2011）测试了信息策略与相关传播行为参与度的交互作用。他们使用2×6因子设计（$N-333$）来检查6种信息策略对高、低问题卷入条件下的信任、满意度、承诺、控制相互性和传播行为的影响。他们的研究寻求确定最有效的信息策略和参与条件，以产生积极的关系结果，并激励公众采取行动。虽然信息策略对关系变量的影响并不显著，但研究结果表明，公众沟通行为中方差近13%是由信息策略类型和问题卷入之间的相互作用造成的。此外，合作性问题解决策略可以最有效地激励公众采取行动，不论是在低和还是高信息参与度条件下。表17.4显示了在公众低问题参与度和高问题参与度中激励公众传播行为的信息策略有效性的方法。

表17.4　传播行为中问题参与度与信息策略的相互作用

参与度	策略类型	*M*	标准误差
低问题参与度	合作性问题解决策略	3.731	.286
	推动策略	3.500	.292
	威胁与惩罚策略	3.250	.286
	说服策略	3.210	.292
	承诺与奖励策略	2.846	.286
	告知策略	2.594	.298
高问题参与度	合作性问题解决策略	4.705	.276
	说服策略	4.040	.292
	威胁与惩罚策略	4.000	.271
	承诺与奖励策略	3.540	.292
	告知策略	3.458	.298
	推动策略	3.330	.311

在类似的研究中，福斯特和沃德（Förster & Werder, 2011）采用跨学科和多文化的观点来检验信息策略对营销研究中的常见变量——品牌协会和购买意向的变量的影响，以及产品卷入和文化价值在调节这些效果中的作用。研究发现，产品卷入作为信息策略效果的调节变量，影响了信息效果的强度，高参与度比低参与度的作用更强。福斯特和沃德（Förster & Werder, 2011）发现，对于高度卷入的受众来说，增加消费者购买意愿

的最有效信息策略是说服性的，而对于低卷入的受众来说，权力策略最有效。这些结果与扎特曼和邓肯（Zaltman & Duncan, 1977）的假设、黑兹尔顿最初确定的消息策略分类法以及之前的研究结果相反。文献表明，告知和合作性问题解决策略在高卷入情况下最有效，而推动和说服性策略在低卷入情况下最有效。福斯特和沃德（Förster & Werder, 2011）认为，他们的研究结果可能是因为他们的研究是在营销产品驱动的情境下进行的，而不是在公共关系问题驱动的情境下进行的。他们得出的结论是，信息策略的影响是复杂的和高度情境化的。

为了综合先前这些研究结果，沃德与施韦卡特（Werder & Schweickart, 2013）提出并检验了一个用于解释公众传播行为的整合模型，如图17.1所示。他们从跨学科视角整合了问题解决情境理论（Kim & J. E. Grunig, 2011; J.-N. Kim, Ni, S.-H. Kim, & J. R. Kim, 2012）和理性行为理论（Fishbein & Ajzen, 1975）的因变量和自变量，提供一种更全面、更有力的方法来理解和解释为什么公众会参与沟通行为及其他与组织活动和目标相关的行为。这个整合模型使问题解决情境理论（公众情境理论的扩展）和理性行为理论中的每个变量都适当地反映出其功能。具体来说，这个模型假设信息策略影响个人的情境信念。根据“问题解决情境理论”，在解决问题时，情境信念影响情境动机，情境动机又和参考标准一起预测传播行为。

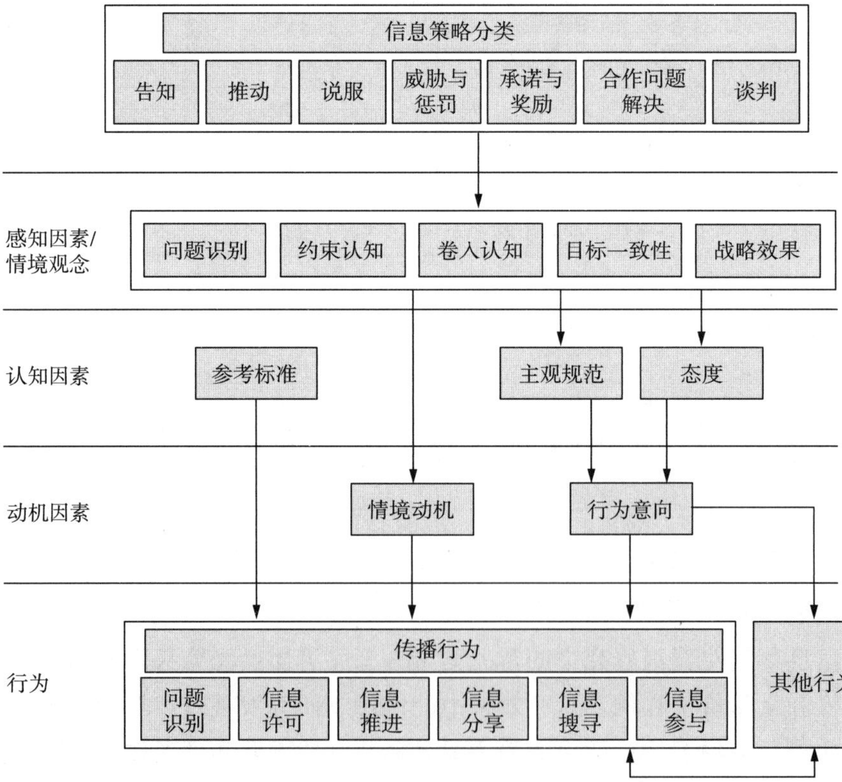

图17.1 解释公共传播行为的整合模型（Werder & Schweickart, 2013）

同样，理性行为理论假定情境信念影响态度和主观规范，并进而预测行为意向。整合模型的一个重要方面是它增加了行为意向变量来预测传播行为。该模型借鉴了解决问题的情境理论提供的问题管理框架，提出对组织和问题的态度在预测行为意向与影响公众传播行动方面也很重要。模型根据理性行为理论提出：行为意向，特别是购买意向是理解传播行为和其他影响组织活动和目标的公众行为时应考虑的因素。

沃德与施韦卡特（Werder & Schweickart, 2013）对模型的测试结果支持了所假设的关系。他们发现信息策略通过影响感知战略的有效性来影响对问题、组织和行为的态度。此外，感知策略效果在问题解决过程中对情境动机有重要作用，行为意向是传播行动的重要预测因素。

战略信息的组织管理变量

有些研究探讨了组织管理变量和组织中信息策略使用与效果之间的关系。具体来说，管理层面变量的影响，例如组织架构、传播从业者的决策制定行为、从业者领导风格和从业者角色，都被检验以确认它们如何影响组织中的信息策略使用。

沃德（Werder, 2009）研究了组织结构和从业者决策行为对信息策略使用和有效性的影响。她的研究结果表明，网络结构是一个预测因素，可以预测告知的或合作性问题解决策略的使用，以及合作的问题解决策略的有效性。矩阵式结构能预测推动策略与合作性问题解决策略的使用和有效性。虚拟结构能预测告知策略的使用，事业部制结构预测说服策略的使用。

此外，从业者的决策行为影响了除说服策略外所有策略的使用以及所有检测策略的效果。具体来说，信息获取决策是告知和合作性问题解决策略使用的预测因子，也是告知、推动、说服和合作性问题解决策略有效性的预测因子。技术导向的决策行为是一个预测因子，可以预测催化的权力战略的使用，以及权力战略的有效性。此外，风险评估决策行为是权力策略使用和推动策略效果的预测因子，小组决策行为是合作性问题解决策略使用的预测因子。

沃德与霍特卓森（Werder & Holtzhausen, 2008）的一项研究表明，虽然有统计学意义，但是传播从业者的作用对信息策略的使用及效果的影响有限。虽然传播战略家、传播推进者和技术人员更多地重复使用告知策略，但这并没有转化为对策略有效性的感知。传播战略家和媒体公关角色与对告知策略的感知效果有关。战略推进者的角色与推动信息的感知效果相关，专家诊断者角色有助于说服信息策略的感知效果。传播推进者角色影响了合作信息策略的使用和感知效果。虽然专家诊断者、传播推动者和战略家的角色导致权力信息策略的使用，但这些角色对权力信息策略产生的效果并没有什么影响。

最后，沃德与霍特卓森（Werder & Holtzhausen, 2009）的研究结果表明，变革型领导风格与推动策略和权力策略的使用以及说服策略和合作性问题解决策略的感知有效性相关。此外，包容性领导风格与推动策略、合作性问题解决策略和权力策略的使用相关，与告知策略与推动策略的感知有效性也相关。

解释信息策略的使用和效果

本章回顾的研究结果表明，黑兹尔顿提出的信息策略分类为理解战略传播过程中的信息变量提供了一个有用框架。研究信息策略的各种研究方法所提供的多元视角表明了它们在实践和学术上的有效性。

战略传播信息传递理论

这一研究项目为组织的战略传播信息传递积极理论提供了基础。基于这些研究结果，以下假设被认为是该理论的基础。这些假设源于佩吉、黑兹尔顿（Page & Hazleton, 1999）和沃德（Werder, 2005）进行的研究；不过，这些假设已被修改以反映本文回顾的研究结果。假设1至假设4涉及信息策略的使用，假设5至假设10涉及信息策略在实现组织目标方面的效果。

假设1：当公众被认为具有中度问题识别、中度约束识别、中度参与度、中度目标一致性和信息搜寻行为时，使用告知策略。

假设2：当公众被认为具有低问题识别、低约束识别、低参与度、高目标一致性和信息加工行为时，使用推动策略。

假设3：当公众被认为具有低问题识别、中度约束识别、中度参与度、低目标一致性和信息加工行为时，使用说服策略。

假设4：当公众被认为具有高问题识别、高约束识别、高参与度、高目标一致性和信息搜寻行为时，使用合作性问题解决策略。

假设5：当公众表现出中度问题识别、中度参与度和中度目标一致性时，告知策略是有效的。

假设6：当公众表现出低问题识别、低参与度、高目标一致性，并且不积极搜寻信息时，推动策略是有效的。

假设7：当公众表现出低问题识别、中参与度、低约束识别、低目标一致性，并且不积极搜寻信息时，说服策略是有效的。

假设8：当公众表现出高问题识别、高参与度、高目标一致性，并且积极搜寻信息时，合作性问题解决策略是有效的。

假设9：当公众表现出高目标一致性时，承诺和奖励策略是有效的。

假设10：当公众表现出高目标一致性和高参与度时，威胁和惩罚策略是有效的。

这些假设可以用两张表简洁地表示出来。表17.5显示了在组织中使用信息策略时公众的感知属性。表17.6显示了当信息策略有效实现组织目标时公众的感知属性。

表 17.5 公众属性与策略使用的关系

策略类型	问题识别	约束识别	参与度	目标一致性	信息搜寻
告知策略	中	中	中	中	高
推动策略	低	低	低	高	低
说服策略	低	中	中	低	低
合作性问题解决策略	高	高	高	高	高

表 17.6 公众属性与策略效果的关系

策略类型	问题识别	约束识别	参与度	目标一致性	信息搜寻
告知策略	中		中	中	
推动策略	低		低	高	低
说服策略	低	低	中	低	低
合作性问题解决策略	高		高	高	高
承诺与奖励策略			高	高	
威胁与惩罚策略			高	高	

本章描述的研究项目结果，为组织中战略传播的信息传递积极理论提供了基础。未来的研究应该旨在加深对信息策略的理解，以及探讨它们如何在各种情境和组织环境中被应用，以实现组织目标。这项研究对战略传播知识体系做出了重要贡献，它支持了这样一种概念，即有效的传播管理者必须能与多种互动者（即消费者、公众、受众）交流，因此，要理解不同的互动者是为什么需要不同的战略信息传递方法。这就是战略传播的独特领域。

注释

[1] 关于公共关系过程模型的完整回顾，参见黑兹尔顿、道尔（Hazleton & Dougall, 2007）和沃德（Werder, 2005）。

参考文献

[1] Ajzen, I., & Fishbein, M. (1980). *Understanding attitudes and predicting social behavior*. Englewood Cliffs, NJ: Prentice Hall.

[2] Fishbein, M., & Ajzen, I. (1975). *Belief, attention, intention, and behavior: An introduction to theory and research.* Reading, MA: Addison-Wesley.

[3] Förster, K., & Werder, K. P. (2011, May). *The persuasive power of messages: An interdisciplinary analysis of product involvement and values as moderators of public relations message strategy effects.* Paper presented at the 2011 Conference of the International Communication Association, Boston, MA.

[4] Gallo, A. M. (2009). *Risk communication: An analysis of message source and function in hurricane mitigation/preparedness communication*. Unpublished master's thesis. University of South Florida, Tampa, FL.

[5] Grunig, J. E. (1992). *Excellence in public relations and communication management*. Hillsdale, NJ: Lawrence Erlbaum Associates.

[6] Grunig, J. E., & Hunt, T. (1984). *Managing public relations*. New York: Holt, Rinehart & Winston.

[7] Guilfoil, E. N. (2010). *Nautical knowledge: An experimental analysis of the influence of public relations strategies in safe boating communication*. Unpublished master's thesis. Tampa, FL: University of South Florida.

[8] Hallahan, K. (2000). Enhancing motivation, ability, and opportunity to process public relations messages. *Public Relations Review*, 26, 463–480.

[9] Hazleton, V. (1992). Toward a system theory of public relations. In H. Avenarius & W. Ambrecht (Eds.), *Ist public relations eine wissenschaft?* [Is public relations a science?] (pp. 33–46). Berlin: Westdeutscher Verlag.

[10] Hazleton, V. (1993). Symbolic resources: Processes in the development and use of symbolic resources. In W. Armbrecht, H. Avenarius, & U. Zabel (Eds.), *Image und PR: Kann image Gegenstand einer Public Relations-Wissenschaft sein?* [Image and PR: Can image be a subject of public relations science?] (pp. 87–100). Wiesbaden, Germany: Westdeutscher Verlag.

[11] Hazleton, V., & Dougall, E. (2007). New directions for the public relations process model. *Proceedings of the 8th Annual International Public Relations Research Conference*. Gainesville, FL: Institute for Public Relations.

[12] Hazleton, V., Jr., & Long, L. W. (1988). Concepts for public relations education, research, and practice: A communication point of view. *Central States Speech Journal*, 39, 77–87.

[13] Kim, J-N, & Grunig, J. E. (2011). Problem-solving and communicative action: A situational theory of problemsolving. *Journal of Communication*, 61, 120–149.

[14] Kim, J-N, Ni, L., Kim, S-H. & Kim, J. R. (2012). What makes people hot? Applying the situational theory of problem-solving to hot-issue publics. *Journal of Public Relations Research*, 24(2), 144–164.

[15] Long, L. W., & Hazleton, V., Jr. (1987). Public relations: A theoretical and practical response. *Public Relations Review*, 13(2), 3–13.

[16] Page, K. G. (2000a, August). *Determining message objectives: An analysis of public relations strategy use in press releases*. Paper presented to the Public Relations Division of the Association for Education in Journalism and Mass Communication. Phoenix, AZ.

[17] Page, K. G. (2000b, June). *Prioritizing relations: Exploring goal compatibility between organizations and publics*. Paper presented to the Public Relations Division of the International Communication Association. Acapulco, Mexico.

[18] Page, K. G. (2003, May). *Responding to activism: An experimental analysis of public relations strategy influence on beliefs, attitudes, and behavioral intentions*. Paper presented to the Public Relations Division of the International Communication Association. San Diego, CA.

[19] Page, K. G. & Hazleton, V. (1999, May). *An empirical analysis of factors influencing public relations strategy use and effectiveness*. Paper presented to the Public Relations Division of the International Communication Association. San Francisco, CA.

[20] Springston, J. K., & Keyton, J. (2001). Public relations field dynamics. In R. Heath (Ed.), *Handbook of public relations* (pp. 115–126). Thousand Oaks, CA: Sage.

[21] Werder, K. P. (2005). An empirical analysis of the influence of perceived attributes of publics on public relations strategy use and effectiveness. *Journal of Public Relations Research*, 17(3), 217–266.

[22] Werder, K. P. (2006a). Exploring the link between strategy and tactic: An analysis of strategic message content in news releases. *Conference Proceedings of the Ninth Annual International Public Relations Research Conference*. Gainesville, FL: Institute for Public Relations.

[23] Werder, K. P. (2006b). Responding to activism: An experimental analysis of public relations strategy influence on attributes of publics. *Journal of Public Relations Research*, 18(4), 335–356.

[24] Werder, K. P. (2009, March). *An analysis of the influence of organizational structure and practitioner decision-making behavior on public relations strategy use and effectiveness*. Paper presented at the 12th Annual International Public Relations Research Conference. Miami, FL.

[25] Werder, K. P., & Holtzhausen, D. (2008, August). *The emergence of the communication strategist: An examination of practitioner roles, department leadership style, and message strategy use in organizations*. Paper presented to the Public Relations Division of the Association for Education in Journalism and Mass Communication. Chicago, IL.

[26] Werder, K. P., & Holtzhausen, D. (2009). An analysis of the influence of public relations leadership style on public relations strategy use and effectiveness. *Journal of Public Relations Research*, 21(4), 1–24.

[27] Werder, K. P., & Mitrook, M. A. (2011, August). *Motivating Publics to Act: An Analysis of the Influence of Message Strategy and Involvement on Relational Outcomes and Communication Behavior*. Paper presented to the Public Relations Division of the Association for Education in Journalism and Mass Communication. St. Louis, MO.

[28] Werder, K. P., & Schuch, A. (2008, May). *Communicating for social change: An experimental analysis of activist message strategy effect on receiver variables*. Paper presented to the Public Relations Division of the International Communication Association. Montreal, Canada.

[29] Werder, K. P., & Schweickart, T. (2013, March). *An experimental analysis of message strategy influence on receiver variables: Advancing an integrated model for explaining the communication behavior of publics*. Paper presented at the 16th Annual International Public Relations Research Conference. Miami, FL.

[30] Zaltman, G., & Duncan, R. (1977). *Strategies for planned change*. New York: Wiley.

第十八章
战略性说服信息技巧的框架理论

肯尼斯·E. 金

为了实现成功的战略传播运动，很有必要设计有效的信息传播技巧。大量的说服研究文献已经探讨了一个或多个传播变量（例如信源、信息本身、信息渠道、信息接收者），都可以带来认知和行为的改变（见 Perloff, 2003; Salovey, Schneider & Apanovitch, 2002; Kahneman & Tversky, 1984）。在这些传播要素中，框架的概念作为说服性信息的心理处理的概念已经得到了战略传播研究领域的大量关注，包括健康运动（Salovey & Williams-Piehota, 2004; Williams, Clarke, & Borland, 2001; Block & Keller, 1995）、营销活动（Shiv, Britton, & Payne, 2004; Grewal, Gotlieb, & Marmorstein, 1994）和政治运动（Druckman, 2001; Kanner, 2004）。

尽管它的概念和操作定义在许多学科中都很混乱（见 Scheufele & Tewksbury, 2007; Maule & Villejoubert, 2007; Hallahan, 1999），但一般来说，信息框架指的是在信息中，一个可选择的问题被策略性措辞的方式。框架的效果与选择问题的心理呈现方式（有一部分是通过讯息框架的发展）与如何影响认知和行为的反应相关，包括判断和选择（Kahneman, 2003; Tversky & Kahneman, 1981）、态度（Putrevu, 2010; S. M. Smith & Petty, 1996）与行为意图（Y.-J. Kim, 2006; Jones, Sinclair & Courneya, 2003; Meyerowitz & Chaiken, 1987）。

根据框架效果的经典方法，人们更加可能接受损失框架（例如关注消极的结果）的观点，而不是在风险和不确定的决策语境下相对的收获框架（例如关注积极结果）的观点（Kahneman & Tversky, 2000）。然而，学者们已经批评了框架文献并没有成功达成关于支持损失优势的稳健性的共识（见 Fagley & Miller, 1987; Frisch, 1993; Salovey, Schneider, & Apanovitch, 2002; Levin, Schneider, & Gaeth, 1998）。在过去的数十年，大量研究表明，收获框架比损失框架更加有效，或者是两者之间并无差别（Marteau, 1989;

Levin, 1987; Salovey et al., 2002)。

为了解决这个问题，框架学者已经确定了在框架效果中潜在的调节要素。例如，收获—损失信息框架的影响可能根据说服性信息中框架论点的顺序而有所不同，也就是说，框架的观点是在讯息的开头或者结尾被提出来（Buda, 2003）。决策语境也调节了信息框架效果。例如，收获—损失框架的影响随着事件的时间接近程度而不同，比如事件的结果是不是在很近或者很远的将来（McElroy & Mascari, 2007）。信息的框架效果也可能取决于一个决策是在真实还是虚拟的语境中做出的（Levin, Chapman, & Johnson, 1988; Kühberger, Schulte- Mecklenbeck, & Perner, 2002）。损失框架效果与广告运动中产品的类型有关，例如，已经建立的（熟悉）产品与新的（不熟悉）产品相比（K. Kim & Park, 2010; Chang, 2007; G. E. Smith, 1996）。收获—损失框架效果基于在健康运动中与所指向的健康行为的类型也有所区别，例如，发现行为与预防行为相比（见Rothman, Bartels, Wlaschin, & Salovey, 2006; Salovey et al., 2002）。框架效果也取决于个体层次变量，例如议题的参与度（Maheswaran & Meyers-Levy, 1990）、认知的需求（S. M. Smith & Levin, 1996; Zhang & Buda, 1999），感知风险或不确定性的程度（Scott & Curbow, 2006; Broemer, 2002）、自我管理的焦点（Dijkstra, Rothman, & Pietersma, 2012; Kees, Burton, & Tangari, 2010）和教育程度（Smith, 1996）。

最近的研究将注意力引向了框架操纵中的差异，将之作为一个对反向或零效果的可能解释（Putrevu, 2010; Krishnamurthy, Carter & Blair, 2001; Levin, Gaeth, Schreiber, & Lauriola, 2002）。例如，有些研究聚焦于选择性问题或者选择性目标的正面影响或是负面影响的特点（例如，"超过80%的疫苗用户都没有体验到副作用"与"少于20%的疫苗使用者体验到了副作用"），但是其他的框架研究用正面（收获）或负面（损失）的方式作为一种操纵框架，研究了选择性问题的不同目标或结果（例如，"使用这个疫苗将可以预防你感染这个疾病和其他的感染"与"没有使用这个疫苗，你将会感染这个疾病以及其他病菌"）。每一种框架都隐含了一种对选择的期待价值，但是差别存在于信息框架策略的选择（是否关注选择性问题的特征或结果），以及对它的效价的关注上（正面和负面）。近来的框架文献已经表明了收获—损失框架被特征—目标框架策略影响（Ferguson & Gallagher, 2007; Levin et al., 2002）。这个结论值得关注，因为这个方法不仅提供了在不同框架类型（例如特征框架与目标框架，个体框架与社会层次框架）之间建立强有力的框架假设的理论含义，而且还提供了在战略传播活动中开发有效信息的实践含义。

收获-损失框架和框架假设

一个框架被界定为与特定选择相关的行动、结果和权变的"决策者"的概念（Tversky & Kahneman, 1981, p.453）。预期理论给不确定或有风险的语境中的收获—损失框架假设提供了一个框架。最开始预期理论被提出来是为了挑战预期效益理论，这是一个支配了早期风险决策范式的规范性视角，这一范式中，基于动机的判断被认为控制了个人的决策过程（见 Tversky & Kahneman, 1986; Dawes, 1998）。在期望效用的范式下，它假设人们的选择永远不考虑选择性问题的呈现方法，因为人类的观念和价值很难被情境性的变化所左右，他们的选择永远由不变的信念系统所主宰（Newell, Lagnado, & Shanks, 2007）。预期理论拒绝期望效用的视角，认为人们常常会做出与自己潜在观念相冲突的选择，因为由情境展现的行为结果的相对价值（也就是，或者收获或者损失）比已经存在的观念或价值对决策过程更为重要（Tversky & Kahneman, 1986）。因此，预期理论认为框架作为一个关键的要素引导了个体的判断和选择（Kahneman & Tversky, 1984; Hogarth, 1987）。

收获—损失框架领域已经成为在预期理论之下典型框架操纵域。一个收获框架信息强调选择所带来的积极预期（例如，如果你接受一项人类乳头瘤病毒疫苗，你可能降低80%的宫颈癌风险），而损失框架信息强调不接受某项要求行为之后的负面结果（例如，如果你不接受人类乳头瘤病毒疫苗，你的感染机会将增加20%）。这两个信息都有着同样的目标，但是它们唯一的区别在于结果的领域或效价，这可能带来不同的行为结果。在预期理论视角下的收获—损失框架表明，当一个选择涉及不确定性或风险要素时，损失框架比收获框架更加有效（Kahneman & Tversky, 2000）。

虽然早期的预期理论限制了实际选择和判断的框架效果，Kahneman作为这一理论的先驱之一，在他早期的文章中提出“框架效果并不仅限于决策”（Kahneman, 2003, p.703），认为理论中提出的心理原则可以被运用到更加多样的社会科学学科之中。大量的证据已经表明收获—损失框架讯息对人们的感知的影响，认知反应和行为结果有多样的影响（Yi & Baumgartner, 2009; A. M. O’Connor, Pennie, & Dales, 1996; Apanovitch, McCarthy, & Salovey, 2003; Shah, Kwak, Schmierbach, & Zubric, 2004）。例如，Venkatraman, Aloysius, 和Davis发现决策框架对行为意图的效果被人们感知的风险和感知的模糊性所影响（Venkatraman, Aloysius, & Davis, 2006）。进一步，在应用健康中的一系列研究已经报告了收获—损失框架在人们感知健康相关风险的程度和医疗决策（见 Ferguson, Leaviss, Townsend, Fleming, & Lowe, 2005）、保健产品消费意图（Chang, 2007）、态度（Sibley, Liu, & Kirkwood, 2006）和健康行为（see Rothman et al., 2006; Salovey et al., 2002）方面有着显著影响。

混淆性的框架效果

尽管目前已经有大量支持收获—损失框架的证据，混淆性的或零效果也仍然持续地在框架文献中被报告出来。例如，D. B. O’Connor, Ferguson 和 R. C. O’Connor 在荷尔蒙的男性避孕剂的使用问题上检测了收获—损失框架假设，相对于其他手段，这被认为是对男性有风险的避孕方式（D. B. O’Connor, Ferguson, & R. C. O’Connor, 2005）。研究者发现，在选择避孕药这一点上，两种不同的框架策略之间不存在显著差异。

很多学者提供了一些对这种令人迷惑的结果的可能解释。首先，冲突行动结果可能被归因于不同研究对信息框架的不同操作性概念。最初的框架操纵涉及了利用有不同或然性的信息（见 Kahneman & Tversky, 1979）。然而大量的框架研究，特别是健康决策方面的研究，按照质性方案界定了收获和损失之间的差别（例如，如果你决定检测是否感染艾滋病病毒，你可能感觉知道自己的健康状况让自己的心感到平静）（见 Apanovitch et al., 2003）。Williams 等人将收获—损失框架操纵区分为行为框架和统计框架，表明了框架效果的混淆性之所以能被发现可能是因为框架操纵运用得不一致（Williams et al., 2001）。行为框架强调，作为服从或不服从某项推荐的行为所产生的收获或损失的结果，它并没有数据性（概率性）的信息，然而，统计框架关注选择或不选择特定的选项带来的不同结果的数据性信息。例如，100个采纳了医疗手术的人中间，25%死亡，75%存活。多数早期框架研究［例如，Tversky 和 Kahneman 的疾病框架研究（Tversky & Kahneman, 1981）］在预期理论的视角下，在框架中运用结果的可能性信息，然而大多数关于健康行为的框架研究已经探讨了行为框架的效果（见 Rothman et al., 2006; Williams et al., 2001）。基于这个区别，Williams 等人比较了在促进防治乳腺癌相关的观点和行为的公共健康运动中，这两种框架的形式。这些研究者没有发现在乳腺癌的自检（BSE）、乳腺癌感知的敏感性、进行 BSE 的自我效能感、早期检查风险的认知、对癌症的焦虑等方面中有任何统计框架效果的证据。然而，乳腺癌感知的敏感性，BSE 相关的行为变化方面在行为框架条件的研究中得到部分支持，例如接受了损失框架信息的参与者相对那些接受收获框架信息的参与者而言，表现得更多地了解乳腺癌的易感性和 BSE 的使用。

对健康活动的进一步的研究表明收获—损失框架效果随着不同类型的健康行为而不同（Rothman & Salovey, 1997; Salovey et al., 2002）。Salovey 等人提出，在推广疾病预防的行为时，收获框架的健康信息比相应的损失框架的信息更具优势，例如防晒霜和身体锻炼的推广（Salovey et al., 2002）。相对地，在推广疾病检查行为时，损失框架的健康信息比响应的收获框架信息更有说服力，例如艾滋病筛查和乳腺癌自检。理论化的原理是基于疾病预防行为被视为一种有风险的行为，因为当人们在做早期疾病筛查时，将经历可能患严重疾病的担忧或恐惧（Meyerowitz & Chaiken, 1987）。预期理论告诉我们个体倾向于接受有风险的选择来避免潜在的损失（例如，疾病）以及寻求将来的安全。损失框架更可能促进安全的心理感受，因此，在促进有风险的健康行为时，损失框架影响更大（Lee & Aaker, 2004）。

Chang 提供了在保健产品广告中支持预防—检查视角的经验性证据（Chang, 2007）。他按照预防与检查的功能区分了保健产品的类型，提出讯息框架的说服性效果随着这些产品的差异而不同。他在这个研究中发现收获框架对预防性保健产品，例如漱口水、口香糖等而言更有说服力，然而，损失框架在检查性质的保健产品中更有效果，例如检查牙龈。然而，这些结果只有针对已经比较熟悉保健产品的客户才有效，收获—损失框架的交互效果以及产品的类型从统计上看对不熟悉产品的客户影响不显著（例如，新的创新产品）。

近来，直接针对客户（DTC）的医疗广告研究表明，产品知识的层次调节了对产品态度和意图的收获—损失模型的效应（K. Kim & Park, 2010）。研究发现，损失模型相较于收获框架的广告损失模型对突发的感染药物更有说服力，这种药物是属于低产品知识类型的；但是对于过敏药物而言，收获框架和损失框架的DTC广告在效果方面是等同的，这类药物属于高产品知识类型。研究表明，产品熟悉度和主观产品知识在预测药物广告讯息框架的影响中起重要作用。

个体层面的变量，例如参与度，作为收益—损失框架中的一个调节变量已经获得了较多关注。例如，Maheswaran和Meyers-Levy指出，与收益框架讯息相比，在高参与度条件下，损失框架带来了对血液测试更加支持的态度和意愿，然而，获得框架下的相对收益在低参与度条件下更明显（Maheswaran & Meyers-Levy, 1990）。

最近的框架理论（Dijkstra, et al., 2012; Y.-J. Kim, 2006）提出，收益—损失框架的说服信息的相对有效性因个体的自我调节趋向的作用而各有不同。根据自我调节焦点理论（见Higgins, 2002），人们被激励着按照自己占优势的调节焦点来组织自己的思维和行为，也就是选择是推进焦点还是预防焦点最重要。这个理论表明，当推进焦点在处理外部信息的时候被激活，个体将沉浸在成就或追求理想的状态中，因此对积极效果的出现与否给予更多关注，也就是获得（Yi & Baumgartner, 2009）。与之相对的，当预防焦点即刻变得突出，责任思想或安全追求思想取得主导地位，人们会注意到负面结果的存在或缺席，也就是损失（Higgins, 1998）。自我调节框架表明，损失框架的益处最可能在受众思想被责任或安全追求思想所主导的时候获得主导权，然而，成就思想的人趋向于支持收益框架信息（K. Kim & Park, 2010; Idson, Liberman, & Higgins, 2004; Lee & Aaker, 2004）。Zhang和Buda吸收了预期理论和精细加工可能性模型，探讨了在讯息框架中认知需求的调节效应（Zhang & Buda, 1999）。他们发现，对所有因变量而言，积极框架信息比消极框架信息更有效，包括产品吸引力、产品性能感知和消费产品意愿。

属性—目标框架和框架假设

最近的框架效果理论已经聚焦于两个独立类型的框架：属性和目标（Putrevu, 2010）。属性框架聚焦于选择的属性，不论是用消极的还是积极的方式提出的属性（Levin, et al., 1998）。而目标或结果框架强调选择的结果，不论是消极的还是积极的（Nan, 2007）。研究表明，属性和目标框架依据框架价值而具有不同说服效果（Levin, et al., 2002）。在属性框架效果的常引文献中，包含了Levin和Gaeth关于碎牛肉的研究，其中信息框架是75%的瘦肉与25%的肥肉（Levin & Gaeth, 1988）。而Marteau的医学决策研究中信息的框架是80%的成活率，或20%的死亡率（Marteau, 1989）。属性框架说服信息通过强调在不同环境下的积极特征或消极特征鼓励人们考虑选择问题的一般属性，例如健康决策（Wilson, Kaplan, & Schneiderman, 1987）以及医学决策，诸如避孕工具的使用（Linville, Fischer, & Fischhoff, 1993）。框架属性研究表明积极框架讯息比消极框架讯息更有效（Putrevu, 2010; Krishnamurthy, et al., 2001; Levin & Gaeth, 1988; Marteau, 1989）。

关于目标框架的研究很丰富，特别是健康心理方面（见Maheswaran & Meyerslevy, 1990; Meyerowitz & Chiken, 1987）。目标框架类似于行为框架（Williams et al., 2001）以及在前景理论中目标框架信息强调积极的或消极的行为效果的收益—损失框架。在框架文献中，大量关于目标框架效果的研究提出，消极结果框架信息（损失框架说服信息）比积极结果框架讯息更有效（收益—框架说服信息）。

近来的经验研究已经确认了属性—目标框架和价值框架的可靠的交互效果，即在属性框架语境下，一个积极框架说服信息趋向于比消极信息框架更有效，然而，在目标框架语境下，消极框架在说服方面比积极框架更有效（见Keren, 2007; Ferguson & Gallagher, 2007; Levin et al., 2002）。例如，Ferguson和Gallagher探索了目标属性框架和价值框架在普及流感疫苗方面的交互效应（Ferguson & Gallagher, 2007）。他们的研究发现交互的模式，诸如消极的目标框架讯息比积极的框架讯息更加有效，而当被试者感到流感疫苗有风险的时候，积极属性框架讯息比消极属性框架信息更加有效。

Keren发现，实验对象认为消极属性框架信息（25%脂肪的肉）比积极属性框架信息（75%瘦肉）更加值得信任，但是积极属性框架在推销肉制品方面比消极属性框架更有效（Keren, 2007）。尽管普遍的假设认为高可信度感知带来更高的说服性，Karen的研究将实际选择和讯息内容可信度的不对称关系展现为讯息框架的结果。

个体—社会框架和框架假设

个体—社会框架与说服信息是否强调社会层面的情境，或者是否关注个人层面的情境相关。社会框架特别强调在讯息中一个被讨论的议题对社区或社会的重要性，就像在社区中女性可以进行医疗流产一样。个体框架聚焦于议题对个体的重要性，例如是否可以为你或你的朋友提供药物流产（见Shah et al., 2004; Nan, 2007）。个体和社会层面框架的研究表明，每种框架在讯息接收方面都会引发不同的认知回应。例如，Shah等人发现，与在社会损失和个体获得框架条件下相比，人们在社会获得框架条件下对信息进行了更加有深度的处理（Shah et al., 2004）。类似的情形也出现在了个体损失框架条件下。社会认知理论提出认知回应是信息加工过程中决定态度改变的重要因素（Fiske & Taylor, 2008）。说服学者已经解释讯息的说服性是基于在一定条件下它所阐述的层面，特别是当其他线索，例如信源或先前的知识缺位的时候，那些被高度驱动且能够思考讯息中论点的人更可能被驱动进行认真思考，从而形成或改变态度（Petty, Priester, & Brinor, 2002）。

虽然Shah等人并没有将判断和选择作为结果的测量手段——而经典的前景理论假定这些与收益—损失框架功能，或其他说服变量相关（例如，态度和意图），他们在研究中提出社会收益和个人损失框架带来了在说服信息中关于论争的更加详尽的思考，因此可能使人们能够进行判断和选择（Shah et al., 2004）。

Nan进一步提出，社会层面框架鼓励人们思考一个问题给有一定社会距离的实体带去的后果，像是你的朋友或你自己（Nan, 2007）。他发现，当对有一定心理距离的人做出判断时，社会层面框架的说服效果会显著增强。然而，做决策的时候，无论社交距离远近，个体框架对决策都没有显著影响。

解释研究

讯息框架是一个复杂的研究领域，影响了结果的很多变量都让人感到迷惑。接下来的两个研究有助于解释在不同的语境下讯息框架的应用和阐释。

研究1：属性—目标框架

这个研究在直接面向消费者（DTC）的人类乳头瘤病毒（HPV）疫苗广告中，探索了属性—目标框架和价值框架（积极vs消极）的交互效应。整体来说，框架文献认为，积极属性框架比消极属性框架更有说服力，然而消极目标框架比积极目标框架更有效。在这个药物有效性的案例中，属性框架DTC广告关注处方药意图中属性的存在与否（见Krishnamurthy et al., 2001，类似研究）。目标框架DTC广告强调药物使用带来的意图中的或意外的健康结果。

设计和过程

讯息框架的影响一般通过实验设计来检验。这个研究运用了一个2×2的维度（属性或目标框架 × 积极或消极框架）来比较不同的主题设计。既有研究表明，讯息框架的有效性可能受前实验因素影响，例如知识、过去的态度、参与度和人口统计资料（G. E. Smith & Wortzel, 1997; G. E. Smith, 1996）。因此，尽管实验中被试者按照抽样程序被随机安排，这个研究仍然进行了一系列的协方差分析（ANCOVA），它是一种分析这些交互效应的基础统计方法。这使得研究者可以控制产品知识的影响、个人重要性和HPV疫苗副作用的感知风险。

被试者

这个研究从HPV疫苗最初的目标群体中招募研究样本。研究样本由18—25岁的女大学生构成，她们以前都没有接种过HPV疫苗。已经接种过疫苗的对象被排除，以控制药物既往史带来的影响。105个女大学生参与了这项研究，她们被随机地安排接触四种状况的一种。样本的平均年龄是21岁。按照不同的种族认同来区分种族，70%的参与者是欧洲裔美国人，18%是非洲裔美国人，6%是西班牙裔，6%是亚裔。

讯息框架

关于虚拟的HPV疫苗处方药品牌的DTC打印药物广告的四个版本被创作出来以操作四种讯息框架。广告的所有版本都用同样的字体，以同样的视觉和文本特点呈现，它们只是框架不同。表18.1展现了四种不同的讯息框架操作方式。框架技巧和框架价值的不同结合都是基于既有的研究（例如，Krishnamurthy et al., 2001; Ferguson et al., 2005）。

表18.1 属性—目标框架操作

	属性框架	目标框架
积极框架	研究表明HPV疫苗在预防四类人类乳头状瘤病毒实验中80%有效。在80%的案例中，不论男、女，HPV疫苗的使用都预防了生殖系统的疣。	接种HPV疫苗之后你能够获得预防4类人乳头瘤病毒的有效方法，从而保障你的健康。如果你及时接种了疫苗，你可以减少80%患生殖系统疣的风险，女性可以降低50%患两类宫颈癌的风险。
消极框架	研究表明HPV疫苗在预防人乳头瘤病毒实验中有20%的失败率。低于20%的HPV疫苗使用者，包括男性和女性，罹患了生殖系统疣。	如果你不接种HPV疫苗，你将失去最好的预防人乳头状瘤病毒的方法，这种方法将保护你的健康。如果你没有及时接种疫苗，你可能丧失了获得80%预防生殖系统疣的机会，以及降低50%预防两类宫颈癌的机会。

在这项研究中，框架技巧被分为两个维度：属性与目标。属性框架聚焦于产品的属性。对本研究而言，积极属性框架强调在预防HPV方面疫苗的有效性，而消极属性框架强调疫苗失效的概率相对较低。

目标框架强调使用药品的结果。在DTC情境下，药物产品结果与对健康的益处或因为用药而降低疾病的概率有关。因此积极目标和消极目标框架下的广告讯息能够通过关注用药对健康的好处或不用药的负面效果来操作（见 Salovey et al., 2002）。对本研究而言，积极框架效果通过关注用药的正面效果和相对来说没有对健康产生不良影响来实现，而消极目标框架通过强调不使用HPV疫苗会对健康带来不良影响来实现。

因变量

研究应用了两个因变量的测量手段：对HPV疫苗的态度和行为意图。

对HPV疫苗的态度。对HPV疫苗的态度用Oliver和Berger提出的9个7点语义量表测量：愚蠢/明智，安全/风险，有害/有益，愉悦/不悦，浪费时间/合理利用时间，对我很好/对我不好，有用/无用，有价值/没有价值，有效/无效（α = .93）（Oliver & Berger, 1979）。

行为意图。根据Huh，DeLorme和Reid的研究，DTC广告趋于提升三种不同类型的行为，包含了与医生交流、寻找更多的诊疗选项信息和与他人讨论（Huh, DeLorme, & Reid, 2005）。基于对这些行为的测量，不同的与DTC相关的行为意图的类型被开发出来。首先，试图搜寻更多HPV疫苗信息，用基于Huh等人的研究修改而成的两个7点量表测量（Huh et al., 2005）。在7点量表中（1=很不可能，7=很可能），参与者划分他们的可能性：（1）如果大学健康中心提供了关于HPV疫苗和HPV疾病相关疾病的免费教育项目，参与进一个项目；（2）寻找其他的传媒信源来得到更多关于HPV疫苗的信息（α = .76）。其次，用一个项目来测量咨询医生的意愿，同样采用了改编自Huh等人的量表。在7点量表中（1=很不可能，7=很可能），参与者判断如果大学健康中心提供免费机会的话，他们有多大可能性会咨询医生。最后接种疫苗的意图用单一7点量表测量，（1 = 非常不可能，7 = 很可能）。参与者判断他们会接种HPV疫苗的可能性。

控制变量

虽然研究实验群体接受了随机安排，但实验前的因素，例如人口学变量、主观知识层次、既有信念和其他的心理变量，都还是可能影响因变量（见 Shah et al., 2004）。为了消除这类混淆性的影响，研究包含了三个控制变量作为协变量：产品知识、个人参与度以及感知到的副作用。这些测量已经被认为影响了人们对与健康相关的结果的态度、信念和意图（Salovey et al., 2002）。

个人参与度。改编自Mittal的5个7点语义量表被用来测量个人对特定议题的参与度（Mittal, 1995）。这些包括：HPV疫苗重要/不重要；对我有意义/没有意义；影响我/不影响我；至关重要/无关紧要；与我有关/与我无关（α = .90）。

关于疫苗的主观知识。改编自Bloch、Ridgway和Sherrell的两个五级李克特量表（1=很少或没有知识，5=很多知识）被用来测量一个人自我认知的对特定议题的熟悉程度（Bloch, Ridgway, & Sherrell, 1989）。这些问题包括："你觉得相对于别人，你的HPV疫苗知识水平如何？"以及"你觉得相对于你亲近的朋友，你的HPV知识水平如何？"（α = .91）。

感知副作用。两个7点量表（1=很不同意，7=很同意）被用来测量一个人自我认知的对疫苗副作用的感受。这些包括："当我想到疫苗副作用的时候，我感到恶心"，以及"疫苗的副作用可能让我的生命面临危险"（α = .72）。

结果

讯息框架对HPV疫苗态度的影响

已得的数据呈现了在$p < .05$时价值框架对属性框架有显著的交互作用。此外，简单效应分析揭示出，与消极属性框架相比，积极属性框架带着对疫苗更加正面的态度。与之相对的，积极目标框架和消极目标框架对HPV药物的态度并没有显著差异（$p > .05$）。

讯息框架对DTC药物相关行为意图的影响

整体协方差分析，将意图寻找更多信息、意图咨询医生和意图接种疫苗作为因变量，解释了在属性—目标框架和损—益框架之间并没有显著交互作用。

协方差对比分析

协方差对比分析用来探索框架结合的相对优势。对比分析揭示了目标—受益框架比目标—损失框架相对具有优势，目标—损失框架对态度的影响比属性—损失框架大。其余的框架结合对态度没有达到统计学上的影响。

目标—收益框架条件下的被试者比那些属性—收益条件下的被试者表现出更强的搜寻关于疫苗信息的意愿。与此类似，目标—收益框架下的被试者比属性—损失框架下的被试者有更强的搜寻信息意愿。然而，其他的框架组合对搜寻信息的意图没有显著影响。

研究2：个体—社会框架

研究2的目的是探索在健康宣传的语境下，个人—社会框架和价值框架的交互效应（获得vs损失）。整体来看，观察到个人—社会框架和损益框架交互效应潜力的文献，认为在争议性决策的语境下，个人损失比社会损失更有说服力，然而社会—获得框架比个人—损失框架更有说服力。健康宣传运动的首要目标就是说服人们采取行动来保证身体健康。宣传活动常常面对争议性的、分歧性的议题，例如荷尔蒙药物的使用、药物流产、用药物提升成绩或荷尔蒙重置治疗，因此，对运动发起人而言，最大的挑战就是带来强有力的说服信息以支持他们的观点。

设计

研究采用了一个不同主题的2 × 2维度（个人或社会层面框架，积极或消极框架）的设计。类似于研究1，这个研究也控制了一些前实验因素，例如知识、既有态度、产品经验、参与度和人口特征（G. E. Smith & Wortzel, 1997; G. E. Smith, 1996）。研究者实施了一系列的方差分析（ANCOVA）作为主要的统计方法，在控制了HPV产品知识、个人重要性程度、感知副作用的影响后，来分析这些交互效应。共有147个来自东南州立大学的大学生参加了这个实验。他们被随机分配到四个条件下；女性占64%，样本平均年龄为21岁。按照种族分类，近67%的为欧洲裔美国人，12%是非洲裔美国人，11%是西班牙裔，3%是其他。

讯息框架

对年轻女性，药物流产的好处框架通过让她们接触关于药物流产的不同版本的信息操纵了对年轻女性药物流产好处的定义（见表18.2）。在既有的研究案例中，实质内容和信息目标是相同的，但是，每个框架条件都关注不同的行为结果（见Shah et al., 2002; Nan, 2007）。

因变量

因变量按照对药物流产的判断、态度以及选择或推荐药物流产的意愿来测量。判断的量表由Tewksbury、Jones、Peske、Raymond和Vig（2000）修改。量表用7级里克特量表测量："女性应当被允许选择药物流产。"研究对药物流产的态度和选择或推荐药物流产的意愿也进行了评估。对药物流产的选择的态度用9个项目，7点语义量表来测量，它由Oliver和Berger提出，包括：愚蠢/明智，安全/风险，有害/有益，愉悦/不悦，浪费时间/明智的使用时间，对我很好/对我不好，有用/无用，有价值/没有价值，有效/无效（$\alpha = .93$）（Oliver & Berger, 1979）。搜寻更多信息的意图用Huh等人的研究修改而成的三项7点量表测量（Huh et al., 2005）。在7点量表中（1=很不可能，7=很可能），参与者判断她们的意愿的可能性：（1）保留关于将来新的或其他药物流产的有用信息；（2）在将来，通过其他媒体获得关于药物流产的更多信息；（3）在将来学习更多药物流产的知识（$\alpha = .91$）。咨询健康服务人员的意愿用2个项目，一个7点量表（1=很不可能，7=很可能）来测量，这同样改编自Huh等人的内容。参与者判断她们进行下列行为的可能性：（1）如果她们有机会免费咨询医生，会与医生交流药物流产以及他们的医疗条件；（2）如果她们有机会免费咨询医生，会向医生提出一些关于药物流产和她们健康状况的有意义的问题（$\alpha = .95$）。选择的意图用2个项目，一个7点量表（1 = 很不可能，7 = 很可能）测量，这同样改编自Huh等人。被试者判断她们做下列事情的可能性：（1）选择药物流产；（2）推荐别人选择药物流产（$\alpha = .92$）。

表18.2　个体—社会信息框架操纵

	个体框架	社会框架
积极框架	记忆，支持药物流产的可能性能够帮助女性获得安全的流产服务，因此减少可能导致手术流产的孕妇健康风险。药物流产是你可以享受的生殖健康服务的重要构成部分。	记住，支持药物流产的可行性能够提升女性获得安全流产的服务，因此减少孕期健康风险，这种风险可能导致在社群中成千的女性进行手术流产。药物流产是生殖健康服务的重要构成部分，每个女性都享有这项服务。
消极框架	记住，如果你不支持药物流产的可行性，你会失去获得安全流产服务的途径，这可能增加孕妇健康风险，这种风险可能导致手术流产。药物流产是你所享受的生殖健康服务的重要构成部分。	记住，如果你不支持药物流产的可行性，提升女性安全流产的可能性将减少，这可能增加孕期健康风险，从而导致你的社群中数以千计的女性进行手术流产。药物流产是健康生殖服务的重要构成部分，每个女性都享有这项服务。

控制变量

如前文所述，为了消除这类混淆性的效应，研究包含了四个控制变量作为协变量：对流产的普遍态度、宗教/道德信念、个人重要性（议题参与度）和关于药物流产的既有知识。根据Spence、Elgen和Harwell（2003）的观点，宗教信念是大学女生不考虑避孕用具的主要因素。流产的议题包含了违反伦理的立场，例如反堕胎vs堕胎合法；对流产的既有态度也是一个协变量。其他的两个测量维度、个人的重要性和个人的知识，也被认为影响了与健康相关的结果的态度和意图（Salovey et al., 2002）。

对流产的态度。改编自Burton和Lichtenstein（Burton & Lichtenstein, 1988）的4个7点语义项目，被用来测量个人对流产的态度。它们包括："我对流产的态度是支持/反对；好/坏；有害/有益；有吸引力/没意思"（$\alpha = .94$）。

宗教/道德信仰。3个改编自McMahon和Byrne（2008）的7级李克特量表被用来测量个人关于特定议题的宗教/道德信仰。它们包括："我决定不使用药物流产与我的宗教信仰一致""我感到从道德上不能使用药物流产""我的宗教信仰要求我不能使用药物流产"（$\alpha = .93$）。

个人重要性（议题参与度）。Mittal（1995）采用了5个项目的7级李克特量表来测量个人对特定议题的参与度。这些问题包括："药物流产重要/不重要；对我有意义/没有意义；影响我/不影响我；至关重要/无关紧要；与我有关/与我无关"（$\alpha = .93$）。

关于议题的主观认知。改编自Flynn和Goldsmith（1999）的两个5级李克特量表被用来测量个人对特定议题的熟悉程度。它们包括："相对于其他人，你如何评价你的药物流产知识""相对于你大多数的朋友，你如何评价你的药物流产知识"（$\alpha = .83$）。

结果

关于判断的框架效应

以框架组合作为自变量、判断作为因变量的整体协方差分析模型，具有统计学显著性。对比解释了个人—收益框架和个人—损失框架的显著差异；社会—损失框架和个人—损失框架的显著差异；社会—收益框架和个人—损失框架的差异接近显著；社会—收益框架和个人—收益框架的差异不显著；社会—损失框架和社会—收益框架的差异不显著；社会—损失框架和个人—收益框架的结果类似。

对态度的影响

以框架组合作为自变量、态度作为因变量的整体协方差分析模型不太显著。当个体—收益框架与社会—收益框架做对比时，出现了唯一显著的差异。

对搜寻信息意图的影响

以搜寻信息意图作为因变量的整体协方差分析模型不显著。对比检验显示，框架组合对搜寻信息意图没有产生显著效应。

对选择药物流产意图的影响

以选择意图作为因变量的整体协方差分析模型不显著。对比检验表明，框架组合对这个变量没有产生显著差异。

对咨询健康服务人员意图的影响

以咨询医生作为因变量的整体协方差分析模型不显著。框架组合对这个变量没有产生显著差异。

总结性讨论

对信息框架的研究意义

尽管战略传播中的判断和行为变化是通过多层影响出现的，但本章的研究聚焦于有争论性的女性用药决策（HPV疫苗和药物流产）的语境下，不同信息框架的说服力。

研究1尝试检验DTC在HPV疫苗的广告语境下，进行属性—目标框架的假设。一方面，研究发现属性—目标框架对说服力的影响与基于价值框架的信息不同。属性—框架的药物广告强调药物的属性或效果，而目标—框架药物广告关注对健康的益处或药物的风险。数据表明，在属性—框架广告中，积极框架对药物效果和DTC药物相关的行为意图比属性—框架广告中的消极框架更有说服力，这与之前的研究结果是一致的（Krishnamurthy et al, 2001; Levin et al, 1998）。另一方面，本研究没有发现消极框架的优势。虽然结果在统计上并不显著，但数据表明积极—目标框架（收益框架）比消极—目标框架（损失框架）更加有效，这与经典的收益—损失框架的研究发现很不一样。有趣的是，积极—目标框架对态度和意图都有很大的影响。

Salovey等人（2002）提出了一些关于收益框架在药物广告语境下的看法。经过研究发现，他们认为收益框架的健康或药物信息比相应的损失框架的信息更有说服力，特别是在推广某种疾病预防行为的时候，例如，流感疫苗、防晒、常规的体育锻炼。对年轻女性而言，HPV疫苗是预防宫颈癌非常重要的药物决策，因此，我们可以得出结论，无论是以属性为中心还是以目标（结果）为中心的信息类型，收益框架的优势是十分显著的。

虽然过去的框架研究支持了框架对行为意图的影响（Kim & Park, 2010; Salovey & Williams-Piehota, 2004），但本研究不支持框架效果对DTC药物相关行为意图的影响。可能其他重要的令人迷惑的因素在药物决策中也发挥了作用。例如，关于健康行为选择的矛盾形态可能是影响因变量的要素。根据 Broemer（2002）的研究，消费者对运动的矛盾情绪调节了收益—损失框架对意图的影响。将来对这个问题的研究应当让人们知道什么是好的设计，通过考虑额外的干扰因素，对实验步骤进行提升，具备了文献中所述的目标—损失框架和属性—收益框架的相对优势。

研究2中的数据对损失框架的优势提供了部分支持，它只有在健康宣传活动聚焦于个人层面的健康结果时才会表现出来，然而收益框架更可能通过结合公共（社会）层面的健康结果而得到效果提升。

在个人损失框架条件下的被试比其他框架更加显著地表现出对药物流产的支持判断，其他框架是个人—收益、社会—损失和社会—收益框架。效果的整体形势与前景理论的假设是一致的，在风险下的判断更容易受到损失而不是收益的影响。结果进一步支持了这个理论，即损失框架的有效性可能在结合个人层次框架时得到提升，因为这种混合可能会对信息中的论点产生详细的心理描述（Shah et. al, 2004）。因此，这对于那些针对小众群体而设计的战略性健康信息是有重要意义的。

然而，为了控制被试对药物流产的既有信仰和看法，研究2未能显示出行为意图的预测模式。研究2包含了4种控制变量，包括对流产的态度、宗教信仰、议题的主观认知和个人重要性。即使这些关系并不是为了某种意图而提出的，其他个人特征也可能影响与健康相关的行为意图：例如，对药物流产已知的易感染性或者已知的副作用风险（Lalor & Hailey, 1990）。

数据也表明，社会—收益框架可能比个人—收益框架对药物流产产生更加正面的态度。虽然社会—收益框架相对于社会—损失框架的优势并没有在研究中显现，但其影响的类型仍然与近年来的理论紧密相关，这个理论认为收益—损失的说服信息在社会层次上被框架，并鼓励人们考虑其对心理距离遥远的实体（例如，公众），而不是心理距离较近的实体（例如，自己或密友）的时候，信息会产生更强的影响力（Nan, 2007）。这对于构建有效的公共健康战略有着极高的价值，因为很多公众健康宣传运动都致力于为公众层面提供解决方案，例如“推荐对健康问题的政策变化，而不是个人行为变化”（Brown & Walsh-Childers, 2002, p. 478）。因此，战略公共健康项目可能在社会层次的收益框架下受益。

对跨越战略学科的战略传播者的影响

在本章中，实验研究的发现对战略传播的实践有着广泛的意义。首先，研究1结果表明，基于选择性问题的性质，特定信息框架相比其他框架相对有效。对于HPV疫苗而言，不论是属性还是目标框架条件下，积极框架都更有效。考虑到药物的本质是为了预防潜在疾病，这为如何为预防性医学行为构建有效信息，提供了非常有价值的思考。例如，当我们推荐健康保健产品时，研究1的结果就可以告诉我们，积极—属性和积极—目标框架都会比相应的消极框架更有效，因为维生素的关键效用之一就是预防疾病。

研究2的发现让我们能够更好地理解战略传播实践，特别是当我们面对有争议性的公共议题的时候。例如，根据研究2的观点，在面向更广泛受众的公共卫生和政治运动中，收益框架可能比损失框架更加有效，因为公共运动的焦点很可能是社会层面的责任、解决方案或后果。一方面，研究2的发现进一步提出社会层面框架可能比个人层面框架在集体主义价值占据主导的国家中更有说服力，例如，亚洲国家，因为社会层面框架更有助于人们考虑社会层面的后果和价值（例如，公众利益）。另一方面，个人—损失框架的说服信息可能在高度个人主义文化的国家中更加有效，例如，西方国家，因为当消费者思想被个人责任所占据时，损失就远比相应的收益更重要（Shah, 2004）。

关于个人和社会框架的研究结果也为政治运动的专业人员提供了非常有价值的建议，让他们知道如何为选举活动设计有效的信息。例如，一个政治广告可以被设计为强调选举人的决策会给社会或个人带来的结果。这些社会框架的影响可能因议题和选举人的不同而变化。也就是说，当广告议题聚焦于政治议题时，例如，反恐战争，选举人对社会—收益框架可能比社会—损失或个人—损失框架更加敏感。与之相反的，当聚焦于一些诸如同性恋婚姻的议题时，这常常被认为是个人选择，个人—损失框架的政治广告可能比社会—损失和社会—收益框架更加有效。

收益—损失框架的研究结果进一步让我们理解了在消极政治广告中的战略信息，它过去在信息框架的文献中受到的关注有限。消极政治广告专家的重要目标是有效地传递关于目标候选人的消极信息，从而让选民不支持该目标。基于收益—损失框架的视角，在消极政治广告信息框架下，不论选民正面或负面的选择结果都可以被战略性地设计。例如，K. Kim（2012）认为，比起针对他所支持的党派的信息，包含了关于目标候选人的收益—损失框架论点的消极政治广告对大学生选民有着更强的影响。这个发现的提出是在一个保守州，怀俄明州或俄克拉何马州的民主党候选人可以通过在他们的竞选中整合损失框架的信息，有效地攻击共和党候选人。将来的研究应当在这一研究的基础上，通过将其应用于更广泛的议题、消费者群体和媒介语境，以便信息框架文献能够给战略传播专业人员提供更加有据的指导。

在大多数信息框架研究中，一个潜在的局限是实验的刺激是基于文本的，从而进行对内容的有效操作。我们将本研究复制到更加真实的战略传播运动的语境中，将更有意义。当然，渠道的差异可能对媒介宣传信息的感知产生影响。将来的研究可能需要在更广泛的环境或在线环境中来考虑框架战略。其他潜在的局限是大多数的框架研究都是在实验环境中进行的。真实的战略传播运动环境可能会带来和假设环境下观察到的不同的框架效果（Kühberger et al., 2002）。希望本章中的研究结果能够进一步激发对信息框架的研究，特别是个人—社会和属性—目标框架的进一步研究，并通过探索战略传播专家如何利用和调整信息框架，为开发有效信息提供更实质性的支持。

注释

[1] 操作信息基于www.abortion.gen.nz/docs的内容，根据研究需要进行了修改。

参考文献

[1] Apanovitch, A. M., McCarthy, D., & Salovey, P. (2003). Using message framing to motivate HIV testing among low-income, ethnic minority women. *Health Psychology*, 22(1), 60–67.

[2] Broemer, P. (2002). Relative effectiveness of differently framed health messages: the influence of ambivalence. *European Journal of Social Psychology*, 32, 685–703.

[3] Buda, R. (2003). The interactive effect of message framing, presentation order, and source credibility on recruitment practices. *International Journal of Management*, 20(2), 156–163.

[4] Bloch, P. H., Ridgway, N. M., & Sherrell, D. L. (1989). Extending the concept of shopping: An investigation of browsing activity. *Journal of the Academy of Marketing Science*, 17(1), 13–21.

[5] Block, L. G., & Keller, P. A. (1995). When to accentuate the negative: The effects of perceived efficacy and message framing on intentions to perform a health-related behavior. *Journal of Marketing Research*, 32, 192–203.

[6] Brown, J. D., & Walsh-Childers, K. (2002). Effect of media on personal and public health. In J. Bryant & D. Zillmann (Eds.), *Media Effects: Advances in Theory and Research* (pp. 453–488). Mahwah, NJ: Lawrence Erlbaum Associates.

[7] Burton, S., & Lichtenstein, D. (1988). The effect of ad claims and ad context on attitude toward the advertisement. *Journal of Advertising*, 17, 3–11.

[8] Chang, C. (2007). Health-care product advertising: The influences of message framing and perceived product characteristics. *Psychology & Marketing*, 24(2), 143–169.

[9] Dawes, R. M. (1998). Behavioral decision making, judgment, and inference. In D. T. Gilbert, S. T. Fiske & G. Lindzey (Eds.), *The handbook of social psychology* (pp. 589–597). Boston, MA: McGraw-Hill.

[10] Dijkstra, A., Rothman, A., & Pietersma, S. (2012). The persuasive effects of framing messages on fruit and vegetable consumption according to regulatory focus theory. *Psychology & Health*, 26(8), 1036–1048.

[11] Druckman, J. N. (2001). The implications of framing effects for citizen competence. *Political Behavior*, 23, 225–256.

[12] Fagley, N. S., & Miller, P. M. (1987). The effects of decision framing on choice of risky vs. certain options. *Organizational Behavior and Human Decision Processes*, 39, 264–277.

[13] Ferguson, E., & Gallagher, L. (2007). Message framing with respect to decisions about vaccination: the roles of frame valence, frame method and perceived risk. *British Journal of Psychology*, 98(4), 667–680.

[14] Ferguson, E., Leaviss, J., Townsend, E., Fleming, P., & Lowe, K. C. (2005). Perceived safety of donor blood and blood substitutes for transfusion: the role of informational frame, patient groups and stress appraisals. *Transfusion Medicine*, 15(5), 401–412.

[15] Fiske, S. T., & Taylor, S. E. (2008). *Social cognition: From brains to culture*. New York: McGraw-Hill.

[16] Flynn, L. R., & Goldsmith, R. E.B (1999). A short, reliable measure of subjective knowledge. *Journal of business Research*, 46(1), 57–66.

[17] Frisch, D. (1993). Reasons for framing effects. *Organizational Behavior and Human Decision Processes*, 54, 399–429.

[18] Grewal, D., Gotlieb, J., & Marmorstein, H. (1994). The moderating effects of message framing and source credibility on the price-perceived risk relationship. *Journal of Consumer Research*, 21(1), 145–153.

[19] Hallahan, K. (1999). Seven models of framing: Implications for public relations. *Journal of Public*

Relations Research, 11(3), 205–242.

[20] Higgins, T. E. (1998). Promotion and prevention: Regulatory focus as a motivational principle. In M. P. Zanna (Ed.), *Advances in experimental social psychology* (Vol. 30, pp. 1–46). New York: Academic Press.

[21] Higgins, T. E. (2002). How self-regulation creates distinct values: The case of promotion and prevention decision making. *Journal of Consumer Psychology*, 12(3), 177–191.

[22] Hogarth, R. M. (1987). *Judgment and choice: The psychology of decision*. New York: Wiley.

[23] Huh, J., DeLorme, D. E., & Reid, L. N. (2005). Factors affecting trust in on-line prescription drug information and impact of trust on behavior following exposure to DTC advertising. *Journal of Health Communication*, 10, 711–731.

[24] Idson, L. C., Liberman, N., & Higgins, E. T. (2004). Imagining how you'd feel: The role of motivational experiences from regulatory fit. *Personality and Social Psychology Bulletin*, 30(7), 926–937.

[25] Jones, L., Sinclair, R., & Courneya, K. (2003). The effects of source credibility and message framing on exercise intentions, behaviors, and attitude: An integration of the elaboration likelihood model and prospect theory. *Journal of Applied Social Psychology*, 33(1), 179–196.

[26] Kahneman, D. (2003). A perspective on judgment and choice: Mapping bounded rationality. *American Psychologist*, 58(9), 697–720.

[27] Kahneman, D., & Tversky, A. (1979). Prospect theory: An analysis of decisions under risk. *Econometrica*, 47(2), 263–292.

[28] Kahneman, D., & Tversky, A. (1984). Choices, values, and frames. *American Psychologist*, 39(4), 341–350.

[29] Kahneman, D., & Tversky, A. (2000). Prospect theory: An analysis of decision under risk. In D. Kahneman & A. Tversky (Eds.), *Choices, values, and frames*. New York: Cambridge University Press.

[30] Kanner, M. (2004). Framing and the role of the second actor: An application of prospect theory to bargaining. *Political Psychology*, 25(2), 213-239.

[31] Kees, J., Burton, S., & Tangari, A. H. (2010). The impact of regulatory focus, temporal orientation, and fit on consumer responses to health-related advertising. *Journal of Advertising*, 39(1), 19–34.

[32] Keren, G. (2007). Framing, intentions, and trust–choice incompatibility. *Organizational Behavior and Human Decision Processes*, 103(2), 238–255.

[33] Kim, K. (2012). Paper presented in Political Communication Interest Group at the annual convention of the Association for Education in Journalism and Mass Communication, Chicago, IL, August 9–12, 2012.

[34] Kim, K., & Park, J. (2010). Message framing and the effectiveness of DTC advertising: The Moderating role of subjective product knowledge. *Journal of Medical Marketing*, 10(2), 165–176.

[35] Kim, Y.-J. (2006). The role of regulatory focus in message framing in antismoking advertisements for adolescents. *Journal of Advertising*, 35(1), 143–151.

[36] Krishnamurthy, P., Carter, P., & Blair, E. (2001). Attribute Framing and goal framing Effects in health decisions. *Organizational Behavior and Human Decision Processes*, 85(2), 382–399.

[37] Kühberger, A., Schulte-Mecklenbeck, M., & Perner, J. (2002). Framing decisions: Hypothetical and real. *Organizational Behavior and Human Decision Processes*, 89, 1162–1175.

[38] Lalor, K. M., & Hailey, B. J. (1990). The effects of message framing and feelings of susceptibility to

breast cancer on reported frequency of breast self-examination. *International Quarterly of Community Health Education*, 10, 183–192.

[39] Lee, A. Y., & Aaker, J. L. (2004). Bringing the frame into focus: The influence of regulatory fit on processing fluency and persuasion. *Journal of Personality and Social Psychology*, 84, 205–218.

[40] Levin. I. P. (1987). Associative effects of information framing. *Bulleting of the Psychonomic Society*, 25(2), 85–86.

[41] Levin, I. P., Chapman, D. P., & Johnson, R. D. (1988). Confidence in judgments based on incomplete information: An investigation using both hypothetical and real gambles. *Journal of Behavioral Decision Making*, 1(1), 29–41.

[42] Levin, I. P., & Gaeth, G. J. (1988). How consumers are affected by the framing of attribute information before and after consuming the product. *Journal of Consumer Research*, 15(3), 374–378.

[43] Levin, I. P., Gaeth, G. J., Schreiber, J., & Lauriola, M. (2002). A new look at framing effects: Distribution of effect sizes, individual differences, and independence of types of effects. *Organizational Behavior and Human Decision Processes*, 88(1), 411–429.

[44] Levin, I. P., Schneider, S. L., & Gaeth, G. J. (1998). All frames are not created equal: A typology and critical analysis of framing effects. *Organizational Behavior and Human Decision Processes*, 76(2), 149–188.

[45] Linville, P. W., Fischer, G. W., & Fischhoff, B. (1993). AIDS risk perceptions and decision biases. In J. B. Pryor & G. D. Reeder (Eds.), *The social psychology of HIV infection* (pp. 5–38). Hillsdale, NJ: Lawrence Erlbaum.

[46] Maheswaran, D., & Meyers-Levy, J. (1990). The influence of message framing and issue involvement. *Journal of Marketing Research*, 27(3), 361–367.

[47] Marteau, T. M. (1989). Framing of information: Its influence upon decisions of doctors and patients. *British Journal of Social Psychology*, 28, 89–94.

[48] Maule, J., & Villejoubert, G. (2007). What lies beneath: Reframing framing effects. *Thinking & Reasoning*, 13(1), 25–44.

[49] McElroy, T., & Mascari, D. (2007). When is going to happen? How temporal distance influences processing for risky-choice framing tasks. *Social Cognition*, 25(4), 495–517.

[50] McMahon, R., & Byrne, M. (2008). Predicting donation among an Irish sample of donors and nondonors: extending the theory of planned behavior. *Transfusion*, 48(2), 321–331.

[51] Meyerowitz, B. E., & Chaiken, S. (1987). The effects of message framing on breast self-examination attitudes, intentions, and behavior. *Journal of Personality and Social Psychology*, 52(3), 500–510.

[52] Mittal, B. (1995). A comparative analysis of four scales of involvement. *Psychology & Marketing*, 12, 663–682.

[53] Nan, X. (2007). Social distance, framing, and judgment: A construal level perspective. *Human Communication Research*, 33(4), 489–514.

[54] Newell, B. R., Lagnado, D. A., & Shanks, D. R. (2007). *Straight choices: The psychology of decision making*. Hove, UK: Psychology Press.

[55] O'Connor, A. M., Pennie, R. A., & Dales, R. E. (1996). Framing effects on expectations, decisions, and side effects experienced: the case of influenza immunization. *Journal of clinical epidemiology*, 49(11), 1271–1276.

[56] O'Connor, D. B., Ferguson, E., & O'Connor, R. C. (2005). Intentions to use hormonal male

contraception: the role of message framing, attitudes, and stress appraisals. *British Journal of Psychology*, 96, 351–369.

[57] Oliver, R. L., & Berger, P. K. (1979). A path analysis of preventive health care decision models. *Journal of Consumer Research*, 6, 113–122.

[58] Perloff, R. M. (2003). *The dynamics of persuasion: Communication and attitudes in the twenty first century*. Mahwah, NJ: Lawrence Erlbaum.

[59] Petty, R. E., Priester, R, J., & Brinor R. (2002). Mass media attitude change: Implications of elaboration likelihood model of persuasion, in J. Bryan and D. Zillmann (Eds.), *Media Effects: Advances in Theory and Research* (pp. 453–488). Hillsdale, NJ: Lawrence Erlbaum.

[60] Putrevu, S. (2010). An examination of consumer responses toward attribute- and goal-framed messages. *Journal of Advertising*, 39(3), 5–24.

[61] Rothman, A. J., Bartels, R. D., Wlaschin, J., & Salovey, P. (2006). The strategic use of gain- and loss-framed messages to promote healthy behavior: How theory can inform practice. *Journal of Communication*, 56(1), 202–220.

[62] Rothman, A. J., & Salovey, P. (1997). Shaping perceptions to motivate healthy behavior: The role of message framing. *Psychological Bulletin*, 121(1), 3–19.

[63] Salovey, P., Schneider, T. R., & Apanovitch, A. M. (2002). Message framing in the prevention and early detection of illness. In J. P. Dillard, & M. Pfau (Eds.), *The persuasion handbook: Developments in theory and practice*. London, England: Sage.

[64] Salovey, P., & Williams-Piehota, P. (2004). Field experiments in social psychology: Message framing and the promotion of health protective behaviors. *American Behavioral Scientist*, 47(5), 488–505.

[65] Scheufele, D. A., & Tewksbury, D. (2007). Framing, agenda-setting, and priming: The evolution of three media effects models. *Journal of Communication*, 57(1), 9–20.

[66] Scott, L. B., & Curbow, B. (2006). The effect of message frames and CVD risk factors on behavioral outcomes. *American Journal of Health Behavior*, 30(6), 582–597.

[67] Shah, D., Kwak, N., Schmierbach, M., & Zubric, J. (2004). The interplay of news frames on cognitive complexity. *Human Communication Research*, 30(1), 102–120.

[68] Shiv, B., Britton, J. A. E., & Payne, J. W. (2004). Does elaboration increase or decrease the effectiveness of negatively versus positively framed messages? *Journal of Consumer Research*, 31(1), 199–208.

[69] Sibley, C. G., Liu, J. H., & Kirkwood, S. (2006). Toward a social representations theory of attitude change: The effect of message framing on general and specific attitude toward equality and entitlement. *New Zealand Journal of Psychology*, 35(1), 3–13.

[70] Smith, G. E. (1996). Framing in advertising and the moderating impact of consumer education. *Journal of Advertising Research*, 36(5), 49–64.

[71] Smith, G. E., & Wortzel L. H. (1997). Prior knowledge and the effect of suggested frames of reference in advertising. *Psychology and Marketing*, 14(2), 121–143.

[72] Smith, S. M., & Levin, I. P. (1996). Need for cognition and choice framing effects. *Journal of Behavioral Decision Making*, 9(4), 283–290.

[73] Smith, S. M., & Petty, R. E. (1996). Message framing and persuasion: A message processing analysis. *Personality and Social Psychology Bulletin*, 22(3), 257–268.

[74] Spence, M. R., Elgen, K. K., & Harwell, T. S. (2003). Awareness, prior use, and intent to use emergency contraception among Montana women at the time of pregnancy testing. *Maternal and*

Child Health Journal, 7(3), 197–203.

[75] Tewksbury, D., Jones, J., Peske, W. M., Raymond, A., & Vig, W. (2000).The Interaction of News and Advocate Frames: Manipulating Audience Perceptions of a Local Public Policy Issue. *Journalism & Mass Communication Quarterly*, 77(4), 804–829.

[76] Tversky, A., & Kahneman, D. (1981). The framing of decisions and the psychology of choice. *Science*, 211(4481), 453–458.

[77] Tversky, A., & Kahneman, D. (1986). Rational choice and the framing of decisions. *Journal of Business*, 59(4), 251–278.

[78] Venkatraman, S., Aloysius, J. A., & Davis, F. D. (2006). Multiple prospect framing and decision behavior: The mediational roles of perceived riskiness and perceived ambiguity. *Organizational Behavior and Human Decision Processes*, 101(1), 59–73.

[79] Williams, T., Clarke, V., & Borland, R. (2001). Effects of message framing on breast-cancer-related beliefs and behaviors: The role of mediating factors. *Journal of Applied Social Psychology*, 31(5), 925–950.

[80] Wilson, D. K., Kaplan, R. M., & Schneiderman, L. (1987). Framing of decisions and selections of alternatives in health care. *Social Behavior*, 2, 51–59.

[81] Yi, S., & Baumgartner, H. (2009). Regulatory focus and message framing: A test of three account. *Motiv Emot*, 33, 435–443.

[82] Zhang, Y., & Buda, R. (1999). Moderating effects of need for cognition on responses to positively versus negatively framed advertising message. *Journal of Advertising* 28(2), 1–15.

第十九章
战略传播情境下的形象修复理论

威廉·班诺特

本章阐述了形象修复理论。首先，我要解释为什么形象是重要的，并讨论形象的本质。此外，我认为理解形象的威胁本质是至关重要的。其次，我会提出形象修复理论的假设，并解释了可能的形象修复策略。最后，我讨论了受众的重要性，审视了危机准备和应对。

形象至关重要

包括公司、政府以及非营利组织在内的个人和组织常常需要面对错误行为的指控或怀疑。通过浏览报纸头条、电视新闻故事或者互联网新闻就可以证实，形象的威胁是普遍存在的。例如，我们已经听到的一些所谓的丑闻，摩根大通公司损失了20亿美元，英国石油公司在墨西哥湾石油泄漏，或者鲁伯特·默多克的报纸非法窃听电话信息和贿赂警察。因此，形象的威胁在现代社会非常普遍。

对形象的威胁是不可避免的，至少有四个原因。第一，我们的世界资源是有限的——只有这么多的时间、金钱或资源，所以我们常常不得不为这些有限的资源而竞争，这意味着这些资源的分配会让那些希望有不同资源分配方式的人产生不满。第二，有些我们无法控制的事件有时会使我们无法履行我们的义务。我们可能会因为交通延误而迟到，文件可能会丢失，或者同事没有及时告知我们重要会议的时间和地点发生了变化。第三，我们作为人类并不完美，有时我们也会做错误的事情，犯诚实的错误，或者让我们的行为受到太多自我利益的主导。酒精、毒品或者睡眠不足会影响我们的判断力，损害我们履行职责的能力。第四，我们都是具有不同特质的个体，这一事实可能会使我们因目标竞争而带来冲突。例如，我们是想要最有效的处方药（病人）还是最便宜的药（保险公司）？一个公司应该把更多的钱和精力花在研发上还是营销上？我们如何在保护社会免遭犯罪侵害与保护那些被指控犯罪的人的权利之间取得平衡？总的来说，这四个因素结合起来，证明了实际的或感知的错误行为是人类行为的周期性特征，而这些因素既适用于组织，也适用于个人。

当这些不可避免的错误行为（实际的或感知的）发生时，其他人很可能会批评我们和我们的行为。他们可能会反对我们所说或所做的事情，抱怨我们未说或未做的事情，或批评我们的行为方式或措辞。说服性攻击是指试图对目标（个人或组织）产生不利态度的信息，这些信息已经在一些研究中进行了调查（Benoit & Delbert, 2010; Benoit & Dorries, 1996; Benoit & Harthcock, 1999; Benoit, Klyukovski, McHale & Airne, 2001; Benoit & Stein, 2009）。一个组织不需要成为明确攻击的目标才需要修复形象，因为它可以对预期的形象问题做出反应，但恢复声誉的努力往往会受到批评。

这些对我们声誉的攻击都是严重的问题，因为我们的形象和声誉对我们而言是至关重要的，声誉受损可能会损害我们的说服力，因为可信度通常对说服力尤为重要（W. L. Benoit & P. J. Benoit, 2008[1]; Benoit & Strathman, 2004），而可信度可能会因为实际的或感知到的错误行为的影响而受到损害。我们可能会因行为不端而被罚款甚至遭受牢狱之灾。当组织成为谴责的对象时，虽然包括公司在内的组织可能不会感到尴尬，但是员工、工人和股东确实会有被伤害的感觉。进一步来说，当形象受损，其他的公司或者组织可能将业务转移到别处。人们和公司小心翼翼地维护自己的声誉，努力修复受损的形象。因此，对形象的攻击可能是非常严重的问题，而且大部分人都认识到这些威胁对声誉的重要性。

当形象受到威胁时，我们通常会被迫为自己的行为提供解释、辩护、辩解、合理化、道歉或借口。本章主要关注的是对感知到的声誉损害做出的反应——形象修复策略——因为对形象的威胁是普遍存在的，声誉很重要，而传播有可能修复我们的面子或声誉。

防卫性话语或形象修复信息是说服性的尝试，旨在重塑受众的态度：创造或改变关于被告对某一行为的责任的信念，以及创造或改变关于这些行为的攻击性的价值观。人类行为包括身体行为和传播。传播包括了一系列语境，包含健康传播、政治传播和危机传播。形象修复话语可以从危机传播这一更广泛的范畴中分离出来。危机传播既包括形象修复话语，也包括自然灾害、恐怖主义等其他危机类型的信息。形象修复话语包括旨在改善曾经被批评和怀疑所损害的形象的信息（组织也有可能试图先发制人地接受预期的批评）。

形象的本质

形象是感知的，是别人对我们的印象。这么说并不一定意味着形象是错误的，或者是不反映现实的。我们关于人和组织的看法是由我们对组织的直接经验、他人对组织的看法以及他们对组织的行为（替代性经验）所形成的。进一步来看，组织和人是非常复杂的，我们很少，如果有的话，知道关于他们的一切。不完全的知识意味着我们的印象是有限的。例如，英国石油公司在墨西哥湾原油泄漏事件之前，很多人都是通过加油站认识英国石油公司的。那些在海湾地区生活和工作的人，是从他们的亲身经历中了解到漏油的情况，但我们大多数人是通过电视、报纸或网络知道这件事情的（居民也通过口口相传、看电视、看报纸和其他传播方式间接地了解到这一情况）。这些信息（新闻故事和报道）塑造了我们对漏油事件和英国石油公司的认识，并影响了我们对该公司的态度。很多人因为该新闻对这个公司产生了负面印象。这些负面印象是对英国石油公司形象的威胁，事实上，英国石油公司在很多方面做出了回应，包括系列电视新闻和报纸广告，旨在消除公众对公司的负面印象。事实上，我们对于他人或组织的了解常常是不完整的，这也意味着不同的人常常会有一些不同的印象，因为每个人都会有一些缺乏信息的情况。

因此，形象是我们对一个人或组织的印象。我们的形象是一种感知，它来自组织的言行，也包括其他人对组织的评价，以及他们对组织的行为。例如，政府对一家公司的罚款，我们的很多形象是基于目标的大量信息（替代性经验）。形象修复理论是利用传播改善受到不良行为的或不良行为报告威胁的形象。

形象威胁的本质

负面形象有两个关键组成部分：责任感和侵犯性。例如，英国石油公司在墨西哥湾的原油泄漏。这次泄漏至少在一定程度上是由英国石油公司的错误造成的。其他公司（例如，那些提供了设备的公司）可能也有部分责任。但是英国石油公司有绝对的责任。其他公司，如美孚石油（Mobil Oil）或微软（Microsoft）或美国银行（Bank of America）没有面临对他们形象的威胁，因为漏油事件绝不是他们的错。对行为负责是对形象威胁发生后至关重要的。

一个组织所负责的行为必须在形象受到威胁之前表现出侵犯性。如果英国石油公司没有发生原油泄漏事故，而是做了一些完全不同的行动（给穷人提供食物，雇佣工人，帮助应对卡特里娜飓风，或者再一次强调立场，做一些无伤大雅的行为，诸如重新装修办公室），这些并不具备侵犯性，那么它的形象就不会受到威胁。但是原油泄漏影响了旅游业，伤害了野生动物，破坏了生意，所以这是一种侵犯性的。英国石油公司的形象受损，因为它（至少部分）要为这次侵犯性行为负责。这个分析让我们看到形象修复是如何发挥作用的。如果该组织可以说服受众而自己不被指责（在英国石油公司这件事情上很难，但有时可以），或者它所采取的行为不是侵犯性的（同样，在英国石油公司这件事情上很难），那么它受损的形象可能会有所帮助。

理解威胁形象的指控或怀疑对形象修复是至关重要的。首先，你必须知道威胁是什么，才能做好准备反击它们。一个组织可能会认为一项指控微不足道，无法解决，但是忽略重要指控却是不明智的。你必须知道哪些指控需要辩护。其次，你需要理解每一项指控的指责性和侵犯性，以决定如何回应。

形象修复理论的假设

形象修复理论基于两个关键假设。第一，传播是一种目标导向的活动。第二，维持有利形象是传播的关键目标。我们将依次讨论这两个假设。

传播是一种目标导向的活动

该理论的第一个假设是传播是一种目标导向的活动。除少数例外，大多数的修辞学家都认为修辞是说服的艺术，这一宣言是一种典型的带有修辞话语目的性的假设。（Arnold & Frandsen, 1984; Bitzer, 1968; Richards, 1936; Rowland, 1982; or Scott, 1980）。传播是一种目标导向的这个假设也可以在传播理论的文献中找到（Halliday, 1973）。例如H. H. 克拉克和E. V. 克拉克宣称，“说话是一种基本行为——精神上的一种工具行为”（H. H. Clark & E. V. Clark, 1977, p.223）。Craig甚至宣称“目标概念不是中心地位的传播实践学科是难以想象的；而目标、决策和结果事实上是20世纪在美国出现的传播话语学科中的共同产物”（Craig, 1986, p.257）。这里的重点是传播作为目标导向的观点在传播文献中普遍存在，超越了人际传播和修辞理论的特定语境。因此，将传播和修辞作为目标驱动的活动来分析是恰当的。

任何广泛的假设都可能需要验证，这个也不例外。第一，一个组织可能有多个不完全兼容的目标。在这种情况下，一个目标可能会干扰另一个目标。不过，人和组织采取行动的时候，试图去实现似乎最重要的目标，或实现可能出现的最佳目标组合（考虑到在追求目标中行为的感知代价和这些目标的重要性）。

第二，有时一个人的目标、动机或目的是模糊的、不成形的或不清晰的。一个组织能够由很多人组成，他们并不一定都能理解目标或同样地接受目标。然而，在一定程度上只要有一个人或组织的目标是明确的，他、她或它就会试图实现这些目标。此外，即使传播者对目标有一个清晰的概念，也不意味着他或她知道或愿意并且能够运用最有效的途径来达成这些目标。然而，在某种程度上，一个特定的目标对传播者来说是显著的，他或她将会通过实施传播者认为有可能实现该目标的行为，来追求该目标，并且要付出可容忍的代价。

第三，我并不认为人们对每个遇到的传播活动都付出了同样的关注，对所有的话语和话语特征都进行微观管理，不断地界定目标，不断地规划行为以达到目标。然而，在那些对我们很重要的情境下，我们会尽可能仔细地规划我们的话语。在其他情况下，我们尽可能花费多的精力来开发目标导向信息，这看起来是合理和必要的。

第四，即使个体的目标是相对清晰的，但对其他人而言仍然很难实现这个个体的目标。当然，多元的目标（包含“隐藏的议程”）会使事情复杂化。在确定个人目标时出现了另一个问题，因为人们常常为了自己的目标而欺骗他人。尽管有这些保留意见，但传播一般来说最好被理解为一个有目的的活动。传播者试图传播他们认为对于达成目标最有利的信息，这一点在人们进行传播时非常明显。

维持有利形象是传播的关键目标

第二个关于形象修复理论的假设是维持有利形象是传播的关键目标。R.A.克拉克和迪里亚（1979）提出了一种有用的传播目标分类，他们指出每一个传播事务有三个议题或目标，或明或暗地存在于公开或默认的协商中：（1）明显的工具性目标，即要求听者对确定传播情境任务的特定障碍或问题做出回应；（2）人际目标，涉及与他人关系的建立和维持；（3）身份目标，其中包括对传播情境的管理，最终为说话者呈现出他所期望的自我形象，并为他人维持一种特殊的自我意识。

费雪进一步区分了关于身份传播的四个目标。他认为存在“四个目的，或修辞情境的种类：确认，关注形象的产生；重新确认，关注形象的重塑；净化，关注形象的纠正；颠覆，关注破坏形象”（Fisher, 1970, p.132）。说服性攻击，可以促进形象修复，是费雪前文所谓的颠覆，或是意图破坏形象的信息。本章集中讨论了费雪的净化目的，即尝试修复一个被破坏的形象。

因此，我们容易受到批评的伤害，导致（对内）内疚和（对外）颜面受到威胁，这两种情况都会促使行动者做出回应。当我们认为一些负面事件威胁了我们的声誉时，究竟发生了什么？戈夫曼解释说，“当颜面受到威胁时，我们必须做一些面子工作”（Goffman, 1967, p.27）。我们也注意到R. A. 克拉克和迪里亚（1979）将身份目标确立为传播中的关键目标，费雪（1970）提出修辞的一个基本动机就是形象净化。

为什么面子或形象如此重要，以至于说服性的攻击会激发防御反应？因为一个人的面子、形象或声誉是如此的重要，Brown和Levinson观察到，“如果受到威胁，人们可以期望保护自己的颜面”（Brown & Levinson, 1978, p.66）。经验证据证实了这种说法，即人们感知到的尴尬与面子工作的总量呈正相关（Modigliani, 1971）。因此，当我们的声誉受到威胁时，我们感到必须为我们的行为做解释、辩白、正义化、合理化、道歉或找借口。因为指责和批评或抱怨贯穿整个人类社会，因为面子对每个人来说都很重要，所以这种现象需要通过话语来净化自己的名誉，存在于我们所有的生活中，无论是公众的还是私人的。

形象修复策略

形象修复理论的发展源于说服性攻击的本质。说服性攻击的一个构成部分是指责：被告应对行为负责。这意味着形象修复的努力可以尝试否定指责（否认责任，将指责转移到他人身上，或者减轻责任）。说服性攻击的第二个要素是被指控的行为具有侵犯性。形象修复信息可以尝试减轻行动感知的侵犯性。除了对指责和侵犯性的回应，我们可能承认错误行为（并不质疑指责或侵犯性），请求原谅或者承诺解决问题。表19.1列举了一般形象修复策略和特定策略，并给出了每一个策略的概念和案例。

表19.1　企业形象修复策略

策　略	关键特征	案　例
否认		
简单否认	没有做	泰诺：没有毒胶囊
转移指责	别人做的	泰诺：是一个疯子放置了毒胶囊
推诿责任		
挑拨	回应其他人的行动	公司搬迁是因为新的税收
可取消性	缺乏信息或能力	执行者不知道要适应改变
事故	不幸的事故	树倒在轨道上导致火车脱轨
好意	打算是好的	希尔斯想要提供良好的汽车维修服务
减轻事件的侵犯性		
支持	强调好的特征	埃克森美孚“迅速而有能力”地清洁了原油泄漏
最小化	行为并不严重	埃克森美孚：很少动物因原油泄漏死亡
区分	比同类行为更不具侵犯性的行为	希尔斯：不必要的修复是预防性的维持，而不是欺骗
超越	更重要的价值	帮助人类为动物实验辩护
攻击控诉者	减少控诉者的可信度	可口可乐：百事可乐拥有餐馆，直接与你争夺客户
补偿	赔偿受害者	在被拒绝进入影院后，残疾人获得免费的通行证
改正行为	计划解决/组织问题的再次发生	AT&T承诺投资十亿来提升服务
羞愧感	道歉	AT&T为服务中断道歉

资料来源：Benoit，W.L.（1995a, 1997b）

分类方法（Benoit, 2015）已经在很多情境下被运用在形象修复策略中，包括企业（Benoit, 1995b; Benoit & Brinson, 1994; Benoit & Czerwinski, 1997; Benoit & Hirson, 2001; Blaney，Benoit, & Brazeal, 2002; Brinson & Benoit, 1996, 1999）、政治（Benoit, 2006a, 2006b; Benoit，Gullifor, & Panici, 1991; Benoit & Nill, 1998a; Blaney & Benoit, 2001; Kennedy & Benoit, 1997; Len-Rios & Benoit, 2004）、名人和运动员们（Benoit, 1997a; Benoit & Hanczor, 1994; Benoit & Nill, 1998b; Blaney, Lippert, & Smith, 2013; Wen, Yu, & Benoit, 2009）、国际语境（Benoit & Brinson, 1999; Drumheller & Benoit, 2004; J. Zhang & Benoit, 2004; W. Zhang & Benoit, 2009; Wen, Yu, & Benoit, 2012）、医疗保健和宗教信仰（Blaney & Benoit, 1997; Miller, 2002）。

受众的重要性

有一点很重要，我们必须牢记在形象修复的过程中我们处理的是感知。行动者响应对他们形象所感知的威胁。在组织的案例中，这些攻击对组织而言很重要，因为攻击被认为会损伤那些对信源很重要的群体或受众眼中的声誉。正如Tedeschi和Reiss提出的"认识到一个人面临困境的核心是其他人（强调的是）把自己的因果关系和对所涉事件的责任归因于自己"（Tedeschi & Reiss, 1981, p.271）。当然，一个组织对受众心目中印象的感知可能反应或可能不反应受众对组织形象的实际感知。然而，组织就受众如何对攻击做出反应的感知是促进和引导形象修复工作的所有来源。因此，当尝试理解信源对攻击的感知和反应时，批评者必须考虑信源的观点——受众信念的信源感知。如果批评家选择了评估防御性话语在恢复组织与观众之间的声誉方面的成功性或有效性，那么如果可能的话，批评者也必须考虑在尝试形象修复前后，受众对信源的实际感知。

这个分析带来了这样的理念：在某种意义上，对于特定的形象修复策略至少有两类"受众"。组织面向的外部受众是最关注被控诉者修复脸面的人。对这些外部受众而言有三种可能性。第一，它可能只包括那些拒绝道歉行为的人。例如，如果Jill批评她的丈夫Steve，Steve可能希望修复Jill对他的印象（他仅仅关注Jill对他的感知）。这里，信源正在尝试修复在控诉者心目中的形象。第二，John可能在几个同事面前批评Arthur，Arthur可能希望修复John的感知，也想修复其他同事对John指控的感知。在这种情况下，信源正在尝试修复控诉者以及其他那些知道指控的人的声誉。当第三方在相关团体面前提出指控时，就会出现最后一种形式的外部受众。例如，如果一个行动主义者抗议一家公司，该公司的发言人希望安抚客户和股东，但是发言人完全（或很大程度上）不关心抗议者是否被形象修复的努力所说服。第三，信源更加关注修复那些了解控诉的人的心目中的形象，而不是控诉人心目中的形象。因此，重要的是，要认识到辩护人的原告可能是或可能不是尝试为其设计形象修复的受众的一部分。同样，因为原告可能是或可能不是侵犯行为的受害者，信源可能首要关注修复在受害者心目中的形象或者其他受众心目中的形象，或者两者兼而有之。

如前所述，不完整的知识和不同的优先性或价值观意味着不同的人常常对人或组织有着不同的印象。这一点在2012年的总统选举中表现得尤为明显，当时民主党和共和党对总统奥巴马和州长罗姆尼的印象截然不同。即使在这种极端的情境下，我们的一些感知也有重叠：民主党和共和党都知道罗姆尼曾任过州长，参加过犹他州奥运会，并和安·罗姆尼结婚。他们也知道贝拉克·奥巴马赢得了2008年选举，参与了2009年的汽车业救助计划，并和米歇尔·奥巴马结婚。受众是复杂的，因为受众中的个体拥有着（一些）不同的信息和（一些）不同的优先性。这种复杂性使得形象修复极具挑战性。

预备危机应对计划

危机应对计划是应急计划：它们的目的是在没有压力和时间限制的情况下预测对形象的潜在威胁并准备回应。在危机中，这些计划应当根据具体情况加以调整，并深思熟虑地执行，而不是盲目地执行。此外，危机应对计划应当被阶段性地审视，并酌情修订或更新。

第一，组织应当考虑哪些危机是可以预见的。我们不能知道什么时候危机会出现，也不能预测每一个可能的危机。然而，有些危机是可以被预测的，同时制定危机回应计划。例如，饭店和连锁餐厅都面临食物中毒的可能性。航线常常出现延误，不幸的是，有时还会有飞机坠毁。公共设施提供的公共服务也可能被中断。组织应当预防潜在的危机，根据可能性和重要性对其进行优先级排序。作为最重要的工作，为了防止危机，预备危机应对计划应当被制定出来。组织还应考虑其他可能与形象修复工作冲突的目标，如盈利能力。

第二，危机应对计划应当确定几个问题：

- 应当采用什么行动（比如停产）？
- 在组织中需要告知谁，要告知哪些信息？
- 组织之外谁需要知道这些事情，要告知哪些信息？
- 谁是组织的发言人？和设计（批准）形象修复信息的是同一个人吗？
- 信息如何被传递出去？如果有多元的信息，他们何时被传播，传播给谁？
- 什么是精确的控诉，谁是最重要的受众？
- 应该更改形象修复信息时，是否存在条件？
- 形象修复工作何时停止？
- 在潜在危机发生前，危机是否可以避免？

组织应当根据结果审视回应，在必要的时候进行修改。制定的应急计划越多，修订和更新的频率越高，危机应对就越有效。实际的形象修复信息应该考虑四个因素：哪些指控/怀疑最需要关注，最重要的是受众相信什么是真实的，组织有什么证据和其他资源，以及哪些媒体能将信息与受众更好地联系起来。形象修复信息不应当撒谎或欺骗：真相往往会暴露出来，因此，组织不仅受到最初的侵犯性行为的威胁，而且还会因谎言而受到质疑。

结论

形象是人们对一个人或一个组织的看法，在人类事务中至关重要。对形象的威胁是不可避免的。人和组织需要了解如何处理形象的威胁。形象修复理论是解决这一问题的一种方法。研究者已经将这个理论应用到很多案例研究中，以帮助理解这个复杂现象。

注释

[1] 在本章中对Benoit的引用都指W. L. Benoit.

参考文献

[1] Arnold, C. C., & Frandsen, K. D. (1984). Conceptions of rhetoric and communication. In C. C. Arnold & J. W. Bowers (Eds.), *Handbook of rhetorical and communication theory* (pp. 3–50). Boston, MA: Allyn & Bacon.

[2] Benoit, W. L. (1995a). *Accounts, excuses, apologies: A theory of image restoration discourse*. Albany, NY: State University of New York Press.

[3] Benoit, W. L. (1995b). Sears' repair of its auto service image: Image restoration discourse in the corporate sector. *Communication Studies*, 46, 89–105.

[4] Benoit, W. L. (1997a). Hugh Grant's image restoration discourse: An actor apologizes. *Communication Quarterly*, 45, 251–267.

[5] Benoit, W. L. (1997b). Image restoration discourse and crisis communication. *Public Relations Review*, 23, 177–186.

[6] Benoit, W. L. (2004). Image restoration discourse and crisis communication. In D. P. Millar & R. L. Heath (Eds.), *Responding to crisis: A rhetorical approach to crisis communication* (pp. 263–280). Mahwah, NJ: Lawrence Erlbaum.

[7] Benoit, W. L. (2006a). Image repair in President Bush's April 2004 news conference. *Public Relations Review*, 32, 137–143.

[8] Benoit, W. L. (2006b). President Bush's image repair effort on Meet the Press: The complexities of defeasibility. *Journal of Applied Communication Research*, 34, 285–306.

[9] Benoit, W. L. (2015). *Accounts, excuses, apologies: Image repair theory and research* (2nd ed.). Albany: State University of New York Press

[10] Benoit, W. L., & Benoit, P. J. (2008). *Persuasive messages: Balancing influence in communication*. Oxford, England: Blackwell.

[11] Benoit, W. L., & Brinson, S. (1994). AT&T: Apologies are not enough. *Communication Quarterly*, 42, 75–88.

[12] Benoit, W. L., & Brinson, S. L. (1999). Queen Elizabeth's image repair discourse: Insensitive royal or compassionate Queen? *Public Relations Review*, 25, 145–156.

[13] Benoit, W. L., & Czerwinski, A. (1997). A critical analysis of USAir's image repair discourse. *Business Communication Quarterly*, 60, 38–57.

[14] Benoit, W. L., & Delbert, J. (2010). Get a Mac: Mac vs. PC TV spots. *Relevant Rhetoric, 1*. Accessed 4/14/12: http://relevantrhetoric.com/wp-content/uploads/Get-A-Mac1.pdf.

[15] Benoit, W. L., & Dorries, B. (1996). *Dateline NBC's* persuasive attack of Wal-Mart. *Communication Quarterly*, 44, 463–477.

[16] Benoit, W. L., Gullifor, P., & Panici, D. (1991). President Reagan's defensive discourse on the Iran-Contra affair. *Communication Studies*, 42, 272–294.

[17] Benoit, W. L., & Hanczor, R. (1994). The Tonya Harding controversy: An analysis of image repair strategies. *Communication Quarterly*, 42, 416–433.

[18] Benoit, W. L., & Harthcock, A. (1999). Attacking the tobacco industry: A rhetorical analysis of

advertisements by The Campaign for Tobacco-Free Kids. *Southern Communication Journal*, 65, 66–81.

[19] Benoit, W. L., & Hirson, D. (2001). Doonesbury versus the Tobacco Institute: The Smoke Starters' Coupon. *Communication Quarterly*, 49, 279–294.

[20] Benoit, W. L., Klyukovski, A. A., McHale, J. P., & Airne, D. (2001). A fantasy theme analysis of political cartoons on the Clinton-Lewinsky-Starr affair. *Critical Studies in Media Communication*, 18, 377–394.

[21] Benoit, W. L., & Nill, D. M. (1998a). A critical analysis of Judge Clarence Thomas's statement before the Senate Judiciary Committee. *Communication Studies*, 49, 179–195.

[22] Benoit, W. L., & Nill, D. M. (1998b). Oliver Stone's defense of JFK. *Communication Quarterly*, 46, 127–143.

[23] Benoit, W. L., & Stein, K. A. (2009). Kategoria of cartoons on the Catholic Church sexual abuse scandal. In J. R. Blaney & J. P. Zompetti (Eds.), *The rhetoric of Pope John Paul II* (pp. 23–35). Lanham, MD: Lexington, Rowman & Littlefield.

[24] Benoit, W. L., & Strathman, A. (2004). Source credibility and the Elaboration Likelihood Model. In R. Gass & J. Seiter (Eds.), *Readings in persuasion, social influence, and compliance gaining* (pp. 95–111). Boston, MA: Pearson.

[25] Bitzer, L. F. (1968). The rhetorical situation. *Philosophy & Rhetoric*, 1, 1–14.

[26] Blaney, J. R., & Benoit, W. L. (1997). The persuasive defense of Jesus in the Gospel according to John. *Journal of Communication and Religion*, 20, 25–30.

[27] Blaney, J. R., Benoit, W. L., & Brazeal, L. M. (2002). Blowout! Firestone's image restoration campaign. *Public Relations Research*, 28, 379–392.

[28] Blaney, J. R., Lippert, L. R. & Smith, J.S. (Eds). (2013). *Repairing the athlete's image: Studies in sports image restoration*. Lanham, MD: Lexington Books: Rowman & Littlefield.

[29] Brinson, S., & Benoit, W. L. (1996). Dow Corning's image repair strategies in the breast implant crisis. *Communication Quarterly*, 44, 29–41.

[30] Brinson, S. L., & Benoit, W. L. (1999). The tarnished star: Restoring Texaco's damaged public image. *Management Communication Quarterly*, 12, 483–510.

[31] Brown, P., & Levinson, S. (1978). Universals in language usage: Politeness phenomena. In E. Goody (Ed.), *Questions and politeness: Strategies in social interaction* (pp. 56–310). Cambridge, England: Cambridge University Press.

[32] Clark, H. H., & Clark, E. V. (1977). *Psychology and language*. New York: Harcourt, Brace, Jovanovich.

[33] Clark, R. A., & Delia, J. G. (1979). *Topoi* and rhetorical competence. *Quarterly Journal of Speech*, 65, 187–206.

[34] Craig, R. T. (1986). Goals in discourse. In D. G. Ellis & W. A. Donohue (Eds.), *Contemporary issues in language and discourse processes* (pp. 257–273). Hillsdale, NJ: Lawrence Erlbaum.

[35] Drumheller, K., & Benoit, W. L. (2004). USS Greeneville collides with Japan's Ehime Maru: Cultural issues in image repair discourse. *Public Relations Review*, 30, 177–185.

[36] Fisher, W. R. (1970). A motive view of communication. *Quarterly Journal of Speech*, 56, 131–139.

[37] Goffman, E. (1967). *On face work. Interaction ritual: Essays in face-to-face behavior* (pp. 5-45). Chicago, IL: Aldine.

[38] Halliday, M. A. K. (1973). *Explorations in the functions of language*. London: Edward Arnold.

[39] Kennedy, K. A., & Benoit, W. L. (1997). The Newt Gingrich book deal controversy: A case study in selfdefense rhetoric. *Southern Communication Journal*, 63, 197–216.

[40] Len-Rios, M., & Benoit, W. L. (2004). Gary Condit's image repair strategies: Squandering a golden opportunity. *Public Relations Research*, 50, 95–106.

[41] Miller, B. A. (2002). *Divine apology: The discourse of religious image restoration*. Westport, CT: Praeger.

[42] Modigliani, A. (1971). Embarrassment, facework, and eye contact: Testing a theory of embarrassment. *Journal of Personality and Social Psychology,* 17, 15–24.

[43] Richards, I. A. (1936). *Philosophy of rhetoric*. New York: Oxford University Press.

[44] Rowland, R. C. (1982). The influence of purpose on fields of argument. *Journal of the American Forensic Association*, 18, 228–245.

[45] Scott, R. L. (1980). Intentionality in the rhetorical process. In E. E. White (Ed.), *Rhetoric in transition: Studies in the nature and uses of rhetoric* (pp. 39–60). University Park, PA: Pennsylvania State University Press.

[46] Tedeschi, J. T., & Reiss, M. (1981). Verbal strategies in impression management. In C. Antaki (Ed.), *The psychology of ordinary explanations of social behavior* (pp. 271–326). London, England: Academic Press.

[47] Wen, J., Yu, J., & Benoit, W. L. (2009). Our hero can't be wrong: A case study of collectivist image repair in Taiwan. *Chinese Journal of Communication*, 2, 174–192.

[48] Wen, W-C., Yu, T., & Benoit, W. L. (2012). The failure of "scientific" evidence in Taiwan: a case study of international image repair for American beef. *Asian Journal of Communication*, 22, 121–139.

[49] Zhang, J., & Benoit, W. L. (2004). Message strategies of Saudi Arabia's image restoration campaign after 9/11. *Public Relations Review*, 30, 161–167.

[50] Zhang, W., & Benoit, W. L. (2009). Former Minister Zhang's discourse on SARS: Government's image restoration or destruction. *Public Relations Review*, 35, 240–246.

第二十章

带有信息的形象：识别和解码战略视觉传播的符号学方法

詹尼斯·T. 佩奇

战略传播是“组织有目的地通过传播来完成自己的任务”（Hallahan, Holtzhausen, van Ruler, Verčič, Sriramesh, 2007, p. 4）。它提供特定的信息，影响期望的态度，鼓励特定的行为。本章关注人们如何识别组织视觉传播中的战略方法，并从批判性的视角对其进行解码。视觉理论提供了多种方法来认识和理解战略意图是如何影响视觉形象的形式和内容的建构，将其嵌入支配性的意识形态之中，并引导接受者趋向于预设方向的解读。本章将会回顾那些有助于解释视觉形象设计和体验各类方式的理论。之后，将应用一种理论即符号学，来分析位于阿拉伯联合酋长国（以下简称“阿联酋”）首都阿布扎比市公共区域的一件特定艺术品。在这里，受政府影响的标识形象强化了阿联酋的身份，并融入了人们的日常生活中。阿联酋作为一个拥有40年历史的快速发展的国家，受伊斯兰教、独裁统治、部族文化和大多数侨民的约束，这些特殊背景都需要被考虑在内。将符号学应用到视觉传播中，作为一种意义生成的工具，给我们提供了一种审视形象如何构造思维的方法，以及如何使观看者找到某种统一和意义。

视觉的基本权利

本章认为视觉是一种重要的战略传播方式，因为我们生活在一个以形象支配为主导的文化中，按照图像的展现来理解“真实”，被丰富和强大的感觉所支配。视觉因其对我们生活产生巨大的刺激而取得了前所未有的力量。15年前，视觉文化理论家米歇尔认为，在文化研究中“图像转向”已经取代了“语言转向”（Mitchell, 1994, p.15）。之后数字技术的爆炸式发展，使得人们可以通过互联网方便地操作和快速地进行全球传播，极大地提升了视觉的作用。因此，形象塑造和传播的便捷性使得观众比以往任何时候更加需要批判性地参与和解读视觉形象的能力。否则，我们就不得不依赖生产商的信誉、他们的标准和制度优势，并接受他们的解释框架是诚实的。

尽管视觉传播经历了文化复兴，但是视觉的力量却是一个古老的故事。从16世纪发明的暗箱照相机开始，到19世纪的立体镜和第一台柯达照相机，Crary（1992）指出，不断发展的技术逐渐将规范性的观点强加给观察者。到了19世纪中期，现实被理解为形象。Crary写道，社会更喜欢形象而不是事物，复制而不是原创，再现而不是现实，外表而不是存在，社会也意识到了这一点。社会的主要活动变成生产和消费形象。随着20世纪技术的发展，符号学家Roland Barthes和历史学家Daniel Boorstin也对“充斥着假象的社会的危险性”表示担忧（Barnhurst, Vari, & Rodriguez, 2004）。要对所谓的“真实”保持警惕，它的意图和它的创造者植根于文化景观之中。

“每一个形象都体现了一种观察方式”，Berger（J. Berger, 1972, p.10）在他那本深受电视剧《观看之道》（*Ways of Seeing*）启发的开创性著作中写道：“……摄影师从无限的其他可能的景象中选择该景象”，在所有其他决定性因素中选择了主题和框架。摄影图像具有修辞性和说服力，吸引了观众。具有启发性的视觉效果更有情感，总是让人更容易、更快“理解”。正如Langer（1942）所解释，表象符号或图形符号常常比话语符号更适合表达情感，因为大脑能够在瞬间读懂它们，并以一种性格或态度保存它们。Sontag将这种闪光灯定义为相机的力量：“今天拥有无限权威的图像主要是摄影图像”（Sontag, 1977, p.153）。作为对真实的反射，摄影图像会立即吸引旁观者。Barthes（1977）也指出了视觉形象作为一扇透明的窗户，在展现纯洁的现实方面起着强大的作用，在塑造文化认知方面扮演了关键角色（Stein, 2001）。几十年后，尽管照片处理技术的进步模糊了真实，但Brugioni（1999）认为照片是具有强大可信度的工具。Barbatsis（2005）指出，当图像的质量已经能够完全地记录和表现真实，观看者面临的挑战在于如何解释这些加工的经验意义，如何将思维结构化，从而有力地构成现实。

如果照片是一种潜在的控制手段，意味着作为一种现实的修辞建构，那么电影、电视、互联网传播和数字化技术的发展就预示着无数种影响观众的方式。在21世纪初期，Gitlin（2002）表达了对媒介经验的巨大关注，或者更确切地说是媒介洪流给社会造成了过渡饱和。米歇尔注意到，当今是控制论技术和电子复制的时代，提出要警惕“完全被图像支配的文化现在在全球范围内已经完全可能在技术上实现”（Mitchell, 1994, p.16）。对视觉文化的批判似乎是不可避免的。

理解视觉化

在理解视觉信息的众多方法中，格式塔理论、认知理论、符号学理论有助于解释创造者如何编码，接收者如何解码图像。在论证一种具体方法——符号分析之前——对这些理论的简要回顾有助于我们为理解视觉分析的广度提供基础。

格式塔理论涉及将构图要素分类。格式塔的概念来自韦特海默（Wertheimer）的结论，即整体并不等同于部分的总和（Zakia, 2007, pp.28–29）。换句话说，意义来自感官的结合，并不仅是个人的感官。相似性原则使观看者集中关注最简单、最稳定的相似形式的分类，即它们作为一个单元在不同形状中出现。接近的原理使目光更加紧密地联想到彼此接近的物体，而不是被分离的物体。连续性原则承认目光更偏好平滑的连续性线条，而不是突然或不寻常的方向变化。共同命运法则引起观看者从心理上对似乎指向同一方向的物品进行分组。通过有目的的设计运用这些不同的格式塔，促使观众成为意义建构的参与者，这是广告中将信息所有权转移给接收者的常见策略（Williamson, 1978/1987）。格式塔的封闭原则涉及缺失部分的信息——这些部分停留在观看者的内心，然后被要求利用记忆、潜在的知识，或从文化经验中收集的印象或欲望来完成形象。一个简单的例子，可能是一张缺失特征的脸，它违背了日常现实，让观众“关注”他的嘴，并对其缺失的含义得出结论（如图20.1）。

图20.1 寻求封闭

从格式塔出发，认知理论要求观察者对所见的事物赋予更复杂的意义。通过这个认知方法，观察者积极地得到结论。例如，矛盾和反常会激发关注，并鼓励理解，因为他们违背了熟悉的预期。此外，对特定观察者来说显著的刺激会带来更多的意义，比如在板球运动中激动的印第安球迷总是让美国的棒球迷感到迷惑。Lester解释了认知视觉理论是如何发挥作用的（Lester, 2011, pp.62–66）。记忆是一个很重要的心理活动，它涉及精确的视觉感知。人们一直运用图像作为记忆的辅助来帮助他们回忆特定的事件。当一个人的心理状态“投射”到一个无生命的对象上时，投射开始发挥作用。这是罗夏墨迹实验背后的心理学原理（Lester, 2011）。期望是一种认知理论，它解释了先入为主的期望（例如，一个人的老邻居应该是什么样子）往往会导致错误的或缺失的视觉感知。选择性解释了人们如何无意识地处理复杂的视觉体验。有了大量的形象或多元素形象，大脑仅仅聚焦于一个场景中重要的细节。例如，如果你尝试在一个露台上找到坐着的朋友，周围其他不认识的脸就无关紧要了。习惯允许大脑保护自己不受过度刺激和不必要图像的影响；与选择性一样，大脑倾向于忽略视觉刺激，而视觉刺激是人们日常生活中的一部分。Lester提出，回避习惯性对形象产生的矛盾的方式就是持续地寻找新的方式来思考熟悉的物体。不和谐理论有助于我们理解在同一个房间里大声播放电视或立体声时阅读的困难。实际上，大脑真的只能专注于一个或另一个活动。在没有竞争的语境中，视觉信息更加专注。对那些能够识别特定文化或过去文化的人来说，文化和历史的表达将变得更有意义。设想一下，一张拍摄于1962年阿布扎比中央市场的照片，当时该市人口不足4,000人。一位阿联酋的祖母在心无旁骛地看着这张照片，穿越时间回首过去的情景时，可能会识别出一些模糊的面孔，但让她感到悲伤的是，她的世界已经发生了巨大的变化（Bristol-Rhys, 2010，pp.2–3），她的孙女可能只会说，“太酷了，这是一张古董照片”。

在格式塔和认知理论之后，第三个理论视角是符号学；它认为所有文本（视觉图像、音乐、语言）都是有意义的符号，接收者都必须掌握其表面之下的意义（Leiss, Kline, Jhally, 1990, pp.201–202）。通过这个过程，接收者实现预设的信息。这常常是一个探索性的过程。文本以一般的形式展现日常的文化体验。英国文化研究领域将文化界定义为意识形态的——“被认为是日常生活中理所当然的现实”（Burgin, 1982, p.46），它加强了当前局域统治地位的世界观。意识形态一般来说被界定为维持并使得当前的权力关系合法化的一系列的信仰和表现；它促进了社会中统治群体的价值观和利益（Eagleton, 1991, pp.5–6）。

符号学分析的出发点从理解没有中立的符号开始；它们发挥说服或参考的功能，但它们的意识形态常常被标记在统治群体的“事物是怎样的”常识性的自然化框架中。因此，符号不仅仅反映了现实，而且涉及建构和加强现实，之后那些控制了符号系统的人则控制了现实的建构（Chandler, n.d.）。符号学分析质疑一个文本是如何组织起来建构意义的。分析者寻找所谓理所应当背后的东西，从而得出谁对现实的观点拥有特权以及可能会受到的挑战。

符号学源于一批理论家，包括索绪尔、皮尔斯、艾克、巴特、霍尔、哈特利，接下来的分析受到巴特的启发（1983/1967, 1972）。一个符号由能指（图形）和所指（意义）构成，它传递了意义（字面意思）以及内涵（主观意义）。巴特的早期作品从文化、神话、意识形态等内在意义的视角上提供了一个符号分析的指导。在《神话学》（Barthes, 1972）中，他阐述了形象和意识形态之间的关系，分析了《巴黎竞赛》杂志的封面——这是一个被奉为经典的符号分析案例。照片中一名身穿法国制服的年轻黑人士兵，向法国国旗敬礼。通过社会历史的解读，巴特将这个形象界定为法国帝国主义的标志。

阿布扎比的公共引导标识

上述符号学分析方法现在将应用于阿布扎比市的一场视觉活动中，该市是一个具有复杂历史和社会文化语境的地方。50年前，这里是一个落后的海滨营地，住满了文盲和穷人，如今它是阿联酋的首都，是7个酋长国中最富裕的石油国。尽管阿联酋的祖母们还记得她们成长过程中的艰苦条件，但因为阿联酋原油财富的扩散，她们的女儿、孙女知道只有生活在奢华的家庭中，才能拥有用人、厨师、私人司机和无限量的奢侈品。以指数级速度加速的现代化进程已经吸引了数以百万计的外籍工人来到阿联酋，其中很多人都从事低技能服务和建筑工作，导致2012年仅阿联酋人口就增加了11%。

在极端保守的国家中，一些本地人将快速的增长和变化视为对阿联酋社会和宗教身份的威胁。虽然个人财富使他们快速地进入了物质世界的现代性，但严格的伊斯兰传统的家庭和部落往往牢牢地掌握着他们的世界观和行为。除了这些根深蒂固的个人行为规则，在这个富有的国度，政府保留了对公共秩序和政策的绝对控制。

阿布扎比市现在正领导着一个酋长国的使命，这一使命既是要将国家从专业的外籍工人中夺回来，也是为了重新确立酋长国的国家身份。教育改革、雇佣配额、公众形象宣传活动层出不穷。阿布扎比市的执政政府是AlNayhan部落，其部落领导人谢赫·扎耶德·本·苏丹·阿勒纳哈扬领导了这个国家38年，直到2004年他去世，阿布扎比政府通过户外的指示牌来加强国家认同，宣传阿联酋的政治传统及其男性拥有特权的等级家长式社会。

接下来的例子是一个植入了价值观的广告牌，它被非常显眼的置于阿布扎比市的城市中心。图20.2描述了古老要塞Al Hosn的创始酋长，他出现在一个正在被翻新为文化中心的古老要塞的屏障上。同一地点还有对阿布扎比统治者父系继承者的诗歌和赞扬（图20.3）。沿着城市的主干道，政府大楼展示了阿联酋现任统治者的肖像（图20.4）。在政府所有的有线电视/互联网公共设施的宣传活动中，一个理想化的阿联酋男孩摆出各种姿势（图20.5，图20.6）。一家银行展示了典型的阿联酋家庭：父母和儿子（图20.7）；而一个罕见的只有阿联酋女性和儿子的形象在城市公园里（图20.8）。

图20.2　Al Hosn

图20.3　扎耶德诗歌

图20.4　阿联酋的统治者

图20.5　阿联酋电信广告之一

图20.6　阿联酋电信广告之二

图20.7　银行广告

图20.8　公共公园的形象

户外广告围绕着位于阿布扎比市最具历史意义的商业场所之一的露天市场，这里曾经被称为中央市场，现在被称为阿布扎比世界贸易中心。为了展现视觉传播如何在应用的情境下发挥战略功能，本章分析了其中一个公共符号（图20.9）。阿尔达尔地产公司是一家由阿布扎比政府建立和支持的阿拉伯房地产公司，它在这个重要的位置发展了很多年，甚至在石油成为主要贸易之前。该分析考虑了在当代阿布扎比的语境中公共形象的意识形态的意义。它是一个由独裁统治家族控制的快速崛起的经济体。它的本土居民在经济上拥有特权，但却被部落不平等和压迫妇女权利所支配。阿布扎比也缺乏任何切实的民主发展：民主议会、投票权、开放媒体、言论自由或公开集会的自由。

图20.9　露天市场的户外广告

巴特建议，首先要明确表明中立对象的含义，其次考虑他们所模糊的社会和历史条件。符号的界定特征在于它们“代表”或重现了其他事物，因此这个分析最终会提问这个作品到底代表了什么观念。它对于批判分析照片形象特别有用，因为它们被认为是典型的“现实”形象。这种现实主义有助于将潜在的符号信息自然化。下一节将通过内容和形式来考虑形象的构成、元素之间可能存在的关系以及它们与文化、历史知识之间的关联。它回应了符号学分析中的基本问题。

视觉分析

选择这个形象的意义

这一公共符号（图20.9）被放置在阿联酋重要的文化遗产遗址中，即位于中央市场的老露天市场，政府正在将其改造成一个全球贸易和旅游中心。这些标牌在场所翻新的时候，被展示在露天市场长达数月之久。现在露天市场已经开放，它仍然存在。从表面上看，这只是一个露天市场的广告，但是如果考虑它的内容，考虑到它是政府赞助的宣传，考虑到阿联酋的文化性别规范，其形象超越了简单的促销，暗示了可能的意义。过去的研究表明，广告文本是文化和社会的视觉表达，通常具有表面的透明度，从而掩盖了具有说服性的提议（Messaris, 1996; A.A. Berger, 2008; Lester, 2011）。大多数广告都以产品为特色，然而这里并没有产品，而是把阿联酋女性的神秘感展现给大家。

符号中的指示意义（我们表面所见）

这些元素包含了一个20多岁有吸引力的阿联酋女人戴着传统的sheilah（黑色面纱），两个阿联酋男人穿着传统的kandoura（白色袍子）以及ghutra头巾，还有一个或两个金色吊灯。颜色方案是黑色、棕色、白色和金色。背景是不清晰的建筑物元素。没有任何语言。

什么是首要的?

女人的眼睛占满了整幅画面，凝望着画面左侧两个男人站立的位置，我们注意到她的嘴巴轻微地张开。阿拉伯女性的眼睛是形象的、善于表达的，因为她们身穿传统衣服，niqab（面纱）只露出眼睛（图20.10）。

图20.10　带着面纱的女人

哪些是第二重要的?

画面中第二重要的是两个男人——因为

观众跟随她的目光看到他们。他们都背对着她，似乎在外面，太阳的阴影映照在他们的袍子上。她在珠帘背后站着，挡住了她的脸。

服装的意义是什么？

虽然阿联酋是一个阶层分明的社会，但由于普遍采用民族服装，因此在视觉上是同质的。除了黑色拖地长袍，阿联酋女人还穿着Sheilah遮住了她们的头发和脖子。这类服装通常采用刺绣、织物、宝石来装饰，以进行个人身份和财富的表达。男人们穿着一条整洁的白色长袍，头上系着一根黑绳。Ogal是一种专门用来拴骆驼的绳子。这种民族服饰在阿联酋被广泛采用，将他们与“产油之后”居住在阿联酋的外来阿拉伯人区分开来。这种服装并不是传统的。在没有自来水、洗衣机、熨斗的情况下，保存这种服装是不可能的。男性的典型服装是棕色和黑色。虽然这种服装以前也存在，但是女性从前并不出现在公共视野中，所以她们并不经常穿（Bristol-Rhys, 2010, pp.111-112）。现在这种服装让年轻女性感到有力量，因为它代表了财富，赢得了尊重和特权服务。

什么是隐含的信息（来自普遍文化知识解码或解构价值）？

面纱、白色袍子、黑色带子暗示了阿联酋的民族、财富、骄傲和普遍的伊斯兰价值观。吊灯意味着奢华和优雅。女人成熟的脸庞代表了现代性。事实上，女人脸庞的放大率，在广告中统领了所有其他元素，同样也表明了特权、重要性、权利、骄傲和曝光，而男人在远处的位置，他们的脸转过去，隐含着未知的和不知的，超然的和不可接近的。作为一个简单的广告，它似乎表明女性认同露天市场，而男性则不是。

从形式的视角来看，男人和女人之间的距离被建立起来，虽然她的目光仍然指向左边的图像，也就是两个男人站立的地方。但她似乎一动不动，仿佛陷入了片刻的欲望、犹豫或期待？对于很多来自保守家庭的阿联酋女性来说，在公共场所自由行动往往是受限制的。在被允许的环境中（商店或餐馆），她们一般必须要有一个私人助理或男性亲属陪同。在大学，女生和男生被隔离，且她们进出安保门时必须使用身份证，只有在她们的司机开车送她们回家的时候，才可以离开校园。她们几乎不能单独出现在公共场所。这就是她们的处境。

虽然她的动机不明，但她是一个完美的阿拉伯公主形象，引起了观众的喜爱。如果这则广告目标明确，那么它将是深思熟虑且有效的，而阿联酋女性将从模特中看到自己。阿联酋年轻女性的审美观是奢华、美丽、时尚和端庄的。我们可以假设阿联酋的男性可能会被这样的女性所吸引，并将这样的女性作为自己的理想型。虽然图像中并没有阿联酋的男性注视着她，但她已经完全地向行人展示了自己，似乎是故意地暴露自己（揭开珠帘）成为观察者的目标。作为一个展示给公众的广告，很多人可能将露天市场看作是一个观看独特的阿联酋服饰的场所。这也让西方国家有机会近距离观察这个非常私密的阿联酋。她的表演既是一种展示，也为了吸引人们到这个地方来。

黑色和棕色的色调传达了“阿拉伯的气息”，因为深色和阴影，带来了一种神秘感。虽然颜色很冷——与阿布扎比拥挤的交通和蓬勃发展的建筑形成了鲜明的对比——但深色与形象结合也告诉我们要保持谨慎。在这个未知的张力中，有些东西是隐藏的、未被发现的，但却吸引观察者寻找解决办法。作为一个广告，它承诺实现和解决的奥秘在露天市场，因为在那里，广告中的女人可以满足她对可允许的物质的需求。

这个场景暗示了一个什么故事?

因为没有解说词，画面中存在着巨大的戏剧张力。有些很重要的东西必须被补充进来。好奇心随着格式塔概念的结束被激发出来，画面也需要被完成。美人模特完美无瑕的形象有着强大的光环效应，让我们联想到一位坚强高贵的阿联酋女人。她美丽的眼睛作为画面的焦点，唤起了人们的洞察力。然而这个完美的形象选择了隐藏自己，不为其他的不认识的男性所知。珠帘暗指阿拉伯语中的面纱，意指遮盖：从更广阔的意义来看，它指的是在公共场合遮盖了除脸和手之外的所有地方的任何类型的适度着装。在伊斯兰教中，面纱也有隐私、道德和庄重的隐喻。对年轻的阿联酋女性来说，这是对文化期待的一种肯定：渴望将庄重、美德与优雅，以及美丽和“时尚”元素相结合。在这方面，她是“自由的”。

图20.11　你的世界中心

构图是否唤起了其他形象?

这组照片让人联想到各类媒介产品中针对女性的广告。阿拉伯媒介（电视、电影、广告）中的女性形象都是负面的，主要将她们的身体作为“性商品或者一种性冲动的载体”（Allam, 2008, p.3）。在中东地区类似的广告通过理想化的美丽、大胆、欲望、实用性等自我形象，来贩卖时尚、化妆品或者时尚服务。其他露天市场的户外广告也反映了这些诉求（图20.11、图20.12和图20.13）。与图20.11中的图像相对应的文本翻译是“你的世界中心”。另外两个形象出现在阿布扎比世界贸易中心网站上，配

图20.12　迷人的

以“迷人的”和“与众不同的”广告词语。露天市场的一系列推广照片也可能让人联想到电视剧或音乐视频中的场景，因为广告常常依赖于这些流行文化的参考框架。这些关联有助于邀请观看者参与视觉图像，以理解其信息并接受它的立场。

图20.13　与众不同的

结论

过去的研究认为阿拉伯女性形象，有时候是有争议的，有时候是自由的，它经常向世界推销中东地区，同时也影响着当地人的身份认同（Al Jenaibi, 2011; Gökariksel & McLarney, 2010; Allam, 2008）。在今天的阿布扎比，传统常常受到现代性的挑战，按照卡戈里克塞尔和麦克拉尼（2010）的观点，伊斯兰价值观与西方的表现相结合，因为穆斯林身份是通过商品和消费的资本主义建构起来。以一个受欢迎和异国情调的旅游目的地作为阿拉伯地区的形象营销是很常见的——阿拉伯女性正是这一品牌的核心（Al Jenaibi, 2011）。正如很多迷恋女性身体的西方广告（Reichert, 2003）和将女性视为消费者的广告一样（Lancaster, 1995），快速发展的阿布扎比女性的广告形象有时也在这些层面上发挥作用，如图所示，但批判分析揭示了更多。

露天市场的广告形象（图20.9），从表面上似乎很普通，但吸引了众多观看者，也给阿联酋的女性传递了两极分化的信息。它挑战着她们展示自己的美丽，展现自己的力量，释放自己更自由地与男性交流，更大胆地参与社会的欲望。然而，从内涵和外延的总和来看，形象的整体主题加强了女性被压迫的主流文化。这位阿联酋女性因其女性气质、美丽、对传统的尊重和坚守而受到尊重。传统是时尚的现代性必须受到传统的调和。图20.9强调了女性代言人必须做出文化所规定的“正确”选择，并在她们的外表和物质消费中找到自我实现。这位阿联酋女性将露天市场的体验拟人化为奢华、神秘、亲密、“时尚”和自由。

意识形态的意义将阿联酋的女性建构为美丽、神秘和欲望的对象，其自由属于狭隘的社会规范之内。她可能在新的露天市场满足自己的需求。这个符号中的表述表明，目前阿联酋社会的权利关系是合法的，女性如果在公共或社会中与家庭之外的男性互动就是对家庭的不尊重。然而，这个符号也表明了与时代的悖论，当政府正在为女性提供教育和融入职场的机会时，她们的家庭仍然不同意，甚至因为传统而禁止这种变化。随着对当今阿联酋潮流的深入了解，我们可以判断这个符号可能是一种促进女性更加自由的尝试，并与根深蒂固的传统限制作斗争，即“安全的”和可接受的（经济上有价值的）信息提供给女性，让她们认识自己，以及她们在市场中找到自由。卡戈里克塞尔和麦克拉尼写道，“穆斯林女性通过在市场上建构关于女性身份的形象、规则和知识，对穆斯林女性不断进行谈判、定义和重新定义”（Gökariksel & McLarney, 2010, p.2）。

战略视觉传播从文化上让认识框架为之服务。如果框架能够发生影响，那么他们在这个过程推行什么意识形态？这篇文章说明了在阿布扎比户外广告的文化意义，以及它如何在特定语境中建构受众的。虽然广告的首要功能是推销，但是威廉森在创造性研究《广告解码》中认为，广告创造了意义的结构，在这种结构中，广告也推销我们自己（Williamson, 1978/1987, p.13）。在一个法律和社会规范与伊斯兰教的基本原则相互联系的专制国家中，国家控制的传播深入公共领域，旨在加强其意识形态。

符号学分析表明，这一特定的公共形象传达了一种将既定价值观强加于集体国家认同的战略。虽然本章只对单个广告进行了分析，但其他公共符号的例子支持了高度可见的和广泛合作的信息执行策略。她们的作用是使一个处于权力关系不平等的社会边缘位置的女性的文化身份合法化并得以维持。该分析揭示了战略传播在应用情境中的力量，并强调了批判性解码图像信息的视觉识别能力，并以接受、协商或拒绝作为回应。

参考文献

[1] Al Jenaibi, B. N. A. (2011). The changing representation of the Arab woman in Middle East advertising and media. *Global Media Journal, Arabian Edition*, 1(2), pp. 67–88.

[2] Allam, R. (2008). Countering the negative image of Arab women in the Arab media: Toward a “Pan Arab Eye” media watch project. *The Middle East Institute Policy Brief*, 15, 1–8.

[3] Barbatsis, G. (2005). Narrative theory. In K. Smith, S. Moriarty, G. Barbatsis, & K. Kinney (Eds.), *Handbook of visual communication: Theory, methods and media.* (pp. 329–349). Mahwah, NJ: Erlbaum.

[4] Barnhurst, K. G., Vari, M., & Rodriguez, I. (2004). Mapping visual studies in communication. *Journal of Communication*, 54, 4, 616–644.

[5] Barthes, R. (1972). *Mythologies*. Trans. by A. Lavers. New York: Hill and Wang.

[6] Barthes, R. (1977). *Image, music, text*. (S. Heath, Trans.). New York, NY: Hill and Wang.

[7] Barthes, R. (1983). *Rhetoric of the image*. Trans. by S. Heath. New York: Hill and Wang. (Original edition published 1967).

[8] Berger, A. A. (2008). *Seeing is believing*. New York: McGraw-Hill.

[9] Berger, J. (1972). *Ways of seeing*. London, England: BBC/Penguin.

[10] Bristol-Rhys, J. (2010). *Emirati women: Generations of change*. London, England: Hurst & Company.

[11] Brugioni, D. A. (1999). *Photo fakery: The history and techniques of photographic deception and manipulation*. Dulles, VA: Brassey.

[12] Burgin, V. (1982). Photographic practice and art theory. In V. Burgin (Ed.), *Thinking photography* (pp. 39–83). London, England: Macmillan.

[13] Chandler, D. (n.d.). Semiotics for beginners. Retrieved from http://www.aber.ac.uk/media/Documents/

S4B/semiotic.html
[14] Crary, J. (1992). *Techniques of the observer: On vision and modernity in the nineteenth century. Cambridge*, MA: MIT Press.
[15] Eagleton, T. (1991). Ideology: An introduction. New York: Verso.
[16] Gitlin, T. (2002). *Media unlimited: How the torrent of images and sounds overwhelms our lives*. New York: Metropolitan Books.
[17] Gökariksel, B. & McLarney, E. (2010). Introduction: Muslim women, consumer capitalism, and the Islamic culture industry. *Journal of Middle East Women's Studies*, 6, 3, pp. 1–18.
[18] Hallahan, K., Holtzhausen, D., van Ruler, B., Verčič, D., & Sriramesh, K. (2007). Defining strategic communication. *International Journal of Strategic Communication*, 1(1), 3–35.
[19] Lancaster, B. (1995). *The department store: A social history*. London, England: Leicester University Press.
[20] Langer, S.K. (1942). *Philosophy in a new key*. Cambridge, MA: Harvard University Press.
[21] Leiss, W., S. Kline & S. Jhally. (1990). *Social communication in advertising: Persons, products and images of well-being* (2nd ed.). London, England: Routledge.
[22] Lester, P. M. (2011). *Visual communication: Images with messages*, 5th ed. Boston, MA: Wadsworth.
[23] Messaris, P. (1996). *Visual persuasion: The role of images in advertising*. Thousand Oaks, CA: Sage.
[24] Mitchell, W.J.T. (1994). *Picture theory*. Chicago, IL: University of Chicago Press.
[25] Reichert, T. (2003). *The erotic history of advertising*. Amherst, NY: Prometheus Books.
[26] Sontag, S. (1977). *On photography*. New York: Picador.
[27] Stein, S. (2001). Legitimating TV journalism in 60 Minutes: The ramifications of subordinating the visual to the primacy of the word. *Critical Studies in Media Communication*, 18, 3, 249–269.
[28] Williamson, J. (1987). *Decoding advertisements*. London, England: Marion Boyers. (Original work published 1978).
[29] World Trade Center Abu Dhabi. http://www.wtcad.com/, accessed 1–21–2013.
[30] Zakia, R. (2007). *Perception and imaging: Photography—a way of seeing* (3rd ed.). Burlington, MA: Focal Press.

第二十一章
战略传播中的关系培养策略

奇衍廷

战略传播是一个组织为实现其目标而进行的有计划、有目的的沟通。公共关系已被确定为战略传播的基本要素（Holtzhausen, Verčič & Siramesh, 2007; Holtzhausen, 2008）。哈拉汗等人指出公共关系领域发挥作用是通过强调发展理论来确定一个组织如何“与关键利益团体建立和保持有利的关系”（2007, p.6）。在公共关系学术界，关系管理自弗格森在1984年提出以来一直是主要的范式（Ferguson, 1984）。本章将回顾关系培养策略在多大程度上与战略传播领域相关，以及如何将该研究项目应用在公共关系过程中。

研究关系管理的文献强调了组织机构——公共关系的三个要素：关系的前因、战略培养和关系质量（Broom, Casey & Ritchey, 1997; Hon & J.E. Grunig, 1999）。关系的前因代表了组织及其公众建立关系的源动力。战略培养包括组织与其公众之间改善或防止关系恶化的传播活动。关系质量是关系双方相互作用的结果。

自评价关系的质量被认为等同于衡量公共关系的有效性和价值以来，学者们致力于建立可靠有效的关系质量效果的测量方法（e.g. Bruning & Ledingham, 1999; Ferguson, 1984; L. A. Grunig, J. E. Grunig & Ehling, 1992; Hon & J. E. Grunig, 1999; Huang, 1997, 2001; Jo, 2006; Ki & Hon, 2007； Y. Kim, 2001）。近年来，关系管理的学术焦点已经从测量关系质量的效果转移到确定和评估关系培养策略（Hung, 2004; Ki & Hon, 2009a, 2009b; Shen, 2011）。本章试图整合关系培养策略与战略传播过程，以吸引更多学者在学术和实践上关注这些战略，从而主动提高关系质量的效果。

公共关系中的关系理论

由于关系培养策略有一些共性所以其可以有效地适应战略传播。首先，战略传播实践是有意的，因为它试图达到一定的效果（Holtzhausen & Zerfass, 2013）。组织利用关系培养策略以便与利益相关者获得更好的关系效果。其次，一个或更多的从业者倾向于参与战略传播或传播活动（Holtzhausen & Zerfass, 2013）。各种从业者经常利用关系培养策略维护他们的组织，这被称为战略传播的实体。最后，战略传播存在于公共领域（Holtzhausen & Zerfass, 2013）。因此，关系培养策略也应该存在于公共领域。

关系培养策略

虽然战略传播理论倾向于更广泛的利益相关者，但公共关系的概念仍然与本讨论相关，因为关系培养理论是在公共关系理论的背景下发展起来的。组织研究表明，任何组织的行为都可以影响其与战略公众的关系。组织不能简单地维持与公众的关系，应该投入时间和资源，以改善他们的关系或恢复任何受损的关系。为了正确培养与战略公众或利益相关者的关系，组织可以将各种关系培养策略纳入他们的日常传播活动中。在这方面，本章将关系培养策略定义为与战略公众或利益相关者改善关系条件的组织行为努力。

关系培养策略起源于人际关系理论，具体来说是亲密关系（Canary & Stafford, 1994; Stafford, Dainton, & Hass, 2000）。公共关系学者（J. E. Grunig & Huang, 2000; Hon & J. E. Grunig, 1999）将人际交往中的关系培养策略概念转化为组织—公众关系（OPRs）的策略。关系培养策略是组织为提高其与各种公众或利益相关者的关系质量而采用的日常传播活动，通常被认为是促进高质量关系的主动方法。

已被确定为产生积极关系效果的最有效的策略是接近性、积极性、开放性、共享任务、关系网和保障（J. E. Grunig & Huang, 2000; Hon & J. E. Grunig, 1999; Hung-Baesecke & Chen, 2013; Ki & Hon, 2006, 2009a）。J. E. 格鲁尼格和Huang将这些策略归类为对称策略（2000）。以下是每个策略的简要说明。

接近性

接近性策略为双方关系提供传播渠道。具体来说，公众或公众代表为公共关系专业人员提供了交流渠道，他们为公众提供类似的机会，以便分享他们对组织的意见（J. E. Grunig & Huang, 2000; Hon & J. E. Grunig, 1999）。由于关系培养理论被认为是组织行为，接近性策略可以被看作是组织行为研究的属性，组织提供传播渠道，以帮助其战略公众或利益相关者达成目标（Ki & Hon, 2009a）。随着先进通信技术的发展和普及，加上传统通信渠道的使用，组织应考虑提供更多的交互式传播渠道作为接近性策略。

积极性

在人际传播中，积极性通常被描述为个体为维持愉快互动的努力。Canary和Stafford提供了这种策略的例子，例如快乐和关爱的行为、有礼貌的沟通，以及避免批评他人（Canary & Stafford, 1994）。在人际关系领域中，这种策略通常被认为是控制互惠性和相关满意度的先决条件，这是主要的关系质量效果指标（Canary & Stafford, 1992, 1993;

Dainton, 1991; Stafford & Canary, 1991）。

在组织—公众关系中，“积极性”的概念被定义为“组织或公众为使相关各方的关系更加愉快而做的事情”（Hon & J. E. Grunig, 1999, p.14）。他们认为积极性战略可以有效地解决冲突。这种战略的几个例子包括提供鼓励的反馈、快乐的行为、礼貌的沟通以及避免批评当事人。

基于关系培养策略作为一种组织行为，积极性可以定义为“战略公众受益于组织并努力使关系更愉快”（Ki & Hon, 2009a, p.246）。

开放性和公开性

人际关系学者将开放性解释为愿意明确地表达对一段关系的看法和意见（Canary & Stafford, 1994）。在一段亲密的关系中，开放性被发现具有最低的关系质量的预测能力（Stafford & Canary, 1991）。这种开放性战略被引入公共关系学科，作为组织—公共关系各方关注和意见的表达（Hon & J. E. Grunig, 1999）。虽然开放性并不会自动地促成一种积极的关系，但权力更大的政党应该证明，任何保护信息的行为都是为了维护权力较弱的政党的利益（Bok, 1989）。学者们认为开放性是关系质量的一个预测因素，包括满意度（Ledingham & Bruning, 1998）和信任度（Dimmick, Bell, Burgiss, & Ragsdale, 2000）。此外，L. A. 格鲁尼格等人证明开放性是关系质量的一个基本组成部分（L. A. Grunig, 1992）。然而，Ki 和洪的研究表明，开放性策略是微不足道的，并认为开放性是所有关系培养策略的一个基本维度。基于将关系培养策略作为组织行为属性的方法，开放性可以被定义为“一个组织为提供有关组织性质的信息以及影响其战略公众的行为努力”（Ki & Hon, 2009a）。

共享任务

研究人际关系的学者将共享任务概念化为日常任务的分配和责任的公平分配（Canary & Stafford, 1994; Stafford & Canary, 1991）。分担任务就是人际关系策略的一个例子。与其他策略一样，共享任务已被确认为关系质量的重要预测因素，包括控制相互性（Canary & Stafford, 1994）和满意度（Huston, McHale, & Crouter, 1986; Wilmot & Sillars, 1989）。

在公共关系学科中，共享任务被定义为一种策略，通过该策略，组织及其利益相关者都履行其相关职责来解决问题和处理业务，以便双方能够达到相互依赖的目标（Hon & J. E. Grunig, 1999）。这一战略的例子包括合作减少污染、支持慈善、提供就业机会或保持竞争力（J. E. Grunig & Huang, 2000）。这些任务可能是组织、利益相关者或双方都感兴趣的。因为共享任务的理念与组织的企业社会责任类似，所以可以通过组织的企业社会责任报告来评估该策略，这些报告可以表明组织与其利益相关者合作解决问题的程度。

由于本章将培养策略视为一种组织行为努力的效果，因此共享任务可以被概念化为“组织参与工作或解决组织与战略公众共同利益的问题时共同的努力行为”（Ki & Hon,

2009a）。

关系网

在人际关系中，这一策略涉及个人建立共同朋友和伙伴关系，以维持人际关系（Canary & Stafford, 1994）。关系网已经被确定为影响关系质量的效果，如控制相互关系（Canary & Stafford, 1992, 1993; Stafford & Canary, 1991）和意愿（Ganary & Stafford, 1992, 1994）。

洪和J. E. 格鲁尼格（1999）将关系网扩展到组织—公众关系，并将关系网定义为一个组织与其战略公众相关的团体建立关系的意愿，例如环保主义者、工会或社区团体。尤其在中国等亚洲国家，人际网络被发现是建立人际关系的催化剂，因为它是一种强调人际关系重要性的文化（Hung, 2002）。

保障

保障这项策略涉及个人之间的努力，以加强和保证彼此的关系和彼此的重要性（Canary & Stafford, 1994）。这个策略被发现是促进关系质量效果的最重要的因素，也是信任的重要预测因素（Canary & Stafford, 1992, 1993; Stafford & Canary, 1991）。

在组织—公共关系中，保障被定义为传播组织如何评价与其利益相关者的关系价值的努力（Hon & J. E. Grunig, 1999）。L. A.格鲁尼格，J. E.格鲁尼格和Dozier这样描述保障的重要性，"关系中的每一方都试图向另一方保证它及其关注是合法的，并证明它致力于维持这种关系"（L. A. Grunig, J. E. Grunig, Dozier, 2002, p.551）。组织可以通过传播和展示其对公众的重视程度来采用这一策略。Hung指出，提供保障可以是有效的，因为它会影响到关系当事人之间的满意度和承诺（Hung, 2000）。这种策略可以被概念化为"组织为确保其战略公众及其利益受到关注所做的努力"（Ki & Hon, 2009a）。

关系培养策略的措施

随着关系管理的研究重点从衡量关系质量结果转向关系培养策略，一些学者尝试建立一种关系培养策略的方法。Ki和洪（2009b）进行了一项初步研究，根据Spector建议的多角度发展步骤，制定了关系培养策略措施（Spector, 1992）。他们从文献中收集了六种培养策略——接近性、积极性、开放性、共享任务、关系网和保障——并基于组织行为学的观点将其概念化：

- 接近性："组织提供传播渠道，以帮助其战略公众或利益相关者达成目标所付出的努力程度。"
- 积极性："公众成员从组织的努力中受益的程度，该组织的努力使关键公众的关系更愉快。"
- 开放性："组织努力提供有关组织性质以及它正在做什么的信息。"

- 共享任务："组织在参与工作或解决组织与战略公众共同利益时的努力行为。"
- 关系网："组织自愿自发与其战略公众相关的团体建立关系的努力程度，例如环保主义者、工会或社区团体。"
- 保障："组织为确保其战略公众及其利益受到关注所做的努力。"

Ki和洪基于对公共关系从业者的深度访谈的反馈，起草了多个初始项目，来衡量这六个策略中的每一个（Ki & Hon, 2009b）。通过对大量组织成员的问卷调查，来评估最终的措施。他们得出的结论是，该量表既可靠又有效。[1]

Shen（2011）研究了基于对称和不对称两种形态的关系培养策略之后，扩展了Ki和洪（2009b）关于组织—员工环境中关系培养策略的衡量标准。她发现，六个因素的测量模型可以作为组织对其员工关系培养努力的一个有意义的表现。这六个有效策略包括开放性、合法性保障、关系网、分配协商、回避和妥协。这两项研究有助于在关系管理研究领域的理论和操作发展，特别是关系培养策略。

关系培养策略的应用

只有少数研究考察了不同关系类型的关系培养策略，这些研究增加了新的培养策略。Ki和洪将六种关系培养策略应用于组织及其成员之间的关系当中（Ki & Hon, 2009a）。他们发现四种关系培养策略——接近性、积极性、共享任务和保障——是关系质量效果的重要预测因素。然而，在会员制组织背景下，其他两种策略，即开放性和网络化，并没有产生任何显著影响。沃特斯将六种关系培养策略应用于非营利组织和捐赠者之间的关系之中，并强调培养策略在筹款成功方面发挥着至关重要的作用（Waters, 2009）。博尔特里调查了非营利组织和青少年志愿者的关系培养策略（Bortree, 2010）。她补充说，指导作为一种新的培养策略，特别是它适用于青少年志愿者，并得出指导结论：指导、保障和共享任务是青少年志愿者与非营利组织之间关系质量效果的关键预测因素。

讨论和研究议程

本章介绍和总结了关系培养策略对关系效果的影响。随着关系培养策略开始受到关注，它为这一领域的研究提供了许多机会：第一，这些策略应适用于更多样的环境之中，以确定它们是否可以有效地影响关系效果。具体来说，关系培养策略主要针对非营利组织（Bortree, 2010; Waters, 2009）和会员组织（Ki & Hon, 2009a）。因此，学者可以考虑制定衡量关系培养策略的标准，以适应其他类型的组织，如医疗保健组织、政府组织、公司和其他类型的语境，如营销、广告、健康传播和政治运动。具体来说，由于大多数企业是以利润为导向的，消费者是这方面最重要的利益相关者。积极关系的重要性在组织—消费者关系中不断得到证实（Bach & S. Kim, 2012; Hong & Yang, 2009）。例如，

Hong和Yang测试了关系质量和口碑之间的联系，并确认积极的口碑是客户满意度水平的良好预测因素（Hong & Yang, 2009）。虽然这些研究对于了解组织与其利益相关者之间形成的质量关系的重要性是有意义的，但很难理解促进质量关系的具体战术或策略。因此，学术上的关注是必要的，以便识别组织语境中的关系培养策略，这些策略尚未得到有效的检验。更重要的是，学者应该检验在不同环境中该措施是否是一种有效的关系效果评价，以便最终评估一个更普遍的培养策略。

第二，上述研究主要是关系培养策略在线下环境的应用。快速发展的社交媒体是当今必不可少的组织传播渠道，它可以用来提高策略的传播效率。关系培养策略应该在新的传播平台下进行探索，以了解和评估其有效性。学者们主要应用肯特和泰勒设计的理论框架作为在线环境中建立关系的指导（Kent & Taylor, 1998）。他们介绍了五种关系培养策略：对话的循环、信息的有效性、回报率的产生、界面的直观性/舒适性以及访客的保护规则。在后续研究中，他们强调了对话方法是一种关系管理方法，并通过增加诸如互惠、赞成、移情、风险和承诺等特征来扩展策略（Kent & Taylor, 2002）。最近，Men和Tsai（2012）通过应用肯特和泰勒的理论框架，从跨文化角度探讨了社交媒体平台上的关系培养策略。他们研究了中国和美国两个不同文化国家的组织使用社交网站与利益相关者的沟通方式。Men和Tsai发现，两国的组织经常使用公开披露、信息传播和互动性的对话策略（Men & Tsai, 2012）。尽管这个专门的理论框架设计自然，也适用于在线环境，以便确定有效的关系培养策略，但是有必要测试各种策略，以确定哪种策略最合理、最有效。希望本章将指导和启发进一步的学术研究，以完善现有的策略，并确定更有效的策略性方式与利益相关者在网络环境中的传播方式。

第三，鉴于全球公共关系的重要性，有必要将文化视为与这些外国公众或利益相关者团体建立关系的一个重要变量。虽然有效的公共关系实践可能具有普遍的原则，但它们不能免受政治、媒体、经济发展和文化价值观的影响（Verčič, J. E. Grunig, & L. A. Grunig, 1996）。E. T. Hall（1989）将高低语境文化类型学作为一种解释东西方国家之间差异的有用方法（H. Kim, Coyle, & Gould, 2009）。在E. T. Hall类型学中，语境是为了理解事件或主题的意义所需要的情景信息，并且文化可以基于上下文语境将这种理解程度分为高和低两种（E. T. Hall, 1989）。在高语境的情况下，"大多数信息已经在个体中，而很少存在于信息的编码、显式和传输部分"，而低语境的情况则"刚好相反，即大众信息归属于显式编码"（E. T. Hall & M. R. Hall, 1990, p.8）。因此，高低语境是考虑制定有效的涉外公共关系培养策略的重要变量。例如，根据Hall的观点，由于西方文化被认为是高语境，所以面向这一受众的公共关系信息应该以清晰和明确的方式发展（Hall, 1989）。关系培养策略已经被应用于亚洲语境，个人关系网通常被认为是一个关键策略（Hung, 2002, 2004）。未来的研究应该在考量文化和情境变量的同时，探索与其他未开发国家的公众建立关系的方法。

第四，应该考虑不同类型的公众从而制定更有效的关系培养策略。Ni和Kim基于解决欧洲经济共同体（CAPS）问题中的沟通行为框架和公众问题解决的特点，组建了不同类型的公众（Ni & Kim, 2009）。他们预测和证实了三个问题解决的不同特征——问题解决方法的开放性、问题解决的活跃程度以及问题解决的时间或历史——解释公共传播的特征，例如传输或选择信息。此外，Ni和Kim指出公众对给定问题或情况的认识可能会解释传播过程（Ni & Kim, 2009）。学者可能需要思考由Ni和Kim建立的这种新的细分公众分类，其目的是寻找与这些公众更有效的传播方式，并制定更具体的关系培养策略（Ni & Kim, 2009）。

第五，关系培养策略可能会影响或受到关系类型的影响。Hung确定了七种关系类型：契约关系[2]、共生关系[3]、公共关系、交换关系[4]、契约关系[5]、操纵关系[6]和剥削关系[7]（Hung, 2005）。这个范围可以运用到每种关系培养策略，程度取决于组织与其利益相关者之间的关系类型。例如，一个实施操纵性关系类型的组织不太可能优先考虑开放性策略。

第六，在组织—公众关系文献中，关系前因、培养策略和关系效果三个要素被建议作为组织中的必要组成部分（Broom, Casey, Ritchey, 2000）。本章只讨论关系培养策略的要素。因此，学者可以思考在不同情境中运用这三个组成部分，以便根据经验证明这三个要素之间的关系。

战略传播是一种有计划、有目的的传播，传播主体参与其中，其目的是实现组织的目标（Holtzhausen & Zerfass, 2013）。这些目标可以包括但不限于赢得市场份额、赢得政治运动、建立积极声誉以及影响社会变革。在许多情况下，通过培养组织及其战略公众或利益相关者之间的良好关系，可以更有效地实现组织目标。为了与利益相关者建立良好、健康的关系，组织应该运用有效的关系培养策略。希望本章可以吸引人们更多的学术和实践的关注，以发展和检验这些战略。

注释

[1] 要了解完整的关系培养策略，请参阅Ki & Hon（2009b）。

[2] 契约关系是指双方通过开放交流与互惠原则对共同利益做出承诺的关系（Hung, 2005, p.398）。

[3] 共生关系是一种相互依存的关系，双方需要共同努力才能共存（Hung, 2005, p. 416）。

[4] 公共关系包括一方当事人对另一方当事人的关切，而交换关系取决于经济交换（Clark & Mills, 1979, cited in Hung, 2005）。

[5] Hung解释说，当双方就各自在关系中应该达成什么协议时，合同关系就开始了。这种关系不一定是平等的（Hung, 2005）。

[6] 当一方通过一种不对称的沟通方式来获得他或她想要的东西时，操纵关系就产生了（Hung, 2005）。

[7] 当关系中的一方利用另一方，或者一方没有履行他或她在关系中的义务或责任时，剥削关系就会发生（Clark & Mills, 1993, cited in Hung, 2005）。

参考文献

[1] Bach, S. B., & Kim, S. (2012). Online consumer complaint behaviors: The dynamics of service failures, consumers' word of mouth, and organization-consumer relationships. *International Journal of Strategic Communication*, 6, 59–76.

[2] Bok, S. (1989). *Secrets-on the ethics of concealment and revealation*. New York: Vintage Books.

[3] Bortree, D. S. (2010). Exploring adolescent-organization relationships: A study of effective relationship strategies with adolescent volunteers. *Journal of Public Relations Research*, 22(1), 1–25.

[4] Broom, G. M., Casey, S., & Ritchey, J. (1997). Toward a concept and theory of organization-public relationships. *Journal of Public Relations Research*, 9(2), 83–98.

[5] Broom, G. M., Casey, S., & Ritchey, J. (2000). Toward a concept and theory of organization-public relationships: An update. In J. A. Ledingham & S. D. Bruning (Eds.), *Public relations as relationship management: A relational approach to public relations* (pp. 3–22). Mahwah, NJ: LEA.

[6] Bruning, S. D., & Ledingham, J. A. (1999). Relationships between organizations and publics: Development of a multi-dimensional organization-public relationship scale. *Public Relations Review*, 25, 157–170.

[7] Canary, D. J., & Stafford, L. (1992). Relational maintenance strategies and equity in marriage. *Communication Monographs*, 59, 239–267.

[8] Canary, D. J., & Stafford, L. (1993). Preservation of relational characteristics: Maintenance strategies, equity, and locus of control. In P. J. Kalbfleisch (Ed.), *Interpersonal communication: Evolving interpersonal relationships* (pp. 237–259). Hillsdale, NJ: Erlbaum.

[9] Canary, D. J., & Stafford, L. (1994). Maintaining relationships through strategic and routine interaction. In D. J. Canary & L. Stafford (Eds.), *Communication and relational maintenance* (pp. 3–22). San Diego, California: Academic Press.

[10] Clark, M. S., & Mills, J. (1979). Interpersonal attraction in exchange and communal relationships. *Journal of Personality and Social Psychology*, 37, 12–24.

[11] Clark, M. S., & Mills, J. (1993). The difference between communal and exchange relationships: What it is and is not. *Personality and Social Psychology Bulletin*, 19, 684–691.

[12] Dainton, M. (1991, May). *Relational maintenance revisited: The addition of physical affection measures to a maintenance typology*. Paper presented at the meeting of International Communication Association, Chicago, IL.

[13] Dimmick, S. L., Bell, T. E., Burgiss, S. G., & Ragsdale, C. (2000). Relationship management: A new professional model. In J. A. Ledingham & S. D. Bruning (Eds.), *Public relations as relationship management: A relational approach to the study and practice of public relations* (pp. 117–136). Mahwah, NJ: Erlbaum.

[14] Ferguson, M. A. (1984). *Building theory in public relations: Interorganizational relationships*. Paper presented at the meeting of Association for Education in Journalism and Mass Communication, Gainesville, FL.

[15] Grunig, J. E., & Huang, Y.-H. (2000). From organizational effectiveness to relationship indicators: Antecedents of relationships, public relations strategies, and relationship outcomes. In J. A. Ledingham & S. D. Bruning (Eds.), *Public relations as relationship management: A relational approach to the study and practice of public relations* (pp. 23–53). Mahwah, NJ: Erlbaum.

[16] Grunig, L. A., Grunig, J. E., & Dozier, D. M. (2002). *Excellent public relations and effective*

organizations: A study of communication management in three countries. Mahwah, NJ: Lawrence Erlbaum.

[17] Grunig, L. A., Grunig, J. E., & Ehling, W. P. (1992). What is an effective organization? In J. E. Grunig, D. M. Dozier, W. P. Ehling, L. A. Grunig, F. C. Repper & J. White (Eds.), *Excellence in public relations and communication management* (pp. 65–90). Hillsdale, NJ: Lawrence Erlbaum.

[18] Hall, E. T. (1989). *Beyond culture*. New York: Anchor Books/Doubleday.

[19] Hall, E. T. & Hall, M. R. (1990). *Hidden differences*. New York: Anchor Books/Doubleday.

[20] Hallahan, K., Holtzhausen, D., van Ruler, B., Verčič, D., & Siramesh, K. (2007). Defining strategic communication. *International Journal of Strategic Communication*, 1(1), 3–35.

[21] Holtzhausen, D. R. (2008). Strategic communication. In W. Donsbach (Ed.), *The international encyclopedia of communication*. Malden, MA: Wiley-Blackwell.

[22] Holtzhausen, D. R., & Zerfass, A. (Eds.). (2013). *Strategic Communication—Pillars and Perspectives of an Alternative Paradigm*. Wiesbaden, Germany: Springer VS.

[23] Hon, L. C., & Grunig, J. E. (1999). *Guidelines for measuring relationships in public relations*. Gainesville, FL: Institution for Public Relations.

[24] Hong, S. Y., & Yang, S.U. (2009). Effects of reputation, relational satisfaction, and customer-company identification on positive word-of-mouth intentions. *Journal of Public Relations Research*, 21(4), 381–403.

[25] Huang, Y. H. (1997). *Public relations strategies, relational outcomes, and conflict management strategies*. Unpublished doctoral dissertation, University of Maryland, College Park, MD.

[26] Huang, Y. H. (2001). OPRA: A cross-cultural, multiple-item scale for measuring organization-public relationships. *Journal of Public Relations Research*, 13, 61–90.

[27] Hung, C. J. F. (2000). *Organization-public relationships, relationship maintenance strategies, and relationship outcomes*. March. Paper presented at the Educator's Academy, Public Relations Society of America, Miami, FL.

[28] Hung, C. J. F. (2002). Relationship types, relationship cultivation strategies, and relationship outcomes: How multinational and Taiwanese companies practice public relations and relationship management in China. Unpublished doctoral dissertation, University of Maryland, College Park.

[29] Hung, C. J. F. (2004). Cultural influence on relationship cultivation strategies: Multinational companies in China. *Journal of Communication Management*, 8(3), 264–281.

[30] Hung, C. J. F. (2005). Exploring types of organization-public relationships and their implications for relationship management in public relations. *Journal of Public Relations Research*, 17, 393–425.

[31] Hung-Baesecke, C.-j. F., & Chen, Y.-R. R. (in press). Factoring Culture into relationship management theory: Cultivation strategies and traditional Chinese value orientations. In E.-J. Ki, J.-N. Kim & J. Ledingham (2nd Eds.), *Public relations as relationship management: A relational approach to the study and practice of public relations*. New York: Routledge.

[32] Huston, T. L., McHale, S., & Crouter, A. (1986). When the honeymoon's over: Changes in the marriage relationship over the first year. In R. Gilmour & S. Duck (Eds.), *The emerging field of personal relationships* (pp. 109–132). Hillsdale, NJ: Erlbaum.

[33] Jo, S. (2006). Measurement of organization-public relationships: Validation of measurement using a manufacturerretailer relationship. *Journal of Public Relations Research*, 18(3), 225–248.

[34] Kent, M. L., & Taylor, M. (1998). Building dialogic relationships through the world wide web. *Public Relations Review*, 24, 321–334.

[35] Kent, M. L., & Taylor, M. (2002). Toward a dialogic theory of public relations. *Public Relations Review*, 28, 21–37.

[36] Ki, E. J., & Hon, L. C. (2006). Relationship maintenance strategies on Fortune 500 company web sites. *Journal of Communication Management*, 10(1), 27–43.

[37] Ki, E. J., & Hon, L. C. (2007). Validation of relationship quality outcome measurement. *Journalism & Mass Communication Quarterly*, 84(3), 419–438.

[38] Ki, E. J., & Hon, L. C. (2009a). The causal linkages between/among relationship cultivation strategies and relationship quality outcomes. *International Journal of Strategic Communication*, 3(4), 242–263.

[39] Ki, E. J., & Hon, L. C. (2009b). A measure of relationship cultivation strategies. *Journal of Public Relations Research*, 21, 1–24.

[40] Kim, H., Coyle, J. R. & Gould, S. J. (2009). Collectivist and individualist influences on website design in South Korea and the U.S.: A cross-cultural content analysis. *Journal of Computer-Mediated Communication*, 14(3), 581–601.

[41] Kim, Y. (2001). Searching for the organization-public relationship: A valid and reliable instrument. *Journalism and Mass Communication Quarterly*, 78, 799–815.

[42] Ledingham, J. A., & Bruning, S. D. (1998). Relationship management in public relations: Dimensions of an organization-public relationship. *Public Relations Review*, 24, 55–65.

[43] Men, L. R., & Tsai, W. H. S. (2012). How companies cultivate relationships with publics on social network sites: Evidence from China and the United States. *Public Relations Review*, 38(5), 723–730.

[44] Ni, L., & Kim, J. N. (2009). Classifying publics: Communication behaviors and problem-solving characteristics in controversial issues. *International Journal of Strategic Communication*, 3(4), 1–25.

[45] Shen, H. (2011). Organization-employee relationship maintenance strategies: A new measuring instrument. *Journalism & Mass Communication Quarterly*, 88(2), 398–415.

[46] Spector, P. E. (1992). *Summated rating scales construction: An introduction*. Newbury Park, CA: Sage.r

[47] Stafford, L., & Canary, D. J. (1991). Maintenance strategies and romantic relationship type, gender, and relational characteristics. *Journal of Social and Personal Relationships*, 8, 217–242.

[48] Stafford, L., Dainton, M., & Hass, S. (2000). Measuring routine and strategic relational maintenance: Scale development, sex versus gender roles, and the prediction of relational characteristics. *Communication Monographs*, 67, 306–323.

[49] Verčič, D., Grunig, J. E. & Grunig, L. A. (1996). Global and specific principles of public relations: Evidence from Slovenia. In H. Culbertson, & N. Chen (Eds.), *International public relations: A comparative analysis* (pp. 31–65). Mahwah, NJ: Erlbaum.

[50] Waters, R. D. (2009). The importance of Understanding Donor Preference and Relationship Cultivation Strategies. *Journal of Nonprofit & Public Sector Marketing*, 21, 327–346.

[51] Wilmot, W. W., & Sillars, A. L. (1989). Developmental issues in personal relationships. In J. F. Nussbaum (Ed.), *Life-span communication: Normative process* (pp. 119–135). Hillsdale, NJ: Lawrence Erlbaum.

第二十二章

参与式文化中的战略传播：从单向、双向传播到通过社交媒体的参与传播

杰斯帕·福克海默和麦兹·海德

在目前的战略传播、公共关系和企业传播的文献中，共同创造意义常常被认为是一个核心目标（Coombs & Heath, 2006）。本章的目的是回顾关于社交媒体和战略传播的文献，并阐述为什么我们相信新的传播结构挑战了旧的概念和观点的论证。本章讨论了作为技术的社交媒体，交织在社会和文化的传播结构中，通过参与传播得到界定。我们也确定了一些挑战、机会、威胁以及组织为了参与传播通过使用社交媒体对实践的改变。本章是一个文献回顾，同时也包含了运用不同例子的概念化分析。这种理论方法在一定程度上是建立在共同创作传统的基础上的，但它遵循了一种社会建构主义的视角，即传播被视为现实的构成。Botan和Taylor预测这个方法可能被解读成当前范式斗争的一种例子：

> 我们预计，从21世纪初开始，一直延续到下一个10年，其特点是远离对称研究的范式斗争。公共关系领域的未来状态取决于哪一种共生模式是最有用、最有理论价值的，或许，是那个将公共关系理论定位为传播学领域基本成员的共创模式。
>
> Botan & Taylor, 2004, p.659

从语境和社会层面来看，我们的观点与公共关系理论的后现代批判有关（Holtzhausen, 2012），在该理论中，战略传播被视为比公共关系更相关的概念，以了解当代组织和社会中发生的跨界传播过程。

当前巨大的变化及其后果是相当危险的。一方面，这样的尝试可能会导致历史的简化。另一方面，在理论和实证研究的支持下，研究有理由指向当代的趋势和变化。对新媒体和社交媒体的讨论是一个很好的例子，说明了区别是多么困难。从历史的角度来看，所有的媒体在某一点上都是新的，可以把媒体的发展看作是一个长期的、持续的发展过程。虽然有人可能会说，技术本身是相当乏味的，但有趣的是传播的形式，即我们如何创造共同的意义，是改革还是更新。在流行的背景下，顾问和分析师告诉我们，在过去几年中，新媒体是如何改变我们整个社会、文化、政治和经济传播结构的。这无疑是一个严重的简化。我们认为，新媒体及其提供的传播形式可能会被解释为一种范式的转变，但请注意，这是一个长期存在的现象。

范式转化是一个困难且宏大的概念。当它在《科学哲学》（Kuhn, 1962）中发表时，引起了很多争论。简单地说，正如库恩所说，该范式指的是在某个特定时代，科学家将自己归入其中的科学模式被认为是正常事物的主导方法。差异或异常现象逐渐出现，如果得到足够的支持，就会发生一场科学革命。库恩的观点是宏大的，接近几个世纪而不是几十年，主要关注自然科学。但也有可能将范式理论转化为传播史。在历史相对较短的战略传播研究中，可能很难分析这一领域的趋势，但有理由相信，近几十年来，科学思维可能出现范式转换和新模式。战略传播作为一个研究领域是建立在对实践的研究基础上的，因此，这种新的模式是与实践相结合而形成的。

在本章中，我们的目的是描述技术创新如何与社会和交流形式相互作用，而不是诉诸技术决定论。首先我们讨论历史背景，然后展现正在出现的新的传播形式。接下来，我们将讨论参与导向作为新传播形式的最重要特征，并将其与企业品牌、媒体行业和战略传播的例子联系起来。我们还总结出新媒体与战略传播的历史与现状。

第三次工业革命

从历史的视角来看，新媒体的出现被视为第三次工业革命的发展，这可以与20世纪70年代发生的微电子或微处理器的突破性发展联系起来。这与经济历史学家Schon的分析一致，他强调现代社会发展中的三次工业革命（Schon, 2006）。第一次革命与蒸汽机相关，第二次革命是电子发动机和引擎。这三次革命带来了技术和组织的革新，对社会的各个领域都有深远影响。

在社会理论中，上述划分通常被描述为现代性的发展阶段，从18世纪启蒙运动的具体特征开始，其中启蒙运动包含了第一次工业革命。理性、个人主义、机械化、进步性、科学性等启蒙特征在后现代或后现代思想中呈现出新的形态。有社会科学家认为，我们现在生活在后现代时期，其特点是风险、网络、全球化、媒体饱和和不确定性增加（Bauman, 2000）。也有人认为，我们的当代现代性可以被看作是对以往社会形态的突破，我们已经进入了一个真理和理性不再相关的后现代社会，反而凸显了日益增长的相对主义以及现代价值观和权威的危机。在这个后现代世界中，现存世界与代表它的符号之间不再有任何联系；相反，我们发现自己处在一个超现实世界中，在那里，角色相互交流，创造出一个虚构的现实（Baudrillard, 1988）。

战略传播作为一个研究领域或实践，不能脱离这一历史和社会的理论语境，而应被视为一种贡献力量和发展的结果。从历史意义上来说，战略传播作为一种实践，与第二次工业革命并行发展，成为管理组织与社会之间出现的新关系的工具。不同组织和团体之间的冲突产生了能够处理这些冲突的专业人员的需求，尤其是在日益独立的媒体方面。同样的趋势，随着管理层与员工之间的关系变得越来越复杂，有时甚至发生冲突，从而也产生了对组织内部传播理论的需要。这一趋势主要在美国蓬勃发展，而包括瑞典在内的许多欧洲国家则更加强调机构需要告知或启发周围环境的必要性。尽管美国和欧洲之间存在差异，但其基本目的却是相似的。它是关于在组织、其员工和各种外部利益相关者之间建立共识，主要是为了使这些组织合法化。公共关系的先驱Edward Bernays称这项任务为"同意的工程"（Bernays, 1955）。Bernays对公众持有一种精英主义的观点，这意味着公众是非理性的，因此需要宣传来管理公众舆论。自相矛盾的是，Bernays还认为宣传的主要目的是捍卫民主。尽管Bernays对公众或那些他不认为是社会精英的人的态度是极端的，但与这一时期主导战略传播的做法有相似之处。战略传播者认为大众是信息的被动接受者，而不是传播过程的参与者。

从中心化到去中心化

20世纪初，由媒体技术的专业所有者、中央传播机构和专业传播者（如公关或传播官员、记者、平面设计师和广告专业人员）建立了稳固的传播结构。研究和教育是在不同的时代、不同的国家建立起来的，但在大多数情况下，传播理论都是从以往对大众传播的研究中总结出来的。传播者、接受者、反馈和目标都是占主导地位的概念，都符合第二次工业革命所带来的通信形式。

自20世纪60年代以来，社会上普遍存在对社会主导秩序的对立表达，新闻业也更加专业化。越来越明显的是，传播专业人员有一个主要目的：在管理层与员工的关系中以及在外部与各种利益相关者的关系中，要创建、加强或捍卫组织的合法性。然而，媒体技术和传播的力量仍然掌握在专业人士手中。当个人电脑在20世纪80年代开始流行时，创造信息的工具变得更容易被普通人所使用。现在每个人都可以设计自己的杂志或小册子。20世纪90年代互联网的普及和21世纪初的发展，对通信基础设施和配电提出了挑战。通过新技术向更广泛的受众传播分散，这对媒体技术的既定所有权构成了挑战，希望每个人都加入前专业传播者的行列，与更广泛的人群交流，"任何发达国家的人都可以随时发表任何东西，而且一旦发表，它就可以在全球范围内找到，而且很容易找到"（Shirky, 2009, p.71）。20世纪90年代的特点是，国家或市场行为者是否将对社会中的不同任务负责。Shirky认为，新技术为集体组织创造了新的机会，超越了现有的参与者和组织。

在同样的背景下，詹金斯指出了新传播结构的三个关键特征，都与战略传播高度相关（Jenkins, 2006）。第一，我们生活在一个融合的媒体文化中，新老媒体相互作用，新的传播形式不断出现。在现代建立起来的形式和体裁仍然存在，但受到新媒体的影响，正在慢慢改变。界限的超越发生在所有领域：私人与公共的冲突，娱乐与信息的融洽；媒介相互渗透（例如，报纸推出了iPad版本）。第二，参与式文化的出现。这种文化伴随着单向传播文化的崩溃。通过新媒体，直接反馈成为可能，共同的过程得以启动，超越了专业行动者的领域。在未来，组织和利益相关者之间的战略传播与共同意义的产生方式将不相关，并能够与利益相关者之间的传播（即参与者与参与者之间的传播）相提并论。第三，这些发展加强了集体智慧的创造：通过与各合作伙伴的传播来解决问题，这些合作伙伴为整体贡献了不同的部分。数字网络中的一个问题会从不同的人那里得到答案，然后逐渐形成一个答案或讨论。

融合、参与性文化和集体智慧都与当代和未来的战略传播高度相关。基本上，这挑战了管理层与员工之间，以及组织和利益相关者之间的传统权力关系。

参与式战略传播

正在出现的反向传播结构，其中传播者和接收者的角色变得不那么清晰，挑战了战略传播和营销之间的边界，特别是品牌营销。在他们对企业品牌的研究中，哈奇和舒尔茨尝试运用一种参与式的方法（Hatch & Schultz, 2009, 2010）。他们研究的口号是共同创造，这是一个从产品创新研究中收集的概念。领先的创新研究者Prahalad和Krishnan基于参与式导向和个人关注，描述了共同创造的价值：

> N = 1原则超越大规模定制的方式在于，理解个体客户的行为、需求和技能，并和他们共同创造一个独特的价值主张。客户在共同创造价值方面发挥着积极的作用，而公司利用更广泛的资源基础来实现价值。
>
> Prahalad & Krishnan, 2008, p.27

首先，一个相当简单但很明显的参与式取向的例子是Build-A-Bear玩具店（www.build bear.dk），在那里孩子们可以决定他们的泰迪熊是什么样子的。他们共同创造了这个产品，从而增加产品对自己的价值。

另一个例子是2008年在利物浦泰特现代美术馆举办的展览“第五层：创意正在发生”。传统的展览是由内而外策划的；专家们聚集在一起决定观众应该参加什么。这一次，博物馆选择让艺术家和艺术教育者到学校、俱乐部、工作场所以及这个城市的其他地方。接近1,000人都被问及这样一个问题：如果你有机会在泰特现代美术馆举办一场展览，你会做什么展？接下来是邀请12个国际艺术家或艺术家团体来处理这些想法。展览项目获得成功，吸引了大批的参观者，其中很多人以前从来没有参观过美术馆（Kultur Skane, 2009）。

第三个例子来自报业，他们正在尽一切努力从读者中创造新的参与形式，在新的结构中确立自己作为必要的行动者的地位。到目前为止，这主要需要有机会在包括新闻文章、读者博客、照片和行动现场的报道之后发表评论。瑞典的一项研究（Hedman, 2009）显示，在线杂志出版商背后的参与者确信用户创建的内容的重要性将逐年增加。他们得出的结论是，投资于用户创造内容的原因有两个：一是认为它提高了用户的忠诚度；二是认为这些内容吸引了新的读者。该项研究还指出，向所有读者开放网络杂志的内容创作存在问题，因为他们可能缺乏对媒体道德和法律约束的理解。读者的评论倾向于极端化和两极分化。

在市场营销中，存在用户如何参与其中的历史例子。在产品创新方面，消费者越来越被赋予重要的角色。传统的市场研究仍然存在，但在实际的创新过程中，得到了参与补充。哈奇和舒尔茨研究了丹麦的乐高公司（Hatch & Schultz, 2009, 2010）。这家成立于1932年的私营公司在21世纪初的市场上出现了重大问题，此后公司经历了一次复兴，明确了参与方向的基础。乐高公司的业务建立在企业品牌平台，并看重其透明度。

> 公司已经从礼貌地回复顾客的感谢信和投诉，到发现他们需要对热情的客户做出更公开的回应。这些消费者在平台上线后数小时内，就侵入了运行mindstorms的软件，mindstorms是该公司非常成功的自动化产品。
>
> Hatch & Schultz, 2010, p. 596

乐高周边的利己团体被邀请参加各种活动，他们对新产品的想法在生产过程中受到重视。公司还推出了乐高大使计划，每年都会邀请来自世界各地的乐高爱好者参与创新过程。

社交媒体和战略传播

社交媒体被人们广泛地用于扩展人类知识和寻找信息。如前所述，詹金斯强调，集体智慧是在社交媒体的帮助下创造和实现的："我们中的一个人可以知道一切，我们每个人都知道一些事情；如果我们把资源集中起来，把技能结合起来，我们就可以把这些东西放在一起。"（Jenkins, 2006, p.4）一个典型的例子是，人们通过社交媒体进行互动，向他人提问并获得答案。换句话说，社交媒体提供了一种新的交流方式，这种方式与他们的互动元素密切相关。社交媒体的重大突破引发了对新媒体革命的讨论（Cooke & Buckley, 2008）。库里和布克里已经指出影响媒体社交重要性的因素。首先，用户生成内容的出现，模糊了专业内容和用户生成内容之间的传统界限。其次，社交媒体的使用取决于用户自己如何检索他们感兴趣的信息，而不是通过传统媒体将信息推送给不同的受众。再次，用户可以自由发表自己的故事。例如，观众可以选择他们想在Flickr和YouTube上看到的图片或视频。社交媒体提供了微观部分，消费者可以使用并组合起来形成自己的叙述，而不是局限于出版商口述的作品和叙述。然后，围绕内容开发的社交互动是理解用户生成内容重要性的关键。许多互动都是通过用户的评价、评论和评论能力产生的，这些机会也可以被视为社交媒体成功的关键。库里和布克里将社交媒体描述为一场媒体革命，它已经并将对人们如何行动、思考和理解我们这个时代产生重大影响：

> 简言之，我们正在见证一个越来越愿意记录和分享他们经历的群体的出现：将它们融合起来，提交给他们的朋友和其他社区成员进行评估，并通过这些评估建立他们的“声誉”。
>
> Cooke & Buckley, 2008, p.274

哈特以类似的方式提出了社交媒体的五个大致定义的属性：真实性、透明度、强调权威的去中心化、快速一致地发布信息以及用户参与协作（Hart, 2011）。这意味着，如果组织要充分利用社交媒体，就必须与不同的利益相关者进行真正的双向传播，而不是将社交媒体作为单向信息传递的额外场所。利益相关者会立即识别标准化的回应，并离开平台。哈特认为，社交媒体用户希望他们所关注或与之传播的组织是透明的。社交媒体也提供了分散传播责任的可能性，这意味着在组织内外的水平层面上增加组织和个人之间的传播，而不是传统的自上而下的传播。虽然社交媒体提供了与不同利益相关者保持关系的可能性，但它也使人们更容易在不同情况下（例如在危机期间）对信息做出快速响应。最后，投入大量精力与利益相关者保持持久传播并让他们参与合作的组织在建立和维护长期关系方面具有明显的优势。

麦肯认为社交媒体具有巨大的战略传播潜力，因为他们促进了单向和双向的传播，且可用于人际传播和大众传播（Marken, 2005）。因此，人际传播和大众传播之间的界线似乎被社交媒体抹去了（Cho & Huh, 2010）。互动性的增强使通信专业人员更现实地实现对称传播（J. E. Grunig, L. A. Grunig, & Dozier, 2006）和联合决策（Coombs & Heath, 2006）的理想。研究表明，互动博客可以在组织与用户之间产生个人联系，这通常有助于提高组织的积极态度（Yang & Kang, 2009）。此外，欧拉认为在线传播可以促进组织和利益相关者之间更强的关系，甚至增加组织的社会资本（Aula, 2011）。

社交媒体的独特之处在于，为传播专业人员与大量不同受众建立和保持对话提供便捷（Briones, Kuch, Liu, Jin, 2011）。然而，社交媒体中的对话机会是否可以被实际地运用于更广的范围，这是一个悬而未决的问题。关于如何在战略传播中使用社交媒体的研究案例并不多（有些例外是Briones et al., 2011; Diga & Kelleher, 2009; Kent, 2008; Steyn, Salehi-Sangari, Pitt, Parent, & Berthon, 2010）。对澳大利亚和欧洲组织使用社交媒体进行战略传播的比较研究表明，这种做法在一定程度上是实验性和偶发性的（Macnamara & Zerfass, 2012）。除了有与很多人对话的机会，社交媒体还有其他的主要优势。它很容易识别、观察和定位不同的利益相关者、他们的活动和观点。因此，议题管理通过社交媒体的运用得到很明显地提升。

因此，社交媒体提供了传统媒体以外的其他可能性，可以被视为更加开放和民主的媒体。这些媒体创造并促进了许多社交网络的出现，其目标可能是促进对特定主题或兴趣的了解，加强公众的特殊兴趣，或创造和巩固人们的社会身份。同时，研究表明，许多组织仍然没有使用网站的对话性或互动性（Taylor, Kent, White, 2001）或社交媒体（Bortree & Seltzer, 2009）。通常，社交媒体只用于将用户友好的信息交给不同的群体使用（Rybalko & Seltzer, 2010）。Bortree和Seltzer强调，组织必须坚持肯特和泰勒的原则（Kent & Taylor, 1998），例如始终回答利益相关者的问题，不断更新信息，并发布有用的信息（Bortree & Seltzer, 2009）。当然，正如肯特和泰勒所强调的那样，如果一段建立在网络交流基础上的关系要想长期生存下去，这段关系的目标就必须产生真实的沟通交流。因此，人们可以质疑组织是否真的像哈贝马斯所认为的那样对交际行为感兴趣（个人在相互考虑和论证的基础上进行的合作行为），或者他们是否只对战略传播感兴趣（尽可能有效地分发信息以影响接收者）（Habermas, 1984）。这种批判性的观点可能被解释为极端：也许在工业革命的第二阶段是有效的，但没有考虑到当前社会和组织的发展。

组织是否丧失了控制权?

从历史的角度来看，通过战略性地安排新闻发布和有经验的从业者的工作，组织能够很好地控制可获得的信息（Kaplan & Haenlein, 2010）。从20世纪90年代中期开始，互联网技术开始突飞猛进地扩散、调整和发展，因此，传播的前提发生了巨大的改变（González-Herrero & S. Smith, 2010）。早期的战略传播特征是一对多，现在则是多对多。随之相应的变化是，从推动文化转变为拉动文化，即公众几乎无法影响内容转变为公众期望搜索和收集他们感兴趣的信息（González-Herrero & S. Smith, 2008; Telleen, 1997）。

社交媒体带来了从组织到利益相关者的权力转变，这些利益相关者比以前更有影响力。进入新媒体的准入门槛较低，有助于社交媒体的大规模传播。以前受到谴责的传统大众媒体，如今被大多数人使用，而且不受时间和空间的限制（Mei, Bansal, Pang, 2010）。这也意味着，社交媒体挑战了传统的新闻渠道，而利益相关者很容易产生一个替代议程（Domingo & Heinonen, 2008）。传统的媒体的把关功能已不再适用于互联网。互联网技术和社交媒体允许外行充当记者并制作新闻。早在引入社交媒体之前，查菲和梅茨格就曾写道："议程设置理论的关键问题将从媒体告诉人们要思考的问题转变为人们告诉媒体他们想思考的问题。"（Chaffee & Metzger, 2001, p.375）因此，公众的权力地位随着社交媒体的发展而改变。

索里斯和布瑞肯瑞奇提出，社交媒体挑战了人们对公共关系的传统理解（这是他们使用的概念），因为用户自己可以创建战略信息并将其公开（Solis & Breakenridge, 2009）。社交媒体的使用也让记者和传播专业人士感到困惑，因为"普通人"可以相当容易地公开战略信息。B. G. 史密斯在谈到战略传播的社会模型时也有类似观点，他认为传播专业人士的传统职责转移了到社交媒体的用户身上（B. G. Smith, 2010）。这同时适用于内部和外部的利益相关者。有奉献精神的组织成员，在不同的博客中谈论和讨论他们的工作和组织。因此，他们是重要的使者，有新的机会扩散组织的信息。员工传播的组织形象与官方传播有着本质的不同，但可能与员工的组织身份更加一致。在市场营销方面，用户更倾向于代表一个组织行事。哈斯特强调，YouTube上有各种各样的电影，从业余视频到专业广告，公司都在试图通过病毒式营销传播（Hast, 2010）。这个想法是，个人应该在自己的网络中为那些以某种方式引起他人兴趣的电影做标记。哈斯特和Ossiansson认为用户生产内容的出现已经越来越模糊了业余爱好者和专业人士之间的界限（Hast & Ossiansson, 2008）。用户成为传播者而不再是被动的接收者。他们认为，社交媒体之所以如此受欢迎，是因为社交媒体有潜力让个人进行评价、评论和与他人互动。换言之，传播专业人员和外行之间不再有明确的界限。通过社交网络，消费者可以充当推销他们喜欢的各种产品的营销人员。例如，达尔和张表示，在不同博客上被提及40次的艺术家专辑的销量比平均销量增长了3倍（Dhar & Chang, 2008）。

B. G. 史密斯研究了在2010年1月海地首都太子港地震中，各种外部利益相关者如何使用Twitter，以及这些公众如何因此成为积极的战略传播者（B. G. Smith, 2010）。史密斯认为，Twitter不仅仅是一个信息平台，它还是一个人与人之间社交联系和市场营销的平台。在史密斯的社交模型中，使用社交媒体的受众基于用户互动性发起与战略传播相关的活动。史密斯的研究证实了之前的研究，人们的在线互动是基于对某个话题的兴趣。这与人们普遍认为的人们只使用社交媒体来实现自我，构建和塑造自己的身份形成了鲜明对比（Rettberg, 2009）。人们似乎更感兴趣聚焦于关键议题，关注社群议题，而不是表达个人观点（B. G. Smith, 2010）。这种互动通过社交媒体搜索、检索和分发信息。通过Twitter发布的消息包含许多转发，转发是指发送的消息引用了最初编写它的人。转发的消息通常以RT或Retweet为开头。史密斯认为这证明了人们把社交媒体当作自我实现的工具。此外，史密斯还说，标签的出现进一步证明了人们是在利用社交媒体传播信息。标签是一种在Twitter上使用公共标记查找主题信息的方法。例如，如果你想知道关于iPhone的内容，你可以编写#iPhone。

我们认为，专业的传播者并不会在社交媒体上对信息失去控制。J. E. 格鲁尼格和L. A.

格鲁尼格指出传播专业人员从来就不能界定哪些人是公众，也几乎不能影响他们按照组织的意图行动（J. E. Grunig & L. A. Grunig, 2010）。随着社交媒体的出现，很多实践者控制公众的梦想变得更加遥不可及。

消除边界和透明度

有学者认为，内外部传播的界限很难划分，甚至不可能划分（Christensen, Morsing, Cheney, 2008; Falkheimer & Heide, 2007）。内部传播不会在没有接触其他利益相关者的情况下，在组织范围内停止，而外部传播首先意味着影响组织外部的行动者，同时也很大程度地影响了员工。例如，在报纸上阅读了有关组织信息的员工很可能会受到某种程度的影响。如果文章描述了组织的成功，这可能会增强员工对组织卓越性的感知，并且在大多数情况下，组织认同感会得到强化。反之亦然，如果一篇文章对组织及其活动为负面评价时，员工对组织的态度就不会有所提升，甚至会下降。

随着社交媒体的发展，内部和外部传播之间的界限越来越模糊，因为外部公众的意见对组织成员来说更容易获得，他们也有很大的潜力传播有关组织内部情况的信息。发布的信息可能会产生重大影响，负面的文章肯定会损害组织的声誉。在一个来自瑞典南部警局的案例中，一名警察通过私人博客嘲笑群众。除此之外，这位警察还写下了他是如何与死者握手的，因为他和他的同事在道德课程的第一次会议上学会了握手，当时在场的警察对这种情况嗤之以鼻（Mattsson, 2010）。瑞典警方决定对这名发博客的警察处以警告。这样的言行总是存在的，但是随着社交媒体的发展，传播的透明度更高了。这个例子展示了如何消除内部和外部、私人和专业传播之间的界限。另一个例子来自丹麦的DSB First，这是一家丹麦和瑞典南部的大型火车运营商。两个员工在Facebook上贴出了火车、铁道和一个信号员的照片后被停职（Nylund, 2010）。员工在工作时间拍摄这些照片，并在闲暇时发布到Facebook，雇主认为这种行为非常不合适。其他组织的处理方式更进一步，向发布负面或破坏性信息的员工发出了解雇通知。

人们似乎担心组织成员花太多时间通过社交媒体进行交流。在《经济学人》(2010)一份关于社交网络的特别报告中指出，员工使用社交媒体每年会造成140亿美元的生产力损失。同一篇文章报道称，美国Nucleus Research公司估计，如果他们的员工在工作时间不使用Facebook，他们的生产率将提高1.5%。咨询公司Blue Coat的一项调查显示，Facebook等网站占据了一个组织的大部分网络容量（Lindström, 2010）。然而，我们应当指出这种数字游戏是基于一个假设，即员工在工作中除了干活就不会做其他的事情。毕竟，员工也可能做其他的事情，例如吸烟、喝水以及在走廊里与其他同事交谈。此外，很多人可以用自己的移动电话或者智能电话来上网。换句话说，这个研究的标准被扭曲了。事实是，工作人员通过电子邮件、私人电话、Facebook进行私人交流的活动很常见，如果不是滥用，也并不会影响他们的工作或者生产。

双刃剑

“从公共关系的立场来看，博客可能是福祉也可能是诅咒”（Smudde, 2005, p. 35）。组织能够有效地运用社交媒体来与各类利益相关者建立良好的长期关系，并将其作为环境扫描和议题管理的工具。不同的利益相关者也可能以消极的方式利用这种媒体来对抗组织，造成重大损害，并成为组织危机的主要来源。社交媒体对组织来说也是危险的，因为它能以很快的速度在互联网上发布和传播材料，从而被大量的人访问。Mei、Bansal和Pang强调社交媒体是一把双刃剑（Mei, Bansal, Pang, 2010）。例如，美国的捷蓝航空公司，2007年情人节乘坐该公司751航班的乘客在肯尼迪国际机场的跑道上站了8个小时（CNN Travel, 2007）。那是一个非常寒冷的冬天，当飞机在跑道滑行时，因为天气突然变化，机长接到了停飞的命令。当他们在等待天气变好时，轮子被冻在地上动弹不得。因为飞机已经装载完毕，所以没有可用的登机门。在等待期间，乘客没有得到任何关于现状的信息，也没有得到食物和水。两天后，有乘客开始在YouTube上发布机舱内的照片和视频，并在各种博客上讨论捷蓝航空。对于这家公司来说，当乘客开始在互联网上上传视频时，危机就升级了（Mei et al., 2010）。

在市场研究中，学者强调没有投入足够资源就与不同利益相关者沟通是危险的，尤其是在消费者方面。同样，消费者能够为一个组织采取行动，他们能在网络中讨论和推销不同的产品、服务和组织，也能扩散关于组织的负面信息。这可以运用到商业企业、公共权威和大学中。在最坏的情况下，这类信息能够以不可思议的速度快速和广泛地传播。研究表明，专门针对投诉的消费者网站，即所谓的sucks.com网站，当人们进行在线搜索组织信息时，总是排在首位（Ward & Ostrom, 2006）。Ward和Ostrom的分析表明，消费者传播负面信息是为了展示他们影响和报复一个组织的力量和可能性，并敦促其他人也这样做。消费者创建网站是为了支持其他消费者，同时鼓励其他人反对某个组织。因此，一个不满的社群可能通过个体和社会身份的创造而产生，也因参与者的互动而得到确认。这是社交媒体如何导致权力从组织转向利益相关者的另一个例子。通过运用社交媒体，消费者和其他群体获得了一个有效的工具，可以让他人听到他们的声音，发挥影响他人思考和行动的能力（Hast & Ossiansson, 2008）。

在互联网上，很多例子表明，各类社交媒体的活动对组织产生了负面影响。其中一个例子是瑞典的亚萨合莱公司生产的Evo门锁。2008年，不同的人在YouTube上发布了视频，例如，一个六岁的男孩，拿着各种工具，诸如雪糕棍，很快打开了Evo的门锁。这些视频引起了许多记者的关注，他们写了许多文章，甚至瑞典电视台也报道了此案。总之，这导致亚萨合莱的品牌、声誉和商誉大幅削弱，特别是令人们感到自己的安全受到了威胁。

一个在公关行业有着悠久历史的复兴现象“伪草根运动”，这意味着一个由组织策划并伪装的活动，以创造一种自发的印象，并在基层开展（“伪草根运动”是一种人造草皮——看起来像真正的草皮）。一个当代“伪草根运动”的例子（通过病毒视频），是丹麦旅游组织“访问丹麦”于2009年9月发起的一项颇具争议的社交媒体活动。在YouTube视频中，一位名叫Karen的丹麦母亲要求观众帮助她找到自己新生儿的外籍父亲。这个令人心碎的故事后来被证实是假的，却引起了广泛的关注，传播到全世界。“伪草根运动”作为一种传播方法，对组织来说显然是非常危险的。如果这类活动被揭露，将极大地损害组织的声誉。例如，马自达在2004年推出M3车型后，其声誉显著下降（Cox, Martinez, Quinlan, 2008）。因此，对组织而言，至关重要的是应投入足够的资源，来应对各种利益相关者，开展对话，并利用社交媒体提供的对话潜力。

传播专业人员和参与式战略传播

J. E. 格鲁尼格和L. A. 格鲁尼格提出社交媒体的功能和优势很少得到充分利用（J. E. Grunig & L. A. Grunig, 2010）。社交媒体通常被用作是传播组织信息的平台。人们似乎普遍认为，社交媒体本身将自动达到预期效果，发布的信息也将以某种方式被阅读和解读。这是很多传播专业人员的一厢情愿，可能源于他们对一种有效媒介的期待，而这种媒介所带来的结果是显而易见和可预测的。媒介史证明，新技术和媒介总是在最初产生一种技术决定论。

最近，一些关于博客的批判性文章发表（e.g., Kent, 2008），其中强调许多作者对博客过于片面乐观，需要进行更多的研究才能对博客的不同影响作出评论。一篇硕士论文表明，组织主要使用博客来监控周围的社会，而许多组织希望与不同的受众进行更多的对话（Sternvad & Wendel, 2009）。所进行的对话往往是不对称的，各组织正在听取听众的意见，以便调整其战略，然后更有效地影响受益者。

是否正在发生范式转换？参考本章的历史描述和纵观社交媒体在战略传播中的作用，毫无疑问目前正在发生转变。这种转变影响到社会的许多部门，但战略传播是体验这种转变的关键。战略传播的早期模式主要来源于大众传播研究。这一领域的概念，如传播者、目标群体和受益者，与第三次工业革命中的战略传播之间的相关性是存疑的。有一些乐观的案例研究，如布利恩斯等人认为，如果传播专业人员想要通过社交媒体建立关系，他们必须更新策略和做法（Briones, 2011）。他们对美国红十字会使用社交媒体的研究表明，一个组织可以更快地为不同的利益相关者提供服务，获得更多的媒体报道，获得更多的正面和负面的反馈，而这些反馈可以用来改进他们的工作。此外，他们得出结论，当一个组织及其利益相关者分享相似的价值观、信仰和利益时，社交媒体是一个理想的传播平台。不过，重要的是要避免技术决定论。如果企业和政府真的想更多地倾听，更加民主，那么仅仅关注媒体技术和传播是不够的。迪兹和布朗得出的结论是，真正需要的是新的管理形式、领导能力和组织文化（Deetz & Brown, 2004）。

虽然有理由不夸大目前的状况，但应从长期的视角来看待进展。重要的是要意识到，传播范式转换可能会在——数十年甚至更长的时间范围内发生，而不是在特定的年份。即使有可用的技术，也需要时间来改变战略传播的主要方法。显而易见的是，社交媒体的出现凸显了这样一个事实，即传播很少能够按照组织所希望的方式进行控制。

参考文献

[1] Aula, P. (2011). Meshworked reputation: Publicists' views on the reputational impacts of online communication. *Public Relations Review*, 37(1), 28–36.

[2] Avery, E. J., Lariscy, R. W., & Sweetser, K. D. (2010). Social media and shared—or divergent—uses? A coorientation analysis of public relations practitioners and journalists. *International Journal of Strategic Communication*, 4, 189–205.

[3] Baudrillard, J. (1988). Simulacra and simulations. In M. Poster (Ed.), *Selected writings* (pp. 166–184). Stanford, CA: Stanford University Press.

[4] Bauman, Z. (2000). *Liquid modernity*. Cambridge, England: Polity Press.

[5] Bernays, E. L. (1955). *The engineering of consent*. Oklahoma: University of Oklahoma Press.

[6] Bortree, D. S., & Seltzer, T. (2009). Dialogic strategies and outcomes: An analysis of environmental advocacy groups' Facebook profiles. *Public Relations Review*, 35(3), 317–319.

[7] Botan, C. H., & Taylor, M. (2004). Public relations: State of the field. *Journal of Communication*, 54(4), 645–661.

[8] Briones, R. L., Kuch, B., Liu, B. F., & Jin, Y. (2011). Keeping up with the digital age: How the American Red Cross uses social media to build relationships. *Public Relations Review*, 37(1), 37–43.

[9] Chaffee, S. H., & Metzger, M. J. (2001). The end of mass communication? *Mass Communication & Society*, 4(4), 365–379.

[10] Cho, S., & Huh, J. (2010). Content analysis of corporate blogs as a relationship management tool. *Corporate Communications: An International Journal*, 15(1), 30–48.

[11] Christensen, L. T., Morsing, M., & Cheney, G. (2008). *Corporate communications: Convetion, complexity, and critique*. London, England: Sage.

[12] CNN Travel. (2007). Passengers trapped on runway for 8 hours. Retrieved November 18, 2010, from http://articles.cnn.com/2007–02–15/travel/passengers.stranded_1_jetblue-flights-passengers-flight-attendants?_s=PM:TRAVEL

[13] Cooke, M., & Buckley, N. (2008). Web 2.0, social networks and the future of market research. *International Journal of Market Research*, 50(2), 267–292.

[14] Coombs, W. T., & Heath, R. L. (2006). *Today's public relations*. Thousand Oaks, CA: Sage.

[15] Cox, J. L., Martinez, E. R., & Quinlan, K. B. (2008). Blogs and the corporation: Managing the risk, reaping the benefits. *Journal of Business Strategy*, 29(3), 4–12.

[16] Deetz, S. A., & Brown, D. (2004). Conceptualizing involvement, participation and workplace decision precesses: A communication theory perspective. In D. Tourish & O. Hargie (Eds.), *Key issues in organizational communication* (pp. 172–187). London, England: Routledge.

[17] Dhar, V., & Chang, E. A. (2008). *Does chatter matter? The impact of user-generated content on music sales. CeDER Working Paper: CeDER-07–06*. New York: New York University, Leonard N. Stern School of Business.

[18] Diga, M., & Kelleher, T. (2009). Social media use, perceptions of decision-making power, and public relations roles. *Public Relations Review*, 35(4), 440–442.

[19] Domingo, D., & Heinonen, A. (2008). Weblogs and journalism: A typology to explore the blurring boundaries. *Nordicom Review*, 29, 3–15.

[20] Falkheimer, J., & Heide, M. (2007). *Strategisk kommunikation: En bok om organisationers relationer* [Strategic communication: A book on organizations' relations]. Lund, Sweden: Studentlitteratur.

[21] González-Herrero, A., & Smith, S. (2008). Crisis communications management on the web: How Internetbased technologies are changing the way public relations professionals handle business crises. *Journal of Contingencies & Crisis Management*, 16(3), 143–153.

[22] González-Herrero, A., & Smith, S. (2010). Crisis communication management 2.0: Organizational principles to manage crisis in an online world. *Organization Development Journal*, 28(1), 97–105.

[23] Grunig, J. E., & Grunig, L. A. (2010). *Public Relations Excellence 2010*. Paper presented at the PRSA International Conference, Washington, DC. Retrieved from http://www.instituteforpr.org/files/uploads/Third_Grunig_Lecture_Transcript.pdf

[24] Grunig, J. E., Grunig, L. A., & Dozier, D. M. (2006). The excellence theory. In C. H. Botan & V. Hazleton (Eds.), *Public relations theory II* (pp. 21–62). Mahwah, NJ: Lawrence Erlbaum.

[25] Habermas, J. (1984). *The theory of communicative action*. London, England: Polity Press.

[26] Hart, L. (2011). Social media. In J. Doorley & H. F. Garcia (Eds.), *Reputation management: The key to successful public relations and corporate communication* (pp. 113–133). Boca Raton, FL: CRC Press.

[27] Hast, L. (2010). Klagande kunder på nätet värda att tas på allvar [It's worth taking complaining customers on the net seriously]. Retrieved February 28, 2011, from http://www.brandnews.se/se/article_print.php?id=444103

[28] Hast, L., & Ossiansson, E. (2008). Konsumtionsmakt 2.0 [Consumer power 2.0], *CFK-rapport* 2008:01. Göteborg, Sweden: Göteborgs universitet, Handelshögskolan.

[29] Hatch, M. J., & Schultz, M. (2009). Of bricks and brands: From corporate to enterprise branding. *Organizational Dynamics*, 38(2), 117–130.

[30] Hatch, M. J., & Schultz, M. (2010). Toward a theory of brand co-creation with implications for brand governance. *Journal of Brand Management*, 17, 590–604.

[31] Hedman, U. (2009). Läsarmedverkan: Lönande logiskt lockbete [Reader co-operation: Profitable logical bait]. Working Report 56. Göteborg, Sweden: Göteborg University, JMG.

[32] Holtzhausen, D. R. (2012). *Public relations as activism: Postmodern approaches to theory and practice*. New York: Routledge.

[33] Jenkins, H. (2006). *Convergence culture: Where old and new media collide*. New York: New York University Press.

[34] Kaplan, A. M., & Haenlein, M. (2010). Users of the world, unite! The challenges and opportunities of social media. *Business Horizons*, 53, 59–68.

[35] Kent, M. L. (2008). Critical analysis of blogging in public relations. *Public Relations Review*, 34, 32–40.

[36] Kent, M. L., & Taylor, M. (1998). Building dialogic relationships through the World Wide Web. *Public Relations Review*, 24(3), 321–334.

[37] Kuhn, T. S. (1962). *The structure of scientific revolutions*. Chicago, IL: University of Chicago Press.

[38] Kultur Skåne [Regional development of arts and culture] (2009). Paper presented at *Vår Konst Publik* [Our Art Public] conference, Malmö, Sweden.

[39] Lindström, K. (2010). Facebook i topp [Facebook on top]. *Computer Sweden*. Retrieved from http://www.idg.se/2.1085/1.356156/facebook-i-topp

[40] Macnamara, J., & Zerfaß, A. (2012). Social media communication in organizations: The challenges of balancing openness, strategy, and management. *International Journal of Strategic Communication*, 6(4), 287–308.

[41] Marken, G. A. (2005). To blog or not to blog: That is the question? *Public Relations Quarterly*, 50, 31–33.

[42] Mattsson, A. (2010). Polis hånar offer i sin blogg [Police officer scoffs victims in his blog]. *Kvällsposten*. Retrieved July 7, 2014, from http://www.expressen.se/kvp/polis-hanar-offer-i-sin-blogg/

[43] Mei, J. S. A., Bansal, N., & Pang, A. (2010). New media: a new medium in escalating crises? *Corporate Communications: An International Journal*, 15(2), 143–155.

[44] Nylund, S. (2010, January 15). Facebookbilder fick anställda avstängda [Facebook pictures got employees shut off], *Sydsvenskan*. Retrieved from http://sydsvenskan.se/ekonomi/article620576/Facebookbilder-fickanstallda-avstangda.html

[45] Prahalad, C. K., & Krishnan, M. S. (2008). *The new age of innovation: Driving cocreated value through global networks*. New York: McGraw-Hill.

[46] Rettberg, J. W. (2009). "Freshly generated for you, and Barack Obama": How social media represent your life. *European Journal of Communication*, 24(4), 451–466.

[47] Rybalko, S., & Seltzer, T. (2010). Dialogic communication in 140 characters or less: How Fortune 500 companies engage stakeholders using Twitter. *Public Relations Review*, 36(4), 336–341.

[48] Schön, L. (2006). *Tankar om cykler: Perspektiv på ekonomin, historien och framtiden* [Thoughts on cycles: Perspectives of the economy,the history and the future]. Stockholm, Sweden: SNS förlag.

[49] Shirky, C. (2009). *Here comes everybody: How change happens when people come together*. London, England: Penguin.

[50] Smith, B. G. (2010). Socially distributing public relations: Twitter, Haiti, and interactivity in social media. *Public Relations Review*, 36(4), 329–335.

[51] Smudde, P. M. (2005). Blogging, ethics and public relations: A proactive and dialogic approach. *Public Relations Quarterly*, 50(3), 34–38.

[52] Solis, B., & Breakenridge, D. (2009). *Putting the public back in public relations: How social media is reinventing the aging business of pr*. Upper Saddle River, NJ: Pearson Education.

[53] Sternvad, F., & Wendel, J. (2009). *Bloggar—Organisationernas Heliga Graal? En kritisk diskussion kring organisationers möjlighet att uppnå dialogbaserad kommunikation genom bloggar* [Blogs—The holy grail of organizations? A critical discussion on organizations' possibility to achieve dialog-based communication through blogs]. Unpublished master's thesis. Lund, Sweden: Lund University. Retrieved from http://www.lu.se/o.o.i.s?id=19463&postid=1465317w

[54] Steyn, P., Salehi-Sangari, E., Pitt, L., Parent, M., & Berthon, P. (2010). The social media release as a public relations tool: Intentions to use among B2B bloggers. *Public Relations Review*, 36(1), 87–89.

[55] Taylor, M., Kent, M. L., & White, W. J. (2001). How activist organizations are using the Internet to build relationships. *Public Relations Review*, 27(3), 263–284.

[56] Telleen, S. (1997). The intranet paradigm. Retrieved September 8, 2002, from http://www.iorg.com/

papers/paradigm.html

[57] Ward, J. C., & Ostrom, A. L. (2006). Complaining to the masses: The role of protest framing in customercreated complaint web sites. *Journal of Consumer Research*, 33(2), 220–230.

[58] Yammering away at the office: A distraction or a bonus? (2010, January 28). Special report. *The Economist*.

[59] Yang, S.-U., & Kang, M. (2009). Measuring blog engagement: Testing a four-dimensional scale. *Public Relations Review*, 35(3), 323–324.

第四部分

实践领域

第二十三章

审视公共关系制度化在战略传播中的新方法

罗伯特·I. 维克菲尔德，肯尼斯·D. 普勒曼和阿历克斯·卡里

无论组织如何支持创新，提升竞争优势，或改善服务，都必须拥有持久的价值观和实践。在某些情况下，这些基本原理是通过不断的尝试和错误，以及在给定行业或领域内，通过失败的理论评估而发展起来的。许多领域（会计、工商管理、经济学、法学、政治学等）累计形成了大量知识体系，引导整个实体或实体中的具体功能，以努力实现效益最优。

在组织文化中，存在一种在变革中仍能持续的、被人们所广泛接受的行业基础，这种状态或环境的最佳表述就是制度化。制度化是指将“类似规则”的价值观和程序注入组织，并在维持的过程中不考虑环境或实体主要领导人的个人性格和理念（Zucker, 1977）。在制度化的过程中，组织能够在其运作的各种环境中为自己建立持续的合法性（Suchman, 1995）。一些批评者认为，制度化会使组织过于僵化以至于抵制了必要的变革（Oliver, 1992），但另一些人则反驳说，制度化不需要排除适应性。相反，持久且基础的制度化为组织提供了必要的稳定性，尽管他们在日常活动和遭遇中必须应对不可避免地改变和适应（Selznick, 1957; Scott, 1987）。

制度化作为组织理论的重要方面备受争议，这场辩论的自然推论涉及战略传播或公共关系领域，即战略传播在促进组织制度化方面的作用（如果有的话），以及战略传播本身是否应制度化。这个问题与理论建构有关，因为公共关系经常被视为预测和指导战略变革的主要组织职能。伊认为，战略公共关系可以帮助组织了解环境中的关系，并不断促进这些关系的变化（Yi, 2005）。有人可能会质疑，如果公共关系变得制度化，然后像其他人所说的那样，对变革更加抵触，那么公共关系又如何做到这一点（Oliver, 1992）。

制度化的概念对战略传播来说很重要，因为它可以帮助组织和社会职能合法化。鉴于此，学者和资深的业界人士总是试图建立一套关于有效实践公共关系所需的基本原则的知识体系，并使其更好地为组织提供有价值的服务。然而，J. E. 格鲁尼格说，“一个主要的任务是……将战略公共关系制度化作为大多数组织的实际做法”（Grunig, 2006, p.171）。他的假设是，公共关系的作用往往不取决于持久的标准或有效性原则，而是取决于在任何特定时间中负责的高层组织管理人员或公关经理的理念。当一个政权离开一个实体，被另一个政权取代时，公共关系计划会在很短的时间内完全颠覆。有时这些变化会带来必要的改进，但更多的时候，它们只是反映了一些特定管理者的突发奇想。

J. E. 格鲁尼格在对公共关系制度化建构的挑战中指出，当前大多数的公共关系实践围绕战术支持过程展开，而不是贯彻价值理念，来协助组织获得持续的合法性（Grunig, 2006）。他引用伊的研究（Yi, 2005），该研究表明不论制度化的公共关系是否存在，它都应集中在缓冲组织抵抗外界压力，而不是集中在重要的桥梁或联系活动，从长远来看，这些活动能帮助组织更好地适应变化，让组织更好地完成任务。

本章是一个定性的多案例研究，通过对几家经历过公关主管或高层管理人员更替的组织的制度化进行研究，以确定公共关系项目是否保持完整或因转型而发生重大变化，如果发生这种变化，其原因是什么？所发生的变化是积极的还是有害的？有什么差别？本章还评估了这些案例是否表明战略公共关系在组织中应更为持久，而不受监督者的影响。

制度化的理论基础

制度化提供了在特定领域或社会背景下被广泛接受或规定的基本价值观、规范和过程的永久性。梅耶和罗万提出，制度化是一个建构的过程，通过社会过程、义务或现实得以在社会思想和行动中获得类似规则的地位（Meyer & Rowan, 1977）。斯科特进一步解释说，通过制度化，“个人开始接受对社会现实的共同定义，这个概念的有效性被视为独立于行动者的观点和行为，如同定义为‘事情就是这样’和/或‘事情要做的方式’（Scott, 1987, p.496）”。伊说：“制度主义者认为，在一个组织领域内，有一种占主导地位的形式或做法是理所当然的（Yi, 2005, p.8）。”

战略传播

制度化是战略传播的一种形式，可以被视为战略传播的从属形式。阿根提，霍威尔和贝克在2005年将战略传播定义为“与公司的整体战略相一致的传播，以增强其战略定位”。

军事意义上的“战略”一词通常是指最高级别的指挥和影响深远的军事行动（Harvard, Business, Essentials, 2003）。在理想情况下，它会发生在组织的最高层或领导层，并在最低层或战术层执行。它教育和告知公众，最有效的战略传播能够改变行为。战略传播设定了可测量的传播目标，并考虑对关键公众或战略利益相关者的长期影响，同时不断扫描组织环境中可能影响组织的问题（J. E. Grunig & White, 1992）。

在《国际战略传播期刊》创刊号上发表的关于战略传播的开创性文章中，哈拉汗、霍尔兹豪森、儒勒、范西科和思睿拉马斯从多个领域阐述了战略传播的起源。这些作者所定义的战略传播更适合军队中不断变化的行为和心理活动。他们还提到了“战略”一词，并指出其起源于战争，即战争的艺术。作者还着重讨论了传播和传播过程，这是本研究的关键组成部分。作者将传播定义为“管理的构成活动”（Hallahan et al., 2007, p.27）。在相关章节中，他们在目标设定、战略制定和实施以及评估的过程中，使用SWOT分析（优势、劣势、机会和威胁）来重点阐述理性决策（Porter, 1985）。他们后来引用明兹伯格有关利益相关者的环境扫描、议题管理和传播功能的整合（Mintzberg, 1990）。1994年，明兹伯格将战略定义为未来行动的计划，并扩大了该定义的范围，将战略视为一种模式，即随着时间的推移与行为保持一致。这种一致性通常是深思熟虑和紧急策略的结合。深思熟虑的战略可以实现或达成，而紧急策略虽然可以实现，但没有明确的意图。这些紧急策略包括利益相关者的影响和公共关系的概念（Botan, 2006; Hallahan et al., 2007; Hon & Grunig, 1999; Ledingham & Bruning, 2000）。

领导团队

美国海军上将詹姆斯·G. 斯塔夫里迪就战略传播发表以下讲话：

> 有效传播依赖于组织领导者在决定如何塑造和传递想法与决策时，所形成的起始性和持续性的作用。毋庸置疑，在国家安全的背景下，领导者可尽早确保行动和政策的传播影响，以增进成效。如果规划以这种方式进行，那么与之相关的沟通很可能具有战略性的效果。
>
> Stavridis, 2007, p.4

这句话进一步论及战略传播的规划和领导方面，以及如何形成和交付这些想法的谈判。霍威尔、贝克（2005）和布劳门（1995, 1998）以及诸多公关领域的其他学者，都主张公共关系在管理决策中占有一席之地，以便上文讨论的想法有更多的机会在最终的战略传播的计划中得以实现。

领导在制度化过程中扮演关键角色。针对“领导者的主要任务”，弗莱克阐释为“界定机构任务与作用，体现机构目的，捍卫机构诚信，以及调解内部冲突。更有甚者，领导不仅要创造价值观而且要维护价值观”（Fleck, 2007, p.68）。

当然，所有创造物终将腐烂或毁坏。在人类建造的体系中，某些变革正是经由简单的演进过程而来：实体个体、社群或社会兴起，逐渐制度化，然后重新评估、调适、变革甚而消亡（Fleck, 2007）。其他变革则是出于社会要求或个人意志。奥利费将这些变革过程称为去制度化（Oliver, 1992）。去制度化可视为与制度化相对立的理论性表述——代表变革的需要和愿望，而非致力于稳定。

奥利费指出，在某些条件下，组织与行业易于倾向去制度化（Oliver, 1992）。在这些条件中只有少数是组织危机，来自内部或外部重要成员的压力、竞争优势的丧失以及该实体所在的社会、政治或经济环境的变化。无论引发组织变革的动力是什么，都有可能由长期受歧视和打压的人们或团队突然戏剧性地发动，其目的是推翻根深蒂固的传统和规范。

在稳定中变革看似是矛盾的，但学者们已然阐释了它的可能性。塞尔兹尼克认为，若组织以价值为核心而非技术程序来进行建制，自然具有其适应力。"为了完善制度化，理应超越手头任务技术要求注入价值观"（Selznick, 1957, p.17）。由于官僚化的技术流程导致调适困难，但如果稳定性源自持久的价值观和文化而非强加，那么适应是可能的（Scott, 1987）。

本章基于这些观点，将制度化视为领导原则及稳定性与合法性的必要条件。这与通过共享价值体系获取适应变革的能力相结合。制度化可以在组织、行业和整个社会中持续下去。然而，稳定性并不是一种静态现象，实体或行业内外的各种因素都可能导致预期的变革。因此，在制度化进程中领导者的关键决策点，是明智地在稳定性和变革之间取得适当的平衡（Selznick, 1996）。

从这里开始，本章将探讨这些观察到的现象是如何影响战略传播的。如前文所述，制度化对于建立一个行业的合法性是至关重要的。当一个特定行业被制度化时，它会获得更大合法性，因为业外人士可以清楚地了解它的核心原则与功能，及其他对社会的内在价值（Scott, 1987）。

令人意外的是，作为一个存在了很长时间的专业领域，"很少有人注意到制度化作为一个相关的……公共关系的视角"（Jensen, 2009, p.113）。学者和从业人员近年来才主张制度化的必要性。例如，J. E. 格鲁尼格曾说："关于什么是公共关系，它对组织及社会的价值，以及它的核心价值又应该是什么（Grunig, 2007, p.1）……公共关系实践亟须概念化。"鉴于此，他主张将"战略公共关系制度化"（Grunig, 2006, p.171）。Arnold（1995），哈登（2001）和麦克拉马拉（2006）则主张行业制度化。Nielsen指出，"我们自己的专业地位和声誉可以受益于一个共同的价值观，这个共同的价值观可以证明我们的责任是什么，以及我们在实践中所重视的是什么"（Nielsen, 2006, p.1）。

在一定程度上，更多制度化的主张开始得到回应。2008年，欧洲公共关系教育与研究协会（EUPRERA）在年会上强调了这一主题，但只有少数论文真正涉及这一主题。

2009年，《国际战略传播期刊》一期特刊也关注了这一主题。这一主题导言被认为是关于这一主题的第一次讨论，它引用了维克菲尔德（2008）在迈阿密国际公共关系研究会议（Zerfass, 209）上提出的这项研究的早期版本。

多位学者响应斯科特提出的概念，即公共关系以整体战略传播价值为核心，而不是以技术过程为中心，那么制度化将使公共关系更具合法性（Scott, 1987）。麦克拉马拉主张，如果出现任何强调战术而不是战略的制度化，这就是朝着错误的方向发展。“公共关系继续沿着它的实践道路发展……基于对传播效果的过时假定（Macnamara, 2006, p.6）。”这条道路从大学课程开始，学生学习“如何写新闻稿、宣传册、广告及各类文稿，与制作人及设计师合作安排活动——但却对其工作在目标群体中可能产生的影响所知甚少或一无所知”（Macnamara, 2006, p.9）。其他学者，如J. E. 格鲁尼格（2006）与法克尼（2006）一致认为，持续关注战术和技术而不是战略原则，将会侵犯宝贵的领域。这种关注似乎很难对最近疯狂创建博客、推特以及病毒性视频的势头进行整改。

当鼓励审度环境、议题预判、关系建立与声誉经营的战略价值制度化，而不是鼓励宣传或营销支持等技术功能时（J. E. Grunig, 2007; Macnamara, 2006），公共关系就可以实现它的目的，各类社会实体就可以在所处环境中维系持久的稳定性和合法性。但是，为了实行这些战略进程，行业本身必须拥有历久不衰的合法性。

因此，如果看重社会实体的战略公共关系制度化有助于建立专业领域的合法性，那么，围绕这些基本价值观和原则来确定公共关系制度化的程度似乎是有价值的。本章研究了组织中公共关系制度化的领导、适应性、变革及合法性之间的关系。其目的是确定制度化的程度，无论是在战略还是战术层面。若研究表明战略公共关系制度化正在组织中发生，那么该领域本身可能正在制度化，并据此获取合法性。然而，若制度化发生在战术层面，那么斯科特的论述可能成立（Scott, 1987）——这将使该领域无法帮助社会实体应对其所处环境的变革。针对共同主题的跨个案分析是本研究的下一步。可着手调查的具体问题包括：

1. 在实施战略传播的实体中，公共关系制度化程度如何？
2. 哪些因素（领导）促进了特定实体公共关系的制度化或去制度化？
3. 如果从业人员成为实体中的变革代理人，那么如何在不丧失促进变革能力的情况下实现制度化？
4. 如果战略传播在实体中制度化，那么这个领域是否有理由获得合法性？为什么会这样，或者为什么不这样呢？

研究方法

据殷所言，当研究聚焦于“是什么”与“为什么”以及参与研究的人员（在这种情况下是组织领导）的行为无法被操控时，应当考虑采用案例研究（Yin, 2009）。多案例研究（或集体研究）使研究者得以探索案例内部及案例之间的差异（Stake, 1995）。研究目的是复制和比较不同案例之间的研究发现。这种设计优劣并存，并且必须经由研究者们进行数据源的三角检证，来控制偏误。总体而言，多案例研究所得证据被认为是稳健且可信的（Baxter & Jack, 2008）。这类特定研究在本质上是探索性的——其目的是为研究某些组织以确定是否存在任何有助于组织公共关系制度化的可能性。

数据源及分析方式

案例研究的主要优势之一，即运用多重数据源的三角检证，这一策略也提高了数据的可信度（Fisher, Ury, Patton, 1991; Yin, 2009）。在这项研究中，殷的6个证据来源中的5个被使用：访谈、实物、文件、直接观察和参与者观察（Yin, 2009）。这些数据在单个案例中聚合，然后在多个案例中进行跨案例编码，形成最显著的公共主题编码。这种趋同性增强了研究发现的力度，但也有一些弱点：一个是研究结果不能推广到整个群体（Baxter & Jack, 2008; Yin, 2009），但是它们可以推广到理论，其优势在于可以在不同案例中重复使用；另一个缺点是大量的数据必然带来繁杂的管理与分析工作。本研究的情况正是如此，因为它涉及6个案例。

殷描述了许多分析技术（Yin, 2009）。本研究选择的是模式匹配、联结指导性研究问题和跨案例综合分析。本研究分析了6个社会实体。各实体选择是有目的的，部分原因是研究人员可以接触到它们，但我们也有意研究在规模、结构以及行业或服务方面各不相同的组织，它们包括6个组织：两个跨国公司，一个小型大学，一个政府机关及两个军事单位。这些社会实体中的前4个总部设在美国（从东海岸到西海岸），不过每个组织都有重要的境外业务。两个军事部队都驻扎在中东。第一家公司是财富排名500强，在全球拥有数百名公关人员（实体A）；第二家中型公司经营消费品行业（年营业额约10亿美元）（实体B）。大学是一所私立的、非营利的教育机构（实体C），政府机关是美国某州的州长办公室，有十几位工作人员（实体D）。还有两个军事实体包括在伊拉克自由作战期间的驻伊拉克多国部队，有近160,000名成员及超过200位的公共事务官员（实体E和F）。

研究数据是与各组织现任及前任公共关系或相关职能负责人，通过电子邮件及个人电话访谈或面对面访谈来收集数据，访谈时间从40分钟到1小时不等。在部分个案中，还与监督公共关系具体方面的其他人员进行了面谈。作者在本章还研究了直接或间接相关的内部电子邮件、组织和行业通讯、传播计划、PowerPoint演示文稿、组织结构图及其他文件。其中4个组织也纳入了直接观察或参与观察。

研究发现

如前文所述，该研究被视为公共关系制度化的可能性初探——它既是针对组织内部职能，也涉及整个行业。尽管如此，还是有可能显露出与制度化理论相关的模式，研究结果是由具有上述特性及因素的社会实体交织而成：组织中的领导或公共关系的功能，组织对变革的适应力，以及每个组织所描绘出公关职能的合法性。表23.1显示出从方法到结果，具体涉及变革、组织反应及制度化的证据，以体现在战略或战术层次上。

表23.1 对6个组织研究方法和结论的归纳

组织类型	组织规模	研究方法	潜在的变革因素	组织反应	存在制度化的证据?
A：跨国公司	财富500强企业，400名公共关系从业人员	访谈法；行业新闻稿及其他文件	高层公关经理离职；被其他公司的人员替代；利益相关者；期待者；组织环境等	在人员变动时保持原有工作步骤；遵循行业标准	是的，在大范围里
B：发展型公司	与约40个国家有来往	访谈法；查看公司邮件和其他公司文件	公司领导层变动；公共关系价值降低	公关从业者数量锐减；战略公共关系职能被取消或弱化	无
C：位于西海岸的大学	3,000名学生，45%来自美国境外	访谈法；回顾传播计划和其他文件	校长工作13年后被他人取代	新校长遣散了所有公共关系从业人员，仅保留媒体关系部	无
D：美国西部的州长办公室	24位公共关系从业人员；政府机制高度官僚化	访谈法；回顾邮件和其他文件；直接参与式观察	高层和公关人员中有较多变化；选举人的期待；合理性；其他利益相关者	持续进行这一项目；改变公关人员冲动的行为状态	一些
E和F：驻伊拉克的多国部队	160,000名战士；水手；水手和空中力量来自27个国家；200名公共事务人员	回顾传播计划和其他文件；参与式观察	所有阶层的改变取决于年内人员循环；公共事务情况也是如此	基础的公共关系事务；伴随伊拉克冲突局势不断演变的期待	部分

实体A。对财富500强企业实体A的主要分析，来自一个在该公司工作多年的高级公关经理的50分钟访谈。我们还采访了该公司另一位公关人员，并检查了该行业内广泛使用的新闻稿和其他文件。该公司超过400名员工在公共关系的各个领域服务，公司的整体沟通预算接近2亿美元。

大约两年前，这位高级公关经理离开了公司，领导层做出了调整。尽管有变化，服务对象、基本任务、实施策略以及活动仍能顺利完成。报告制度也没有改变，高级公关经理仍然直接向行政长官汇报。因此，该公司的变化没有产生重大影响。“我认为，制度化已经在我们公司形成，因为我们所处的行业要求我们与利益相关者进行有效的沟通。”采访者说。“公司有着悠久的有效传播的历史，而且一向是高度重视的。一般人无法改变，因为已经投入了很大精力。大部分人都会执着坚守组织传统。”受访者描述的情景反映了Zucker的解释，即对于高度制度化的实体，外界很难影响它（Zucker, 1977）。“我们有来自不同公司的员工，尽管他们会试图改变并抵制我们的程序，甚至反对它，但最终他们会接受”受访者说。

尽管早些时候有人声称，该行业需要高度响应的公共关系，而且高管自己的公司也能适应这些要求，但受访者承认，该行业的其他公司在程序上并没有如此制度化。例如，一家公司在过去的二三十年里经历过较大波动，包括频繁变更所有权。在一位新首席执行官的领导下，该公司重组了最高层领导，由一位级别较低的主管取代了一位主管传播的副总裁，前者需要向人力资源副总裁汇报工作。

但是，实体A继续以符合斯科特论点的方式运作其公共关系（Scott, 1987），组织即使制度化也可以适应其环境，只要制度化发生在战略和文化层面而不是在战术层面。该组织是最早创建专门致力于通过社交网络沟通和建立公共关系部门的公司之一。受访者说：“我们花了很多钱在社交网络，以及与非政府组织的合作上。我们确定主要城市或地区，我们甚至与那些强烈批评我们的人交流，我们把他们带到总部，向他们展示公司的情况。我们不会很快放弃这些人，我们觉得如果有机会，没有人的想法是我们不能改变的，或者至少我们可以使他成为一个中立的人。”

实体A的回复在制度化过程中表现出强烈的信念。该高管表示，公共关系必须向组织的最高层展示其价值，通过健全的关系建设以及对实体的产品和服务进行准确、诚实地传达，来提高企业声誉。此外，回复者意识到公共关系在创造变革中的重要作用，“将组织转型到新的高度”。组织对利益相关者应该是动态和开放的，回复者解释说：“沟通可以解决许多疑难问题。在我们公司，我们已经解决了很多问题，而且我们的竞争力非常强。”

对实体A的总结是，该公司已对公共关系制度化，尽管这是一个具有监督职能的项目。也许公司规模和历史影响了这种制度化，也影响了组织和公共关系部门领导人的理念和视野。该行业对利益相关者的响应性和适应性的需求也被描述为一个因素，但这并不能证明行业内的其他公司没有制度化记录。随着实体A建立模式，该公司及其公共关系部门积极支持并参与变革，以便跟随社会变革更为积极地响应利益相关者。公司的公共关系部门似乎在公司高级管理人员和其他职能部门中获得了很大的合法性。

这种制度化并没有发生在实体B或实体C上。事实上，情况恰恰相反，这些实体都经历了领导层的变化，但第一个实体在公共关系的层面发生了变化，第二个实体的高层管理人员也发生了变化。然而，无论哪一种情况，领导层的变化都会对该实体的公共关系计划产生重大影响。

实体B。这家中型跨国公司接受采访的人，最初担任的职务是传播总监，而后成为公司战略传播的副总裁，并长达8年之久。受雇期间，他取代了另一位专门为公司解决全国范围公共关系危机的副总裁。第一任副总裁已说服高级领导层，长期采取战略公共关系方法是必要的，不仅要在危机中生存下来，而且要确保这种情况不会再次发生。尽管一些高级管理层经常施加压力，要求减少公共关系工作，“现在危机已经过去，我们不再需要这些了”，但接受采访的人还是执行了第一任副总裁发起的大部分项目。当他被录用时，公司的公共关系部门只有15名员工；当他离开的时候，公司公共关系部门已经有100名员工了。“这家公司的公关部长空缺了一年，我就接管了。我觉得有一些事情需要做，但还没有做。所以这就让人们意识到我们做的事情需要一个宣传的过程。因此，在第一年左右的时间里，这些变化相当显著。”

近13年来，十几名员工承担了媒体和社区关系建设、国际传播、议题管理以及其他公共关系职能。另外还有30至40名员工根据年度需求，协助完成平面设计、摄影和视觉生产等工作。随着该公司在全球范围内扩大其产品线和地理覆盖范围，并成为一家上市公司后，亟须在本国和国际上慢慢提高声誉。公关副总裁和其他高级管理人员在这一领域以多年丰富的工作经验主导这些工作。每当一名员工离职时，就会雇佣另一位被这些副总裁所信任的员工，公共关系部门的文化以经验、战略思维和团队精神的形式长久的延续下来。

受访者表示，该公司传播战略“部分受到价值观和事件的影响。例如，如果公司决定拓展海外市场，那么这就推动了我们的发展——尽管我们的发展在很大程度上受到价值观的影响”。然而，为执行公共关系战略所采取的步骤在很大程度上取决于谁负责向高管们推销这些想法。“我们齐心协力制定了一个战略计划，向公司解释为什么公司需要做这些事情，来实现预期的结果……总有一个推销过程在进行。”

需要“推销”公共关系部门的价值观，或在高级管理层中建立公共关系职能的合法性，是受访者在采访中反复说明的：“这是一个永无止境的教育过程。我们一直在努力教育企业高层人士，并在他们考虑重大改变时插手。”在采访过程中，这个“推销”的过程很有效，这给了部门更大的自由来制定公司的传播决策。这些决定是通过一份书面任务声明来付诸实施的，“它反映了公司的商业计划。因此，它是对公共关系部门的一个基本认定，帮助寻求要实现的结果。但需要提醒的是，一些高级管理人员倾向于不把公共关系机构视为主要实施者。所以，这是一个永无止境的教育过程”。当高级管理人员有这种想法时，他们通常在自己的任期内执行。然而，随着他的离开，他所做出的改变迅速消失，并且回到了他初入公司时的状态。甚至可以说，公共关系的状态回到了采访者的前任来拯救公司的重大公关危机之前，许多必要的战略职能实际上不再存在。受访者回应说，“这取决于谁在那里。就我而言，我接手了公共关系部，被提升到副总裁级别，公共关系部在我退休后大约一年的时间里仍然保持着相当良好的执行力。后期因为没有人继续推动发展，所以改变和撤销了一些政策。最终，它又回到了原来的样子”。

2004年，这家公司经历了较长时间的销售低迷期，并决定裁员。一些高层管理人员，包括这项研究的采访对象获得了提前退休的奖励。被调查者和其他几名公共关系员工接受了退休计划，否则会被直接解雇，结果部门从超过50人的规模减少到不到20人。那些留下来的员工，没有人有长期建立关系策略的经验。在“公共关系”这一广泛领域的领导团队已缩减为媒体关系专家、前平面设计经理和曾担任行政长官特别项目经理的人。

那么，为什么在这种情况下制度化进程会土崩瓦解？受访人推测，这是因为许多公共关系外部的高级管理人员从一开始就没有完全支持该部门的创建。他们认为一旦最初的危机过去了，组织不应该在战略传播上投入过多精力。而随着时间的推移也没有发生其他重大危机，这证实了他们心中的想法，确实不再需要公共关系。高级管理人员认为，公司自然会满足利益相关者的期望，并且没有一种持续适应利益相关者的做法是值得为战略公共关系计划付出代价的。

受访者解释说：“一开始，建立与利益相关者理念和实践的联系并没有得到高层管理人员的鼓励，这大概是因为他们缺乏对企业传播专家的责任和价值的理解。但首席执行官意识到该职能在提高公司声誉方面起到了较大的作用，因此，该职能被长期保留下来。最终，当首席执行官远离公司的日常管理时，他对管理决策的影响力就减弱了，同时，其他有影响力的管理者们最终放弃了他的方式，这就在很大程度上削弱了公共关系功能。”

实体C。受访者之一在小型私立大学工作近15年，主要担任校友关系主任一职。受访者目睹了公共关系从几乎没有，发展到拥有全面的计划的过程，包括新身份运动；邀请政要和其他特殊的客人；处理媒体、社区、政府与校友的关系；特殊事件管理；国际交流；创作、监督和制作印刷传播的相关资料，包括两年一次的杂志以及各种传播信息的视觉生产。这些任务是由副校长主导的，他是一位传播总监，2001年进入大学并担任校友关系主任一职，得到了摄影师、平面设计师和视觉生产主管的支持。这个组织多达20个工作人员。工作人员得到了该学校校长和大部分副校长的大力支持。正如另一位公共关系工作人员所说，“我们有很大的自由去创新并完成我们认为需要的任务。我们需要推进我们的关系建设，在组织中建立彼此的信任与理解”。

2007年，该机构校长在任职超过13年后退休。董事会从另一个国家聘请了一位校长，他拥有不同的文化和哲学背景（他曾在美国东部大学担任会计学教授）。根据本研究受访者所说，新的领导人拥有不同于组织习惯的管理价值观，该领导人得到了组织的授权，简化成本和人员。这种新方法显然给整个组织带来了冲击，并且在接下来的一两年里迅速地发生变化。

其中一项改革是对该学校副校长的大规模调整。新校长上任后，发展部副校长立即退休，传播部主任在校长换届前不久离开了大学。其余的传播职能在一名曾担任前总裁行政助理的行政人员的领导下进行了改组。受访者说，此人没有真正的传播学背景，却管理了一个在广播信息生产领域拥有超过30年工作经验的传播部门主任。尽管视觉生产和图形设计仍然保留在该部门。然而，新校长到任时，对传播领域的战略监督基本上消失了。平面设计大大减少（例如，面向重要校友的全彩色两年期杂志停止制作），视觉生产从原来的宣传工具转变为主要用于支持远程教育方案的手段。校友关系主任被分配到另一个职位，校友关系管理的任务交给学生服务处的初级管理人员。

在这种情况下，尽管上届政府以及整个组织和社区都大力支持这一职能，但新校长还是实施了公共关系方面的改革。在新校长上任后的几个月里，这些利益相关者中的许多人在组织中失去了相当大的影响力。据受访者说，在大学中，该功能已经被分离成新的报告者、关系人以及被边缘化的人。许多前公共关系部门的员工要么马上离开，要么最终离开了大学。

第一个受访者报告说，一些更广泛的组织变革是必要的——以前的政府根深蒂固的传统思维和财务状况确实需要收紧。然而，受访者强调，因为变革，政府与大学内部和当地小社区的关系变得越来越糟糕。“很明显”受访者继续说，“我不得不慎重考虑我的用词，因为我想积极的支持新校长”。鉴于新校长作出的决定，很明显，新校长看到公共关系没有价值，因此，有需要重新建立公共关系在大学中的合理性。

实体D。这个州长办公室服务于一个庞大多样的人口群体。访问对象分别是：前任首席副总监和在办公室里工作了三年的首席撰稿人。他们不仅参与并私下围绕重大沟通决策进行讨论，还目睹了传播、新闻和其他高级管理层的多次转变。受访者表示，办公室首要的传播目标是建立州长与公民的沟通路径。这一目标影响了所制定的传播决策，虽然实现这一目标所采用的战术和战略有时会发生变化，但这种变化与办公室内部人员、外部环境之间的关系不大。换句话说，“即使没有新的传播主管和新的办公室主任，传播策略也会发生改变的”，受访者说。

根据受访者的说法，负责人在如何应对日常传播挑战，以及如何向办公室其他人传达目标方面确实发挥了重要作用。州长和高级传播主管制定决策：“州长有了想法和目标，但大部分的战略是由非常强大的团队和传播总监孵化出来的。工作人员提出了一些想法并被鼓励参与进来，但在很大程度上，这是一种自上而下的路径。州长和传播总监有一种倾向，就是要把信息与权利紧密联系起来，所以有时只能……猜猜每天的策略是什么。”

另一个促成传播策略变化的问题是，在某些时候，州长办公室有一个特别重要的问题（包括连任），需要对传播信息制定战略。例如，高级职员“定期和频繁地举行会议……当连任是最重要的问题时，我们对目标都很清楚。当紧迫性在政治周期的自然进程中减弱时，战略就没有那么明确，会议也没有那么频繁”。

在战略和战术变化的庇护下，受访者清楚地知道政治工作必须做出适应性传播的努力，这对办公室和议程的成功至关重要。“在州长的办公室里速度是如此之快，州长和外界力量正在对你所做的一切进行快速检查并做出反应，以至于你总是在不断变化着，并对办公室外面发生的事情做出反应。当然，你会尝试坚持自己的基本信息，但在很多情况下，混乱会占据主导地位，并且很容易被淘汰。”

当被问到无论是谁领导传播团队，传播策略和项目是否能持续下去时，他说：“我认为大部分时间都是这样。很明显，在执行过程中，重点和成功的程度都发生了转变。但总体战略……保持了持续性。”因此，在这种情况下，公共关系职能在某种意义上似乎是合法的。

应当注意的是，本章的作者之一是一名参与观察员，作为通信小组成员在同一个州长办公室工作了5年多，并以自身的经历证实了受访者的经历。笔者的结论是，政府的持久和总体目标指导着大部分战术性传播工作，这些努力随着政治趋势的发展而变化，这使得适应性变得非常必要。只要它们符合州长办公室的长期目标，大部分的变革通常能得到公共关系人员的好评。

实体E和F：在公共关系实践中，美国军方是独一无二的，其擅长信息处理、心理调适、公共事务、民政事务和战略沟通实践。这些术语之间的差异仍在演变（Army Public Affairs Handbook, 2007）。这种变化状态影响着公共事务在军队中的运用。有一种公共事务处理原则要求像公共信息模式那样对公众进行教育（Grunig & Hunt, 1984）。此外，还有允许影响和行为改变的信息作战和战略传播理论（Joint Chiefs of Staff, 2006; U.S. Department of Defense, 2010）。然而这一学说主要限于国际公众。因此，制度化结构能够高度适应眼前在伊拉克和国外进行的其他军事行动。公共事务经营者也已迅速采取行动，来应对社会媒体和互联网的反对力量，因此，战略传播计划是高度灵活的，它根据“实地情况”和当地军事指挥官的意愿解决各种出现的公共事务。

伊拉克最初制定了100页的战略传播计划，但没有使用，因为公共事务部门对于环境的不断变化反应非常迅速。通过制定政策（APAH, 2007），在伊拉克建立了一个公共事务运营中心（PAOC），负责处理整个战区的公共事务。后来，PAOC增加了媒体认证和新闻发布会等业务。新闻发布会每周在巴格达的绿区举行两次。最初，只有美国和其他驻伊拉克多国部队指挥官（MNF-I）主持新闻发布会，国际媒体和泛阿拉伯媒体出席。到了2008年，新闻发布会主要由伊拉克指挥官负责。

在MNF-I领导下发展的另一个组织是战略效果司令部下属的通信部门。该部门开发了4个参与公共关系活动的内部部门，它们的职能包括：

- 与伊拉克政府的公共事务官员联络，负责战略规划、培训、扩大信息协调能力和绩效支持；

- 测量和分析，即定量和定性分析公共事务的努力和目标实现；
- 特殊职能，即计划和协调行动、情报活动以及“解密图像的要求”，还负责获取囚犯照片发布权限。

第4个也是最重要的一个部门——媒体业务科。除其他职责外，该科负责监督西方、泛阿拉伯和伊拉克的媒体监测，回应媒体询问，制作媒体稿，并制定和颁布公共事务指导、问答、谈话要点和情况介绍等文件（Unclassified documents, Communication Division, 2008）。

因此，从这些组织在公共事务中的运作方式的部分描述中可以看出，它们已经高度制度化，并适应了当时在这些业务领域的情况。这也是伊拉克自由行动中的案例，该行动的名称直到2010年才在伊拉克宣布。传播部门有独特的运作和组织方式。政策规定使用公共事务运营中心，但到了2005—2006年，该中心已归属于通信部门并沿用至今。

这种描述可以解释为：公共事务的制度化是从一个大型官僚机构的正常政策中调整而来的，这个官僚机构的重点是战略性，但却满足了当前战术局势的需要。虽然不断变化的官僚机构如人们所预料的那样庞大而烦琐，但它与当时伊拉克的各级指挥机构相匹配，因此并不像人们所预期的那样僵化。在这样一个官僚机构中，组织变革缓慢，但由于面对敌人的真正威胁，组织变革的适应速度相对迅速。

影响制度化的另一个因素是运作人员的变动相对较快。各级指挥部的大多数人员平均在该国履职一年，而且时间间隔错开。因此，虽然通常有人员重叠以确保制度化，但当地的情况却在不断演变。然后这些人员的想法和技能在作战和战术层面上发生了变化。随着人员轮换的增加，由于能够部署的、训练有素的人员越来越少，这些技能或专门知识的实例有所恶化。训练人员的数量受到限制，持续的作战节奏开始耗尽现有的训练有素的人员。

结论和观点

基于对这些案例的分析和文献整理，我们如何理解公共关系的制度化？当然制度化意味着，无论在什么地方行使某一特定职能，也不管由谁负责特定的组织单位，都应该有一些共同的基本原则和程序。可以说，法律和会计专业已经制度化，以至于当律师或会计师进入任何一个组织履行其职能时，都可能会意识到该职能的基本原则、标准甚至条例当中所存在的稳定性，无论该职能部门的董事或组织的高级管理人员是谁。本章第一个研究问题是公共关系在组织内部的制度化程度如何？它和其他一些职业有相同的地位吗？本章所研究的案例表明，公共关系与特定组织从业人员所从事的职业相比，并没有处于同样的地位，也不接近制度化的水平。

对实体A的观察表明，制度化可以围绕一个战略任务和一个建立开放、诚信的关系承诺而进行。这也表明，制度化并不排除适应利益相关者不断变化的需要和任务能力。

事实上，如果将近期在实体A中创建社会媒体组织作为一个指标，制度化的战略公关计划实际上具备快速响应能力的，并能成为传播领域强有力的创新者，而不会丧失建立关系和开放传播的基本价值。

相比之下，实体B和实体C以及实体A的受访者提到的行业竞争对手表明，创建制度化公共关系似乎仍然受制于太多组织中的组织领导人的突发奇想、价值体系和对公共关系的全面理解。即使是多年坚实的公关计划，也可能在短时间内被推翻，而且往往是由在组织中掌权但对公共关系实践目的了解甚少的领导人推翻。随着这些变化无常的裁员或重要项目的取消，组织再次变得容易受到未来公共关系问题甚至重大危机的影响。令人遗憾的是，正如多年来经常发生的情况一样，当公共关系项目被非制度化时，高管们并没有意识到甚至不关心他们自己在实体中产生的责任。

实体D似乎反映了实体A、B和C的方向。这与实体A相似，因为利益相关者环境的要求至少在某种程度上决定了公共关系持续基本价值和实践的需要，而不管每个项目的指导者是谁。在这两种情况下，都制定了长期目标，以帮助公共关系项目在人事变革中生存下来；但是政治局势，如实体A对社会媒体的适应性，也影响在战术层面迅速响应变革的能力。然而，实体D的受访人也承认政治公共关系中的内在短期性，指出在选举之前，目标和战略比其他时期更加集中。与此相关的是选举更替的必然性，因此整个办公室的工作人员就可以在几个月内更换。

实体E和F代表了美国武装部队和世界各地其他军队的极其庞大的组织。在这些实体中，公共关系正在以不同的速度发展。固有的军事文化往往是如此烦琐，以至于制度化受到纯粹官僚规模的保护，不能迅速改变。在一个稳定和完全忠诚的环境中，这种僵化既可能是一种力量，也可能是一种负担。这些实体的公共关系与实体A一样，在不同情况下保持连续性，并且由于适应中东对立活动的绝对要求，特别是为反叛乱行动而新颁布的政策（U.S. Army/Marine Corps, 2007），他们积极地利用战略传播来诋毁敌人的宣传，并为叛乱提供一个更具说服力的替代方案。

因此，多案例分析和其他当前调查的结果表明，某些案例支持制度化。本章的第二个和第三个研究问题是什么因素会导致制度化？首先，有可能将大机构的制度化与公共关系职能的制度化联系起来。比起小组织，较大的组织往往更官僚化，具有更根深蒂固的结构、政策和传统。在这项研究中，较大的公司已经存在了一个世纪，而且它所在行业中的大多数公司都已变得高度分层（仅公共关系部门的400名员工就证明了这一点）。部分原因是，即使公共关系领导层发生了变化，其职能也几乎没有变化。相比之下，第二家公司是创业型组织，存在时间不到20年，适逢公共关系职能变革时期。该公司最初的一些领导从未支持过公共关系，因此，他们很容易把高级公关人员的变动作为借口，解散该职能的战略方面，只保留宣传方面。

组织运作的环境似乎也是一个因素。对于军队来说，最重要的是公平的对待每个人，最大限度地保护所有士兵。对于大公司来说，激烈的竞争和行业传统有助于保持连续性。州长办公室里也提到了环境问题，无论谁执政，选民都抱有期望。在所有这些案例中，战略成果似乎比任何具体策略更重要。然而，在所研究的大多数组织中，组织领导者的个人想法和理念仍然占据了相当大分量。

事实证明，第四和第五个问题更难回答。由于影响组织的环境日益活跃，公共关系领域的合法性可能正在增长。然而，在价值观和标准的制度化渗透之前，这一领域似乎还有很长的路要走。在较小的组织中，特别是那些受环境影响较小、受领导层和人事变动影响较大的组织，制度化可能更没有希望。这项研究并没有提供任何有关制度化和公共关系人员在组织内充当变革推动者的能力之间的相关性的信息（或是可能存在的一种反向相关性，这项研究也无法确定）。

库布斯和霍拉迪认为，公共关系文献经常强调将公共关系制度化作为组织管理的一部分，这有助于为组织做出关键决策（Coombs & Holladay, 2008）。他们认为，如果将这些努力与公司的社会责任联系起来，那么它们是成功的。同样，在一项关于中国公共关系的研究中，Chen指出，关于制度化的辩论通常围绕两个关键问题进行："首先，有必要'合法化'公共关系的实践；其次，赋予公共关系从业人员扮演战略角色的重要性。"她接着说：

> 一旦纳入现有准则和价值观并获得内部认可，制度化过程将带来某些优势。这些职位可能包括：首先，组织内部的授权职位使公共关系人员能够在战略决策过程中发挥重要作用；第二，可以将对公共关系实践的"合法性"的怀疑降到最低；第三，公共关系人员可以避免陷入"拉锯战"，争取完成工作所需的资源；第四，可以以更连贯一致的方式来实践公共关系。有了这种连贯性，公共关系将成为一种普遍接受的做法——这是迈向公认职业的关键一步，有助于提高组织成就的有效性。
>
> Chen, 2009, p.188

可悲且也许有点讽刺的是，如果今天发生了任何职能的制度化，如果对这个领域的看法正在积聚，那么它可能是针对该领域的战术要素，而不是战略进程。例如，Steyn认为，公共关系在技术层面已经或多或少制度化；管理方面只有部分是制度化而战略职能根本没有制度化（Steyn, 2008）。Chen补充道，"虽然负责制定与传播相关的决策，但大多数公共关系人员仍然不在'主导联盟'之中，而且很少有机会参与战略规划"（Chen, 2009, p.188）。

J. E. 格鲁尼格提出了相同的观点，"在大多数人的心目中，公共关系已经被制度化，成为一种信息传递活动，其目的是让组织看起来很好。而不是作为改善利益相关者之间关系的管理活动”（Grunig, 2011, p.12）。他接着说，“遵循这一范式的从业者强调信息、宣传、媒体关系和媒体效果”，而不是“公共关系主管在战略决策中的参与，以便他们能够帮助管理组织的行为”（Grunig, 2011, p.13）。当然，还需要进行更多的研究来充分了解公共关系制度化的可能性和效果。这项特别的研究为我们提供了一个前期的视角，即公共关系在组织中的实际定位与领导力、适应性和制度化的关系。公共关系似乎在一些组织中是合法的和制度化的，而在其他组织中则完全没有制度化。然而，作为一种探索，这项研究实际上只是为了更仔细地审视公共关系制度化理论，以及它可以在其他类似的情况下复制的可能性。当然，还需要更多的案例研究，提出更具体的问题并付诸实施。还应设计更多的研究方法以便更多的了解研究过程。

未来的研究还可以更好地深入组织，同时研究制度化和适应性。这项研究涉及两个概念，但没有详细说明它们是如何相互作用的。因此，对这些概念进行定性和定量研究的空间很大。这种制度化和适应性的方法甚至可以成为J. E. 格鲁尼格在《公共关系战略管理制度化》中的关键，尽管他担心战略管理职能可能会使公共关系实践僵化（Grunig, 2011, p.28），就像过去解释性方法一样重要。通过战略管理，将沟通过程与管理决策、利益相关者和公众以及关系结果结合起来。它假定公共关系参与战略决策以帮助管理组织。解释性方法假设公共关系“努力影响公众解释组织的行为，其目的是为了保障权力的决策者选择了他们的行为”（Grunig, 2011, p.13）。这项研究的底线能够适应制度化的创建，正如L. A. 格鲁尼格指出，随着组织变革、传播技术及社会期望的变化，公共关系必须继续发展并不断地使其自身制度化（Grunig, 2007）。

参考文献

[1] Argenti, P. A., Howell, R. A., & Beck, K. A. (2005). The strategic communication imperative. *MIT Sloan Management Review*, 46(3), 83–89.

[2] Army Public Affairs Handbook. (2007). ST 45-07-01. Army Public Affairs Center, Ft. Meade, Maryland.

[3] Arnold, J. (1995). IMC: Much ado about little. *The Public Relations Strategist*, 1(4), 29–33.

[4] Baxter P., & Jack, S. (2008). Qualitative case study methodology: Study design and implementation for novice researchers. *The Qualitative Report*, 13(4), 544–559.

[5] Botan, C. H. (2006). Grand strategy, strategy and tactics in public relations. In C. H. Botan & V. Hazleton (Eds.), *Public relations theory II* (pp. 223–248). Mahwah, NJ: Lawrence Erlbaum.

[6] Chen, N. (2009). Institutionalizing public relations: A case study of Chinese government crisis communication on the 2008 Sichuan earthquake. *Public Relations Review*, 35(3), 187–198.

[7] Communications Division (2008). Unclassified documents. Strategic Communications Division. Operation Iraqi Freedom. Baghdad, Iraq.

[8] Coombs, W. T., & Holladay, S. J. (2008). *Corporate social responsibility: missed opportunity for institutionalizing public relations?* Paper presented to the Annual Congress of the European Public Relations Education and Research Association (EUPRERA), Milan, Italy.

[9] Falconi, T. M. (2006). How big is public relations (And why does it matter)?: The economic impact of our profession. Gainesville, FL: Institute for Public Relations. Retrieved from http://www.instituteforpr.org/files/uploads/Falconi_Nov06.pdf.

[10] Fisher, R., Ury, W., & Patton, B. (1991). *Getting to yes: Negotiating agreement without giving in* (2nd ed.). New York: Penguin Books.

[11] Fleck, D. (2007). Institutionalization and organizational long-term success. *Brazilian Administration Review*, 4(002), 64–80.

[12] Grunig, J. E. (2006). Furnishing the edifice: Ongoing research on public relations as a strategic management function. *Journal of Public Relations Research*, 18(2), 151–176.

[13] Grunig, J. E. (2007). After 50 years: The value and values of public relations. Annual distinguished lecture, The Institute for Public Relations. Retrieved from http://www.instituteforpr.org/edu_info/values_after_50_years/.

[14] Grunig, J. E. (2011). Public relations and strategic management: Institutionalizing organization-public relationships in contemporary society. *Central European Journal of Communication*, 1, 11–31.

[15] Grunig, J. E., & Hunt, T. (1984). *Managing public relations*. New York: Holt, Rinehart & Winston.

[16] Grunig, J. E. & White, J. (1992). The effect of worldviews on public relations theory and practice. In J. E. Grunig (Ed.), *Excellence in public relations and communication management* (pp. 31–64). Hillsdale, NJ: Lawrence Erlbaum.

[17] Grunig, L. A. (2007). *Public relations in the chaos and change of transformational societies: The potential of evolutionary theory*. Paper presented at the Annual Conference of the International Communication Association (ICA), San Francisco, CA.

[18] Harvard Business Essentials (2003). *Negotiation*. Boston, MA: Harvard Business Publishing.

[19] Hallahan, K., Holtzhausen, D. R., van Ruler, B., Verčič, D., & Sriramesh, K. (2007). Defining strategic communication. *International Journal of Strategic Communication*. 1(1), 3–35.

[20] Hon, L. C., & Grunig, J. E. (1999). *Guidelines for measuring relationships in public relations*. Gainesville, FL: The Institute for Public Relations, Commission on PR Measurement and Evaluation.

[21] Hutton, J. G. (2001). Defining the relationship between public relations and marketing. In R. L. Heath (Ed.), *Handbook of Public Relations* (pp. 205–214). Thousand Oaks, CA: Sage.

[22] Jensen, I. (2009). Institutionalization—the social reality of corporate communication. In E. Invernizzi, T. M. Falconi, & S. Romenti (Eds.), *Institutionalising PR and corporate communication: Proceedings of the EUPRERA 2008 Milan Congress* (Vol. 1, pp. 100–119). Milan, Italy: Pearson.

[23] Joint Chiefs of Staff. U.S. Department of Defense (2006). *Joint publication 3–13 information operations*. Washington, DC: U.S. Government I-10.

[24] Ledingham, J. A., & Bruning, S. D. (2000). Public relations as relationship management. Mahwah, NJ: Lawrence Erlbaum.

[25] Macnamara, J. (2006). *The fork in the road of media communication practice and theory*. Paper presented at the 4th Annual Summit on Measurement, Portsmouth, NH.

[26] Meyer, J., & Rowan, B. (1977). Institutionalized organizations: Formal structure as myth and ceremony. *American Journal of Sociology*, 83(2), 340–363.

[27] Mintzberg, H. (1990). The design school: Reconsidering the basic premises of strategic management. *Strategic Management Journal*, 11, 171–195.

[28] Mintzberg, H. (1994). *The rise and fall of strategic planning*. New York: The Free Press.

[29] Nielsen, B. (2006). *The singular character of public relations in a global economy*. Annual distinguished lecture of the Institute for Public Relations, London, UK, October 11.

[30] Oliver, C. (1992). The antecedents of deinstitutionalization. *Organization Studies*, 13(4), 563–588.

[31] Plowman, K. D. (1995). *Congruence between public relations and conflict resolution: Negotiating power in the organization* (Unpublished doctoral dissertation). College Park, MD: University of Maryland.

[32] Plowman, K. D. (1998). Power in conflict for public relations. *Journal of Public Relations Research*, 10(4), 237–262.

[33] Porter, M. (1985). *Competitive advantage: Creating and sustaining superior performance*. New York: Free Press.

[34] Sandhu, S. (2009). Strategic Communication: An Institutional Perspective. *International Journal of Strategic Communication*, 3(2), 72–92.

[35] Scott, R.W. (1987). The adolescence of institutional theory. *Administrative Science Quarterly*, 32(4), 493–511.

[36] Selznick, P. (1957). *Leadership in Administration*. New York: Harper & Row.

[37] Selznick, P. (1996). Institutionalism 'old' and 'new.' *Administrative Science Quarterly*, 32(4), 493–511.

[38] Stake, R. E. (1995). *The art of case study research*. Thousand Oaks, CA: Sage.

[39] Stavridis, J. G. (2007). Strategic communication and national security. *Joint Forces Quarterly*, 46(3), 4–7.

[40] Steyn, B. (2008). *Institutionalizing the strategic role of public relations*. Slide deck presented to the Annual Congress of the European Public Relations Education and Research Association (EUPRERA), Milan, Italy.

[41] Suchman, M. C. (1995). Managing legitimacy: Strategic and institutional approaches. *Academy of Management Review*, 20(3) 571–610.

[42] U.S. Army/Marine Corps (2007). *Counterinsurgency field manual 3–24 and 3–33.5*. Chicago, IL: University of Chicago Press.

[43] U.S. Department of Defense (2010). *Quadrennial defense review report*. Washington, DC: United States Government.

[44] Wakefield, R. I. (2008). *Institutionalizing Public Relations: Progress or Pipe Dream?* Paper presented at the 11th International Public Relations Research Conference, Coral Gables, FL.

[45] Yi, H. (2005). *The role of communication management in the institutionalization of corporate citizenship: Relational convergence of corporate social responsibility and stakeholder management*. Unpublished master's thesis. College Park, MD: University of Maryland.

[46] Yin, R. K. (2009). Case study research: Design and methods (4th ed.) Thousand Oaks, CA: Sage.

[47] Zerfass, A. (2009). Editor's introduction—Institutionalizing strategic communication: Theoretical analysis and empirical evidence. *International Journal of Strategic Communication*, 3(2), 69–71.

[48] Zucker, L. G. (1977). The role of institutionalization in cultural persistence. *American Sociological Review*, 42(5), 726–743.

第二十四章
广告战略

蒂诺·G. K. 梅兹和古度·祖斯提格

广告战略

战略传播是传播研究的中心，无论我们是将战略传播与有目的的动机联系起来，还是将战略方面定义为每一种传播的内在组成部分。在这两种情况下，我们都会面临一个归因，我们会根据观察结果进行评估，并赋予传播特定的价值。此外，在组织传播领域定义战略传播本质上是一种深思熟虑的行为：有目的地利用传播来完成组织的使命（Hallahan, Holtzhausen, van Ruler, Verčič & Sriramesh, 2007）。然而，无论战略传播在伦理方面的影响如何，战略传播一词的性质特别揭示了一个方面：战略传播为行为者实现特定目标提供了合法性。更具体地说，除了传播中战略目的的归属，以及对传播作为战略意图的怀疑外，在企业传播、公共关系，特别是广告方面，其存在的理由是期望达到目标：必须完成一项任务，才能有效地传播。因此，战略传播总是与负责实施战略的参与者群体相关。

实施战略带来的问题，不仅定义了战略本身，还定义了通过实施战略以实现组织任务，这种有意识的行动。考虑到本章最重要的主题，广告是战略传播的特定形式，这无须多加定义。因为它在有效性和经济目的方面的战略意图早已众人皆知。然而，广告和广告战略不能脱离企业组织的整体战略：因此我们必须定义战略的层次结构。

一般来说，从商业角度对广告进行分类，将广告置于营销策划的支持下，按照营销策划来制定战略，通常会得到教科书上的定义，这些定义倾向于在正式的层面上描述组织的战略目标，而不是实际的做法。“因为战略策划是对一个公司的成功潜力和思想发展进行全球分析，以便从长远角度保障公司的未来（Berndt, 1996, p.7）。”战略本身的定义没有出现。尽管如此，至少管理理论已经尝试以范式来定义战略。例如，弗瑞尔、托马斯和古塞夫卡亚对《战略管理》杂志26年（1980—2005年）内的文章进行了内容分析（Furrer, Thomas, Goussevkaia, 2008）。在《管理学会》《管理学会评论》《行政科学》《战略管理》上发表的2,125篇文章中，弗瑞尔等人共确定了26个与战略定义和战略建模相关的主要关键词。最常见的关键词是绩效（777篇文章提及），它包括风险、财富创造、盈利能力等子类别。其他常见关键词的顺序如下：环境（543篇文章）、能力（518篇文章）、组织（492篇文章）。尽管作者们能够展示管理理论的一个有趣的演变过程，这一演变过程可以追溯到经济学对战略一词的理解，是一种组织理论导向方法的范式转变，但大多数战略感知的演变阶段是基于企业的角度将战略原子化。“因此，未来的研究应与公司和竞争战略的整合及其对公司业绩和竞争态势的影响有关（Furrer et al., 2008, p.16）。”这些竞争战略被定义为社会复杂的竞争资源，如信任、变革、选择、能力，特别是创造力。

问题是我们如何执行这些不同的战略意图？战略是如何实施的，在什么条件下实施？正如大卫·赛德尔指出的那样，“最近，人们在‘战略作为实践’这一标签中，越来越多地要求人们更加关注组织的战略化受‘宏观社会’结构的影响”（Seidl, 2007, p.197）。对战略研究中忽视大量战略论述的范式理论，赛德尔所作的批判性评论是一个合适的出发点。从赛德尔的假设开始，战略既不能定义为统一的行动程序，也不能定义为研究和科学话语的统一领域，我们转向另一个引人注目的障碍：前面提到的战略层次。正如赛德尔将整个战略领域重新描述为战略话语的生态一样，将战略理解为实践，一方面可能会在实施战略过程中揭示实践的多样性，另一方面，这些实践指的是不同的理性。正如Zerfass所述，关于企业传播整合传播活动的努力：

> 这本身就是一个明智的想法，因为企业传播的这些组成部分……以不同的方式对战略的实施和有效执行做出了贡献。服务提供商和代理机构之间也存在这种分离。然而，伴随着这种必要的专业化，一次又一次地出现了这样一种危险，即这种观点可能会失去传播对整个战略的共同参照。
>
> Zerfass, 2008, pp.87–88

广告公司作为企业传播的相关服务提供商，其整体战略的概念受到前所未有的挑战。企业的营销部门和广告代理机构基于不同的组织文化而运作，但它们都对企业的品牌管理负责。为了将战略的多方面内容纳入实践，我们必须从深入研究传播者开始，重点关注广告系统以及广告策划、制作和最终发布的条件。因此，我们谈论制定战略是因为我们想强调，在广告中，策略已经成为一个被认为是理所当然的全方位相关概念，在整个广告过程中组织多种活动。

广告中的战略制定

竞争性广告

自20世纪初以来，我们面临着专业广告的两个主要概念：广告的“技术”和广告的“创意”（Zurstiege, 2001）。广告的技术概念是在标准措施的基础上，以理性和合理的判断为基础，帮助客观地评价广告在策划、制作和发行过程中所做的努力。鉴于祖斯提格对广告理论的系统理论方法（Zurstiege, 1998, 2005），西格特和布雷切斯认为，研究解读了经济系统和媒体系统应用的不同代码（Siegert & Brecheis, 2010, p.116）。社会学家克朗提出，借鉴研究可以实现广告从业者与广告商之间以及品牌经理与其上级之间的关系，“事实上，研究数据可以作为一种不在场证明，以证明上级对竞选做出的决定是合理的。通过这种方式，品牌经理可以将研究部署作为协商其在客户公司管理结构中（相对无能为力）地位的一种方式，而不是作为实际消费者偏好的任何基准”（Cronin, 2004, p.350）。最佳广告预算是多少（Jones, 1999）？哪种补偿制度可以激励广告从业者最有效地提供最佳服务（Spake，D’Souza，Crutchfield & Morgan, 1999）？哪些最重要的测试方法可帮助评估广告效果？广告代理顾问的使用是否会导致广告客户与广告从业者之间的关系更加密切（Beard, 2002）？这些只是从这个角度研究的一些通用问题。要回答这些问题，就必须做出正确的判断，并提出可以追究责任的充分理由。

广告的创意理念则恰恰相反，它借助于艺术许可，从而在艺术与广告之间建立起一种牢固的纽带。尽管大多数以实践为导向的研究认为，应用创意的欣赏是由20世纪60年代的创意革命所引发的，但广告的创意概念却要古老得多。马钱德指出，自20世纪初以来，艺术已经成为一种广告手段，以实现文化的提升。现代艺术提供了一种“既有精致的审美品质又有最新的节奏的氛围”（Marchand, 1986, p.140）。尽管许多作者抱怨广告创意的研究没有得到足够的关注（Stewart, 1992; Zinkhan, 1993; Reid, Whitehill, King & DeLorme, 1998; West & Ford, 2001; Koslow, Sasser & Riordan, 2003; 2006），至少有许多作者通过从广泛的角度来探讨广告创意。广告创意人的个性特征以及广告公司的创意决策过程或（创意）理念都受到了审查（West, 1993; West & Ford, 2001）。组织对代理人员创造力的影响（Ensor, Cottam & Band, 2001; Pratt, 2006）以及创意广告的变化一直在讨论中，并随着时间的推移进行监测（Reid, Whitehill, King & DeLorme, 1998）。

在这个研究领域的不同贡献者中存在一个强烈的共识，即强调应用的创意力。例如，与艺术不同，在广告中创意的使用并非出自个人的目的，而是为了达到某种其他（商业）目的。然而，正如研究清楚地指出，为了提升创造力，广告公司的创意人员必须感受到他的同事、主管和高层主管对冒险的鼓励。实际上，这意味着对工作的高度自治，需要将广告创意人员从广告主的限制中解放出来（Amabile, Conti, Coon, Lazenby & Herron, 1996; Ensor, Cottam & Band, 2001）。因此，任何在艺术和广告之间建立强联系的人，均强调好的感觉而非好的判断，相互信任而不是理性的主体间性，灵感而非推理，自治而非控制。广告的创意概念以广告主和广告从业者之间建立合作的商业关系为前提。

诚然，关于这些竞争性广告概念的研究发展面临着一些制约，弗洛里奇表示“关于德国广告业中职业结构的代表性研究……不可用”（Frohlich, 2008, p.18）。关于德国广告的杰出传播者研究同样如此，但不限于此。因此，在德语研究的语境中，人们对广告是什么以及在何种条件下策划、制作和发布的问题知之甚少。广告业行动者群体之间的互动，以及他们为了争夺权力、权威和专业身份所做的博弈，对媒介系统的功能性都相当重要。

相互攻击还是团结一致？广告业中权力、权威和专业身份

通过提出两个不同但相关的问题，可以最清楚地观察到主要行动者之间的关系：广告专业的基石是什么，相关参与者之间的合作的最佳实践的关键特征是什么？关于第一个问题的回答，着重强调参与广告策划、制作和发行的不同行为群体之间的潜在或明显的冲突（视情况而定）。考虑到广告实践中这些充满冲突的关系，社会学家汤斯顿进行了第一次彻底调查（Tunstall, 1964）。如果科学界能正确地欣赏汤斯顿的综合分析，那么他就可以被称为这项研究传统的奠基人。直到今天，情况并非如此。如果在广告研究领域中被提及，汤斯顿的开创性研究常常与广告效果相联系，但广告效果难以评估，因为广告仅仅是众多决定广告主商业成功的因素之一（Tunstall, 1964, p.16）。这是广告研究中和广告实践中反复出现的主题。

然而，汤斯顿对广告研究的兴趣，远远超过了广告效果的评价问题（Tunstall, 1964）。相反，他专注于另一个主题：广告业务中的不同参与者是如何在这种不确定性中运作的问题。基本上来说，根据汤斯顿早期的研究，在广告过程的所有阶段，不确定性以及伴随这种不确定性的冲突管理是广告的一个特征，即使不是至关重要的特征。

鉴于汤斯顿的启发性研究，我们将转向不同参与者的含义，并探讨广告业务中的不同理性。

广告代理商服务中的战略制定

在此研究领域内，广告公司的战略实施有三个相关的讨论，如下所示：

- **权力**。广告代理商和他们的客户在相互关系中争夺权力。这其中所出现的问题总是被仔细审视，例如，从代理理论的视角：谁在关系中获得权力，分别获得或制约权力的手段是什么？
- **复杂**。正如Chris Hackley和Arthur J. Kover从组织理论的视角下指出，广告制作是一个复杂的过程，是由属于不同知识“环境”的专家执行（Hackley & Kover, 2007）。

- **整合**。在个人的层面，这个复杂的过程需要跨越这些不同环境界限的人。复杂的过程还需要一个概念上的组织思想。

在过去的几十年里，讨论涵盖了两个主要的组织理念：创造力和效率。目前，我们可以观察到第三种组织理念正在逐渐产生和巩固，而这一理念的缩影是有点模糊的术语策略。

填补空白——策划的缘起

反思广告公司对传播战略的影响，必须简要回顾一下客户策划。“炉边故事”中的广告策划往往呈现出一个历史性的情节，其中包括20世纪60年代英国广告界的两位杰出人物，即波利特和金，毫无疑问，他们的“助产”对机构文化的建立与规划起到至关重要的作用。但这在商业语境中又是另一回事。首先，在20世纪60年代的英国广告公司中，客户策划并没有取得压倒性的胜利；其次，如弗莱切指出的，客户策划是一个“糟糕的名字”（Fletcher, 2008, p.102），因为规划在广告中一直存在；最后，“早期规划者”的野心绝非一成不变。

金在1968年提出“客户策划”一词（Treasure, 2007）。他在J. Walter Thompson（JWT）开始了战略思想的制度化部署，以便将消费者的视角融入创新战略中，正如他所说，JWT的“目标必须是潜在买家的某种心态，而不是某种类型的广告”（Treasure, 2007, p.14）。因此，金于1964年推出了T计划（目标计划），以便将最具创造力的人员定位在潜在买家所需的品牌规划要求。有趣的是，JWT的客户策划部署并不是该机构历史上战略思想的“起源”。据1960年成为JWT研究和市场总监的John Treasure所说，它反映了前几年的组织功能失调。当时有27名高管在该部门工作。1962年11月，高管人数增加到42人。尽管Treasure毫不怀疑JWT高管为“客户策划”的广告策略，但这些高管是在完成其他任务的情况下履行了这一职责。“我当然记得他们都很忙，但至今我也很难理解（鉴于当时JWT的规模）为什么我们需要这么多人（Treasure, 2007, p.13）。”

波利特于1968年创立了一家机构，名为Boase Massimi Pollit（BMP），主要致力于在机构内环境下进行规划的战略方面，即在以创造力为重点的环境中调解营销需求。波利特的方法早在1965年开始成形，当时他成为前雇主Pritchard Wood Partners的研究部门负责人。

> 就在此时，与更专业的广告策划相关数据的质量和数量都有了相当大的提高，例如，公司统计数据、可用的消费者和零售商面板数据等。随着越来越多与更精确的广告策划相关数据的不断涌入，越来越多有资格处理这些数据的人离开广告公司，这构成了一个悖论。
>
> Pollit, 1979/2000b, p.5

比较金和波利特的初始情况，可以发现他们在不断变化的市场中对人事支出的处理方法存在显著差异。正如Treasure所描述的，金发现了人员能力分配效率低下的情况，而波利特则暗示了一种相反的情况：缺乏合格的人员来填补公司层次结构的空缺，这种空缺最初是由客户将市场研究和营销部门整合到他们的工作中而引发的。因此，广告公司自身研究部门的流失是一个问题的两个方面。在人员丰富的代理机构中，研究部门的附加值受到损害。但是，人员减少导致外部研究数据增长，而广告公司内部不在生产相应的研究数据。

尽管BMP和JWT所遵循的路径在仔细评估时可能会有所不同，但它们似乎是广告公司策划历史的一个恰当例子。从这个方面来看，将客户策划视为一种普遍同意的战略思维、策划和发展的开端，似乎具有误导性。我们完全有理由认为，应该根据不断变化的市场来考虑对广告策划的创作进行“重新设计”，由此转变商业模式和逻辑，尤其是广告公司面临商业部门变化时所作出的资源应变。正如Fletcher所说，营销部门转移到客户方的后果，包括严格的成功指标体系，这一体系虽然仅在有限的范围内适合广告制作，但却满足了客户报告标准的需求（Fletcher, 2008）。

> 更重要的是，随着新的客户营销专家扩展领域权力，他们开始为广告制定固定的规则、纪律和评价体系。这常常基于一些简单的研究工具，最著名的是世界最大的广告商宝洁（Procter & Gamble）使用的“召回之日”（Day After Recall）。……如果召回率低于平均水平，这则新广告将停播，要么调整，要么放弃。DAR是“跟踪研究”的基础，这是当今监控活动的标准方法。……但是它只有在商业广告制作并传播后才能实现。
>
> Fletcher, 2008, p.103

因此，衡量逻辑并不再适合广告创作过程的质量要求；相反，它是用来证明营销预算支出和分配的合理性，这与广告制作发生变化后的研究转移紧密相关。

战略策划的协同进化

在这种条件下，20世纪60年代的客户策划师的出现似乎是不可避免的，他首先填补了广告公司由于内部研究部门的缩减而造成的部分空白，列文和福尔博达将这一过程概括为组织和环境的协同进化。作者指出，协同进化是“管理意图、环境和制度效应共同作用的结果”（Lewin & Volberda, 1999, p.526）。列文和福尔博达的协同进化概念的出发点建立在一个非常基本的假设上，即变化主要是由一种相互作用的组织群体衍生而来的现象：这个观察同样在系统理论中用于描述系统与环境的关系（Luhmann, 1999）。“变化可以通过系统其他部分的直接交互和反馈来驱动。换句话说，变化可以是递归的，不一定是管理适应或环境选择的结果，而是管理意图和环境影响的共同结果（Lewin & Volberda, 1999, p.526）。”

因此，至少从研究的视角来看，在广告中制定战略是一个极具挑战性的过程。制定策略作为一个动态过程，是可以重写的，从而在竞争激烈的市场环境中需要确保广告代理商的重要性。在这种竞争环境中，战略顾问的提供者（例如品牌代理、战略顾问、公共关系专业人员）与客户的营销部门也在不断同步。按照这一思路，在广告公司内部推进战略策划的主要因素之一是获取一席之地以站稳脚跟。戴和文斯利对此进行了解释，“随着时间的推移，每个公司在市场空间（相对于竞争对手）中的定位是进化过程的第二阶段。个别公司做出限制性的定位选择，这些选择随着时间的推移而发展，成为我们可以标记的个别市场战略”（Day & Wensley, 2002, p.101）。

这些考虑因素表明，在广告创作中战略（即高于广告创作中战略策划的运作流程）是一个核心利益承诺，也是一个与广告从业者以及广告公司外部利益相关者提供服务的一种组织思想。接下来，我们要阐述广告从业者如何界定战略一词（定义战略），在商业广告中增强战略的中心作用的原因和目的（定位复杂性），以及如何利用战略能够服务于广告公司和广告客户之间的关系（实施战略）。最后，我们讨论了如何利用战略来管理广告公司内部不同专业人员之间的关系，以及广告公司如何根据广告效率的合理性来展示其战略承诺。

广告代理商的战略策划运作

定义战略

为了回顾战略策划如何适应广告公司的工作流程，我们采访了广告公司的首席执行官、董事会成员和高级执行人员（Meitz & Zurstiege, 2012）。在这种情况下，对战略、战略策划或广告从业人员的同义词概念做出有效定义似乎是适当的，只要这些术语适用于广告从业人员即可。“具有讽刺意味的是，在过去几年的4A（美国广告协会）客户策划会议上，与会者和主持者曾多次努力解释如何准确定义客户策划以及如何进行客户策划（Koranda, 2007, p.627）。”这类“沉默”适用于术语战略本身：广告从业者如何界定这个术语？简而言之，答案是：他们根本不去界定！虽然在广告公司内外，战略都被强调是一种有效地满足客户对广告效果期待的利器，但战略的定义是不可用的。管理者试图临时定义是为了自我证明——例如，将专业领域的多样化解释为一个缺陷。很明显，在这些陈述的背景下，术语“战略”至少与术语“创造力”一样模糊，后者仍然是广告实践中最重要的组织理念。尽管如此，我们仍然认为“战略”一词在广告业务中起着“组织构想”的作用。

但是，战略能够在广告业务中获得这种中心地位的原因和目的是什么？大多数决策者在传统的广告时代和新的数字时代之间做出了明确的区分，而大多数接受采访的高管都毫不怀疑，在这种所谓的多渠道选择的新情况下，渠道和媒体的激增已经深刻地改变了广告业。广告高管在如何有效地接触目标群体的问题上表现出了他们的不确定性。在这个情况下，战略策划有望代表棘手的目标群体，这些群体离开了电视沙发，进入了信息高速公路，开始进行数字冒险。谈论战略意味着谈论所有可能的渠道，意味着与所有可能的渠道的管理者进行交谈。例如，当被问及战略策划对他而言意味着什么时，一位执行官指出："我们试图实现篝火的愿景，让人们聚到一起，聚到一起，再聚到一起（Meitz & Zurstiege, 2012, p.47）。"

然而，不管这些"篝火谈话"的实际结果如何，作为第一个论点，人们都可以说"战略和规划"这两个术语作为人们共识的媒介来实施，即"行动虚构"（Schmidt, 1996），这意味着尽管选择众多，但广告流程仍可以围绕着一个中心思想来组织。关于战略的中心作用的第二个论点也影响到整合问题，但在这种情况下，它并不关注广告代理商内部的流程，而是关注广告代理商与其客户之间的关系。"我认为，这是我目前的战略方针，我们会在后台进行更多工作，并尝试为我们所看不到的客户建立联系（Meitz & Zurstiege, 2012, p.47）。"

仔细阅读广告公司决策者的观点，可以明显发现，广告公司承诺提供的战略可以被理解为一种战略本身，它填补了广告公司中企业客户层级中的空白位置，从而在市场中获得权力关系：位于营销部门之上的空白职位，过去是由咨询公司填补的。

实施战略

为了在客户的决策过程中重新获得影响力，机构的基本任务是将专家整合到客户的决策过程。就战略在客户—代理关系中的基本应用而言，战略意味着与执行决策者保持一致，是为了重新获得知名度而进行的调整。在获得客户对所提供的规划服务的关注时，并不存在所谓的战略实施的一般性尝试。战略实施的过程主要由明兹伯格在组织专制概念中描述的因素驱动影响（Mintzberg, 1979; Mintzberg & McHugh, 1985），即"专门针对特定任务的、特殊的、灵活的组织形式"。在这一点上，我们的论点可以这样总结：在客户—代理关系中，并没有所谓的战略议题的规划管理。然而，这种"概念的缺位"主要是由于日常业务问题占主导地位，以及代理人的权力有限所引起的。

考虑到这些限制，广告公司已开发出替代方法，以确保决策者对战略议题的认知。有三条路径可以说明广告代理商在战略实施方面的专有能力：

1. 建立客户层级关系：例如，为了支持代理商与客户建立关系的利益网络，广告公司似乎倾向于将研讨会作为一种手段，从而为客户的执行决策者建立可见的框架，以引起人们对广告公司服务范围的关注，并保持聚会气氛。但是人际关系网也可以被认为是一种长期的面对面的交流，即广告公司成员试图支持客户方的对接人，以提升其在组织层级中的地位，最终推动他们的职业发展。这些过程指的是第二个影响因素，即可持续性，它有助于恢复或扩大广告公司在客户决策过程中的影响力。

2. 关系的可持续性：一个机构试图通过执行稳定的战略任务来说服行政决策者相信该机构的战略潜力。“当然，就与客户的长期计划而言，客户策划也是广告公司的客户忠诚度工具（Meitz & Zurstiege, 2012, p.48）。”虽然缺乏对代理工作的战略影响的明确关注，但最终在创意性的输出中可以看到战略的必要性和成功的证据。
3. 后理性主义：构建一个“战略愿景”，其影响可以通过广告公司的创意输出进行验证。这意味着当广告公司在处理复杂的客户关系的时候，“创意和效率”的概念层次和相互关系具有特殊性质。正如高级广告经理一致表示的那样，效率源于战略策划，但对客户而言是隐藏的。因此，为了提供“战略愿景”，广告代理机构倾向于界定活动的成败，或至少是评估客户对项目创造性产出的满意程度：战略有效性的实现。通过合理化创意工作流程，战略得以实现，“当然，一个代理商总是会受到创意奖的评价。我敢断言，规划在保持卓越创意的重要性上具有重要意义”（Meitz & Zurstiege, 2012, p.50）。

填补鸿沟——边界跨越者的作用

作为效率的推进器，战略策划的相互作用一方面来自卓越的创造力和广告公司的创造潜能，另一方面也连接了客户和外部联盟。从概念上来看，边界跨越者连接不同的兴趣领域。他们臭名昭著地“戴着两顶帽子”，因此对于广告过程来说，他们同样重要，因为他们容易受到角色模糊的影响。在广告系统中，边界跨越者主要在三个行动领域中发挥作用：（a）广告商和广告从业者之间的关系；（b）创意人员和管理人员之间的关系；（c）广告从业人员和媒体营销人员之间的关系。

在第一个行动领域中，客户经理如同一个边界跨越者，时而是广告机构的工作人员，时而又充当了市场经理。客户经理根据其对广告客户业务的熟练程度以及在广告代理商内部的专业权威来完成其中介职能。客户经理最重要的关系是与广告公司中边界跨越者——营销经理的关系。因此，从广告公司的角度来看，在客户经理和营销经理之间建立良好的个人关系对获得并维持与客户的长期、互利的关系而言显得尤为重要。因此，广告公司总是会委任那些教育背景和品位与广告商的营销经理相似的人作为客户经理（Ewing, Pinto, & Soutar, 2001; Crutchfield, Spake, D’Souza, & Morgan, 2003）。因此，我们可以认为客户经理和营销经理履行各自的职能，因为各自角色的责任总是被强调。

在第二个行动领域中，客户策划人员和其他的“联络人员”，也有一种非正式的称呼——“送信人”。他们作为边界跨越者，协调高级客户管理专家、创意部门和特殊服务专家之间的分歧（Kover & Goldberg, 1995; Steel, 1998; Hackley, 2000; 2003a; 2003b; Morrison & Haley, 2003）。客户策划人员有助于弥合广告公司内部两种不同环境之间的差距：文科环境和科学管理环境（Hackley & Kover, 2007, p.65）。

简而言之，根据定义，边界跨越者连接不同兴趣领域，后者由符合不同标准和规范的成员组成。边界跨越功能背后的研究主题是涉及广告策划、制作和分发不同行动者群体之间的冲突。因此，战略策划部门中的专业人员的内部功能远远超出了传统的“广告调整”，这是一个促进客户管理的职业，主要由经济比率和创意部门的“艺术家”驱动（Pollit, 2000a）。从这个角度来看，边界跨越是指将战略策划作为代理机构内部的“翻译服务”来实施，以协商不同知识环境之间的合作条款。

不平等条件和战略仪式

正如我们所展示的，广告代理机构内部为了重新获得客户的认可而进行的尝试和努力，是由技术与知识的整合和社会适应过程的整合所驱动的。然而，这些努力是否与客户的组织模式相呼应，仍然存在疑问。并且，客户是否有能力将代理机构的战略报价纳入他们的组织结构中，是否能够从结构的角度反映出广告公司的独特性，以及是否认为对广告从业者在决策过程中的价值评估是必要的，这些都值得怀疑。

但是，聚焦于广告战略策划的组织内部层面，战略本身就具有实用价值，是一种连接不同知识环境利益的仪式功能。“我们从艺术、宗教和仪式的深层次功能中得到了提示，他们可能会提供一系列情感层面甚至组织层面的制衡机制，来应对贸易的主观和客观风险（Hughes, 1958/1981, p.97）。”

验证战略绩效

无论战略在平衡这些环境方面的仪式性价值如何，它仍然可以作为合理的基准，以证明广告预算分配和支出的合理性。广告决不能毫无原因地进行，因此，有效地支出核算自然会为广告中的战略概念保驾护航。正如我们已经指出来的，广告活动创意成果的合法化始终伴随着后理性化决策战略的实现，该决策战略是用研究手段来表达的，以验证广告活动的有效性。

由于广告奖项成为广告活动成功与否的重要指标，因此在提交专业奖项或获奖作品的背景下，研究评价手段似乎是非常合乎逻辑的（Raupp, 2008）。关于研究数据的主要含义，我们回顾一下波利特所说的：

> 在使用所有这些测量方法时出现的主要问题是，尽管它们基本上来自常识，但它们产生的结果却很难与特定广告和活动的任何合理的判断预期相一致。他们没有提供常识性的答案。
>
> Pollit, 2000a, p.30

当然，波利特的评论适用于20世纪60年代早期，当时市场研究部门仍然是广告公司不可或缺的一部分。然而，在市场研究的专业化进程中，将市场研究部门外包并没有消除研究数据工作和创意工作之间的障碍；广告行业本身尝试建立自身的内部研究文化（在广告公司中被显著地标记为战略或者客户策划），但也没有使其独立于市场研究措施。然而，市场研究的专业化和内部研究文化的建立，确实培养了不同的思想环境与共同理性的功能之间的区别。

然而，当战略策划遵循合理化后的任务时，这种区分将处于危险之中，该任务明确旨在满足问责制的要求。要考虑内部研究文化是否在这方面扮演了关键角色，我们似乎需要更仔细地研究在广告行业中以效率为主导的奖项：艾菲奖（Effie awards）。艾菲将其奖励计划授权给国家协会。如果研究的实施是机构获奖的关键性因素，那么对入围候选机构的案例研究就提供了启发性的信息。根据1995—2011年德国艾菲奖的案例研究（$N = 666$），广告公司战略策划部门的离散研究成果几乎是微不足道的。关于战略策划本身的贡献，后理性化依赖于对这些案例研究的“常规猜想”，即对市场研究的主要参与者的案例进行编辑和图形化显示（表24.1）。

表24.1 德国艾菲奖入围案例研究中排名前五的外部市场研究公司名称（1995—2011年）

公司名称	2009	2011
AC尼尔森研究（AC Nielsen Reseach）	161	189
消费者研究协会（Gesellschaft für Konsumforschung）	140	165
符号增值公司（Icon Added Value）	52	63
特恩斯国际市场研究公司（TNS Research International）	49	61
华通明略（Milward Brown）	29	34
前五家研究公司的提名总量	431	512
N	728	889

注：内容分析结果来自提交和入围的艾菲奖案例；表24.1显示了外部研究机构的名称，其研究结果用图表方式呈现在效果奖项案例研究中，以证明广告的成功（多个答案）。

这些结果表明，各机构建立以研究为基础的战略策划的努力是否成功有些令人怀疑，尤其是在大多数情况下，这些研究数据的专员可以被确定为机构的客户。在这方面，公司只是简单地将客户的成功标准与必要的标准保持一致，尽管收入、营业额，甚至品牌受欢迎程度等衡量指标并不适合用来验证战略策划的完成度。

最后一点，市场研究的重新引入和制度化与公共舆论研究的历史发展具有相似之处。正如劳普所说，最近的舆论研究市场显示，市场日益国际化和中心化（Raupp, 2007）。劳普追溯了Emnid（埃姆尼德）的历史，它是德国一家历史悠久的企业，致力于德国大众媒体传播舆论研究。“从1990年到1997年，Emnid隶属于法国Sofres（索弗瑞斯）集团。自法国的Sofres集团与英国的市场研究公司Taylor Nelson AGB合并以来，Emind

就属于TNS（特恩斯）集团（Raupp, 2007, p.132）。”

公共舆论研究和广告市场研究之间历史的相似性并不令人惊讶，如果我们继续追寻劳普的研究轨迹，便会明显发现：2008年，TNS集团被Kantar（康塔）收购，该公司是Added Value的所有者（旗下包括Added Value, Icon Brand Navigation和Diagnostic Research），收购后TNS更名为TNS Global Research（特恩斯全球研究）。反过来，Kantar是WPP的咨询部门，该企业网络显示为“世界最大的传播服务集团”（WPP, 2011），汇集了诸多知名广告公司，包括Bates、Grey、JWalter T、Ogilvy & Mather、Scholz & Friends、Young & Rubicam等。值得一提的是，基于市场研究和广告业的权力平衡，商业部门的逐步集中，尤其是在广告效率评估过程中，谁是监督机构成为一个微妙的问题。

通过这些国际化和市场整合的过程，我们最终所面对的问题显然是研究文化的融合。这并不是说我们坚持主张市场研究和消费者行为研究的某些方法正在消失，而是在代表客户提供市场调研数据时，广告公司的日常经验就预先形成了对研究及其相关性的特定认知。这种特定的认知主要是由广告公司按照客户对广告效率理念的期望和预期所驱动的。除了波利特反对这些数据集的“计算能力”外（Pollit, 2000, p.31），如果考虑到广告传播的效果，研究文化的融合就会影响广告公司。广告策略的制定是一个保持创意和效率之间差距的过程——概念的证明和验证创意所产生的效果常常是通过后理性化完成的。

参考文献

[1] Amabile, T. M., Conti, R., Coon, H., Lazenby, J., & Herron, M. (1996). Assessing the work environment for creativity. *The Academy of Management Journal*, 39(5), 1154–1184.

[2] Beard, F. K. (2002). Exploring the use of advertising agency review consultants. *Journal of Advertising Research*, 42(1), 39–50.

[3] Berndt, R. (1996). *Marketing 1. Käuferverhalten, Marktforschung und Marketing-Prognosen*. [Marketing 1. Consumer behavior, market research and marketing prognoses] Berlin, Germany: Springer.

[4] Cronin, A. M. (2004). Currencies of commercial exchange. Advertising agencies and the promotional imperative. *Journal of Consumer Culture*, 4(3), 339–360.

[5] Crutchfield, T. N., Spake, D. F., D'Souza, G. & Morgan, R. M. (2003). “Birds of a feather flock together”: Strategic implications for advertising agencies. *Journal of Advertising Research*, 43(4), 361–369.

[6] Day, G. S., & Wensley, R. (2002). Market strategies and theories of the firm. In B. Weitz & R. Wensley (Eds.), *Handbook of Marketing*. London, England: Sage.

[7] Ensor, J., Cottam, A., & Band, C. (2001). Fostering knowledge management through the creative work environment: A portable model from the advertising industry. *Journal of Information Science*, 27(3), 147–155.

[8] Ewing, M. T., Pinto, T. M., & Soutar, G. N. (2001). Agency-client chemistry: Demographic and psychographic influences. *International Journal of Advertising*, 20(2), 169–187.

[9] Fletcher, W. (2008). *Powers of Persuasion. The Inside Story of British Advertising: 1951–2000.* Oxford, England: Oxford University Press.

[10] Fröhlich, R. (2008). Werbung in Deutschland—Auf dem Weg zu einem Frauenberuf? [Advertising in Germany—On the way to a female profession?] In C. Holtz-Bacha (Ed.), *Stereotype? Frauen und Männer in der Werbung* [Stereotypes? Women and men in the advertising business] (pp. 14–39). Wiesbaden, Germany: Verlag für Sozialwissenschaften.

[11] Furrer, O., Thomas, H., & Goussevskaia, A. (2008). The structure and evolution of the strategic management field: A content analysis of 26 years of strategic management research. *International Journal of Management Reviews*, 10(1), 1–23.

[12] Hackley, C. (2000). Silent running: Tacit, discursive and psychological aspects of management in a top UK advertising agency. *British Journal of Management*, 11(3), 239–254.

[13] Hackley, C. (2003a). Account planning: Current agency perspectives on an advertising enigma. *Journal of Advertising Research*, 43(2), 235–245.

[14] Hackley, C. (2003b). How divergent beliefs cause account team conflict. *International Journal of Advertising*, 22(3), 313–332.

[15] Hackley, C., & Kover, A. J. (2007). The trouble with creatives: Negotiating creative identity in advertising agencies. *International Journal of Advertising*, 26(1), 63–78.

[16] Hallahan, K., Holtzhausen, D, van Ruler, B., Verčič, D., & Sriramesh, K. (2007). Defining strategic communication. *International Journal of Strategic Communication*, 1(1): 3–35.

[17] Hughes, E. C. (1981). *Men and their work* Westport, CT: Greenwood Press. (Original work published 1958).

[18] Jones, J. P. (1999). Budgeting for advertising and the advertising-intensiveness curve. In J. P. Jones (Ed.), *The advertising business: operations, creativity, media planning, integrated communications* (pp. 77–88). London, England: Sage.

[19] Koranda, D. (2007). Advertising account planning: A practical guide [book review]. *Journalism & Mass Communication Quarterly*, 84(3), 627–628.

[20] Koslow, S., Sasser, S., & Riordan, E. A. (2003). What is creative to whom and why? Perceptions in advertising agencies. *Journal of Advertising Research*, 43(1), 96–110.

[21] Koslow, S., Sasser, S., & Riordan, E. A. (2006). Do marketers get the advertising they deserve? Agency views of how clients influence creativity. *Journal of Advertising*, 35(3), 81–101.

[22] Kover, A. J., & Goldberg, S. M. (1995). The games copywriters play: Conflict, quasi-control, a new proposal. *Journal of Advertising Research*, 35(4), 52–68.

[23] Lewin, A. Y., & Volberda, H. W. (1999). Prolegomena on coevolution: A framework for research on strategy and new organizational forms. *Organization Science*, 10(5), 519–534.

[24] Luhmann, Niklas. (1999). *Die Wirtschaft der Gesellschaft* [The economy of society] (3rd ed.). Frankfurt am Main, Germany: Suhrkamp.

[25] Marchand, R. (1986). *Advertising the American dream. Making way for modernity, 1920–1940.* Berkeley, CA: University of California Press.

[26] Meitz, T. G. K., & Zurstiege, G. (2012). Die Werbeforschung der Werbepraxis [Advertising research of advertising practitioners]. In H. Haas & K. Lobinger (Eds.), *Qualitäten der Werbung—Qualitäten der* Werbeforschung [Quality of advertising—quality of advertising research] (pp. 45–57). Köln, Germany: Herbert von Halem.

[27] Mintzberg, H. (1979). *The structuring of organisations*. New York: Prentice Hall Inc.

[28] Mintzberg, H., & McHugh, A. (1985). Strategy formation in an adhocracy. *Administrative Science Quarterly*, 30(2), 160–198.

[29] Morrison, M. A., & Haley, E. (2003). Account planners' views on how their work is and should be evaluated. *Journal of Advertising*, 32(2), 7–16.

[30] Pollit, S. (2000a). Has anything gone wrong with advertising research? In P. Feldwick (Ed.), *Pollit on planning* (pp. 27–38). Henley-on-Thames, England: Admap.

[31] Pollit, Stanley. (2000b). How I started account planning in agencies. In P. Feldwick (Ed.), *Pollit on planning* (pp. 1–9). Henley-on-Thames, England: Admap. (Original article published in 1979).

[32] Pratt, A. C. (2006). Advertising and creativity, a governance approach: A case study of creative agencies in London. *Environment and Planning*, 38(10), 1883–1899.

[33] Raupp, J. (2007). *Politische Meinungsforschung. Die Verwendung von Umfragen in der politischen Kommunikation* [Political public opinion research. The use of surveys in political communication]. Konstanz, Germany: UVK.

[34] Raupp, J. (2008). Evaluating strategic communication: Theoretical and methodological requirements. In A. Zerfass, B. Ruler & K. Sriramesh (Eds.), *Public Relations Research* (pp. 179–192): VS Verlag für Sozialwissenschaften.

[35] Reid, L. N., Whitehill King, K., & DeLorme, D. E. (1998). Top-level agency creatives look at advertising creativity then and now. *Journal of Advertising*, 27(2), 1–16.

[36] Schmidt, S. J. (1996). *Kognitive Autonomie und soziale Orientierung. Konstruktivistische Bemerkungen zum Zusammenhang von Kognition, Kommunikation, Medien und Kultur* [Cognitive autonomy and social orientation. Constructivistic remarks on the interrelation of cognition, communication, media and culture] (2nd ed.). Frankfurt am Main, Germany: Suhrkamp.

[37] Seidl, D. (2007). General strategy concepts and the ecology of strategy discourses: A systemic-discursive perspective. *Organization Studies*, 28(2), 197–218.

[38] Siegert, G., & Brecheis, D. (2010). *Werbung in der Medien- und Informationsgesellschaft. Eine kommunikationswissenschaftliche* Einführung [Advertising in media- and information societies. A communication research introduction] (2nd ed.). Wiesbaden, Germany: Springer VS.

[39] Spake, D. F., D'Souza, G., Crutchfield, T. N. & Morgan, R. M. (1999). Advertising agency compensation: An agency theory explanation. *Journal of Advertising*, 28(3), 53–72.

[40] Steel, J. (1998). *Truth, lies, and advertising. The art of account planning*. New York: Wiley & Sons.

[41] Stewart, D. W. (1992): Speculations on the future of advertising research. *Journal of Advertising*, 21(3), 1–18.

[42] Treasure, John. (2007). The origins of account planning. In J. Lannon & M. Baskin (Eds.), *A masterclass in brand planning. The timeless works of Stephen King* (pp. 13–18). Chichester, England: Wiley & Sons.

[43] Tunstall, J. (1964). *The advertising man in London advertising agencies*. London, England: Chapman & Hall.

[44] Weick, K. E. (1979). *The social psychology of organizing*. New York: McGraw-Hill.

[45] West, D. (1993). Cross-national creative personalities, processes, and agency philosophies. *Journal of Advertising Research*, 33(5), 53–62.

[46] West, D., & Ford, J. (2001). Advertising agency philosophies and employee risk taking. *Journal of Advertising*, 30(1), 77–91.

[47] WPP (2011). Who we are. Retrieved 04.11.2011, from http://www.wpp.com/wpp/about/whoweare/

[48] Zerfass, A. (2008). Corporate communication revisited: integrating business strategy and strategic communication. In A. Zerfaß, B. van Ruler & K. Sriramesh (Eds.), *Public relations research: European and international perspectives and innovations* (pp. 65–96). Wiesbaden, Germany: Springer VS..

[49] Zinkhan, G. M. (1993). Creativity in advertising: Creativity in the *Journal of Advertising. Journal of Advertising*, 22(2), 1–3.

[50] Zurstiege, G. (1998). *Mannsbilder—Männlichkeit in der Werbung. Eine Untersuchung zur Darstellung von Männern in der Anzeigenwerbung der 50er, 70er und 90er Jahre*. [Male representations in advertising. A study on the representation of males in print advertising of the 1950s, 1970s and 1990s]. Opladen, Germany: Westdeutscher Verlag.

[51] Zurstiege, G. (2001). Good girls go to heaven, bad girls go everywhere—advertising under suspicion. *Poetics*, 29, 273–282.

[52] Zurstiege, G. (2005). *Zwischen Kritik und Faszination. Was wir beobachten, wenn wir die Werbung beobachten, wie sie die Gesellschaft beobachtet* [Between critique and fascination. What we observe when we observe advertising, observing society]. Köln, Germany: Herbert von Halem.

第二十五章
政治传播的战略情境

斯派罗·科奥西斯和杰斯帕·斯多博克

尽管政治传播从其诞生之日起就是传播学派中较为有生机活力的一个学派，但是政治传播学的主要研究重点还是探索政策制定者、新闻媒体和大众舆论之间的相互关系，政治传播的研究比较注重信息的单向流动和新闻对公众的认知、态度以及选举选择行为的影响程度（Knott Martinelli, 2011）。例如，拉扎斯菲尔德和其他学者的经典研究考察了1940年和1944年美国总统大选举行期间新闻媒体对公众舆论和投票行为的影响，发现了两级和多级传播模式（Katz & Lazarsfeld, 1955; Katz, 1957）。近期的研究也延续了这种关注新闻媒体和大众舆论关系的大趋势，例如议程设置、启动效应、沉默的螺旋和框架理论（Iyengar & Kinder, 1987; McCombs, 2004; Scheufele, 1999）。

同样的，大部分战略传播的研究模式都是致力于研究商业环境下企业传播、广告、公共关系以及市场信息所带来的影响。尽管这种研究非常重要，但还是低估了战略传播在政治情境中的理论意义和实证意义（Manheim, 1991; 2011）。因此，本章的研究重点就是战略传播在政治环境中的地位。此研究的结果不一定是非常全面的，但可以给战略传播研究领域提供更广泛的视角。为了实现这一点，本章将比较几种政治营销和政治公共关系领域的政治战略传播的元视角（超视角），探索政治战略传播的趋势，提供一个对我们理解政治战略传播有帮助的概念模型和理论视角，试着提出政治战略传播今后的研究方向。

概念定位

想要弄清楚政治语境中的战略传播，我们通常都会从其不同版本的定义中找到其核心特征。根据哈拉汗、霍尔兹豪森、儒勒、落西科和思睿拉马斯的说法，将战略传播定义为“某组织为了达到自己的目的而采取的传播行为”（Hallahan, Holtzhausen, Ruler,

Verčič, Sriramesh, 2007, p.3）。从企业传播的角度来看，阿根提、霍威尔和贝克将战略传播定义为辅助公司整体战略的传播行为，帮助提升公司的战略定位（Argenti, Howell, Beck, 2005, p.83）。此外，在军事领域，战略传播又被定义为“为达到预期效果而对行动、图像、文字进行编排或同步”（U.S. Department of Defense, 2008, p.4）。由此可见，区分战略传播和其他传播最重要的特征就是战略传播的目的性和目标驱动性。在政治领域，战略传播主要被用于竞选和管理两种主要的目的。而从现今的竞选来看，竞选团队和管理团队往往会被分离开来，我们不难发现，竞选和管理这两个目的又是相互独立的。同时，这一概念的兴起又模糊了竞选和管理之间的界限（Blumenthal, 1980）。不论出于哪种目的考虑，战略政治传播都可以用来实现决策的目标。战略政治传播还可以被用于增强内部凝聚力，控制新闻覆盖率。

另外，战略传播的定义会更加注重强调“战略性”。先前的研究指出战略导向作用明显的四个政治领域：选举、内部、议会以及媒体（Sjöblom, 1968a; Nord, 1997; Strömbäck, 2007）。根据Botan的说法，“战略”一词包含了宏观战略和战略两层互相重合的含义（Botan, 2006）。宏观战略是指“一个组织在其环境中的组织目标、权利联盟、道德体系、协调公众以及政治生态环境中与其他势力之间的相互关系在政治决策层面做出的一些规定”。而战略是指“在操纵和规划各种资源和各派观点以执行组织的大战略时，在活动开展层面做出的一些规定”。“策略”是指战略实施的一系列具体活动和产出，也就是公共关系的实施和技术层面（Botan, 2006, pp.225-226）。为了有效地进行战略传播，他们的从业者必须参与制定宏观战略和战略的决策，而不局限于执行策略的技术人员的角色（Botan, 2006; Grunig & Repper, 1992; Hallahan et al., 2007; Pfau & Wan, 2006）。例如，在政治传播中，宏观战略的一个例子是用于有效赢得选举或治理的一系列方法。战略的一个例子可能是完成筹集资金以支持一个特定的政治家，而策略可能包括具体的社会媒体消息。

为了说明什么元视角能提供对政治战略传播最好的理解，作者认为政治营销和政治公共关系也许是最合适的（Strömbäck, Mitrook & Kiousis, 2010）。从广义上来说，政治营销被定义为：

> 个人和组织在各种政治运动中运用市场营销原则和程序。所涉及的程序包括候选人、政党、政府、游说者和利益集团对战略活动的分析、开发、执行和管理，其目的是推动公众舆论、推进自己的意识形态、赢得选举，并通过立法和公民投票以回应社会中选定的群体的需求和愿望。
>
> Newman, 1999, p.xiii

相比之下，斯特伦贝克和吉西斯将政治公共关系定义为：

> 出于政治目的组织或个人行为者，通过有目的的传播和行动，试图影响并构建、建设和维持其公众有益的关系和声誉，以帮助支持其使命并实现其目标的管理过程。
>
> Strömbäck & Kiousis, 2011a, p.14

这种对政治公共关系全面定义的好处是它不会简单地把政治公共关系看成是新闻管理或媒体关系，从而将其归属于技术功能（Froehlich & Rüdiger, 2006）。

战略政治传播、政治公共关系和政治营销三个概念之间是密切相关的。这三个概念指出了有目的的传播和管理的重要性，并强调他们的主要焦点是为了推动组织的任务和目标。他们也关注政治场合中不同群体之间的相互关系。然而，他们之间还是有非常显著的区别，尤其是政治营销和政治公共关系。

我们认为，政治营销和政治公共关系为概念化战略传播在政治语境中提供了具有竞争力的元视角（超视角）。政治营销试图借鉴消费者行为的相关资料，借用商业领域将产品卖给消费者的方式来思考政治传播（Cwalina, Falkowski & Newman, 2010; Scammell, 1999; Kotler, 1974）。因此，候选者就像产品，选民就像消费者。信息的流动被视为一种从上至下、单向的信息流动。政治营销最主要的优势就是在政治事件发酵的过程中关注声誉的构建以及候选者有控制的传播行为，同时不断关注市场的环境（Lees-Marshment, 2012）。

政治公共关系和政治营销很重要的一个区别就是，政治营销需要照顾到更多的权利相关者，比如说来自其他党派的成员、利益群体和政客。而政治公共关系明显更多的将注意力放在选民身上（Strömbäck & Kiousis, 2011a）。尽管如此，休和丹提出了一份至少17个利益相关群体的指导性列表，这些群体是战略政治传播、政治营销和政治公共关系中最核心、最重要的（Hughes & Dann, 2009），它们分别是后备政治供给方、竞选委员会、议会、政府办公室、企业游说群体、问题竞争者、媒体组织、政党财团、政党成员和支持者、政治候选人、政治对手、个体游说人士、社会压力游说组织、全体公民和社会、小派别群体、实际投票人、潜在投票人。因为建立在组织基础上，所以这个列表不是绝对的，它只是向我们描述了在战略政治传播中一些相关的组织和群体。

政治公共关系区别于政治营销的其他方面。比如说，政治公共关系强调与利益相关者短期和长期的契约，它强调了政治组织与利益相关者之间的信息流是多向的，包括组织的传播和行动（Kaid & Holtz-Bacha, 2008; Strömbäck & Kiousis, 2011b）。而对于在政治营销中比较关注的竞选语境，政治公共关系反倒关注较少。由此可见，政治公共关系比政治营销能为我们在战略传播的研究中提供更为全面的观点。政治公共关系为我们提供了更广泛的政治参与意见，政治公共关系也同时参考声誉管理框架（短期）和关系培养框架（长期），这两个框架对于我们研究战略政治传播具有重要的理论意义、实证意义和实践意义。虽然对于理解战略政治传播我们更倾向于使用政治公共关系框架，但政治公共关系也不是没有自己的局限性。对于在某些特定的情况下，政治营销理论可能更为适合，比如政治广告和特定的某些政治运动。

政治公共关系战略

我们再回到Botan对于宏观战略、战略和策略的解释中，我们会发现采用政治公共关系的框架能够在政治战略传播中发现更多元素（Botan, 2006）。史密斯解释了各种一般公共关系战略，把这些战略分为两类：前期战略和反应战略（Smith, 2009）。这些战略很容易被用于政治公共关系和战略传播领域。前期战略包括了组织行为、受众参与、特殊事件、同盟、赞助、行动、有价值信息和透明传播。反应战略包括了预先驳斥、攻击、阻碍、威胁、否认、借口、辩解、让步、逢迎、分裂、贴标签、关注、同情、抱歉、道歉、调查、补救行动、补偿、忏悔和沉默。值得注意的是，这些战略都包括了传播和行动，这跟本章倡导的以政治公共关系框架来探讨战略政治传播的观点是一致的。

享德里克斯提供了战略的另外一个视角，他更强调政府关系和政治（Hendrix, 2007）。在这之中，最有效的是事实调查、同盟建构、直接游说、草根运动、政治行动委员会、政治教育活动、政治事件传播和政治支持活动。Baker为处理政府媒体关系提出了一套战略（Baker, 1997）。他认为，大部分的政治传播者会使用积极的、前期的或者二者皆有的战略，又或者是即兴的战略。当然，最后一种战略是最不希望被使用的，但我们必须认识到，战略政治传播的实践不一定会像人们所预期的标准模式一样。弗洛利希和吕迪格又强调框架可以被看成政治公共关系中的一种启动战略，因为它带来了更多的话题，以及这些话题在公共政策制定的领域中是如何被描述的（Froehlich & Rüdiger, 2006）。

理论视角

为了更好地采用政治公共关系框架去研究战略政治传播，在以往的研究中普遍关注声誉与关系的建立和维系。如果我们把哈登、古德曼、亚历山大和吉奈斯特的观点引入到政治的语境中，我们会发现政治公共关系和战略传播对于处理与利益相关者关系的各个阶段都是至关重要的（Hutton, Goodman, Alexander, Genest, 2001）。战略传播会牵涉到早期政党发展同盟关系，也会涉及公共组织的终身志愿者。跟政治组织密切相关的公众多样性在战略政治传播中也同样重要。因此，那些把政治公共关系和战略传播局限于媒体关系、新闻管理、选民关系或只关注组织和关键公众之间互动的观点都应该被摈弃。声誉管理和关系管理的概念界定对于我们提高政治组织参与度、实现利益相关群体的短期和长期目标都是非常重要的。

根据这样的观点，政治公共关系不应该局限于跟外围公众的简单信息传播和交流，也不应该只简单的关注与利益相关群体的参与度，比如说主要赞助方和活动方。因此，当我们试图去对政治公共关系和战略传播下定义的时候，我们可以使用如图25.1所示的利益相关者参与度的连续体来表述，此连续体的两端分别指示声誉质量（低参与度）和关系质量（高参与度）。

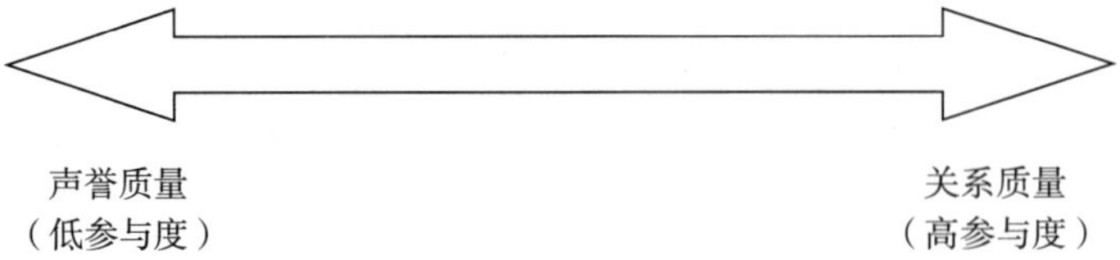

图25.1　利益相关者在政治公共关系和战略传播中的参与度

Kiousis, S., & Strömbäck, J.（2011）

关系培养理论

关系培养理论应用于利益相关者参与度的连续体中，应该处于右边的位置（图25.1）。从这个视角出发，战略政治传播应该致力于发展和维持政治组织和主要利益相关者之间的关系质量。我们可以将其概念化为关系维护战略，这一战略是我们衡量关系质量和结果的指标（Broom, Casey & Ritchey, 1997）。换句话来说，这一概念可以更好地说明关系形成之前、之中、之后的情况。Seltzer和Zhang在一项对2008年美国总统选举的研究中探讨了媒介传播、社会活动、人际传播、在线传播中的关系维持战略对政治党派的关系质量影响，具体从以下几个维度进行思考：信任度、满意度、承诺、相互制约和支持行为（Seltzer & Zhang, 2008）。他们的研究证明媒介传播是关系质量的重要指标。此外，通常谈到的双向对称战略也与关系质量联系了起来。他们还发现跟所在政党保持良好关系的选民更加倾向于投票给所在政党的候选人。综合来看，这些发现为我们先前提出的连续体提供了有力的实证依据。

从一般公共关系的角度来看，洪和格鲁尼格发现了关系质量的指标：相互制约、信任、满意以及承诺（Hon & Grunig, 1999）。莱丁汉姆又提出了政治公共关系中影响关系质量的最关键因素：信任、公开、满意、准入、相互制约和反映（Ledingham, 2011）。值得注意的是，这种方法不仅仅将政治公共关系定义为包括行为和行为的传播，战略传播领域的研究结果还会涉及政治候选人、政党、立法会和支持行为，这些支持行为又具体包括投票选择、投票意图、志愿、赞助、参会、加入组织、抗议和参与活动（Strömbäck & Kiousis, 2011b）。

结合我们之前提到的参与度连续体,关系培养理论的应用能让我们更好地理解高参与度群体，例如：主要赞助商、志愿者、游说者和党派忠实支持者。莱丁汉姆指出，当我们使用关系性方法的时候，人际传播、象征行为和实际行为等理论的使用是我们在政治领域取得成功的关键（Ledingham, 2011）。然而，在政治领域的研究中，如果采取这样的视角，也许会出现跟所有实体进行全面关系互动的可能是不可行的。同时，当战略传播被用于管理民众的时候，所有公民都会被视为利益相关者。对于数量更为庞大、低参与度的公众来说，声誉培养和管理的视角也许会更加合适，下面将进一步介绍这种视角。

声誉管理

第二个有助于我们理解战略政治传播的视角是声誉管理。根据沃特克的观点，企业的声誉是指单个利益相关者对于该企业在多大程度上满足多数利益相关者的需求和期望的一种认知的集合（Wartick, 1992, p.34）。此外，高特斯和威尔森将几种声誉管理的定义进行梳理，认为声誉管理是指：

> 单个利益相关者对于企业长期的、全面的一个评价。这评价是基于利益相关者跟企业的直接经验，基于提供企业行为信息和与竞争对手行为的比较。
>
> Gotsi & Wilson, 2001, p.25

从多维的角度来看，卡罗提出企业声誉包括“企业的公众声望、公众评价以及一系列该企业被公众所熟知的品质或属性”（Carroll, 2011, p.3）。丰布伦和加德伯格提出了定义声誉的几个维度：视域和领导力、产品和服务、情感要求、工作环境、社会责任和经济状况（Fombrun & Gardberg, 2000）。

当然，要想将声誉管理理论应用到战略政治传播中，就需要我们跳出传统商业的语境，将声誉的概念应用到政治党派、领导人和国家等。研究这种应用的学术队伍也日渐壮大（Donsbach & Brade, 2011; Scammell, 1999）。例如，杨、辛、李和瑞格利在2006年对部分美国公民的调查中发现，受访者对于韩国的正面声誉与个人交流、国家电视台、有线电视、国家报纸还有图书馆获取国家信息的偏好之间存在正相关（Yang, Shin, Lee, Wrigley, 2008）。良好的声誉往往与对国家的支持行为意向有关。国家声誉则被定义为情感要求、物质要求、经济要求、领导能力要求、文化要求、全球要求和政治要求。王指出，一个国家的声誉与良好的经济状况紧密联系，不过这一论断尚未得到实证（Wang, 2006）。

通过对政治候选人形象的研究也可以让我们了解声誉在战略政治传播中的重要性，这类研究常常会与议程设置和框架理论联系起来（后面会详述）。这些研究都试图找出政治人物在竞选传播、新闻媒体信息和大众舆论中的形象塑造是如何紧密相关的。研究发现，在影响候选人形象的研究中最重要的特质是诚信度（候选人是否可信）、道德观（候选人的行为是否很好地反映了他的道德标准）、智慧（有没有反映他的知识和技能）、领导力（对大众是否具有吸引力和鼓舞力）、意识形态（他的政策是什么），背景信息（他的家乡和家庭背景）（Kiousis, Mitrook, Wu & Seltzer., 2006; Weaver, Graber, McCombs & Eyal, 1981）。麦库姆斯、埃斯科巴和拉姆斯在对1996年西班牙大选的调查中发现，候选人在政治广告、新闻内容中强调所塑造的形象与选民心目中候选人的形象是紧密相连的（McCombs, Lopez-Escobar, Llamas, 2000）。

虽然将企业声誉理论应用于政治传播和政策领域并不是很普遍，但是学者们早已注意到在政治传播和政策领域，战略传播对于提升声誉是很有影响力的（Canel & Sanders, 2012）。根据之前的论述，声誉这一概念在文献中都会与身份和形象区分开来。由于我们强调采取政治公共关系的视角，所以组织行为对于声誉的影响是显而易见的。根据我们提出的连续体，我们可以发现用声誉管理的视角去理解战略政治传播的时候，低参与度的利益相关者最为相关。这一点在强调有效危机管理对保护组织声誉的危机传播文献中得到了印证（Coombs, 2007）。这些利益相关者可能包括：选民、游客和国家的临时居民。

议程设置

与战略传播相关的政治公共关系的第三个主要理论方法是议程设置。而传统的议程设置理论的研究焦点是从媒体到公众意见的转移，议程设置的扩展观点考虑了不同政治利益相关者在焦点形成、交换和转换的过程中的相互影响（Berger, Hertog & Park, 2002; Kiousis, Laskin & Kim, 2011; Kiousis et al., 2006; Kiousis, Bantimaroudis & Ban, 1999; McCombs, 2004）。在这过程中参与的主要政治实体包括候选人、政党、政府机构、新闻媒体、选民、赞助方、志愿者、活动方等。

最初我们利用事件的焦点将其概念化，这也包括政治对象及其属性焦点。事件只是一类政治对象，包括利益相关者、政治候选人、国家等。属性焦点通过表明媒体和公众舆论以外的群体在影响政治话语中如何讨论和描绘主题方面发挥主要作用，从而将议程设置构建和框架联系在一起。政治公共关系试图强调某些属性，而忽略其他属性，因此可能导致对于事件和政策相关的不同解释、意见和行为。

在一些调查中笔者收集了对议程设置理论的经验支持（Cobb, Ross & Ross, 1976; Kim, Xiang & Kiousis, 2011; Kiousis & Strömbäck, 2010; Kiousis & Wu, 2008; Ragas, Kim & Kiousis, 2011）。在议程设置中激活新闻焦点的主要战略是利用信息补贴。根据甘迪的观点，信息补贴可以定义为降低他人对某些信息所支付的价格而采取的努力（Gandy, 1982, p.8）。列伯和格兰简要地将这些类型的补贴定义为信息市场内的货币贸易（Lieber & Golan, p.60）。三种最常见的信息补贴形式是材料、发言人和活动（Hallahan, 2011）。其中最广泛使用和研究最多的信息补贴类型是标准新闻稿。新闻稿已经被证明在塑造新闻报道方面发挥了重要的作用。例如，斯威特斯和布朗的研究表明，高达80%的新闻内容是由信息补贴产生的，特别是以新闻稿的形式（Sweetser & Brown, 2008）。大量的研究提供了强有力的经验支持，表明新闻稿中所塑造的对象焦点会影响媒体议程的设定。（McCombs, 2004; Turk, 1986; Wanta & Ghanem, 2007）。霍普曼、韦根哈特、普锐斯戴克、爱贝克和威瑞斯提供了经验证据，证实了2007年丹麦全国选举期间，政党控制的新闻稿中的事件焦点塑造了媒体报道中的事件焦点，但这些新闻稿的效果会根据该党与该国政治制度的相关性而有所不同（Hopmann, Vliegenthart, Elmelund-Praestekaer, Albaek, De Vreese, 2010）。

从战略传播的立足点出发，我们发现前面提到的利益相关者参与度连续体对于议程设置是非常有价值的。在这个过程中可能出现的问题包括：政治组织和多个利益相关者团体之间的共同优先事项是否会导致更牢固的关系和声誉？这些议题可以探测对象和属性焦点，对战略政治传播信息、计划和活动具有关键影响。

事件管理

与议程设置相近，政治中的问题管理是指政治家、竞选活动、政党和其他政治团体的确认、优先考虑和传达某个关键问题的过程（Heath & Waymer, 2011）。政治问题的第一步是形式研究，致力于调查主要政体对于政策偏向和问题的认知、态度和行为。战略政治传播是政治团体如何在选举和立法期间影响政治话语和决策的主要部分。

影响事件管理过程的重要因素之一是对不同类型的事件进行有意义的分类。已有的研究成果为我们提供了几种分类的系统。具体来说，在媒体影响公众对事件重要性的看法方面，突出事件（公众具有直接经验的事件）和不突出事件（公众没有直接经验的事件）之间的差异至关重要（Zucker, 1978）。研究表明，大众媒体对不突出事件的影响最大。抽象和具体事件之间也有类似的区别，实证研究发现，媒体对具体事件类型的认知影响较大（Yagade & Dozier, 1990）。除了事件类型外，与实践相关的语调和框架也与事件管理目的相关，因为他们决定了事件描述是如何产生的，以及这些事件描述对分众政治实体的后续影响。

在议程构建中，政治团体或组织利用信息补贴对新闻媒体、选民和其他群体施加影响，这是通过战略传播有效管理事件的最广泛方法。其中，最常见的信息补贴包括新闻稿、访谈、新闻发布会、社交媒体信息和专栏。专栏是由非新闻媒体的一方撰写的社论，旨在主张新闻机构及其社区相关事件的立场。从政治营销领域来看，政治广告在政治问题管理中也是至关重要的。

将事件管理理论应用到我们之前提及的利益相关者参与度连续体中的最大作用是，它可以用于确定和发展新事件的战略：那些在决策和公众圈中出现的事件、那些被高度关注的事件和那些偏离主要议程的事件。如果结合利益相关者参与度连续体，许多政治学、传播学有关事件的生命周期的论述都能被进一步完善和提高（Downs, 1972）。

框架理论

虽然框架理论的学术研究在一般大众传播和政治通信领域已有非常多的文献，但其应用于战略政治公共关系和传播却额外得到更多的学术关注。哈拉汗解释了框架在公共关系中的作用：

> 在制定计划时，公共关系专业人员基本上作为框架战略家，他们努力确定场景、属性、选择、行动、问题和责任，以实现预期目标。框架也许是在公共关系的各种努力中最重要的战略选择。
>
> Hallahan, 1999, p.224

在政治公共关系中，哈拉汗后来确定了框架理论至关重要的七个领域，包括情境、风险、支持论点、问题、责任和故事（Hallahan, 2011）。这些观点对框架理论的区别在于，他们不单单考虑框架对新闻和舆论之间关系的影响。正如多个利益相关者和团体为议程建设做贡献一样，这些群体对哈拉汗所概述的框架理论也有着相似的贡献。

以政治领导人为对象，我们试图去了解框架理论的使用，汉格利和克瑞斯指出了政治家们在运动中为获得战略优势而做的三种主要框架选择："实质性的强调选择""对立强调选择""内容强调选择"（Hänggli & Kriesi, 2012）。首先，候选人必须突出强调在竞选期间的自我框架。其次，他们将努力强调他们的对手框架。可想而知，他们一定会强调那些与之相比有明显优势的对手。最后，第三种选择涉及他们在多大程度上强调竞选本身。在他们的研究结果中，候选人倾向于在自己的传播活动中突出一个或两个框架，他们更加注意媒体报道中对手的框架，而不是政治广告。

框架理论不仅影响战略政治传播的竞选活动，同时也影响战略政治的管理。塞勒解释了美国国会成员使用战略传播来影响媒体报道中问题的焦点和框架的过程，以达到最终影响政策结果的目的（Sellers, 2010）。这个过程包含四个阶段。第一阶段，国会议员通过识别他们的问题、观点和框架来创建想强调的信息。第二阶段包括通过政党的集体努力以促进信息的传播。第三阶段是通过各种宣传工作让记者参与。在最后阶段，记者强调新闻报道中的信息，随后影响公众舆论，并反馈给有影响的决策者。

最近在议程设置和议程建设对战略政治传播框架重要性概念的发展中，不同议程要素之间的联系可以影响形成和转移过程（Guo & McCombs, 2011a; 2011b; Schultz, Kleinnijenhuis, Oegema, Utz & van Atteveldt, 2011; Schultz et al., 2012），如威、郭和麦库姆斯总结：

> 我们的新研究方法称为网络议程设置模型，我们提出新闻媒体实际上可以捆绑不同的对象和属性，并使这些捆绑元素在公众心中同时显现。根据Lang（2000）的理论框架，NAS模型假设新闻媒体同时提到两个元素，观众则有可能认为这两个元素是互相关联的。
>
> Vu, Guo, McCombs, 2012, p.6, 9

因此，某些属性或对象与其他属性或对象同时出现，导致它们被视为共同突出的可能性更大。这对于议程中的几个元素又或者是元素之间连接的整体形式都是适用的。政治家在公共事务和公共关系中如何理解这一问题，以及这一问题在公共关系中的重大影响。反过来，这可以极大地影响竞选和管理的结果。例如，如果布什政府在第一个任期期间没有将萨达姆和大规模毁灭性武器在政治话语中配对，那么在处理"9·11"袭击后对美国构成威胁的伊拉克问题时，可能会产生不同的政策结果。

因此，战略构架过程对于战略政治传播的两个基本目标至关重要。参与性连续体对框架的应用可以用作了解框架共振过程的启发式设备。虽然以往的文献已经确定了宏观层面的通用框架和微观层面的主题特定框架，但使得某些框架更为凸显的原因仍不清楚，即使其他框架被边缘化。探索什么类型的框架与声誉结果和关系结果更为相关，可以让我们了解这些问题。

危机传播

在本章的背景下，理解政治战略传播的决定性领域包括危机传播和管理。虽然通常通过企业或非营利组织的视角观察，但是危机传播在政治领域的作用仍是非常至关重要的（Coombs, 2011）。无论是由自然原因（例如，大地震）或人为因素（例如，军事攻击）造成的，政府的危机传播工作是危机管理是否成功的关键。危机传播工作应当积极的、有目的地发展，因此，被列为战略政治传播的一部分。虽然这是属于战略政治传播治理方面的问题，但是如果政府能成功地在地方、州、地区或国家层面处理危机，就可以改变选举结果。

基本来说，大多数学者将危机分为三个阶段：危机前、危机和危机后（Coombs, 2012）。然而，库布斯认为，尽管政治危机传播和企业危机传播两者之间存在相似之处，但差异也不容忽视，主要差异包括危机管理者、危机类型、危机限制以及定义成功的指标（Coombs, 2011）。第一，政治危机管理者可以分为以下四类：选举政治家，民选机构、任命的官僚和任命的官僚机构，其中企业危机管理者通常是从公司管理层中任命的高管。第二，库布斯指出，大多数公司都试图避免在危机中扮演"英雄"的角色，而这种可能性在无政治危机中大大增加。第三，政治家更愿意使用道歉战略，因为他们不像企业和公司一样会受财政因素的限制。第四，政府官僚或处理危机管理的机构可能需要更长时间来应对危机，因为他们不需要面对企业从业人员需要面对的工作稳定性问题。

回到参与度连续体，我们可以看到危机传播的几种应用。特别是，旨在保护声誉的危机传播战略更适合处理低参与利益相关者，而那些旨在保护关系的利益相关者则更适合高参与利益相关者。对于前者，信息传播战略可能是最合适的，而对于后者，纠正行为和动作可能是必要的。

结论

总而言之，尽管我们在实证研究方面还有着明显的不足，不能在公共关系和政治营销领域提供强有力的理论支持，但我们还是可以看到战略传播在政治中起到重要的作用，这一点已从实证和理论的角度进行了验证。本章的意图是对战略传播进行详细追踪。在政治公共关系和政治营销这两个主要元视角的背景下，政治公共关系所提供的框架被认为是最全面了解战略政治传播影响的。我们提出了利益相关者参与的综合概念模型，了解在声誉管理和关系培养方面的战略政治传播。本章已经示范了参与度连续体在各领域的应用，例如，议程设置、问题管理、框架理论和危机传播。鉴于该连续体在这些情况下的潜力，作者认为本章未涉及其他几个战略政治领域的传播用途，如筹资和公共外交。作者表明，未来的研究可能会探索这些用途，以扩展战略政治交流相关的理论经验和实践知识。

参考文献

[1] Argenti, P. A., Howell, R. A., & Beck, K. A. (2005). The strategic communication imperative. *MIT Sloan Management Review*, 46(3), 83–89.

[2] Baker, B. (1997). Public relations in government. In Caywood, C. L. (Ed.), *The handbook of strategic public relations & integrated communications* (pp. 453–480). New York: McGraw-Hill.

[3] Berger, B. K., Hertog, J. K., & Park, D. (2002). Political role and influence of business organizations: A communication perspective. *Communication Yearbook*, 26, 160–200.

[4] Blumenthal, S. (1980). *The permanent campaign. Inside the world of elite political operatives*. Boston, MA: Beacon Press.

[5] Botan, C. H. (2006). Grand strategy, strategy, and tactics in public relations. In C. H. Botan & V. Hazleton (Eds.), *Public relations theory II* (pp. 223–248). Mahwah, NJ: Erlbaum.

[6] Broom, G. M., Casey, S., & Ritchey, J. (1997). Toward a concept and theory of organization-public relationships. *Journal of Public Relations Research*, 9(2), 83–98.

[7] Canel, M. J., & Sanders, K. (2012). Government communication: An emerging field in political communication research. In H. A. Semetko & M. Scammell (Eds.), *The SAGE handbook of political communication* (pp. 85–96). London, England: Sage.

[8] Carroll, C. E. (2010). International perspectives on agenda-setting theory applied to business news. In C. E. Carroll (Ed.), *Corporate reputation and the news media: Agenda-setting within business news coverage in developed, emerging, and frontier markets* (pp. 3–14). New York: Routledge.

[9] Cobb, R., Ross, J-K., & Ross, M. H. (1976). Agenda building as a comparative political process. *The American Political Science Review*, 70(1), 126–138.

[10] Coombs, W. T. (2007). *Ongoing crisis communication: Planning, managing, and responding* (2nd ed.). Los Angeles, CA: Sage.

[11] Coombs, W. T. (2011). Political public relations and crisis communication: A public relations perspective. In J. Strömbäck & S. Kiousis (Eds.), *Political public relations: Principles and applications* (pp. 214–234). New York: Routledge.

[12] Coombs, W. T. (2012). *Ongoing crisis communication: Planning, managing, and responding* (3rd

ed.). Thousand Oaks, CA: Sage.

[13] Cwalina, W., Falkowski, A., & Newman, B. I. (2010). Towards the development of a cross-cultural model of voter behavior: Comparative analysis of Poland and the US. *European Journal of Marketing*, 44(3), 351–368.

[14] Donsbach, W., & Brade, A. (2011). Nothing is as practical as a good theory: What communication research can offer to the practice of political communication. *International Journal of Press/Politics*, 16(4), 508–522.

[15] Downs, A. (1972). Up and down with ecology: The issue attention cycle. *Public Interest*, 28, 38–50.

[16] Fombrun, C. J., & Gardberg, N. (2000). Who's tops in corporate reputation? *Corporate Reputation Review*, 3, 13–17.

[17] Froehlich, R., & Rüdiger, B. (2006). Framing political public relations: Measuring success of political communication strategies in Germany. *Public Relations Review*, 32(1), 18–25.

[18] Gandy, O. H. Jr. (1982). *Beyond agenda-setting: Information subsidies and public policy*. Norwood, NJ: Ablex.

[19] Gotsi, M., & Wilson, A. M. (2001). Corporate reputation: Seeking a definition. *Corporate Communications*, 6, 24–30.

[20] Grunig, J. E., & Repper, F. C. (1992). Strategic management, publics, and issues. In J. E. Grunig (Ed.), *Excellence in public relations and communication management* (pp. 117–158). Hillsdale, NJ: Erlbaum.

[21] Guo, L., & McCombs, M. (2011a, August). *Toward the third level of agenda setting theory: A Network agenda setting model*. Paper presented at the annual conference of the Association for Education in Journalism & Mass Communication, St. Louis, MO.

[22] Guo, L., & McCombs, M. (2011b, May). *Network agenda setting: A third level of media effects*. Paper presented at the annual conference of the International Communication Association, Boston, MA.

[23] Hallahan, K. (1999). Seven models of framing: Implications for public relations. *Journal of Public Relations Research*, 11, 205–242.

[24] Hallahan, K. (2011). Political public relations and strategic framing. In J. Strömbäck & S. Kiousis (Eds.), *Political public relations: Principles and applications* (pp. 177–213). New York: Routledge.

[25] Hallahan, K., Holtzhausen, D., van Ruler, B., Verčič, D., & Sriramesh, K. (2007). On defining strategic communication. *International Journal of Strategic Communication*, 1(1), 3–35.

[26] Hänggli, R., & Kriesi, H. (2012). Frame construction and frame promotion (strategic framing choices). *American Behavioral Scientist*, 56(3), 260–278.

[27] Heath, R. L., & Waymer, D. (2011). Corporate issues management and political public relations. In J. Strömbäck & S. Kiousis (Eds.), *Political public relations: Principles and applications* (pp. 138–156). New York: Routledge.

[28] Hendrix, J. A., & Hayes, D. C. (2007). *Public relations cases* (7th ed.). Belmont, CA: Thomson Wadsworth.

[29] Hon, L. C., & Grunig, J. E. (1999). *Guidelines for measuring relationships in public relations*. Gainesville, FL: The Institute for Public Relations.

[30] Hopmann, D. N., Vliegenthart, R., Elmelund-Praestekaer, C., Albaek, E, & De Vreese, C. H. (2010). Party media agenda-setting: How parties influence election news coverage. *Party Politics*, 15, 101–123.

[31] Hughes, A., & Dann, S. (2009). Political marketing and stakeholder engagement. *Marketing Theory*,

9(2), 243–256.

[32] Hutton, J. G., Goodman, M. B., Alexander, J. B., & Genest, C. M. (2001). Reputation management: The new face of corporate public relations? *Public Relations Review*, 27(3), 247.

[33] Iyengar, S., & Kinder, D. R. (1987). *News that matters: Television and American opinion*. Chicago, IL: University of Chicago Press.

[34] Kaid, L. L., & Holtz-Bacha, C. (Eds.). (2008). *Encyclopedia of political communication*. Thousand Oaks, CA: Sage.

[35] Katz, E. (1957). The two-step flow of communication: An up-to-date report on a hypothesis. *Public Opinion Quarterly*, 21(1), 61–78.

[36] Katz, E., & Lazarsfeld, P. F. (1955). *Personal influence: The part played by people in the flow of mass communications*. Glencoe, IL: The Free Press.

[37] Kim, J. Y., Xiang, Z., & Kiousis, S. (2011). Agenda building effects by 2008 presidential candidates on global media coverage and public opinion. *Public Relations Review*, 37(1), 109–111.

[38] Kiousis, S., Bantimaroudis, P., & Ban, H. (1999). Candidate image attributes: Experiments on the substantive dimension of second level agenda setting. *Communication Research*, 26(4), 414–428.

[39] Kiousis, S., Laskin, A., & Kim, J. Y. (2011). Congressional agenda building: Examining the influence of congressional communications from the speaker of the house. *Public Relations Journal*, 5(1), 1–14.

[40] Kiousis, S., Mitrook, M., Wu, X., & Seltzer, T. (2006). First- and second-level agenda-building and agendasetting effects: Exploring the linkages among candidate news releases, media coverage, and public opinion during the 2002 Florida gubernatorial election. *Journal of Public Relations Research*, 18(3), 265–285.

[41] Kiousis, S., & Strömbäck, J. (2010). The white house and public relations: Examining the linkages between presidential communications and public opinion. *Public Relations Review*, 36(1), 7–14.

[42] Kiousis, S., & Strömbäck, J. (2011). Political public relations research in the future. In J. Strömbäck & S. Kiousis (Eds.), *Political public relations: Principles and applications* (pp. 314–323). New York: Routledge.

[43] Kiousis, S., & Wu, X. (2008). International agenda-building and agenda-setting: Exploring the influence of public relations counsel on US news media and public perceptions of foreign nations. *International Communication Gazette*, 70(1), 58–75.

[44] Knott Martinelli, D. (2011). Political public relations: Remembering its roots and classics. In J. Strömbäck & S. Kiousis (Eds.), *Political public relations: Principles and applications* (pp. 33–53). New York: Routledge.

[45] Kotler, P. (1974). Marketing during periods of shortage. *Journal of Marketing*, 38(3), 20–29.

[46] Lang, A. (2000). The limited capacity model of mediated message processing. *Journal of Communication*, 50(1), 46–71.

[47] Ledingham, J. A. (2011). Political public relations and relationship management. In J. Strömbäck & S. Kiousis (Eds.), *Political public relations: Principles and applications* (pp. 235–253). New York: Routledge.

[48] Lees-Marshment, J. (Ed.). (2012). *The Routledge handbook of political marketing*. London, England: Routledge.

[49] Lieber, P. S., & Golan, G. J. (2011). Political public relations, news management, and agenda indexing. In J. Strömbäck & S. Kiousis (Eds.), *Political public relations: Principles and applications* (pp. 54–74). New York: Routledge.

[50] Manheim, J. B. (1991). Political communication and elections. *Congress & the Presidency*, 18(2), 181.

[51] Manheim, J. B. (2011). *Strategy in information and influence campaigns: How policy advocates, social movements, insurgent groups, corporations, governments, and others get what they want*. New York: Routledge.

[52] McCombs, M. (2004). *Setting the agenda: The mass media and public opinion*. Malden, MA: Polity.

[53] McCombs, M., Lopez-Escobar, E., & Llamas, J. P. (2000). Setting the agenda of attributes in the 1996 Spanish general election. *Journal of Communication*, 50(2), 77–92.

[54] Newman, B. I. (1999). *The mass marketing of politics: Democracy in an age of manufactured images*. Thousand Oaks, CA: Sage.

[55] Nord, L. (1997). *Spelet om opinionen*. Lund, Sweden: Studentlitteratur.

[56] Pfau, M., & Wan, H-H. (2006). Persuasion: An intrinsic function of public relations. In C. H. Botan & V. Hazleton (Eds.), *Public relations theory II* (pp. 101–136). Mahwah, NJ: Erlbaum.

[57] Ragas, M. W., Kim, J., & Kiousis, S. (2011). Agenda-building in the corporate sphere: Analyzing influence in the 2008 Yahoo!–Icahn proxy contest. *Public Relations Review*, 37(3), 257–265.

[58] Scammell, M. (1999). Political marketing: Lessons for political science. *Political Studies*, 47(4), 718.

[59] Scheufele, D. A. (1999). Framing as a theory of media effects. *Journal of Communication*, 49(1), 103.

[60] Schultz, F., Kleinnijenhuis, J., Oegema, D., Utz, S., & van Atteveldt, W. (2012). Strategic framing in the BP crisis: A semantic network analysis of associative frames. *Public Relations Review*, 38(1), 97–107.

[61] Sellers, P. (2010). *Cycles of spin: Strategic communication in the U.S. Congress*. New York: Cambridge University Press.

[62] Seltzer, T., & Zhang, W. (2009, March). *Impact of antecedents and relationship maintenance strategies on perceived relationship with political parties during the 2008 presidential general election*. Paper presented at the meeting of the International Public Relations Research Conference, Miami, FL.

[63] Sjöblom, G. (1968). *Party Strategies in a Multiparty System*. Lund: Studentlitteratur.

[64] Smith, R. D. (2009). *Strategic planning for public relations* (3rd ed.). New York: Routledge.

[65] Strömbäck, J. (2007). Antecedents of political market orientation in Britain and Sweden: Analysis and future research propositions. *Journal of Public Affairs*, 7(1), 79–89.

[66] Strömbäck, J., & Kiousis, S. (2011a). Political public relations: Defining and mapping an emergent field. In J. Strömbäck & S. Kiousis (Eds.), *Political public relations: Principles and applications* (pp. 1–32). New York: Routledge.

[67] Strömbäck, J., & Kiousis, S. (Eds.). (2011b). *Political public relations: Principles and applications*. New York: Routledge.

[68] Strömbäck, J., Mitrook, M. A., & Kiousis, S. (2010). Bridging two schools of thought: Applications of public relations theory to political marketing. *Journal of Political Marketing*, 9(1), 73–92.

[69] Sweetser, K. D., & Brown, C. W. (2008). Information subsidies and agenda-building during the Israel-Lebanon crisis. *Public Relations Review*, 34(4), 359–366.

[70] Turk, J. V. (1986). Information subsidies and media content. *Journalism Monographs*, 100, 1–29.

[71] U.S. Department of Defense (2008). *Principles of strategic communication*. Retrieved from http://www.au.af.mil/info-ops/documents/principles_of_sc.pdf

[72] Vu, H. T., Guo, L., & McCombs, M. (2012, August). *Exploring "the world outside and the pictures in*

our heads": A network agenda setting study. Paper presented at the annual meeting of the Association for Education in Journalism and Mass Communication, Chicago, IL.

[73] Wang, J. (2006). Managing national reputation and international relations in the global era: Public diplomacy revisited. *Public Relations Review*, 32(2), 91–96.

[74] Wanta, W., & Ghanem, S. (2007). Effects of agenda setting. In R. W. Preiss, B. M. Gayle, N. Burrell, M. Allen, & J. Bryant (Eds.), *Mass media effects research: Advances through meta-analysis* (pp. 37–51). Mahwah, NJ: Erlbaum.

[75] Wartick, S. L. (1992). The relationship between intense media exposure and change in corporate reputation. *Business and Society*, 31(1), 33–49.

[76] Weaver, D. H., Graber, D. A., McCombs, M. E., & Eyal, C. H. (1981). *Media agenda-setting in a presidential election: Issues, images, and interest*. New York: Praeger.

[77] Yagade, A., & Dozier, D. M. (1990). The media agenda-setting effect of concrete versus abstract issues. *Journalism Quarterly*, 67(1), 3–10.

[78] Yang, S., Shin, H., Lee, J., & Wrigley, B. (2008). Country reputation in multidimensions: Predictors, effects, and communication channels. *Journal of Public Relations Research*, 20(4), 421–440.

[79] Zucker, H. G. (1978). The variable nature of news media influence. *Communication Yearbook*, 2, 225–245. New Brunswick, NJ: Transaction.

第二十六章
政府中的战略传播

克里斯汀·科左兰卡

尽管主流的政治声音和议题在媒体中发展，但现代国家仍然渴望以更有预见性的方式主导其与公民的沟通方式。无论是在政治办公室还是在政府中，广泛且不断增长的通信设备都助长了一种政治迷恋，即确保国家最高职位的长期占用。

以上观点很可能运用于很多西方国家，其他一些国家也有运用。然而西方晚期的民主国家拥戴民主治理，同时又试图与私有媒体进行斗争，从而使得他们的政治意图产生意义并得到传播。这些晚期的民主国家在进行这种斗争的同时，公开表达了对社会民主缺陷的担忧，有些学者（Putnam, 2000; Aucoin & Turnbull, 2003; Nadeau & Giasson, 2003）认为政治生活中的公民并不会经常表明自己的立场，在选举的时候选民出席率往往偏低。然而，在任何关于公民参与的讨论中，通常被忽略的是公民参与对政治家的好处：利用研究导向的政治信息来针对最容易接受的受众，同时寻求阻止其他公民投票的策略（Bennett & Manheim, 2001）。此外，技术的发展通过延长选举和其他竞选活动，不断提供政治信息，改变政治博弈场。他们甚至可以否认那个曾经有记载的年代，那时以各种伪装出现的战略政治传播占据统治地位。有些人可能认为，对于那些给政治家或企业家提供战略传播咨询的人来说，那是一个黄金时代。

本章探讨了加拿大政治中战略传播的本质和发展，并探讨了加拿大政府中的政治团体如何运用国家的传播和信息工具来构建他们的政策和行动的积极感知和形象，将政府（或国家机构）与执政党以及获得公共支持的目标结合起来。本章运用批判传播的方法来分析战略传播，分析是主观的、情境的、历史的、处于权力和统治交织的显著位置之下。批判的方法能够让我们进一步理解在当代政治传播中的运用，以及当代传播实践如何扩展和挑战“战略”的概念。运用这种方法观察加拿大的案例，可能有助于我们了解其他国家中政治领域的战略传播的发展，或许可被作为一种警示，让人们在为了霸权和政治的目的运用战略传播时更加谨慎。

在本章我们主要参考了J. G. 布鲁姆勒的文章（Blumler, 1990），他被认为是影响了英国政治传播方向的人，因为他提出了所谓的“现代宣传过程”。这个过程试图影响和控制公共事件和议题，这类议题具有类似于“磁铁般不可抗拒的力量”，能够“改变信息、议题、政治讨论的性质”，最终了解“公民本身的观点和选择”（Blumler, 1990, pp.101, 113）。皮特・高丁将这个现代宣传过程和官僚体系放在他所谓的“公共关系国家”中，建立了自己的宣传活动，以管理媒介和资助宣传活动促进其项目（Golding, 1992）。对政治传播的学者而言，讨论“公共关系民主”（Lilleker, 2006）、“公共关系国家”（Ward, 2007）、“宣传社会”（Sussman, 2010）、“符号化政府”（O'Shaughnessy, 2004），已经成为一种常规。本章后面会对这些概念一一探讨。

如果我们关注现代国家宣传中公民的角色，正如政治家本身所宣称的那样，受众商业化的概念也需要被探讨。文森特・莫斯科解释道，传播是一种商品，但与其他商品很不一样，因为它“包含了符号和形象，它的意义有助于塑造认知”（Mosco, 2009, p.134）。政治传播中的受众和公民，是一种商品，在被支配者（公民）同意与统治者的“互惠性关系”中被支配（Mosco, 2009, p.137; Fuchs, 2010, p.32）。它并没有实体性的消费产品，只有那些来自国家的有说服力的信息，而这些信息可能并不符合现实，但会让受众因成功的执行而臣服。当前，在国家宣传中，值得质疑的是互惠性的深度和广度。

受众商品可以被认为是无尽的，因为它可以无限拓展，超出原始商品的范畴。事实上，商品在莫斯科所谓的“永恒的商品化”的过程中出现，商品化本身“要求按照测评手段来生产商品，掌控技术以追踪产品的生产、流通、交换和消费”（Mosco, 2009, p.141）。营销研究也在莫斯科的案例之中。按照本章的目标，公共关系研究分析将是另一个例子，它可以“从广义监测和监督程序的发展中成长起来”（Mosco, 2009, p.142）。

战略政治传播的领域正在经历概念化的转向，以回应商品社会发展的需求。哈拉汗确定了战略传播中6个不同的专业领域，包括营销传播和政治传播（Hallahan, 2004, p.6）。和其他人一样，笔者在本章中认为这些不同类别之间的界限已经模糊了。本章将描述在加拿大的语境下（Par. & Berger, 2008），营销传播和政治传播已经结合起来，产生了政治营销的混合体（Lees-Marshment, 2001），现在被加拿大和英国使用，由国家（当选政党）和国家内部（公共服务部门）使用。最近的研究清晰地展现了两类专业之间的联系。此外，重要的是，按照本章的分析不加批判地接受营销和政治的结合，实际上是给它提供了信任和信心，从而将两个领域永久联系在一起，成为政治传播中一个自然的、常规的结合。相反，国家作为一个“通过其领导人，员工和传播实践者有目的的活动来展现和宣传自己”的组织，其适当性需要接受质疑（Hallahan, Holtzhausen, van Ruler, Ver.i. & Sriramesh, 2007, p.7）。即使在某个案例中这样运用了传播，它也被视为一个自然的、不可避免的结合。事实上，传播因此“降级成为一种工具，仅仅被用来达成管理或基于营销的目标”（Hallahan, Holtzhausen, van Ruler, Ver.i. & Sriramesh, 2007, p.25），也可被认为是一个无声的，假定不能达成一致的过程或事件，挑战，甚至公然反抗、识别和分析。

此外，如哈拉汗的观点，一个批判性的视角认为传播实践是战略过程的一部分而不仅仅是一种组织功能，他揭示了这类实践如何“改变组织和社会”背后广泛的权力和控制（Hallahan, Holtzhausen, van Ruler, Ver.i. & Sriramesh, 2007, p.14）。没有对等级权力的协商性的审视，这些权力很难做到透明，或者明白易懂。这种局面是因为一种假定，即传统地想象中所谓的中立权力，是在一个国家内部的工作方式中运行的，而最近这样的中立性已经被关注传播的政府打破了，正如本章所阐述的那样。这里要探讨的一个关键问题是：通过战略的政治传播（当这种有目的的传播从概念上被定义为排他性的传播），实现目标受众的商品化如何与国家对公民的责任共存？

政府传播的发展

战略传播不能与其身处的环境分开。班纳特和曼海姆探讨了二战后的后民主多元论（Bennett & Manheim, 2001, p.279），它的前提在于“公民的观点通过相互竞争，被有效地、公正地展现出来”。对这个观点的批评是，在一个社会中高质量信息的自由流动能够充分地确保平等地统治，即使现行的是精英政策，他们认为“信息的发布通常是为狭隘的战略目标服务，动员或驱散部分公众，常常掩盖传播者在传播过程中的身份或者目的”（Bennett & Manheim, 2001, p.280），以牺牲信息的透明度和包容性。班纳特和曼海姆总结到，一个新兴的新多元主义秩序正在出现，作为一个界定多元目标公众的促成者，技术的引入使那些游说政府的群体的战略增加，它们的目的并不是为了影响政策，而是为了通过这种方式接触到目标受众，促成公民知识的转移，并为自己的战略目标驱动或驱散公众。后面的分析重复了班纳特和曼海姆的论证，这些转变之所以成为可能，是因为技术消解了管制，限制变少，信息能够更加自由地流动（Skinner & Gasher, 2005; Kozolanka, Mazepa & Skinner, 2012）。他们在进一步研究战略政治传播活动的过程中发现，这样的活动是如何在一个规则更自由、更工具化的环境中运作，其中那些战略性运作的东西都变得非常成功（Bennett & Manheim, 2001, p.285）。因此，这些状况可以被认为是与政治营销有关。

通过对加拿大政治环境中威斯敏斯特模式的专门研究，传播的起源和它背后的公共服务可以追溯到二战，在当时战争宣传机构是国家统治机构的一部分（Rose, 2000）。这种早期的传播，在加拿大并不是独有的事物。在当时国家扩张，新闻广泛传播被认为是对社会发展有利的背景之下，这种模式也被人不加批判地拿来使用。因此，这样的传播仅仅被认为是政府自然管理的善意的输出。在国家传播中，战略的概念直到战后20世纪70年代和80年代才开始出现，这种局面源于凯恩斯主义无法解决的经济危机。这些后民主时代的危机，以其庞大的国家机器来支持凯恩斯主义的社会福利政策，为新自由主义经济学提供了机会，它们以新自由主义的形式出现，随着时间的流逝逐渐退化为新保守主义，最终合并为新右派（Gutstein, 2009）。战后舆论转型的一个关键因素，在于其对社会和经济议题的集体制度导向的回应，趋向于新右派。个人主义精神的出现，是通过个体的经济能力，按照自己的意愿从市场选择利益和理念体现出来的个人主义精神。

此外，新右派在战略上利用经济危机的幽灵来传播他们的想法，抑制那些被认为是傲慢的无效率的国家机器（Kozolanka, 2007）。随着新右派思想的结合，在不同层次的政府部门中，"公民"的概念本身以及它相对于国家的关系，被界定为"消费者"，甚至是更小的"用户"群体。这体现了一种从社会福利国家的普遍性到个人主义的范式转化，并对公民如何使用投票权产生了影响，将他们的忠诚转移到当时任何一个符合他们个人需求和立场的党派。因此，在英国、美国、新西兰、加拿大等晚期民主国家中，国家的最终紧缩不仅代表了不同的经济目标，更代表了新右派的经济目标。莫斯科特别指出新右派的转型是一个国家如何通过商品化进程实现转变的例子。这个进程将"具有社会承诺的公共服务传播，转变为普遍获取，并将反映社会中的内容转变为给那些能够承担得起的人提供途径，以及那些能够将受众交到广告主手中的内容"（Mosco, 2009, pp.130–131）。

正如新右派在政治上表达了新自由主义和新保守主义本身，私人领域的管理精神成了新右派政府管理模式的选择。作为新的公共管理，在一个去资助、去层次、回归本源的机构中，治理本身转变为服务和衡量的焦点。整体上看，它反映了在国家层面对一个更加基于市场的组织结构和趋向的接受（Havemann, 1998; Savigny, 2008）。然而，随着政治的收缩，传播的角色发生了改变，得到了更新和加强（Davis, 2002）。人们更加强调战略传播，这个概念原本来自私人领域，用于管理在某些方面费用的削减以及公民的期望，通过增加传播预算和承担公共部门以外的职能，诸如风险管理和危机管理（Kozolanka, 2006）。事实上，"危机"思想是一个具有两面性的东西：它既包括了危机管理的基本思想，也包括了传播信息本身，它使得危机被视为一种不采取措施来保护经济，就会带来可怕结果的东西。在加拿大和其他国家的公共服务管理中，战略传播不是"随机或者无目的"，而是"直觉的管理活动"（Hallahan et al., 2007, p.27）。

在实践中，向国家机构灌输战略传播的思想是基于政治营销的工具手段，以实现霸权的目的。这不仅包括运用公共关系实践，也包括更广泛的公共舆论研究。后者已经在政府中应用，以便优化那些关于政府项目的信息，以广泛接受民众的意见，但是现在它被用来识别公民中的目标受众，以便掌权的政府能够调整正确信息，以获得最大的支持率，最终获得更高选票。因此，公民被商品化为战略传播信息和宣传公共政策的受众。

本章探讨了战略传播作为加拿大政治传播中的关键因素的出现。本章以两个不同政党为例，观察他们如何利用不同的政治传播技巧实现战略传播和政治营销，并评价他们各自的成功之处，将其归因于社会经济发展、政治环境以及政治传播发展。我们发现政治营销可以被视为管理和统治的新右派意识形态的传播武器。本章结论认为政治营销是一种有效的工具，它有助于赢得选举成功，但并不适用于政府，因为它促进的是一种与消费者——选民的关系，而不是对公民的责任。

加拿大的政府传播

加拿大有一个基于英国威斯敏斯特模型的议会制度。虽然它是一个多党制，议会中存在多个政党，但实际上，在过去的100年中，只有两个主要的政党，自由党和保守党组成了政府。在很长一段时间里，自由党被视为执政党，因为他们执政的时间远远超过保守党，他们统治的方式更加集权，因此，他们可以毫不迟疑地使用宣传技巧。然而，自2006年以来，一个新的保守党开始挑战他们的地位，此外，在2011年大选中，两党命运的转变改变了政治环境，新民主党代替了中立的自由党。

这种转变决定了选举中其他的主要变化：在两个少数派政府之后，保守党赢得了大多数加拿大民众的支持。与其他晚期民主国家一样，加拿大在联邦选举中也面临着选民投票率下滑的问题。这被认为与很多因素有关（Norris, 2000），包括对政府的不信任，这些政府没有遵守选举时的承诺，政府没有进行所需的信息披露，因为这些披露有可能使政府处于不利的境地（Rubin & Kozolanka, 2013）。这种认识不仅影响了选民的投票率，也影响了人们对政府的信任，这是近年来加拿大政治史上的一个关键议题。因为与英国在政治和结构上的强关联，具体表现为两者类似的议会制度，因此英国政治传播往往预示着加拿大的类似发展。玛格丽特·撒切尔的新自由保守政府（1979—1990年）和之后的托尼·布莱尔工党政府（1997—2007年）所采用的政策和沟通策略的很多成功案例，都被复制到加拿大的政治语境中。英国的例子包括英国政府在撒切尔主政时开展的人头税运动的失败（Deacon and Golding, 1994），以及之后布莱尔首相在执政期间成功的媒介管理（Scammell, 2001）。此外，加拿大与美国关系密切，其总统政治活动风格也影响着加拿大的政治行为。

随着时间的推移，影响加拿大和其他地方政府和政党的传播方式也发生了变化。24小时循环播放的新闻使得媒体总是在寻找内容，也给政治家发布自己的观点和政策提供了更广泛的机会。此外，互联网为信息和观点提供了即时的通道。这些条件改变了过去政治的离散状态，成了政治传播者口中的永久性选举活动（Bowman, 2000）。

新右派的增值已经影响了政策制定。在战后的政治舆论中，我们咨询了劳工和公民社会党的意见，并对公共政策产生影响。然而，随着政治转向新右派，公民政党被商业、利益群体的说客、传播咨询人员所取代（Dobbin, 1998; Gutstein, 2009）。政策过程中一个更加深刻的转型是立法战略，它将公共协商压缩到一个更短的时间框架之下，常常与党派协会中反对派政府进行反复审查。例如，2012年，新的多数派保守党政府战略性地将一项457页的综合法案作为预算法案压倒了反对派，回避了大量争议性的声音，完成立法。在过去，综合法案被认为是内务管理，是对既有法案的修补。当它在更广泛的语境中被运用时，这些策略被用来在更广泛的反对派的立场上，有效地将公民的权力限制在他们选出来的代表中。

20世纪后半叶，加拿大的公共服务随着国家的发展而增长。然而，在20世纪90年代，该国因为全球货币危机而经历了非常严重的财政紧缩，它使得政府向更精简、更小的政府转变。伴随着国家在这个方面的转变，政府传播作为一项战略活动具有重要价值，传播的“自然”和不加批判地利用开始发生改变。虽然财政持续紧缩，传播人员的规模和业务规模却在各级政府中不断增长。传播被赋予了很多新的责任，包括前文所提到的风险管理，其目的是缩小不确定性和平衡反对派的意见。基本上战略传播被理解为致力于使那些不被公民所认同的缩减措施被公民所接受。为了实现政府的目标，传播被纳入政府运行的政策周期中，变得越来越制度化、中心化、政治化（Kozolanka, 2012）。

随着时间的推移政府传播的重要方面发生了改变，近年来也有所加快：这就是首相办公室（PMO）的角色，它由党派任命的人员构成，包括了研究和传播的分支，以及枢密院办公室（PCO）的角色，长期的管理机构由与首相办公室关系密切的官员来负责实施政策。这些机构的规模不仅变大，而且它们各有传播部门，包括预算也非常显著地增加。

虽然政府一次又一次地象征性地削减这些机构，但是它们仍然留在了政策方向的核心，传播也仍然处在官僚机构的中心。尽管PCO与PMO密切合作，但近年来一直有人批评PCO积极参与执政党的活动，不仅仅是管理政府政策，而是意图提高执政党的支持率，包括推进政党的政策意图，以及为这些目的提供额外的资助（Kozolanka, 2012）。

自由党和战略传播

在20世纪90年代政府收缩的时候，自由党执政。从20世纪80—90年代，加拿大存在一种政治局势，即该国最大的省——魁北克正在建立公众舆论，以便脱离加拿大。这些年来，加拿大政坛一直在争论国家统一的问题。自由党在魁北克有着巨大的个人利益：简而言之，魁北克历来是他们获得选票最多的地方。自由党对他们党派所面临的威胁以及他们长期在联邦选举中持续主导地位的反应是在战略传播和战术的帮助下，煽动民族团结的情绪，并向魁北克投入资金。

在这个时期，政府内部传播快速增长，并在运营上被形式化为“战略传播”。正如前文所指出的，即使在20世纪90年代中叶，国家紧缩期间，数千名公职人员被解雇，但政府传播人员仍然在增长（Kozolanka, 2006）。1998年，自由党还采取了前所未有的措施，在新政府部门中集中化管理所有的传播信息，新部门被称之为“加拿大传播”。这类似于美国的传播官，或者英国的传播国务大臣（加拿大已经设置了传播办公室，由枢密院的人员管理)。这意味着广告、公众舆论研究、公共信息活动、其他工具都被规定、批准和管理。所有这些活动的预算一直在快速增长。在同一年，自由党建立了传播的内部委员会以监督所有的政府传播。委员会负责大型的广告宣传活动和自由党关注的大型舆论研究预算，也包括在全国范围宣传政府的展览、集会，以及向全国民众邮寄广告等(针对"每个家庭")，这些宣传是针对那些通过研究发现的、加拿大民众想要看到行动的议题。作为传播战略转型的进一步的标志，1988年政府的传播政策在2002年被修改，纳入更多传播工具，包含营销、展会和展览、风险管理、危机传播和赞助(Canada, 1988)。

占多数的自由党政府的领导权是不可动摇的，以至于它试图说服魁北克留在加拿大的努力超出了可接受的传播范围，陷入了违法的境地，这是自由党自食恶果。我们所知道的"赞助丑闻"终结了政府对民族团结的痴迷。它缺乏对公共资金的说明也被视为导致2006年自由党政府最终垮台的原因之一。赞助计划的目的是教育加拿大人，提升国家认知，建立一个更强的、统一的加拿大。这类行为相当于联邦政府给广告公司支付资金，为国家赋予标志和商标(一个程式化的加拿大国旗和"加拿大"一词)，它们被用在体育赛事或其他全国范围的公共活动上，按照商品推销的方式将加拿大推销给加拿大人。

几年来，媒介的报道开始关注这个项目的巨大花费，之后加拿大的审计长，一个可以审计公共花费的独立部门开始调查这个项目，并出具了两份报告，详细地说明了其失败之处和过分的花销。紧随其后的是公众的质疑，它揭露丑闻部分是因为精简的官僚缺乏审查机制所造成的，部分原因是首相办公室对传播管理过于集中。此外，它导致了人们对魁北克超乎寻常的关注。总体上，加拿大人的成本是1.45亿美金，这是魁北克自由党企业虚增的佣金和生产成本；还有广告公司给自由党的1亿美金回扣(Canada, 2005)。在魁北克丑闻的影响下，政府部门的很多战略传播机构被解散。赞助丑闻也给保守的反对党提供了机会，他们用政府的责任和信任作为竞选内容的主要框架。2004年，自由党失去了它的多数席位，之后2006年，时隔15年保守党政府重新上台。必须指出的是，丑闻也损害了合法的政府信息和传播行为的名誉。我们变得很难区分哪些公共信息行为是符合公民利益的，哪些仅仅是为了维护当权者的利益。

保守派和政治营销

随着权力在加拿大从自由党移交到保守党，基于英国经验的政治传播理论和实践被指向新的方向。过去政党利用传播来推销自己和自己的政策，从而获得执政权。詹妮弗·李·马斯门特将政治传播和政治营销之间的"婚姻"概念化，按照他们所运用的传播策略将政党分为三种类型(Lees-Marshment, 2001)。詹妮弗·李·马斯门特之后的研究展现了这些政党的成功之处，它包含了源自政治营销的战略传播的新形式(Lees-Marshment & Lilleker, 2005; Lees-Marshment, 2011)。她提出党派可以以产品为导向、以销售为导向或以市场为导向。以产品为导向的党派是传统的党派，他们代表他们所信仰的东西。他们有意识形态和精神，表现在他们的政策和选举策略中。他们提出了他们的观念，且相信最好的产品将会赢得胜利。政治营销的意义在于这些党派都是传统的，认为坚持原则可能会使得他们输掉选举。

在销售导向中，党派认为他们的政策要获得支持或赢得选举，就必须积极地推销、贩卖他们的观念，并为其产品创造需求；即使是一个好产品也不可能在没有推销的情况下获胜。政党的第三个导向是市场导向，即政党改变他们的观念和行为以迎合选民的需求，这种需求他们是通过市场研究而发现的。之后政党传播了人们想要的政策或观念，创造那些人们可能会积极响应的产品，最终获取投票，这代表广告者梦想的实现。对政党而言，意义是非常清晰的：如果你想要赢得权力，你就应该采用市场导向。

政治营销的理念看似简单。它表达了政治家的诉求，即使这并不是政治家的本意，只是为了达到赢得选举的终极目标。政治营销的决定性允诺在于它是政治世界中最有力的麻醉剂，虽然它花费颇高。首先它将意识形态从政治中分离。赢得选举并不需要意识形态；事实上，它反而会阻碍成功，因为政党的适应性往往是一个重要因素。为了获得成功，政党必须遵循市场的导向。其次，政治营销看重消费者对产品的反应，从而将它受众商品化。鼓励选民按照个人的意思做出选择，政治产品是对他们自身而言最好的选择，而不是因为公民群体的福利或国家利益。因此，政治营销与个人主义和消费主义精神之间结合起来。事实上，它可以被视为新公共管理的公共传播工具，正如它现在已经在政府机构，新的政府治理中被广泛运用（Osborne, 2010）。

加拿大需要一些有组织的保守主义背景。战后舆论逐渐转向了新右派，它们自认为与英国、新西兰、澳大利亚都不一样。最初它在一些偏僻的省份出现，例如不列颠哥伦比亚、亚伯达、安大略等。在安大略的工业中心，保守党于1995年上台执政。安大略在战后选举了进步的保守党政府。然而，保守党政府的首相哈里斯引入了“常识革命”——该党党纲的名称——它的目标是改变国家和公民的关系，它不同于过去温和的、中间路线的“进步”的保守主义。通过运用在新西兰试验过的、真正的“突袭”战略（Easton, 1994）——也就是英国语境下的“传播攻势”（Golding, 1992）——新的保守政府尽可能地将自己纳入重新结构化的政策和法律框架之下，包括在上任前六个月制定的一项开创先例的综合法案。这些东西在两年半的时间里引进，期间伴随着不间断的国家改组，以及来自公民社会的回应。例如，在某个时间点有25万人在多伦多抗议政府（Macleod, 1999）。即使在这种情况下，哈里斯政府仍然坚持到底，甚至在第二个任期里遭遇了重新选举。笔者研究表明战略传播对于哈里斯政府的重要性，基于广泛的和有针对性的目标公众的舆论研究，确定了可能支持他们的公众，并通过政府传播把信息传递给公众（Kozolanka, 2007）。

然而，对政权更迭来说，其缺点在于导致了政府和其反对者（从反对派政治家到社会公益团体）之间长时间持续的公共斗争，令人筋疲力尽。随着保守党的重建，并取代了自由党，政治战略也随之发生了改变。正如在安大略省的哈里斯政府一样，它的目标是将加拿大从自由主义变成右翼霸权主义；然而，短期的突袭战略被渐进主义所替代（Flanagan, 2007）——在战略传播的支持下缓慢地朝着他们的政策目标前进。这种局面的出现有以下几个原因：少数派政府还不成熟，随时可能被推翻；党派意识到加拿大公众在政治趋向上大多是自由的，需要慢慢地去消化新右派立场；更重要的是，他们不希望受到来自公民社会的挑战，这将使他们偏离实现保守霸权的政治目标。

在2006年选举以后，全国的保守派使用了明显的争议性的媒介战略——甚至可以说是反直觉的。他们不再讨好渥太华的记者（这些记者主要代表了全国或更大的媒体），不会去争取他们，走保守的道路，新政府故意地忽略了国会的新闻记者席，而更关注国会之外的地方媒体。如果保守派需要全国性媒体的关注，他们将会选择他们觉得可能会进行正面报道的记者。如果他们举行一个记者招待会，他们会按照美国的方式，事先安排（很少）记者名单。这是一场高风险的赌博，但政府知道，媒体所有者将很快地按照保守党的规则来工作，不再表示抗议，并忽视那些内阁大臣的言论。媒体在试图采访内阁官员和政府部门的专业人员时，新政府创设了一个烦琐的程度。这个过程如此的冗长，评论和解释的需求甚至比从首相办公室得到批准回复还要长（Blanchfield & Bronskill, 2010）。

保守党的传播战略有趣的地方在于他们广泛地运用了新媒体，特别是通过博客来传播信息。当时博客很少被认为是可控的，或消息灵通的，但保守党通过建立博客群，刺激和孤立目标公民的参与，他们在网络结成社区，在渥太华传统政治的网络下传播政党的立场。在政治危机中写博客的保守党在放大保守党立场方面起到重要作用，2008年之后国会中两个立场的党派尝试组建一个联合政府（Kozolanka, 2012）。保守党一直尝试以公民为目标构建深度的基于客户的研究。他们延迟或拒绝了媒体、政治反对派或公众成员所要求的信息。他们将党派与政治传播中的政府混为一谈，称之为“加拿大新政府”，后来又称之为“哈珀政府”。这违背了“加拿大政府”的规则，国家是无党派的。

随着战略的展开，包括2008年大选，该党以少数派政府的身份回归，保守党继续将权力集中在首相办公室里，特别是对传播的控制权，以及对政府机构的控制权。首相办公室的本质和角色本身都在新政府的统治下发生了可观的变化。它不仅在规模上变大，也加强了传播力，虽然在政策规模上仍然很小，仅仅是2007年传播规模的五分之一（Kozolanka, 2012）。随着首相办公室接管传播，机构中的传播管理者丢失了在自由党指导下建立的战略重点，首相办公室也回归到过去仅仅实施传播战略的角色。这些工作包括了原来枢密院承担的工作，它来自赞助丑闻之后广告管理和公共舆论研究的管理（Kozolanka, 2012）。考虑到保守派政府对自我推销的极度关注，事实上，首相办公室可以被认为是企业传播的执行办公室（Hallahan et al., 2007, p.18）。

自我推销工作在经济行动规划中最为明显，这是政府对2008年全球经济衰退的应对。在反对派的压力下采取措施刺激经济，有关规划的公共传播也加强了保守党正在实施的、重新界定公共传播的风格，使人们将党派和政府结合起来。这很明显是宣传性的，也是党派性的，而不是单纯的信息。此外，由纳税人出资，用昂贵的广告来宣传该计划，这一制度一直平稳运行，并从2009年1月持续到2011年4月举行的下一次全国选举，在选举之后又重新开始，这使得保守党成为多数派，资金也刚好耗尽（在加拿大，执政党不可以在选举期间用公共资金进行广告和公共舆论研究，这个时间段后来变得越来越短，很少超过五周）。

保守派也接管了经济行动计划的标志，现在已经与保守党紧密结合，将之作为政府各项规定的一个主题和背景。很显然这个计划促进了党派的发展，而不是政府，因此广告和标志成为选举活动永恒的主题。更重要的是，在大量的传播专业人员的工作下，保守党指导了经济行动计划的传播，枢密院办公室仅仅负责计划的实施（Canada, Privy Council Office, 2010）。虽然保守党最终在2011年大选中获得大多数席位，但他们仍然坚持这么做，尽管他们的民众支持率只有少量的增长，因为该党派成功地将广告、民意调查和公共舆论集中在少数几个选区。从选举以来，就有控诉认为保守党在说服公众投票的事情上跨越了法律的边界，说服公民投票给他们，并且在一些关键选区他们运用压制投票人的策略，改变了选举结果。

有人控诉保守党在选举日利用自动“机器人电话”误导非支持者进入错误的投票站。在本章撰写的时候，这项指控正在被加拿大选举机构调查（Milewski, 2012）。不论好坏，保守党成为一个以营销为主的政党，它按照精确的公共舆论研究确定目标选民，在某些议题上将选民的立场又卖给他们。在利用政府机构和枢密院办公室作为辅助机构来支持它的传播和信息规划时，首相办公室实际上将枢密院办公室作为自身版本的加拿大传播部门，这是由前自由党政府组成的、短命的、独立的部门，并在新政府的公共管理部门中建立起来（Hallahan et al., 2007，p.7; Osborne, 2010）。

结论

在他们执政时期，霸权主义的自由党擅长在政府中构建一个大的传播部门，将权力集中在首相办公室中，参与政府的政治传播。接下来的赞助丑闻已经被视为加拿大政治历史上最大的丑闻，自由党因此被赶下台。保守党也在政府部门构建了传播能力，扩张了首相办公室，控制了其中的公共传播办公室。在5年间很多少数派政府的小丑闻被容忍下来。特别是政府违背了当初它们对更高透明度的承诺，这震惊了一些政治老手以及其他党派和媒体。他们最终得到了回报，成为一个多数派政府。

学者已经能够整理保守党运用的战略文献，两党的区别在于保守党运用了政治营销。通过来自政治市场收集的信息，保守党针对投票者，用正确的信息吸引他们，按照可能获得选民支持的方式来结构议题。他们并没有让自己偏离核心信息，甚至在他们面对持续的负面媒体报道和政治反对的时候。按照这种方式，逐渐度过了作为少数派政府的5年，他们使足够多的目标公众相信他们并不是胆小的右翼，他们值得投票。他们的下一个目标是——保守的霸权主义——这需要一代人来实现。

保守党掌权，在自由党之后强调对公民的责任。然而，虽然他们建立了不同的机制，通过了在责任方面的法律，但是他们打破了自己的法则。例如，他们建立了国会预算办公室，由他们任命的人来领导，但是拒绝公布那些需要评估政府责任的信息。相反，政府质疑那些尝试公布他们实践的行为，通常通过法庭，也通过在日常国会质询期的反对派，避免媒介质询，因此通过掩盖信息或操纵公民所需的信息来阻碍透明度。政治营销提供了一系列有吸引力的战略传播工具和机会，给晚期的民主国家加拿大带来满意的结果。对政党来说，它也是极有用和成功的策略，能够使活动战略化，而治理社会的某些部分，只能在政党的传播战略中减少人们的注意，信任的缺乏，最终导致选举和执政期间政府缺乏来自公民的政治参与。这些交流行为被视为对公众的操纵，助长了政治上的疏忽，使得除党派和目标选民之外的公民不愿参加政治生活。公众不能轻松领悟诸如经济行动计划这类公共传播活动和政治活动之间的差别，因为前者也被政治化了。人们很难理解什么东西是政治上中立的，什么是有利益和有目的的。政治营销强化了市场行为，将之变得更加技术化，成为战略传播的升级版。在一个政府日渐收缩，检查和制衡都减少的年代，政治中的应用以及市场的精神与政党的欲望通过在战略传播中运用营销的方法，更加集权和占优势，在不远的将来这将成为活动的规则。

然而，我们很难将政治营销和公民的需求以及二战后所设想的广泛的民主形式相一致。当被权力团体运用的时候，例如国家战略传播总是有利益、有目的的，实际上，受众在关键时刻的消费可能有利于某些作恶者。正如哈拉汗等人认为这样的传播是排他的、狭隘的，关注的是其与公民的民主传播不协调的地方（Hallahan et al., 2007, p.4）。这里的例子表明，即使是政府宣传运动，也要向公民提供信息，包括一些微妙或公开的说服，以帮助政府掌权，而且，它们越来越多地涉及大量、昂贵的多媒体宣传活动，广泛但有选择性地传播。

结合本章分析的政治环境，我们很难相信战略传播和政治营销可以服务于公共利益。这样的传播建议降低公众做出政治选择的能力。社会行动者也有更多的机会来干扰政治；然而，我们也需要承认在阻碍公民对政府行动的挑战这件事情上存在权力失衡。公民社会团体本身能够运用战略传播反击，来抵制政府的战略和信息。然而，对当权者来说并不一定如此，因为他们能够直接影响这些行动者在一个嘈杂的媒介环境中被听到的能力。更有甚者，这种对受众的诋毁可能代表了一种对单向传播模式的回归，这种现象被James Carey批评（Carey, 1989），而程式化的模式并没有变得更民主和更互动，没有“帮助解释我们如何在社会团体、组织中构建共同的现实和文化，即使我们需要对持续的变革做出解释”（Bell, Golombisky, & Holtzhausen, 2002, p.5, Cited in Hallahan et al.,

2007）。媒体本应代表公众阐述政治行为，在履行民主功能时面临着结构性限制，这是政治家和政府没有失去的现实（和机会）。

就其本身来说，公众和媒体所面临的问题，需要引起对加拿大和其他国家在政治中战略传播伦理的关注。考虑到保守党政府在管理透明度，或者说公众利益方面的不妥协——所有公众，并不仅仅是目标公众——例如，恰当的战略传播，以及政治营销如何在公共环境中被运用，特别是在国家—公众关系已经不对称的情况下。

政治营销中肤浅的陈词滥调意味着它是一个中立的工具，但是实际上它给那些消费者灌输了分化的权力。让人迷惑的观点是信息不同于其他的商品，它有物质和符号的双重性（Mosco, 2009），因此，需要在应用的时候更加谨慎。当然，这也与人们对政治营销工具的理解不一致有关，因为它追求获得结果，且这种结果是中立的。对短期的政治传播来说，对自己有利的结果就是选举的成功，从长期来看，则是指霸权，一种意识形态的体制转移。

总之，批判性的传播方法揭示了国家和公民之间不平衡的权力关系，这种关系使得政治文化走向枯竭。它也揭示了加拿大近代政治历史中，战略传播应用的增加，以及新右派将其整合到营销的霸权中（Lilleker & Scullion, 2008, p.3）。此外，这种方法使我们看到政治营销的工具性如何将公民作为消费者商品化。政治营销在短期内对选举成功有可观的作用，但随着时间的推移，公众有进一步疏远的风险，重视公共领域的政府应该谨慎考虑。

参考文献

[1] Aucoin, P., & Turnbull, L. (2003). The democratic deficit: Paul Martin and parliamentary reform, *Canadian Public Administration*, 46(4), 427–449.

[2] Bennett, W. L., & Manheim, J. B. (2001). The big spin: Strategic communication and the transformation of pluralist democracy. In W. L. Bennett & R. M. Entman (Eds.), *Mediated politics: Communication in the future of democracy* (pp. 279–98). Cambridge, England: Cambridge University Press.

[3] Blanchfield, M., & Bronskill, J. (2010, June 7). Documents reveal extreme steps Conservatives use to control all federal events, announcements. *The Toronto Star*, p. A1.

[4] Blumler, J.G. (1990). Elections, the media and the modern publicity process. In M. Ferguson (Ed.), *Public Communication: The new imperatives* (pp. 101–113). London, England: Sage.

[5] Bowman, K. (2000). Polling to campaign and to govern. In N.J. Ornstein, & T.E. Mann (Eds.), *The permanent campaign and its future* (pp. 54–74). Washington DC, WA: American Enterprise Institute and The Brookings Institution.

[6] Canada. (1988). *Government communications policy of the government of Canada*. Ottawa, ON: Treasury Board of Canada Secretariat.

[7] Canada. (2005). *Commission of inquiry into the sponsorship program and advertising activities. Who is responsible? Phase 1 report*. Ottawa, Canada: Government of Canada (Gomery Inquiry).

[8] Canada. Privy Council Office (2004). *Table A-1—Resources by strategic outcomes and business lines*,

DPR 2003–4 (Departmental plans and priorities). Retrieved from http://www.collectionscanada.gc.ca/webarchives/20060120012007553/http://www.tbs-sct.gc.ca

[9] Canada. Privy Council Office (2010). *Report on plans and priorities 2010–11*. Retrieved from www.tbs-sct.gc.ca/rpp/2010–2011/inst/pco/pco-eng.pdf

[10] Carey, J. W. (1989). *Communication as culture: Essays on media and society*. Winchester, MA: Unwin Hyman.

[11] Davis, A. (2002). The expansion of public relations and its impact on news production. In *Public relations democracy: Public relations, politics and the mass media in Britain* (pp. 19–41). Manchester, England, and New York: Manchester University Press.

[12] Deacon, D., & Golding, P. (1994). *Taxation and representation: The media, political communication and the poll tax*. London, England: John Libbey.

[13] Dobbin, M. (1998). *The myth of the good corporate citizen: Democracy under the rule of big business*. Toronto, Canada: Stoddart.

[14] Easton, B. (1994). How did the health reforms blitzkrieg fail? *Political Science*, 46(2), 215–233.

[15] Flanagan, T. (2007, September 22). Thou shalt not lean too far to the right. *The Globe and Mail*, p. A1.

[16] Fuchs, C. (2010). Grounding critical communication studies: An inquiry into the communication theory of Karl Marx. *Journal of Communication Inquiry*, 34(1), 15–41.

[17] Golding, P. (1992). Communicating capitalism: Resisting and restructuring state ideology. *Media, Culture and Society*, 14(4), 503–522.

[18] Gutstein, D. (2009). *Not a conspiracy theory: How business propaganda hijacks democracy*. Toronto, Canada: Key Porter.

[19] Hallahan, K. (2004). Integrated communication: Implications for public relations beyond excellence. In E.L. Toth (Ed.), *The future of excellence in public relations and communication management: Challenges for the next generation* (pp. 299–336). Mahwah, NJ: Lawrence Erlbaum.

[20] Hallahan K., Holtzhausen, D., van Ruler, B., Verçiç, D., & Sriramesh, K. (2007). Defining strategic communication. *International Journal of Strategic Communication*, 1(1), 3–35.

[21] Havemann, P. (1998). Social citizenship, re-commodification and the contract state. In E. A. Christodoulidis (Ed.), *Communitarianism and citizenship* (pp. 134–57). Aldershot, England: Ashgate.

[22] Kozolanka, K. (2006). The sponsorship scandal as communication: The rise of politicized and strategic communication in the federal government. *Canadian Journal of Communication*, 31(2), 343–366.

[23] Kozolanka, K. (2007). *The power of persuasion: The politics of the new right in Ontario*. Montreal, CA: Black Rose Press.

[24] Kozolanka, K. (2012). 'Buyer beware': Pushing the boundaries of market communications in government. In A. Marland, T. Giasson & J. Lees-Marshment (Eds.), *Political marketing in Canada* (pp. 107–22). Vancouver, CA: UBC Press.

[25] Kozolanka, K., Mazepa, P., & Skinner, D. (2012). Introduction: Considering alternative media in Canada: Structure, participation, activism. In K. Kozolanka, P. Mazepa, & D. Skinner (Eds.), *Alternative media in Canada* (pp. 1–22). Vancouver, CA: UBC Press.

[26] Lees-Marshment, J. (2001). The marriage of politics and marketing. *Political Studies*, 49(4), 692–713.

[27] Lees-Marshment, J. (2011). *The Political Marketing Game*. Hampshire, UK: Palgrave Macmillan.

[28] Lees-Marshment, J., & Lilleker, D. G. (Eds.) (2005). *Political marketing: A comparative perspective.*

Manchester: Manchester University Press.

[29] Lilleker, D. G. (2006). *Key concepts in political communication*. London, England: Sage.

[30] Lilleker, D. G., & Scullion, R. (2008). Introduction. In D. G. Lilleker & R. Scullion (Eds.), *Voters or consumers: Imagining the contemporary electorate* (pp. 1–11). Newcastle, England: Cambridge Scholars Publishing.

[31] Macleod, C. (1999). Introduction. In V. Pietropaolo, *Celebration of resistance: Ontario's days of action*, pp. 1–3. Toronto: Between the Lines.

[32] Milewski, T. (2012). Tories trying to block new evidence in robocalls case. CBC News. Retrieved from http://www.cbc.ca/news/politics/story/2012/08/03/pol-hamilton-council-canadians-robocalls.html

[33] Mosco, V. (2009). *The political economy of communication* (2nd ed.). Thousand Oaks, CA: Sage.

[34] Nadeau, R., & Giasson, T. (2003). *Canada's democratic malaise: Are the media to blame?* Montreal, CA: Institute for Research on Public Policy.

[35] Norris, P. (2000). *A virtuous circle: Political communication in postindustrial societies*. Cambridge, England: Cambridge University Press.

[36] O'Shaughnessy, N.J. (2004). *Politics and propaganda: Weapons of mass seduction*. Ann Arbor, MI: University of Michigan Press.

[37] Osborne, S. P. (2010). *The new public governance?: Emerging perspectives on the theory and practice of governance*. London, England: Routledge.

[38] Paré, D., & Berger, F. (2008). Political marketing Canadian style? The Conservative party and the 2006 general election. *Canadian Journal of Communication*, 33, 39–63.

[39] Putnam, R. (2000). *Bowling alone: The collapse and revival of American community*. New York: Simon and Schuster.

[40] Rose, J. (2000). *Making "pictures in our heads": Government advertising in Canada*. Westport, CT: Praeger.

[41] Rubin, K., & Kozolanka, K. (2013). Managing information: Too much publicity, not enough information. In K. Kozolanka (Ed.), *Publicity and the Canadian state*. Toronto, Canada: University of Toronto Press.

[42] Savigny, H. (2008). The construction of the political consumer (or politics: What not to consume. In D. G. Lilleker & R. Scullion (Eds.). *Voters or consumers: Imagining the contemporary electorate* (pp. 35–50). Newcastle, England: Cambridge Scholars Publishing.

[43] Scammell, M. (2001). The media and media management. In A. Seldon (Ed.). *The Blair effect* (pp. 509–533). London, England: Little, Brown.

[44] Skinner, D., & Gasher, M. (2005). So much by so few: Media policy and ownership in Canada. In D. Skinner, J. R. Compton & M. Gasher (Eds.), *Converging media, diverging politics: A political economy of news media in the United States and Canada* (pp. 51–76). Oxford, England: Lexington Books.

[45] Sussman, G. (2010). *Branding democracy: U.S. regime change in post-soviet Eastern Europe*. New York: Peter Lang.

[46] Ward, I. (2007). Mapping the Australian PR state. In S. Young (Ed.). *Government communication in Australia* (pp. 3–18). Cambridge, England: Cambridge University Press.

第二十七章
战略健康传播：基于理论和实证的运动开发

康斯坦斯·罗斯曼

健康传播

健康传播是预防和保健的一个中心领域。这个领域包含了健康和疾病中的任何类型的传播，它们或者是偶然发生的，例如通过电视肥皂剧传递健康信息；或者以告知、教育、促进健康或预防疾病。健康传播已经按照多种方式被界定。因为它视野广泛，我们似乎可以概括性地界定它。按照Jackson和Duffy的说法，“健康传播研究的重点是在健康保健过程中人与人之间的互动，以及与健康相关的信息的阐明和传播”（Jackson & Duffy, 1998, p.ix-x）。

健康传播发生在四个层次：

- 人内传播——个人内部的心理和传播的过程；
- 人际传播——个人之间信息的交换（例如，提供者—患者之间的互动）；
- 在健康机构语境下的组织传播（例如，医院的公共关系）；
- 大众媒介传播（Signitzer, 2001）。

在后面的领域中，可以根据传播科学的传统研究界定不同的领域：新闻研究（例如，医学新闻），媒介内容（例如，媒体中对健康的描述），媒介运用（例如，对健康内容的选择性暴露），媒介效果（例如，媒介对与健康相关的认知、态度和行为的影响，以及信息类型是否适合说服和激励个体进行健康行为）（Viswanath, 2008; Walsh-Childers & Brown, 2009）。大众媒介健康传播史上的一个中心问题是发展、促进和预防健康的传播活动，这也是本章的重点。

健康传播活动

健康传播活动可以按照几种方式界定。引用最多的概念来自E. M. 罗杰斯和斯托瑞（Rogers & Storey, 1987, p.821）。他们认为对传播活动而言，有四个要素至关重要：（1）一个致力于带来特定影响或结果的活动；（2）在数目相对较大的个体中；（3）常常在一个特定的时间段里；（4）通过一系列有组织的传播活动。Rice和Atkin拓展了他们的概念，将公共传播活动描述为：（1）有目的的尝试；（2）告知、说服、或激励行为改变；（3）在界定清楚的大批受众中；（4）不以营利性为目的，而是为了个体或全社会；（5）一般在一个给定的时间段里；（6）使用包括大众媒介在内的有组织的传播活动；（7）常常以人际传播为补充（Rice & Atkin, 2009, p.436）。

即使“健康活动”这一概念被很多学者在日常语言中使用（Rogers & Storey, 1987; Rice & Atkin, 2009），但它实际上指的是更广泛的“传播活动”的概念，它既运用于健康议题，也用于其他议题。传播活动仅仅是解决各类社会问题的战略中的一种，例如健康问题。社会问题只有将技术发展（例如药物）、法律管理（例如禁烟）、经济管理（例如烟草税）与传播活动结合起来才能得到解决。虽然它们是相关的，但是传播活动并不等同于广告、营销、公共关系、大众媒介传播或者人际传播；然而，它们都利用了这些要素（Bonfadelli & Friemel, 2010）。

即使在18世纪早期，也已经进行了少量的用传播的手段来提升公共健康的尝试，例如，防治天花（Atkin & Marshall, 1996）。然而，直到20世纪中叶，活动的开发者和学者才开始合作，从而提升项目的设计和实施。他们开始承认个人的生活方式是健康的重要决定因素，甚至超过了生物和基因因素的影响，在加强健康推广影响的过程中扮演了主要的角色；世界卫生组织在《渥太华健康促进宪章》中确立了这一联系（World Health Organization, 1986; Fertman, Allensworth, & Auld, 2010）。

健康传播项目的分类

推广往往以不同的形式出现，可以按照几个维度分类。首先，它们的不同之处在于健康领域。最常被提及的领域是烟草消费、冠心病、酗酒和药物滥用以及癌症预防（Wakefield, Loken & Hornik, 2010）。传播活动也可以按照涉及的利益相关者的不同类型来区分：政府组织（例如，疾控中心）、非营利机构（例如，基金、协会）、健康保险，或者医药公司。传播活动也可以按照接收者来区分。他们确定了特定的目标群体，不论直接或不直接，他们都通过人际传播影响他们的同龄人。如果传播运动使用政策策略，那么他们首先界定了政治家，再依次检查他们相关的社会和法律条件（Rice & Atkin, 2009, p. 440）。另一个基本区别是一个传播活动的目的，是促进健康（健康行为，例如，身体行动需要执行或稳定）还是预防（不健康行为，例如，禁止滥用药物）（Silk, Atkin & Salmon, 2011）。此外，传播活动还可进一步按照结果来区分。

在个人层面上，传播活动涉及情感、认知、行为或心理的结果。情感的结果是对健康信息的情感性反映（信任、恐惧、不确定性），认知的结果指的是知识、感知或态度，行为结果在健康或信息行为的改变中变得明显。心理结果在健康领域中起到重要作用，例如，减肥或减少血液中胆固醇水平（Kreps, O'Hair, & Clowers, 1994）。E. M. 罗杰斯通过与其他传播领域的对比，指出健康传播的特征正是它对于正面结果的普遍关注（Rogers, 1994）。当然，健康传播活动常常追求正面结果，例如，提升人们的健康行为。然而，有时它们也试图带来负面的情绪，再试图达成积极的行为结果（例如，引起恐惧以引发行为改变诉求，见下文）。对健康传播活动的进一步区分指的是不同的信息类型的运用（告知、解释、说服），这些信息通过不同的渠道，或多种渠道结合来传播（电视、广播、印刷媒介、互动媒介、移动媒介、人际传播）（Wakefield et al., 2010; for further classifications see Rice & Atkin, 2009, p.436）。

健康运动的有效性

按照罗杰斯和斯托瑞的研究，活动研究可以分为三个时代（Rogers & Storey, 1987）。20世纪40—50年代是影响最小的时代的顶峰。在这一活动研究的早期阶段，大部分的活动都未能达成它的目标结果。20世纪60—70年代，进入了一个活动可以成功的年代，前提是它们按照战略的方式进行（Rogers & Storey, p.829），利用形成性评价，设定合理的活动目标、将受众细分，并考虑人际传播的作用。因此，学者们开始发现、制定和标准化活动的开发和设计的原则。通过这个方法，更多活动获得了预期的效果，其中就包括著名的“斯坦福心脏病预防三个社区项目”（Maccoby & Altman, 1988）。20世纪80—90年代被认为是调节效应的时代。学者研究活动效果的条件和限制的时候，发现活动的效果进一步增加。

在这三个时代之外，Noar界定了活动研究的一个新时代，它始于2000年持续至今：条件效果的时代（Noar, 2006, p.22）。在这个时代，活动发展日益成熟的原则被有效地、创造性地实施，从而有效性进一步提高。然而，活动效果按照界定的结果发生改变。关于知识或风险认知的传播活动的影响似乎比对态度的影响更强，相应地也更容易发生影响（Silk et al., 2011）。一些分析（Derzon & Lipsey, 2002; Snyder & Hamilton, 2002）和评论（Silk et al., 2011; Wakefield et al., 2010）确定了即使在行为改变的语境中也能增加活动有效性的几个要素。

首先，较高的目标对活动的有效性产生正面影响。信息实施、新信息和通过广电或多媒体渠道传播都是有效性因素。同时，介绍新行为的机会比改变既有行为的机会更高。单一的或偶发的行为（例如，皮肤癌筛查）比习惯性、反复发生的行为更容易受到影响（例如，营养、物理活动）。政策手段、公共关系行为作为传统媒介运动的补充措施，也能够增加项目的有效性。人际传播和通过新技术的传播（交互网络应用、移动媒介）是提升活动有效性的重要手段。与之相对地，在媒体报道、娱乐或广告（例如，不健康食品的广告）中的反对信息会降低宣传的效果；社会规则（例如，在特定群体内的烟草消费）；成瘾；媒介受众的细分使得人们更难通过特定渠道接触特定受众，可能导致活动效果降低的其他因素还有扭曲的风险认知（例如，乐观的偏见或第三者认知；Chapin, 2000; Weinstein, 1980）以及感应抵抗（Hong & Faedda, 1996）和回旋效果（Wakefield et al., 2010）。

战略传播开发

因为传播活动的有效性依赖于多种因素，最重要的是促使有效的运动变为战略活动。上文所提到的E. M. 罗杰斯和斯托瑞指出四种策划传播活动的战略（Rogers & Storey, 1987），在20世纪60—70年代的潜在宣传效果年代就已经被确定：形成性评价、合理的活动目标、受众细分和人际关系渠道。之后又确定进一步的重要战略。虽然对战略步骤的顺序和叫法还没有清晰的共识，但健康传播的学者都认同战略步骤是一个提升活动效果的基本元素（Bonfadelli & Friemel, 2010; Noar, 2006; Silk et al., 2011）。

战略步骤

1. 起点是问题识别和对当前情境的分析，检查现状、原因、决定因素和变革的机会（也包括形成性评价）。在这个语境中，目标行为的中心决定要素，可以按照理论或实证的证据来确定。如果现有的证据（例如，既往的研究和评论）是不够的，这个步骤还包含了定性和定量研究（例如，焦点小组、调查）。

2. 运动开发的另一个重要步骤涉及特定群体或几个特定群体（受众细分）的详细阐述。目标群体可以按照几个相关标准的背景来指定，它一般包括了人口因素（例如，年龄、性别、教育）、媒介消费行为、生活方式。这些标准可能也包含了特定群体的个体受健康问题或风险行为影响的程度、行为决定因素以及行为改变的准备程度（也被称为“改变的阶段”，Prochaska，Redding & Evers, 2008）。作为一般规则，它可以被用来确定和描述目标群体；在任何情况下我们都不建议笼统地界定受众。

3. 活动的目标也要被清楚地界定。在这个语境下，活动信息的直接接收者和活动结果都需要被界定。在某些情况下，特定的目标群体被直接确定；在其他的情况下，项目被确定为针对相关的社会团体（例如，父母、老师），后者反过来又向相关目标群体传播信息（例如，他们的孩子）。按照以上对结果的分类标准，活动可以针对认知、情感、行为或身体的结果。在某些情况下，适当的结果是公共认知：例如，如果问题都不为人所知的话。在其他情况下，以行为改变为目标是合适的。

4. 在上述步骤的背景下，我们需要选择一个适当的活动战略，哪类信息更适合到达目标群体？怎样的信息诉求可以被运用（例如，恐惧诉求、收获框架的信息、幽默、情色诉求）？信息的口吻是告知的、解释的或说服的？

5. 下一个步骤指的是活动的实施。运动的开发者必须要确定选择哪种媒介渠道，特定的样式或项目，以及怎样的人际传播方式来传播信息。这些决策取决于先前的步骤和决策（例如，目标群体将会影响实施）。

6. 最后一个步骤指活动有效性的评价。在这个步骤中有些东西必须时刻记住。第一，评价的结果很大程度上依赖于意图的结果和活动的目标。第二，我们必须区分效果（任何可以追溯到活动的结果变量的变化）、有效性（与开始界定的活动目标一致的效果）、效率（花费和成果之间的收支平衡）（Bonfadelli & Friemel, 2010）。第三，评价包含了总结性评价，在一个活动实施之后进行；形成性评价，往往在活动开发之前（问题分析）；活动开发过程中的评价（信息的测试或信息的类型）；在活动实施过程中的评价。

简而言之，成功的活动策划、开发、实施和评价的关键战略如下（Noar, 2006, p.25）：形成性评价（问题识别）、基于理论的活动开发、目标群体的细分、针对目标群体的信息开发和设计、通过目标群体使用的渠道传播信息、使用适当方法的总结性评价（Bonfadelli & Friemel, 2010; Finnegan & Viswanath, 2008; Silk et al., 2011）。

理论基础

如上文所述，理论的运用是一个基本战略，它是为了增加运动的效果和效率（Finnegan & Viswanath, 2008; Noar, 2006）。除了发现生活方式和健康行为对于流行病学和医学的改变外（例如，为了预防2型糖尿病而增加运动），传播学对大众媒介的使用和影响的结果，从认知心理学、信息加工、说服策略，到卫生心理知识，对健康行为的决定因素都是非常重要的（Rossmann, 2010a; 图27.1）。

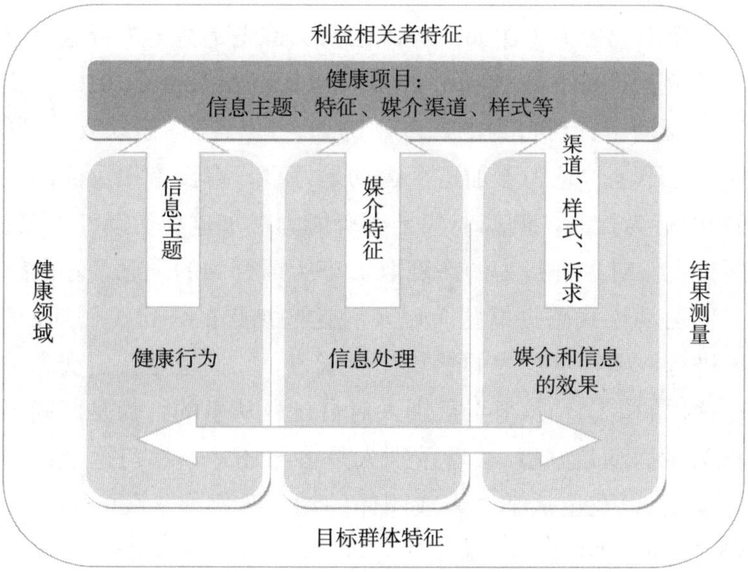

图27.1　健康活动的理论基础

行为理论

社会心理和健康心理给我们提供了几个理论来解释（健康）行为和行为的决定因素，例如，社会认知理论（Bandura, 2001）、跨理论模型（Prochaska et al., 2008）、健康信念模型（Champion & Skinner, 2008）、计划行为理论（TPB）（Ajzen, 2005; Fishbein & Ajzen, 2010）。基本上，每个理论对于特定行为的相关影响因素都非常有用。具体而言，建立良好的计划行为理论和整合行为理论（IBM）（Montano & Kasprzyk, 2008），使计划行为理论适应健康领域的研究，并进一步整合了相关的概念，提供了良好的理论基础。这两个模型不仅确定了主要因素，也确定了决定行为意图和行为的潜在观念。因此，这两个理论使得健康学者能够非常精确地测量健康行为的决定因素——例如，身体运动。图27.2显示了在一个关于糖尿病预防的语境下，身体运动的一个整合模型。

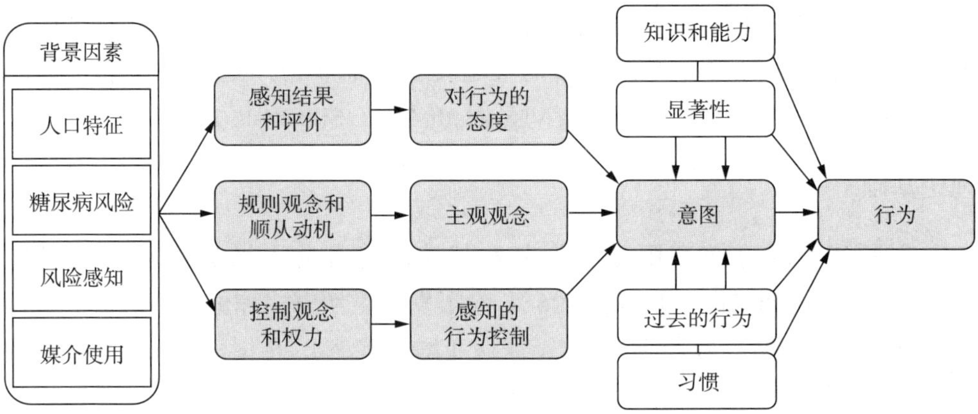

图27.2　计划行为和整合行为理论应用于身体运动

根据计划行为理论，行为（例如，身体运动）首先是基于进行这个行为的目的（例如，我们是否需要做运动呢？）（Ajzen, 2005; Fishbein & Ajzen, 2010）。实施行为的意图被三个特定要素所驱动：针对行为的态度（例如，进行身体运动有好处吗？），主观的观念（例如，他人是不是也认为参加这个运动是好事，有没有很重要的人也在做这个运动？），以及感知的行为控制（例如，我是否有能力参加这项运动？）。这三个构成部分被特定的观念所决定。对这种行为的态度取决于所谓行为的观念，它由行为的可感知后果构成（例如，做运动让我感觉好些）以及对这些结果的评价（例如，感觉更好）。主观的标准描述了进行一项特定行为的感知社会压力。它们也是特定观念（标准）的一种功能：人们常有这样的信念，并很看重别人对自己所从事的行为是赞同还是不赞同（例如，我的丈夫认为做运动是好事），看重别人是参与还是不参与这个行为（例如，我的丈夫正在参与运动），以及遵从某个人或团体的动机（例如，我的丈夫认为什么是重要的）。感知的行为控制是意图的第三主要决定因素，也就是所谓控制理念的功能，它基于能够推动或阻碍某种行为的感知因素（例如，我没有时间参加运动），能够阻碍或抑制行为的感知的权力因素（例如，没有时间是阻碍参加运动的因素）。

在过去的几十年里，很多研究和一些分析已经确认了在健康领域和其他语境下，关于不同议题的计划行为理论的假设（Albarracín, Johnson, Fishbein & Muellerleile, 2001; Armitage & Conner, 2001; Sheeran & Taylor, 1999; Sheppard, Hartwick & Warshaw, 1988; Fishbein & Ajzen, 2010; Rossmann, 2010b）。举个例子，研究一直确认了在运动行为语境下的计划行为理论。Hausenblas，Carron和Mack对31项研究做了分析，总结了做运动可以很好地被计划行为理论所解释（Hausenblas, Carron, Mack, 1997）。Hagger，Chatzisarantis和Biddle通过对72项研究的分析确认了这个观察结果（Hagger, Chatzisarantis, Biddle, 2002）。然而，将过去的行为和自我效能作为额外的行为影响因素（除了态度、主观观念、感知的行为控制）改善了这个模型。它可以解释60%的参与运动意图的改变，和47%的实际行为的改变。Downs和Hausenblas对111项研究进行了进一步的分析，确认了这个理论在解释运动方面的作用（Downs & Hausenblas, 2005）。

运用行为理论确定关键信息

因此，计划行为理论为开展身体运动提供了富有成效的理论工具。特别是，计划行为理论应当被用于形成性分析从而确定健康行为的最重要决定因素，例如，运动，以及潜在的行为、规范和控制理念。即使很多研究指出行为意图被态度、主观规则和说服性行为所影响，人们也可以假设对这三个构成部分的影响是不同的。研究已经表明，与其他两个构成部分相比，主观观念对意图的影响相对较小（Singh, Leong, Tan, Cheong Wong, 1995）。此外，学者还观察到了不同的对象群体对三个构成部分的不同影响（Trinh, Rhodes & Ryan, 2008，男女之间的差异；Plotnikoff，Karunamuni & Brunet, 2009，1型和2型糖尿病患者之间的差异）。根据不同的团体对态度、主观观念、感知行为态度、效果的大小，我们有必要确定针对各类构成部分的运动信息。假设感知行为控制对进行运动的意图有很强的影响，然而态度和主观标准与这些意图仅仅是轻微的相关，我们有理由认为运动感知的行为控制部分是合理的。感知的行为控制是重要的决定因素，必须在下一步确定哪些控制理念是最强的相关因素。因此，我们可以合理的界定这个因素是改变健康行为的最有效因素。

案例

马多克、斯巴鲁兹和瑞杰纳什将这个策略应用于识别大众媒介运动的有效信息，以促进美国的体育活动（Maddock, Silbanuz, Reger-Nash, 2008）。作者进行了目标群体之间的一个行为规划研究，从而找到哪类行为规划构成部分对人们每天走路30分钟的意图有重要影响。结果表明，感知的行为控制是常规运动的决定因素。感知的行为控制最强的影响因素是没有时间，也就是说，人们越是感觉到自己每天没有时间去走路，他们就很少会进行这个行为。在这个背景下，作者发起了所谓的“加快步伐”的运动，宣传如果将时间跨度分为3次10分钟，人们可能更容易完成每天至少30分钟的运动（Hawaii Department of Health, 2009）。

罗斯曼也将这个策略应用到德国30—60岁的成年人，以确定每天进行运动的决定因素（Rossmann, 2013）。第一步，他们对10名年龄在30—60岁的德国人进行了定性访谈，从而在该人群中确定关于运动行为对糖尿病的特定观念。出现频率最高的回答被选出来整合到定量研究的问卷中。考虑到日常运动（行为观念）的感知后果，参与者经常提到“我觉得很好”“我现在状态不错”“我正在减肥”；其他人是同伴、孩子、父母/兄弟姐妹、同事和朋友。促进或阻碍运动（控制观念）的因素是“与其他人在一起活动”“运动费时间”“身体的不适”。第二步，我们随机对30—60岁的德国成年人（n = 1,006名受访者）进行了计算机辅助电话采访。计划行为理论的构成部分（行为意图、对运动的态度、主观意识、感知的行为控制，也包括行为、规范和控制观念）按照Ajzen提供的计划行为理论结构测量指南收集（Rossmann, 2006; Rossmann, 2010b）。

进一步收集关于糖尿病、健康预防行为、过去的运动行为的原因和结果、自我效能、习惯、知识的数据。关于背景因素，诸如人口变量、媒介使用、糖尿病风险，也包括感应抵抗、第三人感知、乐观的偏见。结果揭示了一个持续性的模式。计划行为理论可以很好地解释人们的意图，然而感知行为控制的影响与态度和主观观念相比非常可观。

下一步，我们将分析控制观念之下潜在的感知行为控制。这个结果表明有些观念比其他观念更加重要。特别是，在那些促使人们参与活动的观念中，如果有同伴参与活动，成为其中最重要的影响因素。总之，结果表明如果30—60岁之间的德国成年人相信他们有能力做运动，他们将会更愿意进行运动。如果人们有其他人陪伴，他们的感知行为控制能力很强。因此，与同伴关系和社群结合的针对感知行为控制的活动应该比针对知识、态度或主观观念的活动更有效。

该策略遵循了通过信息内容的识别能够到达特定的目标群体，并改变了他们各自的行为。即使识别信息的效果仍然需要通过以上的研究来评价，在其他的健康领域中一系列的评价也已经表明按照计划行为理论维度中的干预在改变健康行为方面发挥了作用（Albarracín et al., 2003; Albarracín et al., 2005; J. B. Jemmott, L. S. Jemmot & Fong, 1992; Kalichman, 2007; Kamb et al., 1998; Rhodes, Stein, Fishbein, Goldstein & Rotheram-Borus, 2007）。

运动信息的设计和传播

即使信息的内容能够到达特定的群体并让他们相信，但可能还不足以真正实现运动目标。在下一步，来自认知科学和传播理论的经验表明，包括在特定目标群体中媒介使用的形式都需要考虑并决定如何表现信息。我们还需要考虑是否通过运动，或者信息，或者电视娱乐节目、报纸、海报来传播，以及考虑是否要通过恐惧诉求或幽默的吸引力来面对目标群体。

信息设计

一般来说，健康信息可以有不同的框架。最普遍，也是被质疑最多的方式是运用恐惧诉求。恐惧诉求被界定为“说服性信息，通过描述人们如果不按照信息所推荐的方式生活的话，后果让人们害怕”（Witte, 1992, p.329）。恐惧诉求包含了三个不同的元素：恐惧、感知的威胁（严重程度和易感性）、感知效能感（自我效能感和响应效能感）（R. Rogers, 1975; Witte & Allen, 2000）。正如研究表明的那样，恐惧诉求并不总是产生积极的结果；事实上，它们确实能够引起（常常是不想要的）消极效果，例如，无知或抵抗（Witte & Allen, 2000）。因此，健康信息总是将强调不健康行为的健康风险或消极后果的恐惧诉求与如何减少这种风险的信息结合起来。因为詹尼斯和弗什巴赫（1953）等前沿学者已经发表了大量关于这个主题的文献（Ordonana, González-Javier, Espín-López, & Gómez-Amor, 2009, p.195）。同样，他们已经进行了一系列的分析。Witte 和 Allen（2000, p.595）再次确认了过去的分析（Boster & Mongeau, 1984; Mongeau, 1998; Sutton, 1982），发现了恐惧诉求和信息有效性之间的正相关关系：对威胁和效能感知的程度越高，对态度、意图和行为变化的改变就越大。因此，早期研究中表明，存在曲线关系（Kohn, Goodstadt, Cook, Sheppard, Chan, 1982）或负相关关系（Janis & Feshbach, 1953）还没有被确认。最近，霍格、斯托比和维特（2007）进行了一次分析，区分了易感性和风险严重性的影响。他们发现易感性和严重性效果之间的细微差别，虽然研究一般趋向与过去的分析结果是一致的（Witte & Allen, 2000）。

在一个文本中，恐惧诉求是一个激烈的短语（例如，一个疾病可能带来的最坏后果）或者恐怖的图像（例如，因抽烟而坏掉的肺）。图像似乎在传播健康风险方面特别有效。一般来说，研究已经表明恐怖的或令人恶心的图像增加了人们对健康信息的关注以及花费在上面的时间（Leshner, Vultee, Bolls, Moore, 2010; Zillmann, Knobloch, Yu, 2001）。在他们的分析中，霍格等人比较了两种操作严重性的方式（Hoog, Stroebe, Wit, 2007）：图像（图片或电影）和书面信息。他们发现，唤起恐惧信息和书面信息之间的细微差别，但是两者都对态度、意图和行为有显著的正面效果。

虽然在很多情况下，在某些环境中恐惧诉求可能不是展示和说明活动信息的适当方式。例如，考虑到以上所描述的案例，恐惧诉求似乎并不稳定，因为运动的关键决定因素并不是恐惧或风险感知，而是参与身体活动的感知能力。在这种情况下，其他的信息诉求可能会更加有效，例如，描述收获的信息（O'Keefe & Jensen, 2008）、幽默信息（Conway & Dubé, 2002）、性诉求（Reichert, Heckler & Jackson, 2001; C. Struckman-Johnson, D. Struckman-Johnson, Gililand & Ausman, 1994），或者陈述信息、案例信息（Betsch, Ulshöfer,

Renkewith & Betsch, 2011; Jansen, Croonen & de Stadler, 2005; Kim, Bigman, Leader, Lerman & Cappella, 2012)。

正如我们在恐惧诉求语境中所讨论的一样，信息可以通过文本传播（例如，口号）或图片传播。有时候一张图片可能比文字更能说明问题。这是作者在德国成年人中推广做运动的背景下进行的一项研究的结论。为了评价信息的效果，学者进行了一个线上的实验，选取样本为30—60岁之间的成年人（n = 513）。被试者看到了一个虚拟的海报，上面有口号和图像，描绘了人们在做运动（例如，骑车或远足）。海报有两个设计，三处不同。因素1是口号，它是依据计划行为理论的三个维度设计的（口号1确定的是态度：例如，"锻炼是健康的"；口号2强调规范：例如，"其他人也这么做"；口号3强调感知的态度控制，例如，"一起做更容易"）。因素2是形象的类型，它显示了是一个人还是一群人参与这个运动。按照计划行为理论的研究，行为控制的口号和一群人参加活动的景象被认为比起其他版本更加有效。然而口号本身对于人们的感知、态度和行为意图并没有效果，但是形象确实能产生一些效果。特别是描绘了一群人的形象，与仅描绘一个人的形象相比效果要好得多。在这个案例中，图片中运动信息的描绘比仅有文本信息更加有效。考虑到框架互动信息的多重可能性（恐惧诉求、收益诉求、幽默、性诉求等），不同的描述方式（词语、图片），我们很难发现哪种方式最好。因此，我们在最终实施一个项目前，有必要对一些样本测试不同的可能性。

媒介渠道

不论我们如何精心地准备一个项目的信息，只有当它达到个体的认知和行为时，才会对他们产生影响。因为传统媒体的高到达率（电视、广播、报纸、杂志）提供了即时接触很多人的方式。然而，我们必须知道确定的特定目标群体的媒介使用方式。为了说明这一点，我们回到前面提及的增加德国成年人身体运动的项目。作为电话采访的一部分（n = 1,006），人们对媒介的使用情况进行了评价。结果表明，电视和无线电台是目标群体获得信息的主要媒介来源，这与德国典型媒介形式相符合。在相关电视类型中，德国成年人对信息、健康以及娱乐节目特别感兴趣。这个模式在很多其他的目标群体中也适用。相应地，很多学者建议寓教于乐是促进健康行为最有效的战略，"寓教于乐是一种有目的地设计和实施媒介信息以达成目的的过程，通过这个过程增加了受众关于教育议题的知识，创造了支持性的态度，转变了社会规范，改变外在行为"（Singhal, Cody, Rogers & Sabido, 2004, p.5）。在这个过程中，健康信息被实施，例如，被编入一部肥皂剧中，它使得观众能够偶然地学到健康知识。印刷媒介也是项目信息的理想媒介，它针对30—60岁的德国成年人，增加他们关于运动的知识。因为目标群体每周六天，至少会阅读一种报纸，每个月阅读两种杂志，这个渠道非常适合传播信息，尽管印刷媒体在一般人群中的重要性正在下降，特别是在1984年以前出生的人群中。

此外，除了传统的大众媒介渠道，互联网的重要性日益上升。研究结果显示，互联网是30—60岁之间德国人的主要信息渠道，对30岁以下的人群来说更加重要。互联网早期，它在传递健康信息时的作用就得到了认可（Suggs, 2006）。事实上，在线健康信息确实潜力巨大，因为互联网用起来便宜、方便，对时间和地点没什么要求。因此，它能够接触到那些传统媒体无法到达的人群。在线健康信息是交互的，还可以按照特定的目标群体进行编辑，甚至可以针对个人需求来编辑（Kreuter, Farrell, Olevitch, Brennan, 1999; Strecher, Shiffman & West, 2005）。因此，通过互联网和大众媒介的结合，使广泛的人际传播效果增强，从而提升干预效果（Neuhauser & Kreps, 2003）。

近年来，学者强调Web2.0时代的应用，认为它是传播健康信息的一种很有前途的途径。社交媒体除了具有混合属性，还将传统媒介的影响力与人际传播的互动性和动态性结合起来，为积极的信息生成和传播提供了机会，因为用户通过社交平台能够创建关于健康风险议题的博客、视频等。在做这些事情的过程中，用户的参与度增加，最终放大了对风险感知、态度和行为的潜在效果。社交媒体提供了一个简单的机会来表达对某个议题的支持，并将信息转发给朋友：例如，只要点击一下鼠标，"点赞"或"转发给朋友"键就可以实现。按照这种方式，健康风险信息不仅能够触达更多的受众，而且更重要的是，它们也能被信息的发起者所认识和信任的人传播，因此可以说，这些人在塑造观念、态度和行为的时候比陌生人更有影响力（Betsch et al., 2012; Abroms & Lefebvre, 2009; Thackeray, Neiger & Hansons, 2008）。最后，移动媒体和移动健康应用（例如，短信、应用程序），给人们提供随时随地接触信息的机会，也被认为是传播健康信息的有用工具（Noar & Harrington, 2012）。

挑战和视野

无论一个传播项目被设计和实施得多么好，它仍然很难改变人们的感知、态度和行为，不仅是在健康领域，也在战略传播的其他领域（例如，政治传播、环境传播、广告）。人们在日常生活中被无数的信息所包围。由于根深蒂固的习惯（例如，饮食习惯），由于成瘾，以及一定的行为观念（例如，购买快餐这类不健康的行为）比其他行为（例如，烹饪健康食品的行为）更容易。用来传递信息的渠道同时传播信息，因此，项目信息的矛盾可以减少它们的效果（例如，肥皂剧中抽烟的主人公、甜食和快餐的广告等这类不健康的信息）。

传播项目带来的另一个问题是，它们总会产生一系列意料之外的效果。Cho和Salmon界定了在健康传播领域中11类意料之外的效果（Cho & Salmon, 2007），同样适合于战略传播的其他领域：

（a）运动可以带来对健康风险的误解（困惑），（b）在最坏的情况下，它们可能导致不和谐反应，（c）回旋效果，（d）夸大悲伤（恐惧的流行），（e）健康风险是健康传播运动的可能结果，虽然直接影响到个人，但意料外的效果与社会层面有关，（f）意料外的社会规范，(g）歪曲的归因（过失），(h）机会成本，(i）现有态度的社会再生产或行为，(j）参与利益相关者的执行或形象推广（授权），(k）对社会团体的影响，这些社会群体反过来会对实际目标受众群体产生温和的运动的效果（系统激活）。

在这个背景下，可能会出现伦理问题（Rice & Atkin, 2009, p.439），它超出了在战略传播领域中对操纵的讨论，例如，广告、公共关系、政治传播。项目开发者必须依靠医学和流行病学的调查结果，来确定预防疾病的最好方法。但是，流行病学的发现也可能会发生改变（例如，对营养知识的了解，脂肪、胆固醇、糖、甜味剂等），因此，那些在今天看似正确的信息在未来可能变成错误的。因此，我们必须要问自己传播某些信息是不是正确的，万一这些信息是错误的，可能会伤害他人。此外，人们可能不只面临一个议题信息，而是多个健康议题（例如，肥胖、糖尿病、冠心病、接种疫苗）。世卫组织决定了哪个健康议题比其他议题更重要？在决定要针对哪些受众时，伦理问题再次出现，因为我们很难知道哪个群体最需要什么，承认一个群体的需求可能会以忽视其他群体的需求为代价。宣传运动可能不会同时对所有目标群体产生正面效果。例如，一个针对肥胖的运动可能有助于过重的人改变他们的行为，但是它同样可能加强了那些有饮食失调的人的不健康的饮食习惯。如果恐惧诉求故意激起人们的负面情绪，那么它在道德上是否合理？最后，我们是否能够证明传播健康信息和说服他人是正确的策略，如果我们并没有告诉他人我们是在试图说服他们，比如通过寓教于乐的方法。

人们可能认为处理健康信息意味着处理社会的信息，这些信息是为了帮助他人而传播的。然而，正如前文所指出的，实际的好处或坏处并不总是那么明显。当然，这些伦理困境不可能在本章中解决。然而，朝着这个正确方向迈出的一步可能是揭示说服的意图。在寓教于乐的语境下，研究表明说服意图的话语对项目的效果并没有产生负面的影响（Lampert, 2007）。最后，解决办法也不可能仅停留在传播健康议题上。然而，学者和实践者应当知道这些问题，才能在将来更有效地、更有伦理地进行健康传播。

参考文献

[1] Abroms, L. C., & Lefebvre, R. C. (2009). Obama's wired campaign: Lessons for public health communication. *Journal of Health Communication*, 14, 415–423.

[2] Ajzen, I. (2005). *Attitudes, personality and behavior*. Milton Keynes, England: Open University Press & McGraw Hill.

[3] Ajzen, I. (2006). Constructing a TPB questionnaire: Conceptual and methodological considerations. Retrieved 21 August, 2008, from http://people.umass.edu/aizen/pdf/tpb.measurement.pdf

[4] Albarracín, D., Gillette, J. C., Earl, A. N., Glasman, L. R., Durantini, M. R., & Ho, M.-H. (2005). A test of major assumptions about behavior change: A comprehensive look at the effects of passive and active HIVprevention interventions since the beginning of the epidemic. *Psychological Bulletin*, 131, 856–897.

[5] Albarracín, D., Johnson, B. T., Fishbein, M., & Muellerleile, P. A. (2001). Theories of reasoned action

and planned behavior as models of condom use: A meta-analysis. *Psychological Bulletin*, 127, 142–161.

[6] Albarracín, D., McNatt, P. S., Klein, C. T. F., Ho, R. M., Mitchell, A. L., & Kumkale, G. T. (2003). Persuasive communications to change actions: An analysis of behavioral and cognitive impact in HIV prevention. *Health Psychology*, 22, 166–177.

[7] Armitage, C. J., & Conner, M. (2001). Efficacy of the theory of planned behavior: A meta-analytic review. *British Journal of Social Psychology*, 4, 471–499.

[8] Atkin, C. K., & Marshall, A. (1996). Health communication. In M. B. Salwen & D. W. Stacks (Eds.), *An integrated approach to communication theory and research* (pp. 479–495), Mahwah, NJ: Erlbaum.

[9] Bandura, A. (2001). Social cognitive theory of mass communication. *Media Psychology*, 3, 265–299.

[10] Betsch, C., Brewer, N. T., Brocard, P., Davies, P., Gaissmaier, W., Haase, N., … Stryk, M. (2012). Opportunities and challenges of Web 2.0 for vaccination decisions. *Vaccine*, 30, 3727–3733.

[11] Betsch, C., Ulshöfer, C., Renkewitz, F., & Betsch, T. (2011). The influence of narrative v. statistical information on perceiving vaccination risks. *Medical Decision Making*, 31, 742–753.

[12] Bonfadelli, H., & Friemel, T. N. (2010). *Kommunikationskampagnen im Gesundheitsbereich. Grundlagen und Anwendungen* [Communication campaign in the health domain. Basics and applications]. Konstanz, Germany: UVK.

[13] Boster, F. J., & Mongeau, P. (1984). Fear-arousing persuasive messages. In R. N. Bostrom, & B. H. Westley (Eds.), *Communication Yearbook* 8 (pp. 330–375). Newbury Park, CA: Sage.

[14] Champion, V. L., & Skinner, C. S. (2008). The health belief model. In K. Glanz, B. K. Rimer, & K. Viswanath (Eds.), *Health behavior and health education: Theory, research, and practice* (pp. 45–65), San Francisco, CA: Wiley & Sons.

[15] Chapin, J. (2000). Third-person perception and optimistic bias among urban minority at-risk youth. *Communication Research*, 27, 51–81.

[16] Cho, H., & Salmon, C. T. (2007). Unintended effects of health communication campaigns. *Journal of Communication*, 57, 293–317.

[17] Conway, M., & Dubé, L. (2002). Humor in persuasion on threatening topics: Effectiveness is a function of audience sex role orientation. *Personality and Social Psychology Bulletin*, 28, 863–873.

[18] de Hoog, N., Stroebe, W., & de Wit, J. B. F. (2007). The impact of vulnerability to and severity of a health risk on processing and acceptance of fear-arousing communications: A meta-analysis. *Review of General Psychology*, 11, 258–285.

[19] Derzon, J. J., & Lipsey, M. W. (2002). A meta-analysis of the effectiveness of mass-communication for changing substance-use knowledge, attitudes, and behavior. In W. D. Crano, & M. Burgoon (Eds.), *Mass media and drug prevention: classic and contemporary theories and research* (pp. 231–258). Mahwah, NJ: Lawrence Erlbaum.

[20] Downs, D. S., & Hausenblas, H. A. (2005). The theories of reasoned action and planned behavior applied to exercise: A meta-analytic update. *Journal of Physical Activity Health*, 2, 76–97.

[21] Fertman, C. I., Allensworth, D. D., & Auld, M. E. (2010). In C. I. Fertman, & D. D. Allensworth (Eds.), *Health promotion programs: From theory to practice* (pp. 3–27), San Francisco, CA: Jossey-Bass.

[22] Finnegan, J. R., & Viswanath, K. (2008). Communication theory and health behavior change. The media studies framework. In K. Glanz, R. K. Rimer, & K. Viswanath K (Eds.), *Health behavior and health education: Theory, research, and practice* (pp. 363–387). San Francisco, CA: Wiley & Sons.

[23] Fishbein, M., & Ajzen, I. (2010). *Predicting and changing behavior. The reasoned action approach.*

New York: Taylor & Francis.

[24] Hagger, M. S., Chatzisarantis, N. L. D., & Biddle, S. J. H. (2002). A meta-analytic review of the theories of reasoned action and planned behavior in physical activity: Predictive validity and the contribution of additional variables. *Journal of Sport and Exercise Psychology*, 24, 3–32.

[25] Hausenblas, H. A., Carron, A. V., & Mack, D. E. (1997). Application of the theories of reasoned action and planned behaviour to exercise behaviour: A meta analysis. *Journal of Sport & Exercise Psychology*, 19, 36–41.

[26] Hawaii Department of Health (2009). Step It Up Hawaii Media Campaign. Retrieved 21 July, 2009, from http://www.healthyhawaii.com/about/about_start_living_healthy/step_it_up_hawaii_media_campaign.htm

[27] Hong, S. M., & Faedda, S. (1996). Refinement of the Hong Psychological Reactance Scale. *Educational and Psychological Measurement*, 56, 173–182.

[28] Jackson, L.D., & Duffy, B.K. (Eds.) (1998). *Health Communication Research. A Guide to Developments and Directions*. Westport, CT: Greenwood Press.

[29] Janis, S., & Feshbach, S. (1953). Effects of fear-arousing communications. *The Journal of Abnormal and Social Psychology*, 48, 78–92.

[30] Jansen, C., Croonen, M., & de Stadler, L. (2005). 'Take John, for instance.' Effects of exemplars in public information documents on HIV/AIDS in South Africa. *Information Design Journal and Document Design*, 13, 194–210.

[31] Jemmott, J. B., Jemmott, L. S., & Fong, G. T. (1992). Reductions in HIV risk—associated sexual behaviors among black male adolescents: Effects of an AIDS prevention intervention. *American Journal of Public Health*, 82, 372–377.

[32] Kalichman, S. C. (2007). The theory of reasoned action and advances in HIV/AIDS. In I. Ajzen, D. Albarracín, & R. Hornik (Eds.), *Prediction and change of health behavior. Applying the reasoned action approach* (pp. 265–272), Mahwah, NJ: Erlbaum.

[33] Kamb, M. L., Fishbein, M., Douglas, J. M. Jr, Rhodes, F., Rogers, J., Bolan, G., … Peterman, T. A. (1998). Efficacy of risk-reduction counseling to prevent human immunodeficiency virus and sexually transmitted diseases. *Journal of the American Medical Association*, 28, 1161–1167.

[34] Kim, H. S., Bigman, C. A., Leader, A. E., Lerman, C., & Cappella, J. N. (2012). Narrative health communication and behavior change: The influence of exemplars in the news on intention to quit smoking. *Journal of Communication*, 62, 473–492.

[35] Kohn, P. M., Goodstadt, M. S., Cook, G. M., Sheppard, M., & Chan, G. (1982). Ineffectiveness of threat appeals about drinking and driving. *Accident Analysis and Prevention*, 14, 457–464.

[36] Kreps, G. L., O'Hair, D., & Clowers, M. (1994). The influences of human communication on health outcomes. *American Behavioral Scientist*, 38: 248–256.

[37] Kreuter, M. W., Farrell, D., Olevitch, L., & Brennan, L. (Eds.) (1999). *Tailoring health messages: Customizing communication with computer technology*. Mahwah, NJ: Lawrence Erlbaum.

[38] Lampert, C. (2007). *Gesundheitsförderung im Unterhaltungsformat. Wie Jugendliche gesundheitsbezogene Botschaften in fiktionalen Fernsehprogrammen wahrnehmen und bewerten* [Health promotion in entertainment programs. How adolescents perceive and evaluate health-related messages in fictional television programs]. Baden-Baden, Germany: Nomos.

[39] Leshner, G., Vultee, F., Bolls, P., & Moore, J. (2010). When a fear appeal isn't just a fear appeal: The

effects of graphic anti-tobacco messages. *Journal of Broadcasting & Electronic Media*, 54, 485–507.

[40] Maccoby, N., & Altman, D. G. (1988). Disease prevention in communities: The Stanford Heart Disease Prevention Program. In R. H. Price, E. L. Cowen, R. P. Lorion, & J. Ramos-McKay (Eds.), *Fourteen ounces of prevention: A casebook for practitioners* (pp. 165–174). Washington, DC: American Psychological Association.

[41] Maddock, J. E., Silbanuz, A., & Reger-Nash, B. (2008). Formative research to develop a mass media campaign to increase physical activity and nutrition in a multiethnic state. *Journal of Health Communication*, 13, 208–215.

[42] Mongeau, P. (1998). Another look at fear arousing messages. In M. Allen, & R. Press (Eds.), *Persuasion: Advances through meta-analysis* (pp. 53–68). Cresskill, NJ: Hampton Press.

[43] Montano, D. E., & Kasprzyk, D. (2008). Theory of reasoned action, theory of planned behavior, and the integrated behavioral model. In K. Glanz, B. K. Rimer, & K. Viswanath (Eds.), *Health behavior and health education: Theory, research, and practice* (pp. 67–96), San Francisco, CA: Wiley & Sons.

[44] Neuhauser, L., & Kreps, G. L. (2003). The advent of e-health: How interactive media are transforming health communication. *Medien & Kommunikationswissenschaft*, 51, 541–556.

[45] Noar, S. M. (2006). A 10-year retrospective of research in health mass media campaigns: Where do we go from here? *Journal of Health Communication*, 11, 21–42.

[46] Noar, S. M., & Harrington, N. G. (2012). *eHealth applications. Promising strategies for behavior change*. New York: Routledge.

[47] O'Keefe, D. J., & Jensen, J. D. (2008). Do loss-framed persuasive messages engender greater message processing than do gain-framed messages? A meta-analytic review. *Communication Studies*, 59, 51–67.

[48] Ordoñana, J. R., González-Javier, F., Espín-López, L., & Gómez-Amor, J. (2009). Self-report and psychophysiological responses to fear appeals. *Human Communication Research*, 35, 195–220.

[49] Plotnikoff, R.C., Karunamuni, N., & Brunet, S. (2009). A comparison of physical activity-related socialcognitive factors between those with type 1 diabetes, type 2 diabetes and diabetes free adults. *Psychology, Health & Medicine*, 14, 536–544.

[50] Prochaska, J. O., Redding, C. A., & Evers, K. E. (2008). The transtheoretical model and stages of change. In K. Glanz, B. K. Rimer, & K. Viswanath (Eds.), *Health behavior and health education: Theory, research, and practice* (pp. 97–121), San Francisco, CA: Wiley & Sons.

[51] Reichert, T., Heckler S.E., & Jackson, S. (2001). The effects of sexual social marketing appeals on cognitive processing and persuasion. *Journal of Advertising*, 30, 13–27.

[52] Rhodes, F., Stein, J. A., Fishbein, M., Goldstein, R. B., & Rotheram-Borus, M. J. (2007). Using theory to understand how interventions work: Project RESPECT, condom use, and the integrative model. *AIDS and Behavior*, 11, 393–407.

[53] Rice, R. E., & Atkin, C. K. (2009). Public communication campaigns: Theoretical principles and practical applications. In J. Bryant, & M. B. Oliver (Eds.), *Media effects. Advances in theory and research* (pp. 436–468). New York: Lawrence Erlbaum.

[54] Rogers, E. M. (1994). The field of health communication today. *American Behavioral Scientist*, 38, 208–214.

[55] Rogers, E. M., & Storey, J. D. (1987). Communication campaigns. In C. R. Berger, & S. H. Chaffee (Eds.), *Handbook of communication science* (pp. 817–846), Newbury Park, Beverly Hills, London &

New Delhi: Sage.

[56] Rogers, R. (1975). A protection motivation theory of fear appeals and attitude change. *The Journal of Psychology*, 91, 93–114.

[57] Rossmann, C. (2010a). Zur theorie- und evidenzbasierten Fundierung massenmedialer Gesundheitskampagnen [Theory- and evidence-based foundation of mass-mediated health campaigns]. *Public Health Forum*, 18, 16–17.

[58] Rossmann, C. (2010b). *Theory of reasoned action—Theory of planned behavior*. Baden-Baden, Germany: Nomos.

[59] Rossmann, C. (2013). Strategic campaign development. Identifying effective messages for the promotion of physical activity in Germany. *International Journal of Communication and Health*, 1, 1–11.

[60] Sheeran, P., & Taylor, S. (1999). Predicting intentions to use condoms: A meta-analysis and comparison of the theories of reasoned action and planned behavior. *Journal of Applied Social Psychology*, 29, 1624–1675.

[61] Sheppard, B. M., Hartwick, J., & Warshaw, P. R. (1988). The theory of reasoned action: A meta-analysis of past research with recommendations for modifications and future research. *Journal of Consumer Research*, 15, 325–343.

[62] Signitzer, B. (2001). Ansätze und Forschungsfelder der Health Communication [Approaches and research fields in health communication]. In K. Hurrelmann, & A. Leppin (Eds.), *Moderne Gesundheitskommunikation* (pp. 22–35). Bern, Göttingen, Toronto, Seattle: Huber.

[63] Silk, K. J., Atkin, C. K., & Salmon, C. T. (2011). Developing effective media campaigns for health promotion. In T. L. Thompson, R. Parrott, & J. F. Nussbaum (Eds.), *The Routledge handbook of health communication* (2nd ed., pp. 203–251). New York, London: Routledge.

[64] Singh, K., Leong, S. M., Tan, C. T., & Wong, K. (1995). A theory of reasoned action perspective of voting behavior: Model and empirical test. *Psychology & Marketing*, 12, 37–51.

[65] Singhal, A., Cody, M. J., Rogers, E. M., & Sabido, M. (Eds.) (2004). *Entertainment-Education and social change. History, research, and practice*. New York: Routledge.

[66] Snyder, L. B., & Hamilton, M. A. (2002). A meta-analysis of U.S. health campaign effects on behavior: Emphasize enforcement, exposure, and new information, and beware the secular trend. In R. C. Hornik (Ed.), *Public health communication. Evidence for behavior change* (pp. 357–383). Mahwah, NJ: Lawrence Erlbaum.

[67] Strecher, V., Shiffman, S., & West, R. (2005). Randomized controlled trial of a web-based computer-tailored smoking cessation program as a supplement to nicotine patch therapy. *Addiction*, 100, 682–688.

[68] Struckman-Johnson, C., Struckman-Johnson, D., Gililand, R.C., & Ausman, A. (1994). Effect of persuasive appeals in AIDS PDSAs and condom commercials on intentions to use condoms. *Journal of Applied Social Psychology*, 24, 2223–2244.

[69] Suggs, L.S. (2006). A 10-year retrospective of research in new technologies for health communication. *Journal of Health Communication*, 11, 61–74.

[70] Sutton, S. R. (1982). Fear-arousing communications: A critical examination of theory and research. In J. R. Eiser (Ed.), *Social psychology and behavioral medicine* (pp. 303–337). London: Wiley.

[71] Thackeray, R., Neiger, B. L., Hansons, C. L., & McKenzie, J. F. (2008). Enhancing promotional

strategies within social marketing programs: Use of Web 2.0 social media. *Health Promotion Practice*, 9, 338–343.

[72] Trinh, L., Rhodes, R. E., & Ryan, S. M. (2008). Gender differences in belief-based targets for physical activity intervention among adolescents. *Social Behavior & Personality*, 36, 77–86.

[73] Viswanath, K. (2008). Health Communication. In W. Donsbach (Ed.), *The International Encyclopedia of Communication* (pp. 2073–2087). New York: Wiley.

[74] Wakefield, M. A., Loken, B., & Hornik, R. C. (2010). Use of mass media campaigns to change health behavior. *The Lancet*, 376, 1261–1271.

[75] Walsh-Childers, K., & Brown, J. D. (2009). Effects of media on personal and public health. In J. Bryant, & M. B. Oliver (Eds.), *Media effects. Advances in theory and research* (pp. 469–489). New York, London: Routledge.

[76] Weinstein, N. D. (1980) Unrealistic optimism about future life events. *Journal of Personality & Social Psychology*, 39, 806–820.

[77] Witte, K. (1992). Putting the fear back into fear appeals: The extended parallel process model. *Communication Monographs*, 59, 329–349.

[78] Witte, K., & Allen, M. (2000). A meta-analysis of fear appeals: Implications for effective public health campaigns. *Health Education & Behavior*, 27, 591–615.

[79] World Health Organization (1986). *Ottawa Charter for Health Promotion*. Retrieved 13 September, 2011, from www.who.int/hpr/NPH/docs/ottawa_charter_hp.pdf.

[80] Zillmann, D., Knobloch, S., & Yu, H. (2001). Effects of photographs on the selective reading of news reports. *Media Psychology*, 3, 301–324.

第二十八章
公共外交的战略维度

马丁·洛佛霍尔兹，克劳迪娅·奥尔和爱丽丝·斯露吉

作为战略传播的公共外交

“所谓公共外交的战略性是怎样的？”这个问题在公共外交的文献中很少被提及。相反，学术研究将公共外交活动的战略结盟视为一国公共外交成功的自然条件。只有少数的研究人员能够确定公共外交的具体战略维度。这也导致了公共外交和战略传播之间相关性的四种特征的阐述。一些作者视公共外交和战略传播为类似的概念；其他人则认为它们是不同的概念；还有一些人将公共外交或战略传播视为首要概念（Gregory, 2005; Wimbush, n.d.; Deutsch, 2010; Hayden, 2010; Leonard, Stead, and Smewing, 2002; Nye, 2004; Tatham, 2008; Department of Defense, 2004; Taylor, 2009; vanDyke & Verčič, 2009; Pamment, 2009）。这些相互矛盾的观点表明，公共外交、战略和战略传播的理论基础需要完善。因此，本章的目的是为战略传播与公共外交之间的关系提供一个新的理论视角。为了建立这样一个理论基础，首先我们将回顾一下公共外交的研究状况，该部分最后将对反映各个领域共识的概念作出定义，然后我们会考虑战略与战略传播方面的研究。在此基础上，我们将确定公共外交的战略维度。下一步，该维度将用于审查不同国家和地区的公共外交的案例研究（根据它们各自与研究的关系进行选择），以评估在具体实践中公共外交战略性实施的程度。

公共外交的概念

埃德蒙·A. 古利翁（Edmund A. Gullion），时任塔夫斯大学外交学院和法学院院长。1965年，他提出了“公共外交”的概念，并尝试将其从宣传主义的倾向中剥离出来（Cull, 2009b, p.19）。从那之后，这个概念不断地适应国际舞台的发展而持续得到完善。

在现代，后古利安时代的定义在传播模式和目标结构上发生了转变，从参与者的角度出发，由说服劝导过渡到相互理解。在冷战期间，古利安将公共外交界定为“政府、私人团体和个人影响其他人民和政府的态度和意见，从而对其外交政策决定施加影响的手段”（Edward R. Murrow Center of Public Diplomacy, n.d.）。冷战结束后，由于对国际政治的二分法认识，公共外交的概念侧重于为传播者创造理解。在那个时候，例如，Tuch将公共外交描述为“政府与外国公众沟通的过程，试图使人们了解其国家的理念和理想，制度和文化以及国家目标和现行政策”（Tuch, 1990, pp.3–4）。在美国“9·11袭击事件”之后，学术倾向转向相互理解，反映了诸多“参与”或“建立关系”等术语。例如，莱纳德等人指出，“公共外交是建立关系，了解其他国家、文化和人民的需要；传达我们的观点；纠正误解；寻找可以找到共同原因的领域”（Leonard et al., 2002, p.8）。但是，直到今天，关于公共外交还是缺乏一个全面的、达成一致的定义。然而，我们可以确定一个广泛的共识领域，即公共外交。

- 描述个人、政府和非政府组织的直接或大众的传播活动，它面向外国政府和/或外国公民和/或国内公众；
- 旨在直接或间接地减少负面的陈词滥调和偏见，对一个国家的理想、目标、外交政策、制度、文化和社会模式产生同情和理解；
- 还旨在建立积极的形象和关系，促进更密切的政治关系或联盟，并鼓励旅游业和外国直接投资。

关于公共外交的理论和经验知识是从全世界获得的，但是在地理上却不成比例地分布。大多数有关公共外交的研究机构和作者都位于美国（USC Center on Public Diplomacy, 2009），并以美国作为主要的分析对象（Adelman, 1981; Blinken, 2002; Critchlow, 2003; Cull, 2009a; Duffey, 2009; Hoffman, 2002; Laqueur, 1994; C. Lord, 1998; K. M. Lord, 2009; Mueller, 2009; Reinhard, 2009; Ross, 2002; Snow, 2004; Sun, 2008; Vlahos, 2009; vonEschen 2005），但是在东欧的大多数国家，这个概念根本没有被应用，或者只是被应用了很短的时间。同样在亚洲、非洲和南美洲的大多数国家也正处于通过探索公共外交解决外国公民身份的相关性的早期阶段（Chitty, 2009; Ehteshami, 2009; Heine, 2009; Ndhlovu, 2009; Ogawa, 2009; Starr, 2009; Szondi, 2009）。在西欧，研究人员在20世纪90年代初期就开始分析这一概念（Gramberger, 1994; Leonard et al., 2002; Melissen, 2005, 2006; Signitzer, 1993, 1995; van Ham, 2001, 2002）。因此，关于公共外交的研究仍然存在很大的偏见——大部分分析都是从美国的角度出发，忽略了亚洲、非洲、欧洲或拉丁美洲的利益。虽然研究者已经将公共外交与宣传（Plaisance, 2005; Snow, 2004; Snow & Taylor, 2006; Taylor, 2002; Zaharna, 2004）、外交（Bolewski, 2008; Gregory, 2008; Melissen, 2005）、公共关系（Kruckeberg & Vujnovic, 2005; Lee, 2007; Petersone, 2008; Signitzer, 1993, 1995, 2008; Yun,

2006, 2008）、营销（Benoit & Zhang, 2003; Kendrick & Fullerton, 2004; Kotler & Gertner, 2002; Sun, 2008）以及国家品牌（Anholt, 2006; Copeland, 2006; Olins, 2002; Szondi, 2008）关联起来，但并未深刻探讨它们与战略传播的关系，这一点一直被广泛忽视。

尽管如此，很少有关公共外交的出版物不使用“战略”或者“战略传播”这一概念（Dutta-Bergman, 2006; Manheim 1994a, 1994b; Wang & Chang, 2004; Zaharna, 2005）：特别是那些包含更有效的公共外交的研究，提出了推进与公共外交活动有关的战略目标、战略框架或战略计划（Epstein & Mages, 2005）。正如Gregory所说：“战略是自‘9·11事件’以来发表的大多数公共外交研究中的一个主题（Gregory, 2005, p.3）。”然而，“战略”一词的广泛使用并不意味着对其意义达成了共识（Gregory, 2005, p.4）。只有少数作者探讨了公共外交的定义和战略传播的困难，从而让它们不与上述研究混为一谈。相反，概念的意义似乎被认为是理所当然的，从而导致了相互矛盾的属性，如下。

- 一些作者将公共外交和战略传播作为相似概念，是“描述了政府、团体和个人理解态度、文化和媒介环境的活动；参与人与机构之间的对话，在政策选择对民意影响、舆论引导方面给政治领导人提供建议，并通过旨在说服他们的策略和手段上影响态度和行为”（Gregory, 2005, p.39）。他们是从更广泛的意义上理解战略传播的。
- 一些作者将公共外交和战略交流视作不同的概念，然而并没有明确定义和区分它们（Deutsch, 2010; Hayden, 2010; Wimbush, n.d.）。
- 其他人则认为战略传播从属于公共外交（Leonard er al., 2002; Nye, 2004）。例如莱纳德等人，将其归为公众外交的三个维度之一，另外两个维度分别是新闻管理和关系建立。他们是从更狭义的意义上将战略传播定义为“通过‘一些旨在加强核心信息并影响认知’的活动和事件上来主导构建新闻议程”（Leonard et al., 2002, p.11）。
- 还有一些人认为战略传播是首要概念（Departmentof Defense, 2004; Pamment, 2009; Tatham, 2008; Taylor, 2009; van Dyke & Verčič, 2009）。这些大部分都是政治军事手段。他们是基于国防部提出和发展的战略传播概念，主要是为了更好地协调公共外交、公共事务和军事心理行动（C. Lord, 2006, p.32）。

我们可以认为这些关于战略传播和公共外交的矛盾陈述有几个原因。一是公共外交与战略传播代表一种实践和学术观念，分别具有不同的含义。第二，这种矛盾的根源可能在于以下事实，即对不同的概念没有达成共识。现代后埃德蒙·A. 古利翁的公共外交定义在传播模式、目标结构和行动主体方面有所不同（见上文）。类似地，战略传播在其分析边界上缺乏共识。它的同义词包括公共关系、战略传播管理和信息工作（Kristensen, 2010, p.137）。科瑞特森追溯到这样一个事实，即战略传播借鉴了几种传统。形容词“战略”并不局限于特定的专业、组织或交际语境或工作维度，而是强调运用“战略意图、计划和有目的的机制”（Kristensen, 2010, p.137）。总而言之，关于公共外交及其与战略传播的关系的研究还存在诸多不足，在归属上也是高度分散的。大多数关于公共外交和战略的文章都没有明确的定义。因此，还需要从理论上分析公共外交与战略传播之间的关系，这也是本章的研究重点和努力方向。

界定战略传播

“战略”和“传播”术语可以按不同的方式结合起来，从而产生不同的意义：“战略传播”描述了组织领导者向内部和外部利益相关者的传播的战略愿景（Moss & Warnaby, 1998, p.135）。“传播战略”指的是组织传播功能战略的制定。最后，“战略性的传播”表明传播是战略性的组织和实施（Moss & Warnaby, 1998）。这种多样的联系首先表明，“传播”在战略过程中扮演了重要角色，其次，“战略”与组织的传播职能相关。然而，有趣的是，有关战略传播的文献——仅有少数例外（Hallahan, Holtzhausen, van Ruler, Verčič & Sriramesh, 1997）——很少关注基础的术语“战略”。同样，传播作为战略过程的一个要素在战略的文献中也很少出现。结果是，传播被分为两个不同的角色：所谓战略文献大多赋予传播一种相当策略性、促进性的功能（Moss & Warnaby, 1998, p.131），而公共关系文献则要求在组织中的传播具有更加战略性的沟通作用（Cutlip, Center & Broom, 1994; J. E. Grunig & Repper, 1992）。因此，本章的中心问题是：“战略”是什么意思，战略传播究竟指的是什么？

关于战略的研究提供了第一个提示，尽管它本身是多样的，产生了多种不同的概念和类型（Hax & Majluf, 1996; Raupp & Hoffjann, 2012）。根据哈克斯和马伊鲁夫的观点（Hax & Majluf, 1996, p.2），“关于战略最悠久和最经典的观点之一”，是将战略理解为“根据其长期目标、行动项目、资源分配的优先性来确立组织目标的一种手段”。查菲将这类战略描述为线性战略，因为它关注如何面对竞争者和实现组织目标的战略策划的线性结果（Chaffee, 1985, p.90）。除此以外，他还提出了两种类型的战略，一种是适应性战略，关注组织调整，使其与内部和外部条件（机会和风险管理）相一致；另一种是解释性战略，它与意义的传递相关，它将个体的态度概念化，并引导其用不同方式激励利益相关者（合作管理）（Chaffee, 1985, pp.91–94; Hax & Majluf, 1996, pp.4–14）。上文所提到的解释性战略，侧重于所期望的关系，特别适合于公共外交战略的分析。然而，我们必须承认，战略的三个模型并不是彼此独立的，而是在实践中密切相关的。这些战略概念列举了一些基本维度：目的、计划、内部和外部条件的分析、利益相关者以及资源分配。关于公共外交，另一种方法特别有用。Steyn指出，事实上不同的组织层面有不同的战略。因此，Steyn根据组织层面，按照组织级别、目标和利益相关者对战略进行了划分（Steyn, 2003, pp.172–174）：

- 确定企业在社会（或公共外交网络）中的角色并注重实现非财务目标（例如，声誉和社会责任）的企业战略；
- 确定组织形象的企业战略（业务组合）（也与公共外交有关）；
- 业务部门战略，确定组织在特定细分市场的方法，通常与特定商品或相关商品组（或特定公共外交活动）相关；
- 确定组织的职能部门（例如，营销和财务）合作以支持企业、公司和业务层面的职能性战略；
- 与实施战略相关的操作性战略。

这种分类表明，在一个组织中可能存在不同的战略，例如，组织使命和功能性的战略，这也暗示了战略与外部环境（社会）以及组织内部维度的相关性。从学术上来看，战略传播可以被认为是一个跨学科领域，缺乏潜在的独特认识论或核心知识体系（Kristensen, 2010, p.138）。市场营销、市场管理、企业传播、政治传播、公共关系以及政治学或文化研究等学科强调了这个概念的不同方面，为战略传播一词的塑造和背景化做出了贡献（Hallahan et al., 2007; Langer, 2005）。战略传播在管理学的视角下促进了对组织使命和愿景及其价值观的理解（Hallahan et al., 2007, p.5），而专注于政治传播的学者则强调，战略传播是一种通过中介传播影响政治议程和公共舆论的尝试（Tils, 2005, p.125）。从这个角度来看，政治行动者应用战略传播这一概念以便在公共领域和媒体中建立相关议题（Brettschneider, 1998, p.635）。Schwan将战略传播与一个国家的外部传播关联起来，将其界定为一个国家外交政策中的一项管理职能（Schwan, 2011）。因此，迄今为止，关于战略传播概念的定义尚缺乏共识，“在涉及组织的专业传播中，并没有一个单一的或包罗万象的、统一的概念框架能够让来自不同学科的战略传播研究者使用”（Hallahan et al., 2007, p.5）。

哈拉汗等人的观点与经典的线性战略观点一致，认为战略传播是“有目的地运用传播来实现其使命”（Hallahan et al., 2007, p.3）。因此，他们使用广义上的组织概念，“指公司、营利和非营利组织、行动主义群体、非政府组织、促进社会变革的各类组织、政党或运动以及政府组织”（Hallahan et al., 2007, p.4）。因此，战略传播的概念体现了一个实体如何有目的地尝试沟通或创造意义，以及那些阻碍组织和组织成员之间意义交换与共享的因素（Hallahan et al., 2007, pp.22–24）。科瑞特森强调，这个概念不仅仅是一系列支持传播的策略技巧，而是“具有战略意图的、有计划和有目的的、致力于改变特定目标群体的态度或行动的一种机制，同时具备遵循传播组织的使命，并和外界环境相关联的潜在价值”（Kristensen, 2010, p.137）。因此，战略传播可以按照自发或常规行动来区分，因为后者并没有备选项（Raupp & Hoffjann, 2012）。因此，按照劳普和霍夫詹的观点（Raupp & Hoffjann, 2012, p.157），将战略传播管理界定为“传播管理，是故意创造一种决策情境，以评估各类备选的行动方案”。

按照科瑞特森的观点，战略传播可以从两个视角进行研究（Kristensen, 2010）。一个是传播内部的视角，迄今为止本文主要关注的是这个视角，它涉及跨学科和实践性的概念。相反，如果从传播的外部视角来看，我们需要审查组织的内部整合以及战略传播的优先级（Kristensen, 2010, p.135）。制度理论的研究结果有助于理解和证实这种从外部视角看待传播战略的观点：制度理论强调制度框架对组织的影响（Sandhu, 2009, p.73）。“机构由规制、规范和文化认知要素组成，它们与相关的活动和资源一起，给社会生活提供了意义和稳定性（Scott, 2008, p.48）。”他们推动组织发展的同时也约束了组织，从而有助于进行战略传播。组织不是独立运行的，而是“嵌入在规则和认知假设的社会网络中，这构成了组织的一种期望，其塑造或限制了战略传播”（Sandhu, 2009, p.75）。他们的期望是由诸如国家、媒体或专业机构等机构传播的，极大地影响了战略传播的过程和结果。因此，可以假设“在类似领域的组织会经历同样的社会期望，因此，组织趋向于采取相似的战略来应对外部需求”（Sandhu, 2009, p.76）。战略传播的成功取决于组织内部的制度化。其制度化主要基于以下三个标准：获得组织（权力）的最高决策平台，与其他职能相比作为组织职能的自主性（独立性）及其专业化水平（Sandhu, 2009, p.85）。

公共外交的战略维度：理论分析

如前文所述，战略传播常常被认为是一个综合性概念，结合了公共外交、公共事务、政治和军事部门进行的国际传播和信息沟通（C. Lord, 2006, p.32）。然而van Dyke 和Verčič指出，这种实际的趋同可能“超出了理论解释”（van Dyke & Verčič, 2009, p.822）。他们表达了这样一种担忧，“没有一个理论框架来指导这些项目，传播功能之间的界限会受到侵蚀”（van Dyke & Verčič, 2009, p.822），并威胁到单个概念的一致性。本章旨在通过对公共外交战略维度的理论探讨，构建这样一个框架。战略和战略传播的不同概念有助于我们在界定公共外交的战略维度时可能存在的共识。通过简要的解释，以下要点罗列了这些达成共识的领域（Raupp & Hoffjann, 2012; Steyn, 2003; Samansky, 2003; Moss & Warnaby, 1998; Hallahan et al., 2007; Hax & Majluf, 1996; J. E. Grunig & Repper, 1992; Chaffee, 1985）。

- 当前任务过程中的使命
- 战略过程，其中包含：
  - ◇情境和环境分析（对组织利益相关者、公众和议题的分析），这是一个与“倾听”相对应的维度，也是Cull界定的公共外交的五个核心构成部分之一（Cull, 2008, p.32），包括
    - ■ 对内部环境的分析（例如，对概况、任务、价值、政策以及对内部利益相关者观点）
    - ■ 对外部环境的分析（例如，对社会规范、价值观、期望、利益相关者和议

题）[例如，通过议题的管理、受众的细分，或者根据J. E. 格鲁尼格和Hunt界定的双向对称和不对称传播（Grunig & Hunt, 1984）]

◇关键议题和利益相关者的选择

◇确定和选择目标

◇对备选行动方案进行评估和慎重选择

◇实施

◇战略评估：进展和成果的测量

◇战略调整和适应

- 战略内容，其中包含：

◇清晰表明的目标

◇议题

◇特定的传播计划

- 技巧
- 关键信息

◇意义和内涵

- 各类工具和媒介（Löffelholz, Auer, Krichbaum & Srugies, 2011, pp.8–10）
- 资源：人员需求、非人工费用

◇时间表

- 战略传播计划
- 战略联盟

这些维度可以作为一种分析工具，用来评估公共外交在实践中是否具有战略意义。基于这个列表，我们可以得出结论，公共外交是战略性的还是非战略性的，这意味着有些传播可能是公共外交，但是并非战略传播，或者至少不是良好的战略传播。

积极的努力并不是非战略性公共外交的自动标志，但它们可能因为按照战略策划做出主动、积极的努力而成为战略的一部分。战略性公共外交要求在了解各项选择的情况下做出有意识的决策（Raupp & Hoffjann, 2012, p.157）。

我们列举的各项战略维度是具有描述性的，并没有对战略传播者在其组织中的结构嵌入，或对其偏好的战略制定风格做出任何规范性的说明。然而，我们可以在公共关系文献的基础上假设将传播赋予战略功能的同时，战略传播者应该有权获得高层管理并参与战略的规划制定（L. A. Grunig, J. E. Grunig, Dozier, 2002）。更重要的是，学者已经从战略文献中发现战略可能与组织的不同层次有关，不同层次有不同的目标，这一点在各类研究中都得到了证实。有关战略的文献还表明，应当协调不同功能部门的战略。如果将它放在一个国家公共外交的背景下，这可能也意味着不同行动者应该达成战略联盟（战略统一性）。这些标准都与卓越公共关系（L. A. Grunig et al., 2002）和公共外交（e.g.,

Yun, 2006）中提出的标准一致。

在选定国家中公共外交的战略维度

基于公共外交战略维度的理论，本节将探讨在国际实践中战略性公共外交的现实。这个探讨并非穷尽性的：它只关注了某几个选定的国家。这些选定的国家也反映了公共外交领域的研究现状：美国不仅是最主要的分析对象（Höse, 2008; Schatz & Levine, 2010），还是大多数公共外交学者和研究机构的家园。在20世纪90年代初，欧洲研究者开始进行公共外交研究，他们阐明了英国（Leonard, Small & Rose, 2005）、德国（Löffelholz et al., 2011; Zöllner, 2006, 2009）的公共外交实践。洛费尔霍尔茨等人已经启动了一项对31个组织的公共外交实践进行理解和分析的综合性实证研究。此外，很多学者进一步探讨了一些欧洲中小国家的公共外交策略，本节也会讨论北欧国家公共外交的战略维度。近年来，亚洲的公共外交也受到学术界的特别关注（Lee & Melissen, 2011; Rawnsley, 2009; Wang, 2008）。有些学者评价了东欧（Ociepka & Riniejska, 2005）和澳大利亚（Byrne, 2009, 2011）的公共外交。公共外交学者也已经开始关注南美洲和非洲。因为篇幅所限，本章不会详细讨论南美洲和非洲的公共外交实践，后续研究则需要考虑南美洲和非洲的公共外交战略维度。公共外交研究主要以民族国家为参照。然而，它并不局限于国家或地区，还会被用在一个超越国家的层面（详见欧盟的案例研究，2010, 2012; Rasmussen, 2010），也可能在国家之下的地方层次（Huijgh, 2009）。我们将会通过一个对欧盟和魁北克、加泰罗尼亚的简短讨论来展现近年的发展情况。

美国

美国在公共外交的研究和实践中有着悠久的传统。也许可以追溯到“这种跨国传播直至国家的建立”（Wang, 2007, p. 22）。王在对美国公共外交历史的分析中，得出了结论：“美国的公共外交原则上一直是为配合战时紧急状况的外交政策的临时工具，并且往往通过推广民主和自由来强调美国价值。”虽然人们对公共外交的研究兴趣在冷战之后因公共外交项目预算的削减，以及美国新闻署的关闭而消退（Sun, 2008; Snow, 1997），“9・11”事件之后，公共外交被再次提上政治家的议程。正如负责公共外交和公共事务的前副国务卿Hughes（2007）认为，“公共外交回来了，现在在政府事务中享有最高级别的优先性”。学者和从业者的分析一致认为，自那时起，美国开始陷入困难的处境：外国的公众的确喜欢美国人民，但并不喜欢它们政府的作为（Snow, 2009, p.4）。因此，如前副国务卿的说法，如今美国公共外交的使命是“通过向外国公众提供信息和施加影响，扩大和加强美国政府和人民与世界其他地方的关系，支持美国外交目标的达成，促进国家利益，从而加强国家安全”（U.S. Department of State, n.d.）。关注的焦点在于教育和交流项目、英语教学、促进美国的高等教育以及人权主义发展项目。在其2010年发布的公共外交战略策划中，美国政府明确要求公共外交要具有战略性：它强调公共外交项目要与外交目标保持一致，以及资源和结构应当如何支持这些目标。此外，它进一步界定了21世纪5个公共外交议题以及具体策略，其中包括叙事修辞策略，打击极端恐怖主义的策略，优化国外公众对外交政策态度的策略，等等（Under Secretary of Public Diplomacy and Public Affairs, 2010）。

然而斯诺（2009, p.7）认为，传播战略是“危机驱动和自我表现趋向的”。Wang（2007, p.28）也认为“公共外交的终极目标存在着一种长期对立，即在公共事务中，它到底是作为战略发挥政策功能还是仅仅作为‘发言人’存在，在今天的实践中这种矛盾状况仍然影响深远（Wang, 2007, p.21）”。它的影响力也根植于以下现实，根据美国公共外交咨询委员会2011报告，从1999年到2010年，30%的时间里美国公共外交和公共事务的副国务卿都是空缺的，即在13,751,375天里这个职位无人担任（这个委员会在2012年没有得到国会的批准）（U.S. Advisory Commission on Public Diplomacy, 2011, p.2）。委员会在其2010年报告里严格审查了对公共外交和公共事务的评估。他们得出的结论包括：公共外交和公共事务部门缺乏合作，项目规划和评估之间联系不充分等（U.S. Advisory Commission on Public Diplomacy, 2010）。戴尔、科恩和史密斯（2012, p.2）也批评说，美国公共外交忽略了内部利益相关者，“通常，管理过程中的决策会因为官僚主对《美国信息和教育交流法案》（简称《蒙特法案》）的曲解受到制约，这个法案旨在防止二战后入主白宫的执政党利用国家部门来‘宣扬’美国人的措施”，然而美国人确实有机会解除其他国家公共外交活动。对美国立场的多渠道展示将“帮助人们更好地理解和评价政府的外交政策，加强监督，使得政府在公共外交上的花费更加合理”（Dale et al., 2012, p.2）。

总之，美国公共外交的实践者在战略性地进行公共外交方面做了很大努力。然而实践者的多元态度也使得政策之间的战略统一性难以实现。此外，对于项目的评价和调整也不成熟。尽管美国在公共外交实践方面有着悠久的传统，但它的活动并非在每种情况下都具有战略意义。戴尔等人总结认为，“华盛顿需要更加专注于公共外交的使命、项目的优先次序、更好的组织工具、更训练有素的工作人员以及对资源的严格监管”。

欧洲国家

英国的公共外交由三个关键角色主导：外交和联邦事务部、英国文化委员会和英国广播公司。这三个组织都是“公共外交战略和绩效评估委员会”的一部分，该委员会“负责对战略的审批，就资源分配提供建议以及绩效评价和管理”（Lord Carter of Coles, 2005, pp.14–15）。分配给公共外交的资源主要被分为公共外交项目资金和公共外交挑战资金，前者负责大多数目标国家的主要项目，后者则致力于解决外交和联邦事务部“创新”的海外公共外交活动，以配合本地公共外交目标和战略。在公共外交战略和活动的评估方面，英国文化委员会被当作公共外交参与者的榜样。英国文化委员会将定量和定性的评价方法结合起来，“英国文化委员会掌管了一个绩效评分卡，该评分卡基于量化分析，通过它我们可以评价一系列绩效，包括客户和利益相关者的满意度、我们的声誉、人员的感受和项目的影响”（British Council, 2008, pp.6–7）。此外，英国文化委员会运用“故事板”作为质化分析的工具，以记录英国委员会项目中个别参与者的经历（Pamment, 2011, pp.189–190）。总之，英国的公共外交重在发展一种连续的、贯彻一致的战略，这一战略超越了单个参与者的个人目标，构建了一个公共外交实践者的紧密网络。

基于专家访谈和文本分析，洛费尔霍尔茨等人对德国公共外交的功能、战略、结构和手段进行了一个综合性的分析。分析显示，德国的公共外交行动者奉行个人战略以达成组织目标。该组织考虑子系统运行的环境并设置了目标优先级。Sandhu解释了这种观察，“处境类似的组织正在经历同样的社会期望。因此它们倾向于采用类似的战略来应对外部需求，这反过来又导致该领域内结构和实践的同构”（Sandhu, 2009, p.76）。洛费尔霍尔茨等（2002）界定了公共外交行动者运营的三个维度或子系统：政治和军事维度、社会和文化维度、经济维度。洛费尔霍尔茨等人（2011, p.14）通过引入公共外交的第四个维度——教育和研究扩展了这一类型。

我们所分析的组织在全世界运行，但它们会根据组织使命、政策优先性、区域专门知识和结构条件关注某些特定的领域。它们运用中短期的活动基础来服务长期战略。基于情境因素，组织会实施对称和不对称的公共外交工具。然而，受访者普遍倾向于对话导向工具，这可以被认为是德国公共外交的一个核心特点。受访者承认在范围、制度化和专业化评估方面还存在缺陷。迄今为止，大部分的组织仅对单个的公共外交活动（例如活动和研讨会）进行衡量，却忽略了对整个公共外交战略的整体评估。人力资源和财力匮乏也为战略性实施公共外交政策带来了障碍。不同于公共关系，公共外交成为组织的功能还没有制度化（截至目前）：对有关部门的分析证实，在大多数情况下，都是专注传播活动的执行层以下部门负责这项工作（Löffelholz et al., 2011）。巴克和和菲维斯达尔的战略传播研究也反映了对公共外交的观察。该研究指出，长期以来，战略传播在经典的组织视角下只是工作人员的个人职能，它的设计旨在支持组织的其他功能（Bakka & Fivelsdal, 2003, p.46）。“在战略管理文献中，传播被认为是促进成功实施组织决策的一项功能”（Steyn, 2007, p.143）。因此，公共外交和战略传播直接将高级管理人员当成分析人员和顾问咨询人，但多数情况下，他们几乎没有最终决策权。大多数公共外交组织在财务上依赖外交部以及其他联邦德国政府部门，由他们确定和分配公共外交资源。这些组织普遍关注这样一个问题：分配到公共外交上的资源太有限，这限制了公共外交政策采取积极态度和对这一概念进行灵活应用（Leonard et al., 2002, p.97）。此外，因为预算有限，财政拨款的分配也给战略性实施公共外交带来限制。公共外交实践者需要兼具专业和多元化的教育背景。然而，令人惊讶的是，只有极少数从业者有传播学专业背景。进行公共外交所必需的至关重要的能力通常是通过“在职”学习获得的。因此，（进一步）

将公共外交作为一种专业化手段和战略实施的培训还没有得到组织的充分认可。

从宏观层面对德国公共外交进行分析表明，这些组织没有形成一个普遍性的德国公共外交战略。这基于两个理念：第一，非政府组织想要保持独立，并且不希望被视为政府的工具。基于国家社会主义垄断结构的经验，应该避免出现任何国家将组织工具化以及国家运行的集权化的现象。第二，组织宁愿呈现一个德国的多元化形象。实际上，公共外交的实践者遵循的战略往往是局部的，甚至是矛盾的，从而将德国描绘成一个多样、多面的国家。分析表明，在宏观层面上，公共外交在单一的公共外交子系统中是以合作为主要特征的。然而，就整体而言，德国的公共外交政策是难以把握的。

斯堪的纳维亚国家的公共外交侧重于某几个核心领域，以此引导目标群体和目标国家，以及制定公共外交战略、活动和信息传播。例如，挪威尝试将自己与其他国家区别开来，将自己定义为一个协调者与和平使者，仅关注少数几个目标地区（Leonard & Small, 2003）。瑞典和丹麦的公共外交实践者则强调公共外交的经济维度。他们对公共外交的理解和实践深受国家品牌概念的影响（Pamment, 2011; Meiner-Jensen, 2012）。因此，Meiner-Jensen指出，公共外交在丹麦巨大的国家品牌预算中仅占据很小的份额。瑞典关注国家品牌，也被作为“品牌瑞典”的案例，该品牌平台将瑞典描述为一个基于四个核心价值的进步国家：开放性、真实性、关怀性和创新性（Swedish Institute, 2008, p.7）。品牌瑞典关注加强公共外交活动和信息的连贯性。然而，品牌瑞典的观念以及与之相关的中心化公共外交政策和统一的瑞典品牌形象，也遭到了怀疑和拒绝。Pamment（2011, p.216）认为，这一战略破坏了公共外交实践者的多元化及各自的目标和活动。在斯堪的纳维亚国家，公共外交之间的相关性体现在组织内部概念的制度上：在芬兰外交部，“公共外交部门负责规划、发展、协调国家具体的战略性公共外交”（Ministry for Foreign Affairsof Finland, n.d.）。挪威外交部建立了文化、公共外交和礼宾司。此外，挪威外交部长Jonas Gahr 在2007年举办了挪威公共外交论坛（Ministry of Foreign Affairs of Norway, 2007）。论坛的目的是“鼓励专业人士、商业人士、学术界和其他从业者就如何能在某些领域制定统一的公共外交战略进行讨论和对话”（Norway Communicates, n.d.）。总之，斯堪的纳维亚国家的公共外交特点可以被认为是侧重几个核心领域和核心价值，以及一项统领全局的公共外交政策。

亚洲国家

亚洲是公共外交的一个特别的案例，“由于其独特的文化背景、自身的观念偏好和规范性的框架，它的政治制度和双边关系不存在于西方世界中”（Melissen, 2011a, p.248）。这些国家可以在很多方面构建公共外交工作，以及“这些地区日益增长的经济实力给国家构建软实力提供丰富肥沃的土壤”（Lee & Melissen, 2011, p.4）。除了公共外交政策，软实力的概念在亚洲国家也相当受欢迎（Melissen, 2011a; Wang, 2011; Wang, 2008），被视为具有“战略价值”（Melissen, 2011a, p.250）。梅列森（2011b, p.23）形容亚洲的公共外交方法“比西方世界更具有战略眼光”。“它更加关注长期推动，而不是纠正对国家声誉的短期损害，并关注地区层面，有能力协助整个区域的建设和合作”（Melissen, 2011a, p.250; 2011b, p.24）。东盟（ASEAN）的主要目的之一是在其境内和境外实现相互理解和建立持久关系。此外，它致力于促进其在区域和国际舞台上发挥越来越大的作用（Bui, 2011, p.47）。它们是通过对话、传播和合作来实现这一目标的。然而，布（2011, p.47）批评了东盟缺乏一个日常对话传播信息的平台。它部署了几项公共外交活动，大多数由精英运作，而不是国家主体管理，在此过程中，成员国遵循自己的方式达成目标（Bui, 2011, p.3）。此外，地域的公共外交战略超出了个别国家形象（Melissen, 2011b, p.24），梅列森（2011a, p.250）总结，关于东南亚“软实力议题……与国家内部政府主导的国家认同的自我认知的争论紧密相关”。在个别国家，身份议题可以促进（印度尼西亚）或限制（日本）各国制定公共外交战略的努力（Melissen, 2011a, p.250）。

在中国，公共外交致力于服务国内政治和国家凝聚力（d’Hooghe, 2011, p.165; Wang, 2008, p.260），这导致了公共外交和公共事务的融合。“例如，中国外交部的公共外交办公室主要组织一些解读中国外交政策的活动，以向国内而非国际受众传播”（d’Hooghe, 2011, p.165）。公共外交没有单一的机构；相反，它在多个政治机构间共享。中国外交的基本目标是构建“客观、友好、公开的宣传环境”（Wang, 2008, p.264）。中国希望以欧洲为重点，塑造一个值得信任和负责任的国际政治共同体形象（d’Hooghe, 2011, p.167）。Wang（2008, p.264）认为这是中国外交官战略地理解公共外交的基础。

在形象管理中，中国十分重视中国媒体的作用，国务院新闻办公室也通过评估媒体对中国的报道尝试进行形势分析（d’Hooghe, 2011, p.165）。中国软实力的最大威胁是它在海外的负面形象（d’Hooghe, 2011, p.174; Wang, 2008, p.257）。D’Hooghe（2011, p.169）认为，欧洲和中国的思想和价值观的巨大差异是两个行动者关系的一大问题，中国需要更好地管理负面形象的外部风险，相应地调整战略，例如外国对中国的看法。

韩国和印尼可以视为很好的例子，关于“转型国家如何有效地开展公共外交，以支持战略政策目标，同时强调公共外交在本国公民社会中的适当性，从而实现国家凝聚力”（Melissen, 2011b, p.24）。印尼尤其突出“将伊斯兰和民主的双重主题作为其公共外交战略的中心”（Melissen, 2011a, p.254）。然而，伊斯兰重返政治舞台在国际社会引起了极大的焦虑（Sukma, 2011, p.112）。

总之，亚洲国家在公共外交上既有相似性，又有差异性。它们中的大多数都在与国外的负面形象作斗争，这种负面形象要么源自其巨大的经济增长，或者是政治和信息传播上的差异。本文提到的所有亚洲国家都需要对国际环境进行更好的形势分析，并各自调整战略。

澳大利亚

在澳大利亚，基于经验性的公共外交基础知识很少。布瑞尼是第一个在其博士论文中详细分析公共外交在澳大利亚外交政策中作用的人。作者总结澳大利亚公共外交的特点为“碎片的、临时的，与澳大利亚的战略外交政策利益是脱节的”（Byrne, 2009, p.309）。按照他的观点，公共外交只有在与外交政策成果协调并基于参与者之间的密切合作的基础上才能有效。布瑞尼发现了许多个人的公共外交传播活动，但很少得到澳大利亚外交和贸易部的关注（Byrne, 2009, pp.309–313）。

欧盟

欧盟的公共外交行为表现出它既是一个超国家的组织，也是一个包含27个成员国的超国家的力量。Cross（2012, p.1）指出，在人道主义援助或环境可持续发展等领域，欧盟是主要的规范力量；然而，它的行为并没有被欧盟的外部知名度反映出来。学者已经将这种外部可见性的缺乏追溯到组织的复杂结构以及欧盟公共外交的持续变化上（Szondi, 2010, p.340）。斯中迪认为，缺少对公共外交的共识，阻碍了公共外交目标的确定和战略的选择。斯中迪甚至呼吁公共外交要采取“更加战略和整体的方法”（Szondi, 2010, p.341）。按照Cross（2011, p.22）的观点，这个方法需要将一个宏观的核心信息囊括到外交的发展和实施之中，这一信息不仅由欧盟本身传播，也由其成员国传播。Lynch认为，欧盟错过了将公共外交行为整合到外交思维和政策制定过程中的机会（Lynch, 2005, p.12）。他宣称，由于人员不足和预算有限，欧盟的公共外交不能充分发挥潜力（Lynch, 2005, p.12）。《里斯本条约》在2007解决了这一系列缺陷：在此之前，欧盟主席国每六个月转换一次，根本无法形成一个连续的公共外交战略（Szondi, 2010, p.340）。Duke和Courtier指出“在欧盟中建立新的领导架构：任命Herman van Rompuy为欧洲理事会主席，Catherine Ashton为欧盟外交事务高级代表和安全政策委员会副主席（HR/VP），重新任命José Manuel Barroso为委员会主席”（Duke & Courtier, 2011, p.2），为连续的战略实践奠定基础。此外，2010年成立的欧洲对外行动署（EEAS）整合“战略策划”部、“战略传播”部和“公共外交”部。EEAS旨在统一欧盟的外部形象表现，并通过一种行政结构传播不同的外交政策议题，从而提升欧盟公共外交水平的一致性（Duke, 2012; Duke & Courtier, 2011）。

联邦地区：魁北克和加泰罗尼亚

联邦地区越来越认识到公共外交和发展自己独特的公共外交战略的潜力。本节重点关注加拿大的魁北克和西班牙的加泰罗尼亚，因为这两个联邦实体都视公共外交为对外事务的重要部分。按照慧杰（2009）的观点，魁北克超越了大多数联邦实体的公共外交范围，这些地区的公共外交往往被认为是缺乏协调和连续性的。其国际关系部制定了2011—2014年的公共外交战略，界定了五个目标。每个目标被分为若干优先事项，并辅之以该部与诸如魁北克国家青年办公室等组织合作开展的方案（Gouvernement du Québec, 2006; Le ministere des Relations internationales, n.d.）。

加泰罗尼亚政府将公共外交视为“一种灵活的创新工具，能够推动国际活动，补充国际法这一传统渠道”（Government of Catalonia, 2010, p.71）。它的“外国事务战略2010—2015”界定了目标，构建了加泰罗尼亚公共外交战略的基石（Governmentof Catalonia, 2010, pp.108–109）。第一步，政府试图寻求最重要的价值，能够成功将加泰罗尼亚推向目标受众，以巴塞罗那一个业已建立的形象作为起点。按照这种方式，其他的联邦实体也运用城市外交的经验（La Porte, 2012）。城市外交包含了传播战略和地方政府活动，以及其他行动者在国际社会转达自己的利益。加泰罗尼亚政府并不将自己视为公共外交的唯一行动者，而是试图与和政府比较亲近的机构和公民协调合作来完成公共外交。

比较：在选定的国家及地区中公共外交的战略维度

以上几个选定的国家及地区公共外交的简要概述表明，一个国家及地区的文化背景、观念偏好、国家人口和规模对公共外交的实践有直接影响。美国、德国、英国等这样的大国更广泛地运用了包含了广泛议题的公共外交战略，因为它们需要公共外交分配大量的资源。中小国家如挪威、瑞典则预算较小，因此它们关注特定的公共外交目标、战略、信息、工具和目标群体，并致力于树立自己的公共外交形象（Bátora, 2005）。按照梅列森（2011b, p.23）的观点，如果公共外交是从长远角度来实施，它就被认为是战略性的，他强调亚洲国家及地区进行公共外交的战略意义：亚洲的公共外交更重视对认知的长期推动而不是短期的国家及地区形象。此外，亚洲公共外交更加关注区域性，有能力协助构建地区社区建设和合作（Melissen, 2011a, p.250; 2011b, p.24）。

结论和展望

相对于多元化、分散化的方法（例如德国），一个整体的公共外交战略如果侧重于一些核心信息和价值观以及集中化的公共外交结构（例如英国，瑞典）是否更具有战略意义？不具有。在德国的案例中，几个公共外交战略与多种声音和行动者共存，有助于为形成统一的战略做出贡献，它们在国际上展现了一个多元化德国的形象，使德国的公共外交脱离了第三帝国中心化宣传的模式。

本章的分析指出了一些阻碍公共外交更具战略意义的因素。亚洲国家需要对国际环境和公共外交战略针对的关键公众进行更好的分析。这种情境和环境分析是界定公共外交目的、战略和工具的基础。分析还进一步揭示了公共外交评估的不足。大多数公共外交行动者倾向于评价单个的公共外交活动而不是整个公共外交战略及其影响。因此，公共外交行动者错过了确定自身战略的有效性和影响的机会，这个机会本可以成为制定新的公共外交战略的起点。学者和业者也表达了类似观点，即战略在范围、制度化和专业化方面的缺陷也可追溯到公共外交资源分配的匮乏。我们也分析了国家之间公共外交的制度化有所不同：虽然公共外交的组织功能在德国尚未被制度化，但挪威、芬兰等小国家的外交部已经设立了公共外交司。

欧盟的例子表明，如何界定公共外交目的和战略以及在超国家层面上如何协调公共外交，还存在着相当大挑战。当国家和超国家行为主体追求个人的、相互冲突的公共外交目标，或成员国将欧盟作为“替罪羊”的时候，这一点就尤其引人注目（Cross, 2012）。

联邦实体是新兴的行动者，它们开始制定自己的公共外交战略，加泰罗尼亚的例子表明，联邦实体能够借鉴以往城市外交以及文化交流之类的公共外交工具来构建自己的经验。正如超国家和国家的公共外交可以彼此影响一样，联邦实体的公共外交既可以在国家层面加入既存的公共外交战略，也可通过传播特定地区的特征和成就来破坏民族国家的公共外交，特别是在联邦实体争取更高程度的自治时。

研究现状揭示了公共外交和战略传播的四种矛盾关系。本章已经探讨了这种关系的分类，对战略传播的定义和理念概念进行分析，帮助我们界定若干确定公共外交的战略程度的标准。这些标准已经适用于某些国家的公共外交实践。本文也提出了这样的假设，即公共外交可以被认为是战略传播，但本质上不是战略传播，并不存在一个所谓最有效的公共外交战略。公共外交行动者奉行的战略包括从中心化到公共外交，再到分散化、多元化的战略。这些国家对公共外交实践的分析展现了一系列阻碍战略性公共外交实施的因素：预算和人员配备的不足，公共外交评估的程度和专业化方面的缺陷，也包括组织内部公共外交制度化的不充分。

本文被认为是进一步讨论公共外交和战略传播之间关系的起点。本文所界定的参考标准可以作为进一步实证研究的基础，以讨论以下问题：从国际比较的视野来看，公共外交在多大程度上可以被视为战略传播？

参考文献

[1] Adelman, K. L. (1981). Speaking of America: Public diplomacy in our time. *Foreign Affairs*, 59(4), 913–936.

[2] Anholt, S. (2006). Public diplomacy and place branding: Where's the link? *Place Branding*, 2(4), 271–275.

[3] Bakka, J.F. & Fivelsdal, E. (2003). *Organisationsteori. Struktur, kultur, processer* [Organization theory. Structure, culture, processes]. Copenhagen, Denmark: Handelshøjskolen Forlag.

[4] Bátora, J. (2005). *Public diplomacy in small and medium-sized states: Norway and Canada*. The Hague, Netherlands: Netherlands Institute of International Relations "Clingendael."

[5] Benoit, W., & Zhang, J. (2003). *The message strategies of Saudi Arabia's image restoration campaign*

after 9/11. Paper presented at the annual meeting of the International Communication Association. Retrieved from http://www.allacademic.com/meta/ p_mla_apa_research_citation/1/1/2/2/1/p112215_index.html

[6] Blinken, A. J. (2002). Winning the war of ideas. *The Washington Quarterly*, 25(2), 101–114.

[7] Bolewski, W. (2008). Diplomatic Processes and Cultural Variations: The relevance of culture in diplomacy. *The Whitehead Journal of Diplomacy and International Relations*, Winter/Spring, 145–160.

[8] Brettschneider, F. (1998). Agenda building. In O. Jarren, U. Sarcinelli, & U. Saxer (Eds.), *Politische Kommunikation in der demokratischen Gesellschaft* [Political communication in the democratic society] (p. 635). Opladen/Wiesbaden, Germany: Westdeutscher Verlag.

[9] British Council (2008). Annual report 2007–2008. Retrieved from http://www.britishcouncil.org/annualreport/global_scorecard.htm

[10] Bui, A. D. (2011). Public diplomacy in ASEAN and the cases of Vietnam and Singapore. Dissertation, University of Leeds. Retrieved from http://ics.leeds.ac.uk/files/2011/12/Anh-Bui.pdf.

[11] Byrne, C. (2009). *Public diplomacy in an Australian Context: a policy-based framework to enhance understanding and practice*. Doctoral thesis. Sydney: Bond University.

[12] Byrne, C. (2011). *Public diplomacy in an Australian Context: a policy-based framework to enhance understanding and practice*. The Hague, Netherlands: Netherlands Institute of International Relations "Clingendael."

[13] Chaffee, E. E. (1985). Three models of strategy. *Academy of Management Review* 10 (1), 89–98.

[14] Chitty, N. (2009). Australian public diplomacy. In N. Snow & P.M. Taylor (Eds.), *Routledge handbook of public diplomacy* (pp. 314–322). New York: Routledge.

[15] Chu, Y. (2011). Taiwan's soft power and the future of cross-strait relations: Can the tail wag the dog? In S. J. Lee, & Melissen, Jan (Eds.), *Public diplomacy and soft power in East Asia* (pp. 117–137). New York: Palgrave.

[16] Copeland, D. (2006). *Public diplomacy and branding*. Retrieved from http://uscpublicdiplomacy.org/index.php/newswire/cpdblog_detail/060403_public_diplomacy_and_branding/

[17] Critchlow, J. (2003). The power of public diplomacy. How to make friends and influence the world. *The New Leader*, September/October, 12–14.

[18] Cross, M. K. D. (2010). *EU foreign policy and the challenge of public diplomacy*. Retrieved from http://stockholm.sgir.eu/uploads/Mai%27a%20Cross%20EU%20PubD%20paper.pdf

[19] Cross, M. K. D. (2012). *Perspectives from IR theory*. Paper presented at the author's workshop "European public diplomacy: Soft power at work." Los Angeles, CA: University of Southern California.

[20] Cull, N. J. (2008). Public diplomacy: Taxonomies and histories. *Annals of the American Academy of Political and Social Science*, 616, 31–54.

[21] Cull, N. J. (2009a). Designing out the mess: A historically literate approach to re-booting U.S. public diplomacy. *Public Diplomacy Magazine*, 1(1), 13–18.

[22] Cull, N. J. (2009b). Public diplomacy before Gullion. The evolution of a phrase. In N. Snow & P. M. Taylor (Eds.), *Routledge handbook of public diplomacy* (pp. 19–23). New York: Routledge.

[23] Cutlip, S. M.; Center, A. H., & Broom, G. M. (1994). *Effective public relations* (7th ed.) Englewood Cliffs, NJ: Prentice Hall.

[24] d'Hooghe, I. (2011). The limits of China's soft power in Europe: Beijing's public diplomacy puzzle.

In S. J. Lee & J. Melissen (Eds.), *Public diplomacy and soft power in East Asia* (pp. 163–190). New York: Palgrave.

[25] Dale, H. C.; Cohen, A., & Smith, J.A. (2012). Challenging America: How Russia, China, and other countries use public diplomacy to compete with the U.S. *Backgrounder*, No. 2698, pp. 1–6. Retrieved from http://thf_media.s3.amazonaws.com/2012/pdf/b2698.pdf

[26] Department of Defense (2004). *Report of the Defense Science Board Task Force on strategic communication*. Retrieved from http://www.acq.osd.mil/dsb/reports/ADA428770.pdf

[27] Deutsch, R. D. (2010). Ambassadors to the world. A new paradigm for public diplomacy and strategic communication. *Joint Forces Quarterly*, 56(1), 3–5.

[28] Duffey, J. (2009). How globalization became U.S. public diplomacy at the end of the Cold War. In N. Snow & P. M. Taylor (Eds.), *Routledge handbook of public diplomacy* (pp. 325–333). New York: Routledge.

[29] Duke, S. (2012). *The European External Action Service and public diplomacy*. Paper presented at the author's workshop "European public diplomacy: Soft power at work." Los Angeles, CA: University of Southern California.

[30] Duke, S., & Courtier, A. (2011). *The EU's external public diplomacy and the EEAS—cosmetic exercise and intended change?* European diplomacy policy paper 7. Retrieved from http://dseu.lboro.ac.uk/Documents/Policy_Papers/DSEU_Policy_Paper07.pdf

[31] Dutta-Bergman, M. J. (2006). U.S. public diplomacy in the Middle East: A critical cultural approach. *Journal of Communication Inquiry*, 30 (102), 102–124.

[32] Edward R. Murrow Center of Public Diplomacy (n.d.). *Definitions of public diplomacy*. Retrieved from http://fletcher.tufts.edu/Murrow/Diplomacy/Definitions

[33] Ehteshami, A. (2009): Iran as a middle power. *Public Diplomacy Magazine: Middle Powers. Who they are. What they want*, 2, 54–56.

[34] Epstein, S. B., & Mages, L. (2005). *Public diplomacy: A review of past recommendations*. (CRS report for Congress, RL33062). Retrieved from https://www.policyarchive. org/bitstream/handle/10207/2547/RL33062_20050902.pdf?sequence=1

[35] Foreign and Commonwealth Office (2005). A modern, creative, diverse and relevant UK reaches out to the world – Report on the Public Diplomacy Challenge Fund 2004-2005. London: Foreign and Commonwealth Office.

[36] Gouvernement du Québec (2006). *Québec's International Policy. Working in concert*. Québec: Gouvernement du Québec.

[37] Government of Catalonia (2010). *Government of Catalonia foreign affairs strategy 2011–2015*. Retrieved from: http://www20.gencat.cat/docs/Departament_de_la_Vicepresidencia/0-WEB_AEC_CHCC/Afers_Exteriors_Cooperacio/Documents/PAEC/Pla_Accio_Exterior_EN.pdf

[38] Gramberger, M. R. (1994). *Wider den häßlichen Deutschen: die verständnisorientierte Öffentlichkeitsarbeit der Bundesrepublik Deutschland in den USA* [Against the ugly German: understanding-oriented public relations of the Federal Republic of Germany in the United States]. Münster, Germany: Lit.

[39] Gregory, B. (2005). *Public Diplomacy and Strategic Communication: Cultures, Firewalls, and Imported Norms*. Paper presented at the American Political Science Association conference on international communication and conflict. Retrieved from http://www8.georgetown.edu/cct/apsa/papers/gregory.pdf

[40] Gregory, B. (2008). Public diplomacy: Sunrise of an academic field. *Annals of the American Academy of Political and Social Science*, 616, 274–290.

[41] Grunig, J. E., & Hunt, T. (1984). *Managing public relations*. Fort Worth, TX: Harcourt Brace.

[42] Grunig, J. E., & Repper, F. C. (1992). Strategic management, publics and issues. In J. E. Grunig (Ed.), *Excellence in public relations and communication management* (pp. 117–157). Hillsdale, NJ: Lawrence Erlbaum.

[43] Grunig, L. A., Grunig, J. E., & Dozier, D. M. (2002). *Excellent public relations and effective organizations: A study of communication management in three countries*. Mahwah, NJ: Lawrence Erlbaum.

[44] Hallahan, K., Holtzhausen, D., van Ruler, B., Verčič, D., & Sriramesh, K. (2007). Defining strategic communication. *International Journal of Strategic Communication*, 1(1), 3–35.

[45] Hax, A. C., & Majluf, N. S. (1996). *The strategy concept and process. A pragmatic approach*. London, England: Prentice-Hall.

[46] Hayden, C. (2010). The role of audience in public diplomacy argumentation. In D. Gouran (Ed.), *The Functions of Argument and Social Context* (pp. 164–171). Washington, D.C.: National Communication Association.

[47] Heine, J. (2009). Middle powers and conceptual leadership. *Public Diplomacy Magazine: Middle Powers. Who they are. What they want 2*, 41–45.

[48] Hoffman, D. (2002). Beyond Public Diplomacy. *Foreign Affairs*, 81(2), 83–95.

[49] Höse, A. (2008). Selling America: Die Public Diplomacy der USA vor dem Irakkrieg 2003 [The public diplomacy of the United States for the Iraq War, 2003]. In T: Jäger & H. Viehrig, Henrike (Eds.), *Die amerikanische Regierung gegen die Weltöffentlichkeit? Theoretische und empirische Analysen der Public Diplomacy zum Irakkrieg* [The American government against world public affairs? Theoretical and empirical analyses of public diplomacy toward the Iraq War] (pp. 79-107). Wiesbaden: VS Verlag für Sozialwissenschaften.

[50] Hughes, K. (2007). *Strategic communication and public diplomacy: interagency coordination*. Remarks at the Department of Defense conference on strategic communication. http://2001–2009.state.gov/r/us/2007/88630.htm

[51] Huijgh, E. (2009). *The public diplomacy of federated entities. Excavating the Quebec model*. Clingendael diplomacy paper 23. The Hague, Netherlands: Netherlands Institute of International Relations 'Clingendael.'

[52] Kendrick, A., & Fullerton, J. A. (2004). Advertising as Public Diplomacy: Attitude change among international audiences. *Journal of Advertising Research*, September, 297–311.

[53] Kotler, P., & Gertner, D. (2002). Country as brand, product and beyond: A place marketing and brand management perspective. *Brand Management*, 9(4–5), 249–261.

[54] Kristensen, N. N. (2010). Nice to have—or Need to Have? The professional challenges of the communication sector. *Nordicom Review*, 31(2), 135–150.

[55] Kruckeberg, D., & Vujnovic, M. (2005). Public relations, not propaganda, for US public diplomacy in a post-9/11 world: Challenges and opportunities. *Journal of Communication Management*, 9(4), 296–304.

[56] La Porte, T. (2012). *City Diplomacy*. Paper presented at the workshop "European public diplomacy: Soft power at work." Los Angeles, CA: University of Southern California.

[57] Langer, R. (January, 2005). Hvad er kommunikationsvidenskab? Status og fremtid for et udisciplineret

diskursfælleskab [What is communication science? Status and future for an undisciplined discourse community]. *Dansk Tidsskrift for Kommunikation*, pp. 1–28. Retrieved May 10, 2011, from www.kommunikationsforum.dk/file.asp?id=536

[58] Laqueur, W. (1994). Save public diplomacy: Broadcasting America's message matters. *Foreign Affairs*, 73(5), 19–24.

[59] Lee, H. M. (2007). *Public diplomacy as international public relations: Speculation on national determinants of world governments' web public diplomacy interactivity*. Paper presented at the annual meeting of the International Communication Association, TBA, San Francisco, CA. Retrieved from http://www.allacademic. com/meta/p_mla_apa_research_citation/1/7/0/5/5/p170558_index.html

[60] Lee, S. J., & Melissen, J. (2011). Introduction. In: S. J. Lee & J. Melissen, Jan (Eds.), *Public diplomacy and soft power in East Asia* (pp. 1–9). New York: Palgrave.

[61] Le ministère des Relations internationales Québec (n.d.). 2011–2014 *Plan stratégique*. Québec: Le ministère des Relations internationales Québec.

[62] Leonard, M., & Small, A. (2003). *Norwegian public diplomacy*. London, England: The Foreign Policy Centre.

[63] Leonard, M., Small, A., & Rose, M. (2005). *British public diplomacy in the 'Age of Schisms.'* London, England: The Foreign Policy Centre.

[64] Leonard, M., & Stead, C. & Smewing, C. (2002). *Public diplomacy*. London, England: The Foreign Policy Centre.

[65] Löffelholz, M., Auer, C., Krichbaum, S., & Srugies, A. (2011). *Public diplomacy as external organizational communication. Structures and strategies of state and non-state actors shaping Germany's image abroad*. Paper presented at the annual meeting of the International Communication Association, Boston, MA.

[66] Lord, C. (1998). The past and future of public diplomacy. *Orbis*, Winter, 49–72.

[67] Lord, C. (2006). *Losing hearts and minds? Public diplomacy and strategic influence in the Age of Terror*. Westport, CT: Praeger Security International.

[68] Lord, K. M. (2009). The USA World Trust: Bringing the power of networks to U.S. public diplomacy. *Public Diplomacy Magazine*, 1(1), 19–31.

[69] Lord Carter of Coles (2005). *Public diplomacy review*. London, England: British Council.

[70] Lynch, D. (2005). *Communicating Europe to the world: What public diplomacy for the EU?* EPC working paper 21. Brussels, Belgium: European Policy Centre.

[71] Manheim, J. (1994a). *Strategic public diplomacy and American foreign policy: The evolution of influence*. Oxford, England: Oxford University Press.

[72] Manheim, J. (1994b). Strategic public diplomacy: Managing Kuwait's image during the Gulf conflict. In W. L. Bennet & D. L. Paletz (Eds.), *Taken by storm: The media, public opinion, and U.S. foreign policy in the Gulf War* (pp. 131–148). Chicago, IL: University of Chicago Press.

[73] Meiner-Jensen, N. (2012). *Danish public diplomacy—a dialogic approach to international relations between states and publics*. Roskilde, Denmark: Roskilde Universitet.

[74] Melissen, J. (2005). *The new public diplomacy. Soft power in international relations*. New York: Palgrave Macmillan.

[75] Melissen, J. (2006). *The new diplomacy: Soft power in international relations*. Houndsmill, UK: Palgrave Macmillan.

[76] Melissen, J. (2011a). Concluding reflections on soft power and public diplomacy in East Asia. S. J.

Lee & J. Melissen, Jan (Eds.), *Public diplomacy and soft power in East Asia* (pp. 247–262). New York: Palgrave.

[77] Melissen, J. (2011b). Beyond the new public diplomacy. *Clingendael Paper*, No.3. The Hague, Netherlands: Institute of International Relations 'Clingendael.'

[78] Ministry for Foreign Affairs of Finland (n.d.). Unit for Public Diplomacy. Retrieved from: http://formin. finland.fi/public/default.aspx?nodeid=15988&contentlan=2&culture=en-US.

[79] Ministry of Foreign Affairs of Norway (2007). *Norwegian Public Diplomacy Forum launched today*. Retrieved from: http://www.regjeringen.no/en/dep/ud/press/news/2007/Norwegian-Public-Diplomacy-Forum-launche.html?id=467754.

[80] Moss, D., & Warnaby, G. (1998). Communications strategy? Strategy communication? Integrating different perspectives. *Journal of Marketing Communications*, 4 (3), 131–140.

[81] Mueller, S. (2009). The Nexus of U.S. public diplomacy and citizen diplomacy. In N. Snow & P. M. Taylor (Eds.), *Routledge handbook of public diplomacy* (pp. 101–107). New York: Routledge.

[82] Ndhlovu, J. T. (2009). World Cup 2010: Africa's time has come. *Public Diplomacy Magazine: Middle Powers. Who they are. What they want. 2*, 46–48.

[83] Norway Communicates (n.d.). Norwegian public diplomacy. Retrieved from: http://www.norwaycommunicates. com/diplomacy.html].

[84] Nye, J. S. (2004). *Soft power. The means to success in world politics*. New York: Public Affairs.

[85] Ociepka, B., & Riniejska, M. (2005). *Public diplomacy and EU enlargement: the case of Poland*. The Hague, Netherlands: Netherlands Institute for International Relations 'Clingendael.'

[86] Ogawa, T. (2009). Origin and development of Japan's public diplomacy. In N. Snow & P. M. Taylor (Eds.), *Routledge handbook of public diplomacy* (pp. 270–281). New York: Routledge.

[87] Olins, W. (2002). Branding the nation—the historical context. *Brand Management*, 9(4–5), 241–248.

[88] Pamment, J. (2012). American strategic communication in Iraq: The "Rapid Reaction Media Team". *Online Journal of Communication and Media Technologies*, 2(2), 1-18.

[89] Pamment, J. (2011). *The limits of the new public diplomacy. Strategic communication and evaluation at the U.S. State Department, Foreign & Commonwealth Office, British Council, Swedish Foreign Ministry and Swedish Institute*. Doctoral thesis. Stockholm, Sweden: Stockholm University.

[90] Petersone, B. (2008). *Increasing a nation's diplomatic capabilities through relationship management: Public relations contributions to middle power diplomacies*. Paper presented at the annual meeting of the International Communication Association, Montreal, Quebec, Canada.

[91] Plaisance, P. L. (2005). The propaganda war on terrorism: An analysis of the United States' "Shared Values" public-diplomacy campaign After September 11, 2001. *Journal of Mass Media Ethics*, 20(4), 250–268.

[92] Rasmussen, S. B. (2010). The messages and practices of the European Union's public diplomacy. *The Hague Journal of Diplomacy*, 5(3), 263–287.

[93] Raupp, J., & Hoffjann, O. (2012). Understanding strategy in communication management. *Journal of Communication Management* 16(2), 146–161.

[94] Rawnsley, G. (2007). A survey of China's public diplomacy. *CPD Blog*. Retrieved from http://uscpublicdiplomacy. org/index.php/newswire/cpdblog_detail/070502_a_survey_of_chinas_public_diplomacy/.

[95] Rawnsley, G. D. (2009). China talks back. Public diplomacy and soft power for the Chinese century. In: N. Snow & P. M. Taylor (Eds.), *Routledge handbook of public diplomacy* (pp. 282–291). New

York, NY: Routledge.

[96] Reinhard, K. (2009). American business and its role in public diplomacy. In N. Snow & P. M. Taylor (Eds.), *Routledge handbook of public diplomacy* (pp. 195–200). New York: Routledge.

[97] Ross, C. (2002). Public diplomacy comes of age. *The Washington Quarterly*, 25(2), 75–83.

[98] Samansky, A. W. (2003). Successful strategic communications plans are realistic, achievable, and flexible. *Public Relations Quarterly*, 48(2), 24–26.

[99] Sandhu, S. (2009). Strategic communication: An institutional perspective. *International Journal of Strategic Communication*, 3(2), 72–92.

[100] Schatz, E. & Levine, R. (2010). Framing, Public Diplomacy, and Anti-Americanism in Central Asia. *International Studies Quarterly*, 54(3), 855-869.

[101] Schwan, A. (2011). *Werbung statt Waffen. Wie strategische Außenkommunikation die Außenpolitik verändert* [Advertising instead of weapons. How strategic external communication changed foreign policy]. Wiesbaden, Germany: VS Verlag für Sozialwissenschaften.

[102] Scott, R. W. (2008). *Institutions and organizations. Ideas and interests*. Thousand Oaks, CA: Sage.

[103] Signitzer, B. H. (1993). Anmerkungen zur Begriffs- und Funktionswelt von Public Diplomacy [Notes on the conceptual and functional world of public diplomacy]. In W. Armbrecht, H. Avenarius & U. Zabel (Eds.), *Image und PR - Kann Image Gegenstand einer Public Relations-Wissenschaft sein?* [Image and PR. Image as a subject of public relations science?] (pp. 199–211). Opladen: Westdeutscher Verlag.

[104] Signitzer, B. H. (1995). Public relations und public diplomacy. In W. A. Mahle & A. Walter (Eds.), *Deutschland in der internationalen Kommunikation* (pp. 73–81). Konstanz, Germany: UVK.

[105] Signitzer, B. H. (2008). Public Relations and Public Diplomacy: Some conceptual explorations. In A. Zerfass, B. van Ruler & K. Sriramesh (Eds.), *Public relations research* (pp. 205–220). Wiesbaden, Germany: VS Verlag für Sozialwissenschaften.

[106] Snow, N. (1997). United States Information Agency. *Foreign Policy in Focus*, 2, 1–4.

[107] Snow, N. (2004). From bombs and bullets to hearts and minds: U.S. public diplomacy in an age of propaganda. In Y. R. Kamalipour & N. Snow (Eds.), *War, media and propaganda: A global perspective* (pp. 17–24). Oxford, England: Rowman & Littlefield Publishers.

[108] Snow, N. (2009). Rethinking public diplomacy. In N. Snow & P. M. Taylor (Eds.), *Routledge handbook of public diplomacy* (pp. 3–11). New York: Routledge.

[109] Snow, N. & Taylor, P. M. (2006). The Revival of the Propaganda State. US propaganda at home and abroad since 9/11. *The International Communication Gazette*, 68(5–6), 389–407.

[110] Starr, P. K. (2009). Mexican public diplomacy. *Public Diplomacy Magazine: Middle Powers. Who they are. What they want. 2*, 49–53.

[111] Steyn, B. (2003). From strategy to corporate communication strategy: A conceptualisation. *Journal of Communication Management, 8* (2), 168–183.

[112] Steyn, B. (2007). Contributions of public relations to organizational strategy formulation. In: E. L. Toth (Ed.), *The future of excellence in public relations and communication management* (pp. 137–172). Mahwah: Lawrence Erlbaum.

[113] Sukma, R. (2011). Soft power and public diplomacy: The case of Indonesia. In: S. J. Lee & J. Melissen (Eds.), *Public diplomacy and soft power in East Asia* (pp. 91–115). New York: Palgrave.

[114] Sun, H. H. (2008). International political marketing: a case study of United States soft power and public diplomacy. *Journal of Public Affairs*, 8, 165–183.

[115] Swedish Institute (2008). *Brand Sweden. The road to an updated image of Sweden abroad.* Retrieved from: http://www.si.se/upload/sverigebilden%202.0/FINAL_ENG_080117.pdf

[116] Szondi, G. (2008). *Public diplomacy and nation branding: Conceptual similarities and differences.* Netherlands Institute of International Relations 'Clingendael.' The Hague. (Discussion papers in diplomacy). Retrieved from http://www.clingendael.nl/ publications/2008/20081022_pap_in_dip_nation_branding.pdf.

[117] Szondi, G. (2009). Central and Eastern European public diplomacy: A transitional perspective on national reputation management. In: N. Snow & P. M. Taylor (Eds.), *Routledge handbook of public diplomacy* (pp. 292–313). New York: Routledge.

[118] Szondi, G. (2010). Communicating with the world: An interdisciplinary approach to European Union public diplomacy. In: C. Valentini (Ed.), *Public communication in the European Union: History, perspectives and challenges* (pp. 335–361). Cambridge, England: Cambridge Scholars Publishing.

[119] Tatham, S. (2008). *Strategic communication: A primer*. Shrivenham, England: Defence Academy of the United Kingdom. Retrieved from http://smallwarsjournal.com/documents/stratcommprimer.pdf

[120] Taylor, P. M. (2002). Strategic communications or democratic propaganda? *Journalism Studies*, 3(3), 437–452.

[121] Taylor, P. M. (2009). Public diplomacy and strategic communications. In N. Snow & P. M. Taylor (Eds.), *Routledge handbook of public diplomacy* (pp. 12–16). New York: Routledge.

[122] Tils, R. (2005). *Politische Strategieanalyse: konzeptionelle Grundlagen und Anwendung in der Umwelt- und Nachhaltigkeitspolitik* [Political strategy analysis: conceptual foundation and applications in environmental and sustainability policies]. Wiesbaden, Germany: VS Verlag für Sozialwissenschaften.

[123] Tuch, H. N. (1990). *Communicating with the world: U.S. public diplomacy overseas*. New York: Institute for the Study of Diplomacy.

[124] Under Secretary of Public Diplomacy and Public Affairs (2010). *Public diplomacy: Strengthening U.S. engagement with the world*. Retrieved from http://www.carlisle.army.mil/DIME/documents/Public%20Diplomacy%20US%20World%20Engagement.pdf.

[125] U.S. Advisory Commission on Public Diplomacy (2010). Assessing U.S. public diplomacy. A notional model. Retrieved from http://www.state.gov/documents/organization/149966.pdf

[126] U.S. Advisory Commission on Public Diplomacy (2011). *Staff report of the U.S. Advisory Commission on Public Diplomacy*. Retrieved from http://www.state.gov/documents/organization/179370.pdf

[127] U.S. Department of State (n.d.). *Under Secretary for Public Diplomacy and Public Affairs*. http://www.state.gov/r/.USC Center on Public Diplomacy (2009). Resources—PD organizations. Retrieved from http://uscpublicdiplomacy.com/index.php/resources/pd_organizations.

[128] van Dyke, M. A., & Verčič, D. (2009). Public relations, public diplomacy, and strategic communication: An international model of conceptual convergence. In K. Sriramesh & D. Verčič (Eds.), *The global public relations handbook. Theory, research, and prac tice* (pp. 822–842). New York: Routledge.

[129] van Ham, P. (2001). The rise of the brand state. The postmodern politics of image and reputation. *Foreign Affairs*, September/October, 2–6.

[130] van Ham, P. (2002). Branding territory: Inside the wonderful worlds of PR and IR theory. *Millennium—Journal of International Studies*, 31(2), 249–269.

[131] Vlahos, M. (2009), Public diplomacy as loss of world authority. In N. Snow & P. M. Taylor (Eds.),

Routledge handbook of public diplomacy (pp. 24–38). New York: Routledge.

[132] von Eschen, P. M. (2005). Enduring public diplomacy. *American Quarterly*, 57(2), 335–343.

[133] Wang, J. (2007). Telling the American story to the world: The purpose of U.S. public diplomacy in historical perspective. *Public Relations Review*, 33, 21–30.

[134] Wang, J. (2011). *Public diplomacy with Chinese characteristics*. Post on the CPD Blog. Retrieved from http://uscpublicdiplomacy.org/index.php/newswire/cpdblog_detail/public_diplomacy_with_chinese_characteristics/.

[135] Wang, J., & Chang, T. K. (2004). Strategic public diplomacy and local press: How a high-profile "head of state" visit was covered in America's heartland. *Public Relations Review*, 30(1), 11–24.

[136] Wang, Y. (2008). Public diplomacy and the rise of Chinese soft power. *ANNALS*, 616, 257–272.

[137] Wimbush, E. S. (n.d.). *Fixing public diplomacy and strategic communications*. Hudson Institute. Retrieved from http://www.hudson.org/files/publications/Wimbush%20-%20final%20low%20res%20(2).pdf

[138] Yun, S. H. (2006). Toward public relations theory-based study of public diplomacy: Testing the applicability of the excellence study. *Journal of Public Relations Research*, 18(4), 287–312.

[139] Yun, S. H. (2008). Cultural consequences on excellence in public diplomacy. *Journal of Public Relations Research*, 20, 207–230.

[140] Zaharna, R. S. (2004). From propaganda to public diplomacy in the Information Age. In Y- R. Kamalipour & N. Snow (Eds.), *War, media and propaganda: A global perspective* (pp. 219–225). Oxford, England: Rowman & Littlefield Publishers.

[141] Zaharna, R. S. (2005). The network paradigm of strategic public diplomacy. *Foreign Policy in Focus*, 10(1), 1–4.</list>Zöllner, O. (2006). A Quest for Dialogue in International Broadcasting: Germany's Public

[142] Diplomacy targeting Arab Audiences. Global Media and Communication, 2(2), 160-182.

[143] Zöllner, O. (2009). German Public Diplomacy: The Dialogue of Cultures. In: N. Snow and P. M. Taylor (eds.): *Routledge Handbook of Public Diplomacy* (pp. 262-269). New York, London: Routledge.

第二十九章
以恐怖主义作为战略传播

莱安娜·罗森博格

> 恐怖主义行动实际上就是传播行动。对恐怖分子而言，信息比受害者更重要。在我们的眼中，恐怖主义可以被理解为暴力的传播战略。它有一个信息发出者，一个恐怖分子，一个信息的制造者、受害者或接收者，敌人或公众。没有传播，正如我们一开头所说的，恐怖主义也无法存在。
>
> Schmid & de Graaf, 1982, pp.14–15

恐怖主义者不是在愚蠢地进行传播；他们经过计算并遵循内在逻辑（Crenshaw, 1998）。本章探讨战略传播的概念目前如何为恐怖集团所应用。因此在总结各类案例研究的结果之前，我们需要回顾有关恐怖主义和战略传播的研究。

恐怖主义的定义

“恐怖行动”一词来自拉丁语“terror，terroris”，表示“害怕”或“恐惧”。拉丁语“terrere”意思是“我害怕（某人）”（Stowasser, 1994, p.510）。早期从事恐怖主义的犯罪者是古代的狂热者和匕首党以及中世纪的暗杀者。他们的目标是“让人们持续地感到害怕，让统治团体感到犹豫”（Heine, 2004, p. 61）。“恐怖主义”的概念最早出现在法国大革命雅各宾派政权时期的日常用语中：法国革命末期罗伯斯庇尔的统治（1793–1794）被称为“恐怖政权”，因为当时大量的人被送上断头台斩首。“从起源来看，这个术语往往意味着由政府或统治阶层实施的暴力，而非后来反政府叛乱分子的行动”（P. Jenkins, 2003, p.27）。这是19世纪的案例：当时无政府主义者皮埃尔·普鲁东（Pierre Proudhon）和米哈伊尔·巴库宁（Mikhail Bakunin）提出，借助恐怖主义行为推翻俄罗斯沙皇政权是合法的。在民主的时代，他们认为恐怖行为是不为人接受的，因为可能造成其他结果的可能性。

考虑到这种演变，我们已经可以认为恐怖主义是霸权的和社会建构的现象，随着语境的变化（文化、语言等），人们对恐怖主义的理解也有所不同。下一节将详述恐怖主义的相关概念和普遍特征。在政治学中，我们能找到关于这个概念的说法，例如霍夫曼（2007）和杰金斯（1981）的著作。此外，社会学家沃德曼（2000, 2005）、历史学家Laqueur（1978, 1982）、传播学者皮卡德（1993）都已经研究了这个主题。

什么是恐怖主义？历史学家沃尔特·拉奎尔将之描述为一个团体为了政治目的而使用隐蔽的暴力（Laqueur, 1982, p.100）。一般来说，恐怖主义指向政府，偶尔指向其他组织、阶层或党派。施密德和乔曼认为，"恐怖主义是战斗的方法，其中随机和符号性的受害者被作为暴力的工具目标"（Schmid & Jongman, 1988, p.1）。Schmid 和Jongman统计了109个定义恐怖主义的词语，他们发现"暴力""武力""政治""恐惧""威胁"等词被用得最多（Schmid & Jongman, 1988, p.5）。

20世纪80年代，斯格诺瑞利和杰伯纳调查了恐怖主义的概念，提出了一个普遍的共识，"恐怖主义行动一般来说被界定为一个人卷入反对国家或其他威权的暴力，从而传播恐惧，并发表政治性的观点"（Signorelli & Gerbner, 1988, p.xi）。这个定义包含了"以上的恐怖行动"，意味着由政府实施的暴力。其他定义明确排除了将恐怖主义界定为地方行动者对平民做出的暴力行为这一观点（Richardson, 2007, p.64）。马丁、斯格诺瑞利和杰伯纳一样，也分析了各类恐怖主义的概念，提出了以下恐怖主义的一般特征，"用非法的力量，地方一级的行动者，非常规的方法、政治目的，攻击其他'没有武装'的公民和消极的军事力量，其行动是为了有目的地影响受众"（Martin, 2006, p.47）。

有关恐怖主义的研究文献在20世纪七八十年代显著增加，这是由于传播范围更广、速度更快的新闻报道引发了越来越多的恐怖主义行为（Alali & Eke, 1991, p.1）。在承认"大众媒介（mass-media）恐怖主义"的前提下，纳科斯将恐怖主义界定为"针对平民和无辜者的政治暴力，通过有目的的公开，获得来自政府和公众的关注"（Nacos, 2007, p.26）。

公众的反响是恐怖分子进行暴力活动的主要目标。他们想要进一步动摇他们所认为的非法或压迫的政治、经济和社会制度。

> 因此恐怖主义可以被简要地界定为强迫的恐吓，或者是对谋杀、伤害、破坏或威胁制造恐怖灾难的系统化的运用，通过公开理由，迫使更多的对象屈从于他们的目标。
>
> Wilkinson, 1990, p.27

维金森加入了攻击的不可预测性和专断性，将之作为恐怖主义的基本特征（Wilkinson, 1990, p.28）。同样地，皮卡德认为，"很多恐怖袭击的一个重要目标在于创造可以宣传的事件，也就是行为本身所承载的信息”（Picard, 1993, p.13）。信息是并非所有的人都支持国家目前的状态，并不是所有的一切都在威权的掌控下，恐怖分子的要求需要被认真考虑。米勒坚持他的宣传观点。在他的观点中，恐怖主义是“政治暴力的工具……宣传这一行为是为了通过恐惧创造政治变革的方式”（Miller, 1982, p.v）。他进一步阐明“恐怖主义是宣传和作秀的混合体”（Miller, 1982, p.v）。恐怖分子在不顾任何人道主义原则的情况下打破民事规范与标准从而激怒政府。这就是恐怖主义和战争的区别。“毕竟，恐怖主义最显著的特点是在没有战争的情况下，一个武装组织对没有武器、毫无准备、缺乏抵抗能力的平民以及中立者和旁观者施以暴行”（Schmid & Jongman, 1988, p.13）。伯克斯泰特将恐怖主义的主要特征视为利用媒体达到目的。“恐怖主义被界定为在一个不对称的冲突中的政治暴力，其目的在于通过对平民对象（有时候是象征性的符号）的暴力伤害和破坏来引发恐怖和心理恐惧（有时候是没有差别的）。这类行为旨在从一个违法的秘密组织发出一个信息。恐怖主义的目的是为了将媒体作为放大器，尽可能地夸大宣传的范围，影响目标受众，从而达成短期的和中期的政治目标，甚至是将来建立他们心目中的国家”（Bockstette, 2008, p.8）。伯克斯泰特充实了这一观点，“恐怖主义应用战略，首先依赖于行动的象征性力量。恐惧的运用不仅仅为斗争、伤害或破坏对手的目标服务。相反，它的首要目标在于将这个信息传递给目标受众”（Bockstette, 2008, p.8）。

恐怖分子系统地、有目的地挑战政府；这是物质和心理效果上的权力斗争（B. Hoffman, 2007, p.23）。“恐怖主义是对没有武装的或毫无准备的人群实施暴力或以暴力相威胁，强迫他们满足侵略者的要求”（Biernatzki, 2002, p.5）。但是恐怖分子如何迫使人们或至少是政府做出反应或进行变革？如果他们的炸弹仅仅只在本地爆炸，他们如何让更广泛的受众知晓？媒介在信息的传播过程中扮演了重要角色。媒介如何成为恐怖分子传播战略的一部分，我们将在讨论战略传播的定义后加以探讨。

战略传播的定义

因为战略传播有多种分类，本章主要关注作为组织的恐怖分子团体应用的概念。Hallahan及其同事提出的概念似乎最为适合。他们将战略传播界定为“组织有目的地运用传播来完成自己的任务”（Hallahan, Holtzhausen, van Ruler, Verčič & Sriramesh, 2007, p.3）。在本文的案例中，组织指恐怖主义团体。从理论上说，它可以被视为一个合适的、自我独立的传播实体。“战略传播关注组织如何通过领导人、雇员和传播实践者的有目的的活动来表现和促进自身”（Hallahan et al., 2007, p.7）。这些活动包含在“一系列的说服、合作和胁迫的工具中”（Gregory, 2005, p.7）。对恐怖组织而言，胁迫和强迫工具很流行，但是说服和合作工具也变得越来越重要。“战略是一种行动的规划，它设定优先性，利用资源来达成目标。任何行为中的战略逻辑都在于确定特定的目标，选择工具达成目标”（Gregory, 2005, p.7）。Gregory区分了达成目标的话语逻辑和工具逻辑。话语逻辑指“以达成共识为目标，针对理念和价值合乎逻辑的话语”（Gregory, 2005, p.39），工具逻辑包含了“试图影响观点、决策和行动的宣传活动”（Gregory, 2005, p.39）。

对普通的政治或民间团体而言，规范和价值限制在公共圈层的行动选择中。然而，恐怖组织的行动任意地、有目的地背离规范和社会价值，通过打破传播规则甚至是军事斗争传统来激怒政府。恐怖分子常常运用他们的战略反对既有的政治制度，但是他们也为特定的利益而斗争。“恐怖主义的核心是一种战术，个体和团体选择运用它们服务于自己的政治目标”。值得争论的是“战术”这一术语足以描述恐怖主义行动的复杂程序。按照Bockstette的方法，它更应当指“战略传播管理”。“战略传播管理被界定为对信息流、传播、媒介开发和形象维护的远期系统性规划和实现。它通过恰当的媒体，在特定的时间给特定的观众传递精心规划的信息，从而达到预期的远期效果”（Bockstette, 2008, p.9）。从更普遍的观点来看，人们不应当将战略传播限制在远期，而应当同时考虑中短期目标。

整体战略由不同的单个战术构成，下面将会一一阐述。有些观点与Bockstette（2008, p.9）的战略传播管理规划过程的组合一致。战略的整体目标是陈述目标并传播理由。这可以从说服的角度来理解（例如通过暴力或体力以及说服技巧，如宣称负责任的信件）。“战略传播是在组织任务的语境下有关信息、说服、推论和关系的传播”（Hallahan et al., 2007, p.17）。运用战略的最终目标是合法化，最终获得权力。哈蒙在总结秘鲁极左分子游击组织光明之路的领导人古兹曼时指出，“建设”维度总是伴随着“破坏”维度（Harmon, 2008, p.39）。

大多数时间，恐怖组织关注一条主要信息和它的重复。有时候主要信息衍生自组织的标签名称或品牌（例如“自由”“家乡”和特定的日子）。此外，不同的受众扮演着不同的角色。不仅仅是选择目标、受害者、特定的（种族或跨文化的）公众和新成员，使得不同的传播战略成为必要。这个团体还必须考虑竞争者，分析他们的战略并采取不同的战略（见北爱尔兰的爱尔兰共和军分裂组织的例子）（Korstian, 2008）。在任何情况下，战略传播都必须根据可用的人力和物质资源进行调整，例如技术设备以及移民网络的财政和道德支持。恐怖团体需要有效的结构和有才华的人来实施他们的战略传播理念。战略传播也指广告和产品营销以及寻求合适的媒体进行信息传播，包括组织自己的出版物和人际传播。因此关键问题就是：哪个目标？哪个渠道？哪个受众？哪个信息？当然，评价和反馈是传播计划的一部分。

渠道方面有一个重要的变化。“在20世纪90年代，恐怖分子更多地通过传统方式与受众进行沟通，例如记者采访、传真、面对面宣传甚至新闻发布会”（Bockstette, 2008, p.12）。早在20世纪70年代初期，电视已经作为一个重要的渠道或信息传播的工具得以发明。例如，1972年巴勒斯坦的恐怖组织“黑色九月”绑架了以色列奥林匹克代表团的成员，数百万观看奥运会的观众转而收看人质绑架，从而给恐怖分子带来了大量观众。

在这一时期，恐怖主义变成了一种国际现象。今天，互联网在战略传播方面的重要性不应被低估（Rothenberger, 2012）。

恐怖运动中的利益相关者

如果恐怖分子想要进行战略传播，他们需要了解自己的目标群体，即他们的（政治）信息接收者。在大众传媒时代，信息传播的主要渠道是在线或离线的媒体。媒介并非仅仅反映冲突，同时也积极地组织讨论、评价事实和观点。当大众媒体向大众传播恐怖主义行为时，目睹恐怖主义行为的本地观众将被不同地域的大众替代。因此，媒介给恐怖分子提供了一个舞台，吸引了一大批受众观看；媒介作为一种倍增器，渗入整个（政治、社会等）系统，新闻可能会影响这些系统。

除了媒介和公民，政治家是恐怖分子的另一个关键目标。在这个恐怖分子、政治家或政府、媒介、公民或公众的国际/国家传播矩阵中（如图29.1），每个利益相关者都可以进行单边、双边或多边的传播，不仅涉及各自团体内部的传播，也涉及与政治对手、出版商对手以及来自其他恐怖团体的竞争者间的传播。传播过程常常是同步发生的；因此，恐怖主义的任务是参与多元关系。这一矩阵表明恐怖分子的目标群体并不是恐怖袭击中死去的人，而是有着共同特征的其他人——尽管那些人只不过是恐怖分子要挑战的国家的公民。“政治恐怖分子的受害者是符号性的。受害者是目标群体的代表，他被战略性地包含在恐怖分子的政治目标中”（Schaffert, 1992, p.44）。然而目标群体并不仅仅局限于广泛的公众、政府，以及那些与恐怖分子利益相矛盾的国家多数派；恐怖分子也想触及他们声称为之战斗的社会阶层和少数派，包括竞争的政治和社会运动。

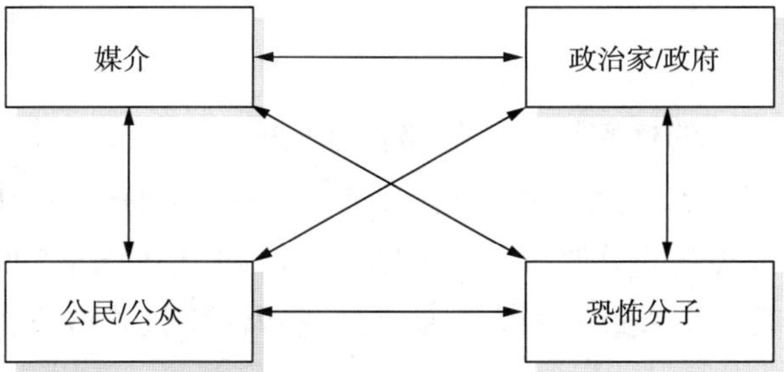

图29.1　传播矩阵

利益相关者有不同的目标，因此必须运用不同的传播战略。政治家想要连任，媒介想要更高的印刷量和收视率，公民想要安全和财富，恐怖分子想要改变政治现状，招募志同道合的人。2004年3月马德里爆炸案发生后，政府与媒体之间的分歧是政治战略传播失败的例证（Canel, 2011）。历史给我们提供了很多恐怖分子以目标为导向的传播案例，例如向媒体或政治家发送宣称负责任的信件，在绑架过程中与记者交谈或给他们提供书面证明，通过受密码保护的网站提供内部的信息。如果恐怖分子成功地传播，他们将会引发社会的恐惧和不安全感，甚至改变社会的公共舆论。这可以通过两步完成，即行动和传播。恐怖分子采取行动并制造恐惧氛围（步骤1），政府基于安全因素限制公民权利，而人们拒绝这些限制，突然转为反对政府。社会秩序的不稳定甚至导致社会崩溃（Townshend, 2005, p.25），从而为变革扫清道路（步骤2）。因此，恐怖分子通过反权威的行动达成他们的目的。媒介向恐怖分子提供成功改变公共舆论的反馈，因为公共讨论将会在媒体上得到反映和评论。

作为标签的恐怖主义

决定受众对恐怖事件接受程度的主要因素是在媒介中这个团体被贴上怎样的标签。按照上文的叙述，恐怖分子的一个目标就是在公众中不被称为"恐怖分子"，因为这个术语有非常负面的意涵，所以他们总会用一些正面含义的东西来称呼自己的组织，例如"自由斗士"和"革命"。在很大程度上，传播是语言。恐怖分子如果想要成功地传播，就会对这一方面变得非常敏感。他们的策略之一是给团体贴上传递合法性内涵的标签。根据拉波波特（1977, p.46）的研究，19世纪俄罗斯的无政府主义者骄傲地将他们自己称为"恐怖分子"，之后托鲁茨基大谈"红色恐怖"的好处。但是对现代恐怖主义而言，有这些方面的不同：

> 第一个将自己描述为恐怖分子组织的团体是著名的"斯特恩帮"（犹太复国武装组织）。今天，这个术语已经被滥用，没有恐怖分子再这样公开宣称自己，他们总是做出各种努力把这个帽子扣到敌人头上。
>
> Rapoport, 1977, p.46

给敌人贴上恐怖分子的标签构成了战略传播的一个部分，这样一个团体可以将自己的行动合法化。"有一点已经成为一项公理，恐怖主义描绘的是他人的暴力行为，而本国或那些受到同情的人所实施的类似暴力行为则是合法的"（Picard, 1993, p.3）。把某人称为恐怖分子是因为他们具有不人道、行为不良、缺乏政治主张等特征：

> 贴标签是为了给某人、某事一个名字。毕竟，恐怖主义本身只是一个标签。在话语中，贴标签可以快速、简便地识别标记内容。使用"恐怖主义"一词来识别市场上对平民的暴力袭击，使这种暴力有了一个简单易懂的名字。
>
> Tuman, 2003, p.32

所有的与恐怖组织所进行的政治协商都是被事先禁止的。从政府的角度来看，这是与非法犯罪者的不对称的冲突。杰金斯谴责使用"恐怖分子"一词，因为它听起来太强烈，引起了公众的认知：

> 一般来说这都是贬义的。有些政府倾向于给所有的政治对手实施的暴力活动贴上恐怖主义的标签，同时反政府的极端主义者常常宣称自己是政府暴政的受害者。因此所谓恐怖主义是基于人们自己的观点。用这个术语意味着一个道德的判断；如果一个团体可以成功地给对手贴上“恐怖分子”的标签，那么它就间接地说服了其他人采纳它的道德观点。恐怖主义就是坏人的作为。
>
> Jenkins, 1981, p.3

表示（非法）反对现状或政府的术语包括反叛者、叛乱分子、游击战士、革命者，当然还有恐怖分子。Weimann和Winn研究了用以表示恐怖组织的术语的含义，建构了一个与传播领域衔接的参考框架（Weimann & Winn, 1994, p.193）。负面标签包含了这样的术语，比如谋杀者、持枪歹徒、破坏者、恐怖分子、罪犯或绑架者。中立的标签包括游击队员、军队、地下组织、分裂分子、组织或运动。“积极的”项目包含了自由斗士、解放运动、民族主义者或爱国者等术语。

对战略传播的分析而言，理解恐怖分子用以称呼自己的术语很重要。这些术语首先是“正面”类型，例如名称包括解放、民族、人民、民众、联合体、救助、民主和抵抗（Weimann & Winn, 1994, p.193）。另外，报纸大多用负面标签，特别是在劫机事件中（Weimann & Winn, 1994, p.203）。

标签不局限于口头或书面的特征，也可以是视觉的或图形的表现。恐怖组织利用视觉符号和颜色，容易让人上当，也容易被记住，并承载了它们存在的理由。颜色也是战略传播的一部分，红色是社会革命团体的颜色，绿色是伊斯兰的颜色，黑色多数是反政府主义的代表（Elter, 2008, p.35）。武器表明了团体的决心和暴力倾向。

作为战略传播的恐怖主义

恐怖组织面临的重要问题不是恐怖分子的自身行动，而是持续地对恐怖行为进行传播和解释。只有通过持续的传播才能给无意识的行为赋予意义。“因此恐怖主义行动是象征性的行动，它把犯罪者的暴力传递给更多的受众……恐怖主义是一种传播形式……在大多数的事件中，关于恐怖分子行动传播最重要的元素并不是行动本身，而是媒介、权威和群众赋予行动的意义”（Picard, 1993, p.4）。记住这一点，很明显的是，恐怖主义的心理影响远远超过了暴力的直接影响，因为它在传播行动对社会造成的灾难后果；“这种影响更多地被媒体创造而不是行动本身”（Bassiouni, 1982, p.128）。巴斯欧尼进一步解释，“恐怖主义是一个被用来描述暴力战略的术语，通过它在给定社会的特定群体中激发恐惧……恐怖主义这个词已经获得了不好的意义，它引发了几乎是自动产生的恐惧”（Bassiouni, 1982, p.128）。坦率地说，恐怖主义首先是传播战略（Waldmann, 2000, p.13）。这也就是为什么恐怖分子选择特定的传播空间和顺序例如百货公司或银行来完成任务。在这些地点，袭击特别让人吃惊，容易引起广泛的混乱因此带来更大的恐惧。另一个是选择象征性的目标，例如军事设施或政府大楼，这些建筑展现了特定的权力和政府的形式。破坏建筑象征着破坏对手的权力。

媒介在恐怖主义的传播战略中扮演了重要的角色，因为他们是公众认知的关键，提供了受众和契机。这种以媒介为导向的恐怖主义在新闻和信息技术变得更快、更容易获取的同时，积聚了力量——互联网提供者有更多的可能性。施密德和格拉夫（1982, p.53–54）展现了恐怖分子对新闻媒体积极的和消极的使用方式。一些例子见表29.1。当然，案例也表明大部分时间里，团体并不会运用所有的方法。哈蒙（2008, pp.39–44）运用了一个更加简明的目录，列出了5个最普遍的恐怖分子战略，它们“都以某种形式将暴力和宣传融合在一起以获得公共效果”（Harmon, 2008, p.39）。

- 创造或推动社会混乱、恐惧甚至无政府的感觉。
- 败坏、削弱、破坏特定的政府，用另一个来取代。
- 制造经济破坏（直接损害产权拥有者或政府，反对既存的交易形式）。
- 给国家的武装力量或基础设施造成破坏。
- 为了国际效果制造恐怖行动。

表29.1　叛乱的恐怖分子对新闻媒体的运用

积极运用（例子）	消极运用（例子）
• 极端化的公众舆论 • 进行转变，吸引新成员加入恐怖运动 • 在威胁、伤害受害者的条件下要求发表宣言 • 将信息与受害者联系起来 • 通过传播错误信息误导敌人 • 给恐怖运动做广告并展现原因 • 引发公众对受害者的关注，迫使政府做出让步	• 从媒体对恐怖主义的报道中学习新的高压技术 • 获取关于人质的身份和地位的信息 • 获取安保力量的反措施信息 • 确定恐怖主义暴力的未来目标 • 获取公众对恐怖主义行为的反应信息 • 通过媒介的夸大报道让敌人对自己的力量感到恐惧从而获益

Schmid & de Graaf, 1982, p.53-54

怎样的行为能够引发国际媒体的报道和高度的公众反响？根据新闻价值理论，当然是新闻价值高的行为。霍夫曼说自杀性恐怖袭击是首要的也是最重要的工具战略，它是用最大的代价获得最大的公开性（B. Hoffman, 2007, p.258）。暴行越可怕，媒介报道传播越广泛，甚至得到一个“娱乐的反常形式”（B. Hoffman, 2007, p.272）。恐怖分子可以运用媒介系统的机制来达到他们自己的目的。这个事件最好能引发长期的关注。只有在没有“噪音”干扰传播流时才会出现这种状况，例如同时还发生很多暴力行为或其他重要的事件。这就是为什么暴力程度较低的民主国家是恐怖分子发动袭击的首选地区。从心理角度说，不可预料的事件带来了高度恐惧或无力的可能性；它使参与者产生情绪并引发自发的抵抗。有些社会对恐怖袭击的反应可能是股市暴跌或者某个地区旅游业受损，美国、菲律宾和印尼发生的恐怖袭击的余波反映了这一点。

恐怖分子的战略传播的一个部分是严重的经济破坏应当损坏西方民主，带来过度反应。鼓动者的成功依赖于所挑战政权的反应。任何政府都很难禁得住挑衅，它们常常对恐怖分子通过暴力进行的非直接传播做出情感、语言或身体上的反应。但是获得公众关注并不是恐怖分子的终极目标，“大多数恐怖分子并不是追求自己的曝光。公开性的获得是工具性的，服务于恐怖运动的最终目标”（Gerrits, 1992, p.32）。然而有时候中期目标会变成恐怖分子战略的主要目的。例如，对自治的和宗教的恐怖团体而言，攻击对手、解救俘虏似乎比（政治和组织）体现更为重要。格瑞兹指出，恐怖分子利用各种心理战略和战术来提高公众认知。

表29.2所示的分类展现了恐怖分子袭击的两个主要目标：展现自身力量和展现权威的脆弱（Gerrits, 1992, p.36）。一方面，袭击具有一种加强的作用，另一方面也具有消磨人斗志的效果。格瑞兹分析了各种有关恐怖分子的记录，认为袭击和媒体报道并非战略传播的主要构成部分。

表29.2　恐怖分子的心理战略和宣传技巧

选定的行动方法：叛乱的恐怖主义	
心理战略（例子）	**宣传技巧（例子）**
• 展现权威的脆弱 • 削弱政府及其追随者和军队的士气 • 赢得或增加公众的同情 • 让人们激进化或政治立场极端化 • 将暴力行为视为必要的或英勇的	• 因为他们的价值观所做的暴力实践 • 选择最佳行动时间和地点 • 发布观点 • 提出有力量的符号

Gerrits, 1992, p.33

> 恐怖分子不会完全依靠广播、电视、报纸来完成他们的心理目标。他们花了很长时间和精力在其他能提升运动和观点的方式上。集会、自制小册子和期刊在传播其运动和观点的过程中仍然很重要。大众媒体是重要的、有吸引力的工具，而不仅仅是恐怖宣传的工具。
>
> Gerrits, 1992, p.59

从案例研究中可以看出，战略传播并不仅限于大众媒介。柯林斯坦认为恐怖主义的一个必要特征是恐怖袭击一定要传递信息，“受害必须是为了向其他人发出关于未来受害的可能性的信息，否则就不是恐怖主义”（Crelinsten, 1992, p.214）。他进一步指出，“在恐怖主义的传播模式中，恐怖主义行为构成了更广泛的政治话语中的一个信号或信息。这是一种获取关注的要求，一种承认自己是政治生活中的一个参与者的要求，一种获得作为某一特定政治事业的有效代表的合法性的要求”（Crelinsten, 1987a, p.419）。克瑞林斯登用一个综合性调查的概念来质疑研究者。“例如，研究叛乱恐怖分子的行动而不考虑有意和无意的受众的反应，实质上是忽略了恐怖主义现象的关键要素——它的传播本质”（Crelinsten, 1987b, p.7）。他的观点是基于符号互动理论和冲突理论。

> 在互动主义范式中，特定行动的意义来自它引起的社会反应。这反过来以一种特殊的方式界定了这种行为，给它贴上标签，从而把它的意义限定在一种特定的解释上。冲突方法承认团体为资源和权力而竞争，社会控制机构是这类冲突的工具。
>
> Crelinsten, 1987b. p.8

恐怖主义不仅是意识形态，而且是战略，这一点到目前为止已经变得很清楚。恐怖组织可能在意识形态上也有很大的不同，但是他们的传播战略似乎差不多。他们非常典型的传播形式包括责任声明。

附注：责任声明

在普通的犯罪中，犯罪分子通常不想为人所知。与之形成对比的是，恐怖组织往往发布公告或上传视频资料，宣称对某一行为负责。犯罪者并不想要发送信息；他们感兴趣的是实际的价值。然而，恐怖分子想要加强他们的象征性传播并“解释”他们的行为。如德国红军派（RAF），向新闻机构或电台发表声明，解释他们的行为并试图使之合法化。今天，恐怖组织不再将传统媒体作为它们的传播者；它们可以通过互联网发表声明。这一信息并未传递给特定媒体的特定目标受众，而是传递给了分布更为广泛的公众。有些恐怖分子改变了他们的战略，不再在袭击后发表声明，而是提前发表（A. C. Hoffmann, 2008, pp.241–242）。与库尔德工人党派（PKK）关系密切的“库尔德自由之鹰”（TAK）曾在很长一段时间里攻击土耳其平民，但国际媒体对此完全不予理睬。2006年春，在发生25次袭击后，他们改变了策略，宣布将目标对准度假区的游客。当然，在袭击发生前，国际媒体立即对此进行了报道，并报道了土耳其境内库尔德人普遍存在的问题。还有一些搭便车的案例。2009年夏天，俄罗斯一座水电站发生事故，导致70人死亡。几天后，一批俄罗斯穆斯林在给车臣共和国的网站——高加索阵线的一封信中声明他们对“袭击”负责（Ludwig, 2009）。显然，事故发生时没有任何袭击，但该组织想要传播恐怖和后续袭击的恐惧。按照这种方式，战略传播有时仅仅是宣传。

作为行为鼓吹的恐怖主义

“鼓吹是传播的一种形式，它试图说服或操纵个体或群体的观点或行动，以达到政治、宗教、军事、经济或社会目的”（Picard, 1993, p.45）。这种描述表明，战略传播在极端形式中乃是鼓吹。换句话说：鼓吹实质上就是一种有力的战略传播，这也正是为什么需要仔细探讨作为“行为鼓吹”的恐怖主义之概念的原因。通过传播手段（行动、声明等），恐怖分子想要说服公众相信他们是正义的。

> 鼓吹和恐怖主义在有一点上是类似的，它们都试图以有利于赞助商的方式影响大众。虽然恐怖主义只有一个目标——诱发恐惧和不确定性——但宣传能够服务于任何可想到的目的，从宗教到政治再到商业。
>
> Tugwell, 1987, p.409

我们很难考证谁最先提出了“行为鼓吹”一词。这可能来自意大利革命家的卡洛·皮萨卡内（1818–1857）、法国无政府主义者保罗·布鲁斯（1844–1912）或19世纪德国无政府主义者莫斯特（Elter, 2008, p.63）。莫斯特在他的出版物《自由》中明确指出，在适当的时间和地点所做的适当的事将比成千上万的鼓动者的文学或雄辩的宣传更有意义（Laqueur, 1978, p.88）。在任何情况下，对恐怖主义行为的报道都不会是正面的宣传（Herman & O’Sullivan, 1989）。大多数情况下，记者报道受害人并通过戏剧化的文章来“反对”那些不人道的罪犯。大多数人不会被此吸引，或者受到影响而支持恐怖分子的事业，但是他们会感到厌恶和恐惧。恐怖分子无法控制报道的框架。问题是记者一次次地报道新闻事件，即袭击，但反恐措施应包含在和平时期对这些组织进行报道，从而避免这些组织继续以暴力作为主要的传播方式（Waldmann, 2005, p.15）。许多恐怖组织已经建立了政治力量来进行合法鼓吹。但是这些组织为他们的袭击辩护，称如果不这样做，他们的诉求就不会得到倾听。因此，恐怖组织通过广泛的（暴力的）宣传运动来弥补他们在军事和公民参与方面的不足。恐怖主义是有组织地对暴力活动的传播。恐怖分子在袭击之前都是秘密筹备，之后用最广泛、最有力的方式公开他们的理由。恐怖分子可以在他们的责任声明或采访中使用说服的技巧，例如，重复论点，将他们的观点放到积极的语境中或与消极的事物进行对比，与（积极的）情感联系起来，等等（Picard, 1993, p.41）。作为回报，不利的事实和情况会被遗漏或忽略。恐怖分子鼓吹的一个特点是，他们认为他们所提出的理由和采取的（暴力）手段是绝对正当的；“因为他们相信自己的正义，恐怖分子把他们的对手描绘为完全邪恶、腐败的压迫者，而不仅仅是误入歧途的人”（Wilkinson, 1990, p.29）。

案例研究：将战略传播特征用于恐怖组织

恐怖分子有自己的计划，而一项战略是由精确规划的行动和传播构成。恐怖分子的行动不是随意发生的，而是理性和系统的规划。恐怖分子不是想在军事上打败敌人，而是想在精神上击溃敌人。维金斯提出了恐怖分子的四个主要目标（Wilkinson, 1997, pp.56–57）：

1. 通过宣传恐怖行为诱发恐惧；
2. 就团体所认为的正当理由吸引公众的注意；
3. 弱化和激怒政府或挑战制度，运用不民主的反击手段；
4. 招募新的同情者和筹集资金。

在伊尔梅瑙工业大学的两个研究生讨论会上，几项分别于2009、2010、2011年进行的案例研究者通报了更多关于恐怖组织的战略传播。研究关注那些带有分裂主义和社会革命动机的群体。在确定哪些因素导致这些组织被认定为恐怖组织时，研究者遵循了Elter（2008, pp.24–25）的标准，他不仅界定了“恐怖主义”现象，也界定了行动者，即恐怖组织。这个方法是质化和探索性的。研究通过收集和分析文本，浏览社交媒体、产品销售、政治宣传册、全球恐怖主义数据库（GTD）等资料以及二手文献展开（例Lafree & Dugan, 2007）。

下一节将列举案例研究的一些结果，表29.3展示了研究的一些要点。这里所讨论的组织与各自的流散成员联系似乎是它们传播计划中的一个重要因素。流散成员必须了解组织的活动并为组织的事业效力；他们必须得到一些关于其资金去向的反馈，否则就不会获得更多的海外融资。泰米尔猛虎组织（LTTE）和爱尔兰共和军（IRA）的流散成员十分庞大。LTTE并不仅依靠流散成员的资金，也依靠他们的行动，例如，近年来在汉堡、柏林、法兰克福等地发生的泰米尔人示威等行动，他们试图以此引起人们对斯里兰卡泰米尔人困境的关注。

这些目标常常是象征性的。大使馆、商业或政府大楼、银行、军事设施，以及其他种族或意识形态团体的代表都遭到攻击。它所传达的信息是：你——如果你站在“敌人”一边——可能就是下一个目标。

被用来与各种利益相关者沟通或处理责任信件的媒体已经从传统媒体转向新媒体，尤其是互联网。被研究分析的恐怖组织［自由亚齐解放运动（GAM）除外］经常使用YouTube、博客和论坛（Rothenberger, 2012）。LTTE甚至试图建立一个由所有泰米尔公民组成的“网络国家”，以推进斯里兰卡独立的事业（Tekwani, 2004）。恐怖分子很清楚该用哪种渠道来接触公众。例如，哥伦比亚革命武装力量（FARC）利用广播电台在哥伦比亚农村地区传播和宣传它们的事业，因为广播仍然是农民最重要的媒介。对恐怖组织的报道以及由报道促成的公众看法也主要是负面的。但是国际媒体也讨论了各自政府的反应，至少在有关斯里兰卡和印度尼西亚政府的反战略的文章中，记者们彻底地批评了军事行动。

表29.3 比较各恐怖组织的战略传播

	RAF	IRA	GAM	LTTE	FARC
动机	社会学家、无政府主义者	分裂主义者和信仰宗教的人	分裂主义者	分裂主义者	社会革命
短期目标	自由分子	获得公众关注和支持	公众支持、自治	语言、法律	为人民提供更好的条件
长期目标	政府变更	统一爱尔兰	伊斯兰国家	泰米尔政权	反对美帝主义、马列主义国家
持续时间	1970s—1998	1919—	1976—2005	1976—2009	1964—
流散成员	左翼、斯塔西、法塔赫、银行抢劫	NORAID、合法与非法生意	流放的领导人（瑞典）、跨国公司资源、利比亚军队	欧洲、北美、澳大利亚财政与道德	无流散成员，资源：古柯种植
目标	大使馆、斯普林格出版社、经济代表	宗教目标（教堂）、基础设施，警察、军队、平民	爪哇政府国际贸易	增伽罗/穆斯林平民、政治家、军队	军队、英格丽德·贝当古、政治家、美国公民
主要袭击的性质	绑架、枪击	爆炸（汽车）、枪击	爆炸、焚烧学校	自杀爆炸（女性）、民事战争	爆炸、枪击、绑架
标签	城市战士、社会主义者	革命军队、自由战士	解放战士	解放之虎	革命军队、社会斗士
评价	出版简报、专业评价	宣传总监	在负面报道后攻击记者	影响记者、Nitharsan部队	邀请记者
成就	囚禁、自我了结、正式解散	公众关注、取消广播禁令	和平协议、对东帝汶的同情、政党	被击败	控制特定的区域和药物
新媒体	电视、电话、宝丽来照片	宣传视频、网络、U盘	并不普遍	网络国家、融资、社交网络、博客	网站、社交网络、博客、YouTube
公众认知/报道	（因为暴力）缺乏公众支持	公众受到威胁，负面认知	国际媒体：印尼政府的暴行；印尼媒体被限制报道	斯里兰卡人：负面认知；全球：负面认知，但也对斯里兰卡政府持负面看法	负面认知：与药物有关
指导方针	城市游击队的概念、马克思宣言	绿皮书	以东帝汶蓝图为例，无SC指南	Prabhakaran和Nitharsan部队的准则	如何制作宣传片

媒体内容和恐怖分子的反应有何关联？有趣的是，几乎所有的恐怖组织都认为新闻报道非常重要，并对文章和新闻报道进行评价。GAM恐怖分子在负面报道之后攻击了记者。另外，FARC提供了有关它们自己的（当然是被操纵的）情况的图片。RAF非常专业甚至制作了媒体简报。同样值得关注的是它们是否有专业的传播指导方针。在大多数情况下，恐怖分子遵循的是组织创始人或其他历史人物所创建的宣言，其中不仅包含政

治规范、目标和建议，还包括传播规则。例如，IRA的绿皮书规定，其成员不得向任何人谈及IRA活动，甚至也不能和他们的家庭成员谈论。LTTE在伦敦有自己的报道机构和一个名为Nitharsan的部门，专门负责拍摄照片和录制视频，以达到宣传的目的。

伯克斯泰特通过分析圣战恐怖分子的战略管理技巧，得出圣战恐怖分子知道如何应用战略传播管理技巧的结论。

> 大众媒体特别是互联网已经成为恐怖分子重要的战略传播工具和资产，确保他们在不对称的传播中占据有利位置。有了这些资产，恐怖分子能够补偿他们在军事力量上的不对称。他们基于仔细的受众分析来完善战略，并相应地调整信息和传播方法，坚持任何传播或公共关系活动的基本原则。
>
> Bockstette, 2008, p.5

因此，他们能够招募到新成员，威胁他们所谓的敌人。为了接触他们的追随者，圣战恐怖分子也应用了"面对面的方法，在清真寺和古兰经学校进行祈祷、演讲和布道"（Bockstette, 2008, p.18）。组织拥有的渠道越多，可以添加到其投资组合中的多面战略就越多。Bockstette列举了恐怖分子进行所有活动的三个主要传播目标，其共同点是"传播和扩大他们的运动，使之合法化，对他们的敌人进行胁迫和恐吓"（Bockstette, 2008, p.5）。

结论和观点

案例研究的结果表明，组织的最终目标（即合法化和权力）服务于初始目标。初始目标包括陈述目标和传播理由。因此，恐怖分子利用暴力和说服技术，例如写信声称对此事负责。战略传播必须适应现有的资源。例如，如果一个团体有一个高度离散的社群，则更容易应用多种传播技巧。当然，像互联网这样的技术，允许非法组织绕过把关人的筛选过程，发挥着重要作用，但人际传播仍然很重要。

综上所述，战略传播的概念可以应用于恐怖组织。它们能够而且应当被视为寻求最大公开性的专业组织。对信息分布和框架进行路径分析，对各个相关党派发表的公开文稿进行批判性话语分析（例如政治家、恐怖分子、非政府组织或公民团体），有助于更深度地开展有关恐怖主义传播过程的研究。此外，图像作为说服和情感效果的关键因素，应当成为未来研究的一部分。

恐怖分子除了袭击和暴行，他们更重视说服人们接受其观点。这就是为什么研究和反恐措施应该更多地集中在这个也许不那么引人注目的领域。"制定有效的逆向战略传播计划，利用弱点和矛盾……，是赢得不对称冲突的关键"（Bockstette, 2008, p.20）。因此，无论是消除恐怖主义的根源，还是探索恐怖分子的传播战略，都将是未来研究的方向。只有研究人员、教育工作者、政府和其他行动者了解恐怖分子迄今为止非常成功的传播战略，他们才能知道如何回应和反击其言论和行动。

参考文献

[1] Alali, A. O., & Eke, K. K. (1991). *Media coverage of terrorism. Methods of diffusion*. Newbury Park, CA: Sage.

[2] Bassiouni, C. M. (1982). Media coverage of terrorism: The Law and the public. In *Journal of Communication*, 32(2), 128–143.

[3] Biernatzki, W. E. (2002). Terrorism and mass media. In Centre for the Study of Communication and Culture (Ed.), *Comunication Research Trends*, 21(1), 1–42.

[4] Bockstette, C. (2008). *Jihadist terrorist use of strategic communication management techniques*. Garmisch-Partenkirchen, Germany: George C. Marshall Center.

[5] Canel, M. J. (2011). Communicating strategically in the face of terrorism: The Spanish government's response to the 2004 Madrid bombing attacks. In *Public Relations Review*, 38(2), 214–222.

[6] Crelinsten, R. D. (1987a). Power and meaning: Terrorism as a struggle over access to the communication structure. In P. Wilkinson, & A. M. Stewart (Eds.), *Contemporary Research on Terrorism* (pp. 419–450). Aberdeen, Scotland: Aberdeen University Press.

[7] Crelinsten, R. D. (1987b). Terrorism as political communication: The relationship between the controller and the controlled. In P. Wilkinson, & A. M. Stewart (Eds.), *Contemporary Research on Terrorism* (pp. 3–23). Aberdeen, Scotland: Aberdeen University Press.

[8] Crelinsten, R. D. (1992). Victims' perspectives. In D. L. Paletz, & A. P. Schmid (Eds.), *Terrorism and the media* (pp. 208–238). Newbury Park, CA: Sage.

[9] Crenshaw, M. (1998). The logic of terrorism: Terrorist behavior as a product of strategic choice. In W. Reich (Ed.),*Origins of terrorism. Psychologies, ideologies, theologies, states of mind* (pp. 7–24). Washington, DC: Woodrow Wilson Center Press.

[10] Elter, A. (2008). *Propaganda der Tat. Die RAF und die Medien*. Frankfurt am Main, Germany: Suhrkamp Verlag.

[11] Gerrits, R. P. J. M (1992). Terrorists' perspectives: Memoirs. In D. L. Paletz, & A. P. Schmid (Eds.), *Terrorism and the media* (pp. 29–61). Newbury Park, CA: Sage.

[12] Gregory, B. (2005). *Public diplomacy and strategic communication: Cultures, firewalls, and imported norms*. Paper presentation at the American Political Science Association Conference on International Communication and Conflict. Washington, DC.

[13] Hallahan, K., Holtzhausen, D., van Ruler, B., Verčič, D., & Sriramesh, K. (2007).Defining Strategic Communication. In *International Journal of Strategic Communication*, 1(1), 3–35.

[14] Harmon, C. C. (2008). *Terrorism today* (2nd ed.). London, England & New York: Routledge.

[15] Heine, P. (2004). *Terror in Allahs Namen. Extremistische Kräfte im Islam* [Terror in Allah's name. Extremist Islamic factions]. Lizenzausgabe für die Bundeszentrale für politische Bildung. Bonn, Germany: Bundeszentrale für politische Bildung.

[16] Herman, E. S. & O'Sullivan, G. (1989). *The "terrorism" industry. The experts and institutions that shape our view of terror*. New York, NY: Pantheon Books.

[17] Hoffmann, A. C. (2008). Multiplikatoren des Schreckens. Medien spielen Terroristen (unfreiwillig)

in die Hände [Multipliers of terror. Media (involuntarily) play into the hands of the terrorists]. In M. Löffelholz, C. F. Trippe, & A. C. Hoffmann (Eds.), *Kriegs- und Krisenberichterstattung. Ein Handbuch* [War and crisis coverage. A handbook] (pp. 240–245). Konstanz, Germany: UVK.

[18] Hoffman, B. (2007). *Terrorismus—der unerklärte Krieg. Neue Gefahren politischer Gewalt* [Terrorism–the unexplained war. New threats of political violence] Bonn, Germany: Bundeszentrale für politische Bildung.

[19] Jenkins, B. M. (1981). The Study of terrorism: Definitional problems. In Y. Alexander & J. M. Gleason (Eds.), *Behavioral and quantitative perspectives on terrorism* (pp. 3–10). New York: Pergamon Press.

[20] Jenkins, P. (2003). *Images of terror. What we can and can't know about terrorism*. New York: de Gruyter.

[21] Korstian, S. (2008): Der Nordirlandkonflikt [The Northern Ireland Conflict]. In: T. Bonacker, R. Greshoff, U. Schimank (eds.): *Sozialtheorien im Vergleich* [Comparison of Social Theories], pp. 15–31. Wiesbaden, Germany: Springer VS.

[22] Lafree, G. & Dugan, L. (2007): Introducing the Global Terrorism Database. *Terrorism and Political Violence*, 19(2), 181–204.

[23] Laqueur, W. (1978). *Zeugnisse politischer Gewalt. Dokumente zur Geschichte des Terrorismus* [Evidence of political violence. Documents of terrorism history] Kronberg im Taunus, Germany: Athenäum.

[24] Laqueur, W. (1982). *Terrorismus* [Terrorism]. Frankfurt am Main, Germany: Suhrkamp.

[25] Ludwig, M. (2009). Rebellen prahlen mit Anschlag auf Kraftwerk [Rebels boast about attack on power plant]. In *Frankfurter Allgemeine Zeitung*. Retrieved from www.faz.net.

[26] Martin, G. (2006). *Understanding terrorism. Challenges, perspectives, and issues*. Thousand Oaks, CA: Sage.

[27] Miller, A. H. (1982). *Terrorism, the media and the Law*. Dobbs Ferry: Transnational.

[28] Nacos, B. L. (2007). *Mass-mediated terrorism. The central role of the media in terrorism and counterterrorism*. New York: Rowman & Littlefield.

[29] Picard, R. G. (1993). *Media portrayals of terrorism. Functions and meaning of news coverage*. Ames, IA: Iowa State University Press.

[30] Rapoport, D. (1977). The politics of atrocity. In Y. Alexander, & S. M. Finger (Eds.), *Terrorism. Interdisciplinary perspectives* (pp. 46–61). New York: John Jay Press.

[31] Richardson, L. (2007). Britain and the IRA. In R. J. Art, & L. Richardson (Eds.), *Democracy and counterterrorism: Lessons from the past* (pp. 63–104). Washington, DC: United States Institute of Peace Press.

[32] Rothenberger, L. (2012). Terrorist groups: Using Internet and social media for disseminating ideas. New tools for promoting political change. In *Romanian Journal of Communication and Public Relations*, 14(3), 7–23.

[33] Schaffert, R. W. (1992). *Media coverage and political terrorists. A quantitative analysis*. New York: Praeger.

[34] Schmid, A. P., & de Graaf, J. (1982). V*iolence as communication. Insurgent terrorism and the Western news media*. London, England: Sage.

[35] Schmid, A. P., & Jongman, A. J. (1988). *Political terrorism. A new guide to actors, authors, concepts, data bases, theories, and literature*. New Brunswick, NJ: Transaction.

[36] Signorelli, N., & Gerbner, G. (1988). *Violence and Terror in the Mass Media. An Annotated Bibliography*. New York: Greenwood Press.

[37] Stowasser, J. M. (1994). Stowasser. Lateinisch-deutsches Schulwörterbuch [Latin–German Learners' Dictionary]. Munich, Germany: Oldenbourg Schulbuchverlag.

[38] Tekwani, S. (2004).*Constructing a nation online: Tamil nationalism and the Internet*. Paper presented at the annual meeting of the International Communication Association, New Orleans, LA.

[39] Townshend, C. (2005). *Terrorismus. Eine kurze Einführung* [Terrorism. A short introduction]. Stuttgart, Germany: Reclam.

[40] Tugwell, M. (1987). Terrorism and propaganda: Problem and response. In P. Wilkinson, & A. M. Stewart (Eds.), *Contemporary research on terrorism* (pp. 409–418). Aberdeen, Scotland: Aberdeen University Press.

[41] Tuman, J. S. (2003). *Communicating terror. The rhetorical dimensions of terrorism*. Thousand Oaks, CA: Sage.

[42] Waldmann, P. (2000). Terrorismus als weltweites Phänomen: Eine Einführung [Terrorism as a worldwide phenomenon: An introduction]. In K. Hirschmann, & P. Gerhard (Eds.), *Terrorismus als weltweites Phänomen* (pp. 11–26). Berlin, Germany: Berlin Verlag Arno Spitz.

[43] Waldmann, P. (2005). Terrorismus und öffentliche Wahrnehmung [Terrorism and public perception]. In J. Klußmann (Ed.), *Terrorismus und Medien. Eine komplexe Beziehung. Dokumentation der Tagung 25/2004 vom 6. bis 8. September 2004* [Terrorism and media. A complex relationship. Documentation of the conference 25/2004 from September 6 to September 8, 2004] (pp. 9–20). Bonn, Germany: Evangelische Akademie im Rheinland.

[44] Weimann, G., & Winn, C. (1994). *The theater of terror. Mass media and international terrorism*. New York: Longman.

[45] Wilkinson, P. (1990). Terrorism and propaganda. In Y. Alexander & R. Latter (Eds.), *Terrorism & the media. Dilemmas for government, journalists and the public* (pp. 26–33). Washington, DC: Brassey's.

[46] Wilkinson, P. (1997). The Media and terrorism: A reassessment. In *Terrorism and Political Violence*, 9(2), 51–64.

[47] Wright-Neville, D. (2010). *Dictionary of terrorism*. Cambridge, MA: Polity Press.

第三十章
战略意图和危机传播：发展中的新领域

W. 蒂莫西·昆布斯和雪莉·霍来德

危机传播是相对较新的应用传播学研究领域，它的起源可以追溯到20世纪80年代。在早期，这个领域重点关注努力解决危机带来的问题的战术。危机可以被定义为“对威胁利益相关者重要期待的难以预测事件的洞察，它可能严重影响组织的绩效并带来负面结果”（Coombs, 2012, p.2）。随着理论的发展和成熟，危机传播研究也从战术性转向战略性。危机传播研究强调解决企业和非政府组织等面临的问题。本章通过探讨管理者如何有目的地利用危机传播来预防或减少危机带来的问题，来反映以组织为中心的关注点。危机传播指一系列的传播干预，它是危机管理过程的一部分，贯穿危机管理的三个阶段：

1. 危机前（预防和准备）；
2. 危机应对；
3. 危机后（学习和恢复）（Coombs, 2009）。

危机传播是战略传播的一种。战略传播是有目的地“运用传播，推动组织作为社会行动者完成自身的任务”（Hallahan, Holtzhausen, van Ruler, Verčič & Sriramesh, 2007, p.7）。危机传播涉及传播的战略运用，从而限制危机对组织和利益相关者的伤害——以推进组织任务。此外，危机和战略传播都强调影响的作用。危机传播的很多应用确实试图影响人们对危机的反应以及对处在危机中的组织的认知（Coombs, 2010）。危机传播阵列提供了组织各类危机传播的方式。各类危机传播应用可分为：意义管理和信息管理。信息管理包括收集和分析信息的所有工作。意义管理包括努力塑造人们如何看待危机以及处在危机中的组织。这两个类别可以与危机的三个阶段相交叉，创造一个2*3的危机传播阵列。危机传播阵列中的六个部分是：

1. 危机前的信息管理
2. 危机前的意义管理
3. 应对危机时的信息管理
4. 应对危机时的意义管理
5. 危机后的信息管理
6. 危机后的意义管理（Coombs, 2009）。

危机传播研究重点关注第四个部分，即应对危机时的意义管理。本章重点选取危机应对中的意义管理来回顾危机传播文献，这也是危机传播中最重要的研究领域。将危机传播作为战略传播的研究有三个部分。第一部分详细介绍了与危机传播相关的一般性结果。确立组织想要通过危机传播达成的目标，这些结果提供了一个战略重点。第二部分讨论了危机管理者运用的主要危机应对战略。我们需要列举这些危机应对战略，理解他们对目标受众的意图。本节通过解释各类可被用于追求不同结果的危机应对战略，建立了结果体系。第三部分探讨危机传播如何适用于战略传播的相关领域。这需要探讨危机传播与议题管理、声誉管理及风险传播之间的关系。

危机传播结果

战略传播是目的性的，因此它尝试创造目标受众群体特定的反应。危机管理者运用危机传播来减轻危机对组织和利益相关者的负面影响。危机传播是为了保护组织和利益相关人免受危机的潜在伤害。危机管理者试图追求危机传播工作的特定结果。危机传播的结果可以被分为三个方面（Coombs, 2012）：1. 态度和影响；2. 潜在的支持行为；3. 媒体报道。显然，这三个方面有重叠且互相影响。态度和影响塑造了潜在的支持行为，然而媒体报道能够影响另外两者。这些区别对于危机传播影响的研究仍然是有用的。

态度和影响

态度和影响包括声誉资产（态度）和与危机相关的各种情绪（影响）。“声誉”这个术语可以定义为人们如何看待和评价一个组织。声誉具有可评价的维度。人们通过判断组织是“好”还是“坏”来评价组织（Fombrun & van Riel, 2004）。声誉是一种宝贵的无形资产，组织需要培育并保护它。声誉之所以有价值，是因为它可以带来以下好处：吸引和激励员工、吸引客户、创造积极的媒体报道和产生投资收益（Alsop, 2004; Davies, Chun, da Silva, & Roper, 2003; Dowling, 2002; Fombrun & van Riel, 2004）。危机可能给组织声誉带来威胁（Barton, 2001）。大量的危机传播研究都关注组织声誉的保护或修复，这是合乎逻辑的。主要研究方向有企业道歉（Hearit, 1994; 2006）、形象修复（Benoit, 1995）和情境危机传播理论（SCCT）（Coombs, 1995; 2007），所有这些都将声誉作为危机传播的主要结果。

危机传播的预期结果是限制或预防声誉受损。其理念是，利用危机传播我们可以减少甚至消除危机造成的潜在声誉损害。危机将造成利益相关者的一系列情绪。与危机相关的最常见的情绪是愤怒、焦虑和同情。愤怒和焦虑表现为消极的情感反应。由于危机带来的愤怒，人们更可能参与负面的口碑传播，购买意愿会降低（Coombs & Holladay, 2007）。整合危机地图（ICM）模型详细分析了危机传播的影响。ICM使用了两个坐标来描述回应：

1. X轴是公共的应对战略；
2. Y轴是企业参与的层次。

公众通过行动（意图应对）或改变人们对情境的解读（认知处理）来应对危机。组织参与是组织对危机投入资源的程度，从高到低不等。两个坐标轴创建了四个象限，代表了不同的危机类型并确定与危机相关的情绪、公众可能如何应对以及组织的参与度。我们假设危机传播应当与公众的情绪和应对战略保持一致。运用ICM模型的研究表明，焦虑是公众在危机期间最常见的情绪反应，其次是愤怒。意图应对是最常见的公众反应，组织更倾向于适度参与（Jin & Pang, 2010）。

危机会破坏组织的运作，这些破坏制造了雇员、供应商和客户的焦虑。雇员关注他们的薪水、福利和工作的安全。供应商不知道他们是否能收到钱以及现有订单是否会被修改。客户担心他们是否能够得到产品，这些产品何时会被禁止。危机传播的结果在于减少人们因危机而感到的愤怒和焦虑。

同情是一种积极的情感；人们为某些人、某些事感到抱歉。当一个组织成为危机的受害者，例如在产品干预危机中，人们可能会同情组织。同情使人们支持组织。这种类型的支持可以促进消费意图和正面的口碑传播。当组织是危机的受害者时，危机传播的结果是增加或促进同情。

行为

危机应对有两种行为特征：公共安全行为和潜在支持行为。很多危机，例如化学事故和产品危害危机，都涉及对公共安全的威胁。在这类危机中，公共安全是危机管理者的首要任务。传播被用来保护公共安全。人们被告知威胁存在，威胁的本质被解释，人们被告知如何避免或保护自己免受危险。产品危害危机说明了公共安全传播。人们被告知哪些特定的商品可能造成伤害，为什么这些商品会构成威胁，他们应当做些什么来避免伤害。例如，人们被告知详细的信息和说明，告知他们如何确定其拥有的商品是否应该被召回，他们是否应该退还商品或寻求一些必要的解决措施，以确保安全使用该商品。危机传播的结果是防止商品带来危害以及退还或维修该商品。潜在支持行为指人们采取的在某种程度上有利于组织的行为。研究最多的潜在支持行为是购买意愿。市场导向型危机传播表现出对危机如何影响客户的强烈兴趣（Jorgensen, 1996）。该研究已经发现危机确实会降低购买意愿。危机传播的结果是减少或消除危机对购买意愿的负面影响。

口碑是另一种潜在支持行为，市场导向型危机传播更倾向于这一行为。口碑可以对客户产生深远的影响，也可以影响利益相关者对组织的看法。本质上口碑与购买意愿和声誉相关。除了人身伤害，危机最大的伤害是刺激了负面的口碑。负面的口碑会损害声誉并抑制购买意愿（Coombs & Holladay, 2007）。危机传播的结果就是较少或消除负面口碑。

组织一般都不喜欢新的政府规定，因为规定往往会增加组织的成本（Baker, Conrad, Cudahy & Willyard, 2009）。危机催生了新规定的潜力。弗雪曼（1999）采用了Birkman（1997）有关这一概念的观点，认为危机可以成为一个焦点事件。焦点事件让人们关注某些议题。在危机中，人们的注意力被放到某些促使危机发生的因素上。利益相关者担心，如果不妥善处理，制造危机的条件将持续存在并可能制造更多的危机。焦点事件能够给政策制定者施加压力，促进他们推出新的制度，以纠正那些制造危机的条件。危机的管理者需要安抚利益相关者，特别是政府工作人员，确保这些人知道制造危机的条件已经不再是一个威胁，并且已经采取了必要的解决措施。如果一个组织被认为能够控制局面且充分解决危机，那么政府就没有必要从外部再来控制。危机传播的结果是避免危机之后出现新的管理规定。

最后一个行为是媒体报道。我们广泛使用的“媒介”一词包含了传统媒介和电子媒介。媒体报道之所以关注危机，是因为它们具备吸引媒介消费者的戏剧性元素。危机管理者关注媒体报道的质量、数量和持续时间。起点应当是危机报道的质量。媒体报道的质量取决于“故事”是否以负面的方式描述组织。在大多数情况下，危机报道对组织而言都是负面的，因为它与负面事件相关（Barton, 2001）。媒体报道的数量由危机报道的数量表示。显然，如果大多数危机报道都是负面的，危机管理者会希望吸引尽可能少的媒体报道。声誉管理要求组织要最小化负面报道，最大化正面报道（Carroll & McCombs, 2003; Meijer, 2004）。一般来说，如果人们谈论危机，那么这对组织而言就是负面的。然而，有些危机应对战略可以设法将关于组织的正面信息放入故事中。持续时间就是媒体报道此事的时长。媒体对危机的报道使得利益相关者对这个故事记忆犹新，并会一直讨论这些负面信息。理想情况下，危机报道的持续时间应该很短。危机传播的结果是限制负面报道的总量和时间。在少数情况下，危机传播的结果是在媒体报道中增加有关该组织的正面信息。

危机应对战略：动力和类型

如前文所述，当我们将危机传播视为战略传播的时候，它是一个复杂的过程，因此危机管理者可能从一系列的危机应对战略中做出选择。选择应当以期望的结果为指导。

告知这个选择是危机传播背后的动力。本节将首先详细介绍几个危机应对传播中的基本动力，之后探讨特定的危机应对战略以及它们与结果的关系。

动力

归因理论显著地影响了我们对危机传播的理解。归因理论认为人们会为其所经历的事情寻找原因。当危机之类的事情发生时，人们自然地会去解释它为什么发生。人们倾向于将一个事件归结于外部或内部的因素（Weiner, 1986; 2006）。例如，那个人撒掉红酒是因为他喝醉了（内因），还是因为他的胳膊被别人碰了（外因）？人们在处理危机时，自然会对危机责任进行归因。危机责任是人们认为组织所应承担的危机责任的总和。营销研究者最先确定了危机责任归因对危机传播的重要性（Mowen, 1980）。情境危机传播理论（SCCT）已经细化并拓展了危机传播中危机责任的作用（Coombs & Holladay, 2002）。研究一致发现，危机责任的增加带来了更大的声誉破坏和更多的愤怒，以及购买意愿的降低（Coombs, 2007; Schwarz, 2008）。

当我们把危机责任作为关键变量，就能确定用以解释危机应对战略与期望结果如何相关的三个动力。第一，危机应对战略可以被用来将组织与危机分离。如果组织被认为对危机没有责任，那么它就不会受到伤害，危机也可以被避免。第二，危机应对战略可以减少对危机责任的归因。如果利益相关者认为组织对危机几乎没有责任，那么危机造成的损害就可以被最小化。第三，危机应对战略试图提供积极的行动以抵消危机带来的负面影响。危机应对战略尝试缓冲危机的破坏（Coombs, 1995）。

危机应对战略的类型

在危机中，危机管理者有一系列的危机应对战略。每个危机传播的措施都结合了一系列的应对战略。Sturges（1994）推荐将危机应对战略分为三类：

1. 指示信息；
2. 调整信息；
3. 声誉管理。

我们对危机应对战略的讨论从这三个信息类别开始。在讨论危机应对战略时，我们将回到结果上，因为特定的战略往往与特定的结果联系在一起。指示信息是指保护利益相关者免受危机伤害的信息。利益相关者必须知道他们采取什么行动可以保护自己免受危机可能带来的人身伤害。指示信息与关注人身安全的公共安全有着很强的联系。指示信息的例子包括产品召回、公共健康警示以及撤离至安全区或避难所的命令与警报（Coombs, 2012）。第二个战略类型是调整信息，包含帮助人们从心理上应对危机的信息。危机可能使受害者（那些受危机影响的人）受到心理创伤。危机管理者可以采取行动以减轻受害者的负担。表达关心、旨在防止危机再次发生而采取的纠正措施以及在危机中发生了什么的信息都是调整信息的例子。人们期待组织对危机受害者表示同情和关心（Patel & Reinsch, 2003）。研究表明，表达关心可以减少焦虑和愤怒（Cohen, 2002）。纠正措施是指为防止危机重演而采取的措施。纠正措施通过展现组织的安全承诺来安抚利益相关者（Sellnow, Ulmer & Snider, 1998）。仅仅提供一些细节，可以减少危机中发生之事的不确定性，也可以使人安心。提供有关危机事件的信息能减少人们的疑虑而使他们放心（Ammerman, 1995）。声誉管理危机应对战略是第三类战略，是旨在保护或修复危机所造成的声誉损害的言语和行动。斯特吉（1994）认为，在危机中，指示和调整信息必须放在首位，声誉管理应用于二者之后。对声誉管理的关注在危机传播的文献中已有大量研究（Coombs, 2009）。危机应对传播的三类动力为组织和解释各种声誉管理危机应对战略提供了良好的框架。声誉管理应对战略分为否认、减少和修复三类。表30.1列举了常用的声誉管理危机应对战略。

表30.1 危机应对战略

应对战略		定 义
类 目	类 型	
指示信息		帮助人们避免身体上受到伤害
	警告信息	提醒危险存在
	基本信息	告诉人们危机中发生了什么
调整信息		帮助人们在心理上应对
	同情	表达对受害者的关心
	改正行为	采取措施避免危机重复发生
声誉管理		
	攻击控告者	直面声称危机存在的人
	否认	声称组织没有卷入危机
	寻找替罪羊	把危机归咎于其他人
	找借口	通过否认造成伤害的意图或缺乏控制力以最小化组织对危机的责任
	辩白	声称危机造成的损失很小
	赔偿	向受害人提供金钱和礼物
	道歉	承认责任并请求原谅
	提醒	提醒人们组织过去做的好事
	迎合	赞美那些在危机中施以援手的人
	受害者	表明组织也是危机的受害者

声誉管理战略可以直接与前面关于危机传播如何达到预期结果的三种动力的讨论联系起来。否认的声誉管理战略是通过使组织脱离危机而发挥作用。如果组织对危机不承

担责任，危机就不应该损害组织的声誉。如果利益相关者不相信一个组织应该为负面事件负责，那么他们为什么要惩罚这个组织呢？减少的声誉管理战略试图最小化危机责任归因。危机的严重程度与危机责任的归属存在一定的关系（Coombs & Holladay, 2004）。通过承认危机仅仅造成很小的破坏，利益相关者应当意识到最小的危机责任归因。通过证明组织对危机事件的控制力有限，危机管理者宣称组织对危机几乎没有责任。当危机责任归因较低时，危机的负面影响较小。最后，修复或用声誉管理战略接受危机的责任，提供一个积极的行动并将其作为抵消危机负面影响的方式（Coombs, 2012）。此时，将危机应对战略和特定的危机传播结果结合起来很有用。之前我们指出危机应对战略和结果之间的关系；本节将详细阐述这两者如何相关。表30.2总结了危机应对战略和危机传播结果之间的关系。

表30.2 危机应对战略和危机结果

应对战略		定　义
类　目	类　型	
指示信息		
	警告信息	公共安全
	基本信息	焦虑
调整信息		
	同情	愤怒和焦虑
	纠正措施	愤怒，焦虑和规定
声誉管理		
	攻击控告者否认	声誉，购买意愿，愤怒和口碑
	寻找替罪羊	声誉，购买意愿，愤怒和口碑
	找借口	声誉，购买意愿，愤怒和口碑
	辩白	声誉，购买意愿，愤怒和口碑
	赔偿	声誉，购买意愿，愤怒和口碑
	道歉	声誉，购买意愿，愤怒和口碑
		声誉，购买意愿，愤怒和口碑，媒体报道（质量、数量、持续时间）
	提醒	声誉，购买意愿，愤怒和口碑，媒体报道质量
	迎合	声誉，购买意愿，愤怒和口碑
	受害者	声誉，购买意愿，愤怒和口碑，媒体报道质量

指令信息是针对公共安全的结果。提供的信息旨在保护，也应当帮助减少焦虑。调整信息直接针对减少焦虑。改正行动可以防止政府的管理制度，因为改正行为表明不需要再采取其他措施来促使组织改正。表达关心应当通过展现对受害者的关注减少愤怒。否认和减少损害的声誉管理战略应当保护组织的声誉，减少愤怒，维持消费意图，减少

负面口碑的可能性。如果没有危机，声誉不会受损，消费意图也会得到保持，

指示信息是为了公共安全的结果而设计的。此外，提供的有关保护行动的信息有助于减少焦虑。调整信息直接通过提供安慰来消除焦虑。纠正措施可以应对政府的管理制度，因为纠正措施表明，除了组织所采取的步骤外，没有必要再采取其他措施。表达关心应当通过展现对受害者的关心来减少愤怒。否认和减少的声誉管理战略应保护组织的声誉、减少愤怒、保持购买意愿并减少负面口碑的可能性。如果没有危机，声誉不会受到损害，购买意愿应该保持不变，也不会引发愤怒情绪或负面口碑。建立对危机的最小责任限制了声誉损害和威胁、对购买意愿的负面影响以及传播负面口碑的意愿。此外，否认战略应当减少媒体报道的数量和时长。如果没有危机，也就不需要在媒体上进行报道。

修复声誉管理战略尝试减少声誉损害对购买意愿的负面影响、愤怒和负面的口碑。危机管理者意识到危机将会造成这四类损害，但是提供正面的话语或者行动能减少破坏。道歉、提醒和受害者战略通过间接地鼓励媒体报道的正面信息（道歉、过去做的好事或组织如何受到危机的伤害）来影响媒体报道的质量。受害者形象尝试通过提醒人们组织也是危机的受害者，从而增加同情。此外，道歉能够帮助减少媒体报道的总量和持续时间。道歉结束了危机叙事。组织承认责任并请求原谅（Hearit, 2006）。坏人接受惩罚，从而结束了危机叙事，削减了媒体和利益相关者对危机的兴趣。

其他危机变量

研究确定了两个影响危机传播的变量，它们独立于危机应对战略：时机和渠道。时机指的是组织或其他实体（通常是媒体）是否首先报道危机。这个研究被认为是“抢风头”。实验研究表明，如果组织第一个报告危机，那么它受到的声誉损害最小。换句话，如果关于危机的第一手报道来自其他信源，那么组织可能受到更大伤害（Arpan & Pompper, 2003; Claeys & Cauberghe, 2010）。初步研究也表明，抢风头对危机应对战略产生影响。从本质上讲，如果组织是第一个报道危机的，那么声誉保护这类危机应对战略就不会带来任何益处（Claeys, 2012）。选择正确的时机或危机应对战略似乎都能达成有益的结果。然而，将两者结合起来并不一定能够增加与抢风头相一致的好处。

一个新兴的研究领域已经开始研究危机传播渠道的效果。该方面的研究尝试确定危机信息传播渠道和危机应对战略对危机责任归因和危机传播结果是否有影响。目前的研究只产生了推测性的结果。通过比较危机信息和回应的书面及视频信息，有研究发现两种呈现方式之间的差异不大（Coombs & Holladay, 2011）。近年来，研究者比较了人们对通过社交媒体或其他传播渠道传递的信息所作出的反应。对社交媒体渠道的研究处于萌芽期，结论也多是探索性的。社交媒体渠道的难处在于信源和时机使结果复杂化。此外，除研究渠道外，探究社交媒体渠道的信息来源还可发现不同的信源的存在，信源可

包括接收者的朋友、处于危机中的组织或一个不认识的人。Freberg（2012）、Schultz、Utz和Goritz（2011）的研究为确定各类社交媒体中的信源因素和信源影响提供了一个卓越的案例。例如，Freberg（2012）对食品召回信息的研究发现，组织信源（政府）比用户生成内容（社交媒体）更让人信服。信源可能是效果产生的一个诱因。人们可能会认为，如果组织是社交媒体信息的来源，那么它就是第一个报道危机信息的。在这个案例中，时机可能是研究发现的任何效果的原因。因此，一些探索性的证据表明，运用社交媒体可能改变人们对危机应对战略的认知和反应（Liu, Austin & Jin, 2011）。

危机传播和战略传播的相关领域

前面的讨论将危机传播与声誉管理和议题管理联系在一起。风险管理可以被认为是战略传播的第三个领域，与危机传播有紧密联系。战略传播的这四个领域彼此影响。因此，危机传播不能与战略传播的其他三个领域分开考虑。声誉管理涉及影响人们对组织的认知和评价方面所做的努力。当利益相关者因危机降低对组织的评价时，危机可能会对组织的声誉产生负面影响。研究仍然需要确定危机抑制组织声誉的时长。过去的声誉将影响人们如何看待危机责任。在某些情况下，强大且正面的声誉可以减轻危机对声誉的损害（Dean 2004; Ulmer, 2001）。此外，负面形象会加剧危机带来的破坏，因为它将增加危机归因（Coombs & Holladay, 2006）。我们几乎不可能将危机管理和声誉管理分开。议题管理涉及议题的识别（何种解决办法可以影响组织）和解决议题的尝试（Heath, 1990）。议题管理是危机预防的一部分。进行议题管理同时能够防止危机的威胁演变为危机。危机可能源于失败的议题管理（GonzálezHerrero & Pratt, 1996）。

如前文所示，危机可以成为一个议题。危机可以将注意力集中在一个议题上，增加决策者的压力，从而让其采取措施以防止危机再次发生（Fishman, 1999）。对某些危机传播工作而言，它与议题管理关系密切。风险管理的风险评估工作旨在降低组织在削弱危机威胁时的脆弱性。一旦危机的威胁将自己显露为一个危机，危机管理者可能需要参与风险传播。风险传播旨在了解利益相关者对风险的认知，并解释风险的性质以及组织为保护人们免受风险所做的努力（Palenchar, 2005）。

本节强调危机传播同声誉管理、议题管理、风险管理之间的关系。这四者都密切相关。风险和议题会影响声誉，声誉会限制或促进议题或风险管理工作。此外，风险可以创造议题，或议题可能产生风险。这四个战略传播领域可以积极地用于解决组织关注的问题。关键在于，危机传播的战略本质受到其与声誉管理、议题管理和风险管理等战略传播领域的影响。

结论

危机传播在20世纪80年代后期开始成为一个独立的实体。早期的著作多由从业人员撰写，他们列出了危机管理者在危机期间应该做什么、不应该做什么。这个领域最开始关注的是战术，即要做什么。我们会认为这就是一个普遍的传播应用领域的“起源故事”。随着危机传播方面的研究和理论的发展，该领域开始转向解释“为何”应该采取特定的传播干预手段。这种基于研究的运动代表着对简单的“实践者智慧”的重大改进。本章记录了危机传播的战略重点，即应对危机时的意义管理。之所以选择意义管理为重点，是因为绝大多数危机传播研究都围绕该方面进行了考察。

本章从详细阐述危机传播的预期结果开始。战略传播是有目的的，危机传播的结果也是目的。接着，重点转移到如何运用各类危机应对战略，以得到不同的危机传播结果。对危机应对战略的分析包括对危机传播达到预期效果的动力机制的解释。本章最后回顾了危机传播、声誉管理、议题管理和风险传播之间的联系，以说明这四种战略传播类型间的关系。危机传播是一个独特的战略传播领域。它的研究确定了一系列的危机应对战略，提供了对每种战略如何产生特定结果的解释。在危机传播中，危机管理者拥有一套知识体系，这一体系能够指导他们通过危机传播来达到各种预期的结果。危机传播是从战术层面发展起来的，它已成为战略传播的一个重要组成部分。

参考文献

[1] Alsop, R. J. (2004). *The 18 immutable laws of corporate reputation: Creating, protecting, and repairing your most valuable asset*. New York: Free Press.

[2] Ammerman, D. (1995). What's a nice company like yours doing in a story like this? In L. Barton (Ed.), *New avenues in risk and crisis management* (Vol. 3, pp. 3–8). Las Vegas, NV: University of Nevada Las Vegas, Small Business Development Center.

[3] Arpan, L.M., & Pompper, D. (2003). Stormy weather: Testing "stealing thunder" as a crisis communication strategy to improve communication flow between organizations and journalists. *Public Relations Review*, 29(3), 291–308.

[4] Baker, J. S., Conrad, C., Cudahy, C., & Willyard, J. (2009). The devil in disguise: Vioxx, drug safety, and the FDA. In R. L. Heath, E. L. Toth & D. Waymer (Eds.), *Rhetorical and critical approaches to public relations II* (pp. 170–194). New York: Routledge.

[5] Barton, L. (2001). *Crisis in organizations II* (2nd ed.). Cincinnati, OH: College Divisions South-Western.

[6] Benoit, W. L. (1995). *Accounts, excuses, and apologies: A theory of image restoration*. Albany, NY: State University of New York Press.

[7] Carroll, C. E., & McCombs, M. E. (2003). Agenda-setting effects of business news on the public's images and opinions about major corporations. *Corporate Reputation Review*, 6, 36–46.

[8] Claeys, A. S. (2012). *The impact of the content and timing of organizational crisis communication on reputation repair*. Unpublished doctoral dissertation. Ghent, Belgium: University of Ghent.

[9] Claeys, A .S., & Cauberghe, V. (2010). Crisis response and crisis timing strategies: Two sides of the same coin. *Public Relations Review*, 38(1), 83–88.

[10] Cohen, J. R. (2002). Legislating apology: The pros and cons. *University of Cincinnati Law Review*,

70, 819–895.

[11] Coombs, W. T. (1995). Choosing the right words: The development of guidelines for the selection of the “appropriate” crisis response strategies. *Management Communication Quarterly*, 8, 447–476.

[12] Coombs, W. T. (2007). Protecting organization reputations during a crisis: The development and application of situational crisis communication theory. *Corporate Reputation Review*, 10(3), 163–177.

[13] Coombs, W. T. (2009). Conceptualizing crisis communication. In D. O’Hair & R. L. Heath (Eds.), *Handbook of risk and crisis communication* (pp. 99–118). Mahwah, NJ: Lawrence Erlbaum.

[14] Coombs, W. T. (2010). Crisis communication: A developing field. In R. L. Heath (Ed.), *Handbook of public relations*, (2nd ed., pp. 477–488). Thousand Oaks, CA: Sage Publications.

[15] Coombs, W. T. (2012). *Ongoing crisis communication: Planning, managing, and responding* (3rd ed.). Thousand Oaks, CA: Sage Publications.

[16] Coombs, W. T., & Holladay, S. J. (2002). Helping crisis managers protect reputational assets: Initial tests of the situational crisis communication theory. *Management Communication Quarterly*, 16, 165–186.

[17] Coombs, W. T., & Holladay, S. J. (2004). Reasoned action in crisis communication: An attribution theorybased approach to crisis management. In D. P. Millar & R. L. Heath (Eds.), *Responding to crisis: A rhetorical approach to crisis communication* (pp. 95–115). Mahwah, NJ: Lawrence Erlbaum.

[18] Coombs, W. T. & Holladay, S. J. (2006). Halo or reputational capital: Reputation and crisis management. *Journal of Communication Management*, 10, 123–137.

[19] Coombs, W. T., & Holladay, S. J. (2007). The negative communication dynamic: Exploring the impact of stakeholder affect on behavioral intentions. *Journal of Communication Management*, 11, 300–312

[20] Coombs, W. T. & Holladay, S.J. (2011). An exploration of the effects of victim visuals on perceptions and reactions to crisis events, *Public Relations Review*, 37(2), 115–120.

[21] Davies, G., Chun, R., da Silva, R. V., & Roper, S. (2003). *Corporate reputation and competitiveness*. New York: Routledge.

[22] Dean, D. H. (2004). Consumer reaction to negative publicity: Effects of corporate reputation, response, and responsibility for a crisis event. *Journal of Business Communication*, 41, 192–211.

[23] Dowling, G. (2002). *Creating corporate reputations: Identity, image, and performance*. New York: Oxford University Press.

[24] Fishman, D. A. (1999). ValuJet flight 592: Crisis communication theory blended and extended. *Communication Quarterly*, 47(4), 345–375.

[25] Fombrun, C. J., & van Riel, C. B. M. (2004). *Fame and fortune: How successful companies build winning reputations*. New York: Prentice Hall.

[26] Freberg, K. (2012). Intention to comply with crisis communicated via social media. *Public Relations Review*, 38, 416–421.

[27] González Herrero, A., & Pratt, C. B. (1996). An integrated symmetrical model of crisis communications management. *Journal of Public Relations Research*, 8(2), 79–106.

[28] Hallahan, K., Holtzhausen, D., van Ruler, B., Verc˘ic˘, D., & Sriramesh, K. (2007). Defining strategic communication. *International Journal of Strategic Communication*, 1(1), 3–35.

[29] Hearit, K. M. (1994). Apologies and public relations crises at Chrysler, Toshiba, and Volvo. *Public Relations Review*, 20(2), 113–125.

[30] Hearit, K. M. (2006). *Crisis management by apology: Corporate response to allegations of*

wrongdoing. Mahwah, NJ: Lawrence Erlbaum.

[31] Heath, R. L. (1990). Corporate issues management: Theoretical underpinnings and research foundations. In J. E. Grunig & L. A. Grunig (Eds.), *Public relations research annual* (Vol. 2, pp. 29–66). Hillsdale, NJ: Lawrence Erlbaum.

[32] Jin, Y., & Pang, A. (2010). Future directions of crisis communication research: Emotions in crisis—the next frontier. In W. T. Coombs & S.J. Holladay (Eds.), *Handbook of crisis communication* (pp. 677–682). Malden, MA: Blackwell Publishing.

[33] Jorgensen, B. K. (1996). Components of consumer reaction to company-related mishaps: a structural equation model approach. *Advances in Consumer Research*, 23: 346–51.

[34] Liu, B.F., Austin, L., & Jin, Y. (2011). How publics respond to crisis communication strategies: The interplay of information form and source. *Public Relations Review*, 37(4), 345–352.

[35] Meijer, M.M . (2004). *Does success breed success? Effects of news and advertising on corporate reputation*. Amsterdam, Netherlands: Aksant Academic Publishers.

[36] Mowen, John C. (1980). Further information on consumer perceptions of product recalls. *Advances in Consumer Research*, 8, 519–523.

[37] Palenchar, M. J. (2005). Risk communication. In R. L. Heath (Ed.), *Encyclopedia of public relations* (Vol. 2, pp. 752–755). Thousand Oaks, CA: Sage.

[38] Patel, A., & Reinsch, L. (2003). Companies can apologize: Corporate apologies and legal liability. *Business Communication Quarterly*, 66, 17–26.

[39] Schultz, F., Utz, S., & Goritz, A. (2011). Is the medium the message? Perceptions of and reactions to crisis communication via Twitter, blogs and traditional media. *Public Relations Review*, 37(1), 20–27.

[40] Schwarz, A. (2008). Covariation-based causal attributions during organizational crises: Suggestions for extending situational crisis communication theory. *International Journal of Strategic Communication*, 2, 31–53.

[41] Sellnow, T. L., Ulmer, R. R., & Snider, M. (1998). The compatibility of corrective action in organizational crisis communication. *Communication Quarterly*, 46, 60–74.

[42] Sturges, D. L. (1994). Communicating through crisis: A strategy for organizational survival. *Management Communication Quarterly*, 7, 297–316.

[43] Ulmer, R. R. (2001). Effective crisis management through established stakeholder relationships. *Management Communication Quarterly*, 14, 590–615.

[44] Weiner, B. (1986). *An attributional theory of motivation and emotion*. New York: Springer Verlag.

[45] Weiner, B. (2006). *Social motivation, justice, and the moral emotions: An attributional Approach*. Mahwah, NJ: Lawrence Erlbaum.

第三十一章
数字时代的危机传播和即兴创作

麦茨·埃里克森

在网络世界中，信息传播技术（ICTs）和社交媒体已经成为战略传播者工具箱中越来越重要的工具（Eyrich, Padman, & Sweetser, 2009; Verhoeven, Tench, Zerfass, Moreno, & Verčič, 2012; Waters, Tindall, & Timothy, 2010）。由于传播技术带来的可能性，危机传播的新型工作方法已经出现（Eriksson, 2009; 2012; González-Herrero, & Smith, 2008, 2010; Hallahan, 2009; Hughes, & Palen, 2012）。如今，许多组织通过社交媒体，以一种更加不定向、更加以情境为导向的方法与周围环境进行交流，通过和用户的互动形成对危机的感知。这些工作方法往往符合“新”的现代或后现代的危机管理观点。这些观点认为，现代危机管理者必须要提升他们即兴创造的能力（Czarniawska, 2009; Gilpin, & Murphy, 2006, 2008, 2010; Weick, & Sutcliffe, 2007）。像危机传播中的控制和操纵等口号已经显得有些过时，或者至少正在网络世纪中发生变化（Liu, Palen, Sutton, Hughes, & Vieweg, 2009; Palen, Vieweg, Liu, & Hughes, 2009; Wigley & Fontenot, 2010）。问题在于危机传播者对先前制定的危机管理规划和战略的态度如何在这种情境下发生改变。长期以来，根植于军事领域的战略逻辑一直是危机管理领域的特征，但当传播者被迫以不断增强的程度进行即兴创作时，这种逻辑会发生什么变化？

危机传播语境下的战略传播和社交媒体研究仍处于起步阶段。虽然这项研究并不广泛，但一些危机管理、公共关系、市场营销和信息学领域的研究者认为，从组织的视角来看，社交媒体和互联网最大的优点是能够管理议题和知识，以便在潜在危机情况下进行信号检测以及公众观点与行为的分析（参见Eysenbach, 2009; González-Herrero & Smith, 2008; Palenchar & Freberg, 2012; Wang & Belardo, 2009）。市场营销领域的一些研究者，例如Cova和White则持相反观点，他们认为社交媒体扩大了客户提出潜在反对意见的危险性。他们得出的结论是，在线群体产生了“改变品牌和反击品牌的机会，威胁了既有的品牌管理者”（Cova & White, 2010, p.256）。然而，目前的研究仍缺乏对用户生成的、以情境为导向的传播环境如何影响传统战略、规划和战术在危机传播中的应用的探讨。

因此本章的目的是分析和探讨传统的危机管理战略、规划和战术在危机传播数字化环境中的作用，在这种环境中，过于僵化的规划和指导方针有可能束缚危机传播者。本章用定性方法研究了北欧航空公司在冰岛火山埃亚菲亚德拉冰盖喷发期间以及此后2010年4月15日至20日欧洲大部分空域关闭时期，其在危机传播中对社交媒体的运用。本章的主要研究问题是：（1）卷入其中的危机传播者是否能够将今天即兴创作的可能性（通过社交媒体）与战略、战术、行动模式和常规结合起来？（2）在新的危机传播语境下，我们如何理解传统的战略、规划和战术的概念？

战略、危机传播和即兴创作

按照近来有关危机管理和危机传播的知识，传统的战略、规划和战术概念必须进行部分修改。对这些概念的反思强调了现代危机传播中即兴创作的必要性。

界定战略、规划和战术

战略概念的历史源远流长，涉及方方面面，在政治、军事和商业领域有着广泛的应用（Gilbert, Hartman, Mauriel, & Freeman, 1988; Liddell Hart, 1967; Mintzberg, 1987; Schelling, 1960）。从广义上讲，战略最初的意义是军事行动的规划、协调和总指挥，以达到总体军事目标的要求。战略最初指纯粹的军事规划，它源自希腊语strategos，意思是“将军的艺术。”从这个观点来看，战略是一种行动或规划，具有明确的军事意义和逻辑，即掌控特定的语境，达成特定的目标。将战略等同于具体的管理计划和规划也是战略传播领域中最常见的思考战略概念的方式。正如Smith的观点，“战略是公共关系、营销传播和相关领域规划的核心”（Sinth, 2005, p.67）。按照这个观点，战略是一种管理功能，它包括按照整体目标来设计战略路径以及发展组织及战略传播目标。在这个概念中，战略的一般作用在于指导组织成员的工作。传统战略观的另一个维度是战术的运用。从军事角度看，战术是战略在某个特定领域中的运用（Liddell Hart, 1967）。

如果对军事概念重新语境化，战术则是公共关系、营销传播或危机传播中更明显的元素。战术包括使用一系列“武器”，例如不同的媒介渠道和信息，以到达公众。然而，战略、规划和战术的概念在广泛的组织管理和传播管理研究中并没有被区分开来。有时候，这些术语好像彼此相同，有时候它们又被视为某一工作流程的不同步骤。最普遍的观点是，战略是良好管理规划的结果。也就是说，战略是规划的结果。

然而，Mintzberg和McHugh（1985）提出了战略和战略策划的另一种观点。Mintzberg认为，高级经理规划详细战略的传统观点（高级经理制定其他人都必须执行的行动路线）应当被另外的方法取代，即组织成员制定战略。这种方法与传统战略观的不同主要体现在“通过细节的掌控完善传统技巧”。工匠参与其中并对手边的材料感到亲切，他们通过长期和广泛的经验来提升自身的技能。因此，Mintzberg从他对战略的另类视角出发，指出，“（1）战略既是过去的也是将来的规划；（2）战略并不一定是刻意的，它们也能自然出现；（3）有效的战略以各种奇特的方式发展；（4）管理战略就是构思和行动、控制和学习、稳定和变化”（Mintzberg, 1987, p.67–73）。

战略危机管理和危机传播的传统方法

基于战略、规划和战术在军事上对管理和官僚主义功能的偏向，战略危机管理和危机传播的传统方法已经发展起来。按照Gilpin和Murphy的观点，危机管理的传统方法基于我们公认的3类命题：特定的哲学假设、关于组织的假设、关于危机管理的假设。简而言之，哲学假设具备这样的特征，即我们可能通过某种传播和行动来控制事件和影响对事件的感知。关于组织的典型假设是，组织是一种机械性的系统，在自身及其外部环境之间有清晰的界限。从这个观点来看，组织及其危机传播者是危机传播的中心，传播是传动装置，组织是传播者。传统方法的另一个重要因素是，危机管理的首要目标是通过恢复组织的声誉和合法性，尽快地限制组织资源的损失。为了更好地适应环境，组织应当尽可能多地通过研究和议题管理来了解相同的环境。传统的方法也基于官僚主义的管理逻辑来假设，重点关注组织自上而下的控制和决策链条（Gilpin & Murphy, 2006; 2008; 2010）。在实践中，传统危机管理者将信息和决策集中于一个较小的危机管理团队或单一的新闻办公室（Kauffman, 1999）。依据传统的方法，在考虑时机和压力情境时，按照预先准备的危机计划行动也很重要。其观点是，处于压力中的危机管理者应当在危机真正发生时条件反射地采取行动。因此，危机演练和培训的主要目标是测试这些计划是否已经安排妥当（Falkheimer & Heide, 2010）。

战略危机管理和危机传播的新方法

然而，危机管理领域的几个研究者认为，传统的战略方法过于注重规划和控制，这可能具有破坏性。传统的危机规划被批评为不切实际且缺乏现实依据（Clarke, 1999），而McConnell和Drennan（2006）认为通过严格的规划来控制当今的危机是“不可能完成的任务”。人们更加提倡采取危机管理和危机传播新方法以及减少书面规划和例行演习。人们建议负责危机管理的实践者重视心理准备和学习过程（Falkheimer & Heide, 2010; Robert & Lajtha, 2002）。

在公共关系领域，Gilpin和Murphy（2006）认为，危机管理中过多的规划和细节的指导“将视野缩小……而不是扩大”（p.376）。受到Weick（1988, 1993）的组织规定理论、熵和复杂性理论（Richardson & Cilliers, 2001; Murphy, 1996）的启发，Gilpin和Murphy强调了改变当前危机管理主导方法的必要性，因为它“尝试消除或控制模糊性、悖论和不确定性，而不是接受这些不可避免和不可控制的固有特征”（2006, p.379）。他们主张建立一种新的危机管理或危机传播范式，以即兴创作和混乱为基础力量。危机管理和危机传播的新方法不仅需要更大胆地放弃控制计划，而且需要理解对危机组织和传播新风格的需要，这种风格与当前的特定危机共生发展（Czarniawska, 2009; Falkheimer & Heide, 2010; Holder, 2004; McConnell, & Drennan, 2006）。

现代战略危机管理者和传播者受到“新”方法的启发，在即兴的情况下为了理想的逻辑正努力地寻找新的工作模式（Finch & Welker, 2004）。剧团利用既没有脚本，也没有预先排练的一系列行动来提供可靠的支持和指导，即兴表演成功地引发了具有挑战性的、自发的戏剧之旅，“即兴创作扩大了参与者的感知能力，减少了紧张以及准备特定脚本的需求”（2004, p.192）。组织和危机传播者即兴创作和在危机中采取行动的能力可以被训练得如同剧院乐团的能力一般——都以寻求针对特殊情境的最好方法为目的，而不是遵循体现传统危机传播逻辑特征的规定、方向和计划。因此，现代危机管理者认为，我们不可能将某个人或一个危机管理团队作为危机传播的中心；相反，危机传播应当围绕着几个共同合作的危机传播者构成的网络。他或她偏好与更少的受众进行人际传播和微观传播，而不是与更广泛的公众进行大众传播（Falkheimer & Heide, 2009）。现代危机管理者的另一个特征是，在危机传播中完全控制和完全统一的信息构成了一个乌托邦。最后，现代“新”方法的特征在于组织的危机培训并不是为了测试特定的战略和计划，而是为了让危机管理者习惯不确定性和混乱（Gilpin & Murphy, 2006; 2008; 2010）。

北欧航空公司（SAS）的案例

本节选取2010年春季冰岛火山埃亚菲亚德拉冰盖喷发期间，北欧航空公司在危机传播中使用社交媒体的经验为研究案例。危机过后，SAS因其在危机传播中最好地使用了社交媒体而获得SimpliFlying卓越奖。这个奖项表彰了SAS在4月份欧洲大部分地区航班取消的5天时间里，通过Facebook向客户提供信息的工作。SAS的案例之所以被视为有价值的研究材料，是因为该组织及其从业人员在战略危机传播中带来了社交媒体新现象。这些实证材料从6个定性访谈中收集而来，访谈的对象包括企业紧急回应规划总监、在线传播总监、公共关系负责人、市场营销经理以及负责客户关系和其他战略传播的员工。在灰云危机时期，所有的受访者都以不同的方式将社交媒体作为公司危机传播的工具。

在运用诱导的研究逻辑（Dubois & Gadde, 2002）的分析工作中有一些比较知名的概念，例如Mintzberg（1987）视战略为一种技艺，Gilpin和Murphy（2006; 2008; 2010）的危机管理新方法就当前使用社交媒体进行危机传播的现象提出了质疑和比较。因此，本研究基于对危机管理和危机传播策略的“传统”和“新”的假设及方向，重点研究社交媒体危机传播的具体情况。特别是指出危机管理和危机传播的传统和新方法与使用社交媒体进行危机工作的现实之间的一些紧张关系。

本研究的逻辑并不是对先前的假设持有偏见；相反，这些未阐明的假设从一开始就指导了研究的分析工作（Layder, 1993）。其目标是在社交媒体的语境下组织关于战略危机管理和危机传播的现实情况的新概念。在访谈后的第一个分析步骤中，材料被分为3个描述性和分析性的主题：组织、信息和战术、（新）结构的出现。主题的分类基于理论框架、访谈问题以及采访过程中危机传播实践者讲述的经验。

SAS在危机传播中使用社交媒体的经验

组织

当灰云危机发生时，社交媒体并不是SAS危机管理和危机传播的优先渠道。危机发表之前，在线战略和传播的总监已经开始计划公司如何在未来的特殊情况下处理社交媒体信息流。她已经开始安排解决办法，公司已经有的基于电话的客户服务可以回答客户和其他人在Facebook上提出的问题。然而，当灰云造成交通中断时，这项服务还未启动。相反，这时候，在她开始注意Facebook上对这个议题的讨论正在扩大之后，她开始组织危机传播。在这个研究中，几个受访的从业者认为在危机的开始阶段，客户的需求决定了危机的速度和议程：

> 如果我们没有一个Facebook页面，我们可能会选择不启动它。但是我们现在看到这里有需求。所以我们开始完全以客户为基础。我们认识到我们不能仅仅因为还没有准备好就关闭这个渠道……我们绝对不能因为没有时间回答就关闭这个渠道。这里有巨大的需求。
>
> 项目经理，客户关系

在第一时间，在线战略和传播的总监独自管理了公司的Facebook交流。但是她很快意识到，她需要帮助才能应付日益增长的议题数量。她从公司其他与传播相关的部门找来两个同事帮忙。这两位同事都是Facebook资深用户：

> 她选择我们主要是因为她知道我们经常使用Facebook。我们已经很熟悉Facebook上的语言——能使用正确的语言和方法是很重要的。我们的速度很快。我们也很有好奇心。尤其是我们无所畏惧。
>
> 项目管理者，客户关系

> 她打电话给我，可能是因为我之前帮助过门户网站，在这方面有资源。这是一个巧合。我不认为我们有什么计划。我想事情就这么发生了。毕竟在事情

发生之时，我们只是即兴创作了一番。

内部在线传播总监

在危机的开始阶段，并没有应急或危机管理计划等，也没有指派谁来负责公司在Facebook上的在线危机传播。相反，合作者的选择与过去的媒体经验相关。选人的一个重要标准是，他们要有自信能够在没有详细指导的情况下采取行动和进行交流。在危机管理的第二阶段，团队逐步增加了更多的技能。新的团队成员都是在法律、退款和旅行担保等领域的专家。最多的时候5个人一起工作。从傍晚、深夜直到清晨，Facebook团队的成员都在家工作。团队成员通过Skype和公司内部博客交流，组织他们的工作。利用这些传播工具，他们通过与公司内部同事的联系寻找客户问题的答复。白天的工作在公司传播部门的办公室展开。团队成员在在线传播总监的任命下担任不同的角色，“在办公室我们有不同的角色……我负责所有的传播，决定什么人负责什么工作。我们会使用所有的渠道。我负责协调信息，承担协调者的角色”（在线战略和传播总监）。

然而，利用社交媒体的危机传播仅仅间接地被组织预先设定的危机计划和规定控制，即使在线传播的总监尝试组织工作，并提供一些工作结构，“我们决不提及紧急处理文件或我们有什么东西可以遵循或直接拿来用”（内部在线传播总监）。相反，工作惯例和模式在与人们提出的问题的互动以及社交媒体讨论中得到发展，“这项工作并不是结构性的——它被创造出来，它就在那里。它是‘尝试和寻找’。说它是一个新范式有些夸张——但是对我们而言，这是一个改变”（公司紧急回应规划总监）。

这个更加即兴的工作方式被认为是成功的，虽然有些团队成员也面对着一个问题，即预先制定的计划、指导方针和手册被忽视了，“我是那种喜欢工作清单的人，这样每个人都知道要做什么。这并不是它原来的样子……下次我希望我们可以更多地运用这些文件”（内部在线传播总监）。

信息和战术

最初，客户和其他人提出的问题几乎只在Facebook上设置信息议程。即使在线传播总监尝试协调传播过程，在危机的开始阶段，当他们回答Facebook用户的问题时，他们被迫在完全不确定的情况下迅速回应。他们的目标是尽可能地提供及时的信息服务。但是从公司的战略角度来看，通过社交媒体传递的信息更加容易传播：

在开始阶段，这似乎只是跟回应问题相关。但是当我们来自世界各地的同事得到组织安排好的巴士、替代路线时，他们给我们打了电话。马德里的电视台经理打电话告诉我们，他们有五节车厢。“你能在Facebook上告诉他们，他们从车站出发，然后……”快结束之时，或者在中间的时候，一旦我们有了可供选择的路线，我们就开始使用有针对性的信息。

内部在线传播总监

在危机的第二个阶段，信息战术开始出现，即公司的单个危机传播者应该传播简短、简单、简洁和正面的Facebook信息。那些负责客户关系的团队开始引入这种战术。按照受访者的说法，利用这类战术往往能够达成潜在目标，这也促成了接下来的讨论：

> 我们非常擅长结束讨论。我们有来自客户关系成员的帮助。“尝试结束对话！这样这个话题就不会拖得太长，因为人们拒绝放弃！”
>
> 内部在线传播总监

> 在最糟糕的情况下，当然客户掌握了控制权。你不能考虑你的回应。同时，我想我们会有很大的影响力，因为我们有一个非常明确的想法，即不要被客户困住，尝试将一些负面的事情变成积极的。不要仅关注小的状况。我们为客户提供替代方案并专注于让一切变得积极。所以我认为，总的来说，一切都在我们的掌控之中。我们有很多扭转负面信息流的具体例子。
>
> 项目经理，客户关系

另一个正在出现的战术是信息应当有非正式和个人的接触，它被认为是适应于社交媒体的方法：“我们必须摆脱形式——我们不能只是坐着在Facebook上写‘亲爱的客户’——这不适合！”（项目经理，客户关系）为了避免发布旧信息和转化一些Facebook内容上的不利因素，该团队在他们的信息中使用了跳转至其他页面的链接。用超文本链接进入北欧航空公司的每日网页，他们尝试提供关于取消航班的实时信息：

> 在我们提供信息的时候，我们并不总是有具体回答——但是我们尝试将人们转到网站页面上去。例如，他们询问有关大巴的问题，我们有一个页面就可以链接到我们一直更新信息的页面上去。如果他们有关于重新预订的问题，我们就转到另一个页面。我们总是要塑造一个我们在努力帮助和关心他们的形象。我们尽量不去具体写某一时刻会有一辆大巴。因为，在你知道之前，可能所有的一切都改变了。
>
> 项目经理，客户关系

可以这么说，Facebook团队的作用是引导互联网关于灰云危机的信息流；在某种程度上，他们试图通过对信息的选择来影响危机的形象。

（新）结构的出现

然而，在危机传播中使用社交媒体塑造了危机传播中新的形式和结构。在案例研究中，我们确定的结构是危机传播者认为他们在传播中应该更加非正式、更加自发，因为通过Facebook传播的信息并不会在公司正式网站中公开。因此，在公司的Facebook团队页面上，以声誉为导向的和公司已证实的信息都被展示出来：

> 这很好。他们是在页面上发帖的人。我们对此没有责任。每个人都知道这一点。这是Kalle发的信息，SAS无须承担责任……所以我们从来不需要检查信息。如果你想要采纳Kalle的建议，这完全取决于你。这不是我们公布的内容。这很好。我们不需要花时间去检查这些内容。
>
> 内部在线传播总监

因此，Facebook成了SAS集团内部员工的一个论坛。出于各种原因，他们需要交流，并掌握危机发展的状况。原因在于Facebook上以声誉为导向的信息在某种程度上领先于公司网站上的信息，"实际上，Facebook上的实时更新信息最终比网站上的多。我们是大型公司，更新我们的网站是非常复杂的"（项目经理，客户关系）。危机传播者认为，通过媒介建立即时社区的能力、模糊内部和外部界线的能力，这样围绕普遍问题产生了一种强烈且积极的凝聚力：

> 一个被滞留在芝加哥的飞行员，可能会写"我刚系好了我的领带，到机场送你回家"。有些人可能回复"上帝，太棒了"。每个人都成了朋友，有强烈的社区感。我们的雇员遍布世界，每个人都可以帮上大忙。
>
> 内部在线传播总监

这些发展多数被认为是积极的。但矛盾的是，危机传播者担心内部议题会与公共议题混杂在一起。

讨论

案例研究展现了一些结构性的概念和趋势，为我们理解社交媒体领域的危机传播铺平了道路。主要见解可归纳为以下3点。

1.利用社交媒体进行危机管理强调危机管理和危机传播新旧方法之间的重要张力

按照本章的案例，在数字领域工作的危机传播人员不得不接受比过去程度更高的模糊性和不确定性。有了社交媒体，他们也愿意比过去更多地进行即兴创作。这种即兴创作既发生在他们组织工作时，也发生在他们在危机传播工作中选择信息的时候。然而，尽管即兴创作变得更多，与之矛盾的是，有些与危机管理传统方法相关的假设影响了实践者对危机传播最佳实践的看法（González-Herrero & Smith, 2010）。危机传播的实践包含了社交媒体的趋向，因此它出现在属于危机传播传统视角的标准和理想间的相互作用中（例如我们需要一个内部和外部的清楚界限，清楚界定角色、集中决策和危机管理团队预先设计的信息）以及那些有关数字化时代的假设中，例如实时的社区，跨越时间和空间的网络和不间断的连接性。

2. 利用社交媒体进行危机管理产生了对将来危机传播实践和理解的新隐喻的要求

从传统规范的危机管理观点来看，危机管理者或危机传播者可以比喻为总司令。这样的危机传播者就如同一个权威性的军事角色，为控制信息流而战斗。在数字化时代，这个对危机传播最佳实践的规范化的隐喻似乎正在转型。一方面，今日的危机传播仍然利用社交媒体来寻求控制和引导组织形象，特别是特定危机中的形象。但另一方面，当这个"新"危机传播者适应数字化网络社会对用户驱动传播的期望和可能性时，他或她却以一种更加去中心化、无定向和用户生成内容的方式进行传播。在这样的数字化时代，危机管理和危机传播从业者可以被比喻为实时的即兴创作人。在格鲁尼格的界定中（L. A. Grunig，J. E. Grunig, & Dozier, 2002），这样的比喻可以被视为"混合动机"的方法，其中不对称的逻辑和实践与更对称的实践结合在一起。希望这种理解数字化时代的危机工作的比喻能在各个视角下都发挥作用。例如那些想要用新方法来理解战略危机传播的学者，以及需要恰当的新工作方式和逻辑的危机传播实践者。

3. 利用社交媒体进行危机管理强调在战略传播和危机传播中重新定义战略概念的必要性

Phillips和Young认为，公共关系和战略传播领域的研究者和实践者都需要在社交媒体时代"重新评估、重新定义和发展传播策略以取得成功的新方法"（Phillips & Young, 2009, p.136）。根据这项研究，这个新方法补充或重新定义了传统的战略观点，新观点应该比旧观点能够接受更大程度的不确定性。如上所述，对战略的这种理解，在20世纪80年代受到Mintzberg的支持，当时他声称有效的传播战略"发生在最陌生的场所，并通过最意想不到的方式发展起来"（1987, p.70），而不是在最高管理层的精心规划过程中发展起来。Mintzberg还认为，这是有效的"草根"战略或精心设计的战略，只要人们有能力学习就可以实现。按照Mintzberg的说法，这种精心设计的战略的典型特征是将"深思熟虑和控制与灵活性和有组织的学习"结合起来（1987, p.70）。在危机管理语境下，有了这样一个广泛的战略视角，就有机会建立一个互补的框架来理解社交媒体中成功的危机传播管理。该框架强调了危机管理者和危机传播者自身的经验、承诺以及即兴创作和学习的能力，同时也强调了最高管理层面制定的官僚计划的应用。

结论和展望

按照几位危机管理研究者的观点，在危机管理中，规划和结构的需求与即兴创作和适应性的需求之间存在着一种张力。本章强调这样的事实，即数字化时代危机传播的条件进一步揭示了这种张力。在那些通过社交媒体参与危机传播的实践者之间发生了一场心理斗争，即理解和实践危机管理和危机传播时的传统逻辑和新逻辑之间的博弈。一方面，数字化危机传播者的即兴创作与周围环境的互动比过去要广泛得多。另一方面，危机传播者仍然被这样一种理念所影响，即主张集中决策、控制信息流和细致的危机管理计划。然而，最终的结论是相较于过去，在数字化领域工作的危机传播实践者在即兴创作的同时，也尽量去执行那些既定的危机管理规则和计划。然而，问题是这些研究者和实践者在这种情况下应当如何理解战略的概念。在今天的危机传播和新媒体的情境导向的语境下，这种战略是否在发挥工具性作用？根据本文的研究，在有效的数字化战略管理的语境下，我们需要一个战略概念的替代性的解释和理解。我们也需要理解在这个语境下成功的战略如何出现。如果我们假设SAS通过社交媒体进行的屡获殊荣的危机传播是明显有效和成功的，那么我们可以从这个案例研究中得出一些有关有效的战略是如何发展起来的结论。有效的危机传播似乎不是那些坐在办公室的高级经理或应急事务管理者发出命令的结果。相反，它更多地源于一个有经验的、高度参与的危机传播者在认真理解其手头资料之后做出的即兴创作。

有效的战略似乎是那些密切了解情境的从业者制定出来的。因此，数字化时代有效的危机传播实践能够和工匠逻辑媲美。按照Mintzberg的观点，工匠“对自己的作品、能力和记号了如指掌”（Mintzberg, 1987, p.66）。工匠也“感知而不是分析”，因为他的“知识是心照不宣的”（Mintzberg, 1987, p.66）。因此，工匠的战略更多地专注于材料和学习。最后，这种对战略的阐述似乎也与Gilpin和Murphy提出的危机管理和危机传播的复杂方法一致，在这种方法中，模糊性“鼓励调整性的学习和意义建构”（Gilpin & Murphy, 2010, p.684）。因此，根据这项研究，在当今新的危机管理和危机传播的数字化环境中，有效战略更多的是制定战略，按照Minzberg的术语，而不是实施战略。

最后，对案例研究设计的局限性进行了反思。第一，这只是一项个案研究，因此研究缺乏科学归纳的基础。相反，本文的目的是归纳一些理论的和概念的提法（见本章的讨论部分）。第二，公司一开始并没有将灰云事故视为危机；只是将其看作一次交通瘫痪。如果它是一起严重的事故，例如空难，可能就会出现另一种危机或应急管理情景，按照受访者的说法，这可能更多地会遵循传统的危机管理逻辑。第三，这个案例研究发生在社交媒体还没有在公司应急规划和指导方针中得到运用的时候。这些情况至少在某种程度上解释了危机工作中的高度即兴创作和有效的草根战略。因此，为了获得更加精微的知识，我们需要进一步研究：（1）在其他类型的危机中将社交媒体作为战略工具——例如，没有潜伏的事件链条的危机或组织尝试修复形象的危机；（2）社交媒体在预先制定的危机管理计划和准则已经实施时的使用情况。

本章的观点为战略传播的知识体系增加了有关数字时代战略工作和危机规划的初步知识。按照本章的观点，数字化危机管理需要我们对战略概念进行另一种解释。在这样的情境下，有效的战略工作似乎更多的是制定战略而不是实施战略。正如大多数对数字化危机传播的研究，本章关注政策和计划等宏观层面的问题，而不是利益相关者之间的争论和对话的问题。因此，今后需要围绕后一项进行进一步的研究，特别是那些关于组织内容“加工”的研究。例如，战略危机传播的信息如何通过网络受众的评论和提问得到完善？来自语言学和话语研究的方法（例如会话分析）可以被用来处理类似的问题，即那些从战略传播视角下看特别重要的问题。

参考文献

[1] Clarke, L. (1999). *Mission improbable. Using fantasy documents to tame disaster*. Chicago, IL: University of Chicago.

[2] Cova, B., & White, T. (2010). Counter-brand and alter-brand communities: the impact of Web 2.0 on tribal marketing approaches. *Journal of Marketing Management*, 26, 256–270.

[3] Czarniawska, B. (Ed.) (2009). *Organizing in the face of risk and threat*. Northampton, MA: Edward Elgar.

[4] Dubois, A., & Gadde, L-E. (2002). Systematic combining: An abductive approach to case research. *Journal of Business Research* 55, 553–560.

[5] Eriksson, M. (2009). *Nätens kriskommunikation* [Crisis communication and the net]. Lund, Sweden: Studentlitteratur.

[6] Eriksson, M. (2012). On-line strategic crisis communication: In search of a descriptive model approach. *International Journal of Strategic Communication*, 6, 309–327.

[7] Eyrich, N., Padman, M. L., & Sweetser, K. D. (2008). PR practitioners' use of social media tools and communication technology. *Public Relations Review*, 34, 412–414.

[8] Eysenbach, G. (2009). Infodemiology and infoveillance: Framework for an emerging set of public health informatics methods to analyze search, communication and public behaviour on the Internet. *Journal of Medical Internet Research*, 11(1):e11.

[9] Falkheimer, J., & Heide, M. (2009). Crisis communication in a new world: Reaching multicultural publics through old and new media. *Nordicom Review* 30, 55–65.

[10] Falkheimer, J., & Heide, M. (2010). Crisis communicators in change: From plans to improvisations. In W. T. Coombs & S. J. Holladay (Eds.), *The Handbook of Crisis Communication* (pp. 511–525). Malden, MA: Wiley-Blackwell.

[11] Finch, M., & Welker, L. (2004). Informed organizational improvisation: A metaphor and method for understanding, anticipating, and performatively constructing the organization's precrisis environment. In D. P. Millar & R. L. Heath (Eds.), *Responding to crisis: a rhetorical approach to crisis communication* (pp. 189–200). Mahwah, NJ: Lawrence Erlbaum.

[12] Gilbert, D. R,, Hartman, E., Mauriel, J., & Freeman, R. E. (1988). *A logic for strategy*. Cambridge, MA: Ballinger Publishing Company.

[13] Gilpin, D., & Murphy, P. J. (2006). Reframing crisis management through complexity. In C. H. Botan

& V. Hazleton (Eds.), *Public Relations Theory II* (pp. 375–392). Mahwah, NJ: Lawrence Erlbaum.

[14] Gilpin, D. R., & Murphy, P. J. (2008). *Crisis management in a complex world*. New York: Oxford University Press.

[15] Gilpin, D. R., & Murphy, P. J. (2010). Complexity and crises: A new paradigm. In W. T. Coombs & S. J. Holladay (Eds.), *The Handbook of Crisis Communication* (pp. 683–690). Malden, MA: Wiley-Blackwell.

[16] González-Herrero, A., & Smith, S. (2008). Crisis communications management on the Web: How Internetbased technologies are changing the way public relations professionals handle business crises. *Journal of Contingencies and Crisis Management*, 16, 143–153.

[17] González-Herrero, A., & Smith, S. (2010). Crisis communication management 2.0: Organizational principles to manage crisis in an online world. *Organizational Development Journal*, 28, 97–105.

[18] Grunig, L. A., Grunig, J. E., & Dozier, D. M. (2002). *Excellent public relations and effective organizations: a study of communication management in three countries*. Mahwah, NJ: Lawrence Erlbaum.

[19] Hallahan, K. (2009). Crises and risk in cyberspace. In R. L. Heath & D. O'Hair (Eds.), *Handbook of risk and crisis communication* (pp. 412–445). New York: Routledge.

[20] Holder, T. (2004). Constructing response during uncertainty: Organizing for crisis. In D. P. Millar & R. L. Heath (Eds.), *Responding to crisis: a rhetorical approach to crisis communication* (pp. 51–62). Mahwah, NJ: Lawrence Erlbaum.

[21] Hughes, A. L., & Palen, L. (2012). The evolving role of the public information officer: An examination of social media in emergency management. *Journal of Homeland Security and Emergency Management*, 9(1), Article 22, 1–20

[22] Kauffman, J. (1999). Adding fuel to the fire: NASA's crisis communication regarding Apollo 1. *Public Relations Review*, 25, 421–432.

[23] Layder, D. (1993). *New strategies in social research: an introduction and guide*. Cambridge: Polity Press.

[24] Liddell Hart, B. H. (1967). *Strategy. The indirect approach*. London, England: Faber and Faber.

[25] Liu, S., Palen L., Sutton, J., Hughes, A., & Vieweg, S. (2009). Citizen photojournalism during crisis events. In S. Allan & E. Thorsen (Eds.), *Citizen journalism: Global perspectives* (pp. 43–65). New York: Peter Lang.

[26] McConnell, A., & Drennan, L. (2006). Mission impossible? Planning and preparing for crisis. *Journal of Contingencies and Crisis Management*, 14, 59–70.

[27] Mintzberg, H. (1987). Crafting strategy. *Harvard Business Review*, July–August, 66–74.

[28] Mintzberg, H. (2000). *The rise and fall of strategic planning*. London, England: Prentice Hall.

[29] Mintzberg, H., & McHugh, A. (1985). Strategy formation in an adhocracy. *Administrative Science Quarterly*, 30, 160–197.

[30] Murphy, P. (1996). Chaos theory as a model for managing issues and crises. *Public Relations Review*, 22(2), 95–113.

[31] Palen, L., Vieweg, S., Liu, S., & Hughes, A. (2009). Crisis in a networked world: Features of computermediated communication in the April 16, 2007 Virginia Tech Event. *Social Science Computing Review*, 27, 467–480.

[32] Palenchar, M. J., & Freberg, K. (2012). Emergency management planning: Risk, crisis, issues and social media. In B. A. Olaniran, D. E. Williams & W. T. Coombs (Eds.), *Pre-crisis planning,*

communication, and management: preparing for the inevitable (pp. 147–169). New York: Peter Lang.

[33] Phillips, D. & Young, P. (2009). *Online public relations: a practical guide to developing an online strategy in the world of social media* (2nd ed.) London: Kogan Page

[34] Richardson, K.A., & Cilliers, P. (2001). What is complexity science? A view from different directions. *Emergence*, 3(1), 5–22.

[35] Robert, B., & Lajtha, C. (2002). A new approach to crisis management. *Journal of Contingencies and Crisis Management*, 10, 181–191.

[36] Schelling, T.C. (1960). *The strategy of conflict*. Cambridge, MA: Harvard University Press.

[37] Smith, R. D. (2005). *Strategic planning for public relations* (2nd ed.). Mahwah, NJ: Lawrence Erlbaum.

[38] Verhoeven, P., Tench, R., Zerfass, A., Moreno, A., & Verčič, D. (2012). How European PR practitioners handle digital and social media. *Public Relations Review*, 38, 162–164.

[39] Wang, W. T., & Belardo, S. (2009). The role of knowledge management in achieving effective crisis management: A case study. *Journal of Information Science*, 35, 635–659.

[40] Waters, R., Tindall, N., & Timothy, M. (2010). Media catching and the journalist–public relations practitioner relationship: How social media are changing the practice of media relations. *Journal of Public Relations Research*, 22, 241–264.

[41] Weick, K. E. (1988). Enacted sense-making in crisis situations. *Journal of Management Studies*, 25, 305–317.

[42] Weick, K. E. (1993). *Organizational redesign as improvisation. Organizational change and redesign: ideas and insights for improving performance*. New York: Oxford University Press.

[43] Weick, K. E., & Sutcliffe, K. M. (2007). *Managing the unexpected: Resilient performance in an age of uncertainty*. San Francisco, CA: Jossey-Bass.

[44] Wigley, S., & Fontenot, M. (2010). Crisis managers losing control of the message: A pilot study of the Virginia Tech shooting. *Public Relations Review*, 36, 187–189.

第三十二章
风险传播的战略化

朱莉安娜·劳普

今天，各组织比以往任何时候都更多地在公众认为不确定性、威胁和危险常存的社会环境中采取行动。政治组织、公共机构和企业必须要制定并传播充满风险的战略决策：不论有意还是无意，它们都被卷入风险传播中。然而，哪个层次的风险被认为有包容性，这在本质上是主观的，并需要持续地与公众协商。战略风险传播面临着组织内、外行动者和群体对风险的各种不同和矛盾的感知。本章的目的是将风险传播研究的理论引入战略传播领域。战略是风险传播中亟待研究的主题（Chess & Johnson, 2010），同样，关于传播管理的学术研究也很少关注风险传播的问题。

社会学风险研究的一个基本点在于风险是社会建构的。另一个常见的但有些争论性的假设是公众对风险的评价和专家对风险的评价之间有区别。有影响力的社会风险放大（SARF）概念考虑了在公众话语中由社会"放大"的风险感知所造成的歪曲。因此，风险传播面临着多样并常常矛盾的风险感知。在风险传播框架内的战略必须对不同的风险感知做出反应，因此它将被概念化为一个在感知到的不确定性和危险情况下突发的框架活动。本章将通过发展这类概念化的框架来检测风险传播中的战略提升风险传播的研究。此外，将风险传播理论运用到组织传播中，为战略传播提供一个新的视角。

风险和风险传播

界定风险

风险往往与未来发生的伤害和损失有关，有时候也与机会有关（Ale, 2009）。虽然社会常常会暴露在风险和威胁中，现代社会似乎特别倾向于风险（Beck, 1992）。根据贝克（1992）的研究，当今社会创造了诸如生态风险、技术和辐射危险以及与全球化相关的风险等。与这些风险相关的威胁和危险并不易察觉，也很难量化。此外，处理这些风险往往是对抗性的，因为风险和收益在社会中并不是平等分配的。

然而，定义风险概念的主流范式源于精确的科学。专业从事风险研究的专家主要在卫生部门、技术和工程领域以及保险公司工作。在风险专家的思维中，相关类别包括统计概率、规预测和极限值。基础的概念视风险为“可能产生不同程度的正或负结果的概率事件”（Proutheau & Heath, 2010, p.40）。风险评价包含了对潜在不良事件的识别，对似然性的模型化和量化（Ale, 2009）。在这个语境中，风险被定义为特定事件发生的可能性乘以与该事件相关的后果的规模。基于这个概念，风险评价致力于最小化对风险和危害的脆弱性的高估或低估（Renn, 1998a）。

风险传播

皮特·桑德曼（1987），一个传播学者，从风险传播的视角质疑了这个观念。他指出由科学的理性主义所定义的风险和公众感知风险的方式之间的差异。按照桑德曼的观点，在一个风险的危害（它可能造成多大的伤害）和它激起的愤怒（对许多人来说可能是多么令人失望）之间存在（低）相关性。他的公式是：风险=危害+愤怒，将公众对风险的感知加入风险的概念中。

这个概念的潜在假设是，公众和专家对风险的感知之间存在鸿沟。正是这种假定的差距促使社会科学家重新定义风险。风险不再被仅仅认为是一种可以测量和量化的似然性。此外，专家的“客观”风险评估和非专业公众的“主观”风险感知之间的区别也受到了质疑（Fischhoff, Watson & Hope, 1984）。社会和文化科学认为风险的感知主要是权变的。是否认为一种情况是危险的，并不是基于“硬”的事实和第一手的经验，而是基于二手信息和专家的文件（Beck, 1992）。社会和文化科学的一项重要贡献是证明了社会价值在风险感知和风险接受中的重要性（R. E. Kasperson et al., 1988; Rayner, 1992; Sjöberg, 2000）。这类假设是Ben-Ari和Or-Chen（2009）所称的风险研究中的情境主义视角的一部分。此外，社会文化方法强调了这样一个事实，在社会的权力分配中，风险不可分地与冲突连在一起（Beck, 1992; Tansey & Rayner, 2010）。

因此，通过社会科学中的风险概念，情境被视为决定哪些事件构成风险、哪些不构成风险的决定性因素。然而，基于他们自己的理论基础，学者在如何判断实证的风险评估上存在分歧。有些学者，尤其是那些从行为主义观点出发进行争论的学者，已经接受了这种概率风险评估中存在一些“事实”。然而，他们声称还有另外一个基于人类处理信息方式的“真相”（J. X. Kasperson, R. E. Kasperson, Pidgeon & Slovic, 2003）。信息处理本质上就是带有偏见的，在风险条件下的管理决策尤其可能不仅受到某种程度的高估的指导，而且受到风险规避的指导（Kahneman & Tversky, 1979）。从这个视角来看，计算风险是面对不确定性时进行问题决策的众多方式之一。另一些人则从更激进的建构主义观点出发，声称实证主义风险评估本身就是建构的。斯洛维克在一个简单的陈述中总结了建构主义者的观点，“并不存在所谓‘真正的风险’或‘客观的风险’”（Slovic, 1999, p.690）。此外，贝克（1992）认为，那些专门处理风险的专家并不是完全独立的或客观的。相反，他们本质上是内在价值驱动的，所以他们的风险感知和公众风险感知一样具有主观性。

除了我们所感知的一切都可以被视为社会建构的本体论维度，因为我们的经验和我们头脑之外的世界之间没有直接的对应关系，社会建构主义视角中也存在一个内在的政治维度。学者们已经强调了这样一个事实，即专家是将一个问题定义为风险的社会冲突的一部分：风险评估已经成为一个“战场”（Slovic, 1999; see also Douglas & Wildavsky, 1982; Fischhoff et al., 1984; Stern, 1991）。改变风险收益分析的基本问题——“有多安全才是足够安全？”（Fischhoff, Slovic & Lichtenstein, 1978）Rayner 和 Cantor 提出了这样一个问题，“公平到何种程度才足够安全呢？（Rayner & Cantor, 1987, p.3）。相互竞争和冲突的利益协商的风险及其后果；关于风险的哪个定义被普遍接受的问题变成了权力的问题”。斯登恰当地指出：“风险传播并不是信息的传递，而是一种政治话语的类型。”（Stern, 1991, p.100）。

基于这些观点，风险传播研究拓展了它的视角。最初，风险传播应该是将专家知识通俗化后进行传播，教育公众如何面对风险。20世纪八九十年代风险传播的基本观点是理解公众风险感知将促进有效风险传播模式的设计（Gurabardhi, Gutteling & Kuttschreuter, 2004）。实证风险传播的焦点是衡量风险信息的有效性。事实上，直到今天，传播效果的研究已经成为风险传播研究中的很大一部分。此外，随着媒介效果研究的范式转向，风险传播研究从过去集中在对或多或少被动的受众的关注，逐渐细化到将特定目标群体的态度、信息寻求行为和知识作为解释风险成败的重要变量（McGuire, 2001）。这种风险传播的方法常被界定为工具性的或技术性的（Hayenhjelm, 2006; Renn, 1998b）。

随着建构主义、语境化和情境化视角的扩散，学者和专业人士认识到风险传播必须完成的不仅仅是向公众传达专家的知识。风险传播现在包含了公众听证会、利益相关者决策小组和公民投票等参与性实践（Heath, Palenchar & O’Hair, 2010; McComas, Arvai & Besley, 2010; Renn, 1998a, 1998b）。这种新的风险传播的方法被归类为民主的或对话的（Hayenhjelm, 2006; Renn, 2003）。如今，互动是美国国家研究委员会（National Research Council）对风险沟通的定义的一部分，该委员会将风险沟通定义为“个人、团体和机构之间信息和意见交流的互动过程。它涉及关于风险的本质和其他的多元信息，并不仅限于严格意义上的风险，这些信息表达了对风险信息或风险管理的法律和制度安排的关注、意见或反应”（Ulmer, Seeger & Sellnow, 2010, p.184）。参与和协商已经成为一个风险传播研究中的流行词。但是，虽然人们普遍认为，公众必须参与，才能通过风险沟通努力达成共识，但在公众参与风险决策的程度上，却存在相当大的分歧。人们的期望是，如果人们参与了决策过程，他们就会宽恕这个决定（Heath, Palenchar & O'Hair, 2010）。然而，参与式风险传播的成功很难进行经验评估（Renn, 2003; McComas, Arvai & Besley, 2010）。此外，参与式风险传播可能导致权力关系的相对化。毕竟，正如库布斯和霍来德在他们的公共关系教材中干巴巴地陈述的那样，“有效的风险传播需要企业与受众（constituents）分享他们的权力”（Coombs & Holladay, 2010, p.230）。在风险决策中更多地参与选择取决于支持者的政治和社会的价值（R. E. Kasperson, 1986）。一方面，当人们认为专家和公众对风险的看法基本上一致时，或者当一个人声称公众对潜在危害有更好的直觉时，公众在风险决策过程中的参与就是至关重要的。另一方面，当人们承认公众和专家在风险评估之间存在差异，但认为专家的观点更好时，接下来的重点就是让公众参与到风险传播过程中，以便获得理解和接受。哈延赫尔姆提供了一个从不同的角度看待这个问题的有用建议。她区分了在风险传播情境中的不同角色。传播角色中的参与者拥有确定议程和主动传播的权力。信息和认识论作用的特点是对危险活动及其后果的专业技能和知识方面的影响。风险的角色与那些预先的或缓和的决策带来的影响联系在一起。基于这个分类，哈延赫尔姆确定了不对称的三个维度：传播的、信息的和风险角色的。原则上，风险传播过程中所有参与者都可以承担这三个角色，但是角色和影响的分布常常是围绕着特定团体的簇。例如，发起传播过程的一方——承担管理职能的政府机构——很可能也是对某种情况拥有最多知识和最多影响力的团体。根据细致的风险传播设置图景，哈延赫尔姆得出结论，当目标是有关于潜在危险情境的公正性信息时，“那么不对称本身就不是个问题”（Hayenhjelm, 2006, p.13）。然而，在决策的过程中，必须谨慎处理不对称现象。

风险框架的社会放大

大量风险传播的研究的不足之处是传播的复杂性没有得到充分反映。风险传播不仅涉及风险管理者、专家和公众，还涉及不同的参与者群体。一个值得注意的例外是风险社会放大的概念（J. X. Kasperson et al., 2003; R. E. Kasperson, 1992; R. E. Kasperson, et al., 1988）。这一概念将风险传播视为一个被几个社会过程放大的过程，这些过程共同导致了影响的扩散：风险事件被广泛引用的“连锁反应”。这个概念的核心论点是，专家估计相对较低的风险将因社会和社会政治发展而放大，而其他潜在的危害、更大的风险将受到较少的公众关注，从而导致风险减弱。《风险框架的社会放大》认识到，除了专业的风险传播机构，其他的风险传播主体也在风险传播过程中发挥着重要的作用：个人、团体、新闻媒体、政治家、公共机构和利益集团都可以并确实起到放大站的作用。大众媒体中的风险信号常常带来风险话语、符号和图景的戏剧性转换。

放大的机械隐喻可能激发线性信息处理的关联。但正如作者强调的那样，例如，大众媒体的放大与公众对风险的感知之间并没有简单的因果关系；更多的媒体报道并不一定带来风险的放大（J. X. Kasperson et al., 2003）。然而，批评者认为新闻媒体的作用被简化了（Murdock, 2010; Murdock, Petts & Horlick-Jones, 2003; Petts, Horlick-Jones & Murdock, 2001）。当涉及风险和危机传播时，新闻媒体可能产生的影响在很大程度上取决于人们如何利用它们和其他传播手段（Neuwirth, 2010）。同样在媒体报道内容上，也没有明显的媒体效应。例如，虽然媒体的密集报道会导致放大效应，但自我效能感的信息可能会减弱这种效应（McComas, 2006; Wahlberg & Sjoberg, 2000）。此外，放大依赖于其他因素，例如信任。传播中的信任指的是对所提供的信息真实性的期望。因此，信任和可信度被视为风险传播研究中的重要变量（Renn & Levine, 1991; Siegrist & Cvetkovich, 2000; Siegrist, Cvetkovich & Roth, 2000）。

风险框架的社会放大的分析价值在于“互动放大机制模式，风险和风险事件的性质，以及社会语境效果”的整合（J. X. Kasperson et al., 2003, p.40）。然而，为了更好地描述参与者之间的非线性互动过程和不断塑造风险感知的反馈过程，框架应该得到扩充。另外，虽然最初的模型侧重于风险在经济方面的影响，但一个考虑各种类型组织（如公共机构或非营利组织）的增强模型必须考虑诸如信誉损失等无形影响。

风险传播的特性

第一，当我们将战略的概念用到风险传播时，人们可能会问：风险传播和其他形式的战略传播有什么区别？毕竟风险传播和公共关系都是战略传播的形式，根据帕兰查和西斯（2007）的观点，它可能会给社会增加价值。但是风险传播有两个特性：风险传播比其他形式的传播更能应对不确定性（Ulmer, Sellnow & Seeger, 2010）。随着风险评估技术变得越来越复杂，风险传播向他人传达变化和不确定性的挑战也越来越大（Thompson, 2002）。第二，风险传播是一个充满冲突的传播领域（Plough & Sheldon, 1987; Slovic, 1999; Stern, 1991）。实践者要处理风险、危机和灾难的冲突性的感知。如今，公众对风险高度敏感，很多群体和个人都希望参与决策（R.E.Kasperson, 1986; Palenchar, 2010b）。这些传播挑战强调在风险传播中恰当理解战略的重要性。然而，到目前为止，只有少数作者明确指出了战略在风险传播中的作用。Smillie和Blissett（2010）提出了一种风险传播战略模型，该模型考虑了利益相关者不同的风险评估。Leiss（2003）在其关于公共政策在风险传播中的相关性的论述中，明确阐述了风险议题的争议性的本质。从管理的视角，他强调了管理能力的重要性，这对信任公共风险管理者具有决定性作用。但是正如Chess和Johnson注意到的，风险传播研究的主要部分已经出现，“公众的感知程度比组织的行为更高——尽管组织对传播过程和信息的塑造至关重要”（Chess & Johnson, 2010, p.323）。这就解释了为什么作为组织行为的风险传播策略的形成很少被详细探讨。在本章的下一个部分，我们概述传播策略的研究。这将作为文章最后一部分讨论战略在风险传播中作用的基础。

战略，战略传播和传播的战略角色

战略研究，特别是管理学中的战略研究，为战略决策提出了一些规定性的概念。因为战略的概念最初起源于军事领域，战略与对手团体彼此竞争的情境相关（King, 2010）。运用战略的目标是取得比对手更多的优势。在规范的战略文献中，战略被认为是由一系列的决策组成的规划过程的结果：对当前形势的评估、制定目标、指定适当的实施方式，并最终对决策的有效性进行评估。

此外，在战略传播的文献中，关于战略的规定观点占主导地位。在很多公共关系和战略传播的教材中，战略传播被描述为一个包含几个步骤的时间序列。然而，近年来，传播管理学界重新审视了规范性传播战略的假设，提出了新的传播战略观，如作为实践方法的、突发的、解释或建构主义观点的战略（Christensen, Morsing & Cheney, 2008; Frandsen, 2010; Hallahan, Holtzhausen, van Ruler, Verčič & Sriramesh, 2007; Holtzhausen, 2010; King, 2010; Marchiori & Bulgacov, 2012; Raupp & Hoffjann, 2012; Ströh, 2007）。与规定性观点不同，这些方法可以被归入描述性观点，因为共同关注的焦点是如何以及为什么制定战略（Frandsen, 2010; King, 2010; Raupp & Hoffjann, 2012）。在描述性战略研究中一个重要议题是"有限理性"的概念（March & Simon, 1993; March & Olsen, 1975）。战略决策假设的合理性受到时间不足、信息不充分以及决策环境中其他因素的限制。林登布伦（1959）为了更好地描述行政管理中的日常决策过程，违背了当时流行的理性和技术方法，提出了"渐进决策科学"。Mintzberg（1978）通过区分预期的和实现的战略、未实现的战略以及非预期但却实现的战略，明确了战略的制定。他将后者称为突发性战略。

近来，那些强调传播的互动本质以及不可预测性的传播学者开始研究突发性战略（emergent strategies）的理念。金（2010）通过深度分析展现了一个组织的战略是如何产生的。墨菲（2007）借鉴了复杂性理论，指出虽然代理之间的交互是动态的，但传播模式的出现会对传播系统产生影响。作为实践框架的战略（Jarzabkowski, 2004; Jarzabkowski, Balogun, & Seidl, 2007; Jarzabkowski & Fenton, 2006; Johnson, Melin, & Whittington, 2003; Whittington, 2003; 2006）从微观层面考察了战略在日常实践中如何形成的过程。与复杂性理论一样，作为实践框架的战略也跟组织的战略联系在一起，因此赋予战略结构功能（Jarzabkowski & Fenton, 2006）。

公共关系和传播管理的学者已经强调了传播战略如何有助于组织战略的问题（Christensen et al., 2008; Cornelissen, 2008; Zerfass, 2008）。长期以来，公共关系学者一直要求公共关系参与到企业战略决策中。在此过程中，这些学者也在衔接权力的概念。权力的问题特别容易涉及内部冲突，即公共关系管理者在形成组织整体战略时应具有的影响力（Berger, 2005; L. A. Grunig, 1990; L. A. Grunig, J. E. Grunig & Dozier, 2002）。参与式的组织文化和扁平化的层级结构应能扩大公共关系和企业传播的行动范围。学者认为，公共关系和传播管理应当参与整体的战略决策，因为组织必须要在复杂的环境中行动。组织的各个部门必须发展他们行动的理性逻辑，以便对其所处的特定环境的要求做出反应。斯泰思（2004; 2007）认为传播战略作为一种功能性的战略，应当指导整个组织战略。在组织整体的层面上，传播管理的重要性在于它能够通过阐释和评估组织的环境来合法化组织的决策，从而提供关于利益相关者期望的信息（Raupp & Hoffjann, 2012; Steyn, 2007）。这种“由外而内的方法”（Steyn, 2007）定义了公共关系对组织的特殊的重要性。组织利用各种功能来达成如环境扫描或议题管理的目的（Daft & Weick, 1984; Heath, 1997, 2002）。扫描程序可以服务于信息收集（Choo, 2002）。通过对内部环境信息的解读和传递，传播战略有利于改变组织的自我认知和自我描述。

长期以来，传播战略一直被认为是组织整体战略的支持性战略。然而，最近，正如克里斯腾森、莫森和切尼（2008）所提出的，传播战略对组织而言是一个更具战略性的角色。这些作者区分了第一位和第二位的战略：前者旨在分析组织的环境，并从内部对权变事件做出反应；后者渴望积极地影响并塑造组织的环境。“当组织试图界定和塑造战略的条件的时候，组织就会运用第二位的战略”（Christensen et al., 2008, p.27）。传播通过积极地创造组织的环境助力于组织的战略能力。因此传播管理的战略功能被认为是有助于为组织的战略制定有利的前提条件的。

战略化风险传播

本章中这一部分的目标是将风险传播研究和战略研究发现结合起来。在此过程中，将从两个维度讨论风险传播中战略的概念：过程导向维度和结构化维度。过程视角维度指个人制定的风险传播活动以及探讨风险传播战略如何形成并创造。另外，结构化维度涵盖了约束和塑造战略风险传播过程的所有组织因素。它强调了风险传播的战略环境。

制定风险传播战略的过程

风险传播的目的是不同的。正如本章前面部分所指出，传统意义上风险传播的任务是告知、教育公众以及发起风险对话。为了达到这些目标，制定战略意味着应用各种手段并在持续变化的组织环境中不断做出反应。为了满足公众对透明度和参与性日益增长的期待，风险传播者首先要提供尽可能多的关于某种风险的信息。与双向沟通战略相比，提供信息似乎是一种基本的且并不复杂的传播战略（J. E. Grunig & Hunt, 1984）。但是在风险传播中，即便是告知也是一项具有挑战性的任务。这是因为风险的定义是含糊不清的，容易出现各类冲突性的阐释（Fischhoff, et al., 1984）。此外，风险传播也常常是偏狭的，必须实时升级（Slovic, 1987）。风险信息中内在的初始性和模糊性使得竞争性的行动者能够按照他们的利益和思想来框架风险。这不仅适用于针对公众的风险传播，也适用于组织内的风险传播。风险传播者不仅将潜在的威胁和危害告知公众和利益相关者，他们还要告知组织内的决策者。被高度政治化的并不仅仅是风险传播中的公共领域。当一个人将政治和政治活动的想法应用到组织中时（Bacharach & Lawler, 1980; Pfeffer, 1992），内部风险感知和风险评估也成了一个争议性问题。内部利益相关者，诸如政治决策者或最高层管理成员，基于他们特定的认知框架持有他们自己的风险概念。Kaplan（2008）将战略制定过程中的管理框架描述为高度竞争，且与政治利益的追求交织在一起。风险的多种概念也可能导致内部的风险框架的论争。不论有意或无意，那些实施风险传播的人都会涉及涵盖意义创造和框架的风险议题的内部过程。

风险传播的战略价值在于当风险传播者处于组织边界扫描的位置时，他们不仅要面对内部的风险评估，还要面对风险议题的公众感知。通过扫描和监视组织环境，风险传播者可以为其他组织成员带来其他的对于风险的理解。告知风险首先意味着了解组织内部和公众对风险的各种可能相互冲突的看法。

风险传播的教育功能提升了公众对风险议题的认知。这是一项特别困难的任务，因为从概念上看，风险与未来的事件相关。与之形成对比的是，危机情境可以被视为明显的风险（Heath, 2006），公众对其关注度很高，风险传播教育关注的是那些并不突出的、难以引起公众关注的议题（Covello, 2010; Neuwirth, 2010）。这些信息与大部分人没有相关性，因而不存在对信息的直接需求，可以得到结论，也不存在对风险传播管理的需求。那为什么在没有出现公共问题的时候，仍然还需要风险传播管理呢？组织也可以进行内部风险评估，且只有在存在实质性风险的时候才会进行传播（但是什么时候威胁才是“实质性的”呢）。在低风险意识的（通常发生的）阶段，风险传播的战略任务首先是将传播本身视为战略。它的功能是通过扫描组织环境，检测潜在威胁，作为早期的警报系统存在。此外，风险很容易转变为危机（Palenchar, 2010a; Reynolds & Seeger, 2005; Veil, Reynolds, Sellnow & Seeger, 2008），环境扫描是危机前期传播战略的一部分。

随着风险传播管理已经具有合法化的功能，发起和维持与潜在受影响群体的对话是风险传播的另一个战略目标（Hayenhjelm, 2006; Palenchar & Heath, 2007; Renn, 1992, 1998a）。开发参与式传播战略是风险传播中最必要的任务。组织决策的过程变得透明，且必须对其加以解释。如前所述，让公众参与风险决策可能导致组织决策权力的丧失。从长远来看，参与协作的决策可以提升组织的战略能力。但是在短期内，协作性决策常常被视为不切实际。评估结果好坏参半，加强了对审议性和参与性风险评估的保留意见。正如任（2003）表明的，协商和参与风险传播过程以及风险决策的可能性是有限的。散乱的程序似乎消融了功能主义者的观点，但是冲突各方不太可能放弃他们过去的立场。公共当局、企业和行动主义群体将在风险定义上保持两极分化的观点。

从战略在风险传播中扮演的角色来考量，接下来会发生什么？在风险传播管理中，战略的基本概念，无论是具有告知性的、教育性的还是对话性的，都必然是适应性的和紧急的战略。风险传播战略的制定涉及对模糊的信息进行意义建构和对弱风险信号进行检测和阐释的过程。此外，它进一步包含了在高度对抗性的环境中构建和重新构建风险问题的过程。由于风险传播很容易转化为危机传播，所以传播战略必须是可塑的。

影响风险传播的组织因素

风险传播战略的制定过程受到外部因素的影响和制约，即风险传播的结构维度。风险框架的社会放大考虑了组织环境和社会风险文化等外部因素对风险传播的过程和结果的影响。

制度理论学者特别强调外部因素对组织实践的影响（Scott, 2008; Zucker, 1987）。组织环境由规则、价值观和观念构成，这些构成了组织运行的领域。迪马吉奥和鲍威尔（1983）将组织域描述为开发类似性的一组组织。为了理解风险管理策略是如何被组织内部的风险传播者开发出来的，必须考虑组织中涉及的风险传播过程的特定组织领域。例如，一方面负责进行风险评估的政府机构必须适应某些规范、法律和政治的要求。机构将建立规则和调动资源，从而使自己合乎法律和政治的期待。另一方面，一个关注核风险的社会运动组织面对不同的制度要求时，将采用另一种风险传播战略；可能更具党派性和动员性。

在组织领域之外，社会流行的风险文化是塑造风险传播管理的另一个制度因素。风险文化的特征是社会处理确定性的方式。霍夫斯泰德（1991）按照几个维度对文化进行划分。其中一个就是所谓的“不确定性规避”：一个社会处理模糊和不确定性的方式。关于安全和不确定性的规则越多，文化的不确定性规避的程度就越高，反之亦然。风险文化通过规则和法律表现出来；它反映在新闻媒体对风险和危险的描述上，体现在将特定风险归因于个人或企业行为体、抽象实体或更高的力量上。鉴于风险和危机的跨边界特征，风险文化的不同表现形式的相关性尤其重要（Boin, 2009）。

尽管受到组织领域和社会风险文化的影响，预防性的风险传播战略仍然是可能的。风险传播是一个相当动态和互动的过程，虽然它们各自的组织环境塑造了组织的基础，但组织在塑造和创造这些环境中扮演了积极角色（Daft & Weick, 1984; Meyer & Rowan, 1977）。风险传播管理将信号阐释为风险议题，按照风险和不确定性界定组织立场。克里斯腾森等人（2008）认为，战略风险传播包括了一级和二级战略。通过监测和定义风险，风险传播有助于推动组织的战略能力。

很多风险传播研究将组织视为“黑匣子”。按照上面的观点，有一点很清楚，即组织并不是统一的实体，也不是单独的“放大站”。制定风险传播的战略应该包括在组织内部和公众中对风险进行有意义的解释和制定不同的解释。通过进行战略风险传播管理，组织不仅以一种极其消极的方式放大风险，而且也有助于风险放大。它们也集体性地通过界定和框架风险来管理意义，从而为公共风险话语的产生做出贡献。

讨论和视角

本章的目的是阐释与风险传播有关的战略概念。有人认为，风险是一个高度争论性的社会建构，它依赖于情境因素。风险传播是冲突协商的过程。几个代理机构，每个都遵循特定的理性，参与风险传播。在风险传播文献中，特别是作为一个应用领域，提供了很多关于如何进行风险传播的建议。有人认为成功在于发现正确的战略，但是风险传播的特性要求对战略采取批判性的和反思性的方法。线性的、规定性的战略概念不足以把握风险传播的复杂性。相反，建构主义者和实践导向的战略决策方法被认为对探索战略在风险传播中的角色特别有用。根据这些概念，风险传播已被阐述为在权变和感知不确定性的条件下的一种意义生成和框架活动。

风险传播的概念化意味着什么？首先，风险管理和风险传播之间的明确分离几乎是不可能的。风险管理建立在风险感知和定义的基础之上，进而影响风险感知。风险传播对风险管理具有重要的战略意义，它是风险管理的组成部分。在风险社会的语境下（Beck, 1992），风险传播的特征往往是对一个社会愿意接受的不确定性和安全程度的持续争论，从而只将它定义为风险管理的辅助手段是不够的。其次，并没有通用的组织风险传播战略（Stern, 1991）。风险让组织面临着多种情境需求、相互冲突的目的和难以解决的冲突。这就导致了模糊性，可能会对战略决策产生消极或积极的影响。艾森伯格（1984）指出了这样一个事实：即模糊性并不一定是一个可怕的特征，而其本身就是战略形式的一部分。他认为战略的模糊性是组织的要素，因为它推动了组织的变革。按照同样的思路，克里斯腾森和朗格（2009）提出，组织应该主动利用不一致和差异突出其变化和提升的潜力。制定风险传播战略应当被视为组织学习的机会。

战略制定的含义在本章中已做了概括性介绍。风险传播的实证研究人员可以进一步区分不同的传播方式在处理不同类型的风险和风险传播过程时不同阶段的战略。

参考文献

[1] Ale, B. J. M. (2009). *Risk: an Introduction. The concepts of risk, danger*. New York: Routledge.

[2] Bacharach, S. B., & Lawler, E. J. (1980). *Power and politics in organizations*. San Francisco, CA: Jossey-Bass.

[3] Beck, U. (1992). *Risk society. Towards a new modernity*. London, England: Sage.

[4] Ben-Ari, A., & Or-Chen, K. (2009). Integrating competing conceptions of risk: A call for future direction of research. *Journal of Risk Research*, 12(6), 865–877.

[5] Berger, B. K. (2005). Power over, power with, and power to relations: Critical reflections on public relations, the dominant coalition, and activism. *Journal of Public Relations Research*, 17(1), 5–28.

[6] Boin, A. (2009). The new world of crises and crisis management: Implications for policymaking and research: Introduction to the special issue. *Review of Policy Research*, 26(4), 367–377.

[7] Chess, C., & Johnson, B. (2010). Risk communication by organizations: The back story. In R. L. Heath & D. H. O'Hair (Eds.), *Handbook of risk and crisis communication* (pp. 323–342). New York:

Routledge.

[8] Choo, C. W. (2002). *Information management for the intelligent organization: The art of scanning the environment*. Medford, NJ: Information Today.

[9] Christensen, L. T., & Langer, R. (2009). Public relations and the strategic use of transparency. Consistency, hypocrisy, and corporate change. In R. Heath, E. Toth & D. Waymer (Eds.), *Rhetorical and critical approaches to public relations II* (pp. 127–153). New York: Routledge.

[10] Christensen, L. T., Morsing, M., & Cheney, G. (2008). *Corporate communications: Convention, complexity, and critique*. Los Angeles, CA: Sage.

[11] Coombs, T. W., & Holladay, S. J. (2010). *PR strategy and application. Managing influence*. Malden, MA: Wiley-Blackwell.

[12] Cornelissen, J. (2008). *Corporate communication. A guide to theory and practice* (2nd ed.). London, England: Sage.

[13] Covello, V. T. (2010). Strategies for overcoming challenges to effective risk communication. In R. L. Heath & D. H. O'Hair (Eds.), *Handbook of risk and crisis communication* (pp. 143–167). New York; London, England: Routledge.

[14] Daft, R. L., & Weick, K. E. (1984). Toward a model of organizations as interpretation systems. *The Academy of Management Review*, 9(2), 284–295.

[15] DiMaggio, P. J., & Powell, W. W. (1983). The iron cage revisited: Institutional isomorphism and collective rationality in organizational fields. *American Sociological Review*, 48(2), 147–160.

[16] Douglas, M., & Wildavsky, A. (1982). *Risk and culture. An essay on the selection of technical and environmental dangers*. Berkeley, CA: University of California Press.

[17] Eisenberg, E. M. (1984). Ambiguity as strategy in organizational communication. *Communication Monographs*, 51(3), 227–242.

[18] Fischhoff, B., Slovic, P., & Lichtenstein, S. (1978). How safe is safe enough? A psychometric study of attitudes towards technological risks and benefits. *Policy Sciences*, 9, 127–152.

[19] Fischhoff, B., Watson, R. S., & Hope, C. (1984). Defining risk. *Policy Sciences*, 17, 123–139.

[20] Frandsen, F. (2010). Strategy, management, leadership, and public relations. In R. L. Heath (Ed.), *The SAGE handbook of public relations* (pp. 293–306). Thousand Oaks, CA: Sage.

[21] Grunig, J. E., & Hunt, T. (1984). *Managing public relations*. New York: Holt, Rinehart and Winston.

[22] Grunig, L. A. (1990). Power in the public relations department. *Public Relations Research Annual* 2(1–4), 115–155.

[23] Grunig, L. A., Grunig, J. E., & Dozier, D. M. (2002). *Excellent public relations and effective organizations: A study of communication management in three countries*. Mahwah, NJ: Lawrence Erlbaum.

[24] Gurabardhi, Z., Gutteling, J. M., & Kuttschreuter, M. (2004). The development of risk communication: An empirical analysis of the literature in the field. *Science Communication*, 25(4), 323–349.

[25] Hallahan, K., Holtzhausen, D. R., van Ruler, B., Verčič, D., & Sriramesh, K. (2007). Defining strategic communication. *International Journal of Strategic Communication*, 1(1), 3–35.

[26] Hayenhjelm, M. (2006). Asymmetries in risk communication. *Risk Management*, 8(1), 1–15.

[27] Heath, R. L. (1997). *Strategic issues management. Organizations and public policy challenges*. Thousand Oaks, CA: Sage.

[28] Heath, R. L. (2002). Issues management: Its past, present and future. *Journal of Public Affairs*, 2(4), 209–214.

[29] Heath, R. L. (2006). Best practices in crisis communication: Evolution of practice through research. *Journal of Applied Communication Research*, 34(3), 245–248.

[30] Heath, R. L., Palenchar, M. J., & O'Hair, D. H. (2010). Community building through risk communication infrastructures. In R. L. Heath & D. H. O'Hair (Eds.), *Handbook of risk and crisis communication* (pp. 471–487). New York; London, England: Routledge.

[31] Hofstede, G. (1991). *Cultures and organizations: Software of the mind*. London, England: McGraw-Hill.

[32] Holtzhausen, D. R. (2010). Communication in the public sphere: The political context of strategic communication. *International Journal of Strategic Communication*, 4(2), 75–77.

[33] Jarzabkowski, P. (2004). Strategy as practice: Recursiveness, adaptation, and practices-in-use. *Organization Studies*, 25(4), 529–560.

[34] Jarzabkowski, P., Balogun, J., & Seidl, D. (2007). Strategizing: The challenges of a practice perspective. *Human Relations*, 60(1), 5–27.

[35] Jarzabkowski, P., & Fenton, E. (2006). Strategizing and organizing in pluralistic contexts. *Long Range Planning*, 39(6), 631–648.

[36] Johnson, G., Melin, L., & Whittington, R. (2003). Micro strategy and strategizing: Towards an activity-based view. *Journal of Management Studies*, 40, 3–22.

[37] Kahneman, D., & Tversky, A. (1979). Prospect theory: An analysis of decision under risk. *Econometrica*, 47(2), 263–291.

[38] Kaplan, S. (2008). Framing contests: Strategy making under uncertainty. *Organization Science*, 19(5), 729–752.

[39] Kasperson, R. E. (1986). Six propositions on public participation and their relevance for risk communication. *Risk Analysis*, 6(3), 275–281.

[40] Kasperson, R. E., Renn, O., Slovic, P., Brown, H. S., Emel, J., Goble, R., Kasperson, J.X., & Ratick, S. (1988). The social amplification of risk: A conceptual framework. *Risk Analysis. An International Journal*, 8(2), 177–187.

[41] Kasperson, R. E. (1992). The social amplification of risk: Progress in developing an integrative framework. In S. Krimsky & D. Golding (Eds.), *Social theories of risk* (pp. 153–178). London, England: Praeger.

[42] Kasperson, J. X., Kasperson, R. E., Pidgeon, N., & Slovic, P. (2003). The social amplification of risk: Assessing fifteen years of theory and research. In N. Pidgeon, R. E. Kasperson & P. Slovic (Eds.), *The social amplification of risk* (pp. 13–46). Cambridge, England: Cambridge University Press.

[43] King, C. L. (2010). Emergent communication strategies. *International Journal of Strategic Communication*, 4(1), 19–38.

[44] Leiss, W. (2003). Searching for the public policy relevance of the risk amplification framework. In N. Pidgeon, R. E. Kasperson & P. Slovic (Eds.), *The social amplification of risk* (pp. 355–373). Cambridge, England: Cambidge University Press.

[45] Lindblom, C. E. (1959). The science of "muddling through". *Public Administration Review*, 19(2), 79–88.

[46] March, J. G., & Olsen, J. P. (1975). The uncertainty of the past: Organizational learning under ambiguity. *European Journal of Political Research*, 3(2), 147–171.

[47] March, J., & Simon, H. (1993). *Organizations*. Cambridge, MA: Blackwell.

[48] Marchiori, M., & Bulgacov, S. (2012). Strategy as communicational practice in organizations.

International Journal of Strategic Communication, 6(3), 199–211.

[49] McComas, K. A. (2006). Defining moments in risk communication research: 1996–2005. *Journal of Health Communication*, 11, 75–91.

[50] McComas, K. A., Arvai, J., & Besley, J. C. (2010). Linking public participation and decision making through risk communication. In R. L. Heath & D. H. O'Hair (Eds.), *Handbook of risk and crisis communication* (pp. 364–385). New York: London: England: Routledge.

[51] McGuire, W. J. (2001). Input and output variables currently promising for constructing persuasive communications. In R. E. Rice & C. K. Atkin (Eds.), *Public communication campaigns* (3rd ed., pp. 22–48). Thousand Oaks, CA: Sage Publications.

[52] Meyer, J. W., & Rowan, B. (1977). Institutionalized organizations: Formal structure as myth and ceremony. *The American Journal of Sociology*, 83(2), 340–363.

[53] Mintzberg, H. (1978). Patterns in strategy formation. *Management Science*, 24(9), 934–948.

[54] Murdock, G. (2010). Shifting anxieties, altered media: Risk communication in networked times. *Catalan Journal of Communication & Cultural Studies*, 2(2), 159–176.

[55] Murdock, G., Petts, J., & Horlick-Jones, T. (2003). After amplification: Rethinking the role of media in risk communication. In N. Pidgeon, R. E. Kasperson & P. Slovic (Eds.), *The social amplification of risk* (pp. 156–178). Cambridge, England: Cambridge University Press.

[56] Murphy, P. (2007). Coping with an uncertain world: The relationship between excellence and complexity theories. In E. L. Toth (Ed.), *The future of excellence in public relations and communication management* (pp. 119–134). New York, NY: Routledge.

[57] Neuwirth, K. (2010). Risk, crisis, and mediated communication. In R. L. Heath & H. D. O'Hair (Eds.), *Handbook of risk and crisis communication* (pp. 398–411). New York: Routledge.

[58] Palenchar, M. J., & Heath, R. L. (2007). Strategic risk communication: Adding value to society. *Public Relations Review*, 33, 120–129.

[59] Palenchar, M. J. (2010a). Historical trends in risk and crisis communication. In R. L. Heath & H. D. O'Hair (Eds.), *Handbook of risk and crisis communication* (pp. 31–52). New York: Routledge.

[60] Palenchar, M. J. (2010b). Risk communication. In R. L. Heath (Ed.), *The SAGE handbook of public relations* (pp. 447–460). Thousand Oaks, CA: Sage Publications.

[61] Petts, J., Horlick-Jones, T., & Murdock, G. (2001). *Social amplification of risk: The media and the public*. Birmingham, AL: HSE Books.

[62] Pfeffer, J. (1992). *Managing with power. Politics and influences in organizations*. Boston, MA: Harvard Business School Press.

[63] Pidgeon, N., Kasperson, R. E., & Slovic, P. (Eds.). (2003). *The social amplification of risk*. Cambridge, UK: Cambridge University Press.

[64] Plough, A., & Sheldon, K. (1987). The Emergence of Risk Communication Studies: Social and Political Context. *Science, Technology, & Human Values*, 12(3/4), 4–10.

[65] Proutheau, S., & Heath, R. L. (2010). Precautionary principle and biotechnology: Regulators are from Mars and activists are from Venus. In R. L. Heath & D. H. O'Hair (Eds.), *Handbook of risk and crisis communication* (pp. 576–590). New York: Routledge.

[66] Raupp, J., & Hoffjann, O. (2012). Understanding strategy in communication management. *Journal of communication management*, 16(2), 146–161.

[67] Rayner, S. (1992). Cultural theory and risk analysis. In S. Krimsky & D. Golding (Eds.), *Social theories of risk* (pp. 83–116). London, UK: Praeger.

[68] Rayner, S., & Cantor, R. (1987). How fair is safe enough? The cultural approach to societal technology choice. *Risk Analysis*, 7(1), 3–9.

[69] Renn, O., & Levine, D. (1991). Trust and credibility in risk communication. In R. E. Kasperson & P. J. Stallen (Eds.), *Communicating risks to the public* (pp. 175–218). London, UK: Kluwer Academic Publishers.

[70] Renn, O. (1992). Risk communication: Towards a rational discourse with the public. *Journal of Hazardous Materials*, 29(3), 465–519.

[71] Renn, O. (1998a). Three decades of risk research: accomplishments and new challenges. *Journal of Risk Research*, 1, 49–71.

[72] Renn, O. (1998b). The role of risk communication and public dialogue for improving risk management. *Risk Decision and Policy*, 3(1), 5–30.

[73] Renn, O. (2003). Social amplification of risk in participation: Two case studies. In N. Pidgeon, R. E. Kasperson & P. Slovic (Eds.), *The social amplification of risk* (pp. 374–401). Cambridge, England: Cambridge University Press.

[74] Reynolds, B., & Seeger, M. W. (2005). Crisis and emergency risk communication as an integrative model. *Journal of Health Communication*, 10, 43–55.

[75] Sandman, P. (1987). Risk communication: Facing public outrage. *EPA Journal (ed.: U.S. Environmental Protection Agency)* (November 1987), 21–22.

[76] Scott, R. W. (2008). *Institutions and organizations. Ideas and interests* (3rd ed.). Los Angeles, CA: Sage.

[77] Siegrist, M., & Cvetkovich, G. (2000). Perception of hazards: The role of social trust and knowledge. *Risk Analysis*, 20, 713–720.

[78] Siegrist, M., Cvetkovich, G., & Roth, C. (2000). Salient value similarity, social trust, and risk/benefit perception. *Risk Analysis*, 20(3), 353–362.

[79] Sjöberg, L. (2000). Factors in risk perception. *Risk Analysis*, 20(1), 1–12.

[80] Slovic, P. (1987). Perception of risk. *Science*, 236(4799), 280–285.

[81] Slovic, P. (1999). Trust, emotion, sex, politics, and science: Surveying the risk-assessment battlefield. *Risk Analysis*, 19(4), 689–701.

[82] Smillie, L., & Blissett, A. (2010). A model for developing risk communication strategy. *Journal of Risk Research*, 13(1), 115–134.

[83] Stern, P. C. (1991). Learning through conflict: A realistic strategy for risk communication. *Policy Sciences*, 24(1), 99–119.

[84] Steyn, B. (2004). From strategy to corporate communication strategy: A conceptualisation. *Journal of Communication Management*, 8(2), 168–183.

[85] Steyn, B. (2007). Contribution of public relations to organizational strategy formulation. In E. L. Toth (Ed.), *The future of excellence in public relations and communication management* (pp. 137–172). Mahwah, NJ: Lawrence Erlbaum.

[86] Ströh, U. (2007). An alternative postmodern approach to corporate communication strategy. In E. L. Toth (Ed.), *The Future of Excellence in Public Relations and Communication Management* (pp. 199–220). New York: Routledge.

[87] Tansey, J., & Rayner, S. (2010). Cultural theory and risk. In R. L. Heath & H. D. O'Hair (Eds.), *Handbook of risk and crisis communication* (pp. 53–79). New York: Routledge.

[88] Thompson, K. M. (2002). Variability and uncertainty meet risk management and risk communication.

Risk Analysis, 22(3), 647–654.

[89] Ulmer, R. R., Sellnow, T. L., & Seeger, M. W. (2010). *Effective crisis communication: Moving from crisis to opportunity* (2nd ed.). Thousand Oaks, CA: Sage.

[90] Veil, S., Reynolds, B., Sellnow, T. L., & Seeger, M. W. (2008). CERC as a theoretical framework for research and practice. *Health Promotion Practice*, 9(4), 26–34.

[91] Wahlberg, A. A. F., & Sjoberg, L. (2000). Risk perception and the media. *Journal of Risk Research*, 3(1), 31–50.

[92] Whittington, R. (2003). The work of strategizing and organizing: For a practice perspective. *Strategic Organization*, 1(1), 117–125.

[93] Whittington, R. (2006). Completing the practice turn in strategy research. *Organization Studies*, 27(5), 613–634.

[92] Zerfass, A. (2008). Corporate communication revisited: Integrating business strategy and strategic communication.In A. Zerfass, B. van Ruler & K. Sriramesh (Eds.), *Public Relations research. European and international perspectives and innovations* (pp. 65–96). Wiesbaden, DE: VS Verlag für Sozialwissenschaften.

[93] Zucker, L. G. (1987). Institutional theories of organization. *American Review of Sociology*, 13, 443–464.

第三十三章
变革中的战略传播

瑞塔·贾万提-塞斯莱夫，乔安娜·莫山德和米高·维利

变革似乎是组织生活的常态。持续变革的环境、竞争性的环境和立法的基础结构，以及客户行为和难以预测的技术变革，都对当代商业组织带来了重大的战略挑战。为了应对这些变革，组织参与了一系列战略变革项目，持续地提出和实施新的战略、政策和做法，以开展其日常的业务活动。

本章阐述了同时管理自上而下发起的变更项目和紧急的变更项目给战略传播带来的挑战。本章的焦点在于了解高层和中层的管理者需要了解哪些传播过程和实践，才能更好地管理和协调自上而下发起的变更项目和紧急的变更项目。这里，战略传播的概念指一个组织有目的地利用传播来完成其使命。战略传播是指组织在其领导者、员工和传播实践者的有意活动中展示和提升自己的过程和实践（Hallahan, Holtzhausen, van Ruler & Verčič, 2007）。虽然战略传播的前提是全体人员的积极参与和承诺，但我们认为管理层在引入话语模板以及传播和协调变革方面发挥着尤为重要的作用（Tsoukas & Chia, 2002）。

本章涵盖了紧急的和自上而下发起的战略变革。战略变革过程指的是组织作为变革的突发属性（Thomas, Sargent & Hardy, 2010; Tsoukas & Chia, 2002; Carlsen, 2006）。相比之下，战略变革是一个变革的开端，它要么涉及组织使命的重新定义，要么涉及总体优先级和目标的重大转变，以反映新的重点或方向（Gioia, Thomas, Clark & Chittipeddi, 1994, p.364）。在这个语境下，多元的变革指一组同步或部分重叠的变革项目，每一组都包含了特定的目标和谨慎表达的方向。

为了探讨多元变革情境中的传播挑战，本章将借鉴意义生成的概念。组织意义的生成基本上是一个社会过程，这意味着组织成员通过与他人的互动来阐释他们所处的环境，建构理解，使他们能够理解世界、共同行动（Maitlis, 2005, p.22）。组织意义的生成一部分是理解不同的组织实践。这里的术语“实践”指的是连贯一致的有目的的活动

模式，它是通过几个相互关联的心理和身体的行为在组织中进行的（Reckwitz, 2002, pp. 249–250）。实践建立在认识、推理和理解特定的集体结构的基础上，并受其指导。

作为一个可行的解决方法，本章提出将企业品牌化作为在多重变革的环境中管理和协作战略传播的工具。企业品牌基于公司的愿景和使命，它明确了公司所有利益相关者的信息。企业品牌是基于组织对利益相关者的承诺。企业品牌的成功和可靠性取决于整个组织如何提供内容和履行特定的承诺（Järventie-Thesleff, 2011）。此外，在变革的情境中，支持变革的积极文化非常重要。这是指一种支持不断变化的传播实践的文化。本章最后展示了一个多重的变革情境，并强调了建立强大的企业品牌和促进变革的积极文化的重要性。

表 33.1　变革中战略传播的关键概念

概念	定　义	参考文献
战略传播	组织为完成其使命而有目的地使用传播，组织如何通过领导者、员工和传播实践者的有意活动来展示和提升自己	Hallahan, Holtzhausen, van Ruler and Verde 2007: 3, 7
企业品牌	基于组织对其关键利益相关者的承诺，企业品牌的成功与可靠取决于整个组织对既定承诺的满足和兑现程度	Javentie-Thesleff, 2011
战略变革项目	一项变革举措，涉及对组织使命的重新定义或者整体优先性的潜在转化以反映新的重点或方向	Gioia, Thomas, Clark & Chittipeddi 1994: 364
战略变革过程	组织作为变革的突发属性	Thomas, Sargent and Hardy2010; Tsoukas and Chia2002; Carlsen 2006
多元变革	一系列同步的或部分重叠的变革项目，每个项目包含了特定目标的项目和谨慎表达的方向	
组织意义生成	组织成员通过与他人的互动来阐释他们所处的环境，建构理解，使他们能够理解世界、共同行动	Maitlis 2005:22
实践	行为的常规类型，包含了几个相互关联的要素：身体活动的形式，心理活动的形式，事物及其使用，理解形式的背景知识、专业知识、情感状态以及动机知识	Reckwitz 2002: 249

组织变革

在关于战略和组织变革的文献中，传播在解释组织变革过程中的重要性早已经被讨论，并被广泛承认（Lewis, 1999）。传播和组织变革实施一般来说被视为密不可分的（Lewis, 1999），因为变革不可避免地是一个由传播创造、维持和管理的过程（Ford & Ford, 1995, p.560）。

组织变革可以用多种方式进行概念化（Pettigrew, Woodman & Cameron, 2001）。例如，Mintzberg 和 Westley（1992）区分了演绎性和归纳性的变革。演绎性的变革从思想发展到行动，然而归纳性变革则是从具体到概念的过程。演绎性变革与协商的战略制定相一致，归纳性变革与突发性战略相联系。此外，维克和奎恩（1999）在阶段性、非连续性和间断性的变革与那些连续的、演进的、渐进的变革之间划了一条界线。持续性的变革类似于归纳性变革，因为在组织单元之间同时产生的小的持续的调整可以累积并最终创造实质性的变革。

塔斯卡斯和查（2002, p.579）也支持以一种不那么刻意的方式来概念化变革，他们认为"组织的变革并不一定是个人为了适应新的经验和实现新的可能性而有意采取的管理行动的结果"。这个观点是基于这样的理念：变革是内在于人类行动的，而人类行动也可以持续地在组织语境中不断变化。然而，在他们的论证中，塔斯卡斯和查（2002）仍然保留了管理意向性的作用。管理者有权引入新的话语模板，他们可以引导组织成员关注新的议题并发现新的联系。

持续变革的观念已经在一些关于"组织形成"的文献中被特别探讨过（Tsoukas & Chia, 2002; Carlsen, 2006; Thomas et al., 2010）。这种组织研究方法支持一个理论从物质本体论到变化本体论的重新定位（Tsoukas & Chia, 2002），它强调运动、流动、涌现和过程，而不是终点、实体、稳定和离散（Pettigrew, 1992; Carlsen, 2006）。因此，它关注的是"形成"而不是"状态"，它被按照过程、流动和转变来理解，而不是被看作一个不变实体的稳定状态（Nayak & Chia, 2011, p.281）。基于"形成"的视角，我们将组织视为一种变化的偶然状态，是一个持续变化的实践的展开（Thomas et al., 2010; Tsoukas & Chia, 2002; Carlsen, 2006）。

"形成"的观点并不把组织的变革看作自上而下的计划的实现，而是把变革看作组织生活中持续的正常状态（Ford & Ford, 1995; Weick & Quinn, 1999; Tsoukas & Chia, 2002）。变革根植于工作过程（Brown & Duguid, 1991）和社会实践（Tsoukas, 1996）的持续升级。人们关注的是指向变革的动态、演变和突发的本质，组织被认为由社会关系的特定情境网络所构成（Tsoukas & Chia, 2002）。

接下来，我们将按照以上所介绍的分类，在自上而下发起的变革项目以及作为组织生活常态的变革项目之间，探讨变革中战略传播遇到的挑战。

变革过程中战略传播的挑战

在组织的实践中，战略传播的基本任务和目标取决于需要管理的组织变革的性质。如果变革是高级管理层发起的，那么自上而下的战略传播的目的是支持变革的成功实施，这是可以理解的。然而，如果组织变革需要被作为一个持续的过程来管理，作为组织生活的基本条件（Brown & Duguid, 2001; Tsoukas, 1996），战略传播的重点就应当转移到推进社会和传播的过程，通过这些过程促进组织的所有成员有效地和建设性地理解变革。

自上而下变革项目的传播

在自上而下发起的变革项目中，战略传播的目标是创造和传播清晰明确的信息，确保传播过程和交换过程的可靠性，从而鼓励参与，避免不确定性。因此传播被用作一种管理控制的工具，其目的是使变化尽可能可以忍受，例如试图淡化恐惧（Hübner, 2007）。在这些语境中，战略传播的基本任务是支持变革管理的三种基本实践：教育、指示方向与协作。（Johnson, Scholes & Whittington, 2008; Balogun, 2001）

教育：提供信息而不是促进学习

教育指的是文本的和人际的传播，通过这个过程最高管理层解释变革的原因，提出战略变革的手段（Johnson et al., 2008）。教育主要通过自上而下的和横向的传播过程来解释、理解战略变革的目标和逻辑，并在最高管理层中构建信任。

这类传播的目的是让员工理解并按照计划，有效和成本高效地应对变革。一个挑战在于如何设计传播战略和传播实践以支持雇员积极的意义建构以及自我导向的学习。对雇员而言，理解战略变革、战略愿景和目标的变化很重要，这可以帮助他们以积极、灵活和针对特定语境的方式来应对变革（J.rventie-Thesleff, 2011）。

这里的挑战是避免这样一种结果，即战略变革的教育传播仅仅归结为纯粹的信息传递：战略变革教育的目的是将信息从高层管理者传递给员工，而不是让他们作为战略变化过程中的积极参与者参与到学习过程中（J.rventie-Thesleff, Moisander, & Laine, 2011）。另一个挑战是避免让当前组织实践中根深蒂固的老观念和那些被视为理所当然的理念嵌入到现有的组织实践中，正是通过这些实践，员工试图理解变革的主动性。

指示方向：权威与魅力

指示方向就是通过单向传播的过程来告知、说服并使利益相关者确信（Johnson et al., 2008）。它是基于使用权威来设定变革的方向和手段，利用自上而下的传播过程——通过逐级传播的过程来传播信息和命令。

这类传播的目标是建立一个清晰的组织战略以及实施战略的计划。这有时可能伴随着对组织的控制和对权力的运用，从而将某个特定的工作实践、标准和明确的规则强加给员工。

这里的挑战是如何以令人信服的方式传播管理和战略愿景，并说服利益相关者确信战略意图和涉及的关键成功因素以及优先级。我们有必要设计一种传播战略，以一种让人信服的、有魅力的方式指示方向，而不是仅仅通过等级权力关系以一种权威的方式将该策略强加给员工。

协作：招募与参与

协作指的是人际传播，包括自下而上和横向的传播过程，通过这个过程，变革的接受者和员工都参与到战略工作中（Johnson et al., 2008; Balogun, 2001）。其目标是让员工参与到变革议程的制定中来，建立优先级，并制定行动计划。基本目标是构建一种主人翁意识，让员工普遍感受到自己对于变革议程的责任，从而提升变革实现的可能性。

这里的挑战涉及传播战略和协作的实践，它不仅要获得员工的同意，让员工参与到战略变革中，还要承认员工是变革的主力。在战略工作中，员工适当的知识和技能是很重要的，他们不仅仅是变革的主力和接受者，也是知识渊博的实践者，他们能通过组织中变革的实施，在变革议程、实践和政策的开发中提供有价值的输入。

突发性变革中的传播

从管理组织变革的传播视角来看（Hübner, 2007），组织可以被视为基本上由传播构成的（Cooren, Kuhn, Cornelissen, & Clark, 2011）。从这个角度来看，传播并不是简单的组织涉及的众多因素之一。它更是一种建立、组成、设计和维持组织的方式（Coorenet al., 2011, p.1150）。从这个视角来看，变革可以被理解为一个持续的过程，通过不同的讨论和组织活动逐渐地展开，其中管理层只有部分控制权（Thomas et al., 2010, Tsoukas & Chia, 2002）。

在应对这种突发性变革的时候，所有的组织成员——特别是那些高管——都需要理解传播不仅仅是一种简单的实现管理控制和话语领导的工具。它不仅能帮助中层管理人员有效地传递信息和实施变革，还能帮助他们避免负面的或无意识的后果。相反，传播可能在组织中扮演着重要的角色（Cooren et al., 2011）：它积极地促进和塑造了这个过程和实践，通过这个过程和实践，变革出现在组织的日常生活中。

因此，在偶发变革的语境下，传播不能被简化为“通过精心规划的内部传播战略，然后由传播部门实施的，有效地提供和获取信息，创造理解和建构所有权的工作”（Ford & Ford, 1995, p.542）。我们很有必要创造一些做法和政策，通过它们可以将变革嵌入到组织的深层次结构中（Hübner, 2007），并确保本组织各个层次的所有成员，不论个体还是群体，都能够有能力和动力在日常活动中理解变革的过程。

在组织生活的实践中，以这种方式进行“自下而上的变革”需要特定类型的实践知识和技能（Dutton, Ashford, & O'Neill, 2001, p.732）。由于组织变革的意义是在参与者之间的传播互动中进行协商的（Thomas et al., 2010），因此，尤其重要的是，组织的所有成员都要学习如何跨职能和等级进行有效的和建设性的对话（Ashkenas & Jick, 1992, p.271）。

整体来看，这意味着最高层管理者和企业的传播功能仅仅在社会和传播活动中发挥了部分作用，作用的发挥往往通过管理自上而下的变革项目实现。虽然管理在引入话语模式和传播以及协调变革方面发挥了基础作用，但重要的是，要让所有组织单位、部门和不同层级的团队都参与到变革传播过程中，并创造条件和实践，以促进和支持在组织中产生变革的个人和集体积极参与决策。

此外，正如切尼、克里斯腾森、左恩和甘纳什（2004, p.328）提醒我们的那样，重要的是要记住，针对特定变革的传播方式的解决方案总是需要在特定的语境中进行检验的。

理解变革

在本章中，战略传播被视为一个双向的过程，其目标是创造一种集体理解和参与的感觉。换句话说，在变革过程中，促进和支持组织的意义建构是很重要的。

组织变革项目让组织中的各类成员参与互补互惠的意义建构和意义赋予活动（Gioia & Chittipeddi, 1991; Thomas, Clark, & Gioia, 1993; Gioia, Schultz, & Corley, 2000a, 2000b; Balogun & Johnson, 2005）。根据维克（1995）的观点，意义建构指我们如何理解我们生活的世界。为了理解这个世界，人们选择特定的要关注的信息，之后决定如何阐释这些信息。最终，意义的形成是一个社会建构的过程（Berger & Luckman, 1966），在其中个体尝试阐释和解释来自环境的一系列线索（Maitlis, 2005）。维克，萨克利弗和奥博斯特菲尔德并将意义建构描述为一种创造有序和连贯的意义的努力，这种努力可以推动变革。

劳鲁（2005, p.1415）将相互的意义建构活动界定如下：

> 意义建构必须与管理者理解、阐释和根据社会变革的有关信息为自己创造意义的方式有关。“赋予意义”是指他们试图影响结果，将变革思想传播给他人，并获得他人的支持。

以上意义建构和意义赋予的概念适用于所有变革项目的初始阶段，例如，当目标被制定和一个粗略的实施计划被起草时。然而，本章关注的是集体和组织意义建构和意义赋予的活动，这些活动包含了几个变革项目。博伊斯（1995, p.109）将集体的意义建构界定为企业中心和操作层面的各个群体互动地创造社会现实的过程。类似地，麦特里斯（2005, p.22）认为组织意义的形成是一个基础的社会过程，这意味着组织的成员通过互动阐释他们的环境，建构理解，使他们能够一起行动。因此，战略传播被视为一个双向过程，其目标是创造一种集体的理解和参与的感觉，而不仅仅是传播信息。在现代的竞争环境中，组织被多个重叠的、或大或小的变革项目所影响，这些项目很可能被认为具有相互冲突的目标。“以客户为中心”强调理解客户的需求和需要，积极的成本节约项目可以被视为能够对日常运营活动提供指导。多变性特征的动态语境会强化复杂性和模糊性的体验。结果，组织的各类成员可能面临“变革枯竭”的风险，这种风险被概念化为继续参与变革项目的能力或意愿的终止（Lewis, 2006, p.27）。在变革枯竭的情况下，变革项目就没有意义了。

管理和协调战略传播

为了保持竞争性，组织不得不启动一系列的战略变革项目，并持续地以新的方式来进行日常业务活动。正如前文所述，持续的变革项目会对员工的耐力、敬业度和重要感产生挑战（Lewis, 2006）。接下来，我们要讨论企业品牌和持续变革周期的框架（Lawrence, Dyck, Maitlis & Mauws, 2006），将之作为战略传播的两种实践性方法，可以支持管理层让员工参与到持续的变革中。

企业品牌

我们可以认为，企业品牌的概念有潜力为战略传播的过程和实践提供指导，通过这些过程和实践，自上而下发起的变革项目和持续的、突发性的变革过程能够得到管理和协调。在当前瞬息万变的全球竞争环境中，企业品牌已经成为可持续竞争优势的重要来源，也是企业战略的中心要素，它们可以被视为一个伞状概念，将各类变革和创新连接在一起并提供方向（Balmer & Gray, 2003; Hatch & Schultz, 2003, 2008; Knox & Bickerton, 2003; J. rventie-Thesleff et al., 2011）。在企业品牌的帮助下，公司能够向组织的内部和外部的利益相关者传播它们的竞争立场和长期战略。

在营销文献中，企业品牌常常被概念化为一个组织的身份以及其独特的商业模型的视觉的、话语的和行为的表达（Balmer, 2001; Knox & Bickerton, 2003）。它通常被称为一个立场，一个“品牌承诺”，代表了组织，反映其价值观、文化、人员和战略（Aaker, 2004）。因此，它是公司在市场中竞争优势的凝结（Balmer & Gray, 2003），并可能被视为一种战略资产或战略工具，组织尝试在自己的目标市场中创造差异和偏好，例如哈奇和舒尔茨（2003）将企业品牌理论化为一系列品牌定位任务，通过这些任务，品牌资产的基础价值得以持续产生和维系。

在市场营销领域，企业品牌是一种活动，它可以作为一个有用的平台，让外部和内部的传播公司竞争如何定位整体产品（Balmer, 2001; Balmer & Grey, 2003; Aaker, 2004）。企业品牌化的范围很广，涉及公司的所有利益相关者。此外，它进一步代表着一种承诺，因此，企业品牌的责任不能局限于营销和传播部门；相反，重要的是，所有员工都需要参与企业品牌的建设。近来对员工品牌化的研究突出了在组织内部构建品牌积极氛围的重要性（Macrae, 1999; Ind, 2001; Urde, 1994, 1999, 2003; Morrison, 2001; Kunde, 2000, 2002）。为了能够支持企业品牌的建设，员工应该理解品牌是什么，需要做出哪方面的改变。理解意味着组织中的每个人都知道公司是谁，公司将走向何方，以及需要做些什么才能到达那里（Morrison, 2001; Fairhurst, 1993）。此外，员工应该能够参与并致力于品牌承诺的制定和实施。如果员工对于品牌感到骄傲，那么他们的参与和承诺会更成功。

在本研究中，我们对企业品牌的定义如下（J.rventie-Thesleff, 2011）：

企业品牌是基于组织对关键利益相关者所做出的承诺。企业品牌的成功和可靠性依赖于整个组织对既定承诺的满足和兑现的程度。

近来的研究提供了大量关于企业品牌化的多维框架和模型。然而，对日常品牌建设活动以及或支持、或减缓企业品牌建设过程的动力的理解，在很大程度上没有得到解答（K.rreman & Rylander, 2008）。企业品牌化的行为是由企业行动者进行的持续完善的工作构成的，他们尝试为企业品牌化创造意义，并在行为上与之保持一致（Orlikowski, 1996）。按照这个观点，企业品牌化是持续发生的变革，而不是预设的管理和对阶段性事件的控制（Tsoukas & Chia, 2002）。我们认为，企业品牌化可以被认为是一个伞状战略，一方面可以通过发起一些具体的、自上而下的变革项目来实施；另一方面，可以作为一种战略沟通工具，为紧急的、自下而上发起的变革过程提供指导和协调。

在积极变革型文化中的战略传播实践

战略传播的另一个实践方法，是建立一个持续变革的循环（Lawrence et al., 2006）。在持续变革循环的框架中，构建战略传播的目的是确保所有的成员，不论处于组织的哪个层次，无论是个体还是群体，都有能力和动力在他们的日常活动中创建变革过程的意义。通过利用持续变革循环，管理位置上的人可以创造实践和政策，通过这些实践和政策，变革可以嵌入到组织的深层结构中（Hübner, 2007）。

这个框架以四个阶段描绘了持续变革的基础结构，如图33.1所示。

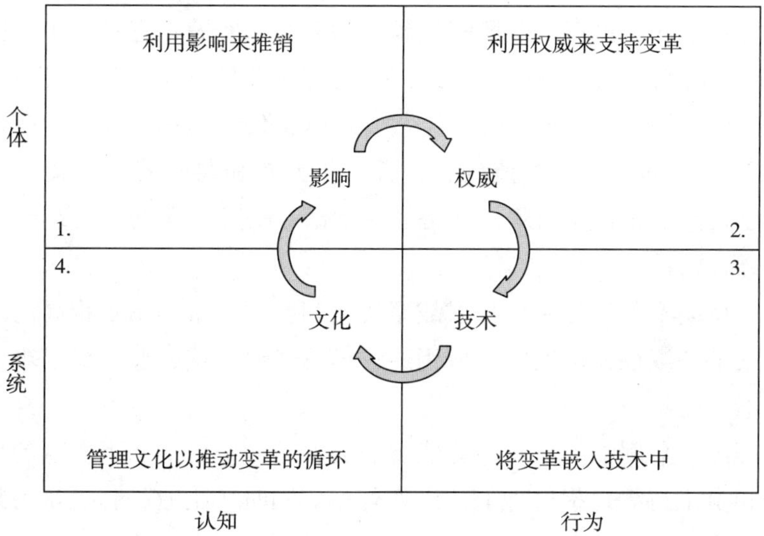

图33.1 积极变革型文化中的传播（修改自Lawrence et al., 2006）

第一个阶段，“利用影响来推销观点”，聚焦于理念——一个洞见、直觉或观念——它会激励人们质疑现有的事情的处理方式。这个观点需要被阐释并传播出去，从而影响变革。在这个阶段，战略传播应当集中于向关键的组织成员推销这个观点。应使用不同的、有说服力的传播战略说服不同的利益相关者群体。第二个阶段，“利用权威来支持变革”，关注支持变革的传播，并提供将想法转化为行动所需的资源。尤其需要战略传播支持变革，减少可能出现的焦虑，并应对可能出现的阻力。第三个阶段，“将变革嵌入到技术中”，重点关注将变革嵌入到公司日常工作中必需的系统或设计。这通常需要一些技术的变革。在这个阶段，战略传播以信息为导向。第四个阶段，“管理文化以推动变革的循环”，强调了创新文化的重要性。在这个阶段，战略传播应当支持员工获得专业知识和动力，以便他们能够进行变革，并对变革进行拓展和丰富（Lawrence et al., 2006）。

由于组织变革的意义是通过行动者之间的互动和协商得到的（Thomas et al., 2010），因此我们需要创造一种文化来鼓励组织所有的成员能够跨越职能和地位的界限进行建构性的对话（Ashkenas & Jick, 1992, p. 271）。

小插曲

建构意义和模糊意义之间的斗争

案例公司（Basico）是一家大型工业跨国企业（TNC）。它的历史可以追溯到100多年前。在富有远见和胆识的实业家的领导下，公司在大规模投资、大力扩张和利用最新技术的基础上成长起来。这家公司在20世纪90年代末通过合并发展成为目前的状态。合并后不久，公司通过从主流市场收购一些较小的公司来发展；它收购了全世界的生产单位，并利用了广泛的销售网络。Basico的成立造就了一家真正的全球运营商。然而同时，Basico的成立带来了很多不同的战略、经营方式以及公司文化。因此，在合并后最突出的特征是多次致力于创造统一的流程、整合工作方式和共同的公司文化的变革项目。Basico也开始建立自己的企业品牌，并将品牌承诺与一种动态的、持续改进的和以客户为中心的经营方式联系起来。

一般来说，持续不断的变革项目对战略传播和组织决策提出了很高的要求。组织应当保持变革传播的持续性，但是它们应当避免信息过载，这会使得员工难以识别什么是重要的，什么不是重要的。

在Basico公司的案例中，公司品牌建设的努力是一个自上而下发起的变革项目，其目标是激励公司员工持续地提升他们的工作效率。同时，企业品牌被认为是一种影响深远的变革项目，它会将更小的或个体的变革项目联系在一起。在Basico中，多元变革的传播实践的特征是以正式的传播为主，而牺牲了同事之间非正式的面对面的传播。此外，传播的流程也进一步发生了改变。在新的变革项目启动之后，通过内部网、人事杂志和分发的PPT进行了高强度的正式传播。最新的变革项目也常常包括了特定部门的例行会议。然而，传播渠道很少涉及不同变革项目之间的终止、评估或连接。

企业品牌没有成功地将个人变革项目联系起来，也没有激励员工将企业品牌的意义转化为他们的日常实际行动。相反，有些变革项目被认为彼此冲突，并且员工在理解公司的整体变革上遇到了困难。此外，相互冲突的变革项目往往造成工作人员的意义模糊。所谓意义模糊，指的是对多个变更项目及其相应目标的混淆、模糊和矛盾的解释。

Basico公司在企业品牌化方面很有野心，然而，这并没有得到不断变革的文化的传播实践或政策的支持。如何通过遵循战略传播的过程和实践，创造一种积极的变革文化，作为一个整体目标的企业品牌可能更好地发挥作用。在企业品牌构建的过程中，Basico应当投入更多的时间在非正式的面对面传播上。在品牌构建的开始，重点应该是以企业品牌的形式令人信服地介绍企业宗旨。为了增加员工的勇气，敢于提出与企业品牌相关的经营变革项目的倡议，这都将成为积极变革文化的支撑。此外，Basico应当支持员工获得专业知识，推动他们为企业品牌赋予内涵。

如前所述，至关重要的是让组织所有单位、部门和团队，不论处于组织的哪个层次，都参与到传播过程中来，并创造条件和实践，以培育和支持积极的个人和集体有意识地参与，通过这个过程使得组织的变革逐渐发生。

结论

本章探讨了变革过程中的战略传播，特别关注管理层在处理各类同时发生的自上而下发起的变革项目和突发项目过程中所面临的挑战。根据Balogun和Johnson（2004）的研究，在应对这些挑战时，中层管理人员有两个相互联系的角色：作为变革的接受者以及作为变革的转型者。重叠的自上而下的项目和突发的变革过程给战略传播带来了挑战。如果将变革概念化为自上而下的项目，那么战略传播首先是需要支持变革。相比之下，在突发变革的语境下，由传播部门实施的内部传播战略并不是正确的方法。相反，战略传播的重点在于组织各个层次上的所有成员，以及他们理解变革过程的能力和动机。因此，战略传播的目的是通过支持意义创造过程的积极参与，创造一种集体的理解和参与的感觉。因此，在变革情境下的传播并不仅仅指信息的传递。

为了支持中层管理者作为变革代理人的重要角色，本章强调了构建强大的企业品牌和积极的变革文化的重要性，这样能更好地指导和协调包括自上而下发起的变革项目和突发的变革过程以及人员参与持续变革的战略传播活动。企业品牌化主要是作为一种工具来创建一个将不同的变革项目关联起来的总体目标。企业品牌化是一种伞状战略，能够通过启动特定的、自上而下的变革项目来实现。它还为突发的、自下而上的变革过程提供了引导。

此外，本章进一步提出在管理位置上人们应该致力于营造一种支持持续变革的积极文化。创造传播实践和政策很重要，通过这些实践和策略，变革才能被嵌入组织的深层结构中。在积极的变革文化的帮助下，组织的所有成员才能被鼓励在其个人和集体的日常活动中为变革过程创造意义。

参考文献

[1] Aaker, D. A. (2004). *Brand portfolio strategy*. New York: The Free Press.

[2] Ashkenas, R. N., & Jick, T. D. (1992). From dialogue to action in GE work-out. In W. Pasmore and R. Woodman (Eds.), *Research in organizational change and development* (Vol. 6, pp. 267–287). Greenwich, CT: JAI Press.

[3] Balmer, J. M. T. (2001). Corporate identity, corporate branding and corporate marketing—Seeing through the fog. *European Journal of Marketing*, 35(3/4), 248–291.

[4] Balmer, J. M. T., & Gray, E. R. (2003). Corporate brands: what are they? What of Them? *European Journal of Marketing*, 37(7/8), 972–997.

[5] Balogun, J. (2001). Strategic change. *Management Quarterly*, 10, 2–11.

[6] Balogun, J., & Johnson, G. (2004). Organizational Restructuring and Middle Manager Sensemaking. *Academy of Management*, 47(4), 523–549.

[7] Balogun, J., & Johnson, G. (2005). From intended strategies to unintended outcomes: The impact of change recipient sensemaking. *Organization Studies*, 26(11), 1573–1601.

[8] Berger, P., & Luckmann, T. (1966). *The social construction of reality: A treatise on the sociology of knowledge*. Harmondsworth, England: Penguin.

[9] Boyce, M. E. (1995). Collective centering and collective sense making in the stories and storytelling of one organization. *Organization Studies*, 16(1), 107–137.

[10] Brown, J. S., & Duguid, P. (2001). Knowledge and organization: A social-practice perspective. *Organization Science*, 12(2), 198–213.

[11] Carlsen, A. (2006). Organizational becoming as dialogic imagination of practice: The case of the indomitable Gauls. *Organization Science*, 17(1), 132–149.

[12] Cheney, G., Christensen, L. T., Zorn, T. E. & Ganesh, S. (2004). *Organizational communication in an age of globalization*. Long Grove, IL: Waveland Press.

[13] Cooren, F., Kuhn, T., Cornelissen, J. P., & Clark, T. (2011). Communication, organizing and organization: An overview and introduction to the special issue. *Organization Studies*, 32(9), 1149–1170.

[14] Dutton, J. E ., Ashford, S. J., O'Neill, R. M., & Lawrence, K. (2001). Moves that matter: Issue selling and organizational change. *Academy of Management Journal*, 44(4), 716–736.

[15] Fairhurst, G. T. (1993). Echos of the vision: When the rest of the organization talks Total Quality. *Management Communication Quarterly*, 6, 331–371.

[16] Ford, J. D., & Ford, L. W. (1995). The role of conversations in producing intentional change in organizations. *Academy of Management Review*, 20(3), 541–570.

[17] Gioia, D. A., & Chittipeddi, K. (1991). Sensemaking and sensegiving in strategic change initiation. *Strategic Management Journal*, 12(6), 433–448.

[18] Gioia, D. A., Thomas, J. B, Clark, S. M., & Chittipeddi, K. (1994). Symbolism and strategic change in academia: The dynamics of sense making and influence. *Organization Science*, 5(3), 363–383.

[19] Gioia, D. A., Schultz, M., & Corley, K. G. (2000a). Organizational identity, image and adaptive instability. *Academy of Management Review*, 25(1), 63–81.

[20] Gioia, D.A., Schultz, M., & Corley, K. G. (2000b). Identity dialogues: Where do we go from here? *Academy of Management Review*, 25(1), 145–147.

[21] Hallahan, K., Holtzhausen, D., van Ruler, B., & Verčič, D. (2007). Defining strategic communication. *International Journal of Strategic Communication*, 1(1), 3–35.

[22] Hatch, M. J., & Schultz, M. (2003). Bringing the corporation into corporate branding. *European Journal of Marketing*, 37(7/8), 1041–1064.

[23] Hatch, M. J. & Schultz, M. (2008). *Taking brand initiative: How companies can align strategy, culture, and identity through corporate branding*. San Francisco, CA: Jossey Bass.

[24] Hübner, H. (2007). *The communicating company—towards an alternative theory of corporate communication*. Heidelberg, NY: Springer/Physica.

[25] Ind, N. (2001). *Living the brand: How to transform every member of your organization into a brand champion*. London, England: Kogan Page.

[26] Järventie-Thesleff, R. (2011). *Building the corporate brand in a stream of sense-making and sense-giving activities, a practice perspective*, Published doctoral dissertation, Aalto University School of Business, Aalto, Finland..

[27] Järventie-Thesleff, R., Moisander, J., & Laine, P. (2011). Organizational dynamics and complexities of corporate brand building—a practice perspective. *Scandinavian Journal of Management*, 27, 196–204.

[28] Johnson, S., Scholes, K. & Whittington, R. (2008). *Exploring corporate strategy* (8th ed.). Harlow, England: Pearson Education.

[29] Knox, S., & Bickerton, D. (2003). The six conventions of corporate branding. *European Journal of Marketing*, 37(7/8), 998–1016.

[30] Kunde, J. (2000). *Corporate religion: Building a strong company through personality and corporate soul*. Harlow, England: Pearson Education.

[31] Kunde, J. (2002). *Unique now or never: The brand is the company driver in the new value economy*. Harlow, England: Pearson Education.

[32] Kärreman, D., & Rylander, A. (2008). Managing meaning through the case of a consulting firm, *Organization Studies*, 29(1), 103–124.

[33] Lawrence, T. B., Dyck, B., Maitlis, S., & Mauws, M. K. (2006). The underlying structure of continuous change. *MIT Sloan Management Review*, 47(4), 59–66.

[34] Lewis, L. K. (1999). Disseminating information and soliciting input during planned organizational change: Implementers' targets, sources and channels for communicating. *Management Communication Quarterly*, 13(1), 43–75.

[35] Lewis, L. K. (2006). Employee perspectives on implementation communication as predictors of perceptions of success and resistance. *Western Journal of Communication*, 70(1), 23–46.

[36] Macrae, C. (1999). Brand reality editorial. *Journal of Marketing Management*, 15, 1–24.

[37] Maitlis, S. (2005). The social process of organizational sensemaking. *Academy of Management Journal*, 48(1), 21–49.

[38] Mintzberg, H., & Westley, F. (1992). Cycles of organizational change. *Strategic Management Journal*, 13(S2), 39–59.

[39] Morrison, D. P. (2001). B2B branding: Avoiding the pitfalls. *Marketing Management*, 10(3), 30–34.

[40] Nayak, A., & Chia, R. (2011). Thinking becoming and emergence: Process philosophy and organization studies. In H. Tsoukas and R. Chia (Eds.), *Philosophy and organization theory* (*Research in the Sociology of Organizations*, Vol. 32) pp. 281–309.

[41] Orlikowski, W. (1996). Improvising organizational transformation over time: A situated change perspective. *Information Systems Research*, 7(1), 63–92.

[42] Pettigrew, A. M. (1992). The character and significance of strategy process research. *Strategic Management Journal*, 13(S2), 5–16.

[43] Pettigrew, A. M, Woodman, R. W. & Cameron, K. S. (2001). Studying organizational change and development: Challenges for future research. *Academy of Management Journal*, 44(4), 697–713.

[44] Reckwitz, A. (2002). Toward a theory of social practices. A development in cultural theorizing. *European Journal of Social Theory*, 5(2), 243–263.

[45] Rouleau, L. (2005). Micro-practices of strategic sensemaking and sensegiving: How middle managers interpret and sell change every day. *Journal of Management Studies*, 42(7), 1413–1441.

[46] Thomas, J. B., Clark, S. M. & Gioia, D. A. (1993): Strategic Sensemaking and Organizational Performance: Linkages Among Scanning, Interpretation, Action and Outcomes. *Academy of Management Journal* 36(2), 239–270.

[47] Thomas, R., Sargent, L. D. & Hardy, C. (2011). Managing organizational change: Negotiating meaning and power-resistance relations. *Organization Science*, 22(1), 1–20.

[48] Tsoukas, H. (1996), The firm as a distributed knowledge system: A constructionist approach. *Strategic Management Journal*, 17, 11–25.

[49] Tsoukas, H., & Chia, R. (2002). On organizational becoming: Rethinking organizational change. *Organization Science*, 13(5), 567–582.

[50] Urde, M. (1994). Brand orientation: A strategy for survival. *The Journal of Consumer Marketing*, 11(3): 18–32.

[51] Urde, M. (1999). Brand orientation: A mindset for building brands into strategic resources. *Journal of Marketing Management*, 15, 117–133.

[52] Urde, M. (2003). Core value-based corporate brand building. *European Journal of Marketing*, 37(7/8), 1017–1040.

[53] Weick, K. E. (1995). *Sensemaking in organizations*. Thousand Oaks, CA: Sage.

[54] Weick, K. E., & Quinn, R. E. (1999). Organizational change and development. *Annual Review of Psychology*, 50, 361–386.

[55] Weick, K. E., Sutcliffe, K. M., & Obstfeld, D. (2005). Organizing and the process of sensemaking. *Organization Science*, 16(4), 409–421.

第三十四章

社交媒体和战略传播：传播研究中理论和实践的审视

波比·凯·刘易斯和辛西娅·尼克斯

社交媒体已经极大地影响了全世界。从帮助人们在日常生活中建立联系，到成为民主革命的催化剂，社交媒体已经改变了个体与媒体之间的视角和关系。社交媒体，包括社会网络、博客、视频网站和微博，被用来在个体、社群和企业之间创造即时的单向或双向传播。这类群体间的传播很有力量，已经使得在线服务，例如Facebook、Twitter、Youtube、Pinterest、Google+、LinkedIn成了用户日常生活的一部分。2013年春天，Facebook已经拥有超过11亿的用户（Facebook, 2013），Twitter是增长最快的社交媒体网站，每月有近21%的世界互联网用户使用它（Smith, 2013），YouTube的访问者每月观看60亿小时的视频（Bullas, 2013）。Macnamara和Zerfass（2012）研究了欧洲和澳大利亚组织如何使用社交媒体，以及它给战略和管理带来的挑战。与美国对社交媒体的研究一致，这些国家的组织最常用的社交媒体的类型是社交网络（如Facebook）、微博（如Twitter）和视频分享网站（如YouTube）。

随着越来越多的用户通过智能手机使用社交媒体，社交媒体的增长势头更加强劲。人们使用社交媒体，不仅为了获取信息和人际传播，更是为了体验和参与社会的延伸。诸如看电视、在体育赛事上为球队加油、听音乐会等活动，现在都包括在社交媒体上的参与。根据尼尔森2012“媒体状态”报告，因为智能电话的无处不在、平板电脑和超极本的普及，以及诸如Facebook和Twitter等社交媒体网络的激增，每个月，美国7,000万平板用户中的88%和1亿智能手机用户中的86%在看电视的同时至少使用一次移动设备（Nielsen, 2012）。更重要的是，大约有一半的人运用他们的“第二块屏幕”表达他们基于日常所见的看法（Turner, 2013）。由于人们对社交媒体的兴趣越来越大，学者和实践者都开始探讨在这个领域中的应用及其影响。在本章中，我们将从理论的角度来探讨社交媒体的学术研究，以及社交媒体在战略传播领域的作用。然后，我们还将通过实践社群研究社交媒体和战略传播。

社交媒体研究

在新兴的社交媒体研究领域中，已经有很多研究在审视社交媒体对我们社会的影响（Khang, Ki and Ye, 2012）。学者们已经开始探讨社交媒体如何能够影响媒介、政治、社会规范甚至流行文化等各个方面。然而，近期这一系列研究的一个不足之处是，学者们常常依赖常识和单纯的数据分析来解释社交媒体，而不是使用有根据的科学理论。基于对这方面的反思，人们可能会问，在缺乏广泛的知识基础和理论依据的情况下，学术共同体抓住的不过是社交媒体中的细枝末节（Anderson, 2008）。这可能因为社交媒体相对较新，有些理论不太适用，需要开发新的概念。

我们可以认为有些研究并没有从理论视角去对待社交媒体，它们只是在尝试将社交媒体中的一个个断点联系起来，给理论发展提供一个必要的语境。虽然这种研究方法是形成假设和理论建构的第一步，但自1997年博客首次出现以来，社交媒体的研究就一直在进行（McCauliff, 2011）。在近15年里，学者们一直试图解释社交媒体的影响。但是，如果我们真正想要理解社交媒体的影响，学者们必须花时间系统地收集数据，分析模式，建构社交媒体的理论基础。这个理论建构的过程无疑会使我们对这个发展中的数字化世界有更深入的理解。如果现有的理论并不能够提供一个关于社交媒体是如何运作的有意义的语境，那么必须对现有的理论进行重构或提出新的理论。

幸运的是，大部分学者都将理论作为他们研究的基础。一项研究调查了17个顶级的广告、传播、营销和公共关系期刊上的社交媒体研究，发现在1997—2010年间，有436篇关于这个主题的文章发表（Khang et al., 2012）。这些文章的比例在这一时期发表的所有文章中占5.5%—43.6%不等，研究方向包括了各种主题——方法论、效果、形式、理论、进展和社交媒体本身。然而，仅有40%的文章运用了清晰的理论框架。尽管这可能给这些文章提供一定程度的理论严谨性，但康等人指出“大多数文章探讨的是利用或复制现有的理论框架，而不是为理解和应用社交媒体提供更好的解决方案”（Khang, p.292）。运用既有理论框架解释科学异常的过程并不是一个新概念。按照库恩（Kuhn, 1970）在《科学的革命结构》一书中所述，这些异常通常被人们用现存的框架来解释，直到可以建立一个新的范式。因此，社交媒体现在正处于这个阶段，对学者而言，有必要建立和探索能够更好地解释社交媒体现象的理论框架（Khang et al., 2012）。

社交媒体研究中的理论应用

在康等人（2012）研究的436篇文章中，出现了几种理论模式。应用最多的理论有社会信息处理理论、使用与满足理论、关系管理理论、议程设置或框架理论和创新扩散理论。接下来的部分将要探讨解释社交媒体的主要理论框架。这些框架应当有助于我们理解现有的社交媒体知识，以及用户如何与之互动。

社会信息处理理论

社会信息处理理论（SIP）是在社交媒体出现之初提出的，它解释了人际关系是如何在没有面对面交谈的标准非语言线索的情况下进行在线发展的（Walther, 1992）。按照Walther的观点，基于计算机发展的人际关系比传统的人际关系发展得慢；然而，一旦这些关系建立了，就会遵循同样的标准和价值观。沃特斯建立了这样一种理论，即人们是通过计算机传递信息的文本和语言线索建立关系，而不是通过面对面交谈的常规非语言线索进行阐释建立关系，人们通过他人的语言表达印象形成对他人的印象。然后，这个印象需要通过发出者、接收者以及渠道之间的互动和反馈，在一段较长的时间内形成。积极的印象有利于关系的形成。这个过程被认为是超个人模型（Walther, 1992）。

SIP被很多学者用来解释在线关系的亲密度（e.g.，Ellison，Heino & Gibbs, 2006），理解社交媒体营销（e.g., Lin & Pe.a, 2011），以及理解不同年龄段群体的互动（e.g., Valkenburg & Peter, 2007）。然而，该理论的批评者认为，缺乏明确的视觉线索可能不利于建立坚固和真实的关系，而这在某些时候必须被克服。拉库纳加（2009）认为在线关系难以长久维持，这个理论也无法运用到集体主义的社会。

当这个理论被用来建立和理解社交媒体中的战略传播时，它可以解释个体与某一产品或他人的互动和联系。当一个品牌在互联网上建构自己的地位时，它需要实施预设的关系构建努力，创造用户对产品或概念的社会情感联系（Lin & Pe.a, 2011）。通过运用SIP框架，文本和非语言线索由那些已经对产品或服务感兴趣的人创建和阐释。就像准社交互动一样，这些信息常常被积极地阐释，在消费者头脑中建立起更牢固、更现实的关系，从而有助于解释用户在Youtube、Facebook、Twitter和其他社交媒体网站上的受欢迎程度和互动程度。

使用满足理论

在传播研究中，解释和阐释媒体应用的一种流行方式是使用与满足理论（UGT），它尝试理解人们如何以及为什么使用特定媒体（Blumler & Katz, 1974）。在这个理论框架中，个体的重要性，即他们如何使用媒体以及他们从中得到了什么是大家普遍关注的内容。UGT假设每个个体都有使用媒体的不同理由——通常是为了满足他们对信息、娱乐或情绪管理的需求（Shao, 2009）。此外，媒体的属性（如及时性、卷入度和互动性）和使用语境（空间和时间）对用户如何与之互动起着重要作用。

UGT认为，个体积极地寻找信息，这些信息可以增加他们的知识，或者提供陪伴，或者让他们放松，转移注意力，或者让他们逃离现实。通过在社交媒体上与他人互动，用户可以创建用于增强社交和寻求地位、娱乐、信息、自我表达和自我实现的内容来满足自己的需求（Park, Kee & Valenzuela, 2009; Raacke & Bonds-Raacke, 2008）。

这项研究的理论批评家认为，UGT从理论上并没有那么完美，因为它没有探讨行为的心理因素，这方面数据难以获得，而且用户往往不选择他们自己的媒体（Straubhaar, LaRose & Davenport, 2011）。然而，社交媒体研究在很大程度上依赖于UGT，因为它有助于解释这种媒体的流行性。此外，它反驳了一些批评，因为社交媒体允许用户控制信息，能够更大程度地满足用户（Shao, 2009）。然而，创造信息和实现更大的满足也带来了侵犯隐私的问题。有时，当公众眼中的个体或群体发表了一种受到公众争议或不喜欢的观点时，可能会出现意想不到的后果（Debatin, Lovejoy, Horn, & Hughes, 2009），因此，这也导致了对私人和公共个人在社交媒体上使用和满足需求的差异性问题的争论。

关系管理理论

因为维持和发展关系是战略传播的关键原则之一，所以我们将关系管理理论作为社交媒体研究的主要理论也就不足为奇了。在关系管理的理论框架下，战略传播的作用是作为组织和公众之间的传播渠道（Ledingham, 2003）。根据这一理论，战略传播应成为各个团体之间的中心角色；其具有利用调查、行动计划、实施和评估四步式管理流程的管理功能；能确定公众的态度、知识、行为和关系；并围绕组织与公众沟通时遵循的标准和政策进行构建。不同类型的战略，例如开放的、网络的、双重关注的、回避的战略，在维持与公众的关系过程中都可以被运用。按照布鲁宁和莱丁汉姆（2000）的观点，这些传播战略旨在建立、培育和维持群体之间的双赢关系。

然而，因为传播的变革本质，同样的基本标准必须另外加以维持和调整，以适用于战略传播。随着从业者学会将社交媒体完全整合到组织的战略和标准中，他们也越来越意识到专业知识的重要性（Diga & Kelleher, 2009）。在2006年之前，几乎没有听说过一个组织会创建社交媒体平台，因此关系管理标准没有被完全采纳。然而，当社会网络开始允许商业页面时，不论是营利组织还是非营利组织都利用资源来强化它们现有的品牌。尽管一些组织认为仅仅在社交媒体上发布个人信息就能提高知名度，但事实并非如此（Waters, Burnett, Lamm & Lucas, 2009）。随着用户对社交媒体的了解，不温不火的单向沟通对消费者来说变得不尽如人意，双向战略传播必须被用来管理组织和利益相关者之间的关系（Sweetser, 2010）。为了在社交网络中发展与利益相关者之间的关系，我们必须通过关系管理理论原则进行谨慎的规划和研究。

议程设置理论

议程设置理论由麦库姆斯和肖于1968年提出，解释了媒介报道如何影响公众议程。自最初的教堂山研究以来，超过400多项研究探讨了媒介如何框架一个故事，这些研究都基于两个潜在的假设。第一，媒体并没有反映现实，相反它过滤并框架了现实（McCombs & Shaw, 1993）。第二，当媒体聚焦于一个议题时，公众也会关注这个议题，并仍将其视为公共议程的重要组成部分。因为媒体可以接触到普通公众不能接触到的信息和故事，因此它们常常充当“把关人”的角色，过滤那些传递给普通大众的信息。无障碍性，或者一个问题被媒体报道和被公众访问的频率，也会影响到公众对话——它被报道越多，对公众议程就越重要（McCombs & Shaw, 1993）。这反过来还会影响公共政策的议程。经典的议程设置研究的批判者提出广泛理论假设——即公众的反应是一致的，他们在消费媒体时是消极的，他们可以被划分成非常大的群体（这造成了夸大的结果）——表明理论缺乏严谨性（Rogers, Hart & Dearing, 1997）。

议程设置可以被用来理解社交媒体和它在战略传播中的作用。组织将社交媒体（Facebook、Youtube、Twitter等）与公共关系（免费媒体）和广告（付费媒体）相结合，以产生口碑，这涉及消费者和媒体渠道对组织的传播。任何品牌、政治人物或公共实体都可以运用这些媒体的力量来制订公共议程和公共政策。根据拉贾斯和罗伯特（2009）的研究，议程设置可以被用于虚拟社区，以控制信息路径，并抑制媒体和公共议程之间意料之外的负面关系。这种类型的议程设置已经实施于社交媒体的在线品牌上，甚至也用于政治运动中（Sweetser & Lariscy, 2008）。此外，有些学者也认为，随着媒体景观的变化，议程设置已经出现了一定程度的角色转换，媒体现在应该询问公众议程应当是什么（Waters, Tindall, & Morton, 2010）。社交媒体改变了人们对议程设置的理论认知，并允许Help-A-Reporter-Out（HARO）等组织对公众认为重要的新闻给予重视。

创新扩散

随着技术的发展，社会的接受程度也在提高（Rogers, 2003）。新技术的采纳过程和新观念的扩散被称为创新扩散理论，这种创新可以被看作通过社会系统和时间扩散，这种扩散对采用者和创新本身都有影响。社交媒体的创新传播非常迅速；它是相对地自我维持，并已被社会广泛接受的。根据罗杰斯的研究，人们可分五类：首先是采用产品或技术的创新者，其次是早期采用者、早期多数采用者、后期多数采用者以及滞后者。此外，每个人都要经历五个步骤的采纳过程：认知、兴趣、评估、试验和采纳是这个理论的组成部分。在这个过程中的任何时候，一个人都能够选择拒绝创新、理念和技术。

创新扩散理论的批评者认为，新技术的采用并不一定按照一个系统化的形式发生，因为人们并不都是相同的，人们看待技术的方式也不一样（Rogers, 2003）。批评者还指出，采纳过程依赖于单向传播，而在社交媒体中的传播往往不是单向的。然而，由于社交媒体是一个流行的新技术，这个理论被如此高频率地使用也不足为奇了。由于学者们一直探索将创新扩散理论与社交媒体关联起来，坚信创新的采纳取决于个人的创新能力

（Chang, Lee and Kim, 2006）；创新的易用性、复杂性和相对优势（Peslak, Ceccucci and Sendall, 2010）；以及同行对产品的适应性（Gulati & C. Williams, 2011）。

用于探索社交媒体研究的理论

虽然这五个理论在知名的传播学杂志中被引用最多，但在解释社交媒体的时候，学者已经开始运用其他的框架。例如知识沟理论（Effing, van Hillegersberg, & Huibers, 2011）、培养理论（Stefanone, Lackaff & Rosen, 2010）、社会身份理论（Barker, 2009）、多元媒体理论（Madianou & Miller, 2013）、社会反馈循环理论（Evans, 2008）、社会图形理论（Owyang, 2010）、麦克卢汉的媒介理论（e.g., Pan & Crotts, 2012）和实践社群理论（Yukawa, 2010; Lewis & Nichols, 2012a, 2012b），都被用来解释社交媒体现象。

社交媒体和战略传播

正如文献所述，社交媒体的迅速发展已经对社会的各个领域产生了深远影响，包括传播、政府、商业、教育和宗教。如尼尔森2012年“媒体现状”报告所述，社交媒体和社交网络已不再处于婴儿期，它们正在成熟（Nielsen, 2012）。社交媒体被认为是民主社会的变革者，它赋予哈贝马斯（1989）提出的公共领域以生机，在这个领域中，公民汇聚在一起，就共同关心的问题畅所欲言（Macnamara & Zerfass, 2012, p.287）。社交媒体在战略传播领域也非常重要。战略传播是一个多学科努力的结果，根植于社会科学的多重线程（Hallahan, Holtzhausen, vanRuler, & Verčič, 2007）。战略传播依靠机构，意味着它是组织的有意传播（Sandhu, 2009, p.75）。理解战略传播和整合传播的区别是很重要的，这涉及对传播战略应用的强调，以及一个组织如何发挥社会行动者的功能（Hallahan et al., 2007）。“战略传播的重点是组织如何通过领导者、员工和传播实践者的有意活动展示和提升自己”（Hallahan et al., 2007, p.7）。还需要注意的是，战略传播概念假设它是关键的组织决策管理功能的一部分（Coombs and Holladay, 2009）。将战略传播理解为管理功能而不是技术功能，是组织如何有效地将社交媒体作为战略传播工具的关键。

社交媒体为组织成员分享信息，并为与利益相关者交流提供传播渠道（Meredith, 2012）。在全球化媒体时代，社交媒体为组织提供了一个理想的平台，使组织能够接触到跨国受众，并为他们提供对话传播的机会（Avery, Lariscy & Sweetser, 2010）。几乎所有领域都在使用社交媒体与各种利益相关者进行沟通。例如，医疗社区和其商业实践也在利用社交媒体的资源来管理在线社群，以更好地完成它们的使命（Samuel, 2012）。社交媒体被用来扩展博物馆的真实感，使博物馆能够与其观众保持实时的文化对话（Russo, Watkins, Kelly & Chan, 2008）。在针对企业、政治组织和非营利组织运用社交媒体传播的一个多元方法研究中，林克和策法斯（2012）提供了对社交媒体未来趋势的见解。运用德尔菲的研究表明，组织正在从实验性（experimentation）发展到社交媒体治理，且这种方式将会被更广泛地采用和实施。

一个组织中社交媒体的所有权或责任人仍然是一个具有争论的话题。一些人认为只有传播专业人员才应当负责企业或组织的社交媒体，然而其他人认为社交媒体的传播应该是整体的，组织的所有成员都应该参与进来。在两种对立的观点之间，存在着一系列的争论。社交媒体的研究多数出现在公共关系和战略传播领域中（Falls 2008; Odden, 2006; Rose, 2008; Lewis, 2010; Luoma-aho & Vos, 2010; Toledano & Wolland, 2011; Wright & Hinson, 2009, 2010）。社交媒体也属于信息技术、营销、广告和客户服务领域（Avery, Lariscy & Sweetster, 2010）。Scott Elser，纽约广告公司的联合创始人之一，在Inc.杂志最近发布的一篇文章中指出，由于各种原因，社交媒体是公共关系学科中的一个自然契合点，但由于社交媒体的成熟和演变，人们能够与产品、促销和发展保持联系，社交媒体开始需要广告专业人士的专业知识（Elser, 2013）。市场营销学科一直在积极地解决与社交媒体相关的内容需求，很多MBA项目也正在开设社交媒体课程（Meredith, 2012）。按照Halllahan 等人的定义（2007），社交媒体可以被用在战略传播的6个相关领域中：管理、营销、公共关系、技术传播、政治传播和社会营销。然而，组织的社交媒体应用不仅局限于传播部门，还被组织的所有部门所用。

通过对140名企业社交战略家的调查，奥特米特集团（Altimeter Group）确定了组织社交业务的五种常见框架（Owyang, 2013）。第一种模式被称为“有机的”或者“去中心化的”。约有10%的公司采用这种模式，即社交媒体属于公司的边缘部门，没有一个具体的部门管理或协调这项工作。略多于29%的公司采用第二种社交媒体结构模式，它被称为“集中式”。在这种模式中，一个部门，例如企业传播部门，负责管理所有的社交媒体活动。大多数公司（36%）使用了“枢纽辐射”模式，该模式指的是位于中心位置的跨职能团队协助各个业务单位。使用这种模式的企业认识到，社交媒体对每个包括内部和外部在内的客户接触点都有影响。中心的跨职能团队（枢纽）通过来自不同业务部门的输入做出大部分的战略决策。约有24%的公司采用第四种模式，即“蒲公英”或者多元枢纽模式。顾名思义，这种模式类似于中心辐射模式，适用于跨国公司，在跨国公司中，几家公司在一个品牌的保护伞下，但可以彼此自主行事。奥特米特集团（The Altimeter Group）认为这个模型将会年复一年地继续发展，因为它涉及组织中心部门的协调，同时多元的商业部门也可以在指导方针内自由地做出决策和管理（Owyang, 2013）。最后，仅有2.4%的公司使用了“整体”模式，其中包括公司的每个人都“在所有组织中安全一致地”利用社交媒体（Owyang, 2013）。戴尔（Dell）和捷步达康（Zappos）等公司正在对其社交媒体管理结构采取这种整体性做法。按照Owyang（2013）的观点，很少有公司能达到这个整体框架，因为它根植于一种不能被强迫的内部文化。

正如Altimeter集团的数据所显示，超过70%的公司使用一种集中单元的社交媒体结构（Owyang, 2013），社交媒体已经成为重要的战略传播工具。这不再是关于一个公司是否应该利用社交媒体与它的受众交流的问题，而是如何或用什么平台来传播的问题（Walaski, 2013）。《财富》杂志每年都会汇编一份美国最大公司的名单，鉴于它们的体量和财富，命名其为“财富500强”。马萨诸塞大学达特茅斯营销研究中心（University of Massachusetts Dartmouth Center for Marketing Research）每年都会对这些极具影响力的公司采用社交媒体的情况进行一次研究，从而洞悉商业的未来。巴尼斯、莱斯卡特和安东连（2012）的报告称，2012年“财富500强”公司中有73%的企业在Twitter上很活跃，超过80%的管理者认为社交媒体的参与带来了销售额的增长。

社交媒体的最终目标是组织外部的个体对企业进行积极的传播。换句话说，人们可能更加信任朋友、家人和熟人，而不是一个组织、企业或品牌。当社交媒体被有效地使用时，组织的“粉丝”能够极佳地使用社交媒体向他们的社交媒体朋友和追随者宣传组织的商品、产品、服务和努力。然而，社交媒体最大的资产也是一个值得关注的问题。有效地使用社交媒体不仅需要放弃对信息的控制，还需要一个清晰的策略，即如何让粉丝在不直接接触组织的情况下讨论它。乍一看，这两个概念似乎是相互排斥的。如何在放弃控制的同时制定战略？在很多情况下，组织只能取其一端。很多公司仅仅是放弃了控制权，例如把控制权交给一些实习生，却没有什么引导或监管，因为它们认为，“数字原住民”的身份让千禧一代成为高效的社交媒体管理者。然而，列维斯和尼克斯（2012a, 2012b）的报告称，教育对高校学生战略地运用社交媒体的感知比个人单独地使用社会媒体有着更加积极的影响。即使你有一个懂得如何战略性地使用社交媒体的实习生，他或她仍然需要在公司的传播战略方面接受培训（Huhman, 2013）。放弃对信息的控制是为了让粉丝用他们自己的语言谈论产品、品牌和组织。这并不是指将控制权交给一个员工或部门。

其他组织已经制定了吸引公众的清晰战略，但是却无法放弃控制权。例如，2007年2月，一个居住在意大利的美国博主萨拉·罗索（Sara Rosso）创建了世界坚果日，他在Facebook和Twitter上建立网站庆祝意大利的巧克力榛子酱。2013年5月，经过近7年的努力，能多益的母公司费列罗公司（Ferrero SpA）决定终止由粉丝主导的产品推广活动，并向Rosso发出了一封终止信。由于罗索在社交媒体上支持能多益的努力，超过5万人通过Facebook、Twitter、Pinterest和博客来庆祝世界坚果日。在世界坚果日网站的最后一条博文中，罗索写道：

> 这封勒令停止的通知函让我感到有点意外和失望，因为多年来，我已经与费列罗公司的一些员工、公关人员和品牌战略顾问有过一些积极的接触，我一直尝试以粉丝们为我（直到今天）还在吃的东西举办庆祝活动的精神和善意去工作。

费列罗的行为在社交媒体上引起了强烈反响，该公司随后取消了这一禁令。这是一个企业不了解以粉丝为依托的社交媒体的益处的典型例子（Crick, 2013）。控制的重要性完全让大多数品牌都喜欢的情境蒙上阴影：一个由粉丝组织的年度活动，宣传企业的品牌/产品，公司不需要任何花费就可以获得国际认知（Crick, 2013）。

组织必须与其利益相关者建立牢固的关系，并对他们对组织的态度和传播有高度的信任。网上鞋店Zappos常常被认为是营销和组织领导圈中的最佳实践案例（Perschel, 2010）。Zappos传播战略的一部分是以客户为中心，努力让客户满意。因此，Zappos的客户希望与朋友分享他们的积极体验。这种对客户服务的关注需要对Zappos员工的高度信任。公司鼓励客户给Zappos打电话，通过Facebook、Twitter和Youtube等社交媒体进行提问（Fernandez, 2010）。Zappos客户服务模式的一个关键方面是没有什么是照本宣科的。员工在与客户的决策和讨论中享有自主权。公司鼓励员工花更多的时间在客户身上，不论是通过电话还是通过社交媒体，从而让他们的购物体验愉快而难忘。Zappos就是一个公司制定清晰的传播战略的典型例子，该策略认识到放弃信息控制权的重要性和价值。

组织使用社交媒体来完成其使命的最突出的方式包括：管理和内部传播、企业社会责任促进、危机传播、公共关系以及构建品牌社区和品牌忠诚度。

管理和内部传播

当我们从后现代的视角审视战略传播时，内部传播也需要作为战略传播的一种功能被包括在社交媒体的讨论中。正如史密斯指出的，"后现代视角阐明了协商、说服和变革在对最终影响外部产品传播的内部活动的作用"（Smith, 2013, p.67）。社交媒体可以被用来进行内部沟通，进而转变为更有效的外部沟通。在2009年对1,700名企业高管的研究中，64%的公司报告使用了社交媒体进行有效的内部沟通（Culnan, Patrick, McHugh, & Zubillaga, 2010）。黄等人（2013）研究了社交媒体对内部沟通的影响。他们的发现揭示了社交媒体在组织修辞实践的重新概念化中起到了作用。他们在组织范围内界定了修辞，并报告说，修辞有特定的用途，常常在不确定的语境下以及在逐步出现的各类可能性中创造共识。作者认为，社交媒体增加了多样性，增加了组织的传播范围和丰富性，并使修辞内容的消费和共同生产成为可能。在社交媒体的推动下，多元化有利于"提供一种让不同的想法、观点和关注点自由表达、有效交流、咨询和整合，从而促进员工的参与、促进跨职能创新的方式"（Huang et al., 2013, p.112）。他们的发现表明，组织对社交媒体的使用让更多的声音和信息可以表达出来，修辞者和观众之间不再那么泾渭分明。帕斯切尔（2010）对Zappos的分析支持了这个观点。

黄等人（2013）认为，当组织认同社交媒体的解放特性时，它们会改善传播的信息流，允许战略项目的共同创造。克萨凡、贝纳奇和马萨卡瑞哈斯建议组织培训员工如何有效使用社交媒体，并鼓励他们用社交媒体提升企业品牌。许多组织禁止或不建议员工使用社交媒体，因为害怕被员工滥用（Kesavan et al., 2013）。瑞米德斯和琼斯（2012）认为项目经理可以通过整合社交媒体来提升传播效率。

从管理和内部沟通的角度利用社交媒体，能更好地服务于保持战略传播与组织的形象和文化一致的指导方针。林克和策法斯认为，组织应当将员工和组织成员计算在社交媒体发展指南中，从而让这些指南能够被成员所认同和接受。

对组织而言，让员工准备好能够通过社交媒体平台（也称为社会关怀）促进客户服务也很重要。客户越是年轻，他们就越是可能通过社交媒体联系公司，而不是通过电话。全球几乎一半的社交媒体用户都参与了社会关怀，包括在公司的Facebook页面上提问或者直接向公司的Twitter账户投诉等活动（Nielsen, 2012）。如果组织没有合适的人员和指导方针来处理这些询问和评论，那么它们就错过了一个不仅可以吸引受众并改变他们的看法，而且还可以接触到它们尚未与之建立联系的其他受众的机会。在对德国传播专业人士德尔菲的研究中，社交媒体的预算和最高管理层的支持明显增加（Linke & Zerfass, 2012）。这表明，客户可以期待企业和品牌越来越有效地、战略性地使用社交媒体。

企业社会责任

社会营销或通过社交媒体传达企业社会责任（CSR）活动已经在文献中得到提倡和确立。例如，克萨凡等人报告，卡夫食品集团就是利用Facebook传播他们如何帮助美国贫困家庭。只要有客户登录卡夫的Facebook页面，卡夫就为饥饿的家庭提供六餐饭。TOMS是一家位于加州圣莫尼卡的美国鞋业公司，它的理念是，每卖出一双TOMS鞋，就给那些需要帮助的孩子捐出一双鞋。该公司利用Twitter将“一对一”的鞋子捐赠项目传播给60个发展中国家（Kesavan et al., 2013）。根据罗斯蒂亚戈和卡斯特—马特奈兹（2012）的研究，社交媒体帮助公司改善与客户的互动，并将客户置于与品牌关系的中心。这种互动和关系构建的氛围让组织能够在传播中强调它们负责任的行动。企业CSR传播的社交媒体项目需要整合其他项目，诸如社区活动或行政外联（Kesavan et al., 2013）。传播组织的社会使命不仅能够带来销售和利润的提升，还能够培养一个忠诚的粉丝群，为品牌“宣传”。

危机传播

组织将社交媒体作为危机传播的一部分。社交媒体作为一种传播警告、风险和紧急事件的战略手段，正在逐渐被人们接受。在危机中利用社交媒体需要大量仔细的战略策划。按照瓦莱斯基（2013）的观点，将社交媒体整合到风险和危机传播中，取决于在危机事件之前，与受众建立的信任度。2012年3月，美国红十字会建立了数字运营中心，该中心不断监控社交媒体空间，以便当紧急情况发生时，红十字会可以评估实际的需求。美国红十字会2012年的一项研究报告指出，社交媒体网站是在紧急情况下获取信息的第四大热门网站（American Red Cross, 2013）。在2011年密苏里乔普林遭遇严重的龙卷风之后，瑞贝卡和格纳维弗·威廉姆斯以及戴维·伯登通过Facebook共同撰写了一份建立灾后复原网站的指南。这个指南指出，利用社交媒体进行灾难复原需要知识、技能和奉献精神。"乔普林龙卷风信息（Joplin Tornado Info）的5人核心团队在专业社交媒体管理、市场营销、公关、危机干预、IT、新闻、文案、建筑、物流、护理和气象学方面都有丰富的经验"（R. Williams, G. Williams & Burton, 2012）。

公共关系

公共关系从业者一直走在采用社交媒体技术并利用它们达成组织目标的前沿（Eyrich, Padman & Sweetser, 2008; Porter, Sweetster, & Chung, 2009; Wright & Hinson, 2009, Lewis & Nichols, 2012a, 2012b）。社交媒体不仅仅允许公共关系从业者能够与公众进行双向对称的沟通和互动；它们还提供了加强媒体关系的途径。在一项新闻和公关导向的研究中，艾维瑞、拉斯西和斯威特斯（2010）表明，当记者和公共关系从业人员对社交媒体的使用越来越多时，他们可能正在共享资源、信息和观点，这可能导致两个群体之间达成更多的共识，从而证实信息的准确性。作者认为，社交媒体这一副产品不仅标志着公共关系从业人员通过社交媒体达到关键的战略公众（记者）所期望的效果，也包括使用共同导向模型提供了理解战略传播效果的直观方法。

建立品牌社群和品牌忠诚度

在品牌活动中使用社交媒体已经被广泛讨论，尽管关于它是否受消费者欢迎还存在争议（Laroche, Habibi & Richard, 2013）。社交媒体为组织提供了建立品牌社群的机会。品牌社群是一个"基于品牌崇拜者之间一套结构化的社会关系的专业化的不受地域限制的社区"（Muniz & O'Guinn, 2001, p.412）。品牌社群包括对共享身份的共同理解，我们发现它既存在于面对面的互动中，也存在于在线技术中（Muniz & O'Guinn, 2001）。基于社交媒体的品牌社群提供了将客户聚在一起的机会，让他们参与对话，并鼓励他们之间进行对话，促成他们从各类信源获得有关品牌的信息（Laroche, Habibi, Richard & Sankaranarayanan, 2012）。基于品牌社群的社交媒体可以增强客户关系，通过促进信息共享和增加客户之间的联系，为其成员提供利益（Laroche, Habibi & Richard, 2013）。科瑞可和托明伦（2012）认为在线品牌社群通过创造价值和归属感赋权给成员。品牌社群为组织和利益相关者提供了发展忠诚关系的"场所"（Lobschat, Zinnbauer, Pallas & Joachimsthaler, 2013; Laroche et al., 2012）。虽然个人计算机仍然处于领先地位，但通过移动设备连接到社交媒体是社交媒体的主要趋势之一，而且这一趋势还在不断增长；应用程序的使用占了社交网络使用总时间的三分之一以上（Nielsen, 2012）。亚太地区的移动业务尤其强劲。考虑到移动业务的增长和社交媒体接入应用程序的增加，品牌社群可以为其利益相关者建立场所感和归属感。

社群构建也能够通过电视和移动媒体的融合完成。正如导言中所讨论的，这通常被称为“第二屏幕效应”，用户在观看电视时通过移动设备上的社交媒体与他人互动。这些多媒体用户特别喜欢观看并评论时事，包括但不限于以下：体育赛事、颁奖典礼、竞赛和真人秀。Twitter正在引导社交电视对话。看电视的时候，智能手机和平板电脑的使用也处于增长趋势，不仅在美国，在全球也是如此。一项对全球28,000名互联网接入的消费者的调查显示，超过60%的中东和非洲的消费者和超过50%的拉丁美洲的消费者报告说，他们在看电视的时候会通过社交媒体互动（Nielsen, 2012）。

社交媒体、战略传播和社群实践

社交媒体改变了组织对内和对外的传播方式。自社交媒体诞生以来，企业一直处于“在职培训”的环境中，学习如何驾驭不断变换的技术和战略传播领域。泰克斯勒报告说“移动、个人和无线设备正在彻底改变社会对话语和知识的观念，并对新形式的艺术、就业、语言、商业、剥夺和犯罪以及学习负责”（Traxler, 2007, p.2）。根据卡斯特洛维和黄（2012）的研究，组织正在利用社交媒体与受众进行积极的互动，但使用社交媒体的战略执行尚未明确。尽管专业发展一直是组织、传播和商业的一部分，但在过去十年里，技术的变化和社交媒体的爆炸式发展使学习走在了前列。此外，战略传播一直是在特定语境之下进行的信息共享和价值创造，其核心本质就是社会学习。因此，社会学习理论或者情境化的学习就是考察社交媒体在战略传播方面的自然视角。艾廷纳·温格（2000）认为组织的成功依赖于他们将自己设置为社会学习系统的能力。

在一项关于情境学习、移动技术和语言学习的研究中，奎恩、马东敏戈和华伦廷尼的报告称，移动技术为情境化和非正式学习体验提供了机会，它鼓励学习者之间的互动和社群意识。情境式的学习体验让学习者能够自由地以自己的方式参与活动。教师或学校不再为学习者调解语境，而是邀请他们自己去体验，希望这样会带来更加个人化和有意义的学习体验。它要求将活动的控制权转移给学习者，同时也要求减少教师的控制权（Comas-Quinn, Mardomingo & Valentine, 2009）。虽然这项研究是关于移动教育的，但却反映了社交媒体和战略传播的现状。从业者和组织必须愿意给受众按照自己的方式来参与社交媒体活动的自由。为了让利益相关者通过社交媒体获得个人的和有意义的体验，组织必须欢迎权力平衡的转移。

拉维和温格（1991）将学习指定为它所发生的活动、语境和文化的一种功能：学习是“情境的”。按照温格的观点，社会学习理论必须整合四个构成社会参与特征的要素：（a）意义：作为经验的学习；（b）实践：作为行动的学习；（c）社区：作为归属的学习；（d）身份：作为成为的学习（Wenger, 1998, p.5）。情境化学习的框架即知识在真实的情境下能够最好地被学习和保留下来（Moore, 2009）。同样地，通过社交媒体进行有效的战略传播，涉及经验、实践、社群和身份。

在情境学习理论的基础上，Lave创造了“实践社群”一词，并将学徒制作为一种学习模式加以研究，温格（Wenger, 1999）曾对此进行过研究。这个术语指的是作为学徒生活课程的社群。通过对这一概念的进一步研究，Lave 和Wenger意识到社群实践的存在远远超出了正式的学徒制度的范围（Wenger, 1999）。

实践社群

实践社群（COP）是非正式的、普遍的，是我们日常生活的一部分。通过参与那些由社群中的专家成员举办的活动，人们可以获得知识和技能。学习者参与到一个实践社群中，实践社群体现了学习者通过合法的边缘参与获得特定的观念和行为的过程（Wenger, 1998）。根据安娜比和麦克甘的研究，长期以来，实践社群常常被认为是强大的知识管理机制，但也常常被认为独立于组织的目标和结构之外。在他们的文章“社交媒体作为缺失的环节”中，他们认为，当社交媒体支持实践社群，实践社群就有了很大的潜力促进组织目标，诸如商业战略。在他们的多个发现中，组织各个层次的文化都需要做出变化。不论是上层的还是下层的员工都必须改变他们对实践社群和社会媒体的感知，以便在组织结构和战略的一致性之间取得平衡（Annabi & McGann, 2013）。

实践社群被描述为用来提升组织发展和共享知识能力的工具。这些社群给发展强关系和信任提供了机会，它对有效传播是至关重要的（Wenger, 1996）。在当今互联的世界中，组织的实践社群可以既是内部的（管理者和员工），也是外部的（组织和多重利益相关者）。社交媒体也有助于提升组织发展和共享知识的能力。像实践社群一样，社交媒体和在线社交网络通过社会关系将组织联系在一起，从而形成强关系、信任和知识交换。麦肯锡2012年的一份报告表明，社交技术中未开发的价值约有1.3万亿美元，其中大多数都在于“提升企业内部或企业之间的传播和协作”（Barnes, Lescault & Andonian, 2012）。

相比之下，传统媒体多数是单向传播的，信息只是从发出者到接收者。当我们只使用传统媒体，组织通过各类媒体向特定的受众生产和传播信息。通过社交媒体，内容的生产和发布的控制平衡现在被组织和利益相关者共享。从市场营销和商业角度来看，在社交媒体发展的早期阶段，这种共享的控制概念对大多数管理者和组织领导来说，过去是，现在仍然是有点可怕的。他们希望保持对信息和传播的控制。但是，拥有战略传播视角的实践者能更好地理解和感受社交媒体的价值以及它们在组织信息生产和传播中影响受众的能力。在《界定战略传播》一文中，Hallahan等人将传播解释为“双向过程，是各个层次的互动和参与”（Hallahan et al., 2007, p.23）。社交媒体也具有交互性和参与性，与战略传播无缝衔接。社交媒体是组织成为内部和外部社会学习系统的工具，通过与各类利益相关者的沟通，了解组织，传递组织信息。组织和它的利益相关者都被实践社群和社交媒体所创建的社会学习系统所赋权。组织和利益相关者都在为自己和彼此创造价值。

结论

社交媒体在今天的战略传播领域中扮演着重要的角色。社交媒体为各行各业的人们提供了相遇的机会，他们可以彼此分享信息、情感、观念和归属感。组织也正在利用社交媒体空间参与信息、情感、观念和归属感的共享，从而保持与人们在一定程度上的联系。社会信息处理理论、使用与满足理论、关系管理理论、议程设置或框架理论、创新扩散理论等众多理论视角都被用来探讨社交媒体现象。

社交媒体文献对很多领域的研究都有影响，因为它影响了现代社会的方方面面，包括但不限于技术、政治科学、医学，当然还有传播。在战略传播领域，很多学科都在尝试从组织的视角把握社交媒体，例如公共关系、营销、广告和管理。根据文献，社交媒体是一个工具，可以被有效使用在这些学科中的每一个。然而，我们认为，为了实现这一目标，社交媒体计划仍然需要被定位于组织的战略传播中，这意味着它是影响组织所有关键决策的管理结构的一部分。如果社交媒体仅仅被作为一种技巧层面的应用，独立于市场营销或公共关系等各类学科，并且没有一个整合的战略视角，那么它的有效性会大大降低。通过实践社群的视角审视社交媒体和战略传播，我们可以发现通过意义、实践、社群和身份来学习的重要性。为了通过社交媒体为实践社群和有效的知识管理提供合适的氛围，组织需要给利益相关者体验的机会。温格（2000）提出三种归属感模型：参与、想象和结盟。为了获得这些不同形式的参与，战略传播工作必须被组织领导采用，尽管它可能不是从组织领导中产生并自上而下进行整合的。

参考文献

[1] American Red Cross (2013). *American Red Cross Annual Report*. Washington, DC. Retrieved from http://www. redcross.org/images/MEDIA_CustomProductCatalog/m18071523_Red-Cross-2012. AnnualReport.pdf

[2] Anderson, C. (2008). The end of theory: The data deluge makes the scientific Method obsolete. *Wired Magazine*, 16(7), 16–07.

[3] Annabi, H., & McGann, S. T. (2013). Social media as the missing link: Connecting communities of practice to business strategy. *Journal of Organizational Computing and Electronic Commerce*, 23, 56–83.

[4] Avery, E., Lariscy, R., & Sweetser, K. D. (2010). Social media shared—or divergent—uses? A coorientation analysis of public relations practitioners and journalists. *International Journal of Strategic Communication*, 4(3), 189–205.

[5] Barker, V. (2009). Older adolescents' motivations for social network site use: The influence of gender, group identity, and collective self-esteem. *CyberPsychology & Behavior*, 12(2), 209–213.

[6] Barnes, N. G., Lescault, A. M., & Andonian, J. (2012). *Social Media Surge by the 2012 Fortune*

500: Increase in Use of Blogs, Twitter and More. Retrieved from http://www.umassd.edu/cmr/socialmedia/2012fortune500/statistics-2013–231748416.html

[7] Blumler, J. G., & Katz, E. (1974). *The uses of mass communication*. Newbury Park, CA: Sage.

[8] Bruning, S. D., & Ledingham, J. A. (2000). Perceptions of relationships and evaluations of satisfaction: An exploration of interaction. *Public Relations Review*, 26(1), 85–95.

[9] Bullas, J. (2013, May 5). 21 Awesome social media facts, figures and statistics for 2013. *Yahoo Small Business*. Retrieved from http://smallbusiness.yahoo.com/advisor/21-awesome-social-media-facts-figures

[10] Castronovo, C., & Huang, L. (2012). Social media in an alternative marketing communication model. *Journal of Marketing Development and Competitiveness*, 6(1), 117–131.

[11] Chang, B. H., Lee, S. E., & Kim, B. S. (2006). Exploring factors affecting the adoption and continuance of online games among college students in South Korea: Integrating uses and gratification and diffusion of innovation approaches. *New Media & Society*, 8(2), 295–319.

[12] Comas-Quinn, A., Mardomingo, R., & Valentine C. (2009). Mobile blogs in language learning: Making the most of informal and situated learning opportunities. *European Association for Computer Assisted Language Learning*, 21(1), 96–112.

[13] Coombs, W. T., & Holladay, S. J. (2009). Corporate social responsibility: Missed opportunity for institutionalizing communication practice? *International Journal of Strategic Communication*, 3(2), 93–101.

[14] Crick, P. (2013, June 18). Social media case study: Nutella. *Cre8ive: Creative Advertising LTD Blog*. Retrieved from http://cre8ive.co.nz/2013/06/social-media-case-study-nutella/

[15] Culnan, M., Patrick, J. McHugh, P. & Zubillaga, J. (2010). How large U.S. companies can use Twitter and other social media to gain business value. *MIS Quarterly Executive*, 9(4), 243–259.

[16] Debatin, B., Lovejoy, J. P., Horn, A. K., & Hughes, B. N. (2009). Facebook and online privacy: Attitudes, behaviors, and unintended consequences. *Journal of Computer-Mediated Communication*, 15(1), 83–108.

[17] Diga, M., & Kelleher, T. (2009). Social media use, perceptions of decision-making power, and public relations roles. *Public Relations Review*, 35(4), 440–442.

[18] Effing, R., van Hillegersberg, J., & Huibers, T. (2011). Social media and political participation: Are Facebook, Twitter and YouTube democratizing our political systems? *Electronic Participation* (pp. 25–35). Berlin, Heidelberg, Germany: Springer.

[19] Ellison, N., Heino, R., & Gibbs, J. (2006). Managing impressions online: Self-presentation processes in the online dating environment. *Journal of Computer-Mediated Communication*, 11(2), 415–41.

[20] Elser, S. (2013). Is social media advertising or PR? Inc. (May 1, 2013). Retrieved May 15, 2013 from http://www.inc.com/scott-elser/is-social-media-advertising-or-pr.html

[21] Evans, D. (2008). *Social media marketing: An hour a day*. Indianapolis, IN: Sybex.

[22] Eyrich, N., Padman, M. L., & Sweetser, K. D. (2008). PR practitioners' use of social media tools and communication technology. *Public Relations Review*, 34(4), 412–414.

[23] Facebook (2013). *Quarterly Earnings Slides: Q1 2013*. Retrieved from: http://files.shareholder.com/downloads/AMDA-NJ5DZ/2462702744x0x659143/b4c0beda-da0a-4f8e-9735–9852ef08adb1/FB_Q113_InvestorDeck_FINAL.pdf

[24] Falls, J. (2008). Philosophy, public relations, social media. *Social Media Explorer*. Retrieved March 15, 2013, from www.socialmediaexplorer.com/2008/07/18.

[25] Fernandez, C. (2010) *Zappos Customer Loyalty Team: Pay, Benefits, and Growth Opportunities*. Retrieved from http://www.youtube.com/watch?v=OB3Qog5Jhq4

[26] Gulati, G., & Williams, C. (2011). *Diffusion of Innovations and Online Campaigns: Social Media Adoption in the 2010 US Congressional Elections*. Retrieved from: http://papers.ssrn.com/sol3/papers.cfm?abstract_id=1925585

[27] Habermas, J. (1989). *The structural transformation of the public sphere*. Cambridge, England: Polity (original work published in 1962).

[28] Hallahan, K., Holtzhausen, D., van Ruler, B., Verčič, D., & Sriramesh, K. (2007). Defining strategic communication. *International Journal of Strategic Communication*, 1(1), 13–39.

[29] Huang, J., Baptista, J., & Galliers, R. D. (2013). Reconceptualizing rhetorical practices in organizations: The impact of social media on internal communications. *Information & Management*, 50(2–3), 112–124.

[30] Huhman, H. (2013, July 28). Why social media internships should never be unpaid. *Mashable*. Retrieved from http://mashable.com/2013/07/28/social-media-internships/

[31] Kesavan, R., Bernacci, M., & Mascarenhas, O. (2013). Word of Mouse: CSR communication and social media. *International Management Review*, 9(1), 58–66.

[32] Khang, H., Ki, E. J., & Ye, L. (2012). Social media research in advertising, communication, marketing, and public relations, 1997–2010. *Journalism & Mass Communication Quarterly*, 89(2), 279–298.

[33] Kuhn, T. S. (1970). *The structure of scientific revolutions*. Chicago and London: University of Chicago Press.

[34] Kurikko, H., & Tuominen, P. (2012). Collective value creation and empowerment in an online brand community: A netnographic study on LEGO builders. *Technology Innovation Management Review*, June, 12–17. Retrieved from: http://timreview.ca/sites/default/files/article_PDF/KurikkoTuominen_TIMReview_June2012.pdf

[35] Laroche, M., Habibi, M. R., & Richard, M. O. (2013). To be or not to be in social media: How brand loyalty is affected by social media? *International Journal of Information Management*, 33(1), 76–82.

[36] Laroche, M., Habibi, M. R., Richard, M. O., & Sankaranarayanan, R. (2012). The effects of social media based brand communities on brand community markers, value creation practices, brand trust and brand loyalty. *Computers in Human Behavior*, 28(5), 1755–1767.

[37] Lave, J. & Wenger, E. (1991). *Situated Learning: Legitimate peripheral participation*. New York: Cambridge University Press.

[38] Ledingham, J. A. (2003). Explicating relationship management as a general theory of public relations. *Journal of Public Relations Research*, 15(2), 181–198.

[39] Lewis, B. K. (2010). Social media and strategic communication: Attitudes and perceptions among college students. *Public Relations Journal*, 4(3).

[40] Lewis, B. K., & Nichols, C. (2012a) Attitudes and perceptions about social media among college students and professionals involved and not involved in strategic communications. In H. S. Noor Al-Dean & J. A. Hendricks (Eds.), *Social media: Usage and impact* (pp. 129–144). Lanham, MD: Lexington.

[41] Lewis, B. K., & Nichols, C. (2012b). Social media and strategic communication: A two-year study of attitudes and perceptions about social media among college students. *Public Relations Journal*, 6(4).

[42] Lin, J. S., & Peña, J. (2011). Are you following me? A content analysis of TV networks' brand

communication on Twitter. *Journal of Interactive Advertising*, 12(1), 17–29.

[43] Linke, A., & Zerfass, A. (2012). Future trends in social media use for strategic communication: Results of a Delphi study. *Public Communication Review*, 2(2), 17–29.

[44] Lobschat, L., Zinnbauer, M.A., Pallas, F. & Joachimsthaler, E. (2103). Why Social Currency Becomes a Key Driver of a Firm's Brand Equity – Insights from the Automotive Industry. *Long Range Planning*, 46(1-2), 125-148

[45] Luoma-aho, V., & Vos, M. (2010). Towards a more dynamic stakeholder model: Acknowledging multiple issue arenas. *Corporate Communications: An International Journal*, 15(3), 315–331.

[46] Macnamara, J., & Zerfass, A. (2012). Social media communication in organizations: The challenges of balancing openness, strategy, and management. *International Journal of Strategic Communication*, 6(4), 287–308.

[47] Madianou, M., & Miller, D. (2013). Polymedia: Towards a new theory of digital media in interpersonal communication. *International Journal of Cultural Studies*, 16(2), 169–187.

[48] McCauliff, K. L. (2011). Blogging in Baghdad: The practice of collective citizenship on the blog Baghdad Burning. *Communication Studies*, 62(1), 58–73.

[49] McCombs, M. E., & D. L. Shaw (1993). The evolution of agenda-setting research: Twenty-five years in the marketplace of ideas. *Journal of Communication*, 43(2), 58–67.

[50] Meredith, M. (2012). Strategic communication and social media: An MBA course from a business communication perspective. *Business Communication Quarterly*, 75(1), 89–95.

[51] Moore, J. (2009, August). *Working social media before it works you: Best practices in advertising and public relations*. Paper presented at the Association for Education in Mass Communication Annual Convention, Boston, MA.

[52] Muniz, A., & O'Guinn, C. T. (2001). Brand community. *Journal of Consumer Research*, 27(4), 412–432.

[53] Nielsen. (2012). *State of the media: The cross-platform report Q2. New York, NY*. Retrieved from http://www.nielsen.com/us/en/reports/2012/state-of-the-media—cross-platform-report-q2–2012.html

[54] Odden, L. (2006). *Resources for new media and social media PR. Online Marketing Blog*. Retrieved from www.toprankblog.com/2006/08/resources

[55] Owyang, J. (2013.) *Altimeter Research: Social business spreads across the enterprise*. Retrieved from http://www.web-strategist.com/blog/2013/05/08/altimeter-research-social-business-spreads-across-the-enterprise/

[56] Pan, B., & Crotts, J. C. (2012). Theoretical models of social media, marketing implications, and future research directions. In M. Sigala, E. Christou, E. & U. Gretzel (Eds.), *Social media in travel, tourism and hospitality—Theory, practice and cases*, pp. 73–86, Burlington, VT: Ashgate.

[57] Park, N., Kee, K. F., & Valenzuela, S. (2009). Being immersed in social networking environment: Facebook groups, uses and gratifications, and social outcomes. *CyberPsychology & Behavior*, 12(6), 729–733.

[58] Perschel, A. (2010). Work-life flow: How individuals, Zappos, and other innovative companies achieve high engagement. *Global Business and Organizational Excellence*, 29(5), 17–30.

[59] Peslak, A., Ceccucci, W., & Sendall, P. (2010). An empirical study of social networking behavior using diffusion of innovation theory. Proceedings from 2010 CONISAR: *Conference on Information Systems Applied Research* (pp. 1–14). Nashville, TN: EDSIG. Retrieved from http://proc.conisar.org/2010/pdf/1526.pdf

[60] Porter, L., Sweetser, K. & Chung, D. The blogosphere and public relations: Investigating practitioners' roles and blog use. *Journal of Communication Management*, 13(3), 250–267.

[61] Raacke, J., & Bonds-Raacke, J. (2008). MySpace and Facebook: Applying the uses and gratifications theory to exploring friend-networking sites. *CyberPsychology & Behavior*, 11(2), 169–174.

[62] Ragas, M. W., & Roberts, M. S. (2009). Agenda setting and agenda melding in an age of horizontal and vertical media: A new theoretical lens for virtual brand communities. *Journalism & Mass Communication Quarterly*, 86(1), 45–64.

[63] Remidez, H., & Jones, N. (2012). Developing a model for social media in a project management communications. *International Journal of Business and Social Science*, 3 (3), 33–36.

[64] Rogers, E. M. (2003). *Diffusion of innovations* (5th ed.). New York: Free Press.

[65] Rogers, E. M., Hart, W. B., & Dearing, J. W. (1997). A paradigmatic history of agenda-setting research. In S. Iyengar & R. Reeves (Eds.) *Do the media govern? Politicians, voters, and reporters in America* (pp. 225–236). Thousand Oak, CA: Sage.

[66] Ros-Diego, V. R., & Castelló-Martínez, A. (2012). CSR communication through online social media. Revista *Latina de Comunicación Social*, 67, 47–67.

[67] Rose, M. (2008). *Digital/new media drives PR growth*. Retrieved March 15, 2013, from www. prblognews. com/2008/03/18/digital.

[68] Russo, A., Watkins, J., Kelly, L., & Chan S. (2008). Participatory communication with social media. *Curator*, 51(1), 21–31.

[69] Samuel, S. (2012). Embracing the social media revolution. *In Practice*, 34, 48–51.

[70] Sandhu, S. (2009). Strategic communication: An institutional perspective. *International Journal of Strategic Communication*, 3(2), 72–92.

[71] Shao, G. (2009). Understanding the appeal of user-generated media: A uses and gratification perspective. *Internet Research*, 19(1), 7–25.

[72] Smith, T. (Jan 28, 2013) Twitter now the fastest growing social platform in the world. *Global Web Index*. Retrieved from http://www.globalwebindex.net/twitter-now-the-fastest-growing-social-platform-in-the-world/

[73] Stefanone, M. A., Lackaff, D., & Rosen, D. (2010). The relationship between traditional mass media and "social media": reality television as a model for social network site behavior. *Journal of Broadcasting & Electronic Media*, 54(3), 508–525.

[74] Straubhaar, J., LaRose, R., & Davenport, L. (2011). *Media now: Understanding media, culture, and technology*. Boston, MA: Wadsworth.

[75] Sweetser, K. D. (2010). A losing strategy: The impact of nondisclosure in social media on relationships. *Journal of Public Relations Research*, 22(3), 288–312.

[76] Sweetser, K. D., & Lariscy, R. W. (2008). Candidates make good friends: An analysis of candidates' uses of Facebook. *International Journal of Strategic Communication*, 2(3), 175–198.

[77] Tokunaga, R. S. (2009). High-speed internet access to the other: The influence of cultural orientations on selfdisclosures in offline and online relationships. *Journal of Intercultural Communication Research*, 38(3), 133–147.

[78] Toledano, M. & Wolland, L.F. (2011). Ethics 2.0: Social media implications for professional communicators. *Ethical Space: The International Journal of Communication Ethics*, 8(3/4), 43-52.

[79] Traxler, J. (2007) Defining, discussing and evaluating mobile learning: The moving finger writes and having writ. . . . *International Review of Research in Open and Distance Learning*, 8(2), 1–12.

[80] Turner, S. (2013). The evolution of the second screen. *Wired* (May 23, 2013). Retrieved from http://www.wired.com/insights/2013/05/the-evolution-of-the-second-screen/

[81] Valkenburg, P. M., & Peter, J. (2007). Preadolescents' and adolescents' online communication and their closeness to friends. *Developmental psychology*, 43(2), 267–277.

[82] Walaski, P. (2013). Social media: Powerful tools for SH&E professionals. *Published in Professional safety: Program development*, by ASSE. pp. 40–49. Retrieved from: http://www.asse.org/professionalsafety/docs/F1Wala_0413.pdf

[83] Walther, J. B. (1992). Interpersonal effects in computer-mediated interaction A relational perspective. *Communication Research*, 19(1), 52–90.

[84] Waters, R. D., Burnett, E., Lamm, A., & Lucas, J. (2009). Engaging stakeholders through social networking: How nonprofit organizations are using Facebook. *Public Relations Review*, 35(2), 102–106.

[85] Waters, R. D., Tindall, N. T., & Morton, T. S. (2010). Media catching and the journalist–public relations practitioner relationship: How social media are changing the practice of media relations. *Journal of Public Relations Research*, 22(3), 241–264.

[86] Wenger, E. (1996). Communities of practice: The social fabric of a learning organization. *HealthCare Forum Journal*, 39(4), 20–26.

[87] Wenger, E. (1998). *Communities of practice: Learning, meaning, and identity*. Cambridge, England: Cambridge University Press.

[88] Wenger, E. (1999). Communities of practice: The key to a knowledge strategy. *Knowledge Directions*, 1(2), 48–63.

[89] Wenger, E. (2000). Communities of practice and social learning systems. *Organization*, 7(2), 225–246.

[90] Williams, R., Williams, G., & Burton, D. (2012). *The use of social media for disaster recovery*. Retrieved from http://extension.missouri.edu/greene/documents/PlansReports/using%20social%20media%20in%20disasters.pdf

[91] Wright, D., & Hinson, M. (2009). Examining how public relations practitioners actually are using social media. *Public Relations Journal*, 3(3).

[92] Wright, D., & Hinson, M. (2010). An analysis of new communications media use in public relations: a five-year trend study. *Public Relations Journal*, 4(2).

[93] Yukawa, J. (2010). Communities of practice for blended learning. Toward an integrated model for LIS education. *Journal of Education for Library and Information Science*, 51(2), 54–75.

第五部分

战略传播的未来方向

第三十五章

全球战略传播：基于协调、控制、标准和本土化的视角

胡安-卡洛斯·莫勒达和萨拉德普·科哈

在当今全球市场中，公司已经成为世界社区的一分子，而不仅仅是城市、城镇或国家的成员（Maignan & Ferrell, 2004）。我们处于这样的年代，传播技术的进步和信息获取渠道的增加会影响到每一个人并赋予他们权力。创新信息技术的到来使大企业对其所在社区的影响倍增。由全球化、互联网和媒体所共同带来的“金鱼缸”般的透明度（Steger, 2003）已经强调了组织和公众之间信任和关系的重要性。任何公司与其利益相关者和消费者之间的关系都是至关重要的，因为一个公司在社会中创造的身份和价值决定了它能在给定的社会系统中获得多大的权力（Ordeix-Rigo & Duarte, 2009）。

全球化和战略传播

全球化甚至已经将利益相关者和公司所关注的焦点转移到了发展中国家，而不是发达国家（Amann, Khan, Salzmann, Steger & Ionescu-Somers, 2007）。来自发达经济体的跨国公司正在努力扩大其在发展中国家，特别是新兴国家的业务。来自社会不同阶层的客户和利益相关者现在都有渠道向组织表达看法和获得组织提供的不同产品、服务和理念等。他们被创新和互动的传播技术赋权。他们在市场或“市场空间”中的选择权被不断扩大，有时变得个性化，甚至是通过量身定做以满足他们的需求。因此，通过协调的战略传播策略与利益相关方进行接触的动态过程对于跨国公司在其东道市场获得信誉至关重要。

斯托（2004）通过研究全球化理论，发现传播是这个当代现象的中心，能够更好地帮助规划和实施战略传播项目。但是战略传播到底是什么以及它包含了什么，这是非

常有争议的（Paul, 2011）。战略传播在跨国公司、国家政策制定、超国家组织和军事行动中的作用已经得到了广泛的研究（Orgad, 2011）。“战略传播”这一术语往往会基于政治、社会、经济和文化的因素加以阐释。这一讨论将与本章后面试图为全球战略传播提供一个暂定的相关定义。

本章的目的

全球化的到来已经使得我们必须从全球视角理解战略传播。全球战略传播最好理解为任何环境中的组织为了与利益相关者建立持久的共生关系而采取的有效的双向沟通策略。这些环境不再彼此隔离，意味着组织对其母国（总部所在地）的利益相关者的影响也波及其他地方的公众，反之亦然。这种影响可能发生在营销宣传活动、危机事件或政治和社会经济动荡中。同样重要的是，在跨国环境中，团体和机构的活动可以同时影响到几个地区，甚至可能影响到全球。因此，规划、执行和评估全球战略传播计划的组织应了解这种多地域和虚拟的动态。本章将会从全球视角重点讨论战略传播的机制。本章第一部分将要进一步解释什么是战略传播，并提出一个有助于澄清概念的定义。第二部分将探讨跨国公司如何规划、实施和管理其全球战略传播工作。跨国公司经常改进诸如协调、控制、标准化和本土化等战略，以在全球范围内履行其战略传播职能和实践。本章将深入探讨管理全球战略传播所需的协调和控制机制，同时力求在标准化和本土化之间取得平衡。第三部分将具体考察国际旅游促进领域的发展，并对具体案例进行分析，作为理论框架的说明。该案例研究是关于哥斯达黎加旅游研究所开展的一项全球旅游运动，名为“哥斯达黎加：没有人工成分”。本章最后部分将为全球战略传播的研究和实践提出建议。

全球战略传播的界定

战略传播一词适用于组织规划的任何传播行动（Botan, 1997）。有规划的行动可以通过企业外交举措、企业社会责任运动、危机传播、机构或商业广告以及营销活动等方式，实现组织目标并提高企业声誉。战略传播融合了涉及组织各方面的规划和实施（Hallahan, Holtzhausen, van Ruler, Verčič, & Sriramesh, 2007）。博坦和索图（1998）强调构成的各个部分，例如战略沟通的全面研究、规划和评估，他们将战略传播和公共关系区分开来。

美国公关协会主持了一项国际工作，将公共关系概念现代化，将公共关系界定为在组织与其公众之间建立共生关系的战略传播过程（Public Relations Defined, 2012）。公共关系过程包括一系列目的和目标，例如确定具体的公众，为每个公众制定战略，并考虑到组织目标、实施战略和战术，最后，衡量这些战略和战术的有效性，以实现既定的可衡量的目标和目的。这也是典型的战略传播过程（Pfau & Wan, 2006），并附加了其他具有说服力和目标导向的传播以及营销技巧和行动。战略沟通的重点在于说服，因此沟通的开始和结束都是以利益相关者和消费者为中心的（Botan & Hazelton, 2006）。

因此，战略传播的本质是有目的的，其目的是从综合、多学科的角度推进各组织的使命（Hallahan et al., 2007）。该术语被用作协调传播功能（如广告、营销和公共关系）及其实现组织目标的计划、战略和策略的统一框架。这些功能支持包括国内和跨地域的各行各业。在本章中，全球战略传播被定义为跨国和多边组织致力于有效管理和有效地与全球利益相关者、消费者接触的一种追求。管理过程是通过对集中或分散的操作以及活动的仔细协调和控制来执行的，而利益相关者和消费者的参与则是通过不断尝试平衡标准化和本地化来实现的。因此，全球战略传播可以被视为一种战略策划和结构应用的传播方法，它在设计和实施的每个阶段都整合了分析和评价。

战略传播在新兴媒体格局中发生了具体的变化。通过新兴互动媒体进行的传播是基于利益相关者和客户的，以便公司能够成为积极的生产者和真正对话的参与者。根据列维斯（2010）的观点，社交媒体持续对广告、公共关系、营销专业和实践的理论和实践产生重大的影响。麦克金戴尔（2009）的报告称，“财富2000”的公司中69%使用了社交媒体。据怀特和辛森（2010年）的引用，博雅公关公司的报告称在《财富》杂志评出的全球100强企业中，79%的企业广泛使用社交媒体平台（即Twitter、Facebook、YouTube和企业博客）。每年的增长表明，组织越来越多地利用社交媒体与目标受众进行积极的互动。尤其是公共关系的学者和实践者都认为，技术在促进企业与重要公众进行有意义的对话方面起着至关重要的作用（Heath, 1998; Kent & Taylor, 1998），它为管理全球战略传播创造了机会。互动媒体的战略传播不是为了控制，而是为了促进或调解讨论。弗莱德曼（2005）阐述了媒体如何有潜力地弥合跨文化差异，并使世界各地的人们更紧密地联系在一起。市场的全球化对跨国公司构成了管理上的挑战，这就要求跨国公司对其战略传播决策和行动进行国际定位。

协调和控制

联想，世界第二的个人电脑生产商（Shah, 2012），在中国、新加坡和美国拥有主要业务；在中国有7个研究中心，在日本和美国各有1个；营销总部设在中国、法国、新加坡和美国；在中国有4个生产中心，在印度、墨西哥和美国各有1个（“Our locations”, 2012）。这种复杂结构在全球范围的跨国公司中很典型，它需要协调和控制各个职能领域，包括营销——广告和公共事务或公共关系，以及其他相关的传播职能。

协调被界定为“将活动链接或整合到一个统一的系统”，控制系统被界定为“衡量业绩，以便公司能够对不断变化的条件做出适当的反应”（Daniels，Radebaugh & Sullivan 2013, p.646）。协调机制的案例包括全球供应链的所有组成部分，以及供应商关系、物流、总部与子公司之间所有营销和传播计划、活动的管理。跨国公司利用协调和控制系统“同步、整合、评估价值活动”（Danielset al., 2013, p.574）。特别是，从文化和跨国危机的角度出发，对全球营销——广告、公共关系或公共事务的协调和控制已经被概念化并记录在案（de Mooij, 2010; Molleda & Laskin, 2010）。

整合和评估全球业务的技术和工作遵循三项原则：效率、学习和灵活性或响应性。（Bartlett & Ghoshal, 2002）。在全球战略传播的语境中，这些原则有不同的内涵，后文将详述。全球效率是指对项目、活动、计划和日常活动或策略的管理进行不同程度的集中或分散的协调和控制。全球学习指的是记录、分享、分析最佳的国内和跨国的实践。最终，跨国的灵活性或国家的响应性描述了（跨国公司）需要适应或符合国家特定的法律或社会法规以及利益相关者和消费者的期望和需求。三个原则中的两个，效率和灵活性或响应性，意味着两个极端之间的连续体：标准化和本土化，接下来我们将会进行讨论。

标准化和本土化

按照标准化协调的主要假设是操作的一致性，它需要“规则和精确程序”的应用，有助于跨国公司“撬动核心能力，最小化低效率”（Daniels et al., p.574）。在全球战略传播中，一方面，标准化是指跨国公司在分散的全球市场上实施的计划和战略的一致性。通过标准化进行协调需要“适用于全球各单位的通用规则和程序”（Daniels et al., p.574）。它也包括全球战略传播的政策、规则和程序以及它在各个领域中的专业化。另一方面，本地化是跨国公司对独特的本地挑战的理解和接受。

标准化和本地化的决策完全超越了产品、价格或分销，还包括了跨国公司所做的传播战略的选择（Schmid & Kotulla, 2011）。Pudelko & Harzing（2008）建议，在标准化与本土化之间，兼顾内外因素的选择。Molleda、Kochhar和Wilson从跨学科的视角回顾了标准化和本地化的文献，对跨国公司本土化的程度进行了概念化和实证检验。他们对总部设在美国的跨国公司在中国、印度和英国的子公司的在线新闻编辑室进行了内容分析。分析发现，在组织网站上以本土化编辑室的形式进行的本土化程度很高，新闻发布是企业门户网站上最常见的本土化信息补贴。本土化程度还取决于行业类型和公司对其利益相关者的影响程度（Molleda, Kochhar & Wilson, 2012）。

由哈利伯顿和泽格菲尔德（2009）进行的类似研究分析了主要的欧洲跨国公司如何运用它们的组织网站进行沟通并创建企业身份。这项研究发现，有证据表明，这些组织采取了一种名为“glocal”的方法，这种方法因行业类型不同而有所不同。由于旅游业的特殊性，标准化与本土化的探讨对旅游业的发展具有重要意义。加森分析了旅游业这一真正的全球性产业如何与当地的行动相结合，以发展不同形式的旅游业。旅游业被视为一个过程，它展现了本地化和标准化之间的差异和共性（Gotham, 2005）。本章接下来的部分将通过把这些理论运用在旅游业实践中，使协调与控制理论与标准化和本土化理论联系起来。

哥斯达黎加的旅游业[1]

旅游业是世界上最大的产业之一，每年为全球经济贡献数万亿美元，创造就业和财富，既创造出口、增加税收，又刺激资本投资（Travel & Tourism, 2011）。2011年，世界旅游理事会预计它将为全球经济贡献近6万亿美元，占全球国内生产总值的99%。因为人们对全球环境恶化的认知增强，生态旅游变得尤为流行。因此，游客更加喜欢把闲暇时间花在参观自然景观上（Wight, 2002）。

旅游业已经成为哥斯达黎加经济增长的关键领域，对全球经济的贡献也是如此（Rivers-Moore, 2007）。从1987年开始，哥斯达黎加的社会经济动态已经越来越受到国外旅游业的影响（C.spedes, G.mez & Becerra, 2010）。旅游业已经成为哥斯达黎加最重要的收入来源，2011年，超过200万的游客到访该国，其中绝大多数来自美国（Costa Rica Tourism, 2011）。

根据联合国统计司（2010）的数据，与其他拉丁美洲国家相比，哥斯达黎加的450万居民享有较高的生活水平。哥斯达黎加的人均收入为5,800美元，成人识字率为96%，这进一步促进了该国旅游业的发展。

哥斯达黎加广大的国家公园系统占该国面积的25%，是生态旅游的典范（Cook, 2007）。除了徒步旅行、观鸟、观察动植物和游览火山等探险旅游活动（Céspedes、Gómez和Becerra, 2010），医疗旅游也是这个中美洲国家旅游业的一个日益增长的方面（Bristow、Yang和Lu, 2011）。

阿兰·弗洛里斯在第二个任期内担任哥斯达黎加的旅游部长，他将哥斯达黎加旅游业的实力作为一种强大的民族认同进行营销（引用于Tellez, 2011年）。“没有人工成分”运动自2002年以来取得巨大的成功，它帮助哥斯达黎加建立了一个“国家品牌”，强调了国家的生态、友好，并举例说明该国的文化、人民和历史。由于该运动被称为旅游业最成功的运动之一，本章接下来将进行案例研究，以了解该运动中采用的协调和控制、标准化和本土化策略。

案例研究：“没有人工成分”——哥斯达黎加国家旅游局的全球运动

哥斯达黎加政府对旅游业发展的参与始于1930年，当时创建并推广了第一个私人奢侈酒店——哥斯达黎加格兰酒店（“History and insititutional,” n.d.）。外国游客经利蒙港（大西洋海岸）进入该国，然后乘火车前往圣何塞（首都）。1931年6月16日，国家旅游局成立时，通过第91号法律颁布了对旅游活动的第一项条例。它一直运作到1955年，而此前1917年的法律创立了旅游协会。哥斯达黎加旅游局（以下简称ICT）是一个政府组织，负责促进和管理中美洲国家的旅游业。ICT负责在国内和国际上推广旅游景点和目的地；制定旅游规范、规章和奖励措施；以及根据可持续旅游计划认证哥斯达黎加的酒店、旅行社、出租汽车和其他旅游服务提供商（E. Obando, personal communication, October 2, 2012）。ICT利用内部人力和物力资源以及外包给具有全球影响力的专门的广告和公共关系机构，协调和控制哥斯达黎加的所有全球推广工作。

1997年，ICT发起了一项全球运动——“没有用任何人工成分”来促进自然环境。哥斯达黎加面积为31,600平方英里，占地球生物多样性的55%（“Costa Rica’s natural heritage,” 2010）。1/4的国土被作为国家公园或野生动物庇护所，受到法律保护（J. Perlaza & E. Obando, personal communication, January12, 2010）。2009年，一个研究公司评估了哥斯达黎加的品牌工作，总结说它的品牌力强大，且定位很好。Burson-Marsteller在迈阿密的拉美中心，自2007年以来一直是北美的全球公共关系机构（J. Perlaza & E. Obando, personal communication, January 12, 2010）。

按照ICT的数据，哥斯达黎加的主要市场是北美（超过50%）。美国的游客来自佛罗里达州、田纳西州、纽约州，印第安纳州和加利福尼亚州。加拿大的游客主要来自多伦多、温哥华以及魁北克。欧洲也是哥斯达黎加的重要市场（接近20%）。欧洲游客主要来自英国、法国、德国、荷兰、意大利、西班牙和瑞士。哥斯达黎加的欧洲游客全年都有，但在冬季（哥斯达黎加的夏季）达到高峰。自2012年底以来，ICT一直与西班牙一家名为中美洲旅游局（CATA）的推广机构合作。始于2008—2009年的经济危机迫使ICT在欧洲市场，特别是在英国、法国、德国、西班牙等市场以及像比利时、俄罗斯、瑞典和瑞士的其他市场，提高其知名度和推广率（E. Obando, personal communication, October 2, 2012）。在2008年，200亿游客到达这个国家，带来了20亿美元的收入。在2009年，游客数量减少了99%（“Instituto Costarricense de Turismo,” 2010）。外国游客的到来在2011年末增加了10%以上（“International tourist arrivals,” 2011）。总体而言，旅游业占哥斯达黎加GDP的7.4%，占总出口的19%。

> ICT的主要战略是教育和吸引所有会对哥斯达黎加的特征感兴趣的人们（例如，家庭、学生、生态游客、探险者等）。Allan Flores解释了目的地为各种游客提供的服务：游客还可以在有丰富物种的海洋中潜水、运动、捕鱼，还可以观鸟、冲浪、森林远足、漂流和皮划艇。由于美丽的热带森林和整个国家的宜人气温，这里还有几十个海滩全年提供露天活动。
>
> Flores, 2012, para. 3

ICT赞助并开展了正式和非正式的研究，以了解媒体的宣传情况，这有助于ICT发展、执行和衡量有效的宣传活动。ICT在传播工作中，成功地发展并使用了社交媒体和在线的互动活动，以吸引潜在的外国游客。

全球战略传播功能如何被构建?

ICT的愿景是“成为该国旅游活动的领导和主管机构”(“Vision,” n.d.)。ICT网站上引用的一份国家发展计划阐明了其使命:“通过保持经济和社会边界、环境保护、文化和设施之间的平衡,促进旅游业的健康发展,提高哥斯达黎加人的生活质量。”(“Mission,” n.d)ICT的主要功能是:

> 加强制定和实施旅游发展规划,吸引和评估投资者,发展质量和竞争力系统,发展以整体方式开展市场营销、关注游客、生成决策信息、改进行政管理的程序(公司服务、收入、行政分析等)。
>
> “Functions”, n.d., par. 2.

特别是,市场总监主要通过研究、评估和推广部门,负责全球战略传播工作,(Instituto Costarricense de Turismo2008)。ICT市场总监与哥斯达黎加驻世界各地大使馆和领事馆的网络,以及广告、公关公司和旅行社运营商协调其活动。ICT的制度政策表示,“所有国际和国家的推广活动都将根据私营部门和相关社区的建议制定具体计划来实施,以此响应国家旅游业的总体目标”(Institutional policies, n.d., para. 9)。

什么是外包的市场、聘请的广告和公共关系机构?

在北美洲和其他市场中负责广告的机构是22 Squared(美国第六的独立广告机构)。这个机构位于佐治亚州的亚特兰大。博雅公关公司管理美国的公共关系,其他市场则通过CATA或内部管理(E. Obando, personal communication, October 2, 2012)。ICT也对发展国内旅游业感兴趣,特别是在国际旅游的淡季。ICT以国内游客为目标,并通过当地公共关系和广告活动鼓励其旅行。目标是利用广泛的旅游基础设施,向公民宣传旅游业的重要性和哥斯达黎加向世界提供的自然环境保护。ICT的国内代理是凯彻姆传播公司,它是根植于哥斯达黎加的宏盟集团的附属机构。ICT与当地和全球的各种外包机构密切合作,开展专门的宣传活动,推动吸引国内和国际游客的工作。

如何从协调和控制的角度规划、执行和评估活动?“没有人工成分”运动的规划是由ICT市场总监和麦肯·埃里克森全球公司(一个跨国公司集团营销传播机构)进行的。ICT的董事会批准了全球战略传播计划及其目标、战略和战术(E. Obando, personal communication, October 2, 2012)。执行工作也是由代理机构和ICT市场团队负责的。主要的评估工作聚焦于国家品牌。在本章撰写的时候,这些全球品牌工作还在进行中。这些工作采用高度标准化的方法,其中ICT(客户)进行控制,麦肯集团(营销传播机构)协调工作。传播材料的内容适度集中,语言和货币本土化,其余内容标准化。

“没有人工成分”是ICT的标志性活动之一、旅游业品牌工作，包括广告、促销、营销和公共关系仍然被用来在全球范围中推广哥斯达黎加。ICT的研究表明，目的地的品牌工作是有效的（E. Obando, personal communication, October 2, 2012）。“外国代理人登记法”（FARA）报告了自2009年以来Burson-Marsteller为哥斯达黎加旅游局开展的媒体关系宣传活动花费的资金。共支出2,966,082美元，用于监测和分析新闻报道，撰写新闻稿，分发给主要媒体，为消费者和代理商组织与旅游业伙伴的活动，履行媒体查询和组织前往哥斯达黎加的媒体熟悉之旅（ForeignAgents Registration Act, 2011）。

媒介关系技术是战略策划的一部分。最成功的工作来自熟悉之旅，媒体专业人员在参观中直接接触到了“没有人工成分”的土地。下一节将关注ICT全球战略传播工作中培育有效的全球媒体关系的一个方面。

熟悉之旅：与外国媒体人组团

应ICT的邀请，本章的第一作者曾经在2010年夏天参加了对哥斯达黎加全境的熟悉之旅。这个机会被用来进行参与者的观察。本节概述了第一作者对ICT开展的全球媒体关系活动的看法。在非人工主题的指导下，作者的行程包括一个生态旅馆、一个拥有国家和全球可持续发展认证的大型旅游酒店、温泉、高空滑索、海洋生物和野生动物观赏、火山景观、国家公园、原始海滩和一个土著领土。熟悉之旅还包括由提交人所住旅馆和旅馆的管理人员就可持续发展和土著文化保护问题进行的会谈。

熟悉之旅的过程被ICT所控制，由公共关系机构协调。国外记者和媒体专业人员自己申请，或由ICT发出战略邀请，目标是各类潜在市场的有影响力的媒体，希望借此能到达目标公众。一旦受邀者名单最终确定、发出并确认，营销团队便通过电子邮件和电话交谈来评估专业客人的需求和期望。接下来进行细节规划，营销团队发出管理文件（包括签证文件或正式邀请函）、行程单、后勤、时间线、欢迎指南，以及被指派的受训过的导游和/或司机的信息。ICT总是非常谨慎地向媒体客人解释和设定有关差旅费和赞助的规则和条件。媒体客人到达之后，就被指派给提前安排的导游或司机，他们负责确保客人顺利入住。每个媒体客人对翻译的要求、克服文化障碍的助理以及时间确认都是特别安排的。

英语是世界通用语言，有助于与来自世界各市场的媒体代表合作，除非媒体嘉宾另有说明，否则它是ICT熟悉之旅的首选语言。导游和司机体验了来访媒体专业人员的各式的行为和态度，发现与一些客人的互动和联系比其他客人更容易。导游和客人之间的融洽关系和同情心会在旅游过程中影响到人际关系，并最终影响到客人对旅游的印象。ICT营销和推广小组意识到，对来访媒体专业人员的准备、协调和个人待遇可能会影响他们对ICT人员专业精神和素质的看法，更重要的是，对哥斯达黎加旅游业本身的看法。

第一作者的导游和司机解释了一些在熟悉之旅中应该认真对待的敏感问题，例如交换礼物和宝贵的津贴、客人的安全和舒适、酒店和旅行社在环境和可持续性问题上的专门知识等。ICT行政总部与导游和司机之间的密切协调和不断沟通，保证了媒体专业人员熟悉之旅的顺利进行。议程的任何变动和延迟都被立即报告和调整。国际媒体的熟悉之旅几乎所有方面都以书面政策为指导，特别是导游或司机被允许的行为和与客人的互动。管理者和导游或司机发布了标准的最终报告，其中包括评估和建议。这些报告旨在为最佳做法提供参考。

在熟悉之旅的最后，第一作者对“没有人工成分”的标语有了不一样的认知。它成了一个被多方面加强的有形的主题。在这次旅行中，行动的主张和承诺得到了极大的实现。媒体熟悉之旅是ICT如何加强它的全球战略运动的一个例子。这些旅行通过强调国家的长期方案来维护和增强其自然、人类和文化环境，强化了旅游业在哥斯达黎加的坚实基础。这是一个普遍的议题，应当引起今天国际游客的共鸣，也将引起未来几代游客的共鸣。

结论和观点

全球战略传播的复杂性不断增加是因为存在着多种多样的母国、东道国和跨国利益相关者和消费者群体。他们不断受到来自国内外各种组织的声明、承诺和行动要求的影响。组织在多元的市场中的运营面对着既要与核心信息保持一致又要兼顾本地需求和期待的挑战。协调、控制和标准化对跨国行动的成功来说是基本的要素。关于标准化—本土化连续体，跨国公司采取的方法并不像其产品和回报的核心基础和独特性那样重要。这里作者也提出了一个国际案例，在其中，标准化在一定的管理功能中是高于本土化的一种战略偏好。正如本章所述，哥斯达黎加是一个独特的例子，它为那些寻求自然和安全环境的国内和国际游客提供了一个具有吸引力的旅游目的地。

案例研究是一个在旅游业中运用战略传播的基本理念的独特方式。然而，研究其他经济部门有助于确定具体协调和控制机制的使用情况以及全球战略传播中战略和战术的标准化或本土化程度。进一步的研究对于理解在一个多样化但相互关联的世界中运作的组织如何通过适应协调、控制、标准化和本土化工作来实现他们的目标是很重要的。

战略传播的研究应当分析可以影响任何组织的政治、社会和经济因素。这些决定因素的比较研究能够引导组织应对环境的复杂性，并强化一个清晰的品牌认同。因此，组织应当投资全球战略传播，以应对战略策划和有效执行传播活动方面的挑战。

注释

[1] 本章作者要感谢ICT代表 Silvia Rodr.guez，Evelyn Obando和Johanna Perlaza给本案例研究提供的信息。

参考文献

[1] Amann, W., Khan, S., Salzmann, O., Steger, U., & Ionescu-Somers, A. (2007). Managing external pressures through corporate diplomacy. *Journal of General Management*, 33(1), 33–49.

[2] Bartlett, C., & Ghoshal, S. (2002). *Managing across borders: The transnational solution* (2nd ed.). Boston. MA: Harvard Business School Press.

[3] Botan, C. (1997). Ethics in strategic communication campaigns: The case for a new approach to public relations. *Journal of Business Communication*, 34, 187–201.

[4] Botan, C. H., & Hazelton, V., Jr. (2006). Public relations theory in a new age. In C. H. Botan & V. Hazelton, Jr. (Eds.). *Public relations theory* (pp. 1–18). Mahwah, NJ: Lawrence Erlbaum.

[5] Botan, C., & Soto, F. (1998). A semiotic approach to the internal functioning of publics: Implications for strategic communication and public relations. *Public Relations Review*, 24(1), 21–44.

[6] Bristow, R. S., Yang, W. T., & Lu, M. T. (2011). Sustainable medical tourism in Costa Rica. *Tourism Review*, 66(1), 107–117.

[7] Céspedes, D., V., Gómez, E. G., & Becerra, A. T. (2010). Demand indicators for adventure tourism packages in Costa Rica: An exploratory analysis. *Tourism and Hospitality Research*, 10(3), 234–245.

[8] Cook, W. (2007). Costa Rica: From ecotourism leader to world class healthcare provider. *Medical Tourism at a Glance*, 1, 20–29.

[9] Costa Rica Tourism (2011). Tourism statistical yearly report 2011. Retrieved October 16, 2012, from http://www.visitcostarica.com/ict/pdf/anuario/Statistical_Yearly_Report_2011.pdf

[10] Costa Rica's natural heritage. (2010).Retrieved September 14, 2012, from http://www.smithsonianjourneys.org/blog/tag/biodiversity/page/2/

[11] Daniels, J. D., Radebaugh, L. H., & Sullivan, D. P. (2013). *International business environments and operations* (14th ed.). Upper Saddle River, NJ: Prentice Hall.

[12] de Mooij, M. (2010). *Global marketing and advertising: Understanding cultural paradoxes* (3rd ed.). Thousand Oaks, CA: Sage.

[13] Flores, A. (2012). *With open arms!* Retrieved August 2, 2014, from http://www.venturecostarica.com/adventure-ecotourism

[14] Foreign Agents Registration Act. (2011). *FARA reports to Congress*. Washington, DC: Retrieved from http://www.fara.gov/annualrpts.html

[15] Friedman, T. L. (2005). *The world is flat: A brief history of the twenty-first century*. New York: Farrar, Straus, and Giroux.

[16] Functions. (n.d.). Retrieved September 14, 2012, from http://www.visitcostarica.com/ict/paginas/Tourism Board.asp

[17] Gotham, K. V. (2005). Tourism from above and below: Globalization, localization and New Orleans's Mardi Gras. *International Journal of Urban and Regional Research*, 29(2), 309–326.

[18] Hallahan, K., Holtzhausen, D., van Ruler, B., Verc˘ic˘, D., & Sriramesh, K. (2007). Defining strategic communication. *International Journal of Strategic Communication*, 1(1), 3–35.

[19] Halliburton, C., & Ziegfeld, A. (2009). How do major European companies communicate their corporate identity across countries? An empirical investigation of corporate internet communications. *Journal of Marketing Management*, 25(9), 909–925.

[20] Heath, R. L. (1998). New communication technologies: An issues management point of view. *Public Relations Review*, 26, 31–51.

[21] History and institutional legal framework. (n.d.). Retrieved September 14, 2012, from http://www.visitcostarica. com/ict/paginas/TourismBoard.asp

[22] Institutional policies. (n.d.). Costa Rica Tourism Board website. Retrieved September 14, 2012, from http://www.visitcostarica.com/ict/paginas/TourismBoard.asp

[23] Instituto Costarricense de Turismo. (2008). Organizational chart.Retrieved September 14, 2012, from http://www.visitcostarica.com/ict/paginas/images/Organigrama_noviembre_2008.jpg

[24] Instituto Costarricense de Turismo. (2010). Plan nacional de turismo sostenible de Costa Rica 2010–2016: Resumen ejecutivo. San José, Costa Rica.

[25] International tourist arrivals by month and nationality. (2011).Retrieved September 14, 2012, from http://www.visitcostarica.com/ict/pdf/anuario/Statistical_Yearly_Report_2011.pdf

[26] Kent, M., & Taylor, M. (1998). Building dialogic relationships through the World Wide Web. *Public Relations Review*, 24(3), 321–334.

[27] Lewis, B. K. (2010). Social media and strategic communication: Attitudes and perceptions among college students. *Public Relations Journal*, 4(3). Retrieved September 14, 2012, from http://www.prsa.org

[28] Maignan, I., & Ferrell, O. C. (2004). Corporate social responsibility and marketing: An integrative framework. *The Journal of the Academy of Marketing Science*, 32(1), 3–19.

[29] McCorkindale, T. C. (2009). Can you see the writing on my wall? A content analysis of the *Fortune* 50's Facebook social networking sites. Paper presented to the 12th Annual International Public Relations Research Conference, Coral Gables, Florida March 13.

[30] Mission. (n.d.). Retrieved September 14, 2012, from http://www.visitcostarica.com/ict/paginas/TourismBoard.asp

[31] Molleda, J. C., & Laskin, A. (2010). Coordination and control of global public relations to manage cross-national conflict shifts: A multidisciplinary perspective for research and practice. In G. J. Golan, T. J. Johnson, & W. Wanta (Eds.), *International media communication in a global age* (pp. 319–344). New York: Routledge.

[32] Molleda, J. C., Kochhar, S., & Wilson, C. (2012). Theorizing the global-local paradox: Comparative research on information subsidies' localization by U.S.-based multinational corporations. Paper presented at the Association for Education in Journalism and Mass Communication's 100th Annual Convention, Division of Public Relations, Chicago, USA.

[33] Ordeix-Rigo, E., & Duarte, J. (2009). From public diplomacy to corporate diplomacy: Increasing corporation's legitimacy and influence. *American Behavioral Scientist*, 53(4), 549–564.

[34] Orgad, M. S. (2011). NATO's strategic communication as international public relations: The PR practitioner and the challenge of culture in the case of Kosovo. *Public Relations Review*, 37, 376–383.

[35] Our locations. (2012). Lenovo website. Retrieved September 28, 2012, from http://www.lenovo.com/lenovo/us/en/locations.html

[36] Paul, C. (2011). *Strategic communication: Origins, concepts, and current debates*. Westport, CT: Praeger Security International.

[37] Paul, C. (2012). Challenges facing U.S. government and department of defense efforts in strategic communication. *Public Relations Review*, 38, 188–194.

[38] Pfau, M., & Wan, H. H. (2006). Persuasion: An intrinsic function of public relations. In C. H. Botan

& V. Hazleton (Eds.). *Public relations theory II* (pp. 101–136). Mahwah, NJ: Lawrence Erlbaum.

[39] Public relations defined. (2012, January 1). Retrieved from http://www.prsa.org/aboutprsa/publicrelationsdefined/#.U-bkBoBdWel

[40] Pudelko, M., & Harzing, A. W. (2008). The golden triangle for MNCs: Standardization towards headquarters practices, standardization towards global best practices and localization. *Organizational Dynamics*, 37(4), 394–404.

[41] Rivers-Moore, M. (2007). No artificial ingredients: Gender, race and nation in Costa Rica's international tourism campaign, *Journal of Latin American Cultural Studies: Travesia*, 16(3), 341–357.

[42] Schmid, S., & Kotulla, T. (2011). 50 years of research on international standardization and adaptation: From a systematic literature analysis to a theoretical framework. *International Business Review*, 20, 491–507.

[43] Shah, A. (2012). Lenovo gains over Dell as world's second-largest PC maker. *PCWorld* online. Retrieved September 28, 2012, from http://www.pcworld.com/article/253622/lenovo_gains_over_dell_as_worlds_secondlargest_pc_maker.html

[44] Steger U. (2003) *Corporate diplomacy: The strategy for a volatile, fragmented business environment*, London, England: John Wiley.

[45] Stohl, C. (2004). Globalization theory. In S. May & D. K. Mumby (Eds.), *Engaging organizational communication theory and research* (pp. 223–261). Thousand Oaks, CA: Sage. .

[46] Tellez, R. (2011, May 27). Costa Rica's new tourism minister talks about marketing the future. *McClatchy—Tribune Business News*, pp. n/a. Retrieved September 14, 2012, from http://search.proquest.com/docview/868782286?accountid=10920

[47] Travel & Tourism. (2011).Retrieved September 14, 2012, from http://www.wttc.org/site_media/uploads/downloads/traveltourism2011.pdf

[48] United Nations Statistics Division. (2010). Statistics. Retrieved September 20, 2012, from http://unstats.un.org/unsd/default.htm

[49] Vision. (n.d.). Retrieved September 14, 2012, from http://www.visitcostarica.com/ict/paginas/TourismBoard.asp

[50] Wight, P. (2002). Supporting the principles of sustainable development in tourism and ecotourism: Government's potential role. *Current Issues in Tourism*, 5, 222–243.

[51] Wright, D. K., & Hinson, M. D. (2010). How new communications media are being used in public relations: A Longitudinal Analysis. *Public Relations Journal*, 4(3). Retrieved September 14, 2012, from http://www.prsa.org.

第三十六章

战略传播：界定领域及其对研究和实践的贡献

安斯格·策法斯，德扬·维奇，霍华德·诺斯哈特和凯利·佩奇·韦德

摘要： 基于战略传播数十年的研究积累，本文尝试提出一个更新、更全面的战略传播定义。我们认为战略传播包含了对一个实体的存在和运转有实质价值的所有传播形式。具体来说，战略传播是一个实体有目的地应用传播来实现有战略意义的对话。实体包括各类组织（例如，企业、政府或非营利组织），也包括社会运动和公共领域中的名人。传播在战略的形成、修订、展现、执行、实施和操作方面都扮演了独特的角色。尽管有很多方法可以探索这些研究对象，但是战略传播作为一个学科，提出了从组织/实体的视角出发，在有限的资源和不确定的情况下，以传播为手段达成特定的目的。本文批判地审视了这个领域当前的研究状况，概述了一些要求，这些要求能够帮助学者和从业者构建战略传播的知识体系。

引言

哈拉汗提出了战略传播的概念，认为它“是组织有目的地运用传播来完成任务”（hallahan et al., 2007, p.3）。这个概念在发表之后受到了广泛的关注，吸引很多研究者对其特征进行研究。很多相关的文章和著作已经发表，很多院系的本科和研究生阶段已经将战略传播作为常用名称。

然而，经过数十年的争论，现在是时候来讨论战略传播思想的现状了。人们认为一个概括性的概念很有吸引力，但是它可能会显得有点包罗万象、界定不清（Nothhaft, Werder, Verčič, & Zerfass, 2018），学科状态因此一直模糊（Werder, Nothhaft, Verčič, & Zerfass, 2018），同时，传播的变化（van Ruler, 2018）以及战略（Nothhaft & Schölzel,

2015; Winkler & Etter, 2018）也没有被全面地探讨。有几个作者已经提出了替代性的方法来研究这个领域。只有少数学者清楚地主张应更加严格地聚焦于特定领域（Nothhaft, 2016； Seiffert-Brockmann, 2018）。大多数研究者都倾向于拓宽研究视野，并最终将战略传播作为一个总括性术语，让行动者用它来服务于自己的兴趣。

后者让我们能够更轻松地加入讨论。很多学者都欢迎战略传播以及它的出版物，将之视为一个占据学术位置的机会，而不是反思该领域的核心和边界。然而，这类方法将我们带入一个死胡同。这就如同我们去修一条人人都能走、可以承载任何交通工具的路，而没有任何可以指导通行和交通的规则。从长期来看，这种做法既难以有产出，也没有吸引力。通过一系列服务于不同目标、基于不同规则和要求的道路，交通的整体状况会更好，例如相对于人行道，对公路应该规定时速，限制自行车和一些货运卡车的通行。类似地，科学和知识的生产也被以学科的形式组织，它通过从不同的研究视角聚焦特定的研究目标而建构知识体系。例如，不论是经济还是商业管理，都认为商业是与社会生活高度相关的现象。但是，经济聚焦于宏观（社会的/全球的）、中观（组织的）和微观（个人的）层次，而商业管理的研究对象是作为中观层面的特定的实体公司。同时，（管理）经济学将人类展现为一种理性、狭隘地聚焦于自己的利益，尝试用合理的方式追求个人目标的样子，而商业管理和管理科学则融合了广泛的研究视角，考虑了多元的并且复合的理性，以及面对经济的挑战、道德、生态和心理问题的需要，界定了公司生活的几个维度。

沿着这一逻辑，战略传播只有具有特定的研究对象和研究视角，以及形成系统的知识（理论）的表现形式（出版物、会议、研究项目、研究计划），才能作为一个研究领域蓬勃发展（理论、概念和框架、经验的洞见）。这些核心资产将使得知识生产和学科话语能够在整体知识体系中形成不同的角色。作为一个应用科学，它要求用一个跨学科的方法来整合，该方法整合（但也仅限于）任何有助于扩展关于特定对象和研究视角的知识（Szostak, 2013; Werder et al., 2018）。

本文致力于描绘这样的方法。我们开始探讨过去十年中，对战略传播已出现的有组织的不同理解。通过回顾目前所并存的各类方法，我们试图通过回答战略传播争论中的五个关键问题的答案，来界定一个更加精确、聚焦的战略传播概念。然后，我们将重点从实践的现状转向学术研究中。这里我们的问题聚焦于战略传播研究的独特性。最后，我们展望了战略传播学术领域中未来的研究和挑战。

对战略传播的不同理解

从2007年《国际战略传播期刊》出现以来，“战略传播”一词在学界和业界广泛流行起来，成为很多实践问题的解决办法。这个概念至少有四个不同的意义，且它们常常是重复的，所以使得战略传播显得有些模糊，至少是难以解释的（Nothhaft et al., 2018）。

首先，“战略传播”一词代替了“整合传播”，它是指所有由组织发起的针对各种类型的利益相关者和受众的目标导向的传播的总称。引入多重面向的传播概念（强调六个学科——管理、营销、公共关系、技术传播、政治传播和信息/社会营销活动）有助于建立话语，通过学术会议、研究项目和日益增长的论文发表（Werder et al., 2018）、学科文集的出版（Heath & Johansen, 2018; Holtzhausen & Zerfass, 2015）、教科书的出版（Botan, 2018; Falkheimer & Heide, 2018），推动战略传播走向制度化。

这个争论的统一之处在于整合的和跨学科的事业。它引入了一系列战略传播存在的依据，例如其服务于经济目标，形成政治意愿，教育公民。它为意义理解方式（例如消费、收入、产权、和共享的媒体）、概念（例如活动、节日）以及模式（例如讯息/倾听、独白/对话、争论/说服/教育）提供了基础。最终，它提出了战略传播的基本区别，一方面强调是不同行动者之间意义建构的互动过程；另一方面，管理那些传播过程的是一个有目标的活动（Zerfass, 2008）。

第二，很多争论在当前大型的、私营的或公立的贸易公司展开，探讨传播是战略性与决策性角色还是战术性和支持性角色的争论日益激烈。这是由那些将传播和管理研究放在一起的企业传播学者们（Argenti, 2016; Argenti, Howell, & Beck, 2005; Stanton, 2017; Steyn, 2003; van Riel & Fombrun, 2007; Volk & Zerfass, 2018; Zerfaß, 1996; Zerfass, 2008），以及那些应用大范围经验研究来确定今日组织中的传播类型的管理学者们（Heide, von Platen, Simonsson, & Falkheimer, 2018; Tench, Verčič, Zerfass, Moreno, & Verhoeven, 2017）推动的。这个观点的核心贡献在于，组织作为一种合作行动者的概念，被嵌入社会中并具有与其他层面（宏观、微观）相互影响的特定利益、结构、过程和文化，以及决策模式。这带来了一个特定的视角以及几个问题：传播如何能够被界定和达成目标？传播和战略如何能够保持一致？这些如何能够与不可避免要发生在组织和社会中的其他种类传播区分开来？

第三，关于军事和国家权力的研究对传播的兴趣由来已久（Graham, 2017; Nothhaft & Schölzel, 2015; Paul, 2011）。布鲁姆发现，与武力相比，传播的吸引力在于“这种武器是合法的且更让人接受的”（Bloom, 1991, p.708），例如，核武器是完美的破坏者，但是它们也只能被大规模地使用一次。布鲁姆认为传播“更具经济效益”（Bloom, 1991, p.708）。例如，建造一艘航空母舰需要花费数十亿欧元。当我们考虑武力和成本时，布鲁姆发现传播在道德上是更具有吸引力的（Bloom, 1991, p.708）。帕斯森耶夫从俄罗斯的视角强调在信息战中战略传播的重要性，认为这样的逻辑对其他超级大国例如美国、中国也同样正确。按照帕斯森耶夫的观点，“战略传播将国家的战略价值、利益以及目标注入国内或国外受众的认知中。这需要社会生活各个领域的各类活动充分配合，且得到专业的传播支持的前提下才能得以发生”（Pashentsev, 2013, p.210）。

西方军事联盟是这样表述北约战略传播的（NATO, 2010）：西方军事联盟活动的各个方面都包含了重要的信息和传播组件。这一概念提出，战略传播并不是附加的活动，而应当是规划和实施所有军事行动和活动的内在构成部分。作为北约内部一个重要的战略传播的政治—军事方法，它将战略传播置于军事政策、规划和执行的核心位置，战略传播被完全整合到整体工作中，确保了实践的、有效的战略的开发，为最终的成功做出了真正的贡献。与北约的政策一样，战略传播是NATO传播活动与公共外交能力的最恰当的应用，公共事务、军事公共事务、信息手段、心理手段在支持联盟政策、运行和活动中都可以使用，从而推进北约目标的达成。

有趣的是，战略传播是战争中不可或缺的部分，却常常被传播科学忽略，这可能是由于对信息战和宣传的负面认知造成的。然而，目前它在恐怖主义和反恐怖主义语境下获得了关注（Botan, 2018, pp.175–196）。对公共外交而言同样如此，战略传播通过全球的、跨文化的传播来影响国际关系，是一种运用软实力的、更加“文明”的方式。这些主题引起了传播学研究的共鸣（Löffelholz, Auer, & Srugies, 2015; Pamment, 2018; Snow & Taylor, 2009），并以其自身的制度化为标志。例如国际传播学会（ICA）出现了以公共外交为研究兴趣的群体。在现实世界中，那些实践与军事传播密切相关。例如，美国让负责公共外交活动的国家部门，负责战略传播活动的防御部门，国家反恐中心，智能服务，其他政府部门，都通过全球战略活动中心（GSEC）来协调工作，让中心负责所有媒体和利益相关者的日常传播活动。总体而言，在军事和情报领域中关于战略传播的争论提出了区分战略传播和战术传播的必要性，我们必须要聚焦于那些不认为传播可以替代其他方法的行动者的视角，例如，那些没有简单地认为传播总是有效的和必要的行动者。

第四，在不改变潜在的研究目标和领域的视角的情况下，“战略传播”被用来作为公共关系学科的一种替代性的术语。公共关系根植于媒介关系（与新闻学相对应），以及话语理论（聚焦于组织的内部传播）。它通常管理着组织的外部和内部传播活动，但不包括营销传播和广告（Broom & Sha, 2013; Heath, 2010）。同时，它并不局限于组织的中观层面，也不局限于将公共关系作为实现特定目的的工具。例如，批判的公共关系理论要求在社会中专业的公共关系应当发挥作用（Edwards, 2018），公共关系研究应更多关注受众的行为（例如，在危机传播中的在线公共关系）以及组织与组织间的关系，利益相关者或公众之间的关系——而不考虑组织培育那些关系的其他办法，这在军事理论、市场理论和社会学中很常见。

战略传播在21世纪的第二个十年开始替代“公共关系”这个概念。有趣的是，这个学科围绕着20世纪早期的“宣传”概念而生（Bernays, 1928），与战时宣传的密切联系和说服刺激了“公共关系”概念在20世纪中叶产生（Cutlip, 1994）。仅仅几十年以后，带有偏见意义的“公共关系”就变得难以让人接受（Ewen, 1996），即使在进入21世纪以后公共关系的核心理念已经发生了变化，马里兰大学的格鲁尼格开始引入“传播管理”的概念，并将之作为一个新的概念取代公共关系（Grunig, 1992）。2007年，来自美国和欧洲的几位原本属于公共关系领域的学者引入了前文所提过的“战略传播”概念（Hallahan et al., 2007），尝试打破营销传播和品牌塑造等传统但肤浅的常规观念。除了概念的讨论，“战略传播”取代“公共关系”的另一个原因在于公共关系是一个非常美国的概念（Sriramesh & White, 1992），它几乎不能在无损意义的前提下被转化为其他语言。在斯拉夫语言中，“公共关系”常常被翻译成为“与公众的关系”，它不同于公共关系的管理和组织与公众之间交流的内涵。在德语中，有各种不错的翻译。德语“Öffentlichkeitsarbeit”很特别，常常被解释为与公众、为公众、在公众中工作（Oeckl, 1964，p.36）。同样，“Öffentlichkeit”一词也并不等同于英文中的公众一词，而是与公共领域相关的话语空间。很多英国公司将公共关系部门称为“公共事务”，而将“公共关系”用来描述与媒体的关系。而在美国和德国，“公共关系”在专业和学术用语中被置于“公共事务”之上，而“公共事务”被界定为公共关系的一部分，指专门处理与政府以及其他有公共影响力的人物与决策者之间的关系（van Ruler & Verčič, 2004; Verčič & Grunig, 2000; Verčič, van Ruler, Bütschi, & Flodin, 2001）。

2011年，一个在43个欧洲国家的经验性调查确认了“公共关系”一词美誉度最差，而“企业传播”更受欢迎（特别是一些商业领域中），“战略传播”最受一些非营利和非政府机构欢迎，其次是“传播管理”（Zerfass, Verhoeven, Tench, Moreno, & Verčič, 2011）。例如，在欧洲，“公共关系”一词的任何替代词都受到欢迎，一些重要的学术研究机构确定了以“战略传播”为主题进行研究（例如德国的Leipzig University，瑞士的Lund University，意大利的IULM University）——甚至英国的伦敦经济学院（它们的学者引领了重要的公共关系研究）在这个领域的研究生教育中应用了这个术语。

我们可以从“公共关系”和“战略传播”术语之争中看出什么呢？第一，我们必须解析和澄清诸如传播和战略这些基本的概念，它们有多重意义，就如同公众和关系。第二，我们必须要采纳一个视角，它不能任意排除那些在现实中可能紧密相关的现象——例如为了买卖关系的传播，或者旨在获得合法性、追求利益或其他个人目的的传播。

战略传播是为社会诸多领域所用的术语：商业或公司，公民社会和非政府组织，政治和选举，公共外交和政府，医疗保健和公共机构，娱乐和名人，安全和军事。各类组织和个人都常常使用传播以实现其目标；武装力量和恐怖组织依靠情报部门，并利用宣传运动来为公共舆论设置框架；公司倾听利益相关者，管理公共意见，建立品牌以完成自我区隔，雇用声誉管理人员来保持它们运营的资格；政治家运用草根网络和媒介来战略地获得国民支持，赢得选举。在全球和媒介化世界中，管理和执行战略传播是非常复杂的任务。大型组织倾向于将战略传播的工作委派给从事传播、公共关系、广告、营销和信息部门工作的专业传播人员，或代理商和服务提供商。但组织的所有其他成员也可能参与这项工作。从这个角度来看，他们还是非常积极的。总经理、非营利组织的领导者、首席管理人员的公开发言往往代表了组织。共事者倾听动态环境中微弱信号的习惯已经开始引发一系列的战略转向。关于战略传播的学术话语已经跨越了多个学科。由于涉及两个关键的概念，因此人们期待战略传播和传播学科领域的学术论争。有趣的是，这种说法只是部分正确。

什么是战略传播？

目前既有的战略传播概念都太狭窄了。多次关于概念的争论都表明了这一点。我们认为现有的方法存在四个问题：第一，忽略了新兴战略和实践中的战略，第二，以组织为中心，没有包括利益相关者的利益，第三，忽视了传播对于战略制定和整个组织的构成性作用，第四，过于强调专业传播人员，忽略了组织其他成员的日常传播活动。

虽然有些批评来自误解，但多数的观察都是有用的。虽然所有问题为研究开启了新渠道，却没有界定它与原有领域既有话语的区别。我们将海德的建议和其他人的建议结合起来，可以这么认为，组织中任何成员进行的传播活动都可以被认为是战略传播，那些活动应当被仔细审视，并按照组织以及利益相关者的目标来进行评价。目前可能还没有形成一个有价值的研究议程。相反，当我们尝试去建构一个特定的知识体系，使得它能够吸引研究者，获得其他学科的接受时，那么做出区分、描绘一个领域是不可或缺的。因此，我们提出构建一个战略传播新的和更加精确的概念，我们的方法是回答以下五个基本问题：

（1）战略传播与非战略传播有何区别？

（2）是什么催生了战略问题的复杂性？

（3）传播如何发挥作用？

（4）什么是战略传播管理？

（5）战略过程是怎样的？

战略传播vs非战略传播

任何尝试清晰界定战略传播的行为都被三类混乱源所阻碍。第一个迷惑的源头是该术语在口语中的广泛应用——一个已经被19世纪克劳塞维兹惋惜的问题（Clausewitz, 1989; originally published, 1832）。第二个迷惑的源头是对这个术语的使用常常与从业者的声誉联系在一起，在某种程度上也与教育计划息息相关。第三个源头是主题（视角）以及研究对象（呈现的现象）（Nothhaft et al., 2018）的混淆。第一个迷惑的源头是对于口语的应用，“战略”一词往往被用作执行良好和最新技术的代名词。管理研究权威倾向于在一个循环的争论中应用这些话语，其中它几乎成了“成功”的同义词——如果一个战略失败，那么它不仅是一个失败的战略，本身就不被认为是一个战略。这样一个好的、口语的、循环性的概念对维持一个学科而言没有什么用处。真正应该指出的是战略的术语有两个既定的对立词：军事领域中的技巧、商业领域中的运营，它们来源于现实而变得不可或缺，并构成意义的整体。战略传播定义的关键问题（Hallahan et al., 2007）是战术和传播的操作问题，它是目的性的；甚至“常规的”传播也是目的性的。一个航空公司日常的通知也服务于航空公司的使命。第二个迷惑的源头是“战略”术语——在口语和一些模糊的应用中的意思常常是“重要的”——似乎是从业者和教育领域的事情。“战略传播者”听起来比“传播者”更好，一个战略公共关系的硕士学位可能比公共关系的硕士学位更有分量。结果就成了任何尝试按照军事领域对这个术语的应用来界定战略传播的尝试都可能存在暴露自负的风险，并且可能遭到拒绝。如果战略传播学者对他们的学科是严肃的，他们就会建构性地去面对这种抵制。比如卓越地运营，或基于勤奋努力的战略，这些是战略成功的关键因素，他们也会聚焦于做一些基础性的商业活动（Powell, 2017）。最后，第三个令人迷惑的是研究主题和研究对象的混淆。正如我们所争论的（Nothhaft et al., 2018），学科通过选择对象和提出看待世界的新视角而成为学科；否则，它们就没有了边界或中心。理想地看，这个选择将会或多或少地发现独特的研究方向（例如，遗传学的基因）。然而，在很多案例中，每个学科将会和其他学科一样对一些明显的现象认真审视，并且只能通过其独特的视角来定义。例如，研究传播过程的战略传播与传播与媒体研究具有相同的目的。同样，战略传播学者和管理学者可能会参加同一个会议，尽管他们寻求的不是相同的东西。换句话说，仅仅尝试找到战略传播是否存在是一种误解。与之相对的，当我们应用这些视角以及它们的内涵，我们尽可能精确地界定战略传播的做法是必须的。

作为一个独特的研究领域和实践，战略传播的视角是什么？由战略管理学者Kirsch（1997），Müller-Stewens、Lechner（2005），Nag、Hambrick和Chen（2007）的观点，我们的提议是将议题视为战略，它可能是对组织或其他实体发展、成长、身份、生存具有的实质的或有意义的问题。诸如此类，学科被界定为：

> 战略传播包含了对组织生存、实体维系具有实质性意义的所有传播。具体而言，战略传播是组织或其他实体有目的地运用传播进行对其目标具有战略意义的对话。

这个双重定义具有重要意义。第一，并非所有有目的的传播都是战略的。当涉及一些运营例行问题并采用成熟的干预策略时，对于组织或实体而言，传播不是战略性的。当然，这种非战略性的传播也可以为目标的达成做出重要贡献。

第二，战略意义的对话可能发生于各类圈层中，从全球大众、社交媒体，到客户、雇员、分析师。所以，组织和其他实体，或那些代表传播部门和机构行事的实体，都必须了解变化中的传播环境，其技术驱动因素以及影响传播的人。

第三，传播包括了信息发布和倾听，例如举行一场活动，发起利益相关者的对话，告知雇员，监控社交媒体和大众媒体，编辑、传播或抹掉政治家与记者的谈话记录。所有的营利的、付款的、自有的、共享的媒介和渠道，都可能被雇佣而用于这个目标。

第四，术语“实体”应当被理解为广义且可扩展的。从广义上来看，实体包含了公司、企业、非营利组织、社会运动，以及公共领域中的知名人士，如名人、政客。从一个可扩展的角度来看，它包含了一个行动者或具有不同特点的行动者联盟：1）一定的责任范围（一个企业、分支、CEO）；2）范围内既定的或感知的目标，不论是模糊、隐含的还是明确、精确的；3）实现该目标所需要的资源常常有限。该领域的目标常常受到非议，所以战略行动者面临着竞争甚至是敌意——其他人想要将类似的东西卖给同样的人，对同样的领域提出一些主张，比如成为“思想领袖”，或争论一种叙事技巧。此外，除了包含地理、市场、思想的论争空间的“空间”维度，时间的维度也登上了舞台。战略行动常常不会带来直接的结果，因此，它们不会快速地被修正或重来。如果它们显示出是错误的，通常重新找一条不同的路为时已晚。我们的视角不是要将战略领域局限在最高管理者中，并且承认一个机构的战略议题是另一个委托人的运营事务。但是它确实要求了对复杂性和不确定性的最小化。否则，所谓运用战略就完全是一种矫饰。我们认为从逻辑上不可能去战略地界定一个对话或议题，却脱离特定的、焦点的实体来谈。

关于和谁的对话或议题才是战略的问题，必须从始至终来解决。“实质性”这一术语常常与我们口语中将“重要”作为战略相呼应。实质性或战略意义包含客观和主观的维度。总的来看，主观维度是议题或对话的归属、分配的重要性。如果高级管理人员认为一个问题是战略的，它可能仅仅因为这个原因就趋向于成为战略议题。很多管理行动都具有这个特征——它们在自上而下的过程中成为战略的议题，这个过程可能影响其他实体，因为它们仿效了行业中同样位置的其他领导人（Sandhu, 2009）。

当温科勒和艾特（2018）开始注意紧急事务的趋向性和进展时，他们准确地捕捉了其他类似的动态过程中的动力。与之相对，实质这个客观维度反映了议题对一个组织当前结构、将来计划、基本目标的真实影响。客观战略的重要性仅仅是被通过事后考察的方式来揭示的，当然组织无疑能够从变化的环境中发现信号。这个结果往往存在于自下而上而不是自上而下的过程中。海德等人（2018）强调，同事和中层管理人员提醒我们注意战略的这一方面。

该学科的一个关键假设在于战略的意义并不仅仅由主观归因构成，虽然它可能是一个带来实体改变的机制。军事历史、企业管理、管理研究——学科通过对战略变化成功和失败的应对，追踪了一个组织的崛起和陨落，它们并不是群体错觉的无辜受害者。在组织之外可能存在着对话，没有被那些负责管理组织战略传播的人注意到，但是它们又客观地对组织的繁荣负有责任。从研究的视角来看，这些对话给战略传播赋予了合法性，因为不能发现这些对话并重塑它们，才造成了战略传播管理的失败。

表36.1确认了战略议题的三种类型，它来自两类变量的互动：1）议题对于实体而言的实在性，2）议题对于实体而言的实质性（重要性）。表中展现了为什么穆勒斯特温斯和莱切勒（2005）将“用错误替代获得仅有的机会”作为战略管理的关键原则。策略不是尝试做所有事情，最终以“和稀泥”来收尾，战略意味着做出选择，尽管这个选择也可能是一个错误。

表36.1　战略议题的分类

战略议题分类		
议题识别	议题的实质性	
	非实质性的 回顾性分析 客观维度	实质性的 回顾性分析 客观维度 外部构成
识别为实质性 主观维度 内在构成	战略议题 自上而下 错误的优先性	战略议题 自下而上或自上而下 正确的优先性
不识别为实质性 主观维度	非战略议题 操作性或战术 正确的优先性	战略议题 自下而上 错误的优先性

温特勒和艾特（2018）在对战略的思考中所强调的错误选择，反映在右下角。一个议题具备客观的战略重要性并不是按照管理学的思路来确定的，然而，它可能会被提出，之后得到承认，作为一个未规划、未确定的影响成功的因素——一个新兴战略。左上角帕金森平凡定理（Parkinson, 1986）幽默地强调了一些错误的选择，例如高层管理人员关注那些关于自行车棚颜色的无聊争论。然而我们必须强调这股高级管理者所形成的社会力量，仅出于权力斗争和组织政治的原因，就可能使任何问题在客观上都很重要。右上角代表了战略议题，它常常被概念化，例如一些战略兼具客观和主观上的重要性。最后，左下角则根本不是战略议题；它只是操作的、战术的或常规的路线。然而，正是在这里，其他级别的经理经常不被高层管理者承认，因为正如已经暗示的那样，战略地位是一种声望问题。战略传播既有概念中的目的性在这里并无帮助。机场的一个航线经理可能认为航班公告帮助组织完成了它的使命；因此它们有战略价值。但这个论点造成混淆的地方在于“使之回归正常”，是真正的战略议题的当务之急，而运营问题则是“让这类情形时刻保持正常”。航线并不会因单个的，或某天某个航班通知的失误而受到影响。如果上千个通知失误，它当然会受到影响，作为一种大规模的操作性失误，它当然是一个战略议题。

仅仅在回顾时才揭示客观的战略意义，通常要花费相当长的时间，这也是我们为什么坚持，并与众多战略学者达成一致，即战略传播发生在复杂的、不确定的、模糊的，且具有规模的危机条件下，所以我们坚持要更早地认知战略传播（Nothhaft et al., 2018）。如果通往成功的道路是明显的，我们在书本中所学到的原则（Whittington, 2001, p.1），每个人都会去遵守它们，那么结果就是这个议题将变得可操作。技术的、程序性的任务——我们知道什么是最好的实践方法，哪些机会可以考虑，从而得到想要的结果——这些东西不应当被视为战略。一个CEO的讲话之所以被认为是一项战略传播内容，并不仅仅因为它是CEO讲的，或者它勾画了企业远景的艰难，更多是因为它涉及一些事实，即我们除了接受讲话中的内容，基本没有办法去模拟或检验它，它可能带来巨大的成功也可能导致可怕的失败。

将战略传播与操作性的、技术的或常规的传播区分开来的最大问题是，传播作为一种资源的易变性。弹道导弹潜艇是一种战略装备，因此其行动始终都来源于战略部署。然而，采访可能99%都是常规性的，但其中的1%可能成为战略危机。劳夫（Rolf Breuer），德意志银行的前任CEO，从他的惨痛经历中我们认识到这一点，他对银行信誉的评价造成了基尔奇媒介集团的崩盘，成为世界上最昂贵的采访。德意志银行清算了基尔奇公司大约8亿欧元，这个采访很显然破坏了它们的声誉。

战略影响也并不局限于CEO。一个初级的市场专业人员在使用社交媒体的过程中也可能危及公司几十亿美元的品牌，诸如错误的点击，被人们解读为种族主义者。相反，一个高投资、深思熟虑的全球公司品牌项目可能以远期的战略计划而开始，但最终由于其对公司绩效影响很小、所需资源巨大而逐渐消失。在这里，奥康纳和舒马特（2018）提出的多维网络方法有助于推动我们对传播的易变性规则的理解。

战略传播复杂性的推动因素：什么让一个议题成为战略？

推动一个问题成为战略问题，一个议题成为战略议题，或一个对话成为战略对话的因素是什么？当我们研究战略家以及战略传播研究者何时开始感兴趣的时候，一个情境何时被认为很重要，缺乏蓝图却突破了常规的时候，我们希望读者认识他们自己的工作。我们可以分析一盘棋来理解其中的不同。典型的对弈的开局阶段是宏大的，但是往往只有几步棋。一些潜在的招数和反制被全部记录下来，高手都能记忆这些。终局阶段往往是战术规则所支配的。然而棋局的中间阶段是具有战略意义的（Kasparow, 2007）。同样，为了解决战略问题—为了研究复杂性—需要情报或信息的“自由发挥”。有些典型的战略复杂性的影响因素——一些传播方面的信号可以冠以战略的帽子。我们将之列举如下，这些因素并不相互排斥，而是相加重叠的。

- **资源驱动：**关键资源决策与高价值资产的介入，几乎总是需要仔细考量的。例如企业往往将全公司的所有价值都投入到首次公开招股中。军事上的指定战略资产（例如，弹道导弹潜艇、远程导弹、特种部队、网络战争能力）是“基于资源”的战略观点的另一个例子。从经济角度看，高价值资产的存在代表了“沉没成本”，例如不可恢复的投资以及建在外国的核反应堆，这些投资也是战略复杂性的驱动要素。

- **竞争驱动：**可能战略开发最重要的动因是实体为逃避直接竞争而企图将自己与竞争对手区隔开来。直接竞争（例如，通过业务价格、军事语境下的消耗、传播中的付费媒体）往往代价昂贵。实体几乎常常面临竞争的压力，需要寻找一个竞争切入点作为替代，从而走迂回的路径。这些观点都反映在麦克波特（Michael Porter, 1998）对竞争战略的论述中，正如哈特对克劳塞维兹强调决定性战斗的批评中所反映的一样（Liddell-Hart, 1991）。
- **环境驱动：**环境条件的变化（无论是渐进的还是突发的，无论是由于政治动荡、技术发展还是生态环境引起的）是战略意义的另一个驱动因素，与竞争因素并驾齐驱是一种互补的方式。环境变化威胁了实体已经建立的独特优势、操作程序和技巧特征。环境变化的程度和速度在很大程度上决定了它是战略学习者还是运营拥护者，是灵活性还是艰巨性占上风。温廷顿（2001）的战略进化理论反映了对环境变化的重视。
- **风险驱动：**高风险的行为、创造或打破情境、特殊情境、“黑天鹅”与“未知数”很大程度地驱动了战略复杂性。首次公开发行股票就是一个创造或打破情境的好例子。按照卡尔维克（Weick, 1985）的观点，危机是意外的情境。它们是“宇宙学事件”，例如，既有秩序崩溃或暂时中断的情境。一般来说，“黑天鹅”很少出现。只有在回溯的时候我们才能确定那些发挥了重要影响的预测性事件。塔勒布（2008）在他的名著《黑天鹅》中，讨论了赌场高度成熟的风险管理，其中包括数学模型和侦测诈骗者的先进系统。尽管如此，四个难以预测的赌场的危机还是发生了——一只老虎咬伤了一个赌场明星；一个心怀不满的承包商想要炸掉赌场；一个雇员没有按要求将表格发给税务部门，而是以无法解释的原因将其藏匿；一个经理的女儿被绑架。战略作者克雷格等人（2017）十分关注复杂性，他们以“战略意外”和“机缘巧合”为标题投入大量精力做研究。
- **创新驱动：**当尝试新事物、常规工作流程和既有的方法和程序被搁置时，情境就迅速变得有战略意义。开拓性的努力往往是一种战略性行动，有时是深思熟虑的，有时可能是临时的。战略传播者往往强调跨学科性，将之作为创新驱动的战略复杂性的一个征兆。随着公司打破传统的传播职能之间的壁垒，从而实现协同增效，获得竞争优势，营销沟通、公共关系与公共事务等领域的行事方式将变得过时。当前，战略传播作为研究领域的兴起可能是由于传播创新快速更迭以及媒体系统的多元混合状态所致。正如查德威克提出的，“混合性不可避免地与不稳定性、居间性、阈限的、间质的联系在一起。它与不熟悉的过去和一般的未来不同步”。（Chadwick, 2013, p.8）

- **参与驱动：** 另一个复杂性的驱动因素是自由资源的存在，例如，资源并没有与操作过程捆绑在一起，而是可以被战略行动者调配。这里，战略意义并不仅仅来自决定在何处自由使用资源从而得到最优结果的决策的困难，还来自投资的信号效应。如果Uber在无人驾驶技术方面投入巨大，这不仅仅是一个投资，也给它的合伙人发出了信号。
- **运营驱动：** 最后，根本的变化（当组织日常运行配置因为某些原因被“冻结”，当组织改变了它们的运行方式时）从概念上来说就等同于一个战略议题。这可能是影响最广泛，也是最微妙的过程。这里的重点并不是实体必须适应环境或竞争中的变化，而是打破既有的系统并非易事。变革反映了战略不仅仅意味着自由地使用资源或对非常规事件做出反应，而是有着更加深远的意义，战略是通过在运营过程或者设置中决策如何分配资源而形成的。

传播如何发挥作用？

从组织和它们管理的具体的层面来看，传播这样发挥作用：1）作为一个过程（单向的信息发布以及双向的对话参与），2）传播资源的形成，诸如品牌，构建与关键受众沟通的媒体，或建立合作平台，3）形成无形资产，例如，社会资本，诸如信任、声誉和形象。在更广泛的社会层面上，战略问题是组织及其战略设计师在多大程度上被嵌入在社会中，与当前流行的文化价值和谐共处。一个原子反应堆可能被视为一个进步的信号，也可以作为一个过去的、不负责任年代的遗迹。惠廷顿认为广义的社会观点是系统的，对战略的“社会感知”（Whttington, 2004, p.37）。

当然，传播也会让事情更加复杂。名誉受损和缺乏信誉会加剧战略的复杂性。然而，学科的公理之一是传播可以用某种方式管理，从而帮助实体去处理这种复杂性。研究如何发生这种情况构成了当今战略传播学科中的研究主流。麦克纳马拉和格雷戈里（2018）提出的战略倾听，帮助组织比其他组织更快地理解环境的基础性变化，从而提供了实质的战略优势。独特的品牌可以是避免正面竞争的方式。保时捷和法拉利都制造奢侈的运动轿车，但它们并不一定是真正直接竞争的对手，因为它们都按照自己的方式来定位自己。如果反对者通过他们的知识认识到A总统上任永远不会使用核武器，那么这种高价值的资产就失去了很多战略价值。如果之后，B总统发出一个信号，他们可能会使用核武器，那么战略形势就发生了根本改变，虽然其实任何事情也没有发生。

战略传播和战略传播管理

战略传播是主观事务，与战略传播管理并不是同一个概念。最基础的战略传播管理是尝试管理事关关键对象的具有战略意义的传播。它是一个过程，更可能是组织一般战略管理的衍生物。战略管理，作为一个商业管理的特定形式，被定义为“处理总经理代表所有者采取的主要意图和紧急行动，涉及资源利用，以提升公司在外部环境中的绩效”（Nag et al., 2007, p. 944）。战略传播管理沿着同样的路径理解。它处理那些与焦点组织有实际相关性的传播活动和资源。负责这项工作的大多是传播部门、专业人员或代理商，而企业家、政治家或CEO可能决定自己管理战略传播，无论他们是否具备必要的能力。分析卓越的驱动因素，开发战略传播管理工具是一个最近受到广泛关注的研究领域（Tench et al., 2017; Verčič & Zerfass, 2016; Volk et al., 2017; Zerfass & Viertmann, 2017）。

图36.1展示了战略传播和战略传播管理的区别。在海德思想（Heide et al. 2018）以及他们对CCO观点（《组织传播章程》，Schoeneborn et al., 2014））的启发下，图36.1几乎以与公众相同的方式呈现了组织，即密集的传播集合体。图1展现了关键实体在与其他的行动者竞争中，尝试管理的三类对话：A、B、C。对话A可能与产品的质量有关，因此实体的主要竞争者也关注这个话题。例如，关于产品质量的争论。对话B是关于生产过程的特点，被关键实体关注，同时也被行动主义者组织监督。这是关于企业社会责任的话语空间。对话C关于竞争者生产过程的特点，总是被关键实体常规性地监控着。对话A和B常常上升到一个由灰色阴影指示的水平，具有战略意义。超出阈值水平的内容将成为战略传播，以便关键实体进行战略性参与（尽管它可能会在日常或运营层面上不断参与）。在这个例子中，焦点实体没有意识到的可能是对话D，例如，有关关键实体雇佣政策。这个对话也可能成为战略传播，引发战略行为，但现阶段并没有进入战略实体的雷达中。

在某些情况下，战略传播管理可能被清晰地界定，具备制度化的功能，但是它也可能是一种倾向，只要系统中有一些元素指向它。判定它可能是烦琐的抑或灵活的过程（van Ruler, 2018）。它是否能够被归因于战略传播，往往取决于对其价值的主观理解，这个过程的目的正是要找到那些对组织的商业模式具备客观重要性的东西。在某种意义上，它也是反思性的，因为战略行动者承认存在一些“未知的未知事物”。一个经验丰富的战略传播经理知道在外部总是发生着一些对话，它们是战略传播，这并不取决于企业是否关注到它们，而是因为它们应当被关注（它们暂未被关注，因为任何过程都不可避免的不够完善）。

对战略传播研究而言，学者倾向于通过战略传播管理过程的视角来观察研究关键实体的战略传播。某个事件构成了特定公司的危机，例如宜家，研究者就会开始研究类似的案子，从同样的视角，用一种中立的、学术的方式。但是同样的视角只是一种便利的选择，而并非逻辑的必然。我们也可以用一套建制的战略分析方法，例如，战略传播学者可以加入一个完全不同的学术视角，与实践视角形成互补。换句话说，尽管临床心理学家旨在帮助患者，但也不可避免地与患者自身所持观点不同。例如，布洛克曼（Brockmann, 2018）提供了一种将任何议题锁定在几种有限的基本人类动机之上的方法。

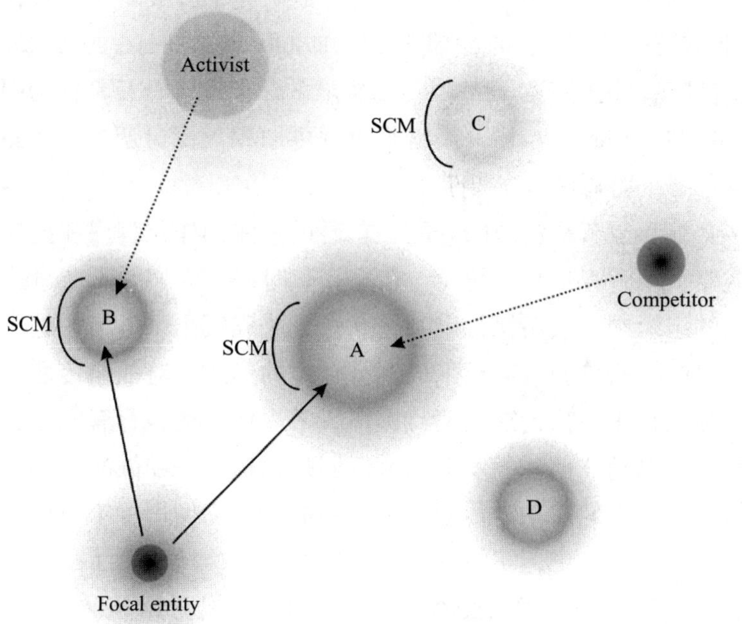

SCM：战略传播管理，黑度代表临界值：对焦点组织的战略传播

图36.1 战略传播和战略传播管理

战略过程

我们必须清楚地意识到实体的概念是灵活的和可扩展的。这不仅是“负责战略”的高级管理在做“战略”。战略行动者，运用已经建立好的业务术语，可以负责企业的、商业的、功能的（例如传播、人力资源）或项目层面的（例如传播活动），或军事的、政治的、国际组织的类似活动。虽然对于一个投资上十亿的20年的投资和一个6个月的小项目，其复杂性的层次可能有很大不同，但每个层次的战略过程都可以被分为三个不同的阶段或模式：

（1）战略的制定和修订；

（2）战略的呈现；

（3）战略执行、实施和运营。

战略的制定和修订需要理解其双重含义，它不仅仅是“沉默的”资源分配，也是给企业行动赋予意义的传播干预。当然，战略的制定和修订涉及传播，它基于一些反复协商、声明的状态，容易被认为关于战略内容的谈判与协商本身就是战略传播。但是，这在很大程度上是一个语义问题，更重要的是策略的主观视角。如果具有话语权的管理层对议题发生了严重的分歧，那么说明议题有值得争论的战略意义，它创造了自己的客观意义。

战略呈现的理解是基于那些参与的行动者，他们应了解战略的要求和可见的功能。例如在年度报告和公司网站上的战略介绍（Köhler & Zerfass, 2018; Moss & Warnaby, 1998），都是战略呈现，是属于公司战略传播领域的。但直至今日都很少引起战略传播研究者的注意。Volk和Zerfass（2018）提出要通过更加深入探讨调校（alignment）的概念来严格审查战略介绍，强调它的复杂性。

战略执行、实施和运营是资源的分配。它通过一些操作化程序和技巧来投放资源。有时，战略由战略行动者来执行；然而，在大多数时候，人们并不能直接看到这样的执行。在一些复杂的组织中，战略执行以某种操作方式表现出来，诸如进行一些操作性工作，导致一些特定的战略参与，甚至采取例行指令的形式。对战略传播研究者而言，他们一个研究的兴趣点在于，执行这些例行操作或常规任务的执行者们是否知道他们正在执行战略这一事实，以及在何种程度上知道他们是在执行一项战略。在任何案例的这个阶段中，实体都会有意识地行动、传播，更重要的是，它们可能审慎地、有意识地发出了信号，传递了意义。在这里，实体在信息传递意义上"产生"了战略传播。比如，首相和CEO发表演说，军事演习发出侵略的信号，品牌建设则与企业社会责任倡议相关。传播部门、专业人员和代理商花费了很多时间和资源，以一种结构化的方式在自有的、争取的、付费的、共享的媒体上（vanRuler & Körver, 2018）创建战略传播计划和开展传播运动。同时，倾听活动（例如社会化媒体监控，消费者和雇员调查，声誉分析）由传播部门展开，将来自不同圈层的强、弱信号整合到决策过程之中。因此，传播确实支持了战略执行，也用不同的方式为组织的成功做出了贡献（Volk et al., 2017）。范劳拉（van Ruler）提出的概念可能最好地捕捉了这一核心，"通过一个连续的传播过程，从而构建、界定、呈现、实现和重建战略"（2018, p.378; italics deleted）。

最后，这里要再次强调战略责任是反映性的。这不仅是一厢情愿的思考，而是被事实所证明的。诸如足球教练，通常要对他们没有直接影响的事件负责。他们可能不知道，但是他们却应该知道。马克拉马拉和乔治的贡献在于强调了同样的责任，他们认为当前行业的状况并不能被既有的评价模型来准确评估，因为他们狭隘地以组织为中心，专注于评估组织传递的消息（2018, p.469）。真正的战略家与那些执行战略规划项目的行动者不同，他们知道眼前选择的优先级和资源分配可能是错误的，由战略家所确定的眼下的成功因素可能并不是真正的成功因素，成功可能只因为一个隐蔽的、看不见的战略。尽管进行了战略性的努力，但鲜有的资源分配模式还是出现了。这是深思熟虑的战略和偶发战略的核心。

战略传播在哪种情况下是一个独一无二的学科？

战略传播研究的中心问题非常简单，它是一种关注于某种实体的事业。为什么有些组织或实体通过传播取得成功，达成它们意图中的目标，而有些组织却没有？因为在成熟组织中的大部分传播活动都被专业化地管理了，且在技术上无失误，那么为什么有些组织能够保持持续的竞争优势，而其他则总是受到并无益处的过多的公众关注？为什么有些国家似乎做对了所有事情，但“软实力”却使其政府和外交官望而却步，而又有一些国家似乎一直享有远超出地缘政治地位的影响力？相反地，其他的行动者，例如民族国家和跨国恐怖网络，又怎么打破了所有“好”传播的规则，包括连贯性，却又摆脱它甚至实现自己的目标呢？

战略传播作为一个研究领域的基本规则在于，差异并不仅仅存在于技术、技巧或对策。它也没有完全地、充分地被现实所解释，例如公司结构或国家文化的差异，有些可能更重要，有些则不尽然。战略传播研究者认为每个问题的答案至少都部分地与传播战略、战略传播和传播管理相关。

所谓“至少部分”是一个争议性的议题。当涉及具体的或特定的案例时，这就是一个经验性的问题。从最普遍意义来说，它往往是一种信仰。学科的根扎在战略管理或军事理论之中，战略至高无上。它们相信一个更加成功的实体将更加关注“正确的事情”，做正确的事情——通过审慎的规划、突发的模式、自发的直觉或幸运的偶然事件，它们的传播具有优势，能够在注意力竞争中成为佼佼者。它们关注那些左右摇摆的州里的那些左右摇摆的选民，相对少数的人群，然后赢得选举。它们聘请廉价且低调的“推销员”（Thaler & Sunstein, 2008），就像在商店中将水果放在眼睛高度的位置，用几乎不付出代价的方法来达成显著的行为改变。按照80/20法则的精神，它们用四两拨千斤，用相对较小甚至是小到极致的努力来达成最大的回报。诚然，仍然有一些传统的思想质疑战略的重要性与优越性。在批判的或后现代的理论中成长起来的学者参与了一些争论来证明他们的观点，即战略和成功的相关性是欺骗性的，在任何案例中，它都不受管理者的控制。在一些极端的例子中，战略仅仅为了战略而战略，对于内部人员，它是一个严肃的语言游戏。当然，对于外部学者而言，它只是一场不起眼的游戏。战略充其量也就是一系列的障眼法，以确保经理人的“功能性麻痹”（Alvesson & Spicer, 2016），最坏，也就是管理和资本主义方法论中的另一种工具。

其他一些来自公共关系领域的学者没有反对战略的优先性，而是反对战略的以自我为中心的假设，即对理性、控制、盈利的强调。他们常常被道德传播的规范性概念化所启发，他们相信如果组织仅仅抛弃战略中那些过时的、黩武的、管理的观念，就可以上升到一个新的高度。哈拉汗等在2007年的一篇文章中，已经尝试去淡化这些观念。这些学者认为，如果组织能够进行真正的对话，它们就可以做得更好（Kent & Taylor, 2002）。从某种角度来看，非战略性、不关注权力的游戏和微观政治是这个方法的核心。也许最为基本的问题是80/20原则在公共传播方面是否成立。是不是真的存在一个案例，它花费了最小的代价来获得竞争中最小的切入点，之后就能用最小的努力获得最大份额的利益和优势？由康纳和舒马特（Connor and Shumate, 2018）提出的方法如果被严格地应用，就可以产生一些超越常识和直觉的洞见。

战略传播学科中当前的活力当然是因为三个立场之间的紧张关系，以及其他一些立场之间的张力，例如战略实践学派（Jarzabkowski, Balogun, & Seidel, 2007; Vaara & Whittington, 2012），它在某种程度上规定了战略是真实的，而不仅是因为它是一种语言游戏。正如诺申哈特所论述的（Nothhaft et al., 2018），问题并不仅仅是理论的，还有社会动态也在发挥作用。有些学者偏爱聚焦进步以及由它带来的趋向于核心的吸引力，另一些学者喜欢多样性和复杂性，以及由之而来的对焦点和特殊化尝试的拒绝。然而，我们应当指出在这个学科中的所有内容，即使是挑衅和拒绝，都反映了战略的优先性。

然而，战略并不是一个新词。营销和公共关系学者从学科产生开始，就已经谈到了战略以及它们贡献的战略功能。为什么战略传播作为一个研究领域是独特的，而不是简单地扩展已建立的“有目的”的传播学科，例如营销传播、公共关系、组织传播、公共外交、健康传播等。只要在这个领域中的学者不跳出来，使得这个学科独特化，接受战略计划将之作为一个定义性的视角来审视传播（van Ruler, 2018），审视各类意图的和偶发的竞争优势（Winkler & Etter, 2018）、组织（Heide et al., 2018）、网络（O'Connor & Shumate, 2018）、人（Seiffert-Brockmann, 2018），战略传播研究就不可能独一无二。在科学的话语中，其他人通过批评和挑战这一观点来为这个领域做出贡献，它将会促进学者和从业者的共同努力。

结论

如果到目前为止，我们说的对战略传播的理解能被大家接受，那么可能战略传播视角发展的最实际的障碍在于人们认为已经存在学者和从业者群体。我们要认真地对待整合传播，将以前各个分隔的传播领域整合起来，用新的眼光审视公共关系，以及公共外交和地缘政治、军事方面的新鲜事物，这些就显得独一无二了。战略毫无疑问就是中心问题，因为在实践中，从业者都在使用“战略”这个术语来表明一些关于重要性的模糊观念。

为了表达重要性的模糊观念，让这个重要性更加清晰而使用“战略”一词，只是一种正确的表象。但是对于一门学科而言，问题在于这些模糊的感觉和表象是否可以得到证实，研究是否可以超越这些显而易见的范围。例如，对于一个给定的实体，为什么一个关乎战略意义的对话，很可能被引爆，而其他从表面上看具有同样意义的对话，却不会产生任何影响？在理论的角度下，我们是否可以表达在何种情形下，传播是一个相对于施加武力、利用市场机制等方法而言更加优越的行动方针，是对资源的优先利用？我们是否有语言能够充分地抓住战略传播管理是如何有利于组织的表现的，它如何创造价值？传播管理和战略传播管理中处理的资源是什么？如何将它们概念化：无形资产、社会资本、共鸣、关系？应用传播资源意味着什么？当谈论战略倾向时，意味着什么？

术语的价值表明这些问题已经被很多学者触及。然而，正如我们之前论证的（Nothhaft et al., 2018），仅仅术语的存在和应用是不够的。我们要求的共同语言不仅仅在学者和实践者之间发生共鸣，更要能够充分地给这些方法论提供支撑。由于人类天生擅长传播，这些方法只有在议题超出了常识之后，才被认为是正当的、有价值的。核反应堆的拥有者并不需要认识反对核反应堆的政治力量具有的战略威胁。气候变化的行动者知道他们必须让世界上的人们相信一个难以忽视的真相。

过去，战略传播学科中从以往的学科中继承而来的方法占据了总体地位，可能有轻微的自相矛盾。一方面，将传播视为深不可测的复杂性，这是一种信念问题。因此，我们想要试图寻找的科学原理常常被认为是一种误导。另一方面，系统的规划和方法论的研究被推广成所谓的专业路径，通过它来辅助决策者，帮助他们的判断。臭名昭著的剑桥分析公司（Guardian 2018）表明科学的原则确实被用于战略传播（在这个案例中“五大”人格测试被公司使用）。剑桥分析公司从人类心理出发，就如同布罗克曼（Brockmann, 2018）从人类意识展开的论述。稳健的方法确实存在，也确实有用，但是它们从其他的领域中衍生而来。作为实践，当前战略传播的前沿却并不在此。战略传播的研究者是时候进入这场博弈了。

参考文献

[1] Alvesson, M., & Spicer, A. (2016). The stupidity paradox: The power and pitfalls of functional stupidity at work.London, UK: Profile Books.

[2] Argenti, P. A. (2016). Corporate communication (7th ed.). New York, NY: McGraw-Hill.

[3] Argenti, P. A., Howell, R. A., & Beck, K. A. (2005). The strategic communication imperative. MIT Sloan Management Review, 46(3), 83–89.

[4] Bernays, E. (1928). Propaganda. New York, NY: Horace Liveright.

[5] Bloom, R. W. (1991). Propaganda and active measures. In R. Gal & A. D. Mangelsdorff (Eds.), Handbook of military psychology (pp. 693–709). Chichester, UK: John Wiley & Sons.

[6] Botan, C. H. (2018). Strategic communication theory and practice: The cocreational model. Hoboken, NJ: Wiley Blackwell.

[7] Broom, G. M., & Sha, B.-L. (2013). Cutlip and Center's effective public relations (11th int. ed.). Harlow, UK: Pearson.

[8] Chadwick, A. (2013). The hybrid media system: Politics and power. Oxford, UK: Oxford University Press.

[9] Clausewitz, C. (1989). On war. Edited and translated by Michael Howard and Peter Paret (first published in German1832). Princeton, NJ: Princeton University Press.

[10] Clegg, S. R., Schweitzer, J., Whittle, A., & Pitelis, C. (2017). Strategy. Theory & practice (2nd ed.). London, UK: Sage.

[11] Cutlip, S. M. (1994). The unseen power: Public relations. A history. Hillsdale, NJ: Lawrence Erlbaum Associates.

[12] Edwards, L. (2018). Understanding public relations. London, UK: Sage.
[13] Ewen, S. (1996). PR! A social history of spin. New York, NY: Basic Books.
[14] Falkheimer, J., & Heide, M. (2018). Strategic communication. London, UK: Routledge.
[15] Graham, P. (2017). Strategic communication, corporatism, and eternal crisis. New York, NY: Routledge.
[16] Grunig, J. (Ed.). (1992). Excellence in public relations and communication management. Hillsdale, NJ: Lawrence Erlbaum Associates.
[17] The Guardian. (2018). The Cambridge Analytica files (Article series). Retrieved June 10, 2018, from https://www.theguardian.com/news/series/cambridge-analytica-files
[18] Hallahan, K., Holtzhausen, D., van Ruler, B., Verčič, D., & Sriramesh, K. (2007). Defining strategic communication.International Journal of Strategic Communication, 1(1), 3–35. doi:10.1080/15531180701285244
[19] Heath, R. L. (Ed.). (2010). The SAGE handbook of public relations (2nd ed.). Thousand Oaks, CA: Sage.
[20] Heath, R. L., & Johansen, W. (Eds.). (2018). The international encyclopedia of strategic communication. Hoboken, NJ:Wiley-Blackwell.
[21] Heide, M., von Platen, S., Simonsson, C., & Falkheimer, J. (2018). Expanding the scope of strategic communication:Towards a holistic understanding of organizational complexity. International Journal of Strategic Communication,12(4), 452–468. doi:10.1080/1553118X. 2018.1456434
[22] Holtzhausen, D. R., & Zerfass, A. (Eds.). (2015). The Routledge handbook of strategic communication. New York, NY:Routledge.
[23] Jarzabkowski, P., Balogun, J., & Seidel, D. (2007). Strategizing: The challenges of a practice perspective. HumanRelations, 60(1), 5–27. doi:10.1177/0018726707075703
[24] Kasparow, G. (2007). Strategie und die Kunst zu leben [Strategy and the art of living]. München, Germany: Piper.
[25] Kent, M., & Taylor, M. (2002). Toward a dialogic theory of public relations. Public Relations Review, 28(1), 21–37.doi:10.1016/S0363-8111(02)00108-X
[26] Kirsch, W. (1997). Wegweiser zur Konstruktion einer evolutionären Theorie der strategischen Führung [Guide forconstructing an evolutionary theory of strategic leadership] (2nd ed.). Herrsching, Germany: Kirsch.
[27] Köhler, K., & Zerfass, A. (2018, September). Communicating the Corporate Strategy: An International Benchmark Studyin the United Kingdom, the United States and Germany. Paper presented at the Annual Congress of the EuropeanPublic Relations Education and Research Association (EUPRERA), Aarhus, Denmark.
[28] Liddell-Hart, B. H. (1991). Strategy (2nd ed.; first published 1929). New York, NY: Meridian.
[29] Löffelholz, M., Auer, C., & Srugies, A. (2015). Strategic dimensions of public diplomacy. In D. R. Holtzhausen & A.Zerfass (Eds.), The Routledge handbook of strategic communication (pp. 439–458). New York, NY: Routledge.
[30] Macnamara, J., & Gregory, A. (2018). Expanding evaluation to progress strategic communication: Beyond messagetracking to open listening. International Journal of Strategic Communication, 12(4), 469–486. doi:10.1080/1553118X.2018.1450255
[31] Moss, D., & Warnaby, G. (1998). Communications strategy? Strategy communication? Integrating

different perspectives. Journal of Marketing Communications, 4, 131–140. doi:10.1080/135272698345807

[32] Müller-Stewens, G., & Lechner, C. (2005). Strategisches Management [Strategic management] (3rd ed.). Stuttgart,Germany: Schäffer-Poeschel.

[33] Nag, R., Hambrick, D. C., & Chen, M. J. (2007). What is strategic management, really? Empirical induction of aconsensus definition of the field. Strategic Management Journal, 28(9), 935–955. doi:10.1002/smj.615

[34] NATO. (2010). Military concept for NATO strategic communication. Retrieved June 10, 2018, from https://info.publicintelligence.net/nato-stratcom-concept.pdf international journal of strategic communication 503

[35] Nothhaft, H. (2016). A framework for strategic communication research: A call for synthesis and consilience.

[36] International Journal of Strategic Communication, 10(2), 69–86. doi:10.1080/1553118X. 2015.1124277

[37] Nothhaft, H., & Schölzel, H. (2015). (Re-)reading Clausewitz: The strategy discourse and its implications for strategiccommunication. In D. R. Holtzhausen & A. Zerfass (Eds.), The Routledge handbook of strategic communication (pp.18–33). New York, NY: Routledge.

[38] Nothhaft, H., Werder, K. P., Verčič, D., & Zerfass, A. (2018). Strategic communication: Reflections on an elusiveconcept. International Journal of Strategic Communication, 12(4), 352–366. doi:10.1080/1553118X.2018.1492412

[39] O'Connor, A., & Shumate, M. (2018). A multidimensional network approach to strategic communication.

[40] International Journal of Strategic Communication, 12(4), 399–416. doi:10.1080/1553118X. 2018.1452242

[41] Oeckl, A. (1964). Handbuch der Public Relations [Handbook of public relations]. München, Germany: SüddeutscherVerlag.

[42] Pamment, J. (2018). Public diplomacy. In R. L. Heath & W. Johansen (Eds.), The international encyclopedia of strategiccommunication. Boston, MA: Wiley-Blackwell.

[43] Parkinson, C. N. (1986). Parkinson's Law, or the pursuit of progress. London, UK: Penguin.

[44] Pashentsev, E. N. (2013). The strategic communication of Russia, China and the USA in Latin America: War or peace?In R. Kuusisto & E. Kurkinen (Eds.), Proceedings of the 12th European Conference on Information Warfare andSecurity (pp. 210–216). Reading, UK: Academic Conferences and Publishing International.

[45] Paul, C. (2011). Strategic communication: Origins, concepts, and current debates. Santa Barbara, CA: Praeger.

[46] Porter, M. E. (1998). Competitive strategy: Techniques for analyzing industry and competitors, with a new introduction.New York, NY: The Free Press.

[47] Powell, T. C. (2017). Strategy as diligence: Putting behavioral strategy into practice. California Management Review, 59(3), 162–190. doi:10.1177/0008125617707975

[48] Sandhu, S. (2009). Strategic communication: An institutional perspective. International Journal of Strategic Communication, 3(2), 72–92. doi:10.1080/15531180902805429

[49] Schoeneborn, D., Blaschke, S., Cooren, F., McPhee, R. D., Seidl, D., & Taylor, J. R. (2014). The three schools of CCOthinking: Interactive dialogue and systematic comparison. Management

Communication Quarterly, 28(2), 285–316.doi:10.1177/0893318914527000

[50] Seiffert-Brockmann, J. (2018). Evolutionary psychology: A framework for strategic communication research.

[51] International Journal of Strategic Communication, 12(4), 417–432. doi:10.1080/1553118X.2018.1490291

[52] Snow, N., & Taylor, P. M. (Eds.). (2009). The Routledge handbook of public diplomacy. New York, NY: Routledge.

[53] Sriramesh, K., & White, J. (1992). Societal culture and public relations. In J. E. Grunig (Ed.), Excellence in public relations and communication management (pp. 597–614). Hillsdale, NJ: Lawrence Erlbaum Associates.

[54] Stanton, R. (2017). Corporate strategic communication. A general social & economic theory. London, UK: Palgrave Macmillan.

[55] Steyn, B. (2003). From strategy to corporate communication strategy: A conceptualization. Journal of Communication Management, 8(2), 168–183. doi:10.1108/13632540410807637

[56] Szostak, R. (2013). The state of the field: Interdisciplinary research. Issues in Interdisciplinary Studies, 31, 44–65.

[57] Taleb, N. N. (2008). The Black Swan. The impact of the highly improbable. London, UK: Penguin.

[58] Tench, R., Verčič, D., Zerfass, A., Moreno, A., & Verhoeven, P. (2017). Communication excellence: How to develop,manage and lead exceptional communication. London, UK: Palgrave Macmillan.

[59] Thaler, R., & Sunstein, C. (2008). Nudge. Improving decisions about health, wealth and happiness. London, UK:Penguin.

[60] Vaara, E., & Whittington, R. (2012). Strategy-as-practice: Taking social practices seriously. Academy of ManagementAnnals, 6(1), 285–336. doi:10.5465/19416520.2012.672039

[61] Van Riel, C. B. M., & Fombrun, C. J. (2007). Essentials of corporate communication. New York, NY: Routledge.

[62] van Ruler, B. (2018). Communication theory: An underrated pillar on which strategic communication rests.

[63] International Journal of Strategic Communication, 12(4), 367–381. doi:10.1080/1553118X.2018.1452240

[64] van Ruler, B., & Körver, F. (2018). Communication strategy handbook. An agile method to create a winning strategy.New York, NY: Peter Lang.

[65] van Ruler, B., & Verčič, D. (Eds.). (2004). Public relations and communication management in Europe. A nation-bynationintroduction to public relations theory and practice. Berlin, Germany: Mouton de Gruyter.

[66] Verčič, D., & Grunig, J. E. (2000). The origins of public relations theory in economics and strategic management. In D.

[67] Moss, D. Verčič, & G. Warnaby (Eds.), Perspectives on public relations research (pp. 9–58). London, UK: Routledge.

[68] Verčič, D., van Ruler, B., Bütschi, G., & Flodin, B. (2001). On the definition of public relations: A European view.

[69] Public Relations Review, 27(4), 373–387. doi:10.1016/S0363-8111(01)00095-9 Verčič, D., & Zerfass, A. (2016). A comparative excellence framework for communication management. Journal

ofCommunication Management, 20(4), 270–288. doi:10.1108/JCOM-11-2015-0087

[70] Volk, S. C., Berger, K., Zerfass, A., Bisswanger, L., Fetzer, M., & Köhler, K. (2017). How to play the game. Strategic tools for managing corporate communications and creating value for your organization (Communication Insights, Issue3). Leipzig, Germany: Academic Society for Management & Communication.

[71] Volk, S. C., & Zerfass, A. (2018). Alignment: Explicating a key concept in strategic communication. International Journal ofStrategic Communication, 12(4), 433–451. doi:10.1080/1553118X.2018.1452742

[72] Weick, K. E. (1985). Cosmos vs. Chaos: Sense and nonsense in electronic contexts. Organization, 14(2), 51–64.

[73] Werder, K. P., Nothhaft, H., Verčič, D., & Zerfass, A. (2018). Strategic communication as an emerging interdisciplinary paradigm. International Journal of Strategic Communication, 12(4), 333–351. doi:10. 1080/1553118X.2018.1494181

[74] Whittington, R. (2001). What is strategy – And does it matter? (2nd ed.). London, UK: Cengage.

[75] Winkler, P., & Etter, M. (2018). Strategic communication and emergence: A dual narrative framework. International Journal of Strategic Communication, 12(4), 382–398. doi:10.1080/1553118X.2018.1452241

[76] Zerfaß, A. (1996). Unternehmensführung und Öffentlichkeitsarbeit. Grundlegung einer Theorie der Unternehmenskommunikation und Public Relations [Corporate management and public relations. A theory of corporate communication and public relations]. Opladen, Germany: Westdeutscher Verlag.

[77] Zerfass, A. (2008). Corporate communication revisited: Integrating business strategy and strategic communication. In A. Zerfass, B. van Ruler, & K. Sriramesh (Eds.), Public relations research. European and international perspectives and innovations (pp. 65–96). Wiesbaden, Germany: VS Verlag für Sozialwissenschaften.

[78] Zerfass, A., Verhoeven, P., Tench, R., Moreno, A., & Verčič, D. (2011). European Communication Monitor 2011.

[79] Empirical insights into strategic communication in Europe. Results of an empirical survey in 43 countries. Brussels,: EACD, EUPRERA.

[80] Zerfass, A., & Viertmann, C. (2017). Creating business value through corporate communication: A theory-basedframework and its practical application. Journal of Communication Management, 21(1), 68–81. doi:10.1108/JCOM-07-2016-0059

图书在版编目（CIP）数据

战略传播手册 /（美）德瑞娜·霍尔兹豪森，（德）安斯格·策法斯编著；陈先红，张凌译 . -- 北京：中国传媒大学出版社，2021.12

（欧美公共关系经典丛书 / 陈先红主编）

ISBN 978-7-5657-3024-5

Ⅰ . ①战… Ⅱ . ①德… ②安… ③陈… ④张… Ⅲ . ①传播学 Ⅳ . ① G206

中国版本图书馆 CIP 数据核字（2021）第 191995 号

Handbook of Strategic Communication 1st Edition / Edited by Derina Holtzhausen, Ansgar Zerfass / ISBN:978-0-3673-6773-2

著作权合同登记号　图字：01-2021-5412

战略传播手册

ZHANLUE CHUANBO SHOUCE

编　　著　[美]德瑞娜·霍尔兹豪森（Derina Holtzhausen）　[德]安斯格·策法斯（Ansgar Zerfass）
译　　者　陈先红　张　凌
策划编辑　张莉莉
责任编辑　张莉莉　裴向敏
特约编辑　沈刘红　钟晓晨
封面设计　闰江文化
责任印制　李志鹏

出版发行　中国传媒大学出版社
社　　址　北京市朝阳区定福庄东街 1 号　　邮　　编　100024
电　　话　86-10-65450528　65450532　　传　　真　65779405
网　　址　http://cucp.cuc.edu.cn
经　　销　全国新华书店

印　　刷　北京中科印刷有限公司
开　　本　787mm×1092mm　1/16
印　　张　39.25
字　　数　855 千字
版　　次　2021 年 12 月第 1 版
印　　次　2021 年 12 月第 1 次印刷

书　　号　ISBN 978-7-5657-3024-5/G・3024　　定　　价　196.00 元

本社法律顾问：北京李伟斌律师事务所　郭建平